"Vá Para a Rua!"

Startup
Manual do Empreendedor

O Guia Passo a Passo para
Construir uma Grande Empresa

Steve Blank e Bob Dorf

ALTA BOOKS
EDITORA

Rio de Janeiro, 2014

Startup: Manual do Empreendedor Copyright © 2014 da Starlin Alta Editora e Consultoria Eireli.
ISBN: 978-85-7608-782-3

Translated from original The Startup Owner's Manual Vol.1 © 2012 by K and S Ranch Inc., K&S Ranch Publishing Division. ISBN 978-0-9849993-0-9. This translation is published and sold by permission K&S Ranch, Inc. Publishers, the owner of all rights publish and sell the same. PORTUGUESE language edition published by Starlin Alta Editora e Consultoria Eireli, Copyright © 2014 Starlin Alta Editora e Consultoria Eireli.

Todos os direitos reservados e protegidos por Lei. Nenhuma parte deste livro, sem autorização prévia por escrito da editora, pode ser reproduzida ou transmitida.

Erratas: No site da editora relatamos, com a devida correção, qualquer erro encontrado em nossos livros. Procure pelo título do livro

Marcas Registradas: Todos os termos mencionados e reconhecidos como Marca Registrada e/ou Comercial são de responsabilidade de seus proprietários. A Editora informa não estar associada a nenhum produto e/ou fornecedor apresentado no livro.

Impresso no Brasil — 1ª Edição, 2014

Vedada, nos termos da lei, a reprodução total ou parcial deste livro.

Produção Editorial Editora Alta Books	Supervisão Gráfica Angel Cabeza	Conselho de Qualidade Editorial Anderson Vieira	Design Editorial Auleriano Messias Marco Aurélio Silva	Marketing e Promoção marketing@altabooks.com.br
Gerência Editorial Anderson Vieira	Supervisão de Qualidade Editorial Sergio Luiz de Souza	Angel Cabeza Jaciara Lima Danilo Moura		
Editoria de Negócios Vinicius Damasceno	Supervisão de Texto Jaciara Lima	Natália Gonçalves Sergio Luiz de Souza		
Equipe Editorial	Claudia Braga Cristiane Santos Beatriz Oliveira Daniel Siqueira	Danilo Moura Evellyn Pacheco Juliana de Paulo Livia Brazil	Marcelo Vieira Milena Souza Thiê Alves	
Tradução Carlos Bacci Júnior	Copidesque c/ Tradução Joris Bianca	Revisão Técnica Cassiano Farani Ronaldo Porto Thiago Almeida	Revisão Gramatical Adriano P. Bastos	Diagramação Joyce Matos

Dados Internacionais de Catalogação na Publicação (CIP)

B642s   Blank, Steve.
     Startup : Manual do Empreendedor o guia passo a passo para construir uma grande companhia / Steve Blank e Bob Dorf. – Rio de Janeiro, RJ : Alta Books, 2014.
     572 p. : il. ; 24 cm.

     Inclui apêndice e índice.
     Tradução de: The Startup Owner's Manual.
     ISBN 978-85-7608-782-3

     1. Empreendedorismo. 2. Empresas novas - Manuais, guias, etc. 3. Clientes. 4. Sucesso nos negócios. 5. Planejamento estratégico. I. Dorf, Bob. II. Título.

                                            CDU 658.012.29
                                            CDD 658.42

Índice para catálogo sistemático:
1. Empreendedorismo   658.012.29

(Bibliotecária responsável: Sabrina Leal Araujo – CRB 10/1507)

Rua Viúva Cláudio, 291 – Bairro Industrial do Jacaré
CEP: 20970-031 – Rio de Janeiro – Tels.: (21) 3278-8069/8419
www.altabooks.com.br – e-mail: altabooks@altabooks.com.br
www.facebook.com/altabooks – www.twitter.com/alta_books

Sumário

Como Ler Este Livro vii
Prefácio xiii
Para Quem é Este Livro? xvii
Introdução xxi
    Um Caminho Recorrente xxii
    Por Que uma Segunda Década? xxiv
    Os Quatro Passos: Um Novo Caminho xxix

Vamos Começar

Capítulo 1:
    O Caminho para o Desastre: Uma Startup não é
    a Versão Menor de uma Grande Empresa 1

Capítulo 2:
    O Caminho para a Epifania: O Modelo de Desenvolvimento de Clientes 17

    O Manifesto do Desenvolvimento de Clientes 28

PASSO UM: Descoberta do Cliente

Capítulo 3:
    Uma Introdução à Descoberta do Cliente 49

Capítulo 4:
    Descoberta do Cliente, Fase Um: Estabeleça
    Suas Hipóteses do Modelo de Negócio 65

Capítulo 5:
    Descoberta do Cliente, Fase Dois: "Vá Para a Rua"
    e Teste o Problema: "As Pessoas se Importam?" 171

Capítulo 6:

Descoberta do Cliente, Fase Três: "Vá Para a Rua"
e Teste a Solução Oferecida pelo Produto 205

Capítulo 7:

Descoberta do Cliente, Fase Quatro: Verifique o
Modelo de Negócio e Rearticule ou Avance 235

PASSO DOIS: Validação pelo Cliente

Capítulo 8:

Introdução à Validação pelo Cliente 251

Capítulo 9:

Validação pelo Cliente, Fase Um:
"Prepare-se para Vender" 263

Capítulo 10:

Validação pelo Cliente, Fase Dois:
"Vá Para a Rua e Venda" 327

Capítulo 11:

Validação pelo Cliente, Fase Três:
Desenvolvimento do Produto e Posicionamento da Companhia 381

Capítulo 12:

Validação pelo Cliente, Fase Quatro:
A Pergunta Mais Difícil de Todas: *Rearticular ou Avançar?* 395

Planta do Startup: Manual do Empreendedor 431

Apêndice A: Checklists 435

Apêndice B: Glossário 497

Apêndice C: Como Construir uma Web Startup: Uma Visão Geral 505

Agradecimentos 511

Sobre os Autores 515

Índice 519

Como Ler Este Livro

CERTAMENTE, *STARTUP: MANUAL DO EMPREENDEDOR* NÃO é um romance. Este livro é um guia que detalha, passo a passo, o processo de construção de uma startup bem-sucedida, lucrativa e capaz de aumentar de escala de maneira sustentável. Na verdade, tem mais a ver com o manual de uso e manutenção de um veículo do que com um romance daqueles que não se consegue parar de ler. Evite ler este livro de uma vez só ou em um fim de semana prolongado. Ele será seu companheiro — e, assim esperamos, seu melhor amigo — por um período entre seis e 30 ou mais meses, que, normalmente, é o tempo que leva para começar a construir uma startup bem-sucedida e escalável.

Organização

Este livro reparte-se em quatro seções distintas. A primeira, Vamos Começar, descreve a metodologia do Desenvolvimento de Clientes e finaliza com o "Manifesto do Desenvolvimento de Clientes", uma relação de 14 princípios que embasam o processo de Desenvolvimento de Clientes em uma startup.

Não leia muito de cada vez.

A seção seguinte, Passo Um, *"Descoberta do Cliente"*, transforma a visão dos fundadores em um quadro do modelo de negócios, e, depois, em uma série de hipóteses. Por sua vez, essas hipóteses são postas à prova em experimentos e testadas junto aos clientes para verificar se você compreendeu o problema do cliente e a solução proposta.

O Passo Dois, *"Validação pelo Cliente"*, expande a esfera de ação dos testes do modelo de negócio para observar se você pode obter pedidos ou atrair usuários em quantidade suficiente para provar que tem em mãos um modelo de negócio recorrente e escalável.

A quarta etapa principal, encontrada no Apêndice A, constitui-se de uma série de checklists que o auxiliam a rastrear seu progresso em cada estágio do Desenvolvimento de Clientes. Utilize-os ao final de cada passo (sim, há checklists para cada um) para certificar-se de que completou todas as tarefas delineadas nesse passo. Faça fotocópias deles, escaneie e envie-os aos membros da equipe. Porém, mais importante, use-os para assegurar-se de haver completado cada passo — antes de mover-se para o seguinte.

Digitais[1] *versus* Canais Físicos

Este livro reconhece que o Desenvolvimento de Clientes opera em diferentes velocidades nas startups digitais *versus* produtos comercializados em canais de distribuição física. O processo de "Atrair/Manter/Aumentar" clientela — a função central de *qualquer* negócio — é distinto. Os produtos web são construídos e obtêm feedback mais rapidamente. Ao reconhecer esse fato, oferecemos modos paralelos de rastreamento neste livro: um focado em bens e canais físicos; e outro, focado em produtos e canais digitais. Na maior parte das vezes, o livro os aborda separadamente. Quando o faz, começamos com o canal físico, seguido do digital.

Em cada fase da descoberta e validação do cliente, você verá diagramas como este para ajudá-lo a entender em que ponto do processo você se encontra:

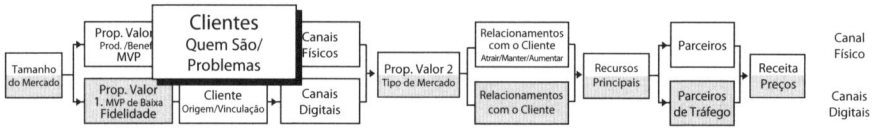

A linha de cima indica os passos recomendados para startups com canais físicos. A linha de baixo representa os passos para startups digitais. Quando os passos são praticamente idênticos, os boxes se fundem.

---

[1] N.E.: Por "Digitais" entende-se, em princípio, os produtos virtuais ou não que são oferecidos através da internet, bem como o acesso a essas ofertas mediante dispositivos portáteis ou não, como desktops, notebooks, tablets, telefones celulares, iPods e semelhantes.

⇝ **Quando estivermos discutindo canais, produtos, estratégias ou táticas digitais, você verá o sinal ⇝ que dá início a tais discussões, sempre nesta fonte, juntamente com o texto, mostrando a você que "houve troca de canal".**

Vale a pena ler ambas as versões de um passo antes de voltar àquela que explana sobre o "seu" tipo de negócio. Quando alguma informação em um canal for essencial para startups do outro, nós lhe avisaremos — e lhe diremos o que ler. Fundadores de startup digital devem dar um rápida olhada na seção física antes de ler e começar a implementar os processos Digitais em cada uma das seções.

Caminhos a Trilhar neste Livro

- *Leia primeiro o glossário que está no final do livro.* O Desenvolvimento de clientes tem uma linguagem toda própria.
- Antes de mergulhar nos detalhes, *leia O Manifesto do Desenvolvimento de Clientes*, nas páginas 28 — 45.
- *Se você já está familiarizado com O Desenvolvimento de Clientes*, passe de leve pelos Capítulos 1 a 3, iniciando no Capítulo 4, "as hipóteses do modelo de negócio".
- Se você quer *alinhar cofundadores, os primeiros funcionários, investidores e consultores na compreensão uniforme da filosofia do Desenvolvimento de Clientes*, deve fazê-los ler os Capítulos 1 e 2.
- *Se você quer ter uma rápida visão geral e um pouco mais*, há duas abordagens:
    - (a) dê uma repassada nos checklists no final do livro, o que lhe permite ter uma noção de todas as tarefas que precisa completar para a implantação do Desenvolvimento de Clientes; ou
    - (b) folheie o livro, procurando por "citações gigantes" como esta:

Este livro não é um romance...
É um manual de referência.

Tais destaques somam 100 ou mais "grandes ideias" encontradas ao longo do livro, que se constituem em verdadeiros "Guias de Estudo" ou, em linguagem mais contemporânea, "tuítes" que dão uma noção do conteúdo de quase 600 páginas de texto.

- *Se você quer um checklist detalhado daquilo que os fundadores necessitam para agir certo*, comece no Capítulo 4, "as hipóteses do modelo de negócio", e use os checklists do Apêndice A, página 435.

- *Se sua startup já está em plena marcha*, você pode querer iniciar pelo Capítulo 7, "Rearticular ou Avançar", para avaliar seu progresso. Depois, pode pular para o Capítulo 12, "Parâmetros que Importam", para verificar se está em condições de aumentar a escala do negócio.

- *Para desenvolver e testar um Mínimo Produto Viável (MVP, sigla em inglês), de uma Startup Digital*, leia: Elaboração dos Testes (página 173), Construa Seu MVP de Baixa Fidelidade (página 181), Teste o Problema do MVP de Baixa Fidelidade (página 191), e Otimize a Atração de Mais Clientes (página 349).

- *Para desenvolver e testar um Mínimo Produto Viável (MVP), de uma Startup Física*, leia: Contatos com o Cliente (página 177), Compreensão do Problema (página 184), Conhecimento de Cliente (página 197), e O Roteiro de Vendas (página 315).

- Para focar no *marketing digital* (como "atrair", "manter" e "aumentar" clientes), leia:
    - Hipóteses: Origem/Vinculação de Clientes (página 86), Canais (página 97) e Relacionamentos com o Clientes (página 131).
    - Construa Seu MVP de Baixa Fidelidade (página 200), Teste o Problema do MVP de Baixa Fidelidade (página 191), Análise de Tráfego/Competitividade (página 202), Teste do MVP de Alta Fidelidade (página 215) e Avaliação do Comportamento do Cliente (página 223).
    - Prepare-se para Vender: Estruturação e Posicionamento (página 265), Plano de Aquisição/Ativação de Clientes (página 275), Construa um MVP de Alta Fidelidade (página 301), Estabeleça um Conjunto de Indicadores (página 309) e Contrate um Analista Chefe (página 321).
    - Vá Para a Rua: Elabore a Otimização de Planos e Ferramentas (página 332), Otimize a Atração de Mais Clientes (página 349), Otimize "Manter" e "Aumentar" (página 364), Teste Vendas nos Parceiros de Tráfego (página 377).

- Para focar em *canal físico de vendas e marketing* (como "atrair", "manter" e "aumentar" clientes), leia:
    - Hipóteses: Segmentos de Cliente: Quem São/Problemas (página 79), Canais (página 97), Relacionamentos com o Clientes (página 144) e Receita e Preço (página 162).
    - Prepare-se para os Contatos com Clientes (página 177), Compreensão do Problema (página 184), Conhecimento do Mercado (página 200), Crie a Apresentação do Produto (página 213) e Teste a Solução com o Cliente (página 217).

- Prepare-se para Vender: Materiais de Vendas e Marketing (página 268), Contrate um Perito em Vendas (página 300), Roteiro de Vendas do Canal (página 303) e Desenvolva o Roteiro de Vendas (página 315).
- Educadores que querem *ensinar o Desenvolvimento de Clientes* ou a aula experimental do *Lean LaunchPad* devem ler:
    - Nosso site, www.steveblank.com, com links para nosso programa de estudo utilizado em Stanford, Berkeley e National Science Foundation.
    - Antes das aulas, os estudantes devem ler:
        — O Manifesto do Desenvolvimento de Clientes, no Capítulo 2
        — Uma Introdução ao Desenvolvimento de Clientes, no Capítulo 2
    - As palestras semanais são organizadas em torno de cada uma das hipóteses da Fase 1, páginas 65-169.
    - Para as aulas do *Lean LaunchPad* os estudantes devem ler:
        — Vá Para a Rua e Teste o Problema, no Capítulo 5, páginas 171-203.
        — Vá Para a Rua e Teste a Solução Oferecida pelo Produto, no Capítulo 6, páginas 205-233.
    - Todas as classes devem ler:
        — Rearticular ou Avançar, no Capítulo 7, páginas 246-248.
        — Parâmetros que Importam, no Capítulo 12, páginas 404-424.

Dicas que Podem Ajudar

Notamos uma correlação direta entre o sucesso dos empreendedores e o estado em que se encontram os textos que manuseiam, cheios de orelhas, surrados e desgastados. USE o livro, não apenas o leia.

Notamos uma correlação direta entre o sucesso dos empreendedores e o estado em que se encontram os textos que manuseiam, cheios de orelhas, surrados e desgastados.

Utilize os checklists. Há mais de 50 deles no final do livro — um para cada passo.

Não leia muito de cada vez. Este é um manual de referência. Exaure quando lido como um livro. Mordisque, em vez de abocanhar muita coisa, em poucas seções por vez, no máximo. Dobre as pontas das folhas e use *post-its* para marcar um determinado trecho e mantenha o livro à mão para consultá-lo frequentemente.

Adiante-se e esquadrinhe. O livro permite-lhe contextualizar aquilo que você está lendo em certo momento. Se você começou a trabalhar sobre o Capítulo 4, por exemplo, pode rapidamente esquadrinhar primeiro o Capítulo 5 e compreender se o que está fazendo agora tem suporte no que vem à frente.

Fique atento a sinais de aviso *como este*:

> **AVANCE COM CAUTELA:** Lembre-se de que este é apenas um tutorial, uma visão geral. Não há como implementar tudo isto de uma só vez.

Empreendedorismo não é um livro de receitas ou um checklist. Afinal de contas, os fundadores são artistas. Não espere que tudo ocorra como reza o livro. É impossível para este livro abranger cada decisão empresarial e cada tipo de startup. Você está na rua não somente para procurar por fatos, mas para aplicar sua sagacidade e buscar inspiração. Nem todo conselho ou sugestão é aplicável a cada situação que você vai encontrar. Nem mesmo irão funcionar sempre. É por isso que os empreendedores são o que são.

Prefácio

EM 1602, A COMPANHIA HOLANDESA DAS ÍNDIAS OCIDENTAIS, geralmente considerada a primeira "companhia moderna", emitiu o primeiro certificado de ações. Em um intervalo de tempo de 300 anos, empresas eram constituídas, funcionavam e cresciam sem que fossem geridas por executivos treinados formalmente para esse fim. Por volta do século XX, a complexidade das corporações modernas demandava um quadro de executivos treinados para administrar grandes organizações. Em 1908, Harvard concedeu o primeiro Mestrado em administração de empresas (MBA) para preencher a necessidade de oferecer educação profissional padronizada para grandes negócios. O currículo do MBA padronizou e programou os elementos essenciais que um executivo de uma companhia moderna precisava saber: contabilidade de custos, estratégia, finanças, gestão de produto, engenharia, administração de pessoal e operações.

As ferramentas formais de gestão têm cerca de 100 anos.

Um salto veloz para a metade do século XX. O par capital de risco e empreendedorismo de startups emergiu em sua forma atual, e desde então tem se expandido acentuadamente. Nos últimos 50 anos, encontrar a fórmula de sucesso recorrente para as startups tem permanecido uma arte obscura. Os fundadores têm continuadamente se esforçado para adaptar as ferramentas dos "grandes negócios", regras e processos ensinados nas escolas de negócios sugeridos por seus investidores. Estes, por sua vez, entram em choque quando startups deixam de executar "o plano", jamais admitindo aos empreendedores que *nenhuma startup executa seu plano de negócio*. Hoje, depois de meio século de prática, nós sabemos, sem sombra de dúvida, que o tradicional currículo do MBA para aplicação em grandes companhias como IBM, GM e Boeing *não* funciona em startups. De fato, é prejudicial.

Com a vantagem da retrospectiva, os empreendedores agora compreendem o problema, ou seja, que *startups não são simplesmente versões menores de grandes companhias*. Estas executam modelos de negócio nos quais clientes, seus problemas e os recursos necessários do produto são todos "conhecidos". Em flagrante contraste, startups operam no modo "buscar", à procura de um modelo de negócio recorrente e lucrativo. Esse objetivo requer regras de ação dramaticamente diferentes, envolvendo roteiros, rol de habilidades e ferramentas que minimizem riscos e otimizem as chances de êxito.

No raiar do século XXI, empreendedores, liderados pelas startups digitais, começaram a procurar e desenvolver suas próprias ferramentas de gestão. Agora, uma década após, um grupo radicalmente distinto de ferramentas para startups tem surgido, muito diferente do utilizado em grandes corporações, porém tão abrangente quanto o do tradicional "Manual do MBA". O resultado é a emergente "ciência da gestão do empreendedorismo". Meu primeiro livro, *Do Sonho à Realização em 4 Passos*, foi um de seus primeiros textos. Ele reconhece que os livros clássicos sobre gerenciamento de grandes companhias eram inadequados para empreendimentos em estágio inicial. Também oferece um reexame do processo existente de lançamento de produto e delineia um método radicalmente distinto que coloca clientes e suas necessidades em primeiro plano no longo processo que precede o lançamento.

Nós estamos construindo o primeiro conjunto de ferramentas específicas para startups.

Na época em que o escrevia, aquele livro se constituía na minha proposta metodológica para que a startup funcionasse do modo certo. Contudo, mal fora publicado, a engenharia ágil tornou-se meu método preferido de desenvolvimento do produto. Esse método iterativo e incremental gerou uma necessidade e uma demanda por um processo paralelo para prover rápido e continuado feedback do cliente. O processo o Desenvolvimento de Clientes que articulei no *Do Sonho à Realização* preenche tal necessidade perfeitamente.

Ao longo da última década, milhares de cientistas, engenheiros e MBAs nas minhas classes da Escola de Engenharia de Stanford e Escola de Negócios da Berkeley

— aliadas àquelas patrocinadas pela National Science Foundation — têm discutido, desenvolvido, avaliado e aprimorado o processo de Desenvolvimento de Clientes. Ele tem sido implementado por dezenas de milhares de empreendedores, engenheiros e investidores ao redor do mundo.

Embora os poderosos "Quatro Passos" continuem sendo fundamentais, este livro vai além de uma segunda edição. Quase todas as etapas do processo, e, de fato, a abordagem como um todo, foram aprimoradas e refinadas com base em uma década de experiência com o Desenvolvimento de Clientes.

O desenvolvimento de clientes faz par com o desenvolvimento ágil do produto.

Ainda mais gratificante: agora, depois de uma década, múltiplos livros e autores preenchem as prateleiras de uma recém-criada seção de estratégia e ciência do empreendedorismo. Eis algumas das outras áreas desse emergente campo da administração do empreendedorismo:

- desenvolvimento ágil, uma abordagem iterativa e incremental de engenharia que permite que o desenvolvimento do produto ou serviço seja reformulado ou rearticulado em função do feedback do cliente e do mercado
- configuração do modelo de negócio, o qual substitui planos de negócio estáticos por um mapa de nove boxes com os elementos-chave que compõem uma companhia
- criatividade e ferramentas inovadoras para gerar e fomentar ideias vencedoras
- a Startup Enxuta, uma intersecção do cliente com o desenvolvimento ágil
- design enxuto da interface do usuário para aprimorar interfaces digitais e taxas de conversão
- risco e empreendedorismo financeiro, para atrair e gerenciar fundos que promovam a inovação

Nenhum livro, incluindo este, constitui-se em um roteiro completo ou contém todas as respostas para os empreendedores. Entretanto, considerados juntos, os textos da biblioteca da ciência de gestão do empreendedorismo representam um conjunto de orientações aos empreendedores como nunca se viu antes. Startups voltadas a um mercado potencial medido em bilhões de pessoas utilizarão esse aparato de conhecimentos para testar, refinar e espalhar suas ideias em escala jamais imaginada.

Nenhum livro, incluindo este, constitui-se em um roteiro completo...

Meu coautor Bob e eu esperamos que livros como este ajudem a acelerar a revolução das startups e a engrandecer o sucesso delas — e o seu.

Steve Blank
Pescadero, Califórnia, março de 2012

Para Quem é Este Livro?

Este livro é para todos os empreendedores e, nele, o termo *startup* é mencionado, literalmente, centenas de vezes. Entretanto, o que é, exatamente, uma startup? *Uma startup não é uma versão menor de uma grande companhia.* Uma startup é uma organização temporária em busca de um modelo de negócio escalável, recorrente e lucrativo. No início, o modelo de negócio de uma startup caracteriza-se pela flexibilidade de ideias e suposições, mas não tem clientes e nada sabe sobre eles.

E, também, temos definido as palavras *startup*, *empreendedor* e *inovação* apenas pela metade. Tais termos significam coisas diferentes no Vale do Silício, na Cultura Popular e na América Corporativa. Embora cada tipo de startup seja distinto, este livro serve de orientação geral para todas elas.

Uma startup é uma organização temporária em busca de um modelo de negócio escalável, recorrente e lucrativo.

Empreendedorismo em Pequenos Negócios: nos EUA, a maioria dos empreendedores e startups são responsáveis por 5,9 milhões de pequenos negócios, que representam 99,7% de todas as companhias que operam em solo americano e empregam 50% do total de trabalhadores no setor privado. Normalmente, atuam no setor de serviços, como tinturarias, postos de gasolina e lojas de conveniência, cujos proprietários pagam suas contas e retiram seus lucros, e raramente aspiram a transformar seus negócios em empresas que movimentam milhões.

Startups escaláveis são o trabalho dos empreendedores tecnológicos. Eles fundam uma empresa acreditando que sua visão irá mudar o mundo e resultará em uma companhia com vendas contadas em centenas de milhões, se não bilhões, de reais. Os primeiros dias de uma startup escalável são dedicados à busca de um modelo de negócio que permita trilhar esse caminho. Escala maior e crescente exige investimento de capital de risco de dezenas de milhões para garantir expansão rápida. Startups escaláveis tendem a aglomerar-se em centros de tecnologia, tais como o Vale do Silício, Shangai, Nova York, Bangalore e Israel, e representam uma pequena porcentagem dos empreendedores, mas cujo potencial de retorno invulgar atrai quase todo o capital de risco (e a imprensa).

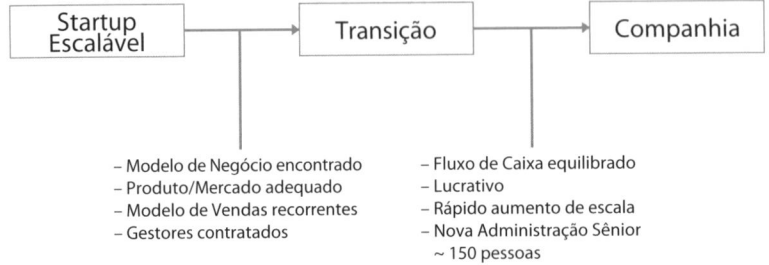

Startup Escalável (Figura i.0)

Startups "Compráveis" são um fenômeno recente. Em razão do custo de desenvolvimento de aplicativos digitais ser extremamente reduzido, as startups podem literalmente financiar a si mesmas através dos cartões de crédito dos fundadores e captar montantes modestos de capital de risco, em geral inferiores a $1 milhão. Essas startups (e seus investidores) ficam felizes em serem adquiridas por $5 milhões ou $50 milhões por grandes companhias, que muitas vezes, junto com o negócio em si, adquirem talentos.

Empreendedorismo em Grandes Empresas: grandes companhias têm ciclos de vida finitos. A maioria delas cresce oferecendo novos produtos que derivam de seus produtos principais (uma abordagem conhecida como *inovação sustentável*). Contudo, podem também partir para a chamada *inovação disruptiva*, tentando lançar novos produtos em novos mercados para novos consumidores. Ironicamente, o tamanho e a cultura das grandes corporações fazem da inovação disruptiva (na verdade, um esforço para parir uma startup escalável no seio de uma grande companhia) uma tarefa de difícil execução.

...o tamanho e a cultura das grandes corporações fazem da inovação disruptiva uma tarefa de difícil execução.

Empreendedores sociais organizam entidades sem fins lucrativos para mudar o mundo. O Desenvolvimento de Clientes proporciona-lhes avaliar a escalabilidade, alavancar os ativos, obter o retorno do investimento e mensurar o crescimento. Essas iniciativas empresariais buscam soluções em vez de lucros, e acontecem em todos os continentes, em áreas tão diversas como recursos hídricos, agricultura, saúde e microfinanças.

Embora o Desenvolvimento de Clientes esteja voltado, em princípio, para auxiliar mais as startups escaláveis, cada um desses cinco tipos de startup tem no empreendedorismo e inovação sua característica fundamental. E cada qual melhora suas chances de encontrar o caminho correto para o sucesso utilizando o Desenvolvimento de Clientes.

Para Quem este Livro *Não* é?

Em certos casos, utilizar a metodologia do Desenvolvimento de Clientes, e este livro, é inapropriado.

Empreendimentos de risco no estágio inicial são de dois tipos: aqueles *com risco de mercado/produto* e aqueles *com risco da invenção*.

- Mercados com risco da invenção são aqueles nos quais é questionável se a tecnologia alguma vez pode vir a funcionar, mas, se o for, a empresa verá os clientes se aglomerarem em frente de suas portas (pense nas ciências biológicas e a cura do câncer).
- Negócios com risco de mercado/produto são aqueles em que se desconhece se os clientes irão adotar o produto.

Para as companhias com produtos web, o desenvolvimento do *produto* pode ser difícil, porém, com tempo suficiente e reformulações, a Engenharia acabará convergindo em uma solução, encontrando um produto funcional — *isso é engenharia, e não invenção*. O risco real é se há clientes e mercado para o produto do jeito que está especificado. Nesses mercados, *tudo diz respeito ao risco de mercado/cliente*.

Há todo um outro conjunto de mercados nos quais o risco é verdadeiramente *uma invenção*. Há mercados em que gerar um produto e colocá-lo na linha de produção exige até dez anos de trabalho (por exemplo, biotecnologia). Se irá funcionar, ninguém é capaz de afirmar; mas se acontecer, a recompensa pode ser tão grande quanto o tamanho do risco que os investidores aceitaram correr. Nesses mercados, *trata-se de risco da invenção*.

As startups resolvem o risco de mercado e cliente lendo este livro.

Um terceiro tipo de mercado alia *invenção e risco de mercado*. Por exemplo, complexas arquiteturas de semicondutores podem significar que você não sabe se o chip vai funcionar como imaginava até que o tenha na mão, pronto para o uso. Contudo, nessa altura, por haver concorrência já firmemente estabelecida e seu conceito ser inédito, você ainda terá que investir no processo de Desenvolvimento de Clientes para aprender como conseguir vencer em companhias que podem estar satisfeitas com os atuais fornecedores.

As startups solucionam o risco da invenção utilizando ferramentas de simulação (dinâmica computacional fluida, análise de elementos finitos etc). As startups resolvem o risco de mercado e cliente lendo este livro. Quando a questão é a concordância dos clientes e a adoção do mercado, este livro mostra o caminho.

Introdução

> *Um herói lendário normalmente é um fundador de alguma coisa —
> uma nova era, uma nova religião, uma nova cidade, um novo estilo de
> vida. Para fazer algo novo, é preciso abandonar o que é antigo, buscar
> a ideia ainda latente e fazê-la germinar trazendo à luz o que é inédito.*
>
> — Joseph Campbell, *The Hero with a Thousand Faces*

JOSEPH CAMPBELL POPULARIZOU A NOÇÃO de uma arquetípica "jornada do herói", um padrão recorrente nas mitologias e religiões das diversas culturas ao redor do mundo. De Moisés e a Sarça Ardente ao encontro de Luke Skywalker com Obi-wan Kenobi, a jornada sempre começa com um herói que escuta o chamado para uma missão. No princípio da viagem, o caminho é nebuloso e nada se enxerga ao longe. Cada herói enfrenta seu exclusivo conjunto de obstáculos, contudo, Campbell foi perspicaz na constatação de que o perfil dessas histórias é basicamente o mesmo. Não existem milhares de heróis diferentes, mas *um único herói com milhares de rostos*.

A jornada do herói é uma maneira adequada de pensar as startups. Todas as novas empresas e novos produtos começam com uma visão — uma esperança do que poderia ser e uma meta que poucos podem enxergar. Essa brilhante e chamejante visão do fundador é o que diferencia um empreendedor de um CEO de uma grande corporação e separa as startups dos negócios existentes.

Empresários fundadores arregaçam as mangas para fazer com que sua visão se transforme em um negócio verdadeiro. Para obter êxito, devem abandonar o *status quo*, recrutar uma equipe que compartilhe da visão que têm e avançar juntos naquilo que aparenta ser um novo caminho, frequentemente envolto em brumas, medo e dúvida. Obstáculos, adversidades e desastre em potencial jazem à frente, e sua jornada para o sucesso arrisca mais do que os recursos financeiros — põe em xeque sua perseverança, agilidade e coragem.

Leva a um novo caminho, frequentemente envolto em brumas, medo e dúvida.

Todo empreendedor crê que seu caminho é único. Cada um deles percorre seu caminho pela startup sem um roteiro e acredita que nenhum modelo ou gabarito poderia ser aplicável. O que faz com que algumas startups sejam bem-sucedidas enquanto outras são obrigadas a vender a mobília parece, muitas vezes, uma questão de sorte. Não é. Como Campbell sugere, *o perfil é sempre o mesmo*. O caminho do sucesso da startup é batido e bem conhecido. Há um verdadeiro e recorrente caminho para o êxito. Este livro mapeia o caminho.

Um Caminho Recorrente

No último quarto do século XX, as startups supunham conhecer o caminho correto para a jornada da startup. E adotaram a metodologia de desenvolvimento do produto, lançamento e gestão do ciclo de vida quase que de modo idêntico aos processos ensinados nas escolas de negócios e utilizados em grandes companhias. Esse procedimento prevê planos de negócio detalhados, itens e pontos de checagem e metas para cada passo até obter o produto final — tamanho dos mercados, estimativa de vendas, elaboração dos documentos com requisitos de marketing, recursos do produto prioritários. E, no final das contas, mesmo com todos esses processos, o fato embaraçoso era que em empresas grandes ou pequenas, tanto em corporações gigantes estabelecidas quanto nas novas startups, mais de nove entre dez novos produtos fracassaram. Uma realidade em cada categoria de produtos — de alta ou baixa tecnologia, online ou offline, bens de consumo ou de produção — bem financiados ou não.

Mesmo após décadas de fracassos semelhantes, investidores sempre se surpreendem quando um novo empreendimento deixa de executar tais "planos" de negócio. *E ainda assim, continuam a depender dos mesmos processos de lançamento de produtos.*

Nós, agora, sabemos qual é o problema. As startups têm utilizado instrumentos apropriados para executar negócios conhecidos. Entretanto, elas lidam com o *desconhecido*. A fim de construir startups vitoriosas, os empreendedores devem experimentar um novo caminho:

Vencedores rejeitam o tradicional sistema de gestão do produto e processos de lançamento que aprenderam para companhias existentes. Em vez disso, combinam engenharia ágil e Desenvolvimento de Clientes para iterativamente construir, testar e buscar um modelo de negócio, transformando em conhecido o que é desconhecido.

Vencedores também reconhecem a "visão" de suas startups como uma série de hipóteses não testadas que precisam ser submetidas à "prova do cliente". Eles testam de forma implacável à procura de *insights* e procedem a correção de curso em dias ou semanas, e não em meses ou anos, para não comprometer o caixa e eliminar o desperdício de tempo da equipe elaborando produtos e recursos que os clientes não querem.

Vencedores reconhecem suas startups como uma série de hipóteses não testadas.

Perdedores executam cegamente uma rígida metodologia de gestão e lançamento de produto. Presumem que a visão dos fundadores encaminha a estratégia do negócio e os planos de desenvolvimento do produto e que tudo que precisam é captar fundos para a execução.

Os fundadores, não os funcionários, devem buscar o modelo de negócio. A melhor maneira para isso é *os fundadores em pessoa saírem às ruas* para obter, mediante o contato direto, um conhecimento profundo, em primeira mão, das necessidades dos clientes em potencial, *antes* de definir um determinado caminho e estabelecer as especificações do produto. É essa a diferença entre vencedores e perdedores. E é, também, o processo de Desenvolvimento de Clientes detalhado neste livro.

Por que uma Segunda Década?

Startups têm utilizado o Desenvolvimento de Clientes por uma década desde a publicação inicial de *Do Sonho à Realização em 4 Passos*. Se este é seu primeiro contato com o *Do Sonho à Realização*, seja bem-vindo a bordo. Para as dezenas de milhares de pessoas que se envolveram com aquela primeira versão, *Startup: Manual do Empreendedor* oferece bem mais. A primeira versão supunha que startups eram empreendimentos de alta tecnologia do Vale do Silício vendendo produtos através de um canal físico e visando negócios de bilhões de reais. Muita coisa aconteceu em dez anos, e esta versão incorporou tais mudanças. Por exemplo:

Bits: A Segunda Revolução Industrial

Durante milhares de anos após a invenção da roda, um *produto* era um objeto físico que se podia tocar, como um alimento, carros, aviões, livros e utensílios de uso doméstico. Eles alcançavam os consumidores por meio de um *canal* físico de vendas: vendedores visitando os clientes ou clientes visitando lojas. A Figura i.1 mostra essa intersecção entre *produtos físicos vendidos através de um canal físico*.

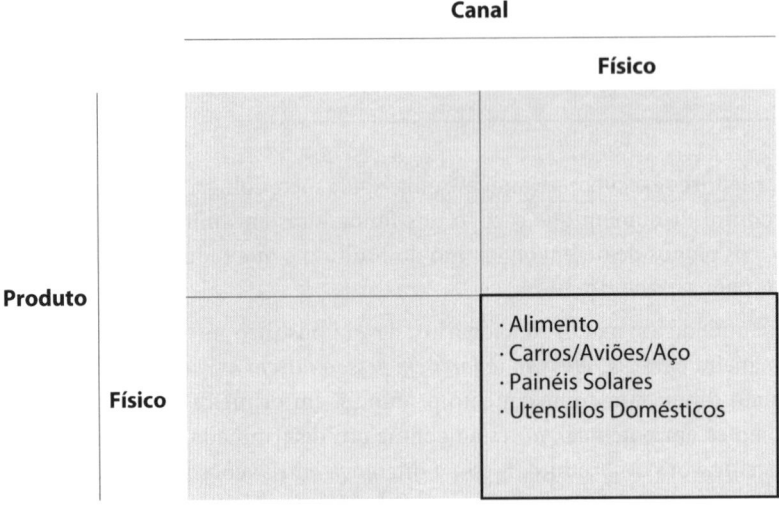

Produtos Físicos Vendidos Através de um Canal Físico (Figura i.1)

Um dos progressos no comércio foi a invenção de produtos que eram *ideias ou promessas que não existiam na forma física*, tais como seguro de vida e saúde, ações e títulos e futuros de *commodities*.

Nos anos 1970, o software começou a ser comercializado como um produto separado de qualquer computador em particular. A capacidade de comprar *bits* era um novo conceito. Os bits, em si, são inúteis, porém, quando combinados com um computador na forma de aplicações de software, resolvem problemas ou divertem as pessoas (editores de texto, controle de pagamentos, jogos). Esses aplicativos, todos na forma de bits, eram vendidos aos consumidores através de lojas varejistas especializadas, um canal físico.

	Canal	
		Físico
Produto	**Bits/Virtual**	· Saúde/Seguro de Vida · Ações/Títulos · Software Empresarial (SAP, Oracle) · Softwares Licenciados (videogames etc)
	Físico	· Alimento · Carros/Aviões/Aço · Painéis Solares · Livrarias · Bens eletrônicos de consumo

Produtos Software Vendidos Através de Canais Físicos (Figura i.2)

Outros aplicativos foram desenvolvidos para resolver problemas que as companhias tinham (acesso a banco de dados, automatização de produção e vendas), como os relacionados no box superior direito da Figura i.2, Produtos Software Vendidos Através de Canais Físicos.

Com a internet, criou-se um novo tipo de canal de vendas, e uma nova classe de empresa surgiu com a proposta de valor de vender produtos físicos pela internet. A Zappos, Amazon, Dell e uma porção de outras companhias de *e-commerce* preencheram um novo nicho: *produtos físicos vendidos via um canal web*. Esse novo canal de vendas causou uma forte ação disruptiva no sistema de distribuição física existente, como varejistas de livros e música talvez saibam melhor do que ninguém.

		Canal	
		Web	**Físico**
Produto	**Bits/ Virtual**		· Saúde/Seguro de Vida · Ações/Títulos · Software Empresarial (SAP, Oracle) · Softwares Licenciados (videogames etc)
	Físico	· Sapatos/Zappos · Livros/Amazon · Filmes/Netflix · Bens eletrônicos de consumo	· Alimento · Carros/Aviões/Aço · Painéis Solares · Livrarias · Bens eletrônicos de consumo

Produtos Físicos em Canais Digitais *(Figura i.3)*

Ao longo da última década, uma nova classe de produto emergiu, em que *AMBOS, produto e canal, são bits* (veja a Figura i.4). Agora, as startups podem ser construídas com milhares, em vez de milhões, de reais e em semanas, no lugar de anos. Em consequência, o número de startups fundadas por ano explodiu. Novas aplicações, como redes sociais, duplicam a socialização, realizando por meio de máquinas os contatos outrora efetuados face a face. Mecanismos de busca que vasculham a web, tais como o Google e o Bing, existem somente em bits em um canal digital.

Mais importante, setores inteiros que começaram a comercializar produtos físicos em instalações físicas têm migrado para bits vendidos pela internet. Originalmente, as pessoas vendiam livros, música, vídeos, filmes, viagens e ações e títulos ou face a face ou nas lojas. Esses canais ou estão sendo radicalmente transformados ou desaparecendo, enquanto produtos físicos tornam-se bits.

		Canal	
		Web	**Físico**
Produto	**Bits/ Virtual**	· Google/Twitter/Zynga Facebook · Ações/Títulos · Filmes/Música/Livros	· Saúde/Seguro de Vida · Software Empresarial (SAP, Oracle) · Softwares Licenciados (videogames etc)
	Físico	· Sapatos/Zappos · Livros/Amazon · Filmes/Netflix · Bens eletrônicos de consumo	· Alimento · Carros/Aviões/Aço · Painéis Solares · Livrarias · Bens eletrônicos de consumo

Produtos Software em Canais Digitais (Figura i.4)

Velocidade, Tempo e Reformulações: a "Segunda Revolução Industrial"

Independentemente do negócio, qualquer empreendimento focado na parte inferior direita da figura i.1 — Produtos Físicos Vendidos Através de um Canal Físico — descobriu durante a última década que as velhas regras e ferramentas para negócios e canais físicos não são mais aplicáveis. Aprenderam que quanto mais próxima uma companhia estiver de um canal e produto digital, mais rapidamente poderá mudar, testar e otimizar *tanto o produto como a oferta*. Necessitam de um novo processo para adaptar agilmente a nova liberdade de ação que os canais e os produtos possibilitam e encontram o que precisam no Desenvolvimento de Clientes.

O processo de Desenvolvimento de Clientes reúne feedback sobre o produto, canal, preço, posicionamento, os quais podem ser modificados e testados quase em tempo real e usados imediatamente para reformular e otimizar. Como resultado, as startups de canais digitais podem mover-se no "ritmo internet", uma impossibilidade em canais e produtos físicos.

Há apenas uma década, obter feedback dos recursos de um videogame exigia recrutar grupos de aficionados e observar, por trás de espelhos falsos, como eles jogavam os games. Hoje, companhias como Zynga testam e ajustam os recursos de seus games online em dias. As vendas estão lentas porque o game é muito difícil? Você pode ajustar a pontuação ou outras variáveis do jogo e mudar o produto mais rápido que consegue dizer "gol!".

Desenvolvimento de Clientes é o processo que organiza a busca pelo modelo de negócio

Em teoria, quando os produtos e o canal das startups são bits, elas podem reunir e agir sobre a informação 100 vezes mais rapidamente que as companhias entregando bens físicos via canais de vendas físicos (dez vezes o número de ciclos de aprendizagem iterativa, cada um usando somente 10% do dinheiro em caixa). De fato, empresas como Facebook, Google, Groupon e Zynga cresceram mais rapidamente na década do que a maioria das corporações industriais cresceram durante o século XX. É isso o que chamamos de Segunda Revolução Industrial.

Os Quatro Passos: Um Novo Caminho

O ponto central do Desenvolvimento de Clientes é simples e cristalino: produtos desenvolvidos por fundadores que encaram os clientes desde logo e com frequência vencem. Produtos entregues às organizações de vendas e marketing envolvidas apenas tangencialmente com o processo de desenvolvimento do novo produto irão fracassar. Não há fatos lá dentro, no escritório, *então, dê o fora de lá*. Sair significa adquirir um profundo entendimento das necessidades do cliente e combiná-lo com um desenvolvimento do produto capaz de incorporar o feedback que vem das ruas. O mix do Desenvolvimento de Clientes com a Engenharia Ágil aumenta dramaticamente as vantagens do novo produto e o sucesso da companhia, ao mesmo tempo que reduz a necessidade de colocar dinheiro na frente e eliminar desperdícios de tempo, energia, dinheiro e esforços.

Não há fatos lá dentro do seu escritório, *então, dê o fora de lá.*

O Desenvolvimento de Clientes reconhece a missão da startup como uma implacável busca de refinamento de sua visão e de suas ideias, e de fazer as alterações em cada um dos aspectos invalidados durante o processo de busca. Um empreendedor procura testar uma série de hipóteses não comprovadas (suposições) sobre o modelo de negócio da startup: quem são os clientes, quais os recursos do produto que devem estar disponíveis e como isso resultará em grande sucesso para a companhia. O Desenvolvimento de Clientes reconhece que uma startup é *uma organização temporária* construída para buscar respostas que promovam a obtenção de um modelo de negócio recorrente e escalável. O Desenvolvimento de Clientes é *o processo que organiza essa busca.*

STARTUP
Manual do Empreendedor

I
Vamos Começar

Capítulo 1:
O Caminho para o Desastre:
Uma Startup não é a Versão Menor de uma Grande Empresa

Capítulo 2:
O Caminho para a Epifania:
O Modelo de Desenvolvimento de Clientes

O Manifesto do Desenvolvimento de Clientes

CAPÍTULO 1

O Caminho para o Desastre: Uma Startup Não É a Versão Menor de uma Grande Empresa

*Insanidade é continuar fazendo sempre a mesma coisa
e esperar resultados diferentes.*

—Albert Einstein

EMBORA ESTA HISTÓRIA SEJA ANTIGA, SUA LIÇÃO é atemporal. No final do século passado, quando a bolha das empresas "ponto com" estava inflada em seu máximo, a Webvan ganhava destaque entre as startups mais empolgantes, com a ousada ideia de alcançar praticamente todos os lares americanos. Valendo-se de uma das maiores captações de recursos financeiros já efetuadas ($800 milhões), a companhia pretendia revolucionar o mercado varejista de mantimentos, avaliado em $450 bilhões, aceitando pedidos online para entregas porta a porta no mesmo dia. A empresa acreditava que esse seria um dos primeiros "killer applications" (produtos tão atrativos e de preço relativamente barato, que alavancam a compra de outro mais caro) da internet. Os clientes teriam apenas que clicar para fechar o pedido. Segundo declarou o CEO da empresa à *Forbes,* a Webvan iria "estabelecer as regras do maior segmento consumidor da economia".

Além dos milhões que iam se amontoando, parecia que os empreendedores da Webvan faziam tudo certo. Com o respaldo do capital de risco dos investidores, a empresa correu para construir enormes armazéns automatizados e adquirir frotas de caminhões de entregas, ao mesmo tempo em que desenvolvia um site fácil de navegar. Contratou um experiente consultor nessa área de negócios. Além disso, a maioria da clientela inicial realmente apreciava o serviço executado. Porém, apenas 24 meses após a oferta pública inicial de ações (IPO, em inglês), a Webvan quebrou. O que aconteceu?

...apenas 24 meses após a oferta pública inicial de ações, a Webvan quebrou.

Não houve negligência em termos de execução. A Webvan fez tudo o que os investidores e o Conselho de Administração queriam. Em especial, seguiu religiosamente o modelo tradicional de lançamento de novos produtos utilizado pela maioria dos empreendimentos de risco e entoou com convicção os mantras da época: "A vantagem é de quem sai na frente" e "Seja grande logo". A falha da Webvan em não perguntar-se "Onde estão os clientes?" deixa evidente como aquele modelo "testado e comprovado" levou uma das mais bem financiadas startups de todos os tempos a trilhar o caminho do desastre completo.

O Modelo Tradicional de Lançamento de Novos Produtos

Ao longo do século XX, todas as empresas colocavam um produto novo no mercado utilizando algum tipo de modelo de gestão de produto (Figura 1.1). Surgindo no início do século, esse modelo centrado no produto descrevia o processo envolvido nas indústrias manufatureiras. Nos anos 1950, foi adotado pela indústria de bens de consumo embalados e incorporado às empresas de tecnologia no último quarto do século. Desde então tornou-se parte integrante da cultura das startups.

À primeira vista, o modelo de lançamento de novos produtos, esboçado no diagrama à direita, aparenta ser útil e benigno. Ele ilustra o processo de colocação de um novo produto nas mãos de clientes à espera dele. Um novo produto passa da etapa de desenvolvimento para a de testes dos clientes (teste alfa/beta), cujo feedback proporciona aos engenheiros de produção corrigir eventuais defeitos técnicos até a data do lançamento e da primeira remessa de mercadorias.

Esse modelo de lançamento de um novo produto é uma boa opção para uma empresa já existente na qual os clientes sejam conhecidos, as características do produto possam ser previamente especificadas, o mercado esteja bem definido e as bases para a competitividade compreendidas.

| Conceito/Pré-Operação | → | Desenvolvimento do Produto | → | Teste Alfa/Beta | → | Lançamento/1ª Remessa |

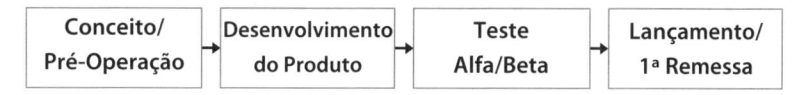

Diagrama de Lançamento de Novo Produto (Figura 1.1)

Muito poucas startups encaixam-se em tais critérios. A maioria desconhece até mesmo quem são os seus clientes. Entretanto, várias delas persistem em usar tal modelo não somente para gerenciar o desenvolvimento de produtos, mas também como um mapa para prospectar clientes e um guia para determinar o início das vendas e projetar receitas. Investidores, por sua vez, baseiam-se naquele diagrama para estabelecer e configurar a aplicação de seus recursos financeiros. Todas as partes envolvidas na startup utilizam um roteiro que as conduz a locais diferentes entre si, e ainda se surpreendem de acabarem perdidas.

O que há de errado no velho modelo e de que maneira ele contribuiu para a implosão bilionária da Webvan?

A Etapa do Conceito e Pré-Operação

Nesta fase, os empreendedores dão forma à sua paixão e visão da empresa, por vezes até mesmo rabiscando em um guardanapo de papel, formando um conjunto de ideias básicas que irão inspirar um *plano de negócio*.

Em seguida, as questões relativas ao produto são definidas. Qual é o produto ou o serviço concebido? Quais são as características e benefícios do produto? Como será manufaturado ou estruturado? Há necessidade de pesquisas técnicas mais apuradas? Quem serão os clientes e onde poderão ser encontrados? Estatísticas e pesquisas de mercado, ao lado de algumas entrevistas de clientes potenciais, são muito úteis na elaboração de um plano de negócio.

É nessa altura que surgem as primeiras estimativas de como o produto chegará às mãos do cliente, incluindo discussões sobre suas vantagens competitivas, canais de distribuição e custos. Uma posição genérica inicial é posta em um gráfico para que os investidores ou superiores hierárquicos da corporação possam visualizar os benefícios esperados. O plano de negócio passa, então, a dimensionar o tamanho do mercado, a concorrência e o aspecto financeiro, anexando planilhas excel com previsões de receitas e despesas. Na etapa de conceito e pré-operação, escrita criativa, oratória apaixonada e um método simples e direto aliam-se na esperança de convencer investidores a financiar a companhia ou a criação de uma nova divisão.

Uma vez que o processo em cascata tenha sido iniciado, "o trem já deixou a estação"...

A Webvan fez tudo de forma exemplar. Com uma história envolvente e um sócio com um histórico de sucesso até então, a empresa foi fundada em dezembro de 1996, e no ano seguinte captou $10 milhões dos investidores de risco do Vale do Silício. Nos dois anos subsequentes, chamadas privadas de capital totalizaram inacreditáveis $393 milhões antes do IPO da companhia.

Desenvolvimento do Produto

No estágio 2, desenvolvimento do produto, é hora de parar de falar e começar a trabalhar. Assim que a companhia começa a especificar funções, cada departamento isola-se um do outro. O marketing aprimora o tamanho do mercado definido no plano de negócio e inicia a busca pelos primeiros clientes. Em uma startup bem organizada (aquela que tem apreço por processos), o pessoal do marketing pode até mesmo formar um ou dois grupos de trabalho focados no mercado em que imaginam estar e trabalhar com a Gestão de Produto em um documento contendo requisitos de mercado (MRD, em inglês) destinado à engenharia, especificando funções e características finais do produto. O Marketing começa a preparar o material promocional, físico e escrito (apresentações, dados, sites) e contrata uma agência de relações públicas. Nesta etapa, ou na fase do teste alfa, as empresas tradicionalmente admitem um Diretor ou Vice-Presidente de Vendas.

Enquanto isso, a Engenharia de Produção está centrada na especificação e manufatura do produto. O que no diagrama (Figura 1.1) ocupava apenas um retângulo intitulado "Desenvolvimento do Produto", agora, normalmente, expande-se através de incrementos processuais "em cascata" ou "em espiral" entrelaçados, todos eles empenhados em minimizar os riscos na definição de um rol de características (Figura 1.2). Esse processo inicia com a visão do fundador, que pode ser ampliada no MRD e expandir-se até as especificações detalhadas de engenharia. Com toda essa tralha em mãos, a Engenharia pode esperar que a implementação lhe custará noites e finais de semana à base de pizzas frias. Uma vez que o processo em cascata tenha sido iniciado, "o trem já deixou a estação", e será quase impossível revisar o produto. Em regra, o "trem" pode correr quase sem parar em nenhuma estação por 18, às vezes 24 meses, ou mais e não tem seu movimento interrompido por mudanças ou novas ideias, não importa o quão boas possam ser para o negócio.

Requisitos → Design → Implementação → Verificação → Manutenção

O Modelo "em Cascata" de Desenvolvimento do Produto (Figura 1.2)

No caso da Webvan, a Engenharia atuou em duas frentes: na construção de armazéns automatizados e na formatação de um site. Aqueles armazéns são um prodígio da tecnologia, com esteiras automáticas e máquinas que retiram os alimentos das prateleiras para que os trabalhadores as embalem para entrega. A Webvan também elaborou seus próprios sistemas de controle de estoques, depósitos e gerenciamento de rotas e o software para gerir o processo entre o pedido e a entrega ao cliente. Esse software comunicava-se com o site da Webvan e enviava as instruções para o atendimento dos pedidos ao centro de distribuição. Assim que a entrega estivesse agendada, o recurso de planejamento personalizado de rotas do sistema determinava o itinerário mais conveniente para entregar as mercadorias nas casas dos clientes.

Ao mesmo tempo, foi iniciado um plano para um programa de marketing promocional que visava fortalecer a marca Webvan, atrair os clientes do mercado-alvo para experimentar o serviço pela primeira vez e estimular o hábito de utilizá-lo de modo recorrente, conquistando sua lealdade e maximizando as compras. O objetivo era construir a marca Webvan por todos os cantos e a fidelidade dos clientes mediante programas de relações públicas, campanhas publicitárias e eventos promocionais. Os gastos envolvidos nessas atividades estavam previstos no plano de negócio.

Teste Alfa/Beta

No estágio 3, a Engenharia de Produção permanece operando sob o modelo "em cascata" rumo à primeira remessa do produto ao cliente. Na ocasião do teste beta, trabalha com um pequeno grupo de usuários externos para testar o produto e assegurar-se de que ele funciona de acordo com as especificações. O Marketing desenvolve um plano completo de comunicação ao mercado, configurando o site corporativo, abastecendo Vendas com um completo sortimento de materiais de apoio e colocando a equipe de Relações Públicas para fazer sua parte, afinando a sua estratégia e começando a contatar blogs e pesquisar o tempo de antecedência necessário para a publicação de material na imprensa, ao passo que o marketing inicia suas atividades de promoção da marca.

O setor de vendas inscreve os primeiros clientes externos (que podem voluntariamente pagar pelo privilégio de testar um novo produto), começa a selecionar canais de distribuição e equipes e escalas de trabalho em organizações de vendas fora da sede da empresa. O Diretor de Vendas trabalha objetivando realizar receitas conforme determinado pelo plano de negócio. Os investidores e membros do conselho de administração mensuram o progresso com base no número de encomendas da primeira remessa. O CEO arregaça as mangas e liga para a sede da matriz para conseguir um aporte extra de capital.

A Webvan realizou o teste beta do seu serviço de entrega de mantimentos em maio de 1999 com cerca de 1.100 clientes. Ao mesmo tempo, o burburinho do marketing iniciou-se com uma blitz de relações públicas que envolveu centenas de artigos divulgando a mais nova empresa no negócio de entrega em domicílio de mantimentos. Investidores privados derramaram centenas de milhões de dólares na companhia.

O Lançamento do Produto e a Primeira Remessa

Com o produto pronto e funcional, a companhia entra no modo "inicializar". É a hora do lançamento. A empresa tem uma grande cobertura da imprensa, e o Marketing dá andamento a uma série de atividades visando criar uma demanda de consumidores finais. Na expectativa de iniciar a comercialização, a companhia monta uma organização nacional de vendas; o canal de vendas tem quotas e metas de faturamento. A diretoria começa a avaliar o desempenho da empresa contrapondo a execução de vendas e o plano de negócio, apesar de ter sido elaborado pelo menos um ano antes, no período em que a companhia primeiro buscava o investimento.

Estruturar um canal de vendas e o marketing de apoio requer muito dinheiro. Com frequência, pressupor que não haja dificuldade precoce de liquidez exige da empresa captar mais recursos. O CEO se depara com as ações de lançamento do produto e o aumento de escala das equipes de vendas e marketing e, de novo, de chapéu na mão, procura a comunidade de investidores (na época da bolha do "ponto com" investidores se apoderavam do dinheiro proveniente do IPO de lançamento do produto e desapareciam antes que houvesse qualquer registro de sucesso ou fracasso). Esse modelo operacional é, sem dúvida, familiar para muitas pessoas: um modelo centrado no produto e no processo, utilizado por inúmeras startups para introduzir seus primeiros produtos no mercado.

A Webvan lançou sua primeira web store em junho de 1999 (apenas um mês após iniciar os testes beta) e colocou toda sua oferta pública de ações 60 dias depois. A companhia arrecadou $400 milhões e tinha um valor de mercado de $8,5 bilhões no dia de seu IPO — montante superior ao valor de mercado conjunto das três maiores cadeias de supermercados. A euforia durou pouco.

Os Nove Pecados Mortais do Modelo de Lançamento de um Novo Produto

Para novidades como a Webvan, o plano de negócio torna-se um equívoco fatal quando tanto o produto quanto os clientes são desconhecidos. Entre a maioria das startups, estes são os nove pressupostos mais enganosos:

1. Presumir que "Eu Sei o que o Cliente Quer"

Os primeiros empreendedores acreditavam piamente que sabiam quem eram, do que precisavam e como fariam para vender aos seus clientes. Porém, qualquer observador isento reconheceria que, no Dia Um, uma startup não tem clientes e, a menos que seja de fato um especialista no assunto, o fundador pode apenas fazer suposições a respeito de clientes, problemas e modelo de negócio. Em seu primeiro dia, uma startup é uma iniciativa baseada em *fé e palpites*. Todavia, a metodologia tradicional ainda leva empreendedores a tratar suposições como fatos, fazendo-os gastar muito dinheiro, da construção à corrida para a primeira remessa de mercadorias, tudo isso antes de dialogar com um único cliente sequer.

No Dia Um, uma startup é uma iniciativa baseada em fé...

Para serem bem-sucedidos, os empreendedores necessitam elaborar hipóteses e realizar estimativas tão previamente quanto possível ao processo produtivo, checando com os clientes a veracidade delas e rapidamente corrigindo o que estiver errado.

2. "Eu Sei Quais São as Características do Produto"

Este segundo equívoco está intrinsecamente vinculado ao anterior. Ao presumir que conhecem seu cliente, os empresários assumem que, igualmente, conhecem as características do produto que os atraem. Eles especificam, configuram e elaboram um conjunto de funcionalidades fundamentando-se no modelo clássico de desenvolvimento do produto, sem jamais ter ido às ruas. Isso não é o que startups *deveriam* fazer? Não — isso é o que empresas que já têm clientes fazem.

...não se sabe se as características do produto atraem os clientes.

Como o próprio nome diz, o processo "em cascata" (veja Figura 1.2) ocorre sequencialmente e sem interrupções durante um a dois anos. O progresso é avaliado a cada etapa ou peça concluída durante o processo até o término da elaboração do produto final. Em face da ausência de contato direto e constante com o consumidor, *não se sabe se as características do produto atraem os clientes*. Sanar os inevitáveis enganos depois de o produto estar pronto e entregue é oneroso e consome tempo, se não for fatal. Pode tornar o produto obsoleto já no lançamento. Ou pior, com frequência ocasionam enormes desperdícios de esforço dos engenheiros de produção, com horas de trabalho jogadas fora quando os clientes comentam que os novos recursos não são o que esperavam. É irônico pensar que empresas novas fiquem paralisadas por utilizarem métodos antigos.

3. Foco na Data de Lançamento

O modelo tradicional impõe à Engenharia, Vendas e Marketing focar em uma data extremamente importante e imutável: a do dia do lançamento do produto. O marketing procura selecionar um "evento" (feira de negócios, exposições, blog etc) no qual possa lançar o produto. Os executivos examinam o calendário de trás para a frente para soltar os rojões saudando o lançamento. Gestores e investidores são avessos a quaisquer desvios de rota que possam causar atrasos. Na verdade, os cronogramas de engenharia tradicionais preveem testes cíclicos *alfa, beta* e *de liberação,* mas raramente dispõem de tempo para aperfeiçoar o produto. Operam sob a orientação de colocar o produto original à disposição com o mínimo possível de falhas.

As datas do lançamento e primeira remessa aos clientes são simplesmente as que a equipe de desenvolvimento do produto imagina que o produto liberado estará "finalizado". Isso não significa que a companhia conheça seus clientes ou como fará a comercialização, em que pese o fato de que, em quase a totalidade das startups, não importa o que esteja acontecendo, as horas continuem correndo rumo ao "dia da primeira remessa". E pior ainda, os investidores de startups são aconselhados por seus consultores a mirar suas expectativas financeiras em tal data.

Assim, ouve-se o coral de investidores entoar, em alto e bom som: "Ora, é isso o que vocês fazem. Levar o produto ao mercado é o que o pessoal de vendas e marketing faz nas startups. É desse jeito que as startups ganham dinheiro". Aquele é um conselho mortal. É preciso ignorá-lo. Focar somente no lançamento é valer-se de uma estratégia do tipo "preparar, apontar, fogo" que não leva em conta o processo de conhecimento do cliente — um erro prosaico e geralmente terminal. É natural e óbvio que todas as empresas queiram colocar e vender um produto no mercado, contudo, isso não deve ser efetuado antes que a companhia saiba a *quem* está vendendo e *por que* eles irão comprar. Forçar a barra é menosprezar a lógica de que "se nossas premissas estão equivocadas, talvez precisemos fazer algo diferente". Trata-se de pôr abaixo o paradigma do "testado e aprovado" segundo o qual os clientes virão meramente pela boa performance dos engenheiros de produção.

É comum que uma startup descubra apenas após o lançamento que não há muitos clientes visitando seu site, jogando seus games, trazendo seus amigos ou fechando pedidos; ou que os clientes iniciais não se multiplicam em larga escala, ou ainda que o produto não atende às expectativas e o custo de distribuição extrapolou. À medida que tais descobertas acontecem, a startup vai se sentindo sufocada por uma ampla organização de vendas e marketing — que literalmente torra muito dinheiro — a qual agora procura entender onde errou e como consertar o estrago.

No caso da Webvan, a moda das empresas "ponto com" pode tê-la influenciado a orientar-se por esse pensamento fixo no lançamento e na primeira remessa, mas esse é um comportamento típico da maioria das startups. A Webvan possuía cerca de 400 empregados, e admitiu outros, mais de 500, nos seis meses seguintes. Em maio de 1999, tinha inaugurado seu primeiro centro de distribuição ao custo de $40 milhões, projetado para atender a uma base de clientes que podia ser apenas imaginada, e tinha se comprometido com outros 15 centros do mesmo porte. Por que isso? Porque o plano de negócio da Webvan dizia para fazê-lo, independentemente da concordância ou não dos clientes.

4. Ênfase na Execução em Lugar de Hipóteses, Testes, Aprendizagem e Iteração

A cultura da startup enfatiza o "faça e faça logo". Por essa razão, é natural que os responsáveis pela produção, vendas e marketing creiam que foram contratados *por aquilo que sabem fazer e não por aquilo que podem aprender*. Eles presumem que sua experiência basta para assumir o risco de um produto novo e tudo de que precisam é colocar seu conhecimento para funcionar do jeito que já fizeram antes.

Ao passo que as empresas estabelecidas põem o modelo de negócio no modo *executar*, pois clientes, problemas e rol de características do produto são conhecidas, as startups necessitam operar no modo *pesquisar*, no qual testam e comprovam suas hipóteses preliminares. Elas aprendem com os resultados de cada teste, reelaboram as hipóteses e voltam a pô-las à prova, na busca de um modelo de negócio sustentável e lucrativo.

> A execução implacável sem que se conheça o que está sendo executado é um crime.

Na prática, as startups começam estabelecendo hipóteses (suposições) que, no final das contas, estarão erradas. Assim sendo, focar na execução e remessa de um produto ou serviço que considera hipóteses iniciais não comprovadas demonstra ser uma estratégia de negócio equivocada.

O modelo tradicional presume que formar uma startup requer um programa passo a passo, sequencial, orientado na execução. Cada etapa desdobra-se em uma progressão lógica que pode ser traçada em um PERT (uma técnica de gestão de projetos que mapeia as fases e o tempo requerido para cada uma delas até o término do projeto), com marcos indicadores e designação de recursos para completá-las. Entretanto, alguém que jamais tenha colocado um produto para um grupo de potenciais consumidores tem conhecimento de que um bom dia frente a frente com os clientes significa dar dois passos à frente e um atrás. A capacidade de aprender com os passos em falso diferencia uma startup de sucesso daquelas que desaparecerão.

Tal como as startups focadas na execução de um plano sequencial de lançamento de um produto, a Webvan contratou Vice-Presidentes de gestão, comercialização e marketing — todos eles orientados na execução de determinado volume de vendas e certa estratégia de marketing, em vez de escutar os clientes e suas necessidades. Após 60 dias das primeiras remessas, aqueles três VPs empregavam mais de 50 pessoas.

> A capacidade de aprender com os passos em falso diferencia uma startup de sucesso.

5. Planos de Negócio Tradicionais Não Incluem Tentativa e Erro

Uma grande vantagem do modelo tradicional de produção: ele fornece ao Conselho de Administração e fundadores um caminho reto e claro, com fases de execução bem demarcadas que *presumem* que serão atingidas. A maioria dos engenheiros de produção sabe o que significam *testes alfa e beta*, e *primeira remessa*. Se o produto apresenta um defeito, todos param para consertá-lo. Em um flagrante contraste, antes da primeira remessa, as atividades de vendas e marketing são pontuais e difusas, raramente com objetivos concretos e mensuráveis. Seja como for, eles carecem de meios para parar e corrigir (ou não) o que está errado, mesmo que não saibam *se* está errado ou *como* proceder para parar.

A evolução financeira é avaliada mediante demonstrativos de resultados, balanços e fluxos de caixa, ainda que não haja receitas para medir. Na realidade, nenhum desses instrumentos de análise é útil para as startups. Os administradores apenas adotaram esses métodos de avaliação utilizados por companhias que já possuem clientes e modelos de negócio conhecidos. Nas startups, tais elementos de mensuração afastam-nas do que deveriam fazer: *encontrar um modelo de negócio com capacidade de crescer de modo sustentável.* Aquelas ferramentas de avaliação vão no sentido oposto a essa meta.

Em vez de perguntar "Quantos dias faltam para o teste beta?" ou "A quantas anda nossa perspectiva de vendas?", os administradores necessitam formular questões específicas sobre os resultados da extensa lista de testes e experimentações para validar todos os componentes de seu modelo de negócio.

Em uma startup, a diretoria não perde seu tempo fazendo esse tipo de perguntas, que não agregam valor algum. Isso não importa, diretores e fundadores devem permanecer focados em um parâmetro financeiro que realmente interessa: a taxa de utilização dos recursos pré-operacionais e o número de meses suportados pelo dinheiro que resta no banco.

Em uma startup, a diretoria não perde seu tempo fazendo esse tipo de perguntas...

A Webvan não tinha indicadores lhe dizendo "Pare e avalie os resultados do lançamento". Caso contrário, teria percebido que permanecia com uma média de 2.000 pedidos por dia contra os 8.000 estimados no plano de negócio. Antes de compreender a resposta dos clientes em sua plenitude, e apenas um mês após a primeira remessa, a Webvan firmou um contrato de $1 bilhão (sim, $1.000.000.000) com a Bechtel para construir mais 26 centros de distribuição nos próximos três anos.

6. Confundir Títulos e Cargos Tradicionais com o que uma Startup Precisa para Cumprir o Objetivo

A maioria das startups simplesmente tomou emprestado de empresas estabelecidas os nomes de áreas funcionais. Cabe lembrar, contudo, que esses títulos referem-se a trabalhos desenvolvidos em modelos de negócio *conhecidos*. O título *Vendas* em uma companhia já existente reflete uma equipe que, de modo recorrente, comercializa um produto conhecido a um conjunto de clientes cujas características dominam, e o fazem mediante apresentações, preços e condições padronizadas. Uma startup, por definição, dispõe de poucos ou nenhum desses requisitos, ou melhor dizendo, ela os está buscando!

Pelo fato de os clientes-alvo, as especificações e apresentações de produtos poderem mudar diariamente, os executivos de startups em seu estágio inicial necessitam muito das habilidades que seus colegas das empresas já estabelecidas, que vendem produtos ou extensões de marcas conhecidas, possuem. A tarefa de prospectar clientes requer pessoas que se sintam confortáveis com mudanças, com o caos, que aprendam com os fracassos e sintam-se à vontade com risco e situações instáveis. Em síntese, as startups deveriam dar as melhores boas-vindas a uma rara linhagem: os empreendedores. Eles são suscetíveis ao aprendizado e à descoberta — extremamente curiosos, inquisitivos e criativos. Anseiam por *buscar* negócios capazes de crescer de maneira sustentável e são ágeis o bastante para lidar com alterações constantes e frequentes e atuar "sem uma bússola". Assumem múltiplas funções, inclusive no dia a dia, e com elegância transitam por eventuais fracassos, que levam ao aprendizado e à renovação.

O CEO e os diretores da Webvan eram provenientes de grandes empresas e tinham uma bagagem considerável de experiência. Foram surpreendidos e se sentiram desconfortáveis com o caos de uma startup e tentaram resolver os problemas elevando rapidamente a escala do negócio.

...estimar o progresso pelo lançamento do produto ou pela projeção de receitas é, simplesmente, um falso progresso.

7. Vendas e Marketing Executam o Plano

Contratar VPs e executivos com o cargo certo, mas as habilidades erradas, gera problemas adicionais, com volumes de vendas insuficientes e mais gente de marketing participando da folha de pagamento para tocar o "plano". Eis o que, normalmente, ocorre:

Seguindo o plano de negócio e o modelo tradicional de introdução de um produto, a diretoria e os fundadores chegam a um entendimento de consenso sobre data de lançamento, aportes de capital, estimativa de receitas e marcos indicadores das várias etapas. O VP de vendas começa a contratar sua equipe principal, estabelece seu plano de ação, marca compromissos e faz tentativas de contatar clientes importantes, capazes de atraírem outros. Ao mesmo tempo, a equipe de vendas utiliza as metas de receitas constantes do plano de negócio para acompanhar seu progresso junto aos compreensivos clientes. Enquanto isso ocorre, o VP de marketing está ocupado desenvolvendo sites, desenhando logos, preparando relatórios de dados e garantia do produto e contratando uma agência de relações públicas para repercutir o lançamento. Essas táticas transformam-se em objetivos de marketing *apesar de serem meras táticas*. O Marketing descobre onde se posiciona, como se comunica, preços e demanda de suas atividades criativas, ou seja, como funcionará, *somente após a primeira remessa aos clientes*.

Os executivos e o Conselho de Administração, acostumados a avaliar a evolução com base no "plano", irão focar naquelas atividades de execução porque é isso o que sabem fazer (e porque acreditam que seus contratados saibam). Sem dúvida, em companhias estabelecidas, com clientes e mercados conhecidos, esse posicionamento faz sentido. Até mesmo em algumas startups operando em "mercados existentes", no qual se conhece mercados e clientes, isso pode funcionar. Mas na maioria das startups, aferir o progresso pelo lançamento do produto ou pela projeção de receitas é simplesmente inócuo, em face da ausência total de feedback dos clientes ocasionada pela omissão em procurar compreendê-los, substituindo fatos por achismos.

A Webvan desencadeou uma espécie de plano diretor que poderia ser chamado de "marcha fúnebre". Em seus primeiros seis meses de atividade adquiriu expressivos 47 mil novos clientes, contudo, 71% dos 2 mil pedidos diários eram de clientes já integrantes de sua carteira, significando que a empresa necessitava urgentemente captar novos clientes e reduzir sua elevada taxa de desgaste. Para agravar ainda mais a situação, a Webvan tinha incrementado seus gastos baseada em estimativas não verificadas, que posteriormente mostraram-se demasiado otimistas.

8. Presunção de Sucesso Leva a Aumento de Escala Prematuro

O modelo tradicional de lançamento de produto, com seu plano de negócio e projeções de receitas, pressupõe que cada passo de uma startup é realizado sem falhas e a transição para a etapa seguinte é feita suavemente, sem transtornos. O modelo deixa pouco espaço para erros, aprendizagem e feedback dos clientes. Ninguém diz "Pare um pouco e analise os consumidores" ou "Faça uma pausa para sentir a reação dos clientes". Até mesmo os executivos mais experientes são pressionados para contratar mais gente, não importando o progresso alcançado pelo plano de negócio. Esse modo de agir conduz a startup ao próximo desastre: *aumento prematuro de escala*.

> **Em companhias grandes, os erros apenas têm mais zeros à direita.**

A admissão de pessoal e os gastos devem ser incrementados somente após as vendas e o marketing terem se tornado processos previsíveis, replicáveis, escaláveis — não quando o plano diz que é a hora de aumentar a escala (ou quando o sinal amarelo das contas acender ou as vendas estiverem fracas).

Em companhias grandes, os erros apenas têm mais zeros à direita. Potências como a Microsoft ou o Google podem passar por isso, lançando produto atrás de produto — Orkut e Wave, Deskbar, Dodgeball, Talk and Finance, no caso do Google; e Vista, Zune, "Kin", "Bob", WebTV, MSNTV, PocketPC, no caso da Microsoft — sob um rigoroso cronograma preso "ao modelo" de presunção de sucesso. Em curto espaço de tempo, a inexistência de clientes se encarrega de decretar a morte silenciosa de produtos e gestões semelhantes.

Na Webvan, o aumento prematuro da escala de produção permeava a cultura de uma empresa dominada pelo mantra do capital de risco à época: "Cresça logo". Ela aplicou $18 milhões no desenvolvimento de softwares próprios e $40 milhões montando seu primeiro depósito automatizado antes de comercializar um item sequer. Aumentar prematuramente a escala trouxe dolorosas consequências à Webvan, a ponto de torná-la estudo de caso em faculdades voltadas a negócios nas décadas seguintes. Como a demanda dos clientes não atendeu às expectativas do plano de negócios da companhia, ela aos poucos se deu conta de que estava com sua infraestrutura hiperdimensionada.

> **...nenhum plano de negócio sobrevive ao primeiro contato com clientes.**

9. Gerir na Crise Leva a Altos Custos de Financiamento

Para a Webvan, as consequências dos erros cometidos começaram a se revelar já na época da primeira remessa. O processo costuma transcorrer mais ou menos assim:

O setor de vendas começa a não alcançar suas metas e os administradores a ficar preocupados. O VP de vendas comparece às reuniões da Diretoria ainda mostrando otimismo, e fornece uma série de explicações razoáveis. Os membros da diretoria mostram-se ressabiados. O VP vai a campo para encorajar as tropas a intensificarem o trabalho. O setor de vendas pede à engenharia para produzir versões personalizadas para clientes especiais, uma vez que esta é a única forma de a equipe responsável fechar uma venda. As reuniões de diretoria ficam cada vez mais tensas. Não demora até que a demissão do VP aconteça como parte da "solução".

Uma nova VP é admitida e logo conclui que a companhia apenas não conhecia seus clientes ou como proceder para vender a eles. Ela diagnostica que o posicionamento da companhia e a estratégia de marketing estão incorrectos e que faltavam ao produto características críticas. Uma vez que a nova VP foi contratada para "consertar" vendas, o departamento de marketing confidencia que acreditava que o que havia sido criado anteriormente estava errado (afinal, o VP anterior havia sido demitido, não é?). Um novo plano de vendas garante alguns meses de lua de mel à nova VP.

Às vezes, tudo isso pode se repetir uma ou duas vezes até se encontrar o caminho correto e atrair um grande número de clientes. Já em tempos difíceis, de dinheiro escasso, a próxima rodada de financiamento pode jamais acontecer.

O problema com a Webvan, contudo, não foi uma estratégia de vendas ou declaração de posição incorretas. Estava no fato de que *nenhum plano de negócio sobrevive ao primeiro contato com clientes*. Os pressupostos do plano de negócio da companhia eram simplesmente um amontoado de hipóteses sem comprovação. Quando os resultados reais começaram a vir, os administradores verificaram que suas estimativas estavam erradas. Com foco na execução de seu plano de negócio, a Webvan iterou sua estratégia e sua busca por um modelo de negócios demitindo executivos.

O fracasso é parte integrante da busca por um modelo de negócio.

A Webvan surgiu em 1999, e seus relatórios trimestrais eram um mar de tinta vermelha. Em vez de reconhecer seu plano irrealista, retrair as atividades e diminuir de tamanho, continuou a gastar de acordo com sua estratégia suicida, acumulando um déficit de $612 milhões nesse processo. Sete meses após o IPO, a Webvan foi à falência.

Cabe agora um irônico pós-escrito: duas outras companhias, em dois continentes, visualizaram a mesma oportunidade, ao mesmo tempo, mas desenvolveram seus empreendimentos obedecendo aos preceitos do Desenvolvimento de Clientes, ainda que não tenham vindo a público na época. Peapod e Tesco são hoje bem-sucedidas, estão crescendo e são lucrativas.

Elas começaram pequenas, sem planos e pressupostos hipotéticos imutáveis e aprenderam com seus clientes como desenvolver e financiar um modelo de negócio que funcionasse. A Tesco, uma empresa britânica que usou lojas varejistas como plataformas de lançamento e "entrepostos", atende hoje a mais de 85 mil pedidos por semana e fatura quase $560 milhões. Já a Peapod, uma empresa americana, faz mais de 10 milhões de entregas de mantimentos a cerca de 330 mil clientes. Explícita ou implicitamente, ambas compreenderam o processo de teste e iteração do Desenvolvimento de Clientes.

CAPÍTULO 2

O Caminho para a Epifania: O Modelo de Desenvolvimento de Clientes

*Estreita é a porta, e apertado o caminho que conduz à vida.
Poucos são aqueles que a encontram.*

—Mateus 7:14

Quando Will Harvey abordou Steve Blank, em junho de 2004, com a ideia de um novo negócio, este, fugindo às suas características, quase pegou o talão de cheques antes de ouvir tudo. Steve já havia investido em uma empresa de Will, a There.com, e ocupava um assento no Conselho. Em outros tempos, Will fora o VP da Engenharia de Produção da Rocket Science, uma companhia de videogames da qual Steve era o CEO fundador. A Rocket Science ficou infamemente conhecida por ter sido capa da revista *Wired* enquanto torrava $35 milhões de capital de risco em menos de três anos, deixando um buraco tão profundo que tem sua própria camada de irídio.

Sentado na sala de Steve, Will explicava sua visão da IMVU, uma empresa do "mundo virtual", com mensagens instantâneas e redes sociais utilizadas através de avatares 3D. Will tinha reputação em escala internacional. Aos 15 anos de idade, ele havia desenvolvido a Music Construction Set, um programa famoso mundialmente.

Conseguiu o título de PhD em Ciência da Computação em Stanford ao mesmo tempo em que comandava uma empresa de jogos, a qual produziu hits como *Zany Golf*, *Immortal* e *Mable Madness*.

Seu sócio cofundador, Eric Ries, tinha dado início a uma empresa de recrutamento online enquanto conquistava sua graduação em Ciência da Computação em Yale. Eric havia se unido a Will em uma startup como engenheiro de software sênior. Essa empresa havia desenvolvido um "mundo virtual" na web utilizando um modelo de desenvolvimento "em cascata" plurianual. Decorridos três anos, o produto estava pronto para o lançamento, com uma campanha estrondosa comandada por um grande nome do mercado, um CEO com ampla experiência corporativa. Somente então descobriram que os clientes não desejavam ou se interessavam pelas características do produto que haviam tão penosa e meticulosamente construído.

Steve disse aos fundadores da IMVU que, para liberar seu cheque para ajudar a reunir o capital inicial para o empreendimento, solicitava realizar uma apresentação oral do seu Desenvolvimento de Clientes em uma classe da Escola de Negócios da Universidade de Berkeley. À medida que o semestre se desenrolava, Will e Eric perceberam que os princípios do Desenvolvimento de Clientes que estavam aprendendo os livrariam de incorrer nos mesmos equívocos que cometeram na startup anterior. Portanto, os cofundadores da IMVU tornaram-se os pioneiros no uso do modelo de Desenvolvimento de Clientes.

...para liberar seu cheque para ajudar a reunir o capital inicial para o empreendimento solicitava realizar uma apresentação oral do seu Desenvolvimento de Clientes.

Steve assumiu um lugar na diretoria e acompanhou, treinou e incentivou Will e Eric a equipar o Desenvolvimento de Clientes com um software ágil. Eles elaboraram um procedimento que se valia do feedback dos clientes e dos testes para ajudá-los a determinar um mínimo de características do produto que os clientes mais apreciavam. Fundamentada no conjunto inicial de hipóteses sobre seus clientes, a IMVU decidiu criar um recurso adicional (*add-on*) que possibilitava, em 3D, personalizar avatares e comunicar-se com todos os amigos através do mensageiro instantâneo operado pela America Online. Após um ano, a IMVU notou que todas as hipóteses a respeito de seus clientes estavam erradas. Ao mesmo tempo que gostaram dos avatares em 3D, eles queriam formar suas próprias listas de amigos em vez de recorrer à disponibilizada pela AOL. A IMVU compreendeu que os clientes não queriam contatar os amigos já existentes, mas conhecer novas pessoas e fazer *novos* amigos. Mês após mês, esse tipo de retorno dos clientes levou a um processo de aprendizagem do tipo "dois para a frente, um para trás" que materializou os princípios do Desenvolvimento de Clientes que eles haviam visto em aula.

A maioria das startups carece de um processo estruturado para testar as hipóteses de seu modelo de negócio.

A IMVU testou, rearticulou, e testou novamente, até obter o produto certo. Em vez de gerar uma crise, esse processo de aprendizagem foi parte essencial da companhia. Ao integrar no Desenvolvimento de Clientes uma engenharia de produção ágil, a IMVU transformou-se na primeira Startup Enxuta ("Lean Startup").

O resultado é uma empresa lucrativa que cresce de modo sustentável. Por que razão a IMVU trilha a estrada do sucesso ao passo que inúmeras outras do mundo virtual e companhias que operam avatares patinam pelo caminho? O que há no Desenvolvimento de Clientes que fornece a Will e Eric um guia confiável para a IMVU em relação à empresa anterior deles?

Uma Introdução ao Desenvolvimento de Clientes

A maioria das startups carece de um processo estruturado para testar as hipóteses embutidas em seus modelos — sobre mercados, clientes, canais e preços — e para transformar estimativas em fatos. O modelo tradicional de lançamento de novos produtos não contempla o feedback dos clientes até sua etapa de testes beta, quando já é tarde demais. O que diferencia uma startup semelhante à IMVU das demais é isto: desde o Dia Um, a IMVU introjetou o processo Desenvolvimento de Cliente, utilizando-o para checar pressupostos e implementar as correções de rumo quase que em tempo real.

O modelo de Desenvolvimento de Clientes representado na Figura 2.1 é elaborado para resolver os nove problemas do modelo de desenvolvimento do produto descritos no Capítulo 1. O modelo extrai todas as atividades relacionadas aos clientes no estágio inicial da empresa, mediante processos próprios, delineados em quatro passos de fácil entendimento. Os dois primeiros passos configuram a "pesquisa" para o modelo de negócio. Os passos três e quatro "executam" o modelo de negócio que foi desenvolvido, testado e comprovado nos passos um e dois. Os passos:

- *Descoberta do Cliente* primeiro captura a visão dos fundadores e a seguir a transforma em uma série de hipóteses do modelo de negócio. Então, desenvolve um plano para testar as reações dos clientes àquelas hipóteses e transformá-las em fatos

- *Validação pelo Cliente* verifica se os resultados do modelo de negócio são repetíveis e têm condições de escalabilidade. Em caso negativo, volta-se ao passo anterior

- *Geração de Demanda* é o início da execução. Define o montante de usuários finais e o canal de vendas e dimensiona o negócio

- *Estruturação da Empresa* opera o processo de transição de uma organização, que deixa de ser uma startup e se transforma em uma companhia focada na execução de um modelo aprovado

Esses quatro passos, articulados perfeitamente, dão suporte a todos os elementos relacionados às atividades do negócio. Os processos específicos associados aos dois primeiros passos, os mais importantes da "busca", estão descritos nos capítulos subsequentes.

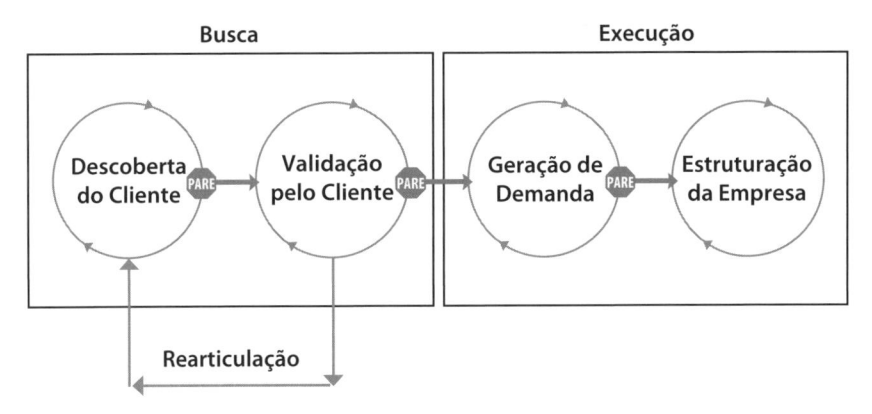

Processo do Desenvolvimento de Clientes (Figura 2.1)

"A Busca pelo Modelo de Negócio": Passos, Iterações e Rearticulações

No modelo de Desenvolvimento de Clientes, cada passo é representado por uma trilha circular com setas recursivas para ressaltar o caráter recorrente de cada passo. É um jeito elegante de dizer que "as startups são imprevisíveis. Nós cometeremos falhas e estragaremos tudo uma porção de vezes antes que a coisa dê certo".

Em contraposição, o plano tradicional de lançamento de produto não prevê retrocessos. Fazê-lo seria considerado um fracasso em si mesmo. Não é de admirar que a maioria dos empreendedores de startups sintam-se constrangidos em ir a campo para aprender, fracassar e aprender mais um pouco. O lema rígido a que estão acostumados proclama em alto e bom som: "Mova-se da esquerda para a direita e terá sucesso. Vá da direita para a esquerda e será demitido". É por esse motivo que nas startups os esforços dos departamentos de vendas e marketing tendem a tocar para a frente, mesmo quando é óbvio que eles ainda não marcaram o seu território. A experiência em inúmeras startups demonstra que tão somente nos estudos de caso das escolas de negócios o andamento da abordagem das principais necessidades dos clientes se faz de modo suave e linear.

Já o modelo de Desenvolvimento de Clientes *contempla a maneira pela qual as startups efetivamente funcionam*, com eventuais retrocessos exercendo um papel natural e valioso no aprendizado e descoberta. A startup irá percorrer cada ciclo do processo de Desenvolvimento de Clientes até alcançar a "velocidade de escape" daquele passo — o nível suficiente de progresso mensurável para encontrar o modelo de negócio definido pela diretoria e equipe — capaz de levá-la ao passo subsequente.

...o que poderiam os clientes nos dizer,
a não ser que estávamos certos?

Eric Ries recorda seus dias antes da IMVU, na There.com: "A companhia queria algum tipo de feedback dos clientes, mas não para valer. De nosso ponto de vista, o que poderiam os clientes nos dizer, a não ser que estávamos certos? A equipe de marketing realizou grupos de discussão, mas agora, olhando para trás, eles nos disseram aquilo que queríamos ouvir". O modelo de Desenvolvimento de Clientes preconiza que haverá tantas repetições, em cada passo, quantas forem necessárias, até obter o resultado correto. A filosofia segundo a qual "o acho que sim pode estragar tudo — aprenda com isso" é o coração do processo.

Note-se que cada um dos quatro passos tem um sinal de "pare" em sua saída. Trata-se simplesmente de um lembrete para repensar se, de fato, aprendeu-se o suficiente para passar ao passo seguinte. Constitui-se em uma pausa para ponderar e repassar o aprendizado, além, é claro, avaliar com franqueza se a empresa alcançou mesmo a "velocidade de escape".

Vamos agora examinar mais de perto cada um dos quatro passos do modelo de Desenvolvimento de Clientes.

Passo 1: Descoberta do Cliente

Esta fase traduz a visão que o fundador tem para a companhia em termos de hipóteses a respeito de cada elemento do modelo de negócio e estabelece uma série de experimentações para comprovar cada uma delas. Ao proceder assim, os empreendedores deixam de lado as conjecturas e vão às ruas para testar a reação do cliente a cada hipótese, levando em conta a perspectiva deles para burilar o modelo de negócio. De todos os ensinamentos do Desenvolvimento de Clientes, a importância de ir a campo e comunicar-se com seus consumidores está entre as de maior peso. Somente saindo do conforto do seu escritório você se conecta e escuta de verdade os clientes e compreende em profundidade seus problemas e os recursos que poderiam ser acrescidos ao produto que poderiam solucioná-los, reunindo, assim, condições efetivas de recomendar alterações no processo de produção para garantir que as mercadorias sejam aprovadas e colocadas no mercado consumidor. Esses detalhes são essenciais para elaborar um produto que possa vir a ser bem-sucedido em função do acréscimo de um diferencial exclusivo como argumento convincente de vendas.

A descoberta do cliente não se restringe a listas de características de clientes-alvo ou montes de discussões de grupo. Em uma startup, os empresários definem sua visão do produto e, a partir daí, a descoberta de cliente procura pelos clientes e mercados que possuem essa mesma visão. (Leia mais uma vez a sentença anterior. A especificação inicial do produto origina-se da visão dos fundadores, não do somatório dos dados de discussões de grupo.)

Em uma startup, os empresários definem sua visão do produto e, a partir daí, a descoberta do cliente procura pelos clientes e mercados que possuem essa mesma visão.

A descoberta do cliente apresenta duas etapas "fora do escritório". Na primeira, analisa-se a percepção que o cliente tem do que considera um problema e o que precisa para resolvê-lo. Quão relevante é o impacto positivo de corrigir o problema, em termos de acréscimo de interesse e de vendas? Na segunda fase, mostra-se o produto ao cliente pela primeira vez, asseverando, com tato, que o produto (neste ponto, o mínimo produto viável) resolve o problema apontado ou satisfaz razoavelmente bem as necessidades, no intuito de persuadir muitos clientes a comprá-lo. Uma vez que os clientes, com entusiasmo, confirmam a importância do problema e sua solução, o passo descoberta do cliente é completado.

Na fase descoberta do cliente podem ocorrer rearticulações. Falhas irão acontecer. Mal-entendidos ou erros de estimativas-chave sobre seu modelo de negócio são frequentes: quem são seus consumidores, quais problemas eles querem resolver, que componentes seriam úteis, quanto os clientes estariam dispostos a pagar para isso etc. As rearticulações são uma resposta a esses enganos. Uma rearticulação é a maior mudança em uma das nove hipóteses do modelo de negócio estabelecidas a partir do aprendizado com o feedback dos clientes. Elas ocorrem com frequência durante o processo de Desenvolvimento de Clientes. Não se constituem em um fracasso. Na verdade, aceitar o fato de que é normal que as startups falhem e rearticulem é um dos maiores insights deste livro.

➥ **No que tange a aplicativos de internet para celulares (apps), ou produtos, a descoberta do cliente inicia-se no momento em que a primeira versão em baixa fidelidade do site ou app começa a rodar. O site é utilizado para testar as hipóteses do modelo de negócio entre clientes e usuários. Quando se trata de bits, pode ser montado um tosco mínimo produto viável de características muito rapidamente, em questão de dias ou mesmo horas, e os empreendedores podem começar a busca por clientes quase que de imediato e refinar seus produtos com estratégias de gestão de clientes em tempo real. Essa abordagem foi utilizada por diversas startups de renome com sucesso, entre as quais o Facebook e o Groupon, que começaram a caça aos clientes utilizando esses produtos sem acabamento quase no dia em que abriram as portas.**

Uma rearticulação não é uma falha.

Outro aspecto importante da descoberta do cliente é que o fundador tem liberdade para ignorar tudo que descobre. Há ocasiões (em especial em um mercado novo) em que a visão do fundador pode ser mais aguda do que a dos potenciais clientes. Porém, esse posicionamento extremo exige do fundador mais que um dar de ombros. Requer dele especificar os porquês.

A equipe da IMVU produziu rapidamente, contando com um orçamento de marketing de incríveis $5 por dia, um anúncio minimalista na internet, usando o Google AdWords para atrair 100 novos usuários por dia para o seu site. Com muita atenção, observaram, monitoraram e analisaram o comportamento dos usuários no site. Usuários constantes (e pagantes) foram abordados com questões em salas de bate papo, enquetes, telefonemas dos fundadores. Eis, talvez, o mais feio (ou mais lisonjeiro) dos comentários: "Me dá vontade de arrebentar meu computador toda vez que eu uso isso.", disse um usuário que *acabava voltando sempre*! Para resumir, quatro meses depois do financiamento, um novo produto havia nascido levando em consideração o feedback recebido, demonstrando a relevância da descoberta do cliente.

Passo 2: Validação pelo Cliente

Neste estágio se verifica se o negócio testado repetidamente na descoberta do cliente é um modelo de negócio que, de modo recorrente e sustentável, é capaz de prover um volume de clientes tal que se possa construir uma empresa lucrativa. No decorrer da validação, a companhia testa sua capacidade de elevar a escala (isto é, suas atividades de produção, aquisição de clientes, precificação e canais de distribuição) com base em um grande número de clientes mediante uma nova bateria de testes, mais extensos e rigorosos e em maior quantidade. Durante esta fase, uma startup também elabora o planejamento para as equipes de vendas e marketing (que será contratada mais à frente) ou valida a criação de um plano de criação de demanda online. Em termos simples, cada $1 aplicado em vendas e marketing gera $2 ou mais de receitas (ou de usuários, clicks, visitas ou o que for)? O resultado desse trabalho será testado aqui com a venda aos primeiros clientes.

↬ **Quanto aos apps para digitais, é na fase de validação do cliente que ocorre a operacionalização de uma versão de "alta fidelidade" do MVP para testar as características principais junto aos clientes. A validação do cliente comprova a existência de um grupo de consumidores, confirma que estes aceitam bem o MVP e autentica a firme intenção de compras deles.**

Mas, como? Dependendo do modelo de negócio, a validação é efetuada por "testes de vendas", nos quais os clientes metem de fato a mão no bolso (ou mostram vivo interesse no produto). Em um mercado simples, de mão única (aquele em que o comprador paga diretamente ao produtor), um fluxo estável de compras valida de modo muito mais confiável que um monte de palavras bonitas. Não há substituto para quem paga pelo produto. Já em um mercado em que há intermediários entre o cliente e o produtor, ou em um modelo de negócio "ad-supported" (financiado pelos anunciantes), uma base de centenas de milhares de clientes que cresce exponencialmente normalmente implica em acirrada disputa de interessados em pagar para ter acesso a eles.

Em essência, os dois primeiros passos do modelo de Desenvolvimento de Clientes — descoberta do cliente e validação pelo cliente — burilam, corroboram e testam o modelo de negócio de uma startup. O procedimento completo consiste em verificar as características mais importantes do produto, bem como a existência de mercado e clientes, testar o valor atribuído ao produto e sua demanda, identificar o comprador (ou seja, aquele que assina o cheque), implementar as estratégias de preço e distribuição e conferir o processo proposto para o ciclo de vendas. Somente se (e quando) for determinado o nível adequado de clientes, e um ritmo contínuo de vendas — cujos valores determinam um lucrativo modelo de negócio — estiver claramente estabelecido e validado, será possível alcançar a "velocidade de escape". Nessa altura, chega o momento de dar o próximo passo: aumentar a escala, também conhecido como Geração de Demanda.

Constatar que a hipótese está errada não é uma crise.

Na startup anterior de Will e Eric, o CEO e a diretoria os obrigaram a aguardar três anos e investir $30 milhões para aperfeiçoar um produto com um feedback mínimo dos clientes. Em contraste, a IMVU lançou um produto inicial, ainda sem sua conformação final, cerca de 120 dias após ser inaugurada. De modo surpreendente, alguns clientes adoraram esse esboço de produto a ponto de não só pagar por ele, como oferecer aos empreendedores o que estes queriam: feedback (e dinheiro).

A equipe da IMVU valeu-se do feedback dos clientes intensamente, aprimorando, acrescendo ou retirando componentes que os mais constantes e exigentes usuários ("heavy users") gostavam ou não. O processo de determinação do preço conduziu a uma elevação de 30% nas receitas. Ao perceber que os adolescentes reclamavam da sua falta de acesso aos cartões de crédito, a IMVU reagiu de forma rápida, implantando a alternativa de pagamento com vales-presentes disponíveis nas lojas 7-Eleven e Walmart, online, e através de outras redes varejistas.

Um Bônus do Desenvolvimento de Clientes:
Desperdício Mínimo de Dinheiro e Tempo

Os dois primeiros passos do Desenvolvimento de Clientes atuam como um limitador do volume de recursos financeiros que uma startup aplica antes que o modelo de negócio seja testado e validado e haja condições para um aumento de escala. Em vez de contratar uma equipe de vendas e marketing e construir ou alugar novas instalações, os empreendedores da startup testam as hipóteses do modelo de negócio *in loco,* na rua, minimizando os custos.

Quando em conjunto com a engenharia ágil, o Desenvolvimento de Clientes reduz a quantidade desperdiçada de códigos, componentes ou equipamentos. O desenvolvimento ágil constrói o produto em pequenos avanços, permitindo à companhia monitorar e avaliar a reação do cliente a cada novo contato. Não há necessidade de levar três anos para descobrir que os consumidores não desejam nem precisam ou não conseguem usar os recursos do produto que a equipe tão zelosamente elaborou.

Na maioria das startups, o Desenvolvimento de Clientes assume que o circuito descoberto/validação ocorre múltiplas vezes, o que permite a uma empresa bem gerida, estimar e administrar prudentemente seu caixa. Tal maneira de proceder também auxilia a "administrar" o patrimônio dos fundadores, uma vez que, quanto mais próxima a companhia estiver de um modelo de negócio previsível e capaz de garantir um crescimento sustentável, mais elevado será o seu valor de mercado — preservando as ações dos fundadores em períodos de captação de recursos. Os fundadores da IMVU, por exemplo, só contrataram pessoal para o desenvolvimento do produto (e não para vendas, marketing ou desenvolvimento de negócios) quando estavam seguros de que tinham um negócio de peso em mãos. Com essa certeza, a companhia pode dar seus próximos passos: geração de demanda (o terceiro) e estruturação da empresa (o quarto), capitalizando a oportunidade que se abria.

Passo 3: Geração de Demanda

Esta fase se assenta no êxito das primeiras vendas da empresa. A companhia pisa fundo no acelerador, despendendo grandes somas de recursos para aumentar a demanda global de seus produtos pela incorporação de usuários finais através de seus canais de venda. Este passo é subsequente ao de validação pelo cliente, movimentando volumosos gastos com publicidade e promoção, depois que a startup aprendeu como obter clientes, bem como a controlar o ritmo dos aportes de capital para salvaguardar o ativo mais precioso, o dinheiro.

A Geração de Demanda depende do tipo de startup. Algumas vão atuar em mercados já existentes, de características conhecidas determinadas pela concorrência, enquanto outras criam novos mercados, virgens de produtos ou empresas, e outras ainda procuram penetrar em mercados já formados, seja pelo baixo custo de entrada, seja criando um nicho. Em cada específica estratégia de mercado há atividades distintas e custos diferentes (os tipos de mercado são analisados em profundidade no Capítulo 3).

De início, a IMVU examinou um amplo espectro de experiências de baixo custo de segmentação de cliente. Logo identificou dois grupos de clientes bem distintos — adolescentes e mães — e viu incrementarem-se os gastos para bancar os esforços em dois processos diferentes de criação do cliente.

Passo 4: Estruturação da Empresa

A "colação de grau" acontece no instante em que a startup encontra o modelo de negócio que possibilita elevar a escala de modo sustentável. É o momento em que a organização, até então orientada em pesquisa, deixa de ser uma startup — é agora uma companhia! Em uma transição por vezes agridoce, a "estruturação da empresa" realoca as forças dinâmicas da equipe para além do modo "buscar" e as dirige para focar na execução, trocando sua orientação informal na aprendizagem e descoberta por outra, formal, em que se configuram os departamentos de Vendas, Marketing e Desenvolvimento de Negócios, entre outros, inclusive com seus VPs. Esses executivos, então, se encarregarão de estruturar seus respectivos departamentos para promover o aumento de escala da companhia.

É bem aqui, neste ponto, que as tragédias shakespearianas, em sua versão entre os empreendedores, costumam com frequência ser encenadas. Um investidor de perfil ousado percebe que tem um "hit" com grande potencial de retorno para seu capital. De repente, o empreendedor visionário e apaixonado não mais é considerado a pessoa certa para comandar a agora bem-sucedida companhia, aquela mesma que ele havia cuidado desde um rabisco num guardanapo de coquetel até atingir o topo. O Conselho de Administração — graciosamente ou não — afasta o fundador e sua inata capacidade de compreensão do cliente, substituindo-o por um executivo de renomada experiência. Então, tudo desanda. A empresa declara sucesso, o tino empresarial vai minguando e as melhores energias vão sendo drenadas.

Na IMVU, os fundadores viram a companhia rapidamente expandir-se além de suas capacidades. Porém, em vez de serem mandados embora, reconheceram que precisavam de um experiente executivo operacional, recrutaram um CEO habilidoso e nomearam a si próprios como conselheiros e membros ativos da diretoria. O novo CEO foi hábil em realizar a transição da busca pelo negócio à execução, levando a empresa a crescer de forma constante.

O Manifesto do Desenvolvimento de Clientes

ANTES DE MERGULHAR DE CABEÇA NOS DETALHES do processo de Desenvolvimento de Clientes, é crucial examinar as 14 regras que constituem *O Manifesto do Desenvolvimento de Clientes*. Incorpore-as. Repasse-as periodicamente com a equipe (começando, quem sabe, logo após o IPO) e considere a possibilidade de gravá-las nas paredes de mármore da sede mundial.

Regra Nº 1:
Nada Acontece Dentro do Escritório, Só Lá Fora.

No Dia Um, a startup nada mais é do que um empreendimento de fé baseado na visão dos fundadores e em uma notável ausência de fatos. A tarefa dos fundadores é transformar a visão e as hipóteses que têm em fatos. Os fatos acontecem no lado de fora das instalações, nas ruas, onde os futuros clientes (ainda em perspectiva) vivem e trabalham, então, é ali que você precisa estar. Não há nada mais primordial no Desenvolvimento de Clientes e nada tão difícil de realizar. É muito mais fácil escrever um código, montar um equipamento, comparecer a reuniões e redigir relatórios do que localizar e escutar os potenciais consumidores. Bem, isso é o que separa vencedores e perdedores.

Os fatos acontecem no lado de fora das instalações, nas ruas, onde os futuros clientes vivem e trabalham...

No Desenvolvimento de Clientes, *os fundadores coletam experiências em primeira mão sobre cada elemento do modelo de negócio. A equipe pode colaborar com os fundadores, mas experiências em primeira mão, por definição, não podem ser delegadas.* É preciso que essa pesquisa junto ao cliente seja efetuada por eles pelos seguintes motivos:

- Os pontos principais do feedback do cliente são aleatórios, imprevisíveis e muitas vezes doídos de ouvir. Subordinados detestam dar más notícias a seus superiores
- Funcionários não têm muito a perder, raramente escutam com exatidão e não são ouvidos de maneira adequada quando relatam algo. É muito fácil rejeitar seus comentários tachando-os de rumores ou ignorar pontos críticos de feedback
- Consultores têm menos ainda a perder que funcionários e com frequência adicionam um brilho extra em seus comentários, ou dizem aos clientes o que estes querem ouvir ou reportam informações capazes de prolongar o relacionamento comercial

Cabe apenas ao fundador realizar o feedback, considerá-lo e habilmente promover as alterações ou rearticulações que se fizerem necessárias nos elementos constituintes do modelo de negócio.

Regra Nº 2:
Casar o Desenvolvimento de Clientes com Desenvolvimento Ágil

O Desenvolvimento de Clientes é inútil, a menos que o método de desenvolvimento do produto possa ser flexível, adaptando-o com rapidez e agilidade.

O Desenvolvimento de Clientes é inútil, a menos que o método de desenvolvimento do produto possa ser flexível, adaptando-o com rapidez e agilidade. O processo de produção "em cascata" deixa a Engenharia inacessível aos inputs dos clientes, exceto em um curto intervalo de tempo dedicado à especificação do produto. No restante do tempo, os engenheiros estão vinculados a um ciclo de implementações, impossibilitados de efetuar mudanças nos componentes do produto sem incorrer em intolerável atraso. Em contraposição, a Engenharia de uma startup é organizada, valendo-se de uma metodologia ágil, redesenhada continuamente para adaptar-se aos inputs dos clientes e entregar, prontamente, um produto com um mínimo de componentes.

Neste livro, *engenharia/desenvolvimento ágil* tem o sentido de rápida implementação, adaptabilidade e processos contínuos de descoberta utilizáveis por companhias de hardware ou software. Não defendemos algo em particular, apenas a necessidade dessas ações. O processo de Desenvolvimento de Clientes proporciona que um contínuo fluxo de inputs do cliente dê agilidade ao trabalho.

Antes mesmo que a empresa comece a operar, é fundamental que os fundadores comprometam-se profunda e inexoravelmente com a parceria cliente/desenvolvimento ágil.

Regra Nº 3:
Falhar é Parte Integrante da Busca

Uma das principais diferenças entre uma startup e uma empresa existente é uma afirmação nunca explicitada: "Startups vão falhar e depois falhar de novo".

Em contraste, companhias existentes aprenderam o que funciona ou não. Fracassos em um companhia existente são exceções. Eles acontecem quando alguém faz uma grande bobagem. Em uma startup, você está *procurando*, não *executando*, e a única opção de encontrar o caminho correto é tentar inúmeras experimentações e digerir outro tanto de desenganos. Falhar é parte do processo.

Se você tiver medo de falhar em uma startup, estará predestinado a fazê-lo.

A rigor, em uma startup, por serem parte integrante de um processo de aprendizagem, falhas não são verdadeiramente falhas. Você pode efetuar dezenas, se não centenas de testes do tipo "certo/errado" — em componentes, precificação e por aí afora — até estar pronto para aceitar as falhas e seguir em frente. Quando alguma coisa não está funcionando, fundadores bem-sucedidos aconselham a si mesmos a olhar novos fatos, estabelecem o que necessita ser corrigido e agem de modo decisivo.

O processo de Desenvolvimento de Clientes demanda frequentes e ágeis reformulações, seguidas, é claro, de testes recorrentes que encaminham a outras adaptações ou rearticulações, o que leva a mais testes e...

Se você tiver medo de falhar em uma startup, estará predestinado a fazê-lo.

Regra Nº 4:
Faça Repetidos Ajustes e Rearticulações

No Desenvolvimento de Clientes, a estratégia de digerir falhas demanda ágeis e frequentes revisões e novas articulações. Uma rearticulação é uma mudança importante em uma ou mais das nove premissas de trabalho do quadro do modelo de negócios. (Por exemplo, uma alteração no sistema de cobrança, de "freemium" — em que a versão básica de um produto é grátis, mas recursos extras, não — para assinatura, ou uma substituição do segmento de clientes, de meninos para mulheres de meia idade.) Ou pode ser algo mais complexo, como mudar completamente o público-alvo. Já as iterações representam modificações de menor relevância nos componentes do modelo de negócio, como por exemplo, baixar o preço de $99 para $79.

A lendária rearticulação de $12 bilhões da Groupon é um exemplo perfeito.

Há ocasiões em que, se uma companhia estiver patinando, somente uma dramática mudança em um ou mais dos elementos que compõem o modelo de negócio possibilita a ela voltar a trilhar o caminho do sucesso. A lendária rearticulação de $12 bilhões da Groupon (valor do seu IPO) é um exemplo perfeito. A Groupon originou-se de uma empresa chamada The Point. Esta se esforçava, no melhor dos casos, para ser uma plataforma de mídia social que reunia pessoas para, juntas, resolver problemas, mas estava ficando sem capital.

Entre as mais eficazes campanhas da The Point, figurava a que economizava o dinheiro das pessoas através de compras conjuntas. Os fundadores começaram a blogar diversos acordos com variados negócios todos os dias. Batizaram isso de "Get Your Groupon.com". A primeira oferta campeã do Groupon ocorreu em outubro de 2008: compre duas pizzas pelo preço de uma na loja do primeiro andar da matriz, em Chicago. Vinte pessoas toparam a oferta e a companhia colocou em andamento sua rearticulação de $12 bilhões.

As rearticulações são efeito do aprendizado e dos insights provenientes de um fluxo contínuo de testes de "certo/errado" aplicados nas fases de descoberta e validação.

Os melhores empreendedores em startup não hesitam em realizar mudanças. Se as hipóteses forem equivocadas, eles admitem o erro e fazem a adaptação necessária.

Regra Nº 5:
Nenhum Plano de Negócio Sobrevive ao Primeiro Contato com Clientes Então, Utilize um Quadro do Modelo de Negócios

Apenas uma razão justifica um plano de negócio: algum investidor que cursou uma escola de negócios não conhece nada melhor e quer porque quer ver um. Entretanto, assim que aplica o seu dinheiro, o plano de negócio é, em essência, inútil. Com frequência, os empreendedores cometem o erro de considerar o plano de negócio como um livro de receitas, não sendo capazes de perceber que se trata tão somente de uma coleção de pressupostos sem comprovação. No fundo, um plano de receitas aprovado sob as bênçãos de um investidor, e recheado de achismos, subitamente se revela um plano operacional orientado para contratar, demitir e gastar. É insano.

A diferença entre um plano de negócio estático e um modelo dinâmico poderia muito bem ser a diferença entre extinção e sucesso.

A diferença entre um plano de negócio estático e um modelo dinâmico poderia muito bem ser a diferença entre extinção e sucesso. As startups deveriam jogar fora o *plano* de negócio e adotar o *modelo* de negócio.

Um modelo de negócio descreve a interação entre os fatores principais que constituem uma companhia:

- *proposta de valor*, que está embutida nos produtos, serviços e benefícios da empresa
- *segmentos de clientes*, tais como usuários, pagantes, mães ou jovens
- *canais de distribuição* para alcançar os clientes e oferecer-lhes a proposta de valor
- *relacionamento com o cliente* para criar demanda
- *receitas* geradas pela proposta de valor
- *recursos-chave* exigidos para viabilizar o modelo de negócio
- *atividades-chave* necessárias para implementar o modelo de negócio
- *parceiros-chave* que farão parte do negócio e sua motivação para isso
- *estrutura de custos* resultante do modelo de negócio

O quadro do modelo de negócios (veja a Figura 2.2) apresenta uma visão panorâmica, em uma página, dos nove componentes de um negócio. Neste livro, o modelo idealizado por Alexander Osterwalder (que o chamou de *Business Model Canvas*), funciona como uma tabela de indicadores para o processo da descoberta do cliente descrito no Passo 1. Osterwalder, em seu livro *Business Model Generation: Inovação em Modelo de Negócios* (Editora Alta Books), estrutura o modelo.

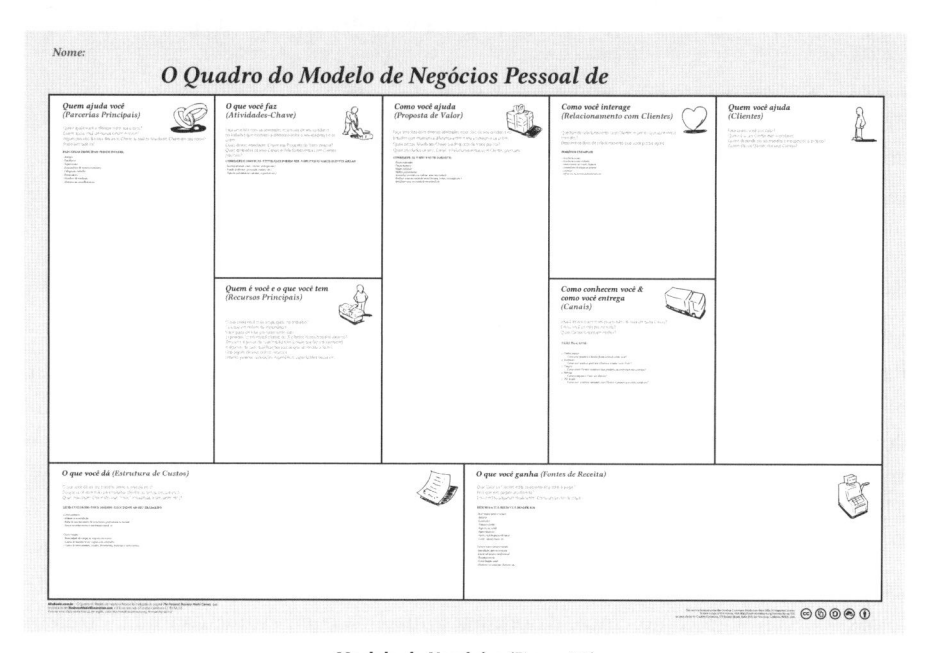

Modelo de Negócios *(Figura 2.2)*

Como a startup está operando sob o processo do Desenvolvimento de Clientes, utilizará o quadro do modelo de negócios como uma tabela de indicadores, inserindo as hipóteses em cada item do modelo, e revisando-as à medida que os fundadores forem coletando os fatos. Pense em sua primeira versão do quadro do modelo de negócios como ponto de partida cujas hipóteses devem ser ratificadas através da interação direta, online, com os clientes. Mais do que depressa, os clientes irão rejeitar componentes do modelo de negócios, dizendo: "Prefiro comprar direto do varejista" ou "O produto precisa ter tais e tais recursos para ser importante para mim". Conforme os clientes aprovam ou contestam as hipóteses do modelo, a companhia aceita a aprovação ou articula mudanças no produto na primeira oportunidade.

Utilizar o quadro do modelo de negócios como um guia facilita localizar onde e como realizar as reformulações, uma vez que a equipe pode visualizar no diagrama suas alternativas e compreender o que precisa ser modificado. A cada revisão ou reformulação (veja Regra Nº 4) que fazem em função dos dados do feedback do cliente, os fundadores reconfiguram o diagrama do modelo incorporando as mudanças. Ao longo do tempo, os múltiplos diagramas podem ser reunidos em um álbum, cujas imagens folheadas em sequência mostram a evolução do quadro do modelo de negócios. Startups ágeis podem acabar com uma pilha enorme de diagramas do modelo, que a equipe pode picotar e jogar da janela mais alta do escritório para celebrar o êxito do IPO.

No capítulo 3, encontra-se muito mais a propósito de como utilizar os diagramas do quadro do modelo de negócios nos processos da descoberta do cliente.

...hipótese é só uma palavra sofisticada para "achismo"

Regra Nº 6:
Elabore Experimentos e Teste a Validade de Suas Hipóteses

Para começar, hipótese é só uma palavra sofisticada para "achismo". Para converter hipóteses em fatos, os fundadores devem ir às ruas e *testá-las* junto aos consumidores. Mas como fazer isso? E o que se quer aprender com esse exercício? Testar e aprender exigem de você esforço intelectual para elaborar e configurar seus testes. Chamamos isso de "elaborar os testes".

Os experimentos do Desenvolvimento de Clientes são testes curtos, simples e objetivos do tipo "certo/errado". Você está à procura de um sinal forte no seu sensor de ondas sonoras, algo como cinco, da primeira dúzia de clientes que consulta, dizerem "eu preciso disso para já, mesmo que ainda não esteja finalizado". Os testes iniciais não são necessariamente precisos, porém, podem dar um indício favorável para prosseguir.

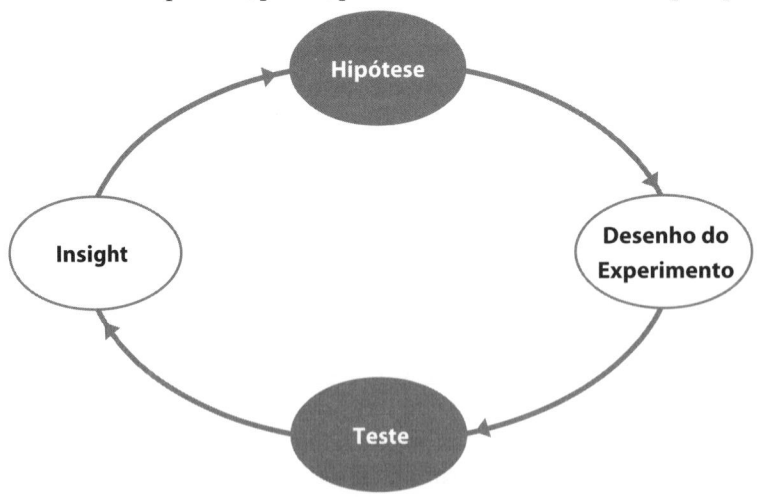

O Ciclo do Insight no Desenvolvimento de Clientes (Figura 2.3)

Comece perguntando a si próprio: "De qual insight eu necessito para ir em frente?". E em seguida: "Qual é o teste mais simples que eu posso aplicar para checar isso?". E por fim: "Como estruturo um experimento para realizar esse teste?".

Uma das coisas que deixam hesitantes engenheiros e fundadores é que eles imaginam que os testes devem conter códigos ou produtos reais. Entretanto, na maioria das vezes, pode-se usar um modelo de página da web, ou criar uma demo ou ainda, um protótipo para obter dados úteis.

Regra Nº 7:
Aja de Acordo com o Tipo de Mercado. Isso Muda Tudo.

Um dos mais radicais insights deste livro é que *nem todas as startups são iguais*. Entre as diferenças, conta-se o relacionamento entre os novos produtos delas e seus mercados. Esses relacionamentos produto/mercado em geral correspondem a um destes aspectos:

- trazem um produto novo para um *mercado existente*
- trazem um produto novo para um *mercado novo*
- trazem um produto novo para um mercado existente e tentam:
- ressegmentar esse mercado com um baixo custo de entrada ou
- ressegmentar esse mercado *criando um nicho*
- *clonar* um modelo de negócio que deu certo em outro país

O que, há décadas, deixa os empreendedores confusos é que o modelo tradicional de lançamento de produto funciona quando este é introduzido em um mercado já existente com um modelo de negócio conhecido (ou seja, clientes, canais e mercados conhecidos). Contudo, como a maior parte das startups não está entrando em mercados conhecidos (aqueles com categorias novas ou ressegmentadas), elas simplesmente não sabem quem serão seus clientes. Tais startups estão atrás de um modelo de negócio que proporcione um crescimento constante e sustentável.

O tipo de mercado tem influência em tudo que a companhia faz.

O tipo de mercado tem influência em tudo que a companhia faz. Táticas e estratégias que são eficientes em um mercado raramente funcionam em outro. O tipo de mercado determina o feedback dos clientes de uma startup e condiciona atividades e dispêndios. Ele muda as necessidades dos clientes, composição e posicionamento dos produtos tanto quanto estratégia, canais e atividades. Em resumo, *tipos diferentes de mercado exigem diferentes descobertas, MVPs e estratégias de vendas e marketing.*

Em mercados existentes, nos quais já há clientes, o trabalho de marketing é relativamente simples: os usuários podem descrever o mercado e os atributos que mais lhes importam. Os novos produtos ou serviços expandem-se velozmente por serem algo melhor ou mais barato ou aperfeiçoarem um atributo já aceito pelo cliente. Os usuários, o mercado e os concorrentes são conhecidos e a competição envolve comparar produtos e recursos uns dos outros.

Em um novo mercado, a companhia induz os clientes a fazerem algo que antes não podiam, criando algo que antes não existia, ou reduzindo dramaticamente os custos de criar uma nova classe de usuários. Por definição, mercados novos ainda não possuem clientes, então, não há ninguém que saiba o que o produto pode fazer ou por que motivo iriam comprá-lo. Isso faz da obtenção de feedback e criação da demanda um desafio e tanto, pois o produto é desconhecido para os usuários e o mercado não está definido e é desconhecido também, o que significa elevados custos de desenvolvimento.

A questão não é competir, mas aferir se há uma grande base de clientes e avaliar se os clientes podem ser persuadidos a comprar. Um erro clássico em um novo mercado é torrar rapidamente os recursos orçados para vendas e marketing, uma prática que pode ser adequada quando se vende para clientes existentes em mercados conhecidos, mas que não faz sentido em um novo mercado. A oposição novo *versus* existente é o ponto central na definição do tipo de mercado.

Ressegmentação em um mercado existente é uma política útil quando a incumbência de atacar o líder (como Amazon, Facebook ou Microsoft) apresenta muita dificuldade. Esta estratégia é baseada em mercados e clientes da startup conhecidos, idealmente identificando uma oportunidade de mercado ainda não explorada ou percebida, que apresenta uma das duas formas: baixo custo de entrada ou nicho (segmentação não é o mesmo que diferenciação, porque cria e ocupa um lugar específico na mente dos consumidores, além de ser exclusivo, precioso e almejado).

Ressegmentação de baixo custo é exatamente o que parece. Há uma porção menor de um mercado existente com potencial de vendas bom o bastante para responder positivamente a uma redução de preços?

Ressegmentação em um nicho é uma opção quando é afirmativa a resposta à seguinte questão: "Há em um mercado existente uma parcela que compraria um novo produto configurado para atender necessidades mais específicas?". Parte apreciável de um mercado pode ser convencida de que as características de um novo produto são radicais o suficiente para alterar as regras e o formato de um mercado existente. Veja o trabalho de Chan Kim e Rence Mauborgne's em seu livro *Estratégia do Oceano Azul,* para ver outro modo de pensar a ressegmentação de um mercado.

Clonar um modelo de negócio existente é uma técnica poderosa quando o mesmo deu certo em um país e ainda não foi introduzido em outro. Startups na Rússia, Índia, Indonésia e Brasil, Japão e China (cada qual com seu próprio e amplo mercado interno, barreiras culturais e idiomáticas) podem adotar, emprestar ou copiar um modelo americano bem-sucedido e configurá-lo às suas características específicas (assim como ideias de outras nações podem ser clonadas nos EUA).

Como exemplo, Baidu na China e Yandex na Rússia são o equivalente ao Google. Já Qzone, RenRen, PengYou e Kaixin são os Facebooks da China, e Vkontakte e Odnoklassniki, as redes sociais na Rússia.

As startups, de modo geral, penetram em um desses quatro tipos de mercado e nele permanecem. As consequências de uma má escolha do tipo de mercado costumam ser sérias na etapa da criação do cliente. Muito embora, em última análise, o tipo de mercado seja uma "vinculação de última hora", hipóteses de trabalho auxiliam a enquadrar as questões iniciais relacionadas à descoberta do cliente. A tomada de decisão a propósito do tipo de mercado é explorada com riqueza de detalhes no Capítulo 3.

...alguns poucos índices de análise financeira: taxa de aporte de recursos, comprometimento, em número de meses, das disponibilidades...

Regra Nº 8:
Nas Startups os Indicadores são Diferentes dos Utilizados em Companhias Existentes

Hoje em dia estão disponíveis uma série de instrumentos para medir o desempenho de negócios existentes — demonstrativos de lucros e perdas, projeções de fluxo de caixa e análises setoriais de mercado e muitos outros. Esperamos que sua startup comece grande o bastante para necessitar deles todos os dias. Em um passado nem tão distante assim, usamos aquelas ferramentas para avaliar a performance das startups porque não conhecíamos outro modo de fazê-lo. Atualmente, estamos convictos de que os indicadores, em uma startup, deveriam estar focados em observar o progresso em transformar suposições e hipóteses em fatos incontestáveis, em vez de mensurar a execução de um plano rígido. É um fator de vital importância que diretores e administradores testem recorrentemente cada hipótese, até que o modelo de negócio prove haver condições de se proceder ao aumento de escala da companhia.

No caso de um empreendimento de risco, administradores e investidores precisam estar de acordo em estabelecer um "painel de instrumentos" que essencialmente substitua os demonstrativos de lucros e perdas, fluxo de caixa e balanços patrimoniais como peças centrais nas reuniões dos executivos.

Em uma startup, os índices de avaliação dos testes de acerto/erro e reformulações são capazes de :

- Validar os componentes do produto, resolvendo os problemas do cliente?
- Refletir o conjunto mínimo de recursos exigido pelos clientes?
- Determinar quem é o cliente e validar, pelo contato direto, as hipóteses a ele relacionadas, em face da proposta de valor, segmentos e canais?
- As questões da validação pelo cliente podem incluir: média do tamanho do pedido, vida útil do produto para o cliente, tempo médio para o primeiro pedido, taxa de incremento de vendas, melhoria no índice de fechamento de pedidos e receitas por vendedor.

Adicionalmente, pode-se considerar alguns poucos índices de análise financeira: taxa de gasto de recursos; número de meses cobertos pelos recursos, planos de contratação de pessoal a curto prazo e o tempo estimado para que a empresa equilibre o fluxo de caixa.

Certifique-se de tomar decisões baseadas em fatos, não em fé.

Regra Nº 9:
Decisões Rápidas, Ciclo de Tempo, Velocidade e Ritmo

Nas startups, a única certeza, em termos de velocidade, é a da redução diária do saldo bancário. Embora a Regra nº 4 recomende reformulações e rearticulações, não especifica quanto tempo tempo demandarão. Não há dúvida de que quanto mais rápido, melhor, e desde que os ciclos "aprender, fazer, rearticular" ou "repetir, construir" aconteçam, são maiores as chances de encontrar o modelo de negócio que permita aumentar a escala com o capital disponível. Quando tais ciclos ocorrem muito devagar, as startups veem seus recursos se exaurirem e morrem. O maior dos empecilhos do ciclo de tempo é psicológico: requer admitir estar errado ou até mesmo adotar a tática de sofrer uma derrota no curto prazo.

Em que pese reformulações e repetições, quanto à questão da velocidade, referirem-se ao que ocorre fora, também têm a ver com o que se passa dentro da empresa.

A maior parcela das decisões em uma startup são tomadas na base da incerteza. São raras aquelas caracterizadas por uma clara definição dos problemas com desenvolvimento, clientes ou competidores, e os fundadores morreriam tentando encontrar algumas delas. O que não significa que a companhia jogue seu destino em um capricho. Isso significa estabelecer planos com um grau aceitável de risco, e então trabalhar rápido (certifique-se de tomar decisões baseadas em fatos, não em fé). Em geral, empresas que tomam e implementam decisões rapidamente ganham enormes, e com frequência decisivas, vantagens competitivas.

...startups deveriam adotar decisões reversíveis antes que alguém saia da sala do CEO.

As decisões em uma startup têm dois estados: *reversíveis* e *irreversíveis*. Decisões reversíveis podem ser adicionar ou retirar um recurso do produto, ou um novo algoritmo no código ou, ainda, focar em um grupo específico de clientes. Se a decisão revelar-se equivocada, pode ser revertida em um período de tempo razoável. Uma decisão irreversível, tal como despedir um funcionário, lançar um produto ou assinar um longo contrato de aluguel das instalações é, normalmente, de revogação difícil ou impossível.

As startups devem estabelecer como política *adotar decisões reversíveis, antes que alguém saia da sala do CEO* ou antes que uma reunião termine. Tomar decisões perfeitas é impossível, o que importa é o que virá pela frente e uma acentuada e rápida capacidade de revisão baseada em fatos, reconhecendo e revertendo as más decisões. Enquanto uma grande empresa pede a um comitê que peça ao subcomitê que agende as datas das reuniões de trabalho, a maioria das startups tomou 20 decisões, reverteu cinco e implementou as outras 15.

Aprender a tomar decisões é apenas parte da equação. Startups ágeis dominam outro truque: ritmo — a habilidade de tomar decisões rápidas, consistentemente, em todos os escalões da companhia. Velocidade e ritmo são partes integrantes do DNA da startup, na qual um ritmo ótimo é, com frequência, dez vezes o de uma grande companhia.

Regra Nº 10:
Paixão é Tudo

Uma startup composta por pessoas sem paixão está morta no dia em que abre as portas. O "pessoal de startup" é diferente, pensa diferente. Ao contrário, em sua maior parte, as pessoas são ótimas executoras. Elas trabalham para viver, fazem bem suas tarefas e apreciam sua família, modo de vida, *hobbies* e até mesmo aparar a grama do jardim. São muito boas em executar tarefas fixas, o que é uma maravilhosa vida para quase todos.

Já as pessoas que levaram quase todas as startups ao sucesso na história são diferentes. Elas correspondem a uma ínfima porcentagem da população mundial e estão antenadas ao caos, incerteza e rapidez de pensamento. Estão irracionalmente focadas nas necessidades do cliente e em oferecer excelentes produtos. Seu trabalho é sua vida. Seu padrão não é trabalhar oito horas por dia: é 24 horas, todo dia. Essas são as pessoas que encontraram startups de elevada capacidade de crescimento sustentável.

Startups exigem executivos que se sintam à vontade em meio ao caos, incerteza e mudanças.

Regra Nº 11:
Em uma Startup, os Nomes de Cargos são Diferentes de uma Grande Companhia

Em uma empresa existente, as diversas funções refletem a maneira como os trabalhos são organizados para executar um modelo de negócio já conhecido. Por exemplo, o título "Vendas" nessas companhias significa que há uma equipe que continuamente comercializa um produto conhecido em um conjunto bem determinado de clientes, usando apresentações corporativas padronizadas baseadas em listas de preço, condições e contratos fixos. O título "Vendas" em uma companhia existente tem a ver com a execução de uma série de elementos conhecidos.

Em comparação com as grandes empresas, as startups requerem executivos cujas habilidades são diametralmente opostas. *Startups exigem executivos que se sintam à vontade em meio ao caos, incerteza e mudanças* — com apresentações e ofertas alterando-se diariamente, substituições recorrentes de produtos, mais sondando e ficando atentos aos insights de eventuais falhas do que esperando celebrar os êxitos. Em suma, as startups necessitam de uma rara linhagem de executivos:

- abertos ao aprendizado e à descoberta — altamente curiosos, inquiridores e criativos
- incansáveis na procura de um modelo de negócio capaz de aumentar de escala de forma sustentável
- ágeis o suficiente para acompanhar as mudanças e "dispensar as bússolas"

- desempenhar múltiplas funções, muitas vezes no mesmo dia
- encarar as falhas com tranquilidade quando elas direcionam ao aprendizado e à iteração

Nós sugerimos reagrupar os tradicionais títulos, orientados à execução, atribuídos a vendas, marketing e desenvolvimento de negócios, em um único e simples: equipe de Desenvolvimento de Clientes. A princípio, ela consistiria nos fundadores da companhia, que dialogaria com os clientes para reunir insights o bastante para desenvolver um mínimo produto viável. Mais tarde, com a startup movendo-se rumo à validação pelo cliente, a equipe poderia ser aumentada com a inclusão de alguém responsável pela logística envolvida no fechamento dos primeiros pedidos. Este elemento não pode ser confundido com o tradicional VP de vendas. Para que o processo seja bem-sucedido, a equipe deve ter:

- a habilidade de escutar as objeções do cliente e compreender se tratam-se de questões relativas ao produto, às apresentações, nível de preços ou o que mais for (ou se é o tipo errado de cliente)
- experiência em comunicação, fazendo o meio de campo entre clientes e engenheiros de produção
- confiança em um ambiente de frequentes mudanças, movimentando-se sem o auxílio de mapas ou roteiros pré-estabelecidos
- a capacidade de colocar-se no lugar do cliente, compreendendo como eles se comportam e os problemas que enfrentam

Alguns diriam que essa relação não é das piores para identificar grandes empreendedores.

Regra Nº 12:
Segure Todo o Dinheiro Até Precisar Dele. Então, Gaste-o.
O objetivo do Desenvolvimento de Clientes não é evitar gastar dinheiro, mas *preservá-lo enquanto estiver buscando o modelo de negócio capaz de aumentar a escala de modo repetível. Uma vez que ele tenha sido encontrado, gaste como se não houvesse amanhã*. Nas linhas que seguem essa ideia é esmiuçada:

Preserve o dinheiro: Quando uma startup tem um caixa ilimitado (bolhas de internet, épocas de euforia em empreendimentos de risco), pode-se persistir nos erros e torrar muito dinheiro. Se este for pouco, sem condições de consertar os enganos, é crucial minimizar o desperdício. O processo de Desenvolvimento de Clientes preserva o caixa pela não contratação de pessoal de vendas e marketing, até que os fundadores transformem hipóteses em fatos e descubram como explorar um produto/mercado viável.

Enquanto estiver buscando: O Desenvolvimento de Clientes considera que, no início, a companhia e seu modelo de negócio estão fundamentados exclusivamente em hipóteses, não em fatos, e que os fundadores precisam ir às ruas para transformar essas hipóteses sobre os clientes em dados concretos. Essa abordagem "de sair às ruas", conjugada a rápidas reformulações e rearticulações, é o ponto central do modelo de descoberta do cliente e validação de cada fase.

...preservar o dinheiro enquanto se estiver em busca do modelo de negócio capaz de aumentar a escala de modo sustentável...

Aumentar a escala: A meta não é obter um cliente, mas vários — e para cada cliente adicional há um incremento de receitas *e lucro*. A questão é responder ao que se segue: acrescer mais um vendedor ou aplicar mais recursos em marketing irá proporcionar um crescimento do lucro bruto (ou usuários ou cliques)? Quem estimula uma venda? Quem recomenda uma venda? Quem toma as decisões de mercado? Quem é o responsável por compras? Onde estão os orçamentos de compras desse tipo de mercado? Qual é o custo de aquisição de um cliente? No Desenvolvimento de Clientes, a fase mais importante está no passo validação pelo cliente, em que se afirma que o *modelo de negócio é capaz de aumentar a escala de modo sustentável*. A equipe aprendeu como vender aos clientes-alvo? Isso pode ser alcançado antes que se esgotem os recursos monetários da startup?

De Modo Repetitivo: Startups podem obter pedidos de vendas ocasionais originados dos membros do departamento de relações com os clientes, dos engenheiros ou de um único e heroico esforço do CEO. Isso é muito bom, todavia, precisam ser repetidos de maneira recorrente pela organização de vendas. É preciso buscar grandes receitas não de forma pontual, mas mediante um padrão de negócios especiais fora da lista de preços, que podem ser replicados pelo departamento de vendas ou entre os visitantes regulares do site.

Busque grandes receitas não de forma pontual, mas mediante um padrão...

Modelo de negócio: Um modelo de negócio responde à questão básica de como a companhia ganha dinheiro. Através das receitas diretas ou buscando usuários por políticas de "freemium"? Há algo mais? Quem são os clientes?

Gaste como se não houvesse amanhã: O objetivo de um investidor em uma startup não é construir um negócio como um estilo de vida, é alcançar a escala compatível com um investimento de risco (dez vezes ou mais de retorno sobre o investimento). No momento em que os gestores e o conselho de administração concordam que obtiveram um modelo de negócio capaz de aumentar a escala de modo sustentável (ou seja, têm o produto/mercado para tal), *eles investem seu dinheiro para criar a demanda de usuários finais e atendê-los através dos canais de vendas.*

Regra Nº 13:
Comunicar e Compartilhar Aprendizado
Faz parte da filosofia de "aprender e descobrir" do Desenvolvimento de Clientes compartilhar tudo aquilo que se obtém na vivência nas ruas, com funcionários, cofundadores e, até mesmo, investidores.

Um método tradicional de realizar isso é promover encontros semanais para manter os empregados a par e reuniões com o conselho para informar os investidores do progresso alcançado na busca pelo modelo de negócio. Porém, a tecnologia do século XXI nos leva a lugares onde nunca estivemos antes. Hoje em dia, podemos comunicar tudo que aprendemos em tempo real a todos que precisarem saber.

Recomendamos fortemente que os fundadores busquem e compartilhem todas as suas atividades no passo descoberta do cliente mencionadas no Capítulo 3, por intermédio de um blog, CRM (sigla em inglês de Gestão de Relacionamento com o Cliente) ou meio semelhante. Pense nisso como uma narrativa do processo de descoberta do cliente. Trata-se de um registro das hipóteses de início de uma startup, de quem as formulou, de quais questões foram levantadas, dos testes aplicados, do que se aprendeu e dos pontos colocados por consultores ou investidores. Embora possa passar a impressão de trabalhosa, requer menos tempo do que o café semanal com os membros do conselho de administração. Além disso, é uma ferramenta de comunicação que possibilita às pessoas de fora da companhia acompanharem de perto o desenvolvimento da empresa e oferecer sugestões para correções de rota.

Regra Nº 14:
O Sucesso do Desenvolvimento de Clientes Começa com a Concordância de Todos na Startup

A filosofia de "aprender e descobrir" do Desenvolvimento de Clientes pode ser perturbadora ao extremo para um fundador, engenheiro de produção ou investidor que tenha feito sua carreira *executando um plano*. Para que o Desenvolvimento de Clientes seja bem-sucedido, toda a equipe — do investidor ou da matriz aos engenheiros, pessoal de marketing e fundadores — necessita compreender e aceitar que a essência do processo de Desenvolvimento de Clientes tem conceito diferente. Se o diretor de produção está falando de desenvolvimento "em cascata" ou os administradores exigem um cronograma rígido, o Desenvolvimento de Clientes está destinado ao fracasso completo e irremediável. Todos têm que aceitar o processo, reconhecer que a *busca por um modelo de negócio* é fluida, não linear, e que pode prolongar-se, às vezes, por anos a fio.

O processo do Desenvolvimento de Clientes tem conceito diferente.

O Desenvolvimento de Clientes provoca mudanças em todos os aspectos do comportamento de uma startup, desempenho, formas de avaliação e, no mais das vezes, no potencial de sucesso. Não é apenas "algo legal de fazer" enquanto se executa o modelo de receitas na esteira do plano de negócio. O Desenvolvimento de Clientes *reinventa o modelo de negócio dinamicamente*, reformulando e rearticulando sempre que for indicado. Os fundadores precisam dispor do comprometimento da equipe *e do Conselho de Administração* antes de embarcar de corpo e alma no Desenvolvimento de Clientes. É necessário que todos compreendam e estejam de acordo que ele é iterativo, necessário e que vale a pena e, ainda, que mudará referências e parâmetros ao longo do caminho.

Comentários tais como "o produto já está especificado e nós não podemos mais modificar suas características, pois o desenvolvimento está em andamento", ou "nós já temos a fábrica (ou a equipe de vendas ou materiais de marketing) montada", ou ainda "temos que fazer o lançamento para obter os números planejados" devem acender a luz vermelha no painel de controle. Para que o Desenvolvimento de Clientes tenha êxito, é preciso que a companhia descarte a ênfase que o modelo antigo dá na execução da fantasia do plano de negócio. Em seu lugar, o compromisso com o processo de Desenvolvimento de Clientes dá realce ao aprendizado, descoberta, falha e revisão, em sua busca pelo modelo de negócio bem-sucedido. Caso você esteja pronto para abraçá-lo, este livro lhe dirá como fazer isso.

Resumo: o Processo de Desenvolvimento de Clientes

O processo de Desenvolvimento de Clientes incorpora as melhores práticas das startups vencedoras. Trata-se de uma abordagem para negócios baseados na web, nos quais o fracasso certamente decorre da ausência de um constante feedback do cliente que leve à reformulação do produto em busca de seu público-alvo. Ciclos rápidos do Desenvolvimento de Clientes e preservação do caixa dão aos empreendedores maiores possibilidades para rearticular, revisar e ter sucesso antes que as contas bancárias evaporem. Descreva esse modelo aos empreendedores que precisam conduzir as companhias de qualquer maneira rumo à lucratividade e sorrisos e tapinhas nas costas virão em reconhecimento.

Embora cada passo tenha seus próprios e específicos objetivos, o processo como um todo tem uma meta mais abrangente: descobrir um negócio capaz de aumentar de escala de modo sustentável e, em última análise, lucrativo, antes de investir o dinheiro em caixa. Isso transforma uma companhia de um conjunto de hipóteses fundamentais em uma máquina de fazer dinheiro.

O Desenvolvimento de Clientes dá um trabalho danado. Não há como fingir que se está fazendo.

O Desenvolvimento de Clientes dá um trabalho danado. Não há como fingir que se está fazendo. Você não pode apenas fazer os slides ou "realizar" o processo em uma semana. É tarefa de tempo integral, um esporte de contato total. Trata-se de um compromisso de longo prazo para mudar a maneira pela qual se constrói uma startup. Por outro lado, também está provado que eleva consideravelmente as chances de sucesso de uma startup.

II
Passo Um: Descoberta do Cliente

Capítulo 3:
Uma Introdução à Descoberta do Cliente

Capítulo 4:
Descoberta do Cliente, Fase Um:
Estabeleça Suas Hipóteses do Modelo de Negócio

Capítulo 5:
Descoberta do Cliente, Fase Dois:
"Vá Para a Rua" e Teste o Problema: "As Pessoas se Importam?"

Capítulo 6:
Descoberta do Cliente, Fase Três:
"Vá Para a Rua" e Teste a Solução Oferecida pelo Produto

Capítulo 7:
Descoberta do Cliente, Fase Quatro:
Verifique o Modelo de Negócio e Rearticule ou Avance

Visão Panorâmica do Processo de Desenvolvimento de Clientes

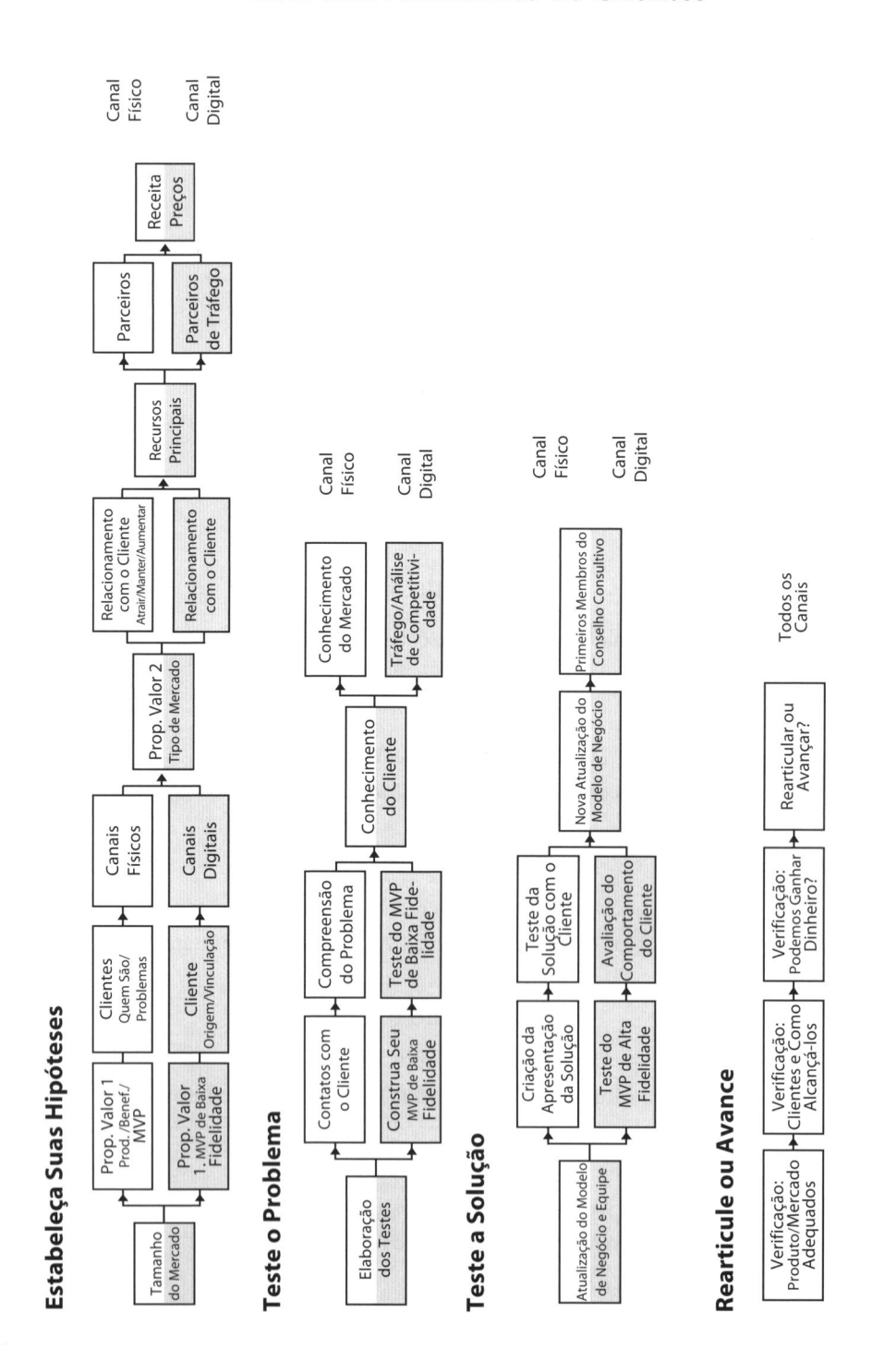

Estabeleça Suas Hipóteses

Tamanho do Mercado → Prop. Valor 1 Prod./Benef./MVP → Clientes Quem São/Problemas → Canais Físicos → Prop. Valor 2 Tipo de Mercado → Relacionamento com o Cliente Atrair/Manter/Aumentar → Recursos Principais → Parceiros → Receita Preços

Prop. Valor 1. MVP de Baixa Fidelidade → Cliente Origem/Vinculação → Canais Digitais → (Prop. Valor 2) → Relacionamento com o Cliente → (Recursos Principais) → Parceiros de Tráfego

- Canal Físico
- Canal Digital

Teste o Problema

Elaboração dos Testes → Contatos com o Cliente → Compreensão do Problema → Conhecimento do Cliente → Conhecimento do Mercado

Construa Seu MVP de Baixa Fidelidade → Teste do MVP de Baixa Fidelidade → (Conhecimento do Cliente) → Tráfego/Análise de Competitividade

- Canal Físico
- Canal Digital

Teste a Solução

Atualização do Modelo de Negócio e Equipe → Criação da Apresentação da Solução → Teste da Solução com o Cliente → Nova Atualização do Modelo de Negócio → Primeiros Membros do Conselho Consultivo

Teste do MVP de Alta Fidelidade → Avaliação do Comportamento do Cliente

- Canal Físico
- Canal Digital

Rearticule ou Avance

Verificação: Produto/Mercado Adequados → Verificação: Clientes e Como Alcançá-los → Verificação: Podemos Ganhar Dinheiro? → Rearticular ou Avançar?

Todos os Canais

Busca
- Descoberta do Cliente → Validação pelo Cliente

Execução
- Geração de Demanda → Estruturação da Empresa

Rearticulação

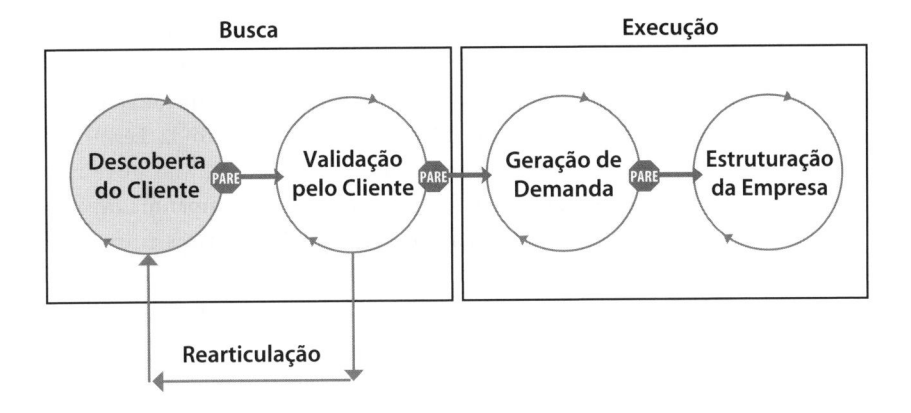

CAPÍTULO 3

Uma Introdução à Descoberta do Cliente

Nenhum plano de negócio de uma startup sobrevive
ao primeiro contato com clientes.
—Steve Blank

Uma longa jornada começa pelo primeiro passo.
—Lao Tzu

A STARTUP IRIDIUM FOI UMA DAS MAIORES jogadas já efetuadas — uma ousada aposta de $5,2 bilhões. Fundada em 1991 pela Motorola e um grupo de sócios composto por 18 outras companhias, a Iridium planejava desenvolver um sistema de telefonia móvel que iria funcionar "em qualquer lugar do planeta": nos navios no meio dos oceanos, no interior das selvas africanas e mesmo no pico das mais remotas montanhas onde inexistiam torres repetidoras de sinal.

Como? Com um plano de negócio do outro mundo. Para início de conversa, a companhia comprou uma frota de 15 foguetes da Rússia, EUA e China. Em seguida, colocou 72 satélites de comunicação privados em órbita que operavam como antenas de celular a cerca de 300 km de altura cobrindo qualquer canto da Terra. Sete anos após a fundação da empresa, os satélites continuavam no céu. Mas nove meses depois que a primeira ligação telefônica foi feita, em 1998, a companhia foi à falência. Ao quebrar, a Iridium passou a ocupar um dos primeiros lugares entre os maiores fracassos de startups. O que deu errado?

Quando a Iridium foi fundada, em 1991, a cobertura mundial de telefones celulares era esparsa, não confiável e cara. Os aparelhos de celular eram grandes como tijolos. A Iridium adotou um plano de negócio que fazia suposições sobre clientes, seus problemas e o produto que desejavam para resolvê-los. Outros pressupostos a respeito dos canais de vendas, parceiros e modelo de receitas foram acrescentados ao rol de projeções financeiras, de tal modo que a Iridium em breve iria precisar imprimir dinheiro.

Um dos maiores fracassos já registrados de uma startup está em como executaram o plano de negócio.

Ao longo dos sete anos subsequentes, a Iridium iria, veloz e cegamente, partir do conceito ao lançamento de uma rede mundial de telefonia celular. Na época em que a Iridium se pôs em ação havia bem menos lugares distantes no planeta onde o serviço de telefonia móvel era indisponível. As companhias tradicionais do setor proporcionavam cobertura na maioria das áreas mais valorizadas do mundo. As tarifas do serviço encolhiam tão rapidamente quanto os aparelhos. O telefone via satélite da Iridium, ao contrário, era maior que um tijolo e pesava quase tanto quanto. Pior ainda, o celular da Iridium era capaz de fazer chamadas de carros ou prédios, mas precisava para isso estar no "campo de visão" dos satélites. E, em lugar da tarifa de 50 centavos por minuto de um celular comum, uma ligação pela Iridium era feita ao custo de $7 o minuto, além do gasto de aquisição do aparelho — $3.000.

O mercado potencial da companhia encolhia quase diariamente. Em vez de um massivo mercado mundial de potenciais consumidores, restava um punhado de usuários dispostos a pagar os preços praticados para utilizar um produto com muitas limitações. Não obstante, os pressupostos do modelo de negócio da Iridium e os planos continuavam com a mesma rigidez que apresentavam em 1991. A empresa gastou $5 bilhões montando um negócio ao longo de oito anos sem jamais focar em quatro questões-chave:

- Nós identificamos um problema que o cliente quer ver resolvido?
- Nosso produto soluciona os problemas ou atende às necessidades do cliente?
- Em caso positivo, nós temos um modelo de negócio viável e lucrativo?
- Já aprendemos o suficiente para começar a vender?

O intuito do primeiro passo do processo de descoberta do cliente é responder a tais questões. Este capítulo explica como lidar com isso.

(Vinte anos mais tarde, a Iridium voltou à tona. Em 2000, um grupo de investidores adquiriu seus ativos, estimados em $6 bilhões, por $ 25 milhões. Após uma longa e sofrida recuperação, a companhia comemora a marca de 500 mil clientes atingida em setembro de 2011.)

Os clientes não se comportam de acordo com o plano de negócio.

A Filosofia do Desenvolvimento de Clientes

Uma startup tem início a partir da visão de seus fundadores: aquela que antevê um novo produto ou serviço que resolve os problemas e atende às necessidades do cliente, bem como a forma de alcançar muitos deles. A descoberta do cliente reduz a probabilidade de gastar zilhões e economiza uns zeros em troca, como fez o pessoal da Iridium. Portanto, o objetivo primordial da descoberta do cliente concentra-se nisto: transformar as hipóteses iniciais dos fundadores sobre seus mercados e clientes em fatos.

Vá Para a Rua

Os fatos acontecem lá fora, onde os clientes vivem, assim, o aspecto mais importante da descoberta do cliente é sair às ruas e ficar frente a frente com os consumidores. E não só por alguns dias ou uma semana, mas repetidamente, por semanas se não meses. Trata-se de uma tarefa crítica que não pode ser repassada para elementos pouco experientes da equipe e cuja execução compete aos fundadores. Somente depois de fazer esse trabalho, os fundadores poderão saber se sua visão é válida ou apenas fruto de uma alucinação.

Parece simples, não? Entretanto, para os que trabalham em empresas já estabelecidas, o processo de descoberta do cliente é desorientador. Todas as regras que orientam a gestão de produtos em uma grande companhia são viradas de ponta cabeça. É instrutivo relacionar todas as coisas que, naquelas empresas, você *não* irá fazer:

- entender as necessidades e desejos de *todos* os clientes
- listar *todas* as características do produto que os clientes querem antes de comprá-lo
- suprir o Desenvolvimento do Produto com uma relação contendo *todos* os recursos solicitados pelo cliente
- suprir o Desenvolvimento do Produto com a documentação detalhada dos requisitos de marketing
- formar grupos de trabalho e testar a reação dos clientes ao seu produto para verificar se eles o comprarão

O que você *irá* fazer em tais empresas é desenvolver um produto para poucos clientes. Além do mais, você irá começar a elaborar seu produto antes até mesmo de saber se há um cliente para isso.

No primeiro dia de uma startup, há escasso — se houver — input do cliente.

Do ponto de vista de experimentados executivos de marketing ou gestão de produto, essas ideias não são apenas desorientadoras e contraintuitivas, mas uma heresia absoluta. Por que razão conhecer as necessidades de *todos* os potenciais clientes é importante? O que há no primeiro produto de uma nova companhia que seja tão diferente dos lançamentos em uma grande empresa? Qual o motivo para que os primeiros clientes de uma startup sejam observados sob a ótica de regras tão distintas?

Em Busca da Questão/Solução Adequada

O processo de descoberta do cliente procura pelo problema/solução adequado: "Temos um problema que várias pessoas querem que solucionemos (ou uma necessidade que querem que satisfaçamos?", e "Nossa solução (um produto, site ou app) resolve a questão de modo convincente?". O ponto central, a essência da descoberta do cliente, está em determinar se o valor proposto por sua startup coincide com o segmento de clientes-alvo.

A questão/solução adequada é praticamente idêntica àquilo que, em geral, é chamado de "produto/mercado adequado", como indicado no parágrafo anterior. Em função disso, *nós, às vezes, usamos os termos intercambiando-os* ao longo do livro. Frise-se, no entanto, que em mercados multifacetados (também denominados múltiplos ou multilaterais) pode haver múltiplas proposições de valor e múltiplas segmentações de clientes. Contudo, a questão/solução adequada só é obtida quando o modelo de receita, precificação e os esforços de aquisição de cliente correspondem às necessidades dos consumidores.

Desenvolvendo o Produto para Poucos, Não para Muitos

Em companhias existentes, o objetivo da gestão tradicional de marketing e produto é desenvolver um documento de requisitos de mercado (MRD, em inglês) para a Engenharia, que contém a somatória de *todas* as possíveis características solicitadas pelos clientes, as quais são priorizadas pelos esforços cooperativos dos departamentos de Gestão de Produto, Marketing, Vendas e Engenharia. Em seguida, o Marketing (ou Gestão do Produto) instala grupos de discussão, analisa dados de vendas em campo e procura por recursos requeridos pelos clientes e reclamações. Tais informações levam a agregar as solicitações às especificações do produto, e a equipe de engenheiros as incorpora no próximo lote a ser fabricado.

Em que pese esse processo ser racional para uma companhia já estabelecida entrando em uma mercado existente, é insensato para uma startup. Por quê? Startups não são versões em escala menor de grandes companhias já existentes que atuam onde há abundância de conhecimento e inputs. Em empresas já estabelecidas, o processo do MRD assegura que a engenharia irá construir um produto que atende aos apelos de clientes existentes em um mercado conhecido, no qual clientes e suas necessidades são conhecidas. No primeiro dia de uma startup, há escasso — se houver — input do cliente para criar uma especificação formal do produto.

Em uma startup, o primeiro produto não é desenvolvido para satisfazer à parcela majoritária dos clientes. Nenhuma startup tem condições de elaborar um produto com cada uma das características de que a maioria dos clientes necessita de uma só vez. Tal produto levaria anos para chegar ao mercado e estaria obsoleto quando o fizesse. Em vez disso, startups bem-sucedidas solucionam esse enigma focando no desenvolvimento e esforços de vendas iniciais em um pequeno grupo de primeiros clientes que comprariam a visão da startup. Esses consumidores visionários darão à companhia o feedback necessário para ir adicionando novos recursos com o passar do tempo.

Earlyvangelists estão dispostos a um ato de fé e a comprar um produto precoce.

Earlyvangelists: Os Clientes Mais Importantes

Aquelas pessoas entusiasmadas, que divulgam as boas notícias sobre produtos aos amigos, familiares e colegas de trabalho são, muitas vezes, nos EUA, chamados de evangelistas. Entretanto, há necessidade de uma nova palavra para descrever mais adequadamente os primeiros adeptos — os clientes visionários — que compram produtos inacabados e ainda não testados, se isso representar uma vantagem competitiva ou der o direito de se gabarem pelo ato. Chamamos a essas pessoas de *earlyvangelists*. Em contraponto ao negócio "principal" ou dos clientes que querem consumir um produto finalizado e testado, earlyvangelists estão dispostos a um ato de fé e a comprar um produto precoce de uma startup. Todo negócio possui um subgrupo de visionários com essa predisposição latente.

Um dos enganos que os fundadores de startup cometem é oferecer em cortesia ou conceder robustos descontos aos primeiros produtos da fase alfa/beta a clientes especiais. Em mercados simples (em que o usuário é o pagante) earlyvangelists ficarão felizes *em pagar pelo primeiro acesso ao produto*. Se não se sentirem assim, não são earlyvangelists. Essa boa vontade em pagar é parte crítica do processo de descoberta do cliente. Você a utilizará para testar todo o processo de compra.

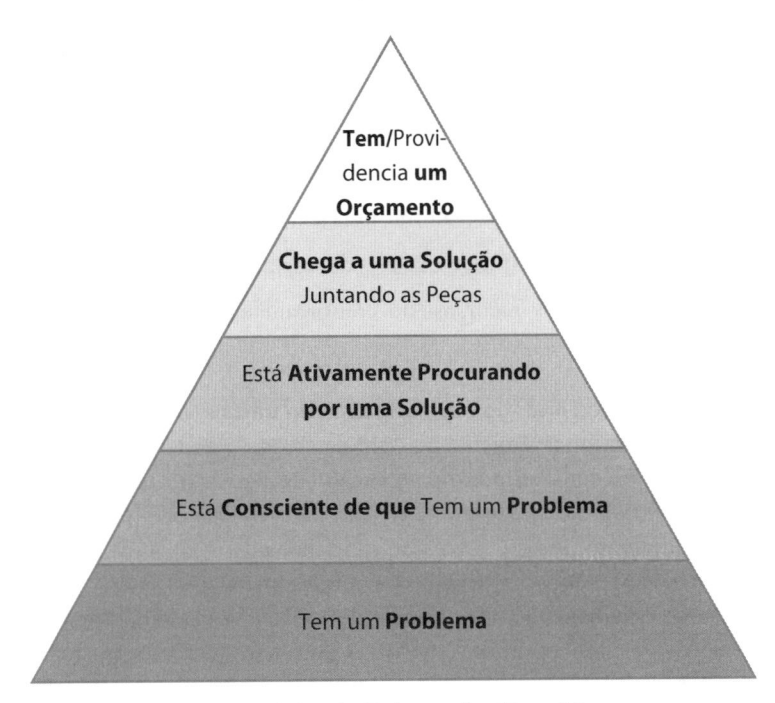

```
              /\
             /  \
            /Tem/Provi-\
           /dencia um   \
          /  Orçamento   \
         /────────────────\
        / Chega a uma Solução \
       /   Juntando as Peças   \
      /──────────────────────────\
     /   Está Ativamente Procurando \
    /        por uma Solução         \
   /──────────────────────────────────\
  /   Está Consciente de que Tem um Problema  \
 /────────────────────────────────────────────\
/              Tem um Problema                  \
──────────────────────────────────────────────────
```

Características dos Earlyvangelists (Figura 3.1)

↪ No caso de apps digitais, em que os mercados multifacetados (aqueles que separam usuários e pagantes) são frequentemente encontrados, earlyvangelists podem ser usuários ou pagantes. Porém, mesmo como usuários não pagantes, os *earlyvangelists estão dispostos e ansiosos para tornar viral o crescimento do produto.*

Earlyvangelists estão dispostos e ansiosos para tornar viral o crescimento do produto.

Em ambos os canais, o físico e o digital, earlyvangelists exibem estas características em comum (veja a Figura 3.1):

- Têm um problema ou necessidade.
- Estão conscientes de que têm um problema.
- Procuram ativamente encontrar uma solução e têm um prazo para encontrá-la.
- O problema é tão aflitivo que eles alinhavam juntos uma solução provisória.
- Empenham seus recursos, ou comprometem seu orçamento, para fazer a compra.

Situe as características do earlyvangelists em uma escala de sofrimento do cliente. Eles serão encontrados somente no topo da escala — aqueles que já estão à procura de uma solução, construíram uma solução alternativa (se na empresa, elaborando um software; se em casa mesmo, articulando as tralhas que tiver) e têm ou podem conseguir dinheiro. Essas pessoas são candidatas perfeitas a earlyvangelists. Podem ser invocadas para fornecer feedback e vendas iniciais; e contarão aos outros sobre o produto e espalharão a boa nova de que a visão é verdadeira. Além disso, são candidatos potenciais a consultores do corpo consultivo (mais a respeito de consultores no capítulo 4).

Primeiro, Construa um Mínimo Produto Viável (MVP)

A ideia de que a startpup elabore seu produto para um reduzido número de clientes iniciais, em vez de visar uma genérica maioria é radical. O que se segue é igualmente revolucionário.

O objetivo de um MVP é incorporar a menor quantidade possível de recursos.

No dia em que a empresa inicia suas atividades, o input dos clientes é bastante limitado. Todas as startups têm a visão do que o problema, o produto e a solução parecem ser. Lamentavelmente, isso tanto pode ser uma visão quanto uma miragem. A companhia não sabe quem são os primeiros clientes ou as características do produto que desejam. Uma alternativa é começar a desenvolver uma completa primeira divulgação dos recursos do produto, contemplando cada uma das características que os fundadores forem capazes de imaginar. Nós agora sabemos que isso resulta no desperdício dos esforços de engenharia, tempo e dinheiro, na medida em que os clientes não usam, querem ou precisam da maioria dos recursos desenvolvidos sem seu input.

Outra opção é deixar o Desenvolvimento do Produto de prontidão até que a equipe do Desenvolvimento de Clientes possa encontrar consumidores que proporcionem feedback adequado. Neste caso, o risco é perder tempo sem dispor de um produto para obter feedback dos clientes. Uma terceira via, mais produtiva, é desenvolver os principais recursos do produto (um a um, através de um processo incremental e iterativo baseado na engenharia de métodos ágeis), orientado segundo a visão e experiência dos fundadores. *Esse é um mínimo produto viável.*

O objetivo da descoberta do cliente é testar seu entendimento do problema dos clientes e perceber se a solução proposta será capaz de levá-los a usar ou adquirir o produto equipado apenas com os recursos mais relevantes. A maior parte dos clientes quer produtos finalizados, mas earlyvangelists são o alvo perfeito para um MVP. Prepare a divulgação do produto inicial de acordo com as necessidades deles. Na hipótese de ninguém vir o MVP como solução ou manifestar interesse suficiente, reformule e rearticule, até deparar-se com um satisfatório número de aprovações.

É muito importante a mudança no modo de pensar, quando se faz a opção pela confecção do MVP mediante adições gradativas de recursos e experimentações repetitivas, em comparação à primeira divulgação com todas as características incluídas. A tendência natural dos engenheiros é elaborar o maior e mais perfeito produto. O MVP auxilia-os a concentrar a atenção nos recursos mais importantes e indispensáveis. O objetivo de um MVP não é o de reunir as solicitações de recursos para mudar o produto ou ampliar a lista de componentes. Em vez disso, o que se deseja é oferecer aos clientes um produto para detectar se você compreendeu os problemas do cliente o suficiente para definir os elementos essenciais para solucioná-los. A partir daí, com ações iterativas, você vai refinando as soluções. Se, e somente se, não houver clientes atraídos para as mais relevantes características do MVP, deve-se trazer recursos adicionais solicitados pela equipe de desenvolvimento do produto. No modelo de Desenvolvimento de Clientes, solicitações de recursos para um MVP no lugar de condutas iterativas estão mais para exceção do que regra. Assim, elimina-se a interminável relação de pedidos de inclusão de recursos, que com frequência ocasiona atrasos e leva o desenvolvimento do produto à beira da insanidade.

↪ MVPs Para Meios digitais São Diferentes

A ação da descoberta do cliente nos negócios relativos a Startups digitais é distinta daquela para aplicações físicas. Aquela pode alcançar centenas ou milhares de clientes interagindo online entre si. A ênfase na aquisição de clientes, ativação e remessas é mais acentuada. Mínimos produtos viáveis para meios digitais podem ser desenvolvidos mais rapidamente e entregues mais cedo, acelerando o processo de descoberta. Quando entregues, podem conduzir mais testes com clientes, com respostas mais detalhadas. Isso resulta em reanálises, propostas de solução e no próprio MVP mais rapidamente.

Em relação a startups digitais, eis como o MVP é utilizado no processo de descoberta:

Fase	Página	Ação	Objetivo
Prepare-se para Engajar o Cliente	200	-Construa MVP de Baixa fidelidade -Engaje os clientes remetendo baixo tráfego para o MVP.	Veja se a visão da necessidade/problema coincide com a dos clientes e o quanto essa questão é importante para eles.
Teste do Problema através do MVP de Baixa Fidelidade	211	-Aumente gradualmente o número de convites para o MVP. Estude mais de perto o comportamento deles quando chegam e avalie suas atividades. -Mantenha encontros pessoais com os clientes. -Considere se pode haver aumento de escala.	-Entenda o problema/necessidade que está solucionando e como explicá-lo. -Os clientes se importam?
Teste do MVP de Alta Fidelidade	237	-Abra as portas e convide mais clientes a participar -Observe a velocidade de ativação dos clientes.	-Determine se os clientes irão engajar-se, comprar o produto ou usar o site ou app. (teste da solução) -Descubra muitos earlyvangelists apaixonados e entusiasmados que acreditam que o produto resolveu seus problemas.
Otimize a atração de mais clientes	380	Deixe o "sinal aberto" para iniciar a corrida para atrair clientes.	-Otimize a estratégia de atração de clientes.

Desenvolvendo o Mínimo Produto Viável Para Produtos Digitais (Figura 3.2)

Utilize o Quadro do Modelo de Negócios como a Tabela de Indicadores da Descoberta do Cliente

Muitas vezes, não há um entendimento claro, em toda a companhia, do que é o modelo de negócio. Esta etapa da descoberta do cliente vale-se do quadro modelo de negócios, de Alexander Osterwalder, para ilustrar com diagramas como uma companhia ganha dinheiro. Como se vê na Figura 3.3, o modelo representa uma empresa em nove boxes, detalhando informes sobre produto, clientes, canais, criação de demanda, projeções de receitas, parceiros, recursos, atividades e estrutura de custo. (Descrevemos o Quadro do Modelo de Negócios em detalhes no Manifesto do Desenvolvimento de Clientes.)

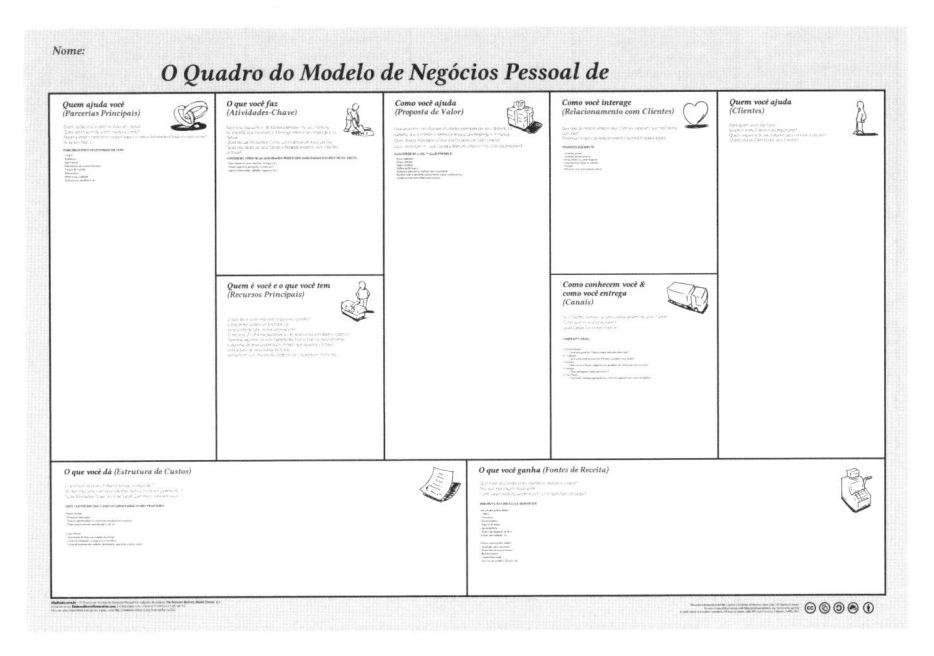

Quadro do Modelo de Negócios (Figura 3.3)

Nesta fase você desenvolverá um resumo de uma ou duas páginas a respeito de cada um dos seguintes boxes no modelo de negócios:

- Tamanho de Mercado: quão grande é a oportunidade
- Proposta de Valor, Parte 1: o produto/serviço, seus benefícios e mínimo produto viável
- Segmentos de Cliente: quem é o cliente e quais problemas o produto soluciona
- Canais: como o produto será distribuído e comercializado
- Relacionamento com o Cliente: como a demanda será formada
- Proposta de Valor, Parte 2: hipóteses de tipos de mercado e rol de diferenciações competitivas
- Recursos Principais: fornecedores, *commodities* ou outros elementos essenciais do negócio
- Parceiros Principais: outras empresas vitais para o sucesso do negócio
- Fluxo de receitas: montante e fontes de receitas e lucros

No momento em que você esboça as hipóteses iniciais, seu modelo começa a ser preenchido, como na Figura 3.4:

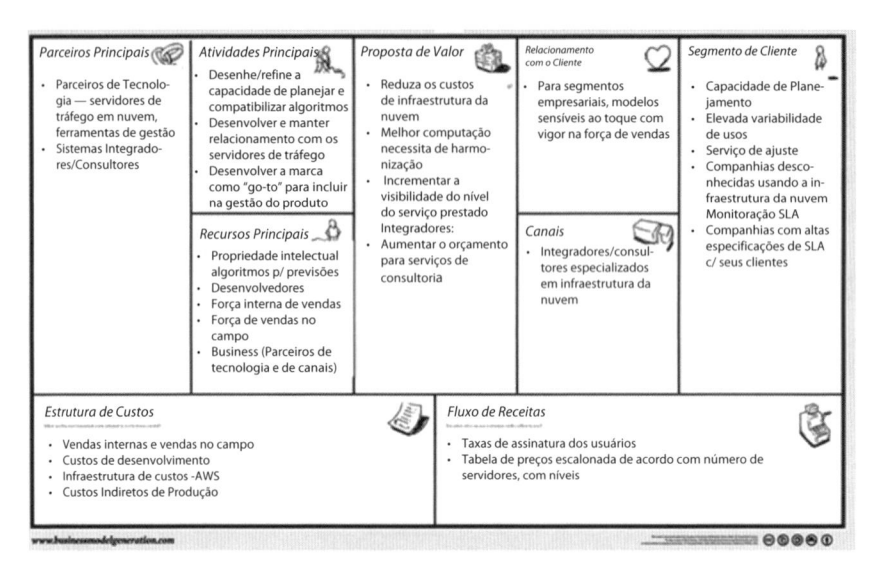

Parceiros Principais	Atividades Principais	Proposta de Valor	Relacionamento com o Cliente	Segmento de Cliente
• Parceiros de Tecnologia — servidores de tráfego em nuvem, ferramentas de gestão • Sistemas Integradores/Consultores	• Desenhe/refine a capacidade de planejar e compatibilizar algoritmos • Desenvolver e manter relacionamento com os servidores de tráfego • Desenvolver a marca como "go-to" para incluir na gestão do produto	• Reduza os custos de infraestrutura da nuvem • Melhor computação necessita de harmonização • Incrementar a visibilidade do nível do serviço prestado Integradores: • Aumentar o orçamento para serviços de consultoria	• Para segmentos empresariais, modelos sensíveis ao toque com vigor na força de vendas	• Capacidade de Planejamento • Elevada variabilidade de usos • Serviço de ajuste • Companhias desconhecidas usando a infraestrutura da nuvem Monitoração SLA • Companhias com altas especificações de SLA c/ seus clientes
	Recursos Principais • Propriedade intelectual algoritmos p/ previsões • Desenvolvedores • Força interna de vendas • Força de vendas no campo • Business (Parceiros de tecnologia e de canais)		**Canais** • Integradores/consultores especializados em infraestrutura da nuvem	

Estrutura de Custos	Fluxo de Receitas
• Vendas internas e vendas no campo • Custos de desenvolvimento • Infraestrutura de custos -AWS • Custos Indiretos de Produção	• Taxas de assinatura dos usuários • Tabela de preços escalonada de acordo com número de servidores, com níveis

Amostra do Quadro do Modelo de Negócios — Hipóteses Iniciais (Figura 3.4)

Além de utilizar o quadro como uma fotografia instantânea do negócio em determinado instante, o Desenvolvimento de Clientes vale-se dele para rastrear o progresso da busca pelo modelo de negócio.

Como as atualizações semanais do quadro refletem as revisões e rearticulações que ocorreram no período, destaque-as em vermelho.

Depois que você e sua equipe concordarem com as alterações, integre-as ao que passará a ser o novo modelo flexível para a semana que entra (ao aceitar as mudanças grafadas em vermelho, elas são mostradas agora em preto). Durante a próxima semana, quaisquer novas mudanças serão mostradas em vermelho. Então, o processo se repete em cada semana — e outras mudanças serão visualizadas em vermelho. E um novo quadro será usado semanalmente.

Esse método destaca as alterações ao longo do tempo como referência a você e sua equipe. A Figura 3.5 ilustra como os modelos de negócios vão sobrepondo-se no decorrer do tempo.

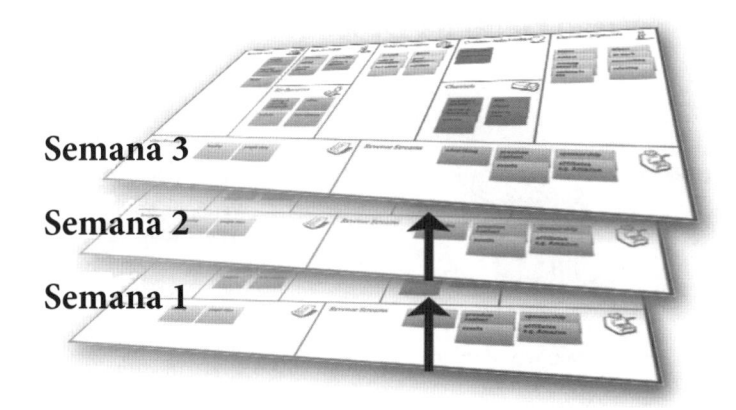

Utilização do Modelo de Negócios como Boletim Semanal (Figura 3.5)

Caso o pessoal da Iridium tivesse lido este livro, e saído às ruas, poderia ter poupado bilhões apenas aprendendo o quanto o mercado para o seu negócio havia se tornado diminuto. Esse conhecimento teria permitido a eles buscar alternativas e sobreviver.

Para resumir a filosofia da descoberta do cliente: ver se existe mercado a ser atendido pelo produto procurando por earlyvangelists, entender suas necessidades, e verificar que o mínimo produto viável resolve um problema que eles estarão ansiosos para pagar para ser solucionado. Se isso não ocorrer, aja rapidamente e use o próximo lote do feedback permanente para implementar mudanças no produto e no modelo de negócio.

Assim que você completar o desenvolvimento de hipóteses, bem depressa seu modelo de negócios irá se tornar multidimensional, e você realmente terá em mãos três modelos iniciais:

- Elementos essenciais do próprio modelo de negócio (proposta de valor, canal etc)
- Hipóteses para cada componente do modelo de negócio (tais como "as pessoas querem estes recursos" ou "os clientes comprarão nosso produto porque...")
- Esboços dos principais testes tipo certo/errado que você aplicará nos contatos pessoais com os clientes e utilizar o feedback para converter suas hipóteses em fatos.

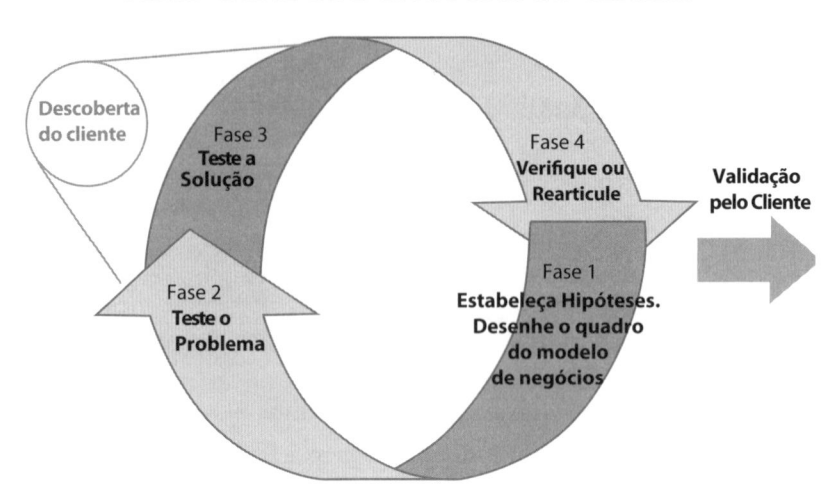

Visão Geral da Descoberta do Cliente

Descoberta do cliente

Fase 3 — Teste a Solução

Fase 4 — Verifique ou Rearticule

Validação pelo Cliente

Fase 2 — Teste o Problema

Fase 1 — Estabeleça Hipóteses. Desenhe o quadro do modelo de negócios

Descoberta do Cliente: Visão Geral do Processo (Figura 3.6)

A Descoberta do Cliente Tem Quatro Fases

Fase 1, em que a visão dos fundadores é esmiuçada nas nove partes do modelo de negócios (produto, clientes, canais, criação de demanda, modelos de receitas, parceiros, recursos, atividades e estrutura de custos). Aqui, sua equipe elabora um resumo de cada hipótese, incluindo uma relação de testes e experimentações necessárias para aprovar ou não cada uma delas.

Na Fase 2, você põe em prática as experiências e testes. Eles o auxiliam no entendimento da relevância do problema e de quão grande ele pode se tornar. Os testes abrangem a maioria dos elementos do modelo de negócio, inclusive a proposta de valor, precificação, estratégia de canais e processo de vendas. O objetivo é transformar hipóteses em fatos ou descartá-las se estiverem erradas, substituindo-as por outras. Durante o procedimento, você se beneficiará de uma profunda compreensão sobre os negócios com os clientes, dinâmica de trabalho, organização e necessidades do produto. Assim que os fatos emergirem, introduza-os no modelo de negócios para atualização.

↪ **Produtos e canais voltados à web frequentemente implementam muito da Fase 2 online quase que em tempo real.**

Na Fase 3, você testa sua "solução", apresentando aos clientes sua proposta de valor (produto, precificação, características e outros componentes do modelo de negócio) e o mínimo produto viável e confronta a resposta deles aos testes de certo/errado preparados anteriormente. ↪ **Para produtos web, o MVP é um site ou demo ao vivo ou recursos ou peças com funcionalidade e conteúdo.** O intuito não é vender o produto, mas atestar o grau de entendimento do problema na Fase 2, quando você ouviu os clientes dizerem "até mesmo esses poucos recursos solucionaram nossos problemas" ou "eu preciso desse produto". O ideal é que os clientes perguntem "quando vou poder obtê-lo?".

↪ **Online, os clientes poderiam engajar-se e interagir, conectados um bom tempo, surgindo aos montes, indo e voltando e trazendo consigo novos amigos.**

Na Fase 4, você consulta os resultados dos experimentos que você mesmo conduziu e constata que:

- adquiriu um amplo e sólido conhecimento sobre os problemas, paixões e necessidades dos clientes
- confirmou que a proposta de valor soluciona problemas, paixões ou necessidades
- determinou que há um apreciável número de clientes para o produto
- aprendeu que clientes pagarão pelo produto
- convenceu-se de que as receitas resultantes proporcionarão um negócio lucrativo

Tendo seu modelo de negócio e os recursos do produto se mostrado viáveis, você decide se aprendeu o bastante para sair e vender uma quantidade limitada do seu produto a alguns clientes visionários ou se precisa aprender um pouco mais dos consumidores. Se, e somente se, sentir-se plenamente bem sucedido neste passo, você irá passar para a validação pelo cliente.

Em poucas palavras, essa é a descoberta do cliente. O restante deste capítulo detalha cada uma das fases. (Veja um resumo no Apêndice A.)

Agora vamos começar.

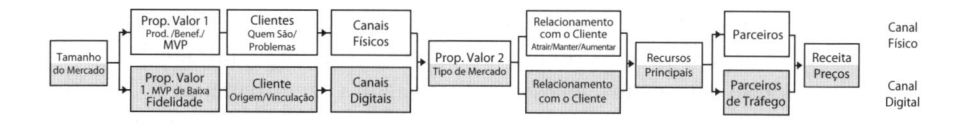

CAPÍTULO 4

Descoberta do Cliente, Fase Um: Estabeleça Suas Hipóteses do Modelo de Negócio

O DIAGRAMA ACIMA É UMA VISÃO GERAL DA FASE 1 da descoberta do cliente. Note que as hipóteses para produtos físicos diferem, em regra, daquelas dos produtos digitais. Em razão disso, as startups físicas estão descritas nos boxes de cima, em fundo claro, e as que operam por meio digital nos de baixo, em fundo escuro. Uma vez que as startups físicas são apresentadas em primeiro lugar, os leitores interessados no processo relativo aos meios digitais serão encaminhados para recomeçar no canal físico quando for apropriado.

Esta fase inicia-se desenvolvendo uma estimativa aproximada do tamanho de mercado a fim de dimensionar a oportunidade para seu novo empreendimento. Em seguida, utiliza o Quadro do Modelo de Negócios para registrar breves resumos das hipóteses iniciais sobre o seu negócio. O modelo de negócios oferece uma ideia do modelo de negócio em apenas uma página, servindo de referência para membros da equipe e de boletim para acompanhar as rearticulações e iterações à medida que o modelo da companhia muda.

Os resumos das hipóteses fornecem detalhes, mas são curtos e vão direto ao ponto — o suficiente para assegurar à equipe a compreensão de seu significado. Nenhum resumo de hipótese deve ocupar mais que duas páginas e, em regra, deve destacar itens, em vez de frases e mais frases. Praticamente todas as hipóteses irão desaguar nas experimentações que você fará nas fases 2 e 3, ao ir às ruas conversar com os clientes para aprovar ou reprovar as hipóteses. À vezes, será preciso até mesmo ir a campo para pesquisar quais testes aplicar e que espécie de resultados quer obter.

De início, seu conjunto de hipóteses pode parecer muito limitado. Não se preocupe — trata-se apenas de um esboço. A equipe rapidamente o preencherá com acréscimos e modificações das hipóteses originais em decorrência do aprendizado ao longo do caminho.

Hipótese do Tamanho de Mercado (Físico e Digital)

Este item é *sui generis* — ele não está diretamente mapeado no quadro do modelo de negócios. Entretanto, considerando que não há nada mais decepcionante do que investir durante anos em uma startup só para acabar descobrindo que ela jamais poderá aumentar suas receitas mais que alguns poucos milhões, vale a pena levar em conta as hipóteses de tamanho do mercado, porque elas ajudam a determinar até onde pode ir sua oportunidade de negócio. Estimar o quanto é grande o mercado auxilia a decidir se o retorno de seu novo empreendimento de risco vale a pena, o suor e as lágrimas, ou se o melhor a fazer é sua primeira rearticulação.

Alinhar claramente os objetivos de investidores e fundadores desde o primeiro momento é uma prudente medida de segurança para os fundadores, pois esse descompasso desconecta-os do empreendimento mais rapidamente do que disputas sobre metas e dinheiro.

...desconecta-os do empreendimento mais rapidamente do que disputas sobre metas e dinheiro.

Esse pensamento é válido independentemente do canal, físico ou digital. Há uma única exceção: as pequenas startups constituídas para serem rapidamente vendidas ("startups compráveis", veja página xviii) assim que seus planos se concretizarem de acentuada expansão, para grandes plataformas do tipo Facebook ou Google, que as absorvem aproveitando seus diferenciais. Essas startups devem considerar o tamanho do que muitas vezes não passa de um microssegmento de um grande mercado.

São três os fatores a serem observados em oportunidades de mercado: um número expressivo de potenciais usuários ou clientes, crescimento nitidamente definido de usuários futuros em mercados de rápida e previsível expansão e as condições propícias para atrair clientes ou usuários ativos.

MTP, MTV e Mercado-alvo

Os investidores e o pessoal de marketing costumam dimensionar o mercado, para cada empresa, considerando três conceitos: MTP (mercado total possível), MTD (mercado total disponível) e mercado-alvo. O MTP para os fabricantes de um novo app para smartphone pode alcançar um bilhão de possuidores do aparelho no mundo, mas se o aplicativo estiver disponível somente em inglês ou funcionar apenas em um iPhone, o MTD ou mercado potencial será bem menor. E o mercado-alvo pode ser exclusivo dos clientes da Apple Store, então, seu próximo passo seria estimar a porcentagem daqueles consumidores que efetivamente comprariam. Cada estimativa vai restringindo o mercado-alvo.

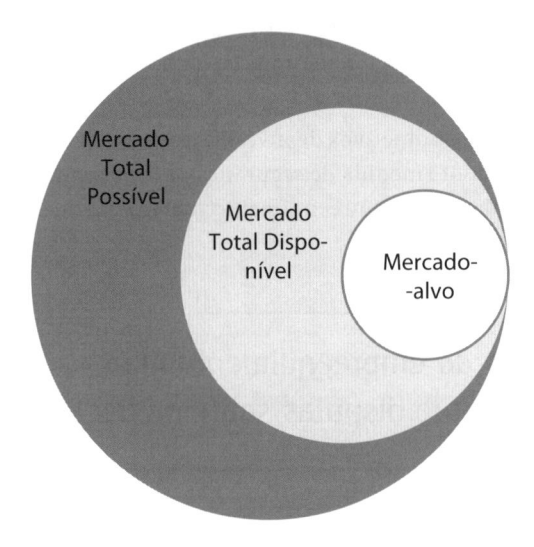

MTP = o tamanho do universo
MTD = quantos posso alcançar com meu canal de vendas
Mercado-alvo (para uma startup) = quem serão os compradores mais prováveis

MTP, MTD e Mercado-alvo (Figura 4.1)

Avaliar MTP, MTD e o mercado-alvo é um bom ponto de partida para as hipóteses do tamanho do mercado. Os clientes irão auxiliar transformando essas hipóteses em fatos.

Um bom começo é fazer uma estimativa que parta de dados genéricos e vá se particularizando. Utilize relatórios econômicos setoriais e de pesquisa de mercado, comunicados de imprensa dos concorrentes, bibliotecas universitárias e discussões com investidores e clientes para "dimensionar" o mercado geral. Use quaisquer unidades de medida que sejam apropriadas — dólar, visitas à página, o que for.

Uma advertência: empreendedores de primeira viagem ficam seduzidos por dados das empresas de pesquisa de mercado. Eles precisam ter em mente que aquelas empresas estão predizendo o passado (se fossem gênios capazes de ver o futuro, deveriam apostar no mercado de derivativos).

Portanto, uma estimativa em moldes conservadores é mais realista para startups. Fabricantes de brinquedo são um exemplo fácil dessa postura: nascem, aproximadamente, dois milhões de meninas nos EUA a cada ano, e metade não pode pagar $90 por uma boneca, assim, o mercado-alvo nos EUA de novas bonecas para meninas entre seis e oito anos é de no máximo três milhões.

Empresas de pesquisas de mercado são ótimas para predizer o passado.

Ao acessar um *mercado existente* ou *ressegmentado*, não deixe de considerar os mercados adjacentes para os quais os clientes podem migrar. Milhões de usuários do Blackberry barganharam seus aparelhos nas lojas Rim (onde os haviam adquirido) quando chegou o iPhone, por exemplo. O novo produto da startup terá poder de fogo para encorajar trocas? É preciso contar apenas com o subgrupo trocável e ter cuidado com contratos de fidelização e de serviços, com custos irrecuperáveis tais como treinamento ou instalação, enfim, com tudo o que se constituir em barreiras camufladas destinadas a impedir a troca.

Sem dúvida, ninguém consegue estabelecer, hoje, *um novo tamanho de mercado*, pois ele ainda não existe. O que fazer então? Estimar a oportunidade baseando-se em mercados de referência ou adjacentes. Veja se há companhias que possam servir de termo de comparação. Há outras cujo crescimento é tão rápido como foi previsto? Por que esta startup terá performance semelhante?

⇨ Dimensionando o mercado digital

Apesar de alguns avaliarem o tamanho do mercado no número de expectadores, visitas à página, downloads, encaminhamentos ou horas, no final das contas tudo gira ao redor das receitas. O que confunde os novos empreendedores é que mercados digitais podem ser multifacetados — os usuários (que podem não pagar) podem ser mensurados pelo número de expectadores, visitas à página, downloads, encaminhamentos ou horas, mas seria melhor haver pagantes que oferecessem dinheiro para o acesso daqueles usuários.

Como exemplo, o tamanho do mercado poderia ser calculado através da multiplicação do número de expectadores pelo valor em dinheiro que cada um pode gerar.

Reunir com eficiência um público maciço e crescente, de bom custo-benefício, é o trabalho nº 1 para a maioria dos produtos digitais (o comércio eletrônico — *e-commerce* — é uma exceção, pois é um nicho). Este é o momento de desenvolver uma hipótese inicial sobre de onde pode vir a audiência e quão grande pode vir a ser. No ponto em que estamos, a maior parte das startups digitais imita a estratégia do Google/Facebook/YouTube: conquistar uma (massiva, quem sabe) audiência primeiro e certificar-se de que vai "funcionar". Monetizar fica para mais tarde.

Reunir com eficiência um público maciço e crescente, de bom custo-benefício, é o trabalho Nº 1.

Trata-se de um equívoco calcular a audiência sem compreender quem vai pagar para ter acesso a esse público. Em um mercado multilateral, você precisa levar em consideração todos os lados, em especial aquele que irá pagar.

Uma maneira fácil de aferir o "tamanho" de um mercado digital envolve o uso gratuito das ferramentas do Google. Imagine todas as palavras-chave que clientes interessados podem usar para encontrar o seu produto ou site — jogos com monstros para múltiplos jogadores", "criaturas e jogos online", "jogos de computador com monstros" e por aí vai. A ferramenta do Google mostra quantas pessoas estão pesquisando através de cada chave. Faça algumas outras verificações e extrapolações durante um mês, e aí está um outro modo de estimar o tamanho de um mercado. Isso é eficiente em especial para identificar se você está em um mercado muito pequeno para permanecer — um em que o número de buscas é medido em milhares, por exemplo.

Outra abordagem para a questão do dimensionamento do mercado é a lei do "30/10/10" da "física" digital, postulada pela primeira vez pelo investidor de risco Fred Wilson. Ele observou que no portfólio inteiro das apps de celular, games e sites de música, essa lei aplica-se consistentemente:

- 30 por cento dos usuários registrados que fazem download dos apps para celular usarão o serviço mensalmente.
- 10 por cento dos usuários registrados que fazem download dos apps para celular usarão o serviço diariamente.
- Usuários concorrentes de serviços em tempo real raramente ultrapassam 10 por cento do número de usuários diários.

O próprio segmento também contribuirá imensamente no exercício de dimensionamento do mercado. Aprenda como pesquisar seu mercado na Fase 2, Conhecimento do Cliente (página 197), o qual discorre sobre táticas e ferramentas específicas para pesquisas web.

Hipótese da Proposta de Valor (Parte 1/Físico)

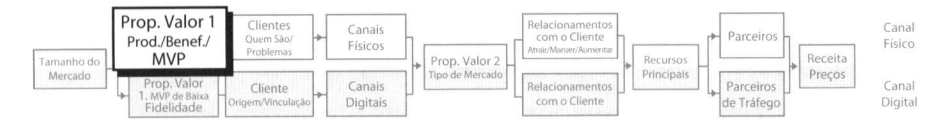

Inicie preenchendo seu quadro do modelo de negócios com a hipótese da proposta de valor: o produto ou serviço oferecido ao consumidor. Inclua detalhes, recursos e benefícios, bem como compromissos de longo prazo e o mínimo produto viável. Encare a proposta de valor como um acordo entre a companhia e o cliente pelo qual este a "contrata" para solucionar seu problema.

Relacione uma série de itens que resumem as horas de pensamentos, ideias e brainstorm que os fundadores gastaram conversando sobre produto, separando-os em três áreas específicas:

- Visão do Produto
- Recursos e Benefícios do Produto
- Mínimo Produto Viável (MVP)

Nas poucas ocasiões em que é consultado sobre assuntos teóricos, o pessoal do desenvolvimento do produto colabora muito no levantamento de itens, colocando no papel as hipóteses-chave da proposta de valor e compatibilizando-as com a opinião de todos os executivos.

Visão do Produto

Nesta parte, os elementos da proposta de valor refletem sua visão sobre o que levará ao sucesso da companhia.

Ao longo do tempo, companhias bem-sucedidas normalmente são mais do que um único produto. Qual é a visão de longo prazo de sua empresa? Em última análise, o que você pretende mudar? Sua intenção é operar com uma série de produtos? De que modo você irá explorar mercados adjacentes? Como vai induzir mudanças de comportamento das pessoas? Como será o mundo após três anos de sua entrada no mercado? Ou cinco anos depois?

Dê forma à sua visão de longo prazo condensando-a em dois ou três pontos essenciais. A título de exemplo, nos anos 1990, uma empresa de software para finanças apresentou-se assim:

- Os consumidores odeiam conferir seus talões de cheque
- Nós pensamos em desenvolver um programa de computador que imita um talão de cheques

- Ele irá automatizar as trabalhosas e monótonas tarefas de cuidar da conta no banco
- Os consumidores podem utilizá-lo para pagar suas contas pela internet
- Milhões de pessoas passarão a usar computadores domésticos para fazer coisas que nunca haviam feito antes
- Hoje em dia, pequenas empresas utilizam programas de contabilidade para fazer a escrituração de suas transações
- Após termos sido bem-sucedidos com as pessoas físicas, iremos oferecer softwares financeiros para pequenos negócios
- Milhões de pequenas empresas passarão a usar computadores para fazer coisas que nunca haviam feito antes

De repente, a visão da companhia torna-se clara com um punhado de frases curtas. E esse é um fator de vital importância para o Desenvolvimento de Clientes cuja equipe precisa que os earlyvangelists antevejam nitidamente como será o produto um ou dois anos à frente.

É só porque se convenceram de sua visão total que os earlyvangelists irão gastar seu dinheiro em um primeiro produto inacabado, tosco e minimamente funcional.

Em uma visão de longo prazo, a equipe de produção determina a data de entrega do MVP e as versões e melhorias para o produto tão adiante quanto possam ver (de 18 a 36 meses). Em startups, isso significa dar respostas para questões como: "Para quando posso esperar que o primeiro MVP esteja pronto?". Tenha o cuidado de tranquilizar sua ansiosa equipe de desenvolvimento do produto que o primeiro passo em um cronograma não é uma data fatal.

É só porque se convenceram de sua visão total que os earlyvangelists irão gastar seu dinheiro em um primeiro produto inacabado, tosco e minimamente funcional. Essa visão é capaz de convencer todos os envolvidos de que essa é uma oportunidade na qual vale a pena investir muito tempo, trabalho e dinheiro. Ironicamente, poucas são as startups que disponibilizam produtos que mantêm sua feição de acordo com a visão inicial.

Para finalizar, nunca é cedo demais para refletir sobre questões estratégicas:

- Há condições de ampliação da escala? Só um aparelho de fax era algo inútil, mas adquirir valor na proporção que mais e mais pessoas compraram o equipamento.
- Você dispõe de um modelo confiável de precificação futura — ou seja, assinaturas *versus* vendas diárias?
- Você tem condições de elevar a base de clientes de maneira a absorver o custo elevado de trocar de fornecedor ou prestador de serviço? Considere tentar retirar seus dados do Facebook ou do consultório de seu médico.
- Você pode trabalhar com altas margens brutas?
- Seus gastos com marketing são compatíveis com sua demanda natural (estável)? Companhias com base de clientes "naturais" têm modelos de negócio que não requerem um marketing oneroso. Lembre-se do Google, eBay, Baidu, Skype etc.

Recursos e Benefícios do Produto

Aqui, os elementos da proposta de valor descrevem o que é o produto e os motivos que levarão as pessoas a usá-lo ou comprá-lo.

Embora vários engenheiros estejam ocupados com novos produtos e todas as suas características, o produto em si é tão somente um dos componentes de uma startup bem-sucedida. A *lista de recursos do produto* é apenas um documento de uma página no qual estão escritas em breves parágrafos uma síntese das 10 (ou mais) características de uma visão completa do produto (se houver alguma ambiguidade na descrição de uma característica em particular, inclua uma observação para maiores esclarecimentos).

Em termos simples, a lista de recursos é um contrato entre o Desenvolvimento do Produto e o restante da empresa. O maior desafio será decidir quais recursos serão adotados em qual lote. Desenvolver o MVP é estabelecer prioridades. Uma vez lá fora, os clientes conduzirão o processo ao começarem a interagir com a versão inicial do MVP.

Mentalize que recursos são coisas que os engenheiros estão manufaturando e que benefícios são a solução para o problema dos clientes.

Mentalize que recursos são coisas que os engenheiros estão manufaturando, e que benefícios são a solução para o problema dos clientes.

De posse da relação de características, você modela a lista dos *benefícios* do produto *segundo a perspectiva atualizada dos clientes*. (Há algo novo? Alguma coisa melhor? Mais rápida? Mais barata?) Logo em seguida, escreva sua "história do usuário", uma narrativa sucinta que explique *o que é que o produto faz,* que diga como ele irá resolver os problemas ou necessidades que estão deixando os clientes ansiosos. O ideal é que o produto resolva uma massa crítica de problemas, ofereça um conjunto convincente e empolgante de benefícios ou atenda uma necessidade ainda não expressa (Economiza tempo ou dinheiro? Alivia um sintoma? Diverte, relaxa rapidamente? É melhor? Mais barato?) Uma companhia de softwares para o setor bancário elaborou a seguinte história de usuário:

- Os correntistas sempre enfrentam longas filas em suas agências às sextas-feiras ou nos dias de pagamento para sacar seu dinheiro ou depositar seus cheques e ficam frustrados e raivosos
- Acreditamos que há uma perda de 5% a 8% de correntistas em consequência dessa frustração
- Estimamos uma redução significativa de cerca de $500 mil por ano, ou 7% do total
- Este pacote de softwares de $150 mil reduz pela metade o tempo necessário para fazer depósitos e será mais rápido ainda nas versões posteriores

Ao pensar em recursos do produto, não esqueça que a proposta de valor pode levar à elaboração de um produto de alta performance ou de menor custo e mais conveniente. Ela pode ainda direcionar a um segmento ou nicho de mercado ou equacionar os problemas de novas, mais baratas, diferentes ou rápidas maneiras. Muitas vezes, o produto físico ou o design dele, ou mesmo a própria marca, podem ser diferentes o suficiente para chamar a atenção. Nem sempre os produtos solucionam os problemas. Embora o façam, é mais comum que os bens de consumo atendam *necessidades* em áreas tão diversas como jogos online, redes sociais, moda ou carros.

Para o pessoal de marketing é compreensível que queiram descrever os benefícios do produto, porém, é provável que não possuam fatos sobre os clientes, apenas opiniões. Em uma startup é muito provável que os fundadores e o Desenvolvimento do Produto sejam os únicos que conhecem os fatos. Bem, nessa altura, seria prudente que a turma do marketing mantivesse a boca fechada e escutasse o que têm a dizer os grupos de discussão do desenvolvimento do produto a respeito dos recursos e de como irão, exatamente, beneficiar os clientes. Na fase 2, você sairá às ruas para coletar esse feedback diretamente dos clientes.

Mínimo Produto Viável (MVP)

O MVP é a etapa final dos itens da primeira proposta de valor. É o menor conjunto possível de recursos que dá autonomia ao produto para solucionar o ponto mais crítico de um problema e demonstrar seu valor.

O MVP é:

- uma tática para evitar o desperdício de horas de engenharia
- uma estratégia para colocar o produto nas mãos dos earlyvangelists o mais cedo possível
- um instrumento para gerar o máximo de aprendizado sobre os clientes em curto espaço de tempo

Inicie o sumário do MVP definindo o que precisa ser descoberto — e de quem. Os esforços do Desenvolvimento de Clientes devem engajar um grupo muito pequeno de clientes visionários e apaixonados para guiar o desenvolvimento de recursos do produto até que surja um modelo de negócio proveitoso. Quanto mais cedo o MVP estiver à disposição, mais cedo chegam os feedbacks. Em vez de perguntar explicitamente aos clientes sobre características X, Y ou Z, uma opção para definir o MVP é inquirir: "Qual é o menor ou menos complicado problema que o cliente estará disposto a pagar para ver resolvido?".

Essa abordagem vai na contramão dos típicos apelos chorosos por mais recursos, frequentemente baseados naquilo que os concorrentes oferecem ou no que o último cliente visitante disse.

O MVP é o inverso do que a maior parte dos grupos de vendas e marketing pede a suas equipes de desenvolvimento.

Um objetivo do Desenvolvimento de Clientes *é saber o que não incluir.*

Startups tendem a colecionar uma lista de recursos que caso fossem incorporados ao produto proporcionariam um acréscimo de apenas mais um cliente. Um calhamaço de itens acaba agregando somente um punhado de clientes. É a receita para o fracasso. O objetivo do Desenvolvimento de Clientes *não* é colecionar características do produto pelos clientes. *É saber o que não incluir*. A lista perfeita cabe em um parágrafo e pode ser vendida a milhões e milhões de clientes. O princípio fundamental do Manifesto do Desenvolvimento de Clientes é "menos é mais". Minimize o "problema" do número de recursos *não utilizados* colocando o MVP nas mãos dos clientes o mais rápido possível. A esse respeito, uma boa diretriz é: "Nada de novos recursos até que se tenha esgotado a busca por um modelo de negócio.".

Proposta de Valor 1: Hipótese do MVP de "Baixa Fidelidade" (Digital)

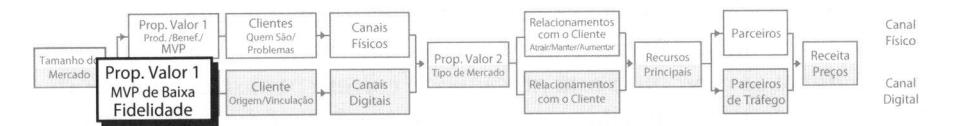

↪ No MVP está incorporada uma síntese de recursos digitais de baixa fidelidade que funcionarão de forma autônoma.

Os primeiros dois passos rumo ao MVP — elaborar a visão de longo prazo da companhia e listar os recursos e benefícios do produto — são virtualmente idênticos ao delineado na seção anterior dedicada aos produtos físicos, assim, eles serão reprisados aqui (consulte as páginas 72-76). Antes de continuar, revise aqueles passos e desenvolva as correspondentes hipóteses.

O MVP de baixa fidelidade testa se você identificou com precisão um problema que incomoda os clientes.

Em canais digitais, o MVP desempenha um papel ainda mais relevante do que no canal físico. Ele expõe o produto a possíveis clientes o mais rápido possível, mesmo que novas funções, funcionalidades ou gráficos estejam sendo acrescentados. Um MVP de baixa fidelidade pode ser simplesmente uma página na internet utilizada para reunir feedback dos clientes sobre o problema que o produto resolverá. Em startups digitais em que o setor de desenvolvimento é ágil e a implementação é um processo contínuo, a data de entrega do MVP de baixa fidelidade é, basicamente, o Dia Um. O ideal seria, no entanto, que ele fosse como uma foto que capturasse um determinado momento do produto em constante desenvolvimento, no qual ele tivesse alcançado sua condição mais primária de funcionalidade, embora logo em seguida já fosse evoluindo a cada dia que se passasse.

Mesmo a mais precoce versão do MVP tem condições de provocar o interesse dos usuários a ponto de fazê-los registrar-se e identificar-se, deixando seus e-mails para receberem atualizações. Esses usuários de primeira hora serão muito úteis durante o processo de descoberta do cliente e além.

Os canais digitais irão testar tanto o MVP de baixa como de alta fidelidade. Ambos são utilizados de maneiras muito diferentes: o MVP de baixa fidelidade testa se você *identificou* com precisão um *problema que incomoda os clientes* (com base nas visitas ao site, e-mails recebidos, demos exibidos etc), ao passo que o MVP de alta fidelidade, detalhado na Fase 3, irá testar mais à frente se o produto está no caminho correto para solucionar o problema (com base nos pedidos recebidos, permanência dos usuários no site, recomendações mútuas dos usuários etc). Mais tarde, ao longo da validação pelo cliente, quando estiver nas mãos de muito mais clientes, o MVP de alta fidelidade já poderá operar e estar mais próximo de um produto finalizado. Ao serem conduzidos conjuntamente, os testes do MVP de baixa e alta fidelidade ajudam a preencher e estabilizar o mercado/produto.

Escreva uma história de usuário, em vez de uma Lista de Recursos

Uma história de usuário é peça importante nos canais digitais, nos quais a intensa competição e milhões de produtos online exigem dos participantes lutar arduamente por diferenciações marcantes. Por exemplo, há milhares de sites para enfermeiras, e um breve relato pode ajudar a explanar a necessidade de criar mais um. Eis como um deles procedeu: até hoje, enfermeiras assistentes de cirurgia tinham dificuldade de conversar umas com as outras sobre o estresse da profissão ou as "idiossincrasias dos cirurgiões" por receio de espalhar fofocas ou cair em desgraça com o Departamento Pessoal. Agora, "ORNurse", "Nurseconfidential.net" permite a essas enfermeiras especializadas:

- interagir e bater papo anonimamente com suas colegas de profissão no país todo e mais além
- contatar companheiras que enfrentam ou enfrentaram situações semelhantes às suas, aconselhando-se com elas
- obter pareceres legais e conselhos de profissionais de clínicas e recursos humanos
- enviar mensagens privadas a pessoas com as quais gostariam de conversar pessoalmente
- postar anonimamente comentários sobre determinados médicos, problemas ou pacientes
- receber diariamente um resumo do que acontece no site

Embora essa não seja exatamente um "lista de recursos", consegue transmitir uma adequada visão do produto, suas características e benefícios, bem como a razão pela qual o site irá atrair um público tão difícil de alcançar.

Segmentos de Cliente: Hipótese Quem São/Problemas (Físico)

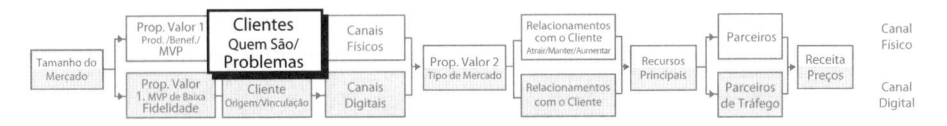

Neste item, descreve-se quem são os consumidores (tipos de clientes) e seus problemas, necessidades ou paixões. Isso inclui 5 elementos:

- problemas, necessidades ou paixões dos clientes
- tipos de clientes
- arquétipos de clientes
- um dia na vida do cliente
- mapas organizacionais e de influência do cliente

Problemas, Necessidades ou Paixões dos Clientes

Produtos são vendidos porque resolvem problemas ou satisfazem necessidades. (Veja a história da Proposta de Valor de um banco na página 75.) Compreender problemas e necessidades implica compreender suas origens. Saia à rua para descobrir como os clientes vivenciam o problema e por que (ou quanto) isso lhes é importante. Entenda o impacto organizacional que o problema ocasiona e dimensione sua intensidade, na companhia, na família ou no cliente. Utilize uma simples "escala de reconhecimento do problema" para cada tipo relevante de cliente (Figura 4.2). Os consumidores expressarão:

- um *problema latente*: têm um problema mas não sabem qual
- um *problema passivo*: conhecem o problema mas não estão motivados ou conscientes da oportunidade de mudança
- um problema *premente (ou urgente)*: reconhecem o problema ou paixão, mas ainda não fizeram nada realmente sério para solucioná-lo
- uma *visão*: tiveram uma ideia para resolvê-lo e até mesmo criaram uma solução caseira, porém estão dispostos a pagar por algo melhor

Analise o problema. Seu produto resolve uma questão crítica da empresa ou uma carência importante do cliente? Seu produto é do tipo "preciso ter" ou do "seria bom ter"? Quando seu produto acaba com um problema daqueles que tiram o sono do cliente, como perdas de receitas ou de lucros, as perspectivas sem dúvida são ótimas. Ao surgir como a mais nova sensação do mercado, físico ou virtual, capitalize a oportunidade. As melhores startups detectam uma situação na qual os clientes tentaram encontrar por conta própria uma solução — eles descobriram ao mesmo tempo uma questão crítica e visualizaram como resolvê-la. Ótimo! O que você tem a fazer agora é simplesmente convencê-los de que se persistirem em prosseguir sozinhos irão se perder pelos desvios do caminho, deixando de lado o foco principal do negócio — o *seu* novo negócio!

As melhores startups detectam uma situação em que os clientes tentaram encontrar por conta própria uma solução.

Lembrando: nem todo produto resolve problemas. Alguns divertem ou informam, outros trazem *glamour* ou fantasia. As redes sociais com certeza não solucionam problemas, no entanto têm milhões de usuários — elas satisfazem *necessidades e desejos*. Ainda que por divertimento ou ostentação, os consumidores precisam de justificativas para comprar.

Depois de identificar os tipos de clientes, elabore hipóteses sobre seus desejos e emoções. Ponha no papel como convencê-los de que os produtos que oferece lhes proporcionam um retorno de natureza emocional: charme, beleza, luxo, prestígio, um encontro inesquecível ou uns quilos a menos.

Tipos de Clientes

Quer um cliente esteja passando horas em redes sociais, comprando um chiclete de bola ou adquirindo um sistema de comunicações de um milhão de reais, uma venda sempre envolve um punhado de tomadores de decisão. Por conseguinte, a análise do cliente começa pela compreensão da abordagem de cada tipo de consumidor. É provável que diversas pessoas em numerosas categorias tenham problemas que podem ser resolvidos ou necessidades ou ambições que possam ser satisfeitas. A descoberta do cliente identifica e põe à prova essas diferentes necessidades. Os tipos de cliente incluem:

Usuários Finais: Aqueles que, diariamente, apertam um botão, tocam o produto, usam-no e amam ou odeiam-no. É de vital importância compreender as necessidades e motivações deles, reconhecendo que podem, muito frequentemente, ao menos influenciar no processo de escolha e venda do produto. Isso geralmente acontece em vendas corporativas complexas.

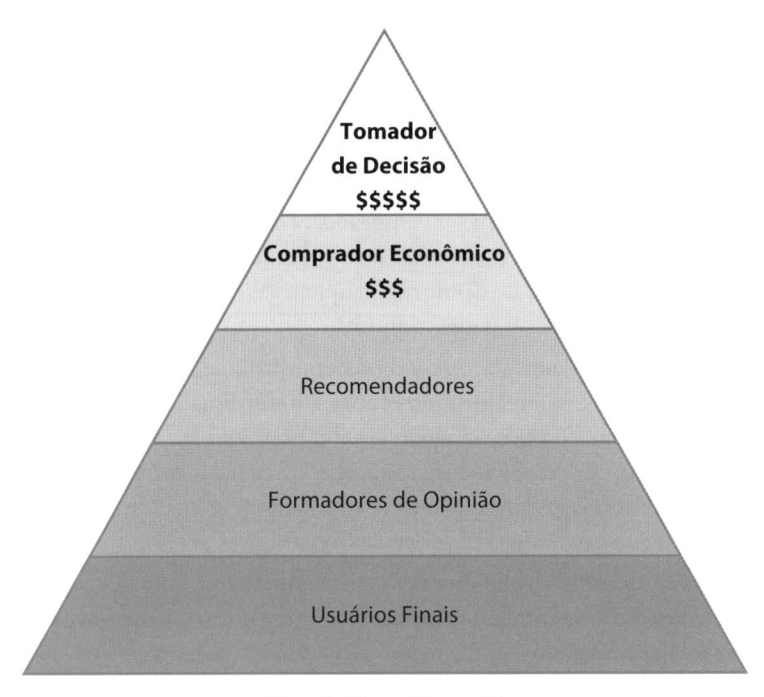

Segmentos de Cliente: Hipótese Quem São/Problemas

Tipos de Clientes (Figura 4.2)

Formadores de Opinião: Em certas ocasiões, a pressão maior sobre a decisão de compra do cliente não está em algo que a startup faça diretamente, mas no que é dito ou feito por quem não se encontra envolvido. Há, em todo mercado ou setor, online ou não, um grupo de indivíduos com atitudes pioneiras em tendências, estilos e opiniões. Veja o caso de um costureiro famoso que veste uma estrela de cinema na festa do Oscar. Ou considere o efeito de milhares de pessoas "curtindo" um produto, anúncio ou serviço no Facebook ou o retuitando no Twitter. Algumas vezes os formadores de opinião são blogueiros pagos ou especialistas em pesquisa de mercado. Podem, ainda, ser garotos ou celebridades que se produzem com a última moda. Prepare uma lista de formadores de opinião e de como contar com eles. Produtos em cortesia, remuneração, eventos importantes, computadores grátis e participação em associações online estão entre as várias maneiras de atraí-los.

Recomendadores: Sua influência difere da dos formadores de opinião porque sua opinião pode fechar ou impedir uma venda. Pode ser um blogueiro amplamente lido pirando com um novo jogo, um chefe de departamento dizendo que qualquer novo computador comprado deve ser da Dell, o comitê de um hospital aprovando um novo equipamento médico ou um cônjuge com forte predileção por uma marca. O recomendador pode ser também uma força externa, como Gartner Group, Forrester Research, Martha Stewart ou Consumer Reports.

Compradores Econômicos: Eles são um elo dos mais importantes na cadeia de decisões e com frequência controlam ou aprovam compras ou orçamentos (pessoas-chave para conhecer!). Podem ser VP corporativos, gerentes administrativos, empresas de seguros com os códigos de reembolso, adolescentes com mesadas ou cônjuges com verba para as férias.

Tomadores de Decisão: Podem ser compradores econômicos ou ocuparem um mais alto escalão na hierarquia decisória. São a autoridade máxima na área de compras, às vezes chamados de Diretor de Compras ou, quem sabe, "mamãe", "papai" ou "querida". Esteja certo de conhecer o que os motiva.

Sabotadores: Eles podem estar escondidos em qualquer lugar, à espreita (é o que sabotadores fazem), e ostentam títulos como Diretor Financeiro, Diretor Executivo de Informação, filho, cônjuge ou agente de compras com "amigos". São encontrados nos departamentos de planejamento estratégico ou em sua própria casa, e seus vetos podem fazer as coisas andarem muito devagar. Localize-os. Identifique os padrões que revelam o esconderijo de seu processo decisório.

Mais tarde, durante a validação pelo cliente, conhecer todos os participantes do jogo será essencial. Por enquanto, apenas reconheça que o cliente é mais complicado que um simples indivíduo.

Arquétipos de Clientes

Lembra-se do axioma "Uma imagem vale mais do que mil palavras"? Não há maneira melhor para que a equipe de uma startup visualize seus clientes-alvo do que reservar um tempo para retratar cada um dos principais tipos de cliente — no mínimo, o usuário final e o tomador de decisão (faça pelo menos uns poucos esboços e rabiscos). Arquétipos de clientes auxiliam a equipe não só a vislumbrar quem comprará ou usará o produto, como a definir uma estratégia de produto, aquisição de cliente e mais.

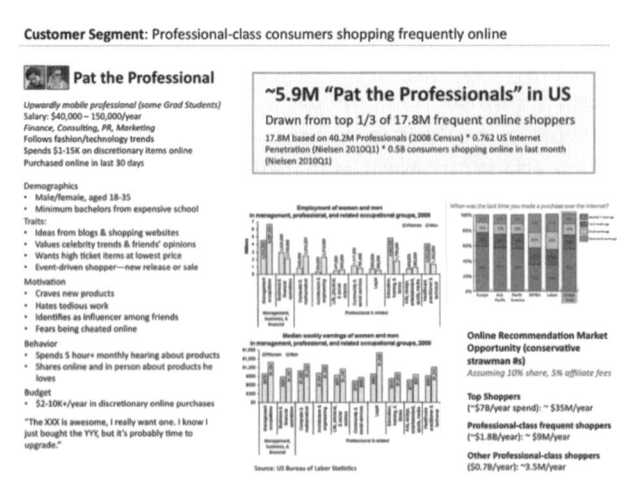

Arquétipos de Cliente (Figura 4.3)

Em uma venda bussiness-to-bussiness (entre empresas), o consumidor final trabalha em um escritório, um cubículo ou em uma *boiler room* (sala de vendas de ações com práticas questionáveis)? Ele é um viajante de negócios, um promotor de eventos ou um analista financeiro extremamente focado? É um tomador de decisões no canto de um escritório, uma cientista em um laboratório de pesquisas com uma parede repleta de diplomas e prêmios de prestígio ou está em uma fábrica?

Para saber mais sobre arquétipos de cliente e como se apresentam, veja uma detalhada discussão na próxima seção, "Clientes/Origem — Digital". Uma vez que você a tenha lido, terá uma visão ampla de cada arquétipo chave do cliente, utilizando os dados coletados para os seus próprios arquétipos.

Arquétipos de consumidores são, em geral, mais fáceis de criar do que clientes business-to-business, em que os relacionamentos são mais complexos. Determine tantas hipóteses do perfil demográfico e psicográfico do comprador quanto forem possíveis. O comprador tem poder de compra, está por dentro da moda, é saudável e ativo? É casado e tem animais domésticos, bebês ou adolescentes? Mora em casa, apartamento ou trailer? Essas são características que irão influenciar diversos aspectos do modelo de negócios, incluindo relacionamento com o cliente, canal e modelo de receitas.

Um Dia na Vida do Cliente

Um dos modos mais eficientes de entender seus clientes é descobrir como se comportam em um dia típico de suas vidas.

...descobrir como se comportam em um dia típico de suas vidas.

No caso de negócios, este passo exige uma compreensão profunda da companhia-alvo em vários níveis. Vamos usar o exemplo da venda de software para um banco. Você não descobrirá como um banco funciona apenas descontando um cheque. Você deve saber como um bancário enxerga o mundo. Para começo de conversa, como os potenciais consumidores finais (os caixas) passam seus dias? Quais produtos usam? Quanto tempo passam usando-os? Como a vida deles mudaria após adquirirem seu produto? A menos que você já tenha sido um caixa de banco, essas perguntas irão deixá-lo perdido; mas como venderá um produto para que um banco resolva problemas dos caixas se você não entende como eles trabalham?

(Se você não for um vendedor experiente, toda essa questão de ir às ruas pode soar intimidadora. A seção "Vá para a Rua" da descoberta do cliente, no Capítulo 5, descreve como definir seus primeiros encontros.)

Agora execute esse exercício da perspectiva dos gerentes. Como passam seus dias? Como seu novo produto iria afetá-los? Faça-o novamente, agora pensando no presidente do banco. O que fazem? O que leem? Quem influencia suas decisões? De que modo seu produto irá afetá-los? Se você instalar um produto que se conecta com outro software do banco, precisará estar de comum acordo com o departamento de TI (tecnologia da informação) dele. Como o pessoal de TI trabalha? O que outro software causará na rotina deles? Qual a configuração dos sistemas que operam? Quais são seus servidores preferidos? Eles darão boas vindas a uma nova companhia, saudando-a com confete e champanhe?

Responder é fácil. Difícil é fazer as perguntas certas.

Produtos são geralmente comprados porque resolvem problemas, então, é necessário um profundo entendimento sobre quem os compra. Se, por exemplo, você está vendendo a varejo ferramentas de pontas de estoque, alguém em sua equipe pode trabalhar com o ocupado contador por alguns poucos dias? Não há nada melhor para se compreender algo do que mergulhando de cabeça nele. Aprenda como usuários normalmente resolvem seus problemas, online ou não, e como encontram usos alternativos para um novo produto. O que motivará esses clientes a comprar? Forme um retrato vívido de um dia na vida do consumidor e pesquise no mesmo lugar que trabalham ou se divertem, não em uma sala de conferência ou sozinho no café.

Por fim, voltando ao nosso exemplo do banco, o que você sabe sobre tendências no setor bancário? Existe um consórcio setorial de softwares? Há feiras de software para bancos? Analistas especializados? Salvo se você tenha vindo de um setor-alvo, essa parte de sua relação de problemas do cliente pode constituir-se de pouco mais que diversos pontos de interrogação. Tudo bem. No desenvolvimento de clientes, as respostas virão com facilidade; o difícil é fazer as perguntas certas. Vá a campo e converse com os clientes com o objetivo de preencher os espaços em branco de sua relação de problemas do cliente.

Para um bem de consumo direto o mesmo exercício é aplicável. Como os clientes resolvem os problemas hoje? Como o fariam usando o novo produto? Eles se sentiriam mais contentes? Mais espertos? Melhor consigo mesmos? Você compreende o que os motivará a comprar?

Seu exame final só acontecerá quando você voltar para a companhia, convocar reuniões com a equipe de desenvolvimento do produto e seus pares e pintar um quadro vívido de um dia do cotidiano do seu cliente.

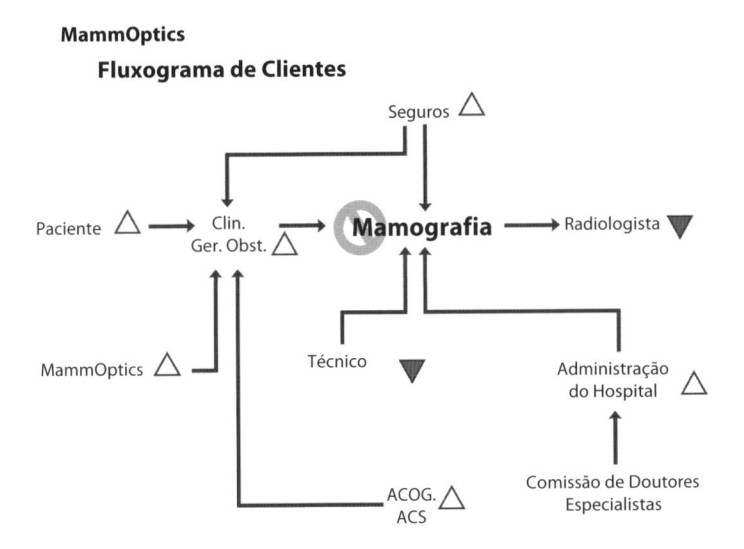

MammOptics
Fluxograma de Clientes

Uma Amostra de Mapa Organizacional/de Influência (Figura 4.4)

Mapas Organizacionais e de Influência do Cliente

Ao conhecer profundamente um dia típico do cliente, você percebe que, exceto em raros casos, a maioria dos clientes não age solitariamente. Eles interagem com amigos e familiares e, no trabalho, com seus colegas. Liste as pessoas que poderiam influenciar na decisão de compra e desenhe um diagrama provisório dos potenciais clientes e todas as influências que podem sofrer. Desenhe também o impacto do produto no cotidiano e vida pessoal deles. Faça então um mapa mostrando as pessoas em volta que potencialmente podem exercer influência sobre o usuário. Em uma grande companhia, o diagrama será complexo, com muitos pontos inicialmente desconhecidos.

Segmentos de Cliente: Hipótese da Origem/Vinculação (Digital)

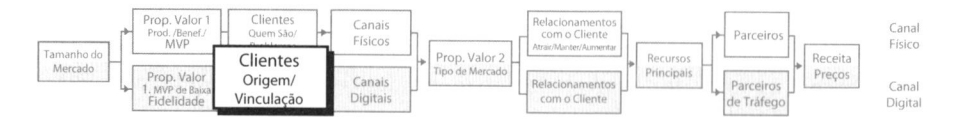

➥ Neste quesito você desenvolve arquétipos de cliente e é capaz de dizer coisas como "acreditamos que nossos clientes, em sua maioria, são profissionais urbanos familiarizados com tecnologia, com idade entre 18 e 25 anos, que usam produtos Mac e ficam duas horas por dia no Facebook" ou "cerca de 25% dos meus clientes leem a revista *Science and Nature* religiosamente e querem uma maneira melhor de encaminhar seus pedidos de compra de reagentes químicos e suprimentos para laboratórios". Então você se sentirá capaz de compreender e desenhar um dia na vida do cliente e um mapa de influências web do cliente.

Comece revisando as hipóteses há pouco apresentadas de "segmentos de cliente/físico".

Os Arquétipos do Cliente: um Guia de Quem São seus Clientes

Um arquétipo do cliente combina tudo que você conhece a respeito dos "mais típicos" clientes ou usuários em um ou mais perfis completos. (Obviamente, nem todos os clientes se parecerão com essa "média" homogeneizada. De fato, é mais que provável que haverá diversos arquétipos.)

Reúna as mais variadas estatísticas demográficas e de comportamento dos clientes. (Para ajuda, veja Obtenha Conhecimento do Cliente na Fase 2, página 197.) Use Google Trends, Google Insights e anúncios no Facebook para obter aspectos demográficos do cliente digital. Use Crunchbase para procurar para quem os concorrentes vendem. Entreviste pessoas que você acha que se assemelham à maioria dos clientes potenciais e entenda quem são eles, o que fazem e como se comportam. Busque online por estudos, novos artigos e relatórios sobre seus clientes-alvo. Examine as escolhas de mídia de seus concorrentes, cobertura da imprensa e relatórios anuais. E o mais importante, continue a atualizar o arquétipo à medida que vai aprendendo sobre os clientes ao longo do tempo.

Arquétipo Destaques	Guia de Aquisição de Cliente
Idade 40 – 55, de alta renda	Use para direcionar anúncios em banners e campanhas em textlink
Trabalha em duas profissões	Não anunciar ou promover durante o expediente; ineficiente
Compra produtos gourmet frescos	Atinja esses blogueiros, promova em conjunto com sites de alimentos gourmets
Dirige carros de luxo	Considerar ofertas de promoções em conjunto com sites especializados
Frequenta agências de viagens	Envie comunicados de imprensa a sites de viagens, blogueiros
Cozinha só nos fins de semana	Não envie AdWords (anúncios no Google) durante a semana p/ economizar, envie e-mail "Blast", tuítes, torpedos, às quintas e sextas-feiras
Recebem amigos em casa com frequência	Promoções conjuntas com sites e blogs especializados em receber gente em casa

Um Guia de Uso de Arquétipos/Cliente na Definição de Estratégias (Figura 4.5)

Seus clientes-alvo ou usuários são altos executivos, uma comunidade de babás ou jovens jogadores de games? Moram no centro ou na periferia da cidade? Solteiros ou casados? Reúna tantos detalhes quanto for possível. Que idade têm? Quanto ganham? Quantas horas dedicam ao lazer e quanto gastam com isso? Quais equipamentos de acesso à internet usam: desktop, laptop, iPad ou smartphone — ou todos? Eles são solitários ou participam bastante das redes sociais e compartilham sites e informações generosamente com os outros? Quando online, estão sozinhos em casa ou na escola, em meio à multidão? Utilize o exemplo detalhado na Figura 4.5 como guia para desenvolver sua própria tabela.

"Um Dia na Vida": um Guia do que os Clientes Fazem

Quanto tempo seus clientes ficam online em um dia inteiro (24 horas)? Isso acontece no computador de mesa, laptop ou em equipamentos portáteis, ao dirigir? Seu sucesso depende cada vez mais de tornar-se uma parte corriqueira do dia do cliente, seja para informação, participar das redes sociais, jogar games ou comprar nas empresas de *e-commerce*. Entretanto, qual a origem do "recém-encontrado" tempo que eles gastam no novo site ou app que você lançou? Será que estão dormindo menos? Será que diminuíram a permanência no Facebook ou no eBay? Estarão jogando menos conversa fora no escritório para navegar pelo seu site?

Qual a origem do "recém-encontrado" tempo que eles gastam no novo site ou app que você lançou?

Esteja certo de haver compreendido como eles encontraram novos produtos. Eles são leitores fiéis do TechCrunch ou *People*, sites de games ou novos *feeds*? Eles tuítam frequentemente e leem tuítes de duas ou de 50 pessoas? E torpedos (mensagens de texto) duas ou cem vezes por dia, e a quem? Aonde vão para obter informações de produtos em geral e de produtos semelhantes ao seu, quão depressa e por quanto tempo?

Onde você encontra seus clientes? Na web, eles podem estar em qualquer lugar: sites de nichos, lendo blogs, no Facebook e outras redes sociais ou navegando em novos sites. Eles podem estar tuitando, enviando mensagens de texto ou interagindo com outros clientes ou em fóruns, wikis e por aí vai.

Destaques de "Um Dia na Vida"	Guia de Aquisição de Cliente
. Menos de 15 minutos/dia nas redes sociais	Facebook, mídia social: baixa prioridade de marketing
. Três torpedos diariamente, na maior parte com a esposa	Esquecer Twitter para esse público
. Lê revistas, sites de culinária	Promova bastante na área, receitas, press release etc
. Observa chefs célebres 2 a 3 vezes por semana	Tentar levar os fundadores como convidados em shows; promoções conjuntas
. Uma hora por dia lendo novos sites	Contatar editoras de estilo de vida e alimentação para novas publicações
. 20 minutos por dia online não para trabalhar	Testar antes de gastar em disparos de e-mail e campanhas online
. Conversa/ manda e-mails entre 15 e 20 amigos	Obter receitas, ideias, descontos para circular entre os amigos

Um Guia de Uso do "Um Dia na Vida" na Definição de Estratégias (Figura 4.6)

Monte o seu cenário de "um dia na vida" em etapas crescentes de 15 a 30 minutos começando da hora de despertar até a de ir para a cama, dando atenção especial para o tempo gasto no uso de equipamentos digitais e especificando não só que tipo de aparelho, mas em que estão conectados e por quanto tempo: trocando torpedos com os amigos, lendo blogs (anote quais), jogando no celular ou computador (anote quais jogos), comprando (anote o que e onde) ou enviando fotos do gatinho de estimação no Facebook.

Consulte o exemplo detalhado na Figura 4.6, usando-o como guia para desenvolver a sua tabela.

Resuma o arquétipo e o "dia na vida" de forma sintética em *bullet points* (itens). Lance mão desses itens para avaliar o valor potencial das atividades, que você utilizará para "trazer" clientes ao desenvolver, mais à frente, a hipótese do Relacionamento com o Cliente. As Figuras 4.5 e 4.6 fornecem um exemplo de uma empresa vendendo downloads de lições de culinária *gourmet* a casais que trabalham, cozinham juntos e tentam fazê-lo de maneira criativa.

Quando o arquétipo do cliente e o "dia-na-vida" estão prontos, você entenderá como seus clientes são, seu cotidiano, e saberá onde encontrá-los.

Esse exemplo ilustra como os esforços pelo arquétipo e o "dia na vida" focam a atividade de "aquisição de clientes". Embora não exista um direcionamento perfeito no que concerne ao marketing em massa, ajustar cada atividade do "conseguir clientes" para "pescar onde os peixes estão" ajuda a maximizar o retorno de cada real investido em cada relacionamento com cliente.

Eis Como Criar um Mapa de Influência do Cliente web:

No mundo digital, mapas de influência (descritos na página 85) são tão complexos e intimidadores quanto influenciadores. Pense na quantidade de maneiras que um cliente pode ser influenciado online e como os esforços a que você se propõe podem sofrer a influência dos formadores de opinião como parte do processo de marketing. Os "pontos" do mapa de influência online incluem blogs e salas de bate-papo, sites oficiais, redes sociais, especialistas e sites de encaminhamento ou referência. Além do que se propõem a fazer, esses meios são, em geral, fontes importantes de "busca natural" que atraem pessoas ao site.

Alcance de Público		Nosso Acesso	
		Difícil	Fácil
	Alto	· Google SEO · Huff Po, AOL, Grande Mídia · Blogs Grandes	· Google Ad Words · Outros PPC · Textlinks
	Baixo	· Comunidades Particulares · Sites Acadêmicos	· Blogs pequenos · Páginas de amigos no Facebook · Feed do meu Twitter

Mapa de Influência do Cliente Web (Figura 4.7)

Para finalizar, reconheça que para as apps digitais você pode ter múltiplos segmentos de clientes em mercados multifacetados. Nesse caso, "clientes" podem ser usuários que nada pagam pelo produto ou serviço, mas que se consubstanciam em valor para o fornecedor, que pode revendê-los a outros. O Google é o exemplo canônico das "mil facetas": bilhões de "clientes" o usam gratuitamente, e milhões de anunciantes pagam para ter acesso a eles. A maioria das redes sociais e sites de conteúdo operam desse modo.

Hipótese dos Canais (Físicos)

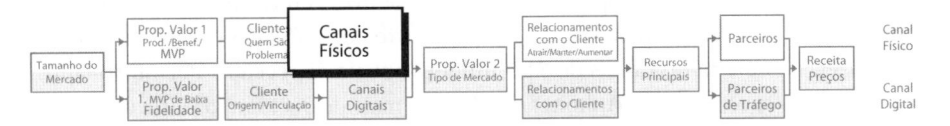

[Diagrama do modelo de negócio com destaque para "Canais Físicos": Tamanho do Mercado | Prop. Valor 1 Prod./Benef./MVP, Prop. Valor 1. MVP de Baixa Fidelidade | Cliente Quem São Problema, Cliente Origem/Vinculação | **Canais Físicos**, Canais Digitais | Prop. Valor 2 Tipo de Mercado | Relacionamentos com o Cliente Atrair/Manter/Aumentar, Relacionamentos com o Cliente | Recursos Principais | Parceiros, Parceiros de Tráfego | Receita Preços | Canal Físico, Canal Digital]

Neste item, demonstra-se como os produtos chegam aos clientes.

É enorme a diferença entre os canais físicos e os digitais. Em um, os bens físicos são deslocados de um armazém para o cliente ou varejista. No outro, não há necessidade de envolvimento humano, com o produto sendo oferecido e comercializado online. (Se o próprio produto são bits, ambos são entregues online.)

Canais físicos estão por aí há séculos. São uma espécie de "clientes intermediários" com os quais as startups precisam conviver, e podem antepor barreiras significativas: altos custos, tempo longo de execução, dificuldade de controle e promoção, só para citar algumas. Todavia, a recompensa pode ser grande. No século XX, a distribuição física era especialmente relevante. Na época, o ponto alto da distribuição foram as vendas do Walmart, que a cada dia dava as boas-vindas para 20 milhões de americanos.

Verifique se o produto encaixa-se no canal.

Nos dias de hoje, a maioria das empresas se vale tanto dos canais físicos como digitais. Por exemplo, mesmo contando com expressivas 10 mil lojas, o Walmart também investe maciçamente no walmart.com, um canal alternativo, assim como o faz a maioria dos varejistas. Em termos estratégicos, em especial para bens físicos, atualmente são utilizados os dois tipos de canais. Se uma companhia possui os dois, deve gerar clientes demandando ambos. Canais físicos e digitais exigem atividades muito distintas na criação de demanda.

Verifique se o Produto "Encaixa-se" no Canal

Canais diferentes de vendas operam com faixas de preços diferentes. Por exemplo, um vendedor cujo portfólio de vendas seja composto por softwares corporativos precisa trazer para a empresa mais de $1,5 milhões anuais de receitas. Por outro lado, são poucos os apps para smartphones vendidos a mais de $10, fora os 30% das lojas. Uma empresa de vendas a varejo online como a Amazon e bestbuy.com comercializam produtos por centenas ou milhares de dólares, retendo para si, às vezes, mais da metade da receita bruta.

Certifique-se de considerar os custos de todos os canais nas hipóteses de precificação, pois muitos deles impõem encargos de distribuição, promoção e, às vezes, até mesmo para realocar os produtos nas gôndolas ou pela devolução de mercadorias encalhadas. Optar por canais altera o modelo de receitas da companhia, muitas vezes dramaticamente, portanto, revisite e atualize as hipóteses do fluxo de receitas com base nos custos da empresa e receita líquida ao fazer uma mudança no canal. (Sempre compute o fluxo de receitas em termos líquidos, para verificar somente aquilo que efetivamente entra no caixa depois que a poeira abaixar.)

Opções dos Canais Físicos

Cada um dos canais de distribuição física tem seu próprio leque de pontos fortes, pontos fracos e custos. Alguns deles são "indiretos", em que a companhia vende a intermediários às vezes denominados "revendedores" (distribuidores, varejistas, montadores), os quais vendem aos usuários finais. Por exemplo, quando um fabricante de videogames portáteis quer utilizar lojas de brinquedo locais independentes como canal, essas lojas compram a mercadoria de um distribuidor local ou nacional. Sua empresa requisita o distribuidor, porém é impossível visitar cada loja de brinquedo do país. Em geral, a distribuição física é tão complexa quanto dispendiosa. Eis algumas alternativas mais comuns:

Vendas Diretas: São as realizadas pelo pessoal de vendas que você emprega, feitas a consumidores finais (pessoas físicas ou jurídicas) ou para outros revendedores.

Pontos Fortes: elevado grau de controle e supervisão; equipe de vendas focada/dedicada aos produtos da companhia.

Pontos Fracos: é a alternativa mais onerosa; dificuldade em encontrar pessoas talentosas e mais dificuldade ainda de gerenciá-las. O preço ou margem do produto pode não suportar os gastos.

Hipótese dos Canais

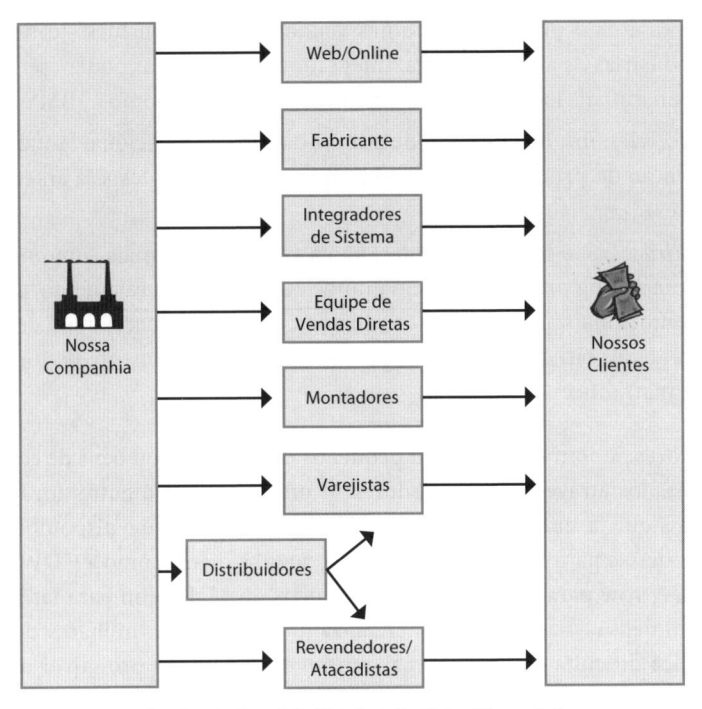

Opções do Canal de Distribuição Físico (Figura 4.8)

Representantes de Vendas: Vendedores independentes, representam inúmeras companhias, fazendo o papel de um canal ou corrente de vendas, atuando geralmente em áreas regionais (embora alguns deles nacionalmente). Trabalham, normalmente, com produtos compatíveis, mas que não concorrem entre si. O método de remuneração mais comum é o comissionamento, e menos frequentemente recebem honorários ou por participação porcentual nas vendas.

Pontos Fortes: uma maneira rápida de obter distribuição nacional com custo proporcional ao faturamento e pequenos gastos pré-vendas.

Pontos Fracos: Eles são leais aos clientes deles, não a você, a empresa vendedora; eles estão mais para meio que para marketing proativo.

Revendedores Integradores de Sistemas/Montadores (VARs, em inglês): ao contrário das empresas independentes de representação comercial, os integradores e montadores agregam valor ao produto que comercializam (assessorando, instalando, integrando ou incorporando produtos adicionais de terceiros fabricantes). Tais organizações atuam principalmente nas vendas do tipo "business-to-business" no setor de indústrias de alta tecnologia. Integradores de sistemas podem ser apenas um ou dois profissionais locais de TI ou uma vasta rede global como a IBM e Accenture.

Pontos Fortes: um meio rápido de atingir distribuição nacional "total integração e instalação do produto" com custo proporcional e sem despesa antecipada para a empresa.

Pontos fracos: São leais aos clientes, não a você; servem mais como meio do que como marketing proativo. Exigem grande cuidado e encorajamento, como esforços promocionais; precisam ser conduzidos, treinados e necessitam de incentivos e, regra-geral, são desafiados a organizarem-se nacionalmente de forma consistente e mais difíceis de motivar.

Revendedores: Volumes médios ou pequenos de produtos ou bens de consumo são comercializados através de revendedores — um meio termo entre um fabricante e um varejista que fazem pouco mais do que estocar o produto e disponibilizar quantidades modestas para lojas locais. Nos EUA, alguns deles (como a CDW para computadores, Arrow para componentes eletrônicos ou McKesson para farmacêuticos) possuem dimensão nacional e comercializam, literalmente, milhares de itens. Tal característica dificulta e onera chamar um revendedor para promover um produto em particular.

Pontos Fortes: Proporcionam atenção personalizada e podem exibir e promover um produto que apreciem.

Pontos Fracos: Muito caros. Em geral, sua mentalidade é a de "tomador de pedidos" e raramente dispõem-se a selar parcerias promocionais ou de marketing. Podem ter o direito de devolver seu produto. Normalmente, não pagam até que o produto esteja praticamente vendido.

Distribuidores (Varejistas): Compram os produtos e os comercializam para outras empresas ou consumidor final, exibindo e promovendo um grupo limitado e seleto deles. Procuram trabalhar com elevadas margens (por vezes, o dobro dos custos) para compensar os altos gastos operacionais e os baixos volumes. São incomuns acordos com o fabricante, mas costumam comprar bens de consumo de um intermediário em quantidades menores, revendendo-os também para mercearias de bairro e lojas de conveniência.

Pontos Fortes: Proporcionam atenção personalizada e podem exibir e promover um produto que apreciem.

Pontos Fracos: É difícil e oneroso montar um negócio tendo este como o principal canal.

Distribuidores (Atacadistas): Nos EUA, cadeias de lojas de âmbito nacional, do Walmart à Costco ou da Home Depot ao 7-Eleven movimentam uma quantidade imensa de mercadorias. Como resultado, exercem enorme influência nos fabricantes, cobrando um "pedágio" para as mercadorias circularem em suas lojas que, frequentemente, chega a 50% do preço de varejo. É muito raro lançarem um novo produto sem antes proceder a um bem-sucedido "teste de mercado" em um punhado de suas lojas. E no caso de sucesso do teste, ainda pedem ao fabricante uma polpuda "taxa de exposição" (além da margem) para exibir o produto.

Pontos Fortes: Distribuição maciça e marketing/anúncios eficientes.

Pontos Fracos: Longo tempo para o fabricante colocar o produto nas lojas e iniciar a comercialização (às vezes um ano ou mais), custos extremamente altos, reduzido controle de marketing e menor oportunidade de exercer influência. As mercadorias que encalham podem ser devolvidas meses depois. O prazo de recebimento é dolorosamente esticado, podendo chegar a seis meses ou mais.

Fabricantes de Equipamentos Originais (em inglês, OEM): As OEMs adquirem produtos que servem como componentes de um produto maior. Um fabricante de Pcs compra discos rígidos, semicondutores, placas e teclados de uma série de outros fabricantes e monta esses produtos, manufaturando um outro, maior e mais complexo para vender ao usuário final. Uma startup deveria considerar:

A marca, imagem e identificação da startup são absorvidas no processo de produção de uma OEM, e muitas vezes ficam invisíveis para o usuário final ("Intel inside" é uma rara exceção a essa regra, com a marca e a reputação agregando valor); o sucesso da startup depende completamente do sucesso do produto da OEM, cujo senso sobre necessidades, questões e reações do cliente pode obscurecer a compreensão da startup sobre as necessidades de seus clientes.

Pontos Fortes: Potencial para vendas expressivas.

Pontos Fracos: Baixas margens são comuns; nenhum benefício para a marca ou visibilidade para a startup.

Qual Canal Eu Deveria Usar?

Um erro trágico que várias startups cometem é exagerar seus esforços quanto aos canais iniciais. Até que a companhia complete a validação pelo cliente, deve escolher um canal de vendas que apresente o maior potencial e focar nele, excluindo todos os outros. A empresa ainda está na fase de testes e expandindo suas hipóteses e necessita concentrar-se no aprendizado. Não tente lançar um produto via vendas diretas, cadeia de lojas ou mala direta de e-mails de uma só vez — é quase impossível ser bem-sucedido nas três. A grande exceção, claro, é lançar por um canal físico simultaneamente com o suporte de web-marketing (e algumas vezes vendas).

Decisões sobre canal e precificação são inter-relacionadas, então, desenvolva as hipóteses do canal ao mesmo tempo que trabalha com hipóteses de receitas e preços (página 162). Por exemplo, varejistas cortam dramaticamente a receita da empresa, enquanto que vendas diretas podem proporcionar maiores receitas, mas em um ritmo mais lento. Quando estiver considerando qual canal de venda adotar, tenha em mente os seguintes critérios:

- Os hábitos e práticas de compra da categoria do produto estão estabilizados?
- O canal fortalece o processo de vendas? A que custo para a companhia?
- Qual o preço e a complexidade das questões que envolvem a venda do produto?

Startups raramente encontram a estratégia certa do canal na primeira vez. As de maior tecnologia, por exemplo, presumem que as vendas diretas são o caminho a ser seguido, o que com frequência ficou comprovado que não. Quase sempre as mais espertas — e prudentes — inicialmente observam os hábitos e padrões existentes de compra de produtos e categorias similares, uma vez que os clientes estão demonstrando suas preferências de canal gastando seu dinheiro por ali.

Hipótese dos Canais (Digitais)

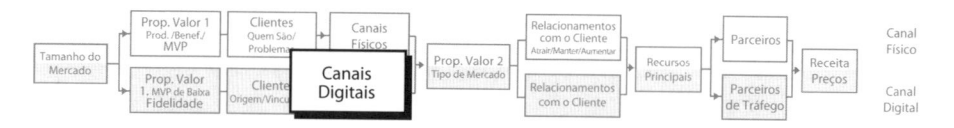

→ Neste item, demonstra-se como os produtos chegam aos clientes.

Inicie o desenvolvimento da hipótese pela leitura introdutória da seção do canal físico, imediatamente antes desta. Ela remete à estratégia geral dos vários canais e custos e como afetam as receitas.

Os canais digitais podem alcançar bilhões de pessoas conectadas ao redor do mundo via computador, tablets ou equipamentos manuais. Esses canais estão "sempre ligados", nunca dormem, estão, às vezes de forma literal, na palma das mãos do cliente, ou ao alcance de seu braço, durante as 24 horas do dia. O alcance, permanência e acessibilidade do canal móvel apenas começou a afetar o modo de viver, trabalhar, comprar e fazer algo.

Uma loja de produtos ou serviços acessível literalmente por bilhões de pessoas a cada minuto de cada dia é um sonho de marketing. Produtos Digitais podem ser adquiridos rapidamente e conseguem estar presentes quase no mesmo momento a um custo potencialmente mínimo — tão baixos com o $5 ao mês por uma pequena loja online Yahoo, por exemplo. A companhia mantém controle total, arrecada quase 100% das receitas através de vendas diretas e pode alterar preços, promoções e mais em um instante.

A desvantagem, contudo, está em que nenhum cliente "passeia" pelo site, e os encargos e custos de geração de conhecimento, tráfego e vendas recai inteiramente sobre a companhia (isto é discutido em detalhe mais à frente na hipótese do relacionamento com o cliente na página 131). Quer seja um site administrado pela própria companhia ou pela Amazon.com ou App Store, o sucesso do canal digital é quase completamente dependente da criação de demanda, atraindo visitantes para o site a um custo compatível e persuadindo-os a interessar-se pelo produto ou comprá-lo.

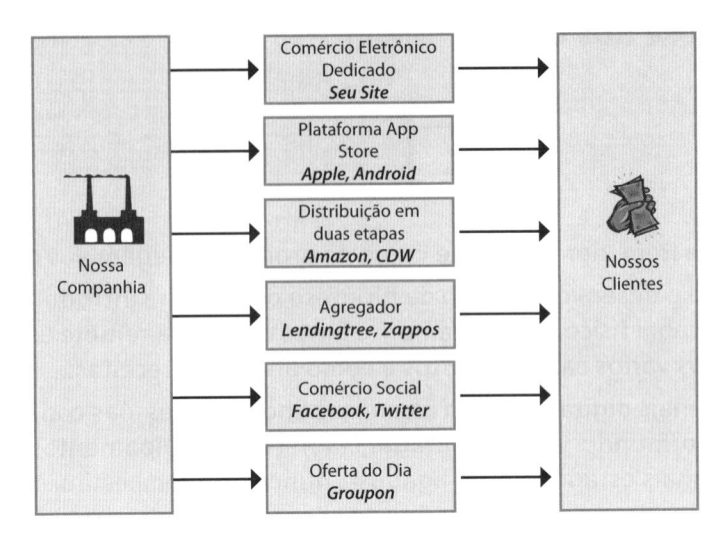

Opções do Canal de Distribuição Digital (Figura 4.9)

Opções do Canal Digital

De modo semelhante ao canal de distribuição físico, cada canal digital tem seus pontos fortes, fracos e custos (cada vez mais, produtos físicos são comercializados tanto online como por canais físicos). Uma startup deve escolher *um canal de distribuição* que apresente um ótimo balanceamento entre as propostas de valor da companhia, seus custos e modelo de receitas e como os clientes preferem realizar as compras. (Você pode adicionar canais para crescer e aumentar a escala.)

Escolha um canal de distribuição. Você pode adicionar canais para crescer e aumentar a escala.

Comércio Eletrônico *(e-commerce)* Dedicado: A companhia oferece seus produtos para venda em seu próprio site de *e-commerce* "dedicado" (um software que pode estar hospedado em qualquer lugar). Os clientes acessam o site por meio de um navegador (*browser*). Quer o produto seja físico ou digital, os clientes (pessoas físicas ou empresas) podem checar os detalhes, comparar características e completar a transação com uma simples URL (endereço virtual na internet).

Pontos Fortes: Sites básicos são fáceis de criar e permitem controle completo de preço, apresentação do produto, estoque e muito mais.

Pontos Fracos: A companhia deve enfrentar todos os desafios e custos de obter tráfego e converter visitas em compras.

Distribuição em Duas Etapas: É um modo de sua companhia alcançar mais clientes comercializando simultaneamente seus produtos em sites de *e-commerce*, o que ajuda a gerar conhecimento e demanda. Trata-se do canal digital mais comum, utilizado tanto por gigantes como a Amazon.com, BestBuy.com e Apple AppStores, como pelos pequenos sites de comércio eletrônico. Os custos de distribuição variam, com a Amazon.com no topo, cobrando 55% do preço no varejo para vender um livro físico. Em troca dessa bela quantia, ela mantém estoques, empacota e remete as mercadorias e recebe os pagamentos. Em regra, quanto mais o varejista incrementa a demanda dos clientes, mais ganha por fazer a venda.

Pontos Fortes: Método rápido de alcançar distribuição nacional a custos proporcionais e pequenos gastos antecipados.

Pontos Fracos: Reduzido controle de promoções no site ou visibilidade do produto, a não ser com gastos extras.

Agregadores: O equivalente online a um shopping físico, usualmente uma categoria singular. Eles agregam consumidores com áreas comuns de interesse e os encaminham a um supermercado virtual. Os clientes acessam o site por intermédio de um *browser* (software de acesso à internet). Centenas de hipotecas e produtos financeiros afins são disponibilizados pela LendingTree.com, enquanto a cloudshow-place.com coloca à disposição um guia do comprador que relaciona centenas de softwares SAAS[1], muitos dos quais podem ser adquiridos com alguns clicks na tela. A Diapers.com e Zappos (ambos pertencentes à Amazon) agregam produtos para bebês e calçados, respectivamente, de centenas de fabricantes. Feiras de negócios online para venda de produtos entre empresas funcionam de modo similar, recriando virtualmente a aparência das tradicionais feiras, inclusive comercializando estandes nos quais o pessoal de marketing coloca à disposição demonstrações, folhetos explicativos, literatura, enfim, tudo que possa resultar em vendas nesses "estandes".

---

[1] N.E.: SAAS, sigla para "Softwares as a Service", é um modelo de negócios de empréstimo ou aluguel de softwares em que os usuários estão conectados em um *hub* central e enviam e recebem arquivos com os programas que necessitarem.

Pontos Fortes: Meio rápido de alcançar distribuição nacional a custos proporcionais e pequenos gastos antecipados.

Pontos Fracos: Dificuldade em ganhar visibilidade e realizar promoções ou ações de marketing no site; pode ser oneroso.

Plataformas que Funcionam como Canais

Aplicativos (apps) Digitais: Uma plataforma de distribuição de apps para digitais se comporta em variados aspectos como um canal físico de lojas de varejo. Aplicativos e jogos de celular são comercializados nessas plataformas. Por exemplo, o Farmville, da Zyng, e outros jogos online utilizam o Facebook, com centenas de milhões de usuários, como uma "plataforma". O Facebook cede sua plataforma para milhares de outras companhias, transformando sua rede social em canal de venda. A Apple e o Android do Google oferecem lojas de aplicativos que permitem aos usuários de seus celulares comprar de tudo desde jogos a programas de controle financeiro para seus aparelhos, iPhone e Android respectivamente.

Mercados dedicados como o iPhone ou Android são os mercados primários da "plataforma como canal" dos aplicativos para smartphones. A Apple App Store cobra 30% do preço de varejo por aplicativos para iPhone. Os aplicativos para smartphones dominaram as vendas nesse canal, mas a salesforce.com abriu sua AppExchange para aplicativos bussiness-to-bussiness, e outras empresas a acompanharão.

Pontos Fortes: Alcance maciço e canal de rápido crescimento para jogos, software, aplicativos para shoppings e mais. É um canal que está "sempre" à mão (para literalmente muitos milhões de clientes). Representa uma tremenda oportunidade de negócios.

Pontos fracos: Relativamente oneroso, limitação ao tamanho dos arquivos, desafiador quanto a apresentação e pagamento dos produtos, complexidade operacional, extrema dificuldade em chamar a atenção dos clientes, promover apps e veicular mensagens de marketing.

Comércio Social: Redes sociais como o Facebook e Twitter estão se movimentando cada vez mais para transformar suas plataformas em comércio, monetizando, assim, seu enorme público. Os clientes acessam o site por meio de um navegador ou app dedicado. Um tipo de moeda apropriada para a web e itens para jogos online mais sofisticados estão em plena maturação, com mais mercados verticais seguindo seus lucrativos passos.

Pontos Fortes: Distribuição rápida e potencialmente massiva; ótimo para lançar produtos, torná-los conhecidos e fazer caixa.

Pontos Fracos: Dificuldade em chamar a atenção e se fazer conhecido. As plataformas representam 50% ou mais do custo das vendas.

Oferta do Dia: São oferecidos grandes descontos em mercadorias de marca a uma relação de consumidores, em ofertas que expiram em 24 ou 48 horas. A Gilt.com, o Groupon e vários clones convocam por intermédio de e-mail ou listas de participantes em redes sociais numerosos consumidores ansiosos para obter descontos em categorias específicas de produtos ou serviços. Esses sites de comércio social proporcionam receitas e um volume expressivo de clientes.

"Ofertas do dia" podem gerar, bem depressa, enormes prejuízos.

Pontos Fortes: Distribuição rápida e potencialmente massiva; ótima para lançar produtos, torná-los conhecidos e fazer caixa.

Pontos Fracos: Em geral, dolorosamente caras. Os usuários esperam, em regra, descontos em torno de 50% sobre os preços correntes; os fabricantes pagam 50% sobre a metade de seus preços de venda ao site que oferece a "oferta do dia". Podem ser gerados, bem depressa, enormes prejuízos.

Canal Gratuito para Pago: Embora seja difícil de classificar como plataforma, canal ou estratégia de criação de demanda, a gratuidade é um poderoso meio de relacionamento com os clientes, particularmente para companhias cujos produtos requerem pouca ou nenhuma personalização. Algumas poucas empresas utilizaram, como fez a Zynga, as redes sociais para gerar um vasto público de usuários isentos de pagamento para jogar games como Farmville e MafiaWars. Eles oferecem uma certa parcela de jogos gratuitos — se não todos —, mas vendem produtos digitais por dinheiro de verdade assim que "capturam" seus usuários durante o jogo.

> Se eles não se convertem e pagam, você está morto.

Outras empresas de games oferecem versões limitadas gratuitamente ou versões completas por tempo limitado ("versão teste grátis por sete dias com o número do seu cartão de crédito") apenas para agressivamente levarem os usuários gratuitos a versões mais elaboradas do jogo, pagas. Recentemente, nos EUA, empresas de software para declaração de imposto de renda online começaram a oferecer o serviço gratuitamente para restituições simples, apenas para criar um canal no qual poderiam levar clientes a pagarem pela resolução de casos de restituições mais complexas.

Pontos Fortes: Acelera avaliações e adoções a um custo relativamente baixo. Excelente como estratégia de lançamento.

Pontos Fracos: Gratuidade é atrativa, mas perigosa. Você pode trazer multidões depressa, contudo, elas podem não se converter em pagantes, e você estará morto. A tentativa de conversão rentável dos usuários gratuitos em pagantes levanta ou afunda uma empresa.

Testes Podem Ajudar a Escolher um Canal

Para alguns produtos, a escolha do canal é óbvia. Há um canal para um iPhone ou aplicativo iPad e outro igualmente óbvio para jogos sociais. Todavia, muitos produtos precisam testar o custo-benefício e o volume potencial de diversos canais para determinar em qual deles focar e aplicar as verbas de marketing. Um simples aplicativo baixável, por exemplo, pode ao mesmo tempo testar três canais: uma loja de app (app store), um modelo *freemium* e o varejo online. Configure o teste de modo a gastar mais ou menos o mesmo valor em cada um e — como condição mínima — atente para o que gera, por baixo, uns $2 de receita para cada $1 aplicado em marketing (você sempre pode melhorar essa relação mais tarde). Daí, então, veja qual deles traz clientes com o menor custo unitário e qual traz o maior número absoluto de clientes.

Mercados Multifacetados Precisam de Planos de Canal Específicos

Aproximadamente ao mesmo tempo que uma companhia de canal físico começa a pensar nos canais de vendas, as startups atuando em mercados digitais multilaterais devem desenvolver hipóteses sobre seu "outro" lado, ou, neste caso, "canal de receitas".

Hipótese dos Canais

A maioria dos canais de receitas de múltiplas facetas funciona de maneira bem simples: atrai um grande número de usuários e os anunciantes pagam para ter acesso a eles por intermédio de *banners*, *textlink* (palavras ou textos que remetem a um determinado site), visibilidade dentro do game ou anúncios tradicionais online. Assim, o objetivo é relativamente simples, identificar potenciais anunciantes e agências, estimar quanto estão dispostas a pagar, como funciona o processo de vendas e se as hipóteses a respeito do "lado" da receita são válidas. Muito cuidado com os dois pecados mortais da publicidade relacionada a mercados multifacetados: públicos diminutos e indistintos.

Quanto mais específico for o público –
e mais difícil de agregar –, mais valor ele terá.

Públicos Diminutos: Agências de publicidade apreciam gastar grandes somas do dinheiro dos seus clientes em tão poucas inserções (o equivalente nelas a ordens de compra) quanto possível, e desejam alcançar uma numerosa quantidade de pessoas com cada uma delas. Dar a uma agência de publicidade uma ordem de inserção ou mesmo a oportunidade de realizar uma campanha de vendas requer, geralmente, visitas ao site aos milhões todo mês. Esteja convicto de que o potencial de "pagador" do canal esteja claro no processo de validação dele.

Públicos Indistintos: O mundo da publicidade online está tão repleto de estoques encalhados que inúmeros anunciantes compram enormes volumes de *banners e textlinks* através de uma "rede" de publicidade online que agrega dezenas ou centenas de sites apelando a um grupo específico, tal como, por exemplo, adolescentes. Eles juntam todos os estoques não vendidos por um preço baixíssimo e os colocam em um pacote, que com frequência inclui centenas de milhões de impressões, para um ou diversos anunciantes.

Quanto mais específico for o público — e mais difícil de agregar —, mais valor ele terá. "Mães trabalhadoras" e "geração Y" são clientes que podem ser agregados com mais facilidade que, por exemplo, passageiros de avião que viajam com frequência ou proprietários de carros de luxo. Outros públicos muito valorizados: ortodontistas, donos ou locatários de jatos particulares ou frequentadores assíduos de cassinos. Quanto mais fragmentado for um grupo, mais um mercado multifacetado exigirá alcançá-lo com anúncios.

Proposta de Valor 2: Tipo de Mercado e Hipótese Competitiva

Nesta parte, estuda-se qual dos quatro tipos de mercado a companhia irá ocupar (veja o Capítulo 2, regra 7, no Manifesto do Desenvolvimento de Clientes) e a questão da competitividade.

Independentemente do canal escolhido, as startups adotam (ou procuram fazê-lo) um dos quatro tipos de mercado. As consequências de uma escolha equivocada são severas (prematuro esvaziamento do caixa destinado a marketing ou vendas), porém, ao contrário daquelas relativas aos recursos do produto, a opção pelo tipo de mercado não deve ser postergada. Embora a decisão derradeira possa ser adiada até a criação do cliente, é aconselhável desenvolver um teste de hipótese inicial de tipo de mercado enquanto se está caminhando para a fase de descoberta de clientes. Nos próximos capítulos, retornaremos ao processo de seleção do tipo de mercado diversas vezes para refinar e aprofundar a análise, após mais discussões sobre clientes e mercados.

Procura-se, aqui, uma resposta provisória para a seguinte questão: a empresa está entrando em um mercado existente, ressegmentando um mercado, criando um novo ou clonando algum?

O tipo de mercado leva a gastos em marketing, início de vendas e necessidade de dinheiro.

Tipo de Mercado

Para algumas startups, o tipo de mercado é muito claro. Ao ingressar em um mercado recheado de concorrentes, seja ele de smartphones, redes sociais, medidores de glicose ou aviões, a escolha já foi feita para você: é um mercado existente. Por outro lado, se sua companhia inventa uma nova classe de produtos que ninguém havia imaginado antes, fica evidente que se trata de um novo mercado. Entretanto, a maioria das empresas pode dar-se ao luxo de escolher qual o tipo de mercado. Assim, como decidir? Algumas poucas questões dão início ao processo:

- Há um mercado bem definido, estabilizado e com grande volume de clientes? Os clientes sabem o nome do mercado e existem concorrentes? O produto tem alguma vantagem competitiva (melhor desempenho, recursos, serviços) em relação aos concorrentes? Em caso positivo, é um mercado já existente

- Há alguma parcela de um mercado existente que compraria um produto confeccionado para atender necessidades específicas? Mesmo que a um custo maior? Ou se uma pior performance em um aspecto do produto é irrelevante para um determinado nicho? Em caso afirmativo, pense em uma estratégia de ressegmentação ou nicho

- Um outro tipo de ressegmentação responde à questão: há clientes no extrato inferior de um mercado existente que não se importariam com um desempenho apenas razoável se houvesse um substancial rebaixamento no preço? Se for o caso, pense em ressegmentar o mercado com uma estratégia de redução de custos

- Na ausência de um mercado estabelecido e bem definido, obviamente não há clientes ou concorrentes, e um novo mercado está sendo criado

- Startups na Rússia, Índia, Indonésia, Brasil, Japão e China (países com grande mercado interno e barreiras culturais e de idioma) deparam-se com um tipo adicional de mercado: a clonagem. Você pode adotar/tomar emprestado/copiar um já bem-sucedido modelo de negócio nos EUA e adaptá-lo para a linguagem e preferências de compra locais. (Em futuro nem tão distante assim, ideias daqueles países serão clonadas nos EUA.)

Ao conversar com os clientes, percebe-se que eles têm muitas opiniões a respeito de onde os produtos se encaixam. Não se preocupe com as hesitações a propósito da escolha do tipo de mercado. Por enquanto, basta olhar para cada um deles e pinçar um que pareça melhor refletir a visão da companhia hoje. A Tabela 4.1 resume as soluções de compromisso ("trade-offs") de cada tipo de mercado, ou seja, ao escolher um deles, abdica-se das condições e características dos demais.

Fase	Mercado Existente	Ressegmentação de Mercado (nicho ou baixo custo)	Novo Mercado	Clonagem de Mercado
Cliente	Existentes	Existentes	Novos/Nova Utilização	Novo
Necessidades dos Clientes	Desempenho	1. Custo 2. Necessidades/ problemas percebidos	Simplicidade e Conveniência	Nova ideia já aprovada no exterior
Desempenho do Produto	Melhor/Mais Rápido	1. Razoável para extrato inferior 2. Razoável para novo nicho	Baixo em "atributos tradicionais", aumentado pelos padrões do novo cliente	Razoável para o mercado local
Concorrência	Existente, já estabelecida	Existente, já estabelecida	Não há consumo/ Outras startups	Nenhuma, origem estrangeira
Riscos	Já estabelecidos	1. Existente, já estabelecida 2. Falha na estratégia de nicho	Adoção do mercado	Adoção cultural

"Trade-offs" dos Tipos de Mercado (Tabela 4.1)

Uma das melhores ferramentas de triagem de estratégias de entrada em mercados existentes é derivada das pesquisas sobre operações militares. Ela aponta um punhado de regras simples que as companhias podem utilizar para analisar um *mercado existente*:

- Se uma única empresa tem 74% do mercado, este está se tornando um monopólio. Para uma startup, essa é uma posição inexpugnável para um ataque frontal. (Pense no Google como buscador ou no Facebook em redes sociais.)
- Se a participação de mercado da empresa líder somada à da segunda colocada for maior que 74%, e a líder tiver por volta de 1,7 vez a participação da segunda, significa que um duopólio domina o mercado. Essa fortaleza é impenetrável por um ataque desfechado por uma startup. (No setor de telecomunicações, a participação conjunta de mercado da Cisco e da Juniper em roteadores preenche essa condição.)
- Se a participação de mercado ("market share") de uma companhia for de 41% e pelo menos 1,7 vez a da segunda maior, ela é a líder do mercado.

Para uma startup, esse também é um mercado difícil de entrar. Mercados que têm uma clara liderança abrem a oportunidade de ressegmentação.

- Se o maior "operador" tiver pelo menos 26% de participação no mercado, o mercado é volátil, com acentuada possibilidade de alterações no ranking de participação de mercado das empresas nele atuantes. Nessa situação, podem ocorrer oportunidades de entrada no mercado existente.

- Se o maior operador tiver menos de 26% de participação, não influencia verdadeiramente o mercado. Startups consideram ser mais fácil penetrar em um mercado existente com tais características.

Caso decida atacar um mercado que tem apenas um operador dominante, precisa estar preparado para gastar três vezes o orçamento somado de vendas e marketing daquela companhia. (Uau! — é como bater de frente com o Google ou Facebook.)

Já em um mercado com múltiplos participantes, o custo de entrada é mais reduzido, contudo, ainda assim, você deve estimar gastar 1,7 vez o orçamento combinado de vendas e marketing da companhia que você planeja atacar. (Para entrar em um mercado existente você tem que roubar a participação no mercado de quem já está lá dentro, daí a analogia militar.) A Tabela 4.2 resume os custos de entrada em um mercado existente.

	Participação de Mercado (Market Share)	Custo de Entrada *versus* Orçamento de Vendas/ Marketing do Líder	Estratégia de Entrada
Monopólio	>75%	3x	Ressegmentação/Novo
Duopólio	>75%	3x	Ressegmentação/Novo
Líder de Mercado	>41%	3x	Ressegmentação/Novo
Mercado Volátil	>26%	1,7x	Existente/Ressegmentação
Mercado Aberto	>26%	1,7x	Existente/Ressegmentação

Tipos de Mercado — Custo de Entrada (Tabela 4.2)

Concorrência em um Mercado Existente

Uma vez que você tenha compreendido o tipo de mercado em que está, a paisagem, quanto à concorrência, começa a ficar mais transparente. Se acredita que sua companhia e produto penetram em um mercado existente, precisa entender de que maneira seu produto supera o dos competidores. Em um mercado existente, os clientes lhe dizem as bases em que a concorrência se dá. Isso quase sempre está vinculado aos principais atributos do produto, contudo, às vezes há outros componentes do modelo de negócio — por exemplo, canal ou preço. Empenhe-se em obter um produto, ou recurso ou aprimoramento que faça o cliente dizer "Vou pagar por isso".

Posicionar o produto em meio a um leque de concorrentes existentes é uma missão que pode ser cumprida selecionando habilmente os fatores de concorrência *que o farão ser bem-sucedido*. Lembre-se de que nem sempre é uma questão de recursos do novo produto, mas de conveniência, serviços, marca etc, que sejam nitidamente superiores. Ao entrar em um mercado existente, boas questões a serem ponderadas incluem:

- Quem são os atuais ocupantes e quem comanda o mercado?
- Qual é a participação de mercado de cada um dos concorrentes?
- Qual é a verba para marketing e vendas dos líderes do mercado?
- Qual é o custo de entrada para enfrentar os atuais concorrentes?
- Que atributos de performance os clientes dizem ser importantes?
- Qual participação de mercado a companhia pretende atingir nos primeiros três anos?
- Qual é a leitura de mercado feita pelos competidores?
- Existem padrões a serem seguidos? Se há, foram agendados para análise?
- A empresa buscará segui-los, estendê-los ou substituí-los (se a resposta for estender ou substituir, isso poderá ser indicação de ressegmentação do mercado)? Quando você entra em um mercado existente, entretanto, também cabe a discussão a respeito da concorrência, feita mais adiante nesta seção, para moldar seu posicionamento ainda mais acuradamente.

Um modo de planejar seu ataque a um mercado existente é consultar seu Quadro do Modelo de Negócios. Quais tarefas os clientes solicitam que seu produto realize? Que problema sua proposta de valor resolve?

Ressegmentando um Mercado Existente

Sua startup, em um mercado existente, é o participante mais fraco e de menores recursos. Portanto, atacar os "operadores" mais fortes é tolice. Você deve escolher estratégias que reconheçam suas fragilidades e ampliem sua agilidade. Se há uma companhia dominante com mais de 74% de participação de mercado, não a ataque. Por quê? Porque terá que dispor de três vezes mais recursos que ela. Em vez disso, aponte suas baterias naquilo que seus limitados recursos podem fazer a diferença. Você pode segmentar o mercado existente criando um mercado secundário, no qual seu produto seja o único ou, ao menos, substancialmente diferente, ou pode criar um novo mercado e definir um espaço que o líder não objetivará ocupar.

Se seu inimigo for mais forte que você, fuja dele. Se for furioso, irrite-o. Simule fraqueza, e ele pode tornar-se arrogante.

Se a companhia dominante tiver entre 26% e 74% de participação de mercado, escolha suas batalhas cuidadosamente. Lembre-se do custo de atacar quem está na vanguarda: três vezes o orçamento de um único concorrente ou 1,7 vezes o de um competidor em um mercado superlotado.

A maior parte das startups não tem acesso a um montante de recursos desse porte. Assim, ressegmentar o mercado ou criar um novo é quase sempre terminar em fracasso quando se encara de frente um tradicional participante dominante. Todos os truques de marketing para morder os calcanhares de um concorrente enraizado podem ser usados nesse caso. A maioria deles foi inventada 2.500 anos atrás por Sun Tzu e descritas em seu livro *A Arte da Guerra*. Parafraseando-o: "Todas as campanhas militares baseiam-se na decepção. Se seu inimigo for mais forte que você, fuja dele. Se for furioso, irrite-o. Se as forças forem iguais, lute, se não forem, reavalie".

Seu objetivo é tornar-se o nº 1 em algo importante para seu cliente: em recursos do produto, território, cadeia de distribuição ou base de consumidores. Mantenha-se segmentando o mercado (por faixa etária, renda, região etc) e concentre-se nos pontos fracos do concorrente até encontrar uma batalha que possa vencer. Tenha em mente que qualquer companhia pode tomar clientes de outra — desde que possa escolher qual batalha lutar.

No processo de ressegmentação de um mercado existente, procure posicionar-se da seguinte maneira:

(a) encontre um nicho só seu no qual algum produto ou serviço redefina o mercado, dando-lhe uma nítida vantagem competitiva

(b) seja aquele que opera com baixos custos ou

(c) tente combinar diferenciação e custo operacional reduzido, criando um novo e inexplorado espaço e tornando irrelevante a concorrência ao gerar e explorar uma nova demanda (é a denominada Estratégia do Oceano Azul). A Southwest Airlines está entre as primeiras empresas a ressegmentar o mercado de aviação civil adotando essa estratégia, e foi imitada sem sucesso por outras e bem mais tarde pela JetBlue. O Cirque du Soleil é um exemplo de ressegmentação no estilo Oceano Azul, oferecendo produtos diferenciados com um baixo custo operacional.

Em um mercado existente, sua startup é o participante mais fraco e de menores recursos.

Numa situação em que a ressegmentação constitui-se de um único nicho, atente para o que segue:

- De que mercados existentes são provenientes os clientes?
- Que características singulares têm esses clientes?
- Quais necessidades importantes desses clientes não estão sendo atendidas pelos atuais fornecedores?
- Quais recursos importantes do produto para os clientes foram omitidos pelos atuais fornecedores?
- Por que as companhias existentes não poderiam oferecer a mesma coisa que você?
- Quanto tempo levaria para formar um mercado suficientemente grande? Qual é esse tamanho?
- Como a companhia irá educar o mercado e criar demanda?
- Considerando que, de fato, ainda não há clientes nem um novo segmento, qual a estimativa realista de vendas?
- Como essa estimativa poderá ser testada?
- Quais partes do modelo de negócio poderão ser mudadas para diferenciar a empresa?

Para esse tipo de startup, desenhe um "mapa do mercado" (um diagrama que expõe como o novo mercado se parece), como mostrado na Figura 4.10, para ilustrar por que razão a companhia é única. No mapa, deixe a startup no centro. A ressegmentação do mercado pressupõe que o fluxo de clientes vem do(s) mercado(s) existente(s). Desenhe esse fluxo (lembre-se de que um mercado é composto de um rol de empresas com atributos comuns). Faça o mesmo com os recursos e funções do produto, os quais, quando reunidos, descrevem melhor o novo produto (pense nas barras de chocolate Hershey, agora com manteiga de amendoim e zero calorias — cada atributo expressa distintos grupos de clientes).

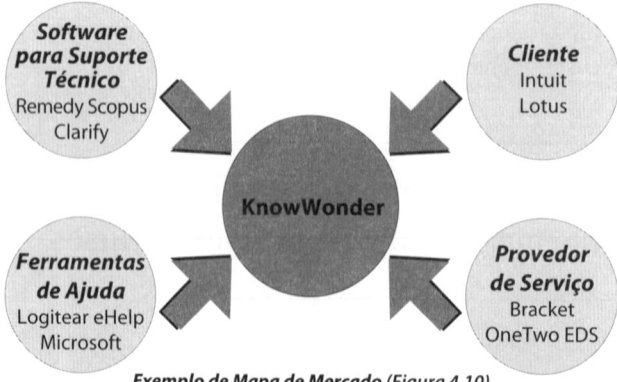

Software para Suporte Técnico
Remedy Scopus
Clarify

Cliente
Intuit
Lotus

KnowWonder

Ferramentas de Ajuda
Logitear eHelp
Microsoft

Provedor de Serviço
Bracket
OneTwo EDS

Exemplo de Mapa de Mercado (Figura 4.10)

Quando a ressegmentação fundamenta-se em custo baixo, estas questões vêm à tona:
- De que mercados existentes são provenientes os clientes?
- Que características singulares têm esses clientes?
- Qual preço (conhecido como custo de mudança) conseguirá fazer o cliente ficar online ou comprar da nova companhia?
- Quais recursos os clientes estão dispostos a declinar em função de um menor preço de aquisição?
- De que maneira esta hipótese pode ser testada quantitativamente?

Finalmente, faça um quadro mental visualizando por que milhares de novos clientes acreditarão e participarão desse novo mercado. E tenha cuidado com o aspecto de "custo mais baixo" de seu produto/companhia, uma vez que, apostando no novo mercado, os concorrentes podem mexer nos preços em questão de dias ou mesmo horas.

↪ **O mapa de mercado é particularmente importante para novos negócios digitais. Considere quanto tempo de navegação em seu site você espera dos clientes, seja jogando online, por interesse pessoal ou socializando. Em sequência, pense de onde virá esse tempo: abandonarão o site A ou B, dormirão menos ou concentrarão todos os e-mails na nova rede social? Afinal, esse mapa de mercado é baseado em minutos, não em moeda.**

Trata-se de onde virão os minutos, e como e por que virão para a nova companhia. Em redes sociais, é a "questão Facebook": o que as pessoas farão em uma nova rede social que não podem ou já fazem no Facebook, o líder do mercado, e por que não fariam o mesmo em uma terceira opção?

Na área digital isso equivale à participação no mercado. É preciso explicar como e por que motivo os clientes irão "trocar" o tempo que costumam passar em um site por outro. Se um novo game online não cortar o tempo de alguém jogando Farmville ou Mafia Wars, de onde esse alguém encontrará tempo para o novo jogo? Descubra e mapeie a "fonte do tempo".

O que seria melhor que um mercado onde não houvesse concorrência?

Entrando em um Novo Mercado

E se não existirem competidores? E se, após consultar todos os seus novos clientes, você continuar a ouvir "não há nada parecido com o que sua companhia está oferecendo"? E se, depois de examinar todos os dados quantitativos, você não conseguir encontrar outras empresas com produtos semelhantes? Parabéns — você criou um novo mercado. À primeira vista, um novo mercado tem grande apelo. Uma brincadeira corrente nos EUA diz que todo novo mercado é uma sigla e um acrônimo ao mesmo tempo. O que seria melhor que um mercado onde não houvesse concorrência? A ausência de concorrência significa, normalmente, que preço não é um fator competitivo, mas uma questão de que nível o mercado irá suportar. Uau, nenhum concorrente e margens altas!

Uma companhia que cria um novo mercado é muito diferente de uma que entra ou reformula um mercado já existente. De um lado, não há batalhas a travar com competidores pela participação no mercado, de outro, porém, também não existem clientes. Inexistindo clientes, nem mesmo um orçamento infinito de criação de demanda fará com que o produto, ao ser lançado, obtenha qualquer participação no mercado. *Falar sobre criação de um novo mercado é falar sobre educação e captação de clientes a longo prazo.*

Entradas em novos mercados são de longe o mais oneroso dos desafios de criação de demanda, especialmente porque o pessoal de marketing não pode dizer "Mais delicioso que Yummies", ou "Mais veloz que um Porsche" ou "Mais barato que a Marca X", uma vez que não há termo de comparação. Sob o risco de soar pedante, criar um novo mercado é criar um mercado que não existe — não há clientes. Quando entrar em um novo mercado, boas questões devem ser consideradas:

- Quais são os mercados adjacentes ao novo que será criado?
- De quais mercados virão os clientes em perspectiva?
- Qual é a visão da companhia e por qual razão as pessoas se interessarão por ela?
- Qual "isto nunca havia sido feito antes" fará as pessoas usarem/comprarem?
- Quanto tempo levaria para formar um mercado suficientemente grande? Qual é esse tamanho?
- Como a companhia irá educar o mercado e criar demanda?
- Considerando que, de fato, ainda não há clientes, qual a estimativa realista de vendas para os próximos três anos?
- Quanto financiamento exigirá a insistência em educar e fazer crescer o mercado?
- O que impedirá que um concorrente que disponha de muito capital assuma o controle do mercado após este se desenvolver? Eis aí o fenômeno que originou a frase: "Pioneiros são aqueles que levam uma flechada nas costas".

- O produto é o mais bem indicado para ressegmentar um mercado ou entrar em um mercado existente?

Entradas em novos mercados são de longe o mais oneroso...

As companhias competem em novos mercados não para serem melhores que as outras em produtos/recursos, mas para convencerem os clientes de que a visão de mercado da nova empresa é verdadeira e soluciona problemas verdadeiros de uma maneira diferente. Eis alguns exemplos clássicos: Snapple, Toyota Prius, Siebel, Groupon e Facebook. Entretanto, quem são os usuários e a própria definição do mercado são, ambos, claramente desconhecidos. Nesta parte, define-se o novo mercado e seus partícipes, com a startup no centro das atenções.

Um último aspecto a considerar: as startups criadoras de mercados não irão tê-los do tamanho suficiente para gerar lucro antes que se passem três anos dos sete que se seguem ao lançamento. Esse dado preocupante deriva da observação dos resultados de centenas de startups de alta tecnologia dos últimos vinte anos. Embora você possa estar convicto de que sua startup seja uma exceção, as chances são de que, a menos que se esteja em um período de "bolha" econômica, leve tempo para que novas ideias e produtos "peguem" e se difundam. (Uma "bolha" econômica pode ser entendida como um período de exuberância irracional de um mercado em que as regras e padrões são postos de lado.)

Tipo de mercado, em resumo: Tipo de mercado é uma das mais relevantes escolhas que os fundadores precisam fazer em comum acordo com os investidores, tendo em vista gastos, tempo e análise de competitividade. A definição não precisa ser efetuada durante a descoberta do cliente, contudo, uma hipótese inicial é necessária. Se os investidores estiverem esperando receitas substanciais no Ano Um, imaginando que investem em uma companhia que opera em um mercado existente, o resultado é a troca do CEO. A seleção do tipo de mercado é determinante para definir gastos e orçamentos tanto quanto expectativas de faturamento.

Elementos de Competitividade

Uma vez compreendendo seu tipo de mercado, é relativamente simples reunir os fatores que garantem competitividade. Isso o auxiliará a entender como irá concorrer no mercado.

Ao entrar em um mercado existente ou ressegmentá-lo, seu primeiro instinto pode lhe dizer que a base para concorrer está simplesmente nas características do produto selecionadas em função de sua proposta de valor. Pode ser, mas pode ser também que você esteja perdendo maiores vantagens competitivas. Será que não há alguma coisa nos parceiros, canal, recursos etc, que poderia ser um elemento catalisador de algo maior? Pense na Apple e no iPod original. Nele, combinavam-se um tocador de música, que muitos possuíam, com um software descomplicado, iTunes, que ninguém tinha (mas que outros poderiam construir) e foram adicionados selos de gravadoras (o que exigiu de Steve Jobs entrar no campo da distorção da realidade). O Quadro do Modelo de Negócios é o veículo perfeito para elucubrações a respeito dessas ideias.

Em um novo mercado, é tentador dizer "Não temos nenhum concorrente". Isso é um erro.

Explique como e por que seu novo produto é melhor que o do seu concorrente. Há outros fatores de competitividade a considerar:

- Como os concorrentes existentes definiram as bases de competição? Em termos de atributos do produto? Do serviço? O que eles reivindicam? Componentes? O que permite à nova companhia e seu produto destacaram-se tão fortemente? Recursos novos? Desempenho? Preço?
- Os novos clientes importam-se se o novo produto os deixa fazer coisas que antes não podiam?
- Em um varejista, quais produtos concorrentes estão expostos ao lado do novo nas prateleiras?
- Para apps digitais, avalie a qualidade do produto do concorrente, características, vendas, dados dos usuários e volume de tráfego.
- Quais os mais fortes entre os produtos concorrentes? Do que os clientes atuais gostam mais no produto concorrente? O que gostariam de mudar neles?
- Qual é a "razão de compra" do cliente ou usuário do produto, app ou site? E quais competidores eles irão abandonar e por qual motivo?

Se você está em um novo mercado, é tentador dizer "não temos nenhum concorrente". Isso é um erro. O novo produto pode ainda nem existir, mas o que as pessoas fazem hoje sem ele? Simplesmente não fazem nada ou fazem-no mal? O que seu novo produto permitirá que eles façam e que não conseguiam fazer antes? E por que eles se importarão?

É muito natural que startups comparem-se com outras startups à sua volta, porém, é preciso lembrar de um princípio fundamental do Desenvolvimento de Clientes: não faça uma lista de todos os recursos dos concorrentes apenas para ter uma lista maior. Alguns poucos recursos ou melhoramentos raramente resultam em uma grande e escalável companhia. Ademais, em seus primeiros anos, as startups muito raramente põem outra para fora do negócio.

Vencedores sabem por que os clientes compram.

Startups competem por financiamentos e recursos técnicos. O*s vencedores sabem por que os clientes compram. Já os perdedores, não*. Uma análise de competitividade começa na razão pela qual os clientes irão comprar e, então, olha para o mercado como um todo, incluindo os competidores novos e já existentes.

AVANCE COM CAUTELA:

Ainda não chegou a hora do lançamento do seu produto para o grande público ou de buscar uma ampla cobertura da imprensa. (Você estará sob enorme pressão de seus colegas para fazer isso.)

Hipótese do Relacionamento com o Cliente (Físico)

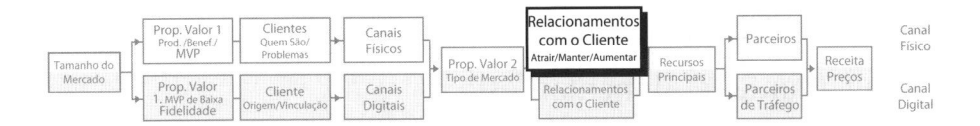

Os itens do Relacionamento com o Cliente descrevem como *atrair* clientes para o seu canal de vendas, *mantê-los* nessa condição e obter *crescentes* receitas deles ao longo do tempo.

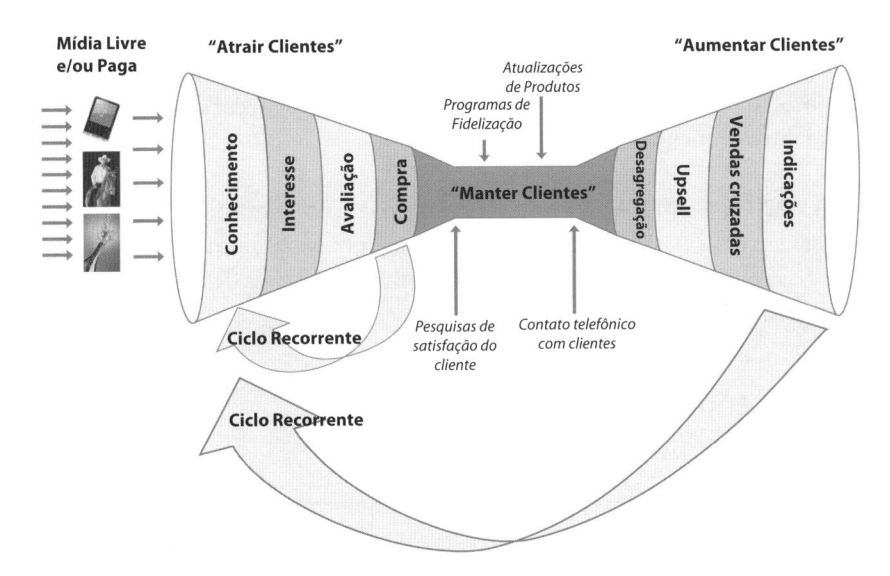

O Funil do "Atrair, Manter, Aumentar" nos Canais Físicos (Figura 4.11)

Enquanto a Figura 4.11 ilustra o fluxo do processo, a Tabela 4.3 proporciona uma visão panorâmica da ampla maioria das atividades, por canal e em cada passo do "atrair, manter, aumentar". Nesta hipótese, nos concentraremos na coluna da esquerda, a do canal físico.

Todas as companhias, sejam seus produtos e canais físicos ou digitais, podem resumir suas missões em três sucintas frases: ter grandes produtos; "atrair, manter e aumentar" clientes; e ganhar o dinheiro desses clientes. Relacionamentos com consumidores são as estratégias e táticas para *atrair, manter e aumentar* a clientela.

Atrair, também conhecido como criar demanda, direciona os clientes ao canal (ou canais) de vendas escolhido.

Manter (ou reter) oferece a eles razões para continuar com a companhia e o produto.

Aumentar envolve, além de obter novos clientes mediante suas indicações e referências, vender a eles mais do que vêm habitualmente comprando.

"Atrair, Manter e Aumentar" está entre as mais importantes hipóteses para uma startup.

"Atrair, manter e aumentar" está entre as mais importantes hipóteses para uma startup. Sem clientes você morre e eles estão entre as peças mais caras de uma companhia. O diagrama da Figura 4.11 dá uma visão geral do ciclo de vida do relacionamento do cliente. Essa hipótese "disseca" o diagrama, partindo da esquerda, de "conhecimento", o passo inicial, e prosseguindo por todos os demais passos no processo "atrair, manter, aumentar".

> **AVANCE COM CAUTELA:** Não há meio de você implementar tudo isto em uma sessão. O que vem pela frente é um panorama de todas as coisas que precisa considerar para dar forma à estratégia de marketing mais adequada à sua startup.

Desenvolvendo o Relacionamento com o Cliente no Canal Físico

	Canais Físicos	**Canais Digitais**
ATRAIR clientes (criação de demanda)	*Estratégia*: Conhecimento, Interesse, Avaliação, Compra	*Estratégia*: Aquisição, Ativação
	Táticas: Mídia livre (RP, blogs, folhetos, resenhas), Mídia Paga (anúncios, promoções), Ferramentas Online	*Táticas*: Sites, App Stores, busca (SEM/SEO), e-mail, Blogs, Viral, Redes Sociais, Resenhas, RP, Avaliações, Página de entrada
MANTER clientes	*Estratégia*: Interação, Retenção	*Estratégia*: Interação, Retenção
	Táticas: Programas de Fidelidade, atualização de produtos, pesquisas de satisfação, contatos telefônicos	*Táticas*: Personalização (customização), Grupos de usuários, Blogs, Ajuda Online, Dicas de produto/Boletins, Divulgação, Afiliação
AUMENTAR clientes	*Estratégia*: Novas Receitas, Indicações/referências	*Estratégia*: Novas Receitas, Indicações/referências
	Táticas: Upsell, Vendas Cruzadas, Next Sales (vendas em datas especiais), Referências, (talvez) unbundling (Desagregações)	*Táticas*: Atualizações, Concursos, Recompras, Amigos, Upsell, Vendas Cruzadas, Viral

Ferramentas de Relacionamento com o Cliente para Canais Físicos (Tabela 4.3)

Pense no processo de "atrair clientes" como um "funil" no qual o maior número de clientes em potencial — aqueles à esquerda — tem conhecimento do produto. A quantidade de clientes em potencial decresce à medida que seu interesse aumenta, consideram comprar e acabam por fazê-lo. Durante a descoberta do cliente, você lançara uma série de pequenos e pouco onerosos experimentos de "atrair clientes" para determinar as táticas de encaminhar os clientes ao longo do funil de uma forma constante, escalável e de bom custo-benefício. Mais tarde, já possuindo clientes, começará as atividades de retenção para *manter* os clientes e usará as armas disponíveis para *aumentar* o número e a compra *per capita* de sua base de clientes.

"Atrair Clientes"

O processo de atração de clientes, ou criação de demanda, tem quatro etapas distintas no canal físico: *conhecimento, interesse, avaliação* e *compra*. Veja a Figura 4.12.

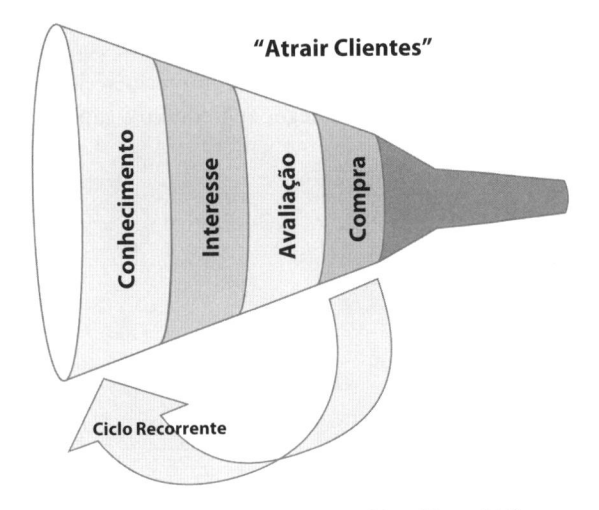

O Funil de "Atrair Clientes" para Bens Físicos (Figura 4.12)

> **AVANCE COM CAUTELA:** não há meio de você implementar ou mesmo processar tudo isto em uma sessão. O que vem pela frente é um panorama de todas as coisas que você precisa considerar para dar forma à estratégia de marketing mais adequada à sua startup.

Conhecimento possibilita aos consumidores em potencial o contato com o produto ou serviço (pense nos comerciais de TV repercutindo "a nova empresa aérea" ou o rádio anunciando que "agora você pode voar mais barato"). Essas estratégias fazem as pessoas pensarem no produto ou serviço.

Interesse significa que a mensagem não pode mais ser ignorada, ainda que o cliente em potencial não esteja "no ponto" para a compra. Pense nas pessoas dizendo "Eu deveria experimentar uma dessas empresas aéreas de baixo custo uma hora dessas", que resulta dos esforços iniciais para se fazer conhecer. Um empurrãozinho a mais pode levar esse consumidor ao passo da avaliação.

Avaliação se segue ao interesse no momento em que a mensagem é poderosa o bastante, ou inclui uma oferta irresistível, que leva a pessoa a pensar: "Por que não ir pela JetBlue à Flórida na minha viagem do mês que vem?". A avaliação pode vir na forma de uma oferta de viagem de cortesia.

Compra vem na sequência da avaliação. Ela é, evidentemente, o resultado desejado das atividades de "atração".

Criar demanda para o consumo de produtos eletrônicos vendidos nas prateleiras do Walmart é diferente de inaugurar uma rede de pizzarias ou vender um novo tipo de semicondutor. E não obstante a descrição das atividades do relacionamento com o cliente possa parecer simples à primeira vista, na realidade decorre de uma complexa e recíproca interação entre os clientes, os canais de venda, a proposta de valor e o orçamento para ações de marketing. Ao dominar perfeitamente essas questões, tudo irá desaguar em um modelo de negócio lucrativo e capaz de aumentar a escala de forma sustentável.

"Atrair Clientes": Desenvolva sua Estratégia

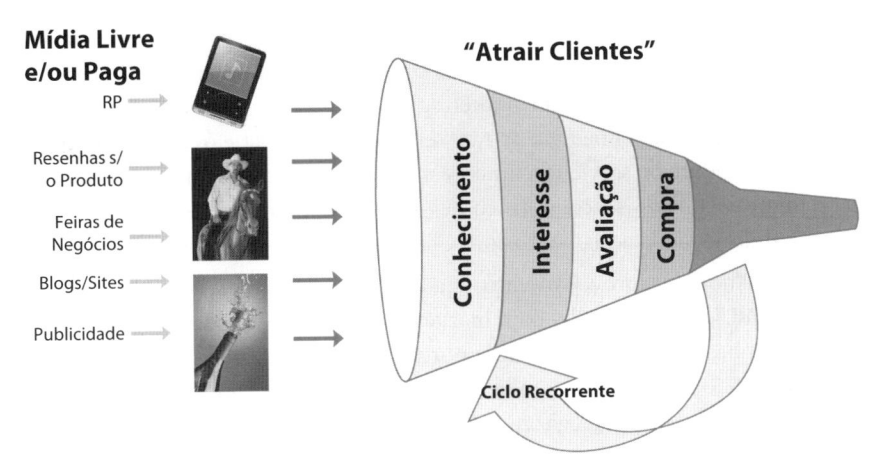

Mídia Paga e Mídia Livre Abastecendo o Funil de "Atrair Clientes" (Figura 4.13)

Os primeiros três estágios do funil — conhecimento, interesse e avaliação — acontecem na mente do cliente, fora do alcance de qualquer outra coisa que não sejam as mensagens publicitárias. Os dois primeiros — conhecimento e interesse — não estão sob seu controle até que o consumidor se depare com um canal, seja um varejista, um representante de vendas ou um site e diz "isso me interessa" (sinais disso ocorrem quando a pessoa deixa seu cartão de visitas numa feira comercial, solicita mais informações online ou conversa com um representante da empresa). A atividade de "atrair clientes" impele o consumidor tão longe no funil até o ponto em que ele se autoidentifique e o canal o conduza às ações de "avaliação" e "compra". Entretanto, tudo começa com o conhecimento.

	Canais Físicos	Canais Digitais
ATRAIR clientes (criação de demanda)	*Estratégia*: Conhecimento, Interesse, Avaliação, Compra *Táticas*: Mídia livre (RP, blogs, folhetos, resenhas), Mídia Paga (anúncios, promoções), Ferramentas Online	*Estratégia*: Aquisição, Ativação *Táticas*: Sites, App Stores, busca (SEM/SEO), e-mail, Blogs, Viral, Redes Sociais, Resenhas, RP, Avaliações, Página de entrada
MANTER clientes	*Estratégia*: Interação, Retenção *Táticas*: Programas de Fidelidade, atualização de produtos, pesquisas de satisfação, contatos telefônicos	*Estratégia*: Interação, Retenção *Táticas*: Personalização (customização), Grupos de usuários, Blogs, Ajuda Online, Dicas de produto/Boletins, Divulgação, Afiliação
AUMENTAR clientes	*Estratégia*: Novas Receitas, Indicações/referências *Táticas*: Upsell, Vendas Cruzadas Next Sales (vendas em datas especiais), Referências, (talvez) unbundling (Desagregações)	*Estratégia*: Novas Receitas, Indicações/referências *Táticas*: Atualizações, Concursos, Recompras, Amigos, Upsell, Vendas Cruzadas, Viral

Ferramentas de "Atrair Clientes" para Canais Físicos (Tabela 4.3a)

Um aviso importante: preste atenção na maneira como o canal físico mudou na década passada. Quer um produto seja comercializado em uma revenda de veículos, zona de garimpos, 7-Eleven ou numa butique elegante, os consumidores do século XXI começam sua pesquisa por produtos online. Cada bit do comércio eletrônico é tão importante para o pessoal de marketing do canal físico quanto o é para seus colegas da web. Seu trabalho na área de marketing é perceber que os clientes podem encontrar seu produto ou serviço facilmente na rede. Isso significa que os que lidam com marketing direcionado ao canal físico devem estar tão antenados na seção seguinte deste capítulo — "Relacionamento com Clientes Digitais — quanto nesta.

(Para melhorar o aproveitamento, leia ambas as seções antes de iniciar as tarefas descritas aqui.) Quem trabalha com marketing no canal físico deve estar muito ligado às táticas básicas digitais em cada oportunidade que surgir — sites, AdWords do Google, publicidade online —, ainda que pareça improvável que seu produto seja comercializado online. Ao navegar na internet, seu trabalho é "puxar" clientes para seu produto, então, eles podem tomar conhecimento dele e comprá-lo em seu depósito, no Walmart ou com seu representante de vendas.

Conhecimento, interesse e avaliação no canal físico são primariamente objetivados por dois tipos de táticas comunicativas: *mídia livre (gratuita)* e *mídia paga*.

Mídia livre é aquela que gera exposição gratuita da companhia. No canal físico, inclui comunicados de imprensa, resenhas de produtos, artigos de opinião e um leque de táticas de "marketing de guerrilha", tais como distribuir panfletos em feiras de negócios em que a empresa não adquiriu um estande. Essas táticas em geral são interessantes para as startups em função de serem menos onerosas que as da mídia paga. São muitos os bens de consumo que encontram seus primeiros compradores por meio de amostras grátis ou períodos de avaliação ou distribuindo amostras ou cupons de desconto nas esquinas.

A desvantagem da mídia livre: em contraposição ao que ocorre na mídia paga, que oferece datas e locais determinados, um editorial ou artigo de opinião são imprevisíveis e acontecem — ou não — se o espaço ou o valor do produto como notícia permitirem.

Cada bit do comércio eletrônico é tão importante para o pessoal de marketing do canal físico quanto o é para seus colegas da web.

Mídia Paga é exatamente o que o próprio nome está dizendo: a exposição de mídia que é comprada, seja na TV, em dirigíveis/balões promocionais, em mala direta ou na web. A implementação desse tipo de atividade pode, literalmente, custar milhões; assim, a descoberta do cliente aplica testes em escala reduzida, providência que trará os melhores resultados mais à frente, no lançamento do produto.

Outras táticas de mídia paga para criação de conhecimento incluem publicidade, feiras comerciais, mala direta, catálogos, eventos, telemarketing e promoções internas das lojas. A maioria dos profissionais de marketing do canal físico também promovem, naturalmente, seus produtos online. Ao longo da descoberta do cliente seus gastos serão baixos, até o ponto em que os sucessivos testes de táticas revelem que elas estão capacitadas para gerar contatos e vendas rentáveis.

"Atrair Clientes": Táticas Simples a Considerar

Relacione em uma planilha os gastos relativos à sua hipótese para "atrair clientes":

- programas de mídia livre e paga
- o que a companhia espera obter e qual o custo

Antes de conduzir este ou quaisquer outros testes de táticas do relacionamento do cliente:

1. Crie um parâmetro do tipo "certo/errado" para cada teste "Atrair" que indique se ele funciona e deveria ser ampliado. Um exemplo: fecharemos um pedido a cada 30 telefonemas para clientes?

2. Considere uma metodologia para melhorar os resultados de cada teste. Por exemplo: se a blitz de chamadas não tiver sucesso, primeiro enviaremos um e-mail e daí telefonaremos duas vezes a cada cliente.

3. Certifique-se de que os testes sejam mensuráveis de modo objetivo para que as decisões de elevados gastos que deverão ser tomadas adiante fundamentem-se em fatos e não em sensações do tipo "me parece bom" ou "acho que funciona bem". O parâmetro da JetBlue para anúncios de rádio era procurar obter chamadas telefônicas para reservas firmes ao custo de $1 cada. A lógica: eles podiam gastar $3 em marketing (às vezes chamado de custo de aquisição do cliente) para vender uma passagem de ida e volta, e, em média, um em cada três telefonemas gerava uma venda.

4. Não esqueça que pessoas compram de pessoas. É preciso criar, não evitar, oportunidades para falar ao telefone ou pessoalmente com os clientes em perspectiva. Há poucas ferramentas de vendas tão poderosas como essa!

A maioria das companhias que vendem pelo canal físico ainda usam várias táticas de marketing digital...

5. Lembre-se de que a maioria das companhias que vendem pelo canal físico ainda usam várias táticas de marketing digital para fazer com que seus produtos sejam conhecidos e vendidos.

A amostra de planilha da Figura 4.14 mostra os custos e resultados esperados dos esforços em "atrair" para uma startup de equipamentos industriais, 2.500 impressoras vendidas para lojas de artigos para escritório.

Amostra de Planilha de um Programa de Relacionamento com o Cliente

Mídia Livre

Programa	Custo	Certo/Errado
Obter cinco novos lançamentos/revistas comerciais	$2.000,00	50 consultas
Distribuir 1.000 folhetos em feiras de negócio	$100,00	10 consultas
Oferecer máquinas reserva para teste a cinco escritórios de advocacia	$500,00	2 vendas
Oferecer máquinas em demonstração em três escritórios de publicações técnicas/coletar opiniões	$100,00	3 vendas

Mídia Paga

Mala direta $50 vales desconto para 1.000 gerentes de escritório	$3.000,00	20 vendas
Anúncio em revista local de usuários de computador	$500,00	10 vendas
Google AdWords em mini sites	$500,00	5 vendas
Promoção de teste de uso na loja em três unidades da Staples	$2.000,00	10 vendas
Gasto Total	$8.700,00	45 vendas

Objetivos do programa 50 vendas mais 60 consultas, 10% das consultas convertidas
Total 56 vendas, 54 potenciais clientes
Total de custo/venda =$174,00 (8700/50) *versus* lucro/venda de $300,00
 √Este é um bom teste

Amostra — Hipótese de "Táticas para Testar" do Relacionamento com o Cliente com Análise de Retorno do Investimento (Figura 4.14)

"Manter Clientes"

Como o exercício de "Atrair" ilustra claramente, obter clientes é um processo dispendioso. Assim, importa perceber agora que *manter*, ou reter, os clientes é tarefa tão difícil quanto aquela. Quando clientes cancelam uma assinatura não voltam ao supermercado e coisas assim, ocorre a chamada "rotatividade" ou "desgaste" (o oposto de retenção!).

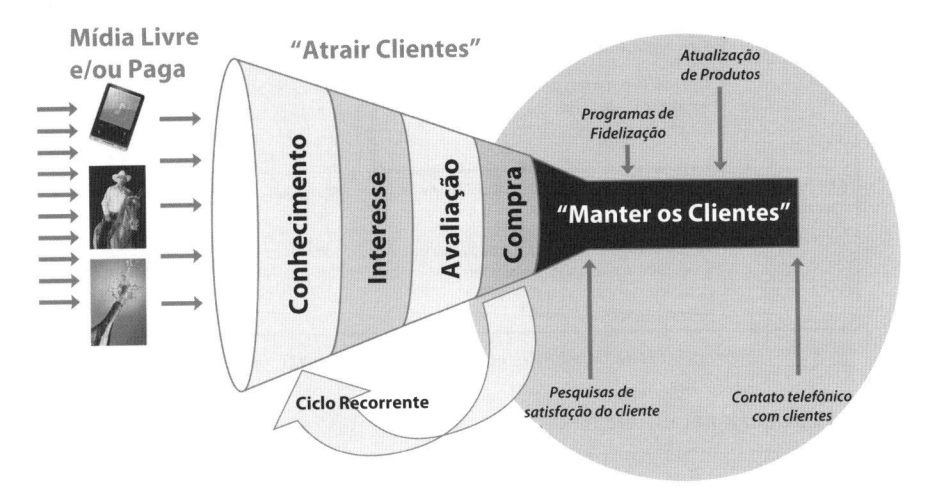

O Funil do "Manter Clientes" (Figura 4.15)

"Manter Clientes": Desenvolva sua Estratégia

	Canais Físicos	Canais Digitais
ATRAIR clientes (criação de demanda)	*Estratégia*: Conhecimento, Interesse, Avaliação, Compra *Táticas*: Mídia livre (RP, blogs, folhetos, resenhas), Mídia Paga (anúncios, promoções), Ferramentas Online	*Estratégia*: Aquisição, Ativação *Táticas*: Sites, App Stores, busca (SEM/SEO), e-mail, Blogs, Viral, Redes Sociais, Resenhas, RP, Avaliações, Página de entrada
MANTER clientes	*Estratégia*: Interação, Retenção *Táticas*: Programas de Fidelidade, atualização de produtos, pesquisas de satisfação, contatos telefônicos	*Estratégia*: Interação, Retenção *Táticas*: Personalização (customização), Grupos de usuários, Blogs, Ajuda Online, Dicas de produto/Boletins, Divulgação, Afiliação
AUMENTAR clientes	*Estratégia*: Novas Receitas, Indicações/referências *Táticas*: Upsell, Vendas Cruzadas Next Sales (vendas em datas especiais), Referências, (talvez) unbundling (Desagregações)	*Estratégia*: Novas Receitas, Indicações/referências *Táticas*: Atualizações, Concursos, Recompras, Amigos, Upsell, Vendas Cruzadas, Viral

Ferramentas de "Manter Clientes" para Canais Físicos (Tabela 4.3b)

Para que qualquer estratégia de retenção de clientes funcione, a providência inicial é que a companhia cumpra todas as promessas feitas ao cliente para comprar. Os clientes precisam adorar o produto e, quando "ligados", fazer com que cada um dos aspectos do modelo de negócio tenham um desempenho excepcional, do serviço e apoio ao tratamento de reclamações, entregas, faturamento e mais. Para começar, um fluxo constante de atualizações e aprimoramentos pode sempre manter o produto na vanguarda da competição. Por sua própria natureza, essas são atividades de criação de valores essenciais e devem estar incluídas na hipótese de criação de valor.

A seguir, comece a pensar em programas para agir proativamente com os clientes, de modo a fortalecer e sustentar a retenção. Isso pode ser tão simples (e com frequência poderoso) como telefonemas externos para ter certeza de que os clientes estão satisfeitos até algo tão complexo como um programa de acumulação de pontos para recompensar compras recorrentes. Em uma startup em seus primeiros dias, é complicado testar o impacto de um programa de fidelidade, cujos resultados necessitam ser medidos em longos períodos de tempo.

Em uma startup em seus primeiros dias, é complicado testar o impacto de um programa de fidelidade...

Considere, também, os programas de fidelização, tais como pontos, recompensas ou descontos, uma espécie de incentivos de retenção de longo prazo semelhantes aos contratos plurianuais. Torne-os parte da hipótese e teste-os da melhor forma possível durante a validação pelo cliente.

Finalmente, leve em conta outras partes do quadro do modelo de negócios. Existe alguma coisa em seus parceiros que pode ajudá-lo a reter clientes? Outros recursos que você pode usar?

"Manter Clientes": Táticas Simples a Considerar: durante a descoberta do cliente, junte os planos e então teste algumas atividades de "Manter" básicas e de baixo custo para ver como se saem. Valha-se dos resultados do teste para balizar planos futuros na validação e criação do cliente. Eis alguns programas simples para testar e ponderar:

- *Programas de Fidelidade*: Como você utilizará programas desse tipo para reter clientes. Leia mais sobre o assunto na seção validação pelo cliente (página 365) e inclua-os nesta hipótese.

- *Contatos telefônicos*: Ponha em curso um plano de telefonar a cada cliente, ou a uma seleção deles, uma vez por mês ou por trimestre apenas para agradecer pela preferência e verificar se está tudo em ordem com o produto. Durante a ligação, procure sondá-los sobre questões a respeito do produto, recursos ou funções. (A propósito, e-mails ainda são um pobre substituto para conexões de voz ou Skype.) A longo prazo, objetive pelo menos 15% de incremento em vendas repetidas aos clientes com quem conversa.

- *Inicie uma pesquisa de satisfação do cliente*: Seja digital, pelo correio ou e--mail, planeje checar o nível de satisfação do cliente com o uso do produto ou serviço. (Procure inteirar-se de falta de uso ou reclamações e ter conhecimento to daqueles que se queixaram ou não utilizaram o produto. Tente reduzir em pelo menos 15% a rotatividade de quem contatou.)

- *Remeta boletins de atualização*: Crie um formulário simples para anotações de dicas de como os clientes poderiam aproveitar ao máximo o produto. (Envie-o a todos os usuários e ofereça um prêmio para aqueles cujos palpites forem publicados mais tarde. Isto é algo difícil de mensurar, mas barato para implementar.)

- *Monitore as questões de atendimento ao cliente*: Reclamações dos clientes são um fator vinculado à rotatividade dos consumidores. (Com relação aos clientes haja de modo proativo, resolvendo problemas e deixando-os satisfeitos. Os queixosos tendem a diminuir à medida que vão sendo bem atendidos.)

- *Eleve o custo do cliente em trocar de produto ("lock-in")*: Caso seja relativamente fácil para seu cliente trocar seu produto pelo de um concorrente, provavelmente sua taxa de rotatividade será elevada. É preciso que você adote táticas de "acorrentar" o cliente ao seu produto ou solução (mediante contratos de longo prazo, tecnologia exclusiva ou dados que não possam ser transferidos com facilidade).

É de cinco a dez vezes mais barato manter um cliente do que conseguir um.

Retenção do Cliente a Longo Prazo: A retenção do cliente só se efetiva quando eles fornecem seus dados pessoais, permitindo serem contatados pelo vendedor ou representante da companhia encarregados de mantê-los felizes e dispostos a comprar mais. Ao aprender mais, ao longo do tempo, sobre cada cliente, a retenção vai se tornando cada vez mais individualizada e assentada na observação do aspecto comportamental. Isso é especialmente relevante na validação pelo cliente, quando o maior número deles faz pensar em sua manutenção.

Os elementos referenciais específicos para monitoramento e ações de retenção incluem:

- padrões de compra: volume, frequência, acelerações ou interrupções
- participação em programas "aumentar clientes" (descritos na próxima seção)
- número de reclamações no atendimento ao cliente, solicitações de reembolso, problemas e coisas parecidas
- inclusões, grau de participação, recompensas em programas de fidelização ou retenção

Os programas de retenção vivem ou morrem de acordo com a maior ou menor proximidade da monitoração do comportamento do cliente para compreender as razões pelas quais alguns entram e outros saem. Organize os indicadores em função das "coortes", ou seja, dos grupos de clientes com algo em comum (tal como "novos assinantes em janeiro"). Assinantes de pacotes trimestrais, por exemplo, podem comportar-se de maneira distinta daqueles com pacotes anuais, sendo mais ou menos ativos que esses. (Veja mais detalhes sobre o tema na discussão sobre otimização da retenção na página 365.)

"Aumentar Clientes"

Já que a companhia tem um cliente, por que não lhe vender mais, uma vez que isso custa menos que a obtenção de outros? A maioria das startups concentra-se na receita que aufere em sua primeira venda ao cliente, entretanto, empresas inteligentes pensam nas vendas que poderão ser efetuadas durante um longo relacionamento com esse cliente. Mensurar a vida útil de um cliente pode ser um eficiente acelerador do crescimento de uma startup. Descreva como a companhia conseguirá realizar mais vendas à sua carteira de clientes e de que modo induzirá que estes indiquem pessoas que poderão se tornar novos clientes.

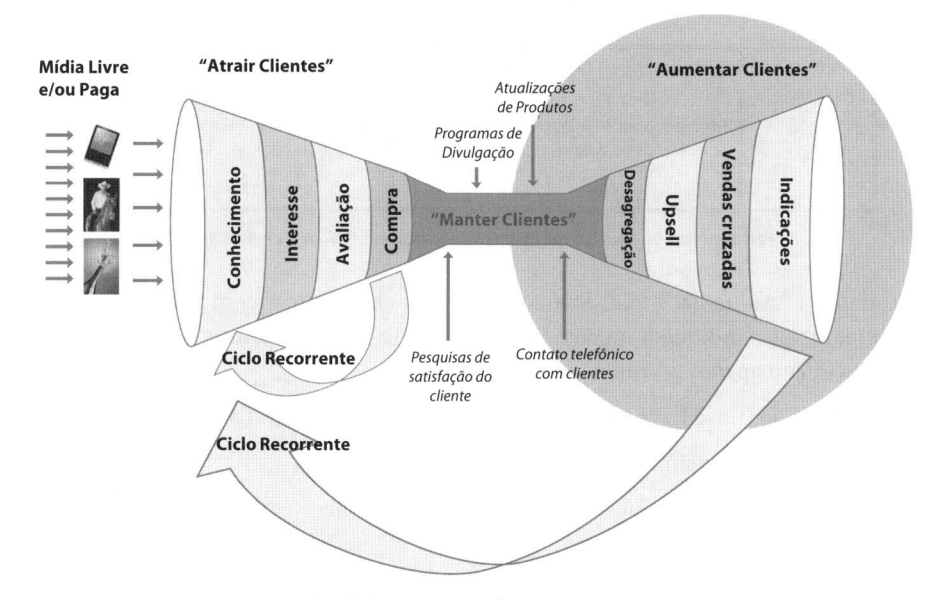

O Funil do "Aumentar Clientes" (Figura 4.16)

Desenvolva uma Estratégia para "Aumentar Clientes"

	Canais Físicos	Canais Digitais
ATRAIR clientes (criação de demanda)	*Estratégia*: Conhecimento, Interesse, Avaliação, Compra *Táticas*: Mídia livre (RP, blogs, folhetos, resenhas), Mídia Paga (anúncios, promoções), Ferramentas Online	*Estratégia*: Aquisição, Ativação *Táticas*: Sites, App Stores, busca (SEM/SEO), e-mail, Blogs, Viral, Redes Sociais, Resenhas, RP, Avaliações, Página de entrada
MANTER clientes	*Estratégia*: Interação, Retenção *Táticas*: Programas de Fidelidade, atualização de produtos, pesquisas de satisfação, contatos telefônicos	*Estratégia*: Interação, Retenção *Táticas*: Personalização (customização), Grupos de usuários, Blogs, Ajuda Online, Dicas de produto/Boletins, Divulgação, Afiliação
AUMENTAR clientes	*Estratégia*: Novas Receitas, Indicações/referências *Táticas*: Upsell, Vendas Cruzadas Next Sales (vendas em datas especiais), Referências, (talvez) unbundling (Desagregações)	*Estratégia*: Novas Receitas, Indicações/referências *Táticas*: Atualizações, Concursos, Recompras, Amigos, Upsell, Vendas Cruzadas, Viral

Ferramentas de "Aumentar Clientes" para Canais Físicos (Tabela 4.3c)

A estratégia "Aumentar" tem dois componentes-chave: fazer com que os clientes comprem mais e indiquem outros. Há um pequeno grupo de táticas de "aumentar" que funcionam apenas no canal físico, tais como:

- oferta de "upsell", como "gaste mais $25 e tenha frete grátis"
- pacotes promocionais de ofertas, cupons e amostras
- produtos premium ou especiais disponíveis somente em encontros pessoais com o representante de vendas

Evidentemente, a mala direta tradicional é um instrumento eficiente para aumentar a quantidade de clientes. No entanto, é cada vez maior a preferência do pessoal de marketing de canais físicos pelos meios eletrônicos, em decorrência de sua maior rapidez, menor custo e capacidade de definir melhor o objetivo. *Não deixe de acompanhar as discussões sobre estratégia e táticas de "Aumentar" na seção digital, a partir da página 148.* Irá ajudá-lo a dar forma aos programas iniciais de aumentar a carteira de clientes através de indicações e fomentar vendas adicionais aos clientes já existentes.

Nesta altura, é difícil pensar em programas de testes mais extensos para "Aumentar" consumidores, pois você ainda dispõe de poucos clientes. Mais adiante, detalhes lhe serão passados na fase de validação pelo cliente (página 368), quando já haverá muita gente a bordo de seus programas de "Aumentar" clientes.

Hipótese do Relacionamento com o Cliente (Digital)

↪ Aqui, o relacionamento com o cliente descreve como atrair, manter e ampliar as receitas provenientes dos clientes de seu site ou app para celulares e dispositivos móveis ao longo do tempo.

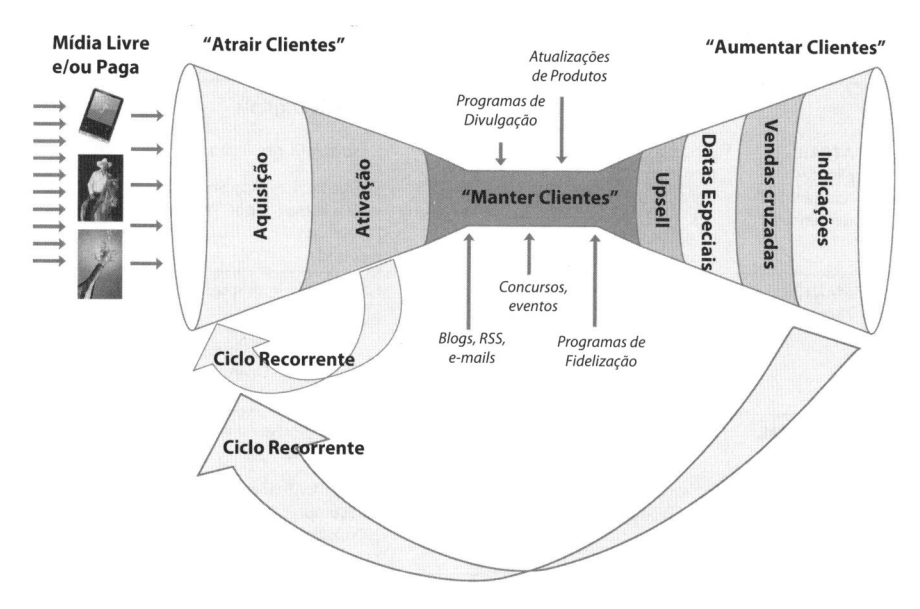

O Funil do "Atrair, Manter, Aumentar" Clientes nos Canais Digitais (Figura 4.17)

> **AVANCE COM CAUTELA:** não há meio de você implementar tudo isso em uma sessão. Você está apenas relacionando, e não implementando as táticas com seu MVP!

Antes de mais nada, revise a seção anterior do relacionamento com cliente no canal físico. O funil de clientes do ramo digital na Figura 4.17 é bem diferente de sua contraparte física representada na Figura 4.11. Aqui, atrair clientes é mais simplificado, tendo apenas dois passos. Ele inclui também um "viral loop" (ciclo viral) em que os primeiros clientes convidam amigos e colegas para explorar o novo produto. Por fim, não está visível no diagrama o fato de que startups digitais podem testar táticas rapidamente, a custos menores, e alcançar clientes mais distantes que as companhias que utilizam o canal físico.

O teste das atividades de "Atrair, Manter e Aumentar" durante a descoberta do cliente é de pequena escala, expondo uma versão de baixa fidelidade, o mínimo produto viável, a uma pequena quantidade de clientes, algumas centenas, se tanto, a fim de verificar e reunir suas reações ao modelo de negócio (incluindo proposta de valor, preço e recursos do produto). A descoberta explora as táticas que funcionam e coleta as reações iniciais ao MVP.

	Canais Físicos	Canais Digitais
ATRAIR clientes (criação de demanda)	*Estratégia*: Conhecimento, Interesse, Avaliação, Compra *Táticas*: Mídia livre (RP, blogs, folhetos, resenhas), Mídia Paga (anúncios, promoções), Ferramentas Online	*Estratégia*: Aquisição, Ativação *Táticas*: Sites, App Stores, busca (SEM/SEO), e-mail, Blogs, Viral, Redes Sociais, Resenhas, RP, Avaliações, Página de entrada
MANTER clientes	*Estratégia*: Interação, Retenção *Táticas*: Programas de Fidelidade, atualização de produtos, pesquisas de satisfação, contatos telefônicos	*Estratégia*: Interação, Retenção *Táticas*: Personalização (customização), Grupos de usuários, Blogs, Ajuda Online, Dicas de produto/Boletins, Divulgação, Afiliação
AUMENTAR clientes	*Estratégia*: Novas Receitas, Indicações/referências *Táticas*: Upsell, Vendas Cruzadas Next Sales (vendas em datas especiais), Referências, (talvez) unbundling (Desagregações)	*Estratégia*: Novas Receitas, Indicações/referências *Táticas*: Atualizações, Concursos, Recompras, Amigos, Upsell, Vendas Cruzadas, Viral

Relacionamento com o Cliente nos Canais Digitais (Tabela 4.4)

A coluna da direita da Tabela 4.4 dá uma visão geral das estratégias e táticas de "Atrair, Manter, Aumentar" para produtos digitais. O enfoque está em primeiramente obter clientes, uma vez que a companhia precisa *tê-los* antes de pensar em manter ou vender mais a eles.

Diversos produtos digitais operam em mercados multifacetados: o Google é o exemplo canônico. Clientes usam o produto sem ônus. Anunciantes pagam a companhia para ter acesso àqueles clientes com peças publicitárias, AdWords, *textlinks* e outras mensagens de marketing. A razão disso é que o Google pode se dar ao luxo de oferecer um serviço gratuito de busca pois dispõe de impressionantes centros de dados ("data centers").

O marketing de mercados múltiplos precisa ser abordado de duas formas separadas e paralelas — uma para usuários e outra para pagantes, uma vez que as propostas de valor são bem distintas para ambos. Quase que integralmente, ações de marketing em mercados múltiplos são voltadas para atrair clientes. Uma companhia que tenha angariado um público de milhões de pessoas certamente encontrará publicitários ansiosos para pagar pelo privilégio de se comunicar com toda essa gente.

Atrair Clientes: Aquisição e Ativação

Desenvolva a hipótese da companhia para "Atrair" clientes.

Há um milhão ou mais de apps digitais à venda nas lojas e um número infinito de sites comerciais, sociais e de conteúdo, então, o mero fato de que você lançou um novo produto não implica em que ele será um sucesso. *Fazer o produto é a parte fácil. A difícil é atrair clientes*, levando-os a perceber que seu app, site ou produto estão no mercado. É um desafio assustador e ininterrupto estabelecer um relacionamento com o cliente, quase literalmente um por um.

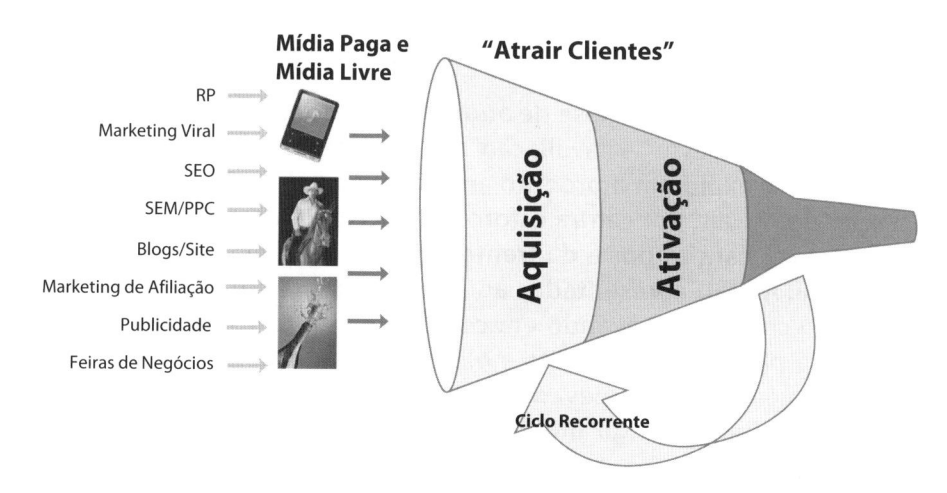

O Funil do "Atrair Clientes" nos Canais Digitais (Figura 4.18)

Fazer o produto é a parte fácil.
A difícil é Atrair Clientes.

Aquisição *versus* Ativação: Qual é a Diferença?

Vamos começar com os primeiros dois passos para "atrair" clientes: aquisição e ativação.

	Canais Físicos	Canais Digitais
ATRAIR clientes (criação de demanda)	*Estratégia*: Conhecimento, Interesse, Avaliação, Compra *Táticas*: Mídia livre (RP, blogs, folhetos, resenhas), Mídia Paga (anúncios, promoções), Ferramentas Online	*Estratégia*: Aquisição, Ativação *Táticas*: Sites, App Stores, busca (SEM/SEO), e-mail, Blogs, Viral, Redes Sociais, Resenhas, RP, Avaliações, Página de entrada
MANTER clientes	*Estratégia*: Interação, Retenção *Táticas*: Programas de Fidelidade, atualização de produtos, pesquisas de satisfação, contatos telefônicos	*Estratégia*: Interação, Retenção *Táticas*: Personalização (customização), Grupos de usuários, Blogs, Ajuda Online, Dicas de produto/Boletins, Divulgação, Afiliação
AUMENTAR clientes	*Estratégia*: Novas Receitas, Indicações/referências *Táticas*: Upsell, Vendas Cruzadas Next Sales (vendas em datas especiais), Referências, (talvez) unbundling (Desagregações)	*Estratégia*: Novas Receitas, Indicações/referências *Táticas*: Atualizações, Concursos, Recompras, Amigos, Upsell, Vendas Cruzadas, Viral

Ferramentas de "Atrair Clientes" para Canais Digitais (Tabela 4.4a)

Aquisição de Cliente: A fase de aquisição equaciona os passos "conhecimento", "interesse" e "avaliação" no canal físico, em que os clientes aprendem e exploram o produto antes de comprá-lo. Em apps digitais, a ação de "Atrair" concentra esforços em trazer tantos clientes quanto for possível para a "porta da frente", online, da companhia — a página inicial. Ali são apresentados ao produto com a esperança de que o usem ou comprem. Levando em conta que o número de pessoas que visitam a página inicial do site e olham mas não compram ou usam é, com frequência, muito elevado, os planos digitais para "Atrair" devem obrigatoriamente atingir multidões — para um site de consumo, isso significa milhões.

Ativação de Cliente: O segundo passo do processo "Atrair" é muito semelhante ao passo "compra" do canal físico. Aqui, o cliente demonstra interesse ao fazer um download gratuito ou de avaliação, uma solicitação de mais informações ou uma compra. *Um cliente pode ser considerado ativado, ainda que não tenha se registrado ou comprado, tão logo a companhia tenha informações suficientes para recontatá-lo* (seja por e-mail, telefone, mensagem de texto etc.) com permissão explícita para tal.

Visão Geral: Um Cliente na web

Ao contrário do vendedor de porta em porta do passado, seu trabalho na web é mais o de "puxar" clientes para o seu lado do que "empurrar" produtos para eles. A web lhe dá meios quase ilimitados para auxiliá-lo a trazer clientes para você.

Seu trabalho na web é "puxar" clientes para o seu lado...

A primeira coisa que você deve fazer na aquisição e ativação do cliente é compreender como as pessoas compram e se envolvem com o seu produto. Eis como isso se passa:

Passo um: A*s pessoas sentem uma necessidade ou precisam resolver um problema.* Dizem "eu quero dar uma festa" ou estão solitários e decidem encontrar um programa agitado ou um site de encontros. E daí?

Passo dois: *Eles começam a procurar.* Para a esmagadora maioria, neste século, essa busca começa online. Muitas vezes vão ao Google, mas podem ir ao Facebook consultar os amigos, ou no Quora, para pedir opiniões, ou centenas de outros sites de "recomendações" de interesse especial, do Yelp ao Zagat e TripAdvisor.com.

Passo três: *Eles não olham "para valer".* As pessoas apenas não "acham" você online, e de fato frequentemente dão atenção às primeiras coisas que encontram (quantas vezes você pesquisou além das primeiras páginas de resultados no Google?). Você deve fazer com que seu site, app ou produto seja tão visível quanto humanamente possível no máximo desses lugares nos quais seus clientes gostam de começar a procurar (A seção inteira de "Atrair" mais à frente o instruirá a fazer exatamente isso.)

Passo quatro: *Eles irão aonde forem convidados, informados ou se divertirão.* Você não "ganha" o interesse dos clientes com discursos de vendas prontos ou informações requentadas. Numa típica busca no Google, você é uma das milhões de opções dos cliques dos clientes. Portanto, você tem de ganhar aquele clique mandando convites, prestando informações úteis ou divertidas nos mais diversos formatos (fotos, diagramas, regulamentos, blogs, vídeos, jogos, demos, o que for) e participando de comunidades da rede social nas quais seus clientes costumam estar.

"Atrair Clientes": Desenvolva sua Estratégia

Faça com que sua informação seja tão rica e convidativa — e amplamente disponível — quanto possível e multiplique até onde puder as alternativas de acesso quando as pessoas começarem suas pesquisas. Contribua com informações úteis ou de interesse que, indiretamente, inclinam as pessoas a voltarem a clicar em sua página à procura de produtos, app ou serviços. Assim começa o processo de venda.

Utilize o mecanismo que leva às decisões das pessoas para elaborar sua estratégia de aquisição e ativação:

1. *Determine qual é seu público* e então objetive estar em evidência onde ele estará navegando na web. Skatistas não são de ler o Wall Street Journal ou TechCrunch, assim, coloque seu foco em sites de skateboarding, blogs ou o que mais eles gostem.

2. *Que espécie de conteúdo* lhes será atrativo? Nossos skatistas provavelmente preferem ilustrações, games e vídeos sobre competições e regulamentos. Apresente-se a eles com o tipo de conteúdo que eles procuram com mais interesse e que são úteis, como dicas de segurança, truques e jogadas ou apresentações curtas dos melhores lugares para praticar.

3. *Tenha certeza de que o conteúdo funciona* na mídia. Os usuários do Quora, Twitter e Facebook esperam itens interessantes e curtos e se atrapalham ou ignoram os longos. As redes sociais não são campo fértil para demorados discursos de vendas. Assegure-se de que seu conteúdo "bate" onde você o postou.

4. *Participar em comunidades* das quais seus clientes fazem parte. Responda às questões levantadas, dê feedback e dicas e com muito tato convide as pessoas a experimentar seu produto.

5. *Crie conteúdo que as pessoas vão querer repassar*. Quer sejam dicas preciosas, FAQs, cartoons ou vídeos engraçados, produza conteúdos que seus clientes desejem compartilhar com amigos. Como resultado, seu convite estende-se àqueles amigos também.

Táticas de Aquisição de Cliente para Testar

A melhor maneira de dar início a isto é colocar seu plano inicial de testes de aquisição de cliente em uma planilha, relacionando as atividades, seus custos e objetivos. Observe uma amostra de planilha de um plano de aquisição na seção "Plano de Ativação" do Capítulo 9, página 290. A aquisição começa pelos usuários não pagantes ou oportunidades de web mídia livre para obter clientes, já que "grátis" é, obviamente, o menor custo. Há na web diversas e gratuitas possibilidades de massificação e de aquisição: SEO (ferramentas de otimização de sites), mídia social, marketing viral e mais).

Táticas de Aquisição Livre (ou Ganha):

- *Relações Públicas (RP)*: gere um pequeno número de testes sobre a repercussão de notícias ou problemas relacionados ao produto (não o produto em si) em sites, blogs e redes sociais. Não dê publicidade ao produto ou solução até a validação pelo cliente, pois é ainda muito cedo para isso. (Relações públicas não significa ir lá fora e contratar uma agência de alto custo; durante a descoberta do cliente, você deve aprender isso em primeira mão.)

- *Marketing Viral*: esse termo frequentemente mal compreendido compreende três tipos de marketing de aquisição, cada qual aplicado em diferentes canais digitais. Eles se constituem, talvez, nas mais importantes táticas de aquisição de clientes do marketing digital. Esse é um ponto discutido no "Aumentar" clientes (na página 148) em que a atividade viral estimula os clientes a indicarem outros

- *Otimização de Sites (a sigla em inglês é SEO)* é uma opção de busca gratuita, "natural", que remete o cliente diretamente ao produto ou serviço

- *Rede Social*, que encoraja amigos e clientes iniciais a blogar sobre produtos, uma empresa no Facebook, no Twitter ou outros, difundindo recomendações pessoais

Após dar andamento aos programas não onerosos de aquisição, você pode dar início aos testes das táticas pagas.

Táticas de Aquisição Paga:

Não é simples determinar quanto se gasta em táticas de aquisição, em parte porque há muitas variáveis envolvidas: quão substanciais são seus fundos, o grau de confiança em suas hipóteses e o nível de dificuldade em encontrar clientes são as três considerações-chave. Por certo que táticas livres são melhores que as pagas quando obtêm clientes de qualidade com elevado LTV (sigla em inglês — "Life-Time-Value" — que significa o retorno financeiro que um cliente dá durante seu relacionamento com a empresa) em número suficiente para criar um ótimo negócio. Contudo, a vida raramente é um mar de rosas, e você provavelmente necessitará realizar táticas pagas juntamente com uma ampla variedade daquelas que estão livres de ônus.

Eis algumas das táticas pagas de aquisição digital mais comuns a serem consideradas:

- "Pay-per-click" (PPC): Publicidade segmentável, paga de acordo com o acesso a cada anúncio, em buscas pelo Google ou empresas do gênero
- Mídia publicitária tradicional ou online: Utilizada com mais frequência para introduzir um novo produto ou serviço
- Marketing de Afiliação: Remunera-se outros sites afins para que encaminhem tráfego de internautas para o produto
- Geração online de "leads": Compra ou permissão onerosa de listas de pessoas que, navegando na rede, a troco de alguma informação ou prêmio, cederam dados pessoais (essa ação é muito mais complicada e altamente regulada no caso de mensagens enviadas diretamente ao telefone celular.)

Agora, revise a relação de táticas para "atrair" clientes do canal físico para ver quais delas aplicam-se a testes para sua startup digital. As candidatas a isso sem dúvida incluem publicidade, mala direta e todas as ações de rua em balões e cartazes.

Alguns testes de aquisição simples e rápidos:

Na Fase 2 da descoberta do cliente você dará andamento a testes de aquisição em escala reduzida com táticas livres e pagas descritas acima para checar sua compreensão do *problema/necessidade* do cliente. Na Fase 3 da descoberta do cliente, você irá usar novamente as ferramentas de aquisição para reunir as primeiras reações ao MVP e avaliar se ele é uma solução efetiva para o problema. Tenha em mente que se trata de testes limitados e com um objetivo específico, não um lançamento de produto. Nesse momento, comunicados à imprensa, por exemplo, não fazem sentido, uma vez que uma ampla divulgação poderia trazer muitos clientes e dar a falsa impressão de que o produto está "lançado" e acabado.

Os testes de aquisição nas fases 2 e 3 devem ser limitados, controlados, não muito onerosos e facilmente mensuráveis e por táticas como estas:

- *Gaste $500 em AdWords* e verifique se atingem clientes que representem cinco ou dez vezes essa quantia em receitas potenciais para o site ou app e que ao menos façam com que as pessoas se registrem. Teste umas duas formas diferentes do anúncio e faça diversas chamadas telefônicas para monitorar de perto as performances de cada uma delas. Despreze a que for ineficaz e aprimore a que se sair melhor

Marketing viral não pode ser iniciado se não houver uma base para "viralizar".

- *Envie mensagens pelo Facebook ou Twitter* para medir a receptividade do público a cerca de 1.000 convites para explorar o novo produto. Teste várias mensagens ou convites diferentes de modo a certificar-se do que quer comunicar a respeito do produto. Se nenhum resultado, em termos de registros ou participações, ocorrer, o problema pode estar no produto ou oferta
- *Marketing Viral*: não pode ser iniciado sem que haja uma base de clientes. Há diversos tipos de marketing viral, então, revise o que já foi discutido até aqui e também mais à frente, na página 150. Mais cedo ou mais tarde os chamados "negócios com efeitos de rede" serão considerados atividades virais
- *Postar "banners" de referência* em empresas do tipo da Commission Junction para contratar sites que publiquem suas ofertas. Gaste $1.000 em comissões por referências em sites relevantes. Vale a pena ver no que dá se o dinheiro não for muito.
- *Compre uma lista "quente"* de potenciais clientes por $500 ou $1.000. Envie ao menos duas versões de sua oferta e espere gerar o triplo de receitas estimadas em assinaturas ou compras
- *Parceiros de tráfego* são outra importante fonte de usuários ou clientes. O relacionamento com outras companhias gera, mutuamente, um fluxo previsível de clientes e comissões. Esse é um fator de tamanha relevância para a maioria dos negócios digitais que merece uma hipótese específica (página 160)

Quem Está Criando o Conteúdo?

As equipes bem-sucedidas das startups digitais caracterizam-se por uma série de extremas habilidades: em tecnologia (ciência, equipamento, operação), sagacidade (para encontrar o modelo de negócio, clientes e mercado) e de imersão total no projeto a que se dedicam. A própria "expertise" dos cofundadores é por si só uma fonte de criação de conteúdo. O ideal é que estes sejam talentosos o bastante para manter em volta de si mesmos uma legião de pessoas engajadas na mesma tarefa. Acesse guru.com e craigslist.com (conteúdo em inglês) para encontrar *freelancers* talentosos e de ótimo custo-benefício, com boas referências.

Táticas de Ativação de Cliente para Testar:

Ativação é o segundo passo da atração de clientes. Conforme discutimos antes, é este o ponto em que o cliente efetua a compra ou, ao menos, diz em alto e bom som: "Estou interessado, contate-me". Ativação pode constituir-se de uma visita ao seu site ou app para ver como é o game, um comentário postado no blog ou rede social ou uma pesquisa em sites de busca. Por outro lado, transações de apps ou outros produtos de baixo valor podem ser a melhor forma de uma ativação inicial, desde que seu custo não ultrapasse alguns centavos.

Ativação é aquele ponto estratégico... onde os clientes decidem se querem participar, jogar ou comprar.

Nos negócios digitais, *ativação é o ponto estratégico* — aquele onde os clientes decidem se querem participar, jogar ou comprar. Aqui, ao contrário do canal físico, "o vendedor é o produto", cabendo a ele convencer o visitante a explorar, experimentar ou ler sobre o produto por sua espontânea vontade, livre das pressões do representante de vendas. Ativação é sempre estimulada por uma convincente proposta de valor comunicada com eficiência e aliada ao oferecimento transparente de um MVP de baixa fidelidade (na descoberta) ou alta fidelidade (na validação). Comece gerando um plano de táticas de ativação na forma de uma planilha simples, como no exemplo da página 290.

Muitas startups pressupõem, equivocadamente, que só porque seus clientes estão online, toda a comunicação será feita apenas online. É comum que um simples telefonema possa representar uma diferença decisiva na aquisição e taxas de ativação. Em certas circunstâncias, poucos são os clientes que encontram um produto online e que irão comprar ou ser ativados sem nenhum contato humano. A informação de um telefone na página transmite uma aura de autenticidade. A mera presença de um número telefônico — ainda que nunca chamado — pode elevar os cliques online entre 5% e 30%. (Ao informar seu telefone, assegure-se de que a chamada será atendida prontamente e por alguém com conhecimento de causa e incentivado a ativar a pessoa que ligou.)

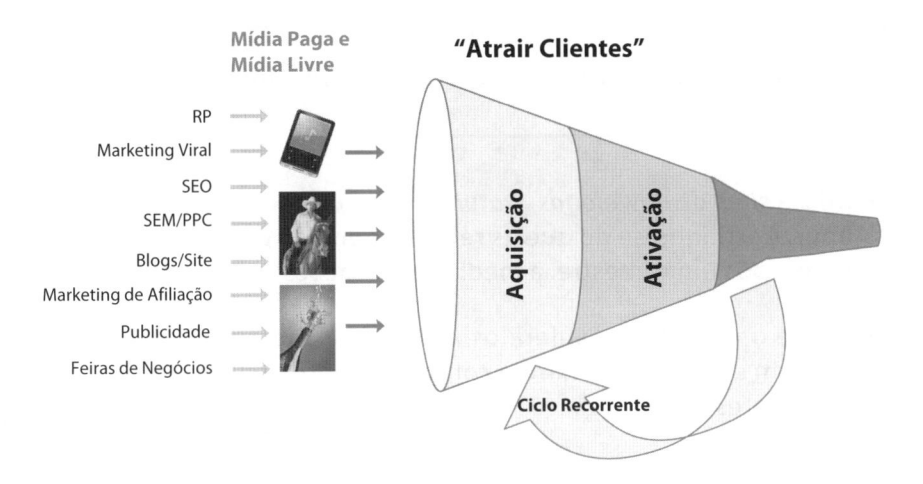

Aquisição e Ativação nos Canais Digitais (Figura 4.19)

Alguns testes rápidos de ativação:

- *Obtenha os e-mails dos clientes* e a permissão deles para enviar informações adicionais. Mantenha uns 1.000 clientes em *follow-up* e espere ativações de cerca de 50 deles
- *Ofereça incentivos para ativação*: avaliação grátis, download, boletins técnicos ou descontos significativos para um grupo de 500 a 1.000 clientes. Faça isso usando pelo menos três ofertas diferentes, esperando um retorno de 5%. Mantenha os testes até que possa elaborar uma estimativa de receitas com base nas respostas e custos
- *Telefone a 100 clientes potenciais não ativados imediatamente.* Veja se os telefonemas propiciaram uma melhoria na taxa de respostas suficiente para cobrir os custos. Um acréscimo de três vezes provavelmente será necessário
- *Conversão de gratuito em pago*: ofereça de duas a três semanas de avaliação grátis do serviço, app ou produto digital. Depois, compare dois meses de aquisição de receita com os métodos pagos de "Atrair". Alternativamente ofereça o uso de alguns, mas não todos, os recursos do site ou app. O site de relacionamentos amorosos eHarmony.com, por exemplo, permite que as pessoas encontrem o par perfeito de graça, mas exige pagamento para identificar quem é

Até mesmo um simples telefonema pode representar uma diferença decisiva na aquisição e taxas de ativação.

- *Utilize sites de downloads gratuitos* para oferecer avaliações sem ônus. Certifique-se de que as receitas geradas por essa oferta supere, após um trimestre, a média de ativações

Monitore os resultados auferidos em todos os testes e se não ficar satisfeito com eles (ou se falharem completamente), revise o programa e refaça os testes.

Manutenção de Clientes (Retenção)

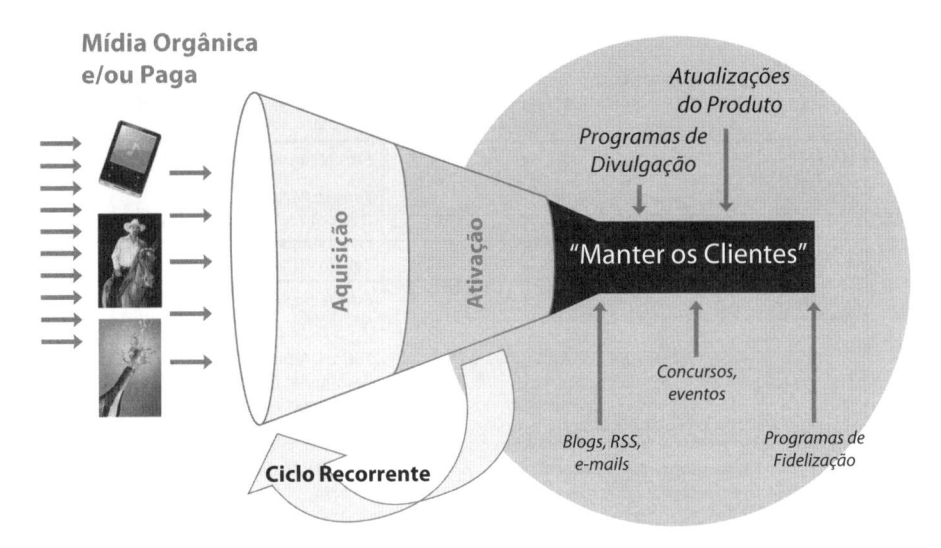

O Funil do "Manter Clientes" nos Canais Digitais (Figura 4.20)

A manutenção de clientes nos canais digitais tem objetivo idêntico ao dos esforços de retenção no mundo físico: minimizar atritos e rotatividade, ofertando ótimos produtos e serviços e interações ágeis com os consumidores. (Neste ponto da descoberta do cliente não há ninguém para se reter, assim, identifique os programas de retenção para testá-los no futuro.) A retenção é mais fácil de fazer online, pois lá as empresas têm habilidade e condições incríveis de rastrear e monitorar individualmente o comportamento (ou falta dele) de qualquer cliente (sem violar sua privacidade).

	Canais Físicos	Canais Digitais
ATRAIR clientes (criação de demanda)	*Estratégia*: Conhecimento, Interesse, Avaliação, Compra	*Estratégia*: Aquisição, Ativação
	Táticas: Mídia livre (RP, blogs, folhetos, resenhas), Mídia Paga (anúncios, promoções), Ferramentas Online	*Táticas*: Sites, App Stores, busca (SEM/SEO), e-mail, Blogs, Viral, Redes Sociais, Resenhas, RP, Avaliações, Página de entrada
MANTER clientes	*Estratégia*: Interação, Retenção	*Estratégia*: Interação, Retenção
	Táticas: Programas de Fidelidade, atualização de produtos, pesquisas de satisfação, contatos telefônicos	*Táticas*: Personalização (customização), Grupos de usuários, Blogs, Ajuda Online, Dicas de produto/Boletins, Divulgação, Afiliação
AUMENTAR clientes	*Estratégia*: Novas Receitas, Indicações/referências	*Estratégia*: Novas Receitas, Indicações/referências
	Táticas: Upsell, Vendas Cruzadas, Next Sales (vendas em datas especiais), Referências, (talvez) unbundling (Desagregações)	*Táticas*: Atualizações, Concursos, Recompras, Amigos, Upsell, Vendas Cruzadas, Viral

Ferramentas de "Manter Clientes" para Canais Digitais (Tabela 4.4b)

Assim como nos canais físicos, programas de fidelidade e pontuação são táticas que podem desempenhar um papel significativo neste canal, personalizando serviços e apoio ao cliente e operacionalizando-os tanto quanto possível digitalmente. Instrumentos de retenção como FAQs, blogs de usuários, clubes e *newsletters* são auxiliares eficientes.

Estratégia de Retenção de Clientes

Programas de retenção são bem-sucedidos ou desaparecem em função do grau de monitoramento da permanência ou não dos clientes, bem como das razões para esse comportamento. A importância crítica dessa ferramenta não está no rastreamento de tudo que se passa com o cliente, mas sim no aprimoramento do comportamento dele que lhe interessa mais de perto.

Por exemplo:

- Comece rastreando data e origem de cada cliente (indicação de um blogueiro, outro site etc.)
- Rastreie o nível de atividade de cada cliente individualmente. Quão frequentemente eles vêm? Quanto tempo dura cada visita? Qual o intervalo de tempo entre as visitas?
- Quando há o abandono, por que o fizeram?
- Monitore a navegação do cliente no site: em que clicam e em que não?
- Rastreie as indicações e referências que os clientes fazem e a origem e nível de atividade dos visitantes assim contatados

- Rastreie os resultados de cada promoção, seja no próprio site ou nos de parceiros

> **AVANCE COM CAUTELA:** Lembre-se de que este é apenas um tutorial, uma visão geral. Não há como implementar tudo isso de uma só vez.

Siga as seguintes orientações em seus testes:

- E-mails são facilmente ignorados e às vezes são confundidos com spam, portanto, tenha cuidado ao usá-los, não contando muito com eles. Pelo menos quatro ou cinco e-mails nunca são abertos, e os clientes frequentemente desautorizam e-mails de marketing
- Os clientes costumam ressentir-se com "falsas" personalizações. As pessoas apreciam legitimidade em personalizações uma vez que optem por uma. Por exemplo, "Aqui temos sapatos no seu número, 54" é bem melhor que "Grandes compras para você, Beto".
- Não seja preguiçoso, limitando seus esforços para retenção de clientes a programas automáticos de marketing e e-mail. Mantenha o foco em produtos excelentes, aprimoramentos, serviços de primeira e outras iniciativas essenciais de retenção.
- Explore intensamente as redes sociais como elementos promotores de retenção. Utilize-as para manter visibilidade e trazer de volta os clientes e seus amigos

O aspecto mais relevante para a retenção, nos canais digitais, está em que os dados relativos aos clientes facilitam seus esforços em fazê-lo de maneira personalizada. Para isso, é necessário ter essas informações à disposição. Observe o comportamento de cada um dos clientes e interaja com eles naquilo que fazem ou deixam de fazer.

Esse comportamento deve ser rastreado individualmente. Valha-se dos dados obtidos para estreitar um relacionamento pessoal que guie-o quanto aos próximos passos que a companhia pretende dar. (Porém, sempre respeite a privacidade deles.)

Programas de retenção são bem-sucedidos ou desaparecem em função do grau de monitoramento do comportamento do cliente.

Testes Simples de Retenção a Considerar:

A hipótese deve incluir alguns esforços básicos de retenção, a serem discutidos durante a descoberta e testados mais tarde em pequena escala na validação pelo cliente. Certifique-se de incluir as versões digitais dos programas mais relevantes relacionados na seção dedicada ao canal físico (página 125). Eis algumas das táticas para serem testadas:

- *Programas de divulgação*, que incluem e-mails de boas vindas, manuais de utilização e telefonemas de agradecimento pela visita, acompanhados de pequenas dicas de melhor utilização do produto. Avalie e-mails de retenção como estes:
    - Não temos recebido sua visita há dois meses. Está tudo bem?
    - Soubemos que você tem tido pequenos problemas com nosso produto. Como podemos ajudá-lo?
    - Você notou que há alguns novos recursos em nosso site?
    - Aqui na XYX.com você encontra cinco ideias formidáveis para usar melhor seu tempo
- *Blogs, RSS ou feeds* para aumentar o envolvimento dos clientes ou usuários no seu produto ou site
- *Programas de fidelização* que estimulam e recompensam a repetição de visitas, compras ou indicações, como é feito nos canais físicos
- *Concursos e eventos especiais*: "web-seminários", convidados especiais, novos recursos e outras razões para recuperar clientes
- *Avisos para apps móveis desligados*: iOS e Android tem a capacidade de registrar mensagens nos apps dos usuários mesmo quando estiverem desligados. Para desenvolvedores de apps, significa uma maneira crítica e eficaz de reter seus clientes
- *Atualizações e aprimoramento* do produto sempre ocasionam fidelidade e retenção (e comunicar sempre auxilia os clientes)

Atrair novos clientes é trabalhoso e oneroso, então, manter aqueles que já se tem é mais fácil e rentável.

- *Telefonar diretamente ao usuário* para renovar a assinatura semanas ou (se for anual) um ou dois meses antes do prazo expirar é uma boa opção, se esta modalidade fizer parte do modelo de receitas. Faça com que as ligações sejam efetuadas de modo agradável e simpático e por gente preparada para perceber sinais de não renovação e oferecer acordos de desconto para reter o cliente. Lembre-se: atrair novos clientes dá trabalho e é oneroso, então, manter aqueles que já se tem é mais fácil e rentável
- *Newsletters com dicas e sugestões*, e-mails enviados de tempos em tempos, a cada uma ou duas semanas, com base no comportamento do usuário ao navegar no site ou devido à sua ausência
- *Serviço personalizado de apoio ao cliente*, operado digitalmente tanto quanto possível. Instrumentos de retenção como FAQs, blogs de usuários, clubes e *newsletters* são auxiliares eficientes
- *Altos custos de substituição de clientes*: Se para seu cliente for relativamente fácil trocar seu produto pelo de um concorrente (em um mercado existente) é provável que sua taxa de rotatividade seja elevada. Você pode ter que pensar em táticas que dificultem esse comportamento do cliente (mediante tecnologia exclusiva, dados que não são transferíveis — veja o Facebook e LinkedIn — ou dos altos custos da startup para mudar de fornecedor ou servidor).

Parâmetros Específicos para Monitoramento de Retenção

Monitorar e atuar em pelo menos estes indicadores básicos de retenção:
- sinais de redução de visitas, páginas visualizadas ou tempo gasto no site ou app
- espaçamento cada vez maior entre as visitas
- vida média do cliente (quanto tempo permanecem ativos) e, assim que possível, o valor de sua vida útil
- aumento nas reclamações, ajuda ou suporte técnico
- reduzida resposta ou receptividade aos e-mails da companhia

Organize os indicadores em torno de grupos afins de clientes (algo como "aqueles que admiram no mês de janeiro"). Assinantes de pacotes trimestrais, por exemplo, podem comportar-se de maneira distinta daqueles com pacotes anuais, sendo mais ou menos ativos que estes. (Veja mais detalhes nas discussões sobre otimização das retenções no Capítulo 10.)

Aumentar Clientes (Novas Receitas e Indicações)

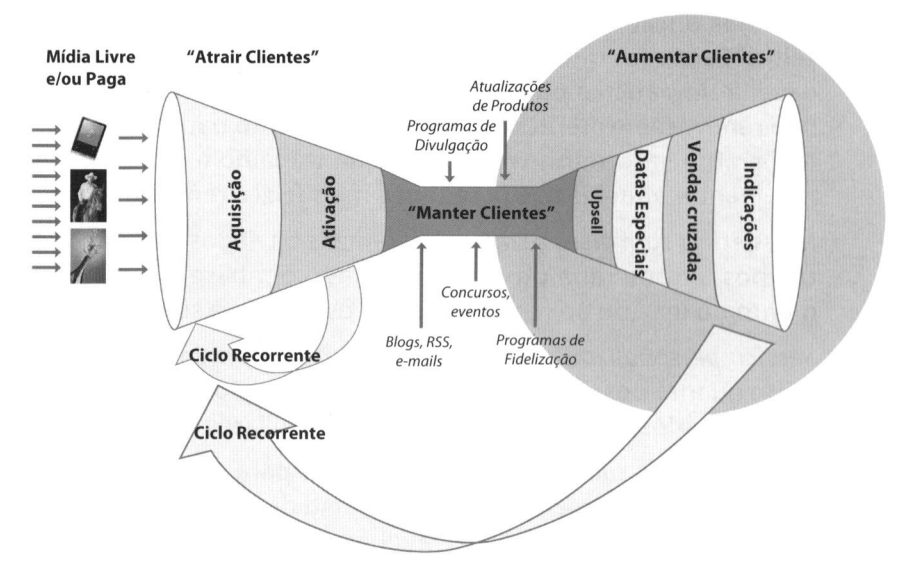

O Funil do "Aumentar Clientes" nos Canais Digitais (Figura 4.21)

Há duas maneiras de "aumentar" clientes existentes: fazer os atuais gastarem mais ou estimulá-los a trazer mais clientes para a companhia. Isso está descrito em detalhes no Capítulo 10 (Otimize a Atração de Mais Clientes, página 349). Nessa altura, sua companhia já terá um certo contingente de clientes para aumentar!

> **AVANCE COM CAUTELA:** Lembre-se de que este é apenas um tutorial, uma visão geral. Não há como implementar tudo isto de uma só vez.

	Canais Físicos	Canais Digitais
ATRAIR clientes (criação de demanda)	*Estratégia*: Conhecimento, Interesse, Avaliação, Compra	*Estratégia*: Aquisição, Ativação
	Táticas: Mídia livre (RP, blogs, folhetos, resenhas), Mídia Paga (anúncios, promoções), Ferramentas Online	*Táticas*: Sites, App Stores, busca (SEM/SEO), e-mail, Blogs, Viral, Redes Sociais, Resenhas, RP, Avaliações, Página de entrada
MANTER clientes	*Estratégia*: Interação, Retenção	*Estratégia*: Interação, Retenção
	Táticas: Programas de Fidelidade, atualização de produtos, pesquisas de satisfação, contatos telefônicos	*Táticas*: Personalização (customização), Grupos de usuários, Blogs, Ajuda Online, Dicas de produto/Boletins, Divulgação, Afiliacão
AUMENTAR clientes	*Estratégia*: Novas Receitas, Indicações/referências	*Estratégia*: Novas Receitas, Indicações/referências
	Táticas: Upsell, Vendas Cruzadas, Next Sales (vendas em datas especiais), Referências, (talvez) unbundling (Desagregações)	*Táticas*: Atualizações, Concursos, Recompras, Amigos, Upsell, Vendas Cruzadas, Viral

Ferramentas de "Aumentar Clientes" para Canais Digitais (Tabela 4.4c)

1. Levar os Atuais Clientes a Gastar Mais

Esta ação parte do princípio de que os clientes existentes estão satisfeitos com o produto, desempenho e preço. Com isso assegurado, você pode tentar vender-lhes mais produtos, prestar mais serviços ou prolongar seus contratos. Tais atividades são importantes para o longo prazo, assim, teste ao menos algumas delas durante a validação pelo cliente. As abordagens básicas para Aumentar Clientes incluem:

- *Programas de vendas cruzadas* que estimulam compradores de certos produtos a adquirir produtos complementares ou afins. Por exemplo, oferecer papel, lápis e outros artigos para escritório a consumidores de cartuchos de toner para copiadoras
- *Programas de upsell* que promovam a aquisição de produtos mais sofisticados. Por exemplo, a compra de um conjunto de toners ao invés de apenas um cartucho ou a aquisição de copiadoras, máquinas de fax e outros equipamentos para escritório juntamente com o toner
- *Nextsell*. Por exemplo, encorajar contratos de fornecimento de toner a longo prazo, vender envelopes para guardar as cópias ou transformar-se no fornecedor exclusivo de artigos de escritório. Tais táticas funcionam muito bem em negócios entre empresas
- *Unbundling* (desmembramentos ou desagregações) às vezes fazem crescer receitas. Se um produto for complexo ou tiver uma multiplicidade de recursos, subdivida-o em diversos produtos,

cada um vendido separadamente. Isso funciona bem em produtos tecnológicos, software e áreas industriais

Por ora, desenvolva uma hipótese a respeito de como a companhia aumentará clientes e teste as ideias que surgirem com — ora, com quem mais? — os clientes.

Programas simples de "aumentar" a considerar:
- Cada página de agradecimento ou de confirmação deve sugerir diversos itens que o cliente possa achar interessantes e de preferência oferecer um incentivo para ele
- Novos itens, ofertas especiais e descontos para aumentar o pedido devem ser proeminentes e integrados ao processo de fechamento da compra para que tenham maior visibilidade
- Companhias de *e-commerce* devem ter "mecanismos de recomendação". "Se você comprou X, vai adorar Y"
- Companhias de *e-commerce* devem incluir ofertas especiais e descontos em cada remessa
- E-mails aos clientes para apresentar novos e diferentes produtos ou recursos para adquirir
- Promoção de vendas especiais e ofertas de novos produtos ou serviços que o cliente ainda não tenha adquirido
- *Indicação de clientes* é o tipo mais comum de marketing viral, embora, obviamente, ele não possa ser iniciado até que você tenha clientes (isso é discutido na seção "Aumentar"). O marketing viral estimula a indicação de clientes satisfeitos a outros clientes, gera atenção entre o maior público possível. Considere ferramentas como YouTube e conferências a que consiga ir e onde possa talvez falar sobre ou promover seu produto. Encoraje amigos da empresa e sua equipe a convidar outros amigos a conhecê-lo melhor. Considere também concursos, sorteios e promoções para direcionar o alcance das investidas virais
- *Produtos virais* vendem-se sozinhos. O Gmail, o Hotmail e o Facebook acabam com a necessidade de comunicação com cliente dizendo "Convide um amigo para usar nosso serviço". Tal método, quando utilizado, é um marketing viral poderoso e praticamente gratuito

- *Efeito viral em rede* intensifica a utilização de produtos como o Skype, Photobucket ou mesmo máquinas de fax. Não é possível conversar via Skype com alguém que não o tenha ou enviar um fax a uma pessoa que não possua uma máquina para recebê-lo, logo, os clientes encorajam outros a aderirem ao produto, expandindo a rede em benefício próprio. No processo, eles conseguem novos usuários para a empresa

Indicações de clientes são umas das mais "honestas" fontes de novos negócios...

2. Faça Com que Clientes Enviem Mais Clientes à Empresa

Há muitas ferramentas e táticas de marketing viral diferentes que ajudam-no a conseguir indicação de clientes. Aqui estão as seis técnicas de marketing viral mais poderosas para considerar:

- Estimule os clientes a "curtirem" seu produto no Facebook
- Ofereça descontos ou versões gratuitas para teste que os clientes possam compartilhar com amigos
- Permita que os clientes enviem e-mails para amigos usando suas listas de contatos a fim de criar listas de mala direta
- Crie concursos ou incentivos para estimular tuítes, "curtidas" e outras atividades virais
- Destaque botões de ações em redes sociais no site para facilitar a viralização
- Estimule blogueiros a escreverem sobre o produto e recompense-os por isso

(A hipótese do relacionamento com o cliente também deve abordar como os programas "Atrair, Manter, Aumentar" serão otimizados uma vez que estiverem em andamento. Para orientação nessas áreas, veja Planos/Ferramentas de Otimização na página 332.)

Hipótese dos Recursos Principais (Físico e Digital)

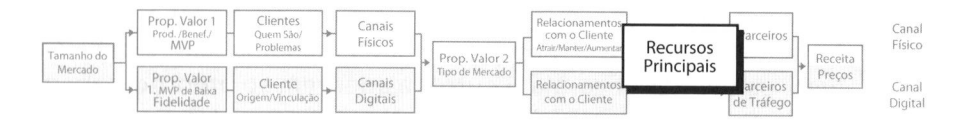

A questão neste item é identificar recursos externos críticos para o sucesso da companhia e como encontrá-los e garanti-los.

São quatro as categorias de recursos-principais: *físico, financeiro, humano e propriedade intelectual*. Em cada uma, crie uma lista de recursos essenciais requeridos, quanto se espera que custem e onde poderão ser encontrados.

Recursos físicos: as instalações da empresa e os produtos e serviços. Exemplos de dependências da empresa são o espaço dos escritórios e a localização (proximidade de transporte coletivo como atrativo para os funcionários, uma cidade com ótimos restaurantes etc.). Produto/serviços podem incluir um suprimento estável de pastilhas de silício ou minério de ferro ou ainda enormes galpões de armazenamento ou amplos laboratórios. Muitos recursos são de capital intensivo, especialmente se bens físicos forem uma questão preocupante — máquinas industriais, matérias-primas etc.

...vários dos recursos de capital intensivo transformaram-se em serviços públicos ou foram terceirizados.

No século XXI, muitos equipamentos de capital intensivo ou recursos para serviços cuja posse física era necessária, deixaram de sê-lo e transformaram-se em serviços públicos ou foram terceirizados. Por exemplo, startups que precisavam ter servidores capacitados para suas necessidades de computação podem hoje comprar o serviço da Amazon.com ou de vários outros e utilizar a nuvem para armazenamento (cortando os custos de uma startup a 10% ou menos). A fabricação que era feita com capital intensivo é agora terceirizada na Ásia (com uma igualmente significativa redução no custo). A TI (tecnologia da informação) e serviços podem ser mais baratos na Índia etc.

Recursos financeiros: o dinheiro é a força vital das startups. Você permanece no mercado até que ele se esgote. Este livro trata de como reduzir o índice de mortalidade infantil das startups fazendo de tudo, menos desperdiçando dinheiro, ao contrário, usando-o de forma mais eficiente.

Há uma infinidade de artigos, sites e livros inteiros sobre como levantar verba para uma startup — e de quem. Amigos e família, *crowdfunding,* anjos do capital de risco e parceiros corporativos são os mais recorrentes. Contudo, não esqueça as subvenções governamentais para novos empreendimentos. Nos EUA, o site grants.gov é o lugar de fontes de recursos como SBA ("Small Business Administration") e SBIR (Small Business Innovation Resarch). No Brasil, há organismos governamentais com funções semelhantes, como o BNDES.

As companhias se desfazem de produtos físicos para obterem fontes complementares de capital:

- *Leasing comercial.* A empresa tem a posse dos equipamentos ou veículos comerciais, enquanto que as instituições financeiras têm a propriedade. Estas são remuneradas por uma espécie de aluguel mensal, e as companhias se beneficiam, seja preservando capital de giro, seja porque estão em fase de expansão e necessitam de financiamento

- *Factoring.* Quando as companhias vendem a prazo, as duplicatas a receber das parcelas vincendas podem ser trocadas por valores à vista por empresas de "factoring" mediante um deságio. Com essa operação, há um reforço na verba disponível

- *Vendor.* No Brasil, trata-se de uma operação comercial entre um vendedor e um comprador, na qual aquele recebe à vista, de um banco, o valor total da venda, descontado de certo valor (os juros)

Não se esqueça dos Recursos *Humanos*

Os recursos humanos distribuem-se em três categorias: conselheiros pessoais (mentores, professores, treinadores), consultores e funcionários qualificados.

Professores, mentores e treinadores (ou "coaches") são aqueles que o ajudarão a alavancar sua carreira *pessoal*. Se você quiser aprender sobre determinado assunto, encontre um professor. Se quiser aperfeiçoar habilidades ou atingir um objetivo, contrate um coach. Caso a intenção seja ficar mais esperto e impulsionar sua carreira, procure por alguém que se importe bastante com você a ponto de tornar-se um mentor.

Consultores são as pessoas que o auxiliarão a promover o sucesso da sua *companhia*. Os fundadores fracassam quando creem que suas visões são fatos. Ouça o que os consultores experientes têm a dizer, de modo que isso ajude-o a perceber se sua visão não passa de uma alucinação ou não. Formar um conselho consultivo (expandindo seu círculo de sabedoria acumulada para além dos investidores) é tão importante que se constitui em um dos passos do processo de Desenvolvimento de Cliente.

Funcionários qualificados e motivados são a diferença entre uma boa ideia que nunca vai a lugar algum e uma empresa que vale um bilhão. Sua companhia precisa de dezenas de engenheiros especializados ou designers para crescer? Se sim, onde e como vai encontrá-los? Sua cidade ou localidade é atraente para talentos de primeira linha? Ou há nela escassez de talentos? Com a expansão da companhia, haverá necessidade de montar equipes no exterior? O que será feito para selecionar e gerir esse pessoal? Isso pode ser especialmente desafiador em indústrias de ponta (pense em aviônica, chips, biotecnologia), principalmente se a matriz estiver instalada em local pequeno ou "escondido" e você tiver que transferir seus talentos ou contratar novos. Caso esteja em um lugar no mundo cujo potencial de mão de obra qualificada é limitado, como ser criativo para atraí-los? Identifique de quais recursos humanos você precisa e como eles estarão daqui a dois ou três anos para garantir que o crescimento da companhia não seja comprometido.

Propriedade Intelectual é um Recurso-Chave

A *propriedade intelectual* assegura-lhe o direito de impedir que outros façam uso de sua criatividade. Os ativos que você pode proteger incluem sua "tecnologia aplicada" tal como códigos-fonte, design de equipamentos, arquitetura, processos e fórmulas, ou também sua marca, logo ou nome de domínio. É possível proteger processos de negócios, know-how, informações de clientes ou o plano de desenvolvimento de um produto. Proteção é algo disponível também para conteúdos como músicas, livros e filmes. Alguns deles têm proteção automática. Outros requerem medidas preventivas de investigação, requerimento e registro de patente.

Marca registrada: dá-lhe o direito de utilização da marca e do uso por terceiros, inclusive por marcas ou logos "similares" que possam confundir o observador. A proteção acontece pelo tempo que você usa a marca. Quanto mais utilizar, mais robusta é a proteção. O registro da marca é opcional, mas oferece significativas vantagens quando oficializado.

Copyright: protege trabalhos de criação autoral, tais como canções, livros, filmes cinematográficos, fotos etc; dá a você o direito de proibir que outros copiem ou distribuam sua obra. Protege a "expressão" de uma ideia, mas não a ideia subjacente ou intrínseca (se seu produto for um software, o copyright proíbe o roubo e revenda dele para equipar outra máquina, o mesmo ocorrendo para o código fonte). O copyright é praticamente vitalício. É optativo quanto ao registro, porém, este é exigido nos processos de violação de direitos.

TIPOS DE PROTEÇÃO DE PROPRIEDADE INTELECTUAL

Tipos de PI	O Que é Protegido	Exemplos
Marca Registrada	Marca (ex: símbolo da Nike)	marcas, logos, slogans
Copyright	Obras autorais criativas; expressão de uma ideia	software, canções, filmes, conteúdo na web
Segredos Comerciais	Segredos de valor econômico (ex: fórmula da Coca Cola)	tecnologia não-pública, listas de clientes, fórmulas
Contrato, NDA	Como definido em contrato	tecnologia, informações de negócios
Patente	Invenções	novas tecnologias

Tipos de Proteção à Propriedade Intelectual (Tabela 4.5)

Contrato: é um acordo de vinculação jurídica executável nos tribunais de justiça. O que requer proteção está expresso no contrato: por exemplo, um contrato de não divulgação ("nondisclosure agreement" — NDA, sigla em inglês) dá certos direitos de proteção às suas informações confidenciais. A proteção vige pelo tempo estabelecido no contrato.

Patentes: garantia governamental de proibição ao uso, manufatura ou venda de sua invenção, mesmo que a infração tenha sido cometida de boa fé ou acidentalmente. Tão somente coisas podem ser patenteadas — circuitos, hardware, algoritmos aplicados, fórmulas, designs, interfaces, aplicativos, sistemas. Princípios científicos ou algoritmos puramente matemáticos não são passíveis de ser patenteados. É imprescindível que a invenção seja "não óbvia". O teste de não obviedade é o seguinte: dado o estado anterior da técnica, um engenheiro típico seria capaz de 1) identificar o problema e 2) solucioná-lo com a invenção? Você deve ser o "primeiro requerente". Para requerer a patente você deve, nos EUA, dentro do período de um ano, apresentar vendas ou ofertas de venda, dar conhecimento ao público ou provar uso pelo público. A solicitação de patente deve descrever por escrito a invenção e sua reivindicação. A descrição deve ser detalhada, utilizando a "melhor maneira" de explicar técnicas e tecnologia, a ponto de permitir que outros possam duplicá-la. Deve ainda estabelecer a situação imediatamente anterior "da arte", ou seja, as soluções para o problema.

A proteção de uma patente perdura, em geral, por 15 ou 20 anos. Há um processo formal de exame e aplicação. Cada patente custa para a companhia entre $20.000 e $50.000 (EUA) e o processo leva de um a quatro anos. São do maior interesse para os financiadores de sua companhia. (Há a chamada "patente provisória", que é uma alternativa à patente definitiva. Ela permite reivindicar ser o "primeiro requerente" e usar o termo *patente pendente*. Patentes provisórias são processadas rapidamente e são menos onerosas. Entretanto, expiram automaticamente após um ano, e nenhuma espécie de direitos é assegurada. São boas para marcar posição e reservar espaços, e pelo menor custo e burocracia.)

Propriedade Intelectual Gera Valor

A propriedade intelectual é um ativo para sua companhia. É algo que você necessita adquirir, proteger e explorar. Você pode determinar sua estratégia de propriedade intelectual verificando:

- Quem são os elementos-chave e tecnologias em seu mercado?
- Quais são as mais importantes ideias e invenções que precisam ser patenteadas (provisoriamente ou não)? Faça isso assim que puder!
- Quais são as aplicações de patentes mais importantes que estão para chegar?

Quatro Enganos Comuns das Startups sobre Propriedade Intelectual

1. *Os fundadores não rompem definitivamente com empregadores anteriores*: Estes ou alguma universidade detêm ou reclamam direitos sobre sua invenção? Essa é uma questão bastante subjetiva, e uma vez que startups comumente não dispõem de dinheiro ou tempo para disputas jurídicas, grandes empresas e universidades podem ameaçar com ações judiciais para assegurar-se de que você não leve nada consigo. Portanto, o melhor conselho é "guarde tudo na cabeça".

2. *Sua startup não pode demonstrar que tem propriedades intelectuais*: Reserve um tempo para registrar oficialmente cada passo relativo à sua propriedade intelectual (pense nos notebooks do laboratório). Caso esteja utilizando terceiros, contrate por escrito as atribuições deles. Nos EUA, garanta possuir um "Employee Invention Assignment Agreements" (trata-se de um documento que garante a confidencialidade e direitos sobre invenções obtidas pelo trabalho de um funcionário). Essa recomendação aplica-se igualmente a subcontratados ou amigos que realizam algum trabalho desse teor.

3. *Você perdeu o direito de patentear em razão do atraso no requerimento/divulgação da invenção:* Nos EUA perde-se o direito à patente se houver transcorrido mais de um ano sem que:

   - tenha sido divulgada uma publicação impressa (folheto explicativo do produto, artigo de jornal ou revista, site)
   - tenha havido oferta de venda no território americano (empenhos de vendas iniciais, lista de preços, cotação de preço, demonstração em feira de negócios, qualquer demonstração que não seja vedada por um contrato NDA, uso público no país)

   Na maioria dos países estrangeiros não há esse "período de carência" de um ano.

4. Sua companhia concede licenças "especiais" da propriedade intelectual: startups em processo de aquisição de seus primeiros clientes podem conceder termos de licenciamento especiais em mercados-chave, territórios etc — isto é, algo como um título de "nação mais favorecida", em que há condições econômicas privilegiadas. Esse procedimento pode, no futuro, depreciar o valor de sua propriedade intelectual em uma alienação da empresa, ou pode prejudicar um negócio que você não consegue ceder ou transferir (ou vice versa) se o adquirir.

Pode Haver Outros Recursos-Chave

Considere que existem outros elementos, externos ao negócio, que são vitais para o sucesso da companhia. Sites de celebridades dependem de um fluxo constante de fofocas "quentes" (o que não costuma ser um problema) e o site MarthaStewart.com não seria muita coisa sem a Martha. E o Overstock.com fracassaria se não oferecesse recorrentemente mercadorias de boa qualidade com descontos.

Análise de Dependência

A análise de dependência da companhia basicamente responde à seguinte pergunta: "Para que possamos vender nosso produto em grande quantidade, o que é preciso acontecer que está além do nosso controle?". Entre elas, a necessidade de uma infraestrutura tecnológica (todos os celulares tornarem-se habilitados para internet, fibra ótica em cada residência, maior volume de carros elétricos vendidos). Dependências também incluem mudanças no estilo de vida ou maior inclinação ao consumo por parte dos clientes, nova legislação, alteração nas condições econômicas e assim sucessivamente. Especifique o que precisa acontecer (digamos, a adoção em larga escala da telepatia), quando precisa acontecer (deve ser comum entre os jovens lá por 2020) e o que acontece se não acontecer (o produto necessita usar a internet e não o contrário). Quando necessário, reavalie as referências que você usará para verificar se as mudanças estão acontecendo.

Identifique todos os recursos principais de sua hipótese e explique como a companhia poderá ter certeza de que eles estarão prontamente disponíveis. Faça o mesmo para identificar os riscos caso isso não aconteça, elencando alternativas que minimizem as consequências no modelo de negócio. Cuidado para não confundir parceiros (o que será discutido a seguir) com recursos.

Hipótese dos Parceiros (Físico)

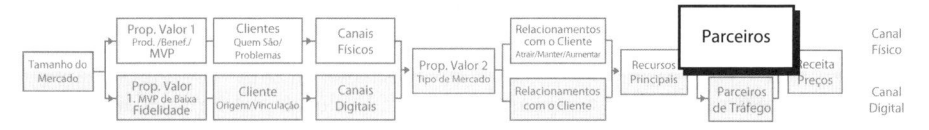

Parceiros-chave normalmente proporcionam capacidades, produtos ou serviços que a startup não pode ou prefere não desenvolver sozinha. Baterias para fabricantes de lanternas de mão ou serviços de design para sites são dois exemplos simples. Contudo, o mais famoso deles é a Apple e o iPod. Sem os provedores de conteúdo (música), o iPod e o iTunes seriam simplesmente outro hardware/software qualquer. São os parceiros que fazem desse modelo de negócio o gigante que é hoje.

A hipótese dos parceiros-chave reúne os parceiros essenciais que sua companhia requer, juntamente com o "valor de troca" de cada um (como em "Nós damos o dinheiro, eles nos mandam clientes"). As parcerias dividem-se, em geral, em quatro áreas principais: *alianças estratégicas*, *"coopetição"* (cooperação entre concorrentes), *esforços de desenvolvimento de novos negócios conjuntos*, e *relacionamentos com fornecedores-chave*.

Imagine esta hipótese como uma planilha simples de três colunas. Os títulos: nome dos parceiros (liste o primeiro e o segundo candidato), "O que eles oferecem" e "O que nós oferecemos". Não fique chateado se a palavra *dinheiro* aparecer repetidamente na terceira coluna. Isso é bem típico de startups, pelo menos nos três anos iniciais.

Alianças estratégicas, geralmente entre companhias não concorrentes entre si, frequentemente podem encurtar a relação de coisas de que sua startup precisa para construir ou oferecer um completo produto ou serviço. No caso de produtos físicos, a aliança entre parceiros pode prover treinamento, instalações ou serviço, periféricos ou acessórios, vendidos com sua marca ou não. Empresas especializadas de serviços, em diversos segmentos (jurídico, contabil, de engenharia, de TI) podem ampliar mercados através de uma ampla gama de serviços, combinando os seus com os de outros especialistas. As alianças também permitem alargar as passadas de uma startup, fazendo com que cheguem a locais que, sozinha, não conseguiria alcançar.

Esforços de desenvolvimento de novos negócios conjuntos costumam acontecer mais tarde na vida de uma startup, em um momento em que se encontra estabelecida em termos de identidade própria e marca. A Dell e a HP vendem inúmeros produtos feitos por outros, porém, raramente o fazem sem antes estar confiantes de que o produto tem demanda significativa. Pense nessas oportunidades de longo prazo para investigar como parte do seu processo de descoberta de clientes.

Hipótese dos Parceiros

"Coopetição", em regra, também ocorre numa fase posterior da startup. É uma forma de trabalhar com um competidor direto repartindo custos ou mercados com ele. A fashion week de Nova York é um bom exemplo de coopetição entre as empresas de moda já estabelecidas. Embora sejam ferozmente competitivas, trabalham juntas para coordenar os horários dos desfiles de suas criações, de modo que os grandes compradores possam estar presentes em todas as principais apresentações. Word for Mac talvez seja o maior dos exemplos de coopetição de todos os tempos, entretanto, ambas as companhias (Microsoft e Apple) já estavam plenamente estabelecidas antes dos produtos que desenvolveram e lançaram.

Relacionamentos com fornecedores-chave podem representar, para uma startup, a diferença entre a vida e a morte. Imagine o quão complicado seria produzir em outro lugar milhões de iPhones sem a Foxconn, o gigante parceiro da Apple na China, ou os afamados Cherry Garcia da Ben & Jerry sem o suprimento ininterrupto das deliciosas cerejas. Fornecedores podem ser um instrumento precioso para o sucesso de uma companhia, mas parceiros fortes e flexíveis são absolutamente críticos. Muitas startups terceirizaram uma variedade de funções de retaguarda, variando de armazenamento de bens físicos, o RH, folha de pagamento, benefícios e contabilidade. Os fornecedores terceirizados atuam como extensões da companhia que alavancam a expertise que possuem para aprimorar a eficiência da startup e tornar mais enxuta a estrutura de custos.

Os parceiros serão capazes de flexibilizar seu tempo de entrega, requisitos de ordens de compra, condições de crédito ou mesmo preços para a startup em seus primeiros dias? Como os parceiros irão garantir um suprimento estável que cresça (rapidamente, esperamos) ou caia em linha com a demanda de clientes? Identifique os fornecedores principais nessa hipótese, junto com o que necessitará deles. Você os visitará mais à frente para validar essa hipótese e compreender seu papel e o deles em forjar um relacionamento mutuamente benéfico.

Hipótese dos Parceiros de Tráfego (digital)

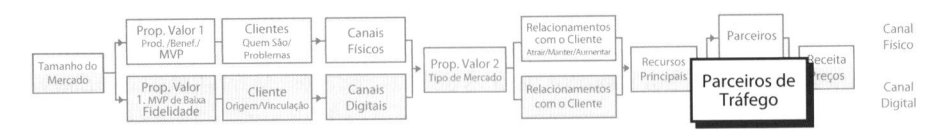

↪ Em complemento aos outros quatro descritos na seção anterior, há um quinto e extremamente importante tipo de parceiro para as startups digitais: *parceiros de tráfego*. Eles encaminham pessoas aos sites e aplicativos para celulares de diversas maneiras:

- sobre uma base de trocas ou "referências cruzadas"
- sobre uma base de "pague pela referência"
- usando *textlinks*, promoções no site ou anúncios nos sites de referências
- trocando listas de e-mails

Conforme detalhado na Fase 3, esses acordos de tráfego são tão difíceis de negociar quanto são importantes. Desenvolva sua hipótese pela identificação dos parceiros que pretende, o que quer fazer com eles e como será a reciprocidade com sua startup — dinheiro ou outra forma.

Parcerias podem às vezes ser um elemento vital para uma startup. Alguns exemplos a considerar quando estiver pensando em parcerias de tráfego:

- *Zynga*, a gigante dos jogos online, é 100% dependente de sua parceria com o Facebook, o único ambiente em que o popular Farmville, e outros games da empresa, é jogado. Sem essa parceria, a Zynga teria tráfego e receitas muito diminuídos
- O *YouTube* obteve muito de seu tráfego inicial através da parceria com o Google, tanto que o Google adquiriu a empresa
- O site *salesforce.com* encaminha tráfego e receitas para a parte digital e aplicações CRM por intermédio de seu AppExchange
- *Apps móveis* devem muito tráfego ao parceiros ponto.com
- Sites de *conteúdo de nicho* com frequência têm parceiros semelhantes ativos

Outras parcerias singulares para canais digitais podem ser bem relevantes: lojas de apps e similares são parceiros-chave para esses produtos, desde que sejam os únicos canais. (Aprenda muito mais a respeito deste assunto nas seções de canais.) Entenda como funcionam, a razão de sua boa vontade e os custos associados. Nos EUA, emissoras de cartões de crédito são negligenciadas como parceiras. São olhadas com reservas no conteúdo da web, redes sociais de negócios de games e *e-commerce* (particularmente startups e vendedores de bens de consumo digital) uma vez que "têm queimado o filme" pela ação inescrupulosa de empreendedores. O resultado: regras rígidas que são com frequência preconceituosas contra startups.

Identifique parceiros de tráfego que sua startup irá precisar de início e enquanto crescer. Desenvolva uma relação dos parceiros separando aqueles que "devo ter" daqueles que "é melhor ter" em cada categoria. Mais à frente, na Fase 3, marque encontros com os parceiros assim elencados para determinar se estão interessados e o que precisam para fazer da parceria um sucesso mútuo.

Hipótese da Receita e Preço

A questão de receitas e preços pode bem ser a mais difícil de todas, mas tem importância crítica, pois dá sentido financeiro ao modelo de negócio. Sob certo aspecto, é elegantemente simples, pois envolve apenas quatro pontos:

1. Quanto iremos vender?
2. Qual é o modelo de receitas?
3. Quanto haverá de encargos?
4. As receitas chegam ao ponto de o negócio valer a pena?

		Canal	
		Web	Físico
Produto	Bits	· Add-ons de freemium · Aluguel de listas de · Bens virtuais · Vendas SAAS · Vendas Upsell · Vendas acessórias	· Produtos · Assinaturas · Indicações · Add-on de serviços · Vendas Upsell
	Físico	· Vendas Upsell · Aluguel de listas de e-mail · Garantias · Serviço · Vendas acessórias	· Produtos · Leasing · Serviço · Nextsell/Upsell · Indicações

Origens de Receitas *(Figura 4.22)*

Embora algumas questões difiram de canal para canal, o processo de obtenção de receitas da companhia é fundamentalmente o mesmo, independente do canal. A boa notícia: muito do trabalho aqui já está feito.

Questão 1: Quanto iremos vender?

As companhias auferem receita, no canal físico, comercializando seus produtos à vista ou a prazo ou ainda utilizando ferramentas como *leasing* ou assinaturas. Elas também solicitam indicações aos clientes atuais, muitas vezes recompensando-os pelas referências.

Eis alguns elementos que representam fluxos de receitas, conforme as hipóteses vistas anteriormente:

- Hipóteses sobre tamanho e participação de mercado, que poderiam se traduzir em um número previsto de clientes (como 10% de um mercado de 1 milhão de pessoas = 100 mil clientes)
- Hipóteses de canal, em conjunto com estimativas de seu volume e custos
- Não se esqueça de incluir (na verdade, subtrair) o custo de vendas do canal, que pode ser muito elevado, uma vez que a companhia só "conta", ou retém, a receita líquida recebida de cada canal diminuída dos custos (empreendedores entusiasmados cometem esse erro muito frequentemente)

↪ Questão 2: Qual é o Modelo de Receitas?

Na área digital há uma ampla variedade de fontes de receita comparativamente aos canais físicos (nestes, as vendas de produtos são a origem primária das receitas). As fontes de vendas diretas para rever e estimar incluem:

- Vendas: produto, app ou venda de serviços são a principal origem de receita para diversas startups digitais, normalmente em transações únicas que podem levar a vendas subsequentes
- Assinaturas: é comum que software, games e outros produtos online sejam comercializados por assinaturas mensais
- "Pague pelo uso": alguns produtos web (sites de viagens e eBay são dois exemplos simples) obtêm receitas derivadas do maior ou menor uso, com assinaturas ou opção de desconto de acordo com o volume

Outros métodos podem ser:

- *Receita por indicações*: pagamentos por encaminhar tráfego ou clientes a outros sites ou produtos digitais
- *Receita por afiliações (compartilhamento de receitas)*: remunerações por indicações ou comissões de terceiros sites (em geral, *e--commerce*) por direcionar clientes a eles
- *Aluguel de listas de e-mails*: sites de assinaturas e associados alugam suas listas de e-mails de clientes cuidadosamente selecionados para parceiros anunciantes
- *"Back-end" de ofertas*: vendas de add-on (pequenos programas que ampliam os recursos de um, maior, a que estão vinculados) de outras companhias que oferecem uma parte do ganho no momento de confirmação da compra

No que se refere à publicidade, duas regras fundamentais são aplicáveis. Primeiro, quanto mais incomum, proeminente ou difícil de atingir for o público, mais caro será o custo de anunciar. Pilotos de jatos particulares e pessoas que voam neles são mais valorizados que "viajantes", assim como "jogadores ativos de games" valem mais a pena do que adolescentes.

Regra número dois: muito pouca gente de marketing ou anunciantes estarão interessados em públicos reduzidos, mesmo que o produto ou site seja destinado a grandes públicos. A "pressão" dos custos de pesquisa, contratos e papelada apenas para alcançar alguns milhares (às vezes meio milhão) de pessoas geralmente não vale a pena para eles. Pesquise esta questão junto às fontes de receita e a resposta que dão.

Questão 3: Quanto haverá de encargos? (Táticas de Precificação)

Essa é uma pergunta que se reparte em duas. Na parte um, avalia-se os custos de negociar. Em produtos físicos, isso é frequentemente o que mais importa. Se você está vendendo ervilhas em lata ou torres de repetição de micro-ondas, os custos são claramente mensuráveis: peças, montagem, embalagem, transporte e mais.

Nas transações entre empresas e algumas vendas ao consumidor, outras questões merecem reflexão, tais como o custo total da operação (se o aluguel é alto ou a equipe é enorme ou a conta de eletricidade é um fator muito relevante no custo de produção).

Já na parte dois, a dúvida é: "Qual é o preço?" Você irá testar sua hipótese de precificação mais tarde na descoberta, mas antes há um tantinho mais de trabalho a ser feito.

Um bom modelo de preços reconhece o Tipo de Mercado, acomoda custos de fabricação, leva em conta as entregas, crenças do mercado e preços praticados pela concorrência. E vai "até onde o mercado pode suportar" para maximizar lucros. Um bom começo, que pode implicar em melhores resultados, é tratar de compreender em profundidade os preços dos concorrentes.

↪ **Nos canais digitais, os preços são muito mais transparentes e quase sempre disponíveis online, reforçando a necessidade de monitorar a concorrência.**

As startups deparam-se com muitas possibilidades de escolha do modelo de preços. Entre elas, as mais conhecidas são:

- *Precificação por valor percebido*: Baseia-se no valor intrínseco do produto, em vez do seu custo. Aplicativos para contabilidade e investimentos, produtos exclusivos patenteados e a indústria farmacêutica podem, às vezes, otimizar lucros com este modelo
- *Precificação competitiva*: Posicionamento do produto em relação à concorrência, em geral em mercados existentes
- *Em função do volume*: Aplicado quando se quer estimular múltiplas compras ou acessos, em situações que variam de artigos de escritório a softwares SAAS
- *Precificação por portfólio*: Para companhias com diversos produtos e serviços, cada um com custo e utilidade diferentes. O objetivo neste método de precificação é obter lucro com o portfólio, alguns com margens altas, outros com baixas, dependendo da concorrência, retenção do cliente, valor entregue e fidelidade
- *Modelo "Razor blade"*: o produto em si, ou parte dele, é gratuito ou vendido a preço baixo, porém, gera vendas recorrentes e muito lucrativas de outro, a ele associado (pense no preço das impressoras jato de tinta e no preço dos cartuchos de reposição). Para as startups são, muitas vezes, um desafio, pelo alto custo inicial
- *Assinatura*: Embora atualmente esteja mais atrelada a estratégia de software, o *Book of the Month Club* foi pioneiro neste método em produtos físicos
- *Leasing*: Reduz o desembolso inicial dos clientes. Propicia ganhos constantes ao longo de anos
- *Precificação com base no produto:* Baseia-se em um múltiplo do custo real do produto. Normalmente utilizada para bens físicos. (Utilizada geralmente visando o máximo de receita/lucro por volume.)

↪ **Os cálculos são muito diferentes para produtos digitais, nos quais o custo adicional de um novo cliente é praticamente zero, como é o caso de um app para games de múltiplos jogadores que, digamos, adiciona 50 novos clientes no sistema a um custo de, exagerando, alguns centavos cada um.**

Duas Questões de Preços em Negócios entre Empresas

Custo Total da Posse ou Adoção (sigla em inglês: TCO — "Total Cost of Ownership"): Mais uma questão de negócios do que de vendas ao consumidor, a análise TCO estima o custo total que o cliente tem, no sentido econômico, de comprar e usar o produto. Para produtos de uso comercial, os clientes precisam comprar um novo computador para rodar o software? Há necessidade de treinamento para usar o produto? Será preciso mudar alguma coisa na estrutura física ou organizacional? Quais os desdobramentos nos custos de outros setores da companhia? Quando se trata de bens de consumo, meça o custo de "adoção" do produto para satisfazer necessidades dos clientes. Estes precisam alterar seu estilo de vida? Ou vão ter que modificar algo em seu modo de usar ou comprar? Vão ter que abandonar alguma coisa que utilizam hoje?

Retorno sobre Investimento (ROI): Ao estabelecer os preços de vendas para outras corporações, sua companhia deve provar a elas que o preço que pagarão "vale a pena" ou que "eles farão um bom negócio", o que pode ser menos uma questão de preço do que de retorno do investimento. De modo geral, as companhias prestam mais atenção ao ROI do que os consumidores, em parte devido ao tamanho e visibilidade das grandes transações. A taxa de retorno consubstancia a expectativa dos clientes em relação aos objetivos de produtividade, tempo, riscos de insolvência e recursos monetários e outros. Já para os consumidores, o retorno está com frequência vinculado a *status*, estilo ou apenas a entretenimento.

Quando vender para empresas, muna-se de um hipotético ROI e encare as reuniões iniciais (Muitas vezes uma boa ocasião para relatório.) Caso a solução não traga um significativo ROI, as vendas tornam-se difíceis de acontecer. Pode ser difícil vender aquele aspirador automatizado de $50.000 em substituição a uma conta de $5.000 anuais pela limpeza, especialmente após um bom trabalho no TCO (manutenção, eletricidade, peças e mais) como parte da computação do ROI.

Questão 4: As Receitas Chegam ao Ponto de o Negócio Valer a Pena?

É preciso mais do que multiplicar o volume pelo preço médio de venda para responder a essa pergunta, mas não se preocupe — a resposta ainda não requer precisão. Lembre-se de que o objetivo da descoberta do cliente é refinar o modelo de negócio o bastante para testá-lo em larga escala no passo subsequente, a validação pelo cliente. A partir daqui, com uma visão genérica da receita bruta e dos custos fixos e variáveis envolvidos, faça uma avaliação aproximada, do seguinte:

- As receitas são suficientes para cobrir os custos a curto prazo?
- As receitas irão crescer substancialmente, se não dramaticamente, ao longo do tempo?
- A lucratividade vai melhorar à medida que as receitas forem crescendo?

Vale lembrar, de novo, que isto não é um cálculo exato, muito ao contrário, sua finalidade é decidir se o que você encontrou na descoberta inclina-o a prosseguir adiante rumo à validação pelo cliente. Não é um exercício contábil.

Mercados digitais são, com frequência, multifacetados.

⇨ Como Mercados Simples e Multifacetados Afetam as Finanças

Companhias que operam com produtos físicos quase sempre se situam em mercados "de um lado só": os clientes que compram o produto que a empresa produz.

Já os mercados digitais têm normalmente múltiplos lados. Quando uma startup planeja focar primeiro no acúmulo de enorme número de usuários, expectadores ou cliques e "procurar o modelo de receita mais tarde", isso implica em um mercado multifacetado.

Mercados multifacetados têm um modelo de negócio diferente para cada lado do mercado. Os elementos que compõem o modelo de negócio que mudam incluem o valor proposto, segmento de clientes, relacionamento com o cliente e fluxo de receitas.

Um dos lados, os usuários, é mensurado pelo número de visitas, páginas navegadas, indicações ou horas, em vez de reais ou dólares. O outro lado, os clientes, consiste de anunciantes que pagam para tornarem-se visíveis aos olhos dos usuários. Centenas de milhões de participantes do Facebook creem que ele seja uma rede social gratuita, quando, na realidade, o Facebook ganha dinheiro de segmentos de clientes completamente distintos (anunciantes) com propostas de valor completamente distintas através de canais distintos (vendas diretas e autoatendimento online).

Calcule agora, neste exato momento, o modelo de receita para aquele segundo lado do mercado, o dos usuários. Entender que um anunciante está disposto a pagar para ter acesso ao público de sua startup é vital para o modelo de negócio.

Lembre-se, seus recursos são limitados. Concentre-se primeiro em uma grande, principal fonte de receita antes de expandir para fontes **secundárias,** as quais podem ser apenas um elemento perturbador.

Mais Duas Questões sobre Receitas a Considerar

O Canal de Distribuição Afeta o Fluxo de Receita. Calcular a receita é fácil para um produto vendido diretamente pela sua equipe: você simplesmente deduz qualquer desconto sobre sua lista de preços. Entretanto, quando as vendas são efetuadas por canais indiretos, essa tarefa pode ficar mais árdua. Vender ao Walmart é maravilhoso, mas a maioria dos varejistas tem "direitos de devolução" (se o produto ficar mofando na prateleira, você tem que levá-lo de volta). Você está vendendo para a OEM, que pratica descontos exorbitantes e as receitas de sua empresa só dão o ar de sua graça depois que a OEM começa a vender em grandes volumes?

Considerar o Valor da Vida Útil: Em última análise, quanto o cliente irá gastar não somente na primeira venda mas durante todo o período que durar seu relacionamento com a companhia? Sites de encontros, softwares SAAS e jogos online costumam focar nesse aspecto. Os clientes podem se inscrever no salesforce.com a um custo bem baixo, mas a empresa não hesita em gastar diversas vezes esse valor para atrair novos assinantes. Por que isso? Porque ela sabe que, em média, as assinaturas duram vários meses, fazendo valer a pena o custo mensal de novos clientes — supondo, claro, que a companhia permaneça funcionando tempo suficiente para embolsar as receitas futuras. (Por outro lado, a vida útil de um empreiteiro de obra vai até a data do primeiro pagamento.)

O valor da vida útil do cliente afeta dramaticamente o fluxo de receita e a estratégia de precificação, online ou não, embora, tirando as assinaturas de jornais e revistas, que têm caído muito, e os associados de academias de ginástica, sejam poucos os produtos físicos que trabalham com esse tipo de comercialização.

SEMEADEIRA AUTÔNOMA
VERSÃO FINAL DO QUADRO DO MODELO DE NEGÓCIOS

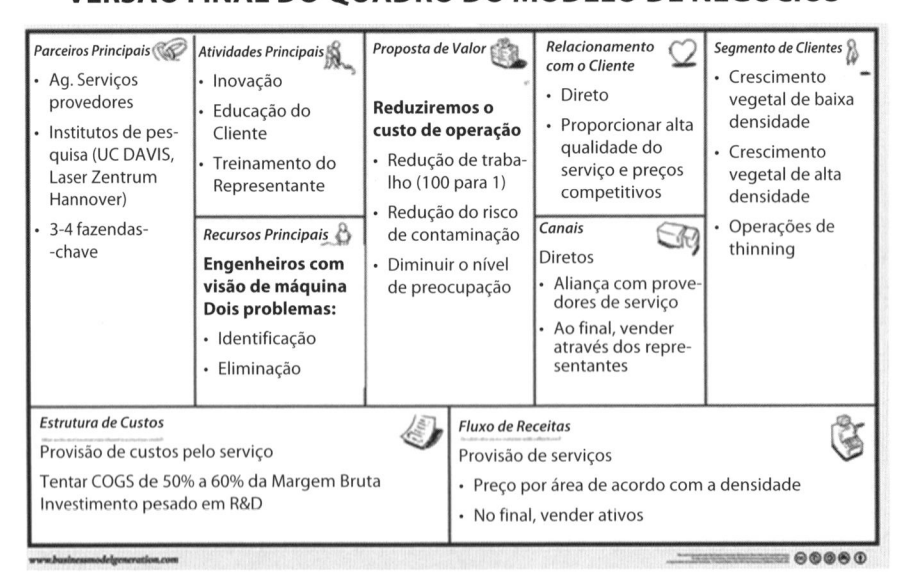

Parceiros Principais	Atividades Principais	Proposta de Valor	Relacionamento com o Cliente	Segmento de Clientes
• Ag. Serviços provedores • Institutos de pesquisa (UC DAVIS, Laser Zentrum Hannover) • 3-4 fazendas-chave	• Inovação • Educação do Cliente • Treinamento do Representante	**Reduziremos o custo de operação** • Redução de trabalho (100 para 1) • Redução do risco de contaminação • Diminuir o nível de preocupação	• Direto • Proporcionar alta qualidade do serviço e preços competitivos	• Crescimento vegetal de baixa densidade • Crescimento vegetal de alta densidade • Operações de thinning
	Recursos Principais **Engenheiros com visão de máquina** **Dois problemas:** • Identificação • Eliminação		**Canais** Diretos • Aliança com provedores de serviço • Ao final, vender através dos representantes	
Estrutura de Custos Provisão de custos pelo serviço Tentar COGS de 50% a 60% da Margem Bruta Investimento pesado em R&D			**Fluxo de Receitas** Provisão de serviços • Preço por área de acordo com a densidade • No final, vender ativos	

Esboço Final de uma Hipótese de Modelo de Negócios (Figura 4.23)

Vincule os Componentes da Receita na Hipótese

O fluxo de receita e os preços interagem com a proposta de valor, o canal, o relacionamento do cliente e outros componentes do modelo de negócio. Isso significa que há um bocado de iterações e rearticulações. A hipótese de fluxo de receita será testada repetidamente antes de ser adotada de forma definitiva, começando nas discussões da descoberta do cliente e depois, com mais clientes, como parte da validação pelo cliente. Quando o projeto dos elementos que constituem o fluxo de receita estiver completo, deve ser revalidado para ver se há algo a acrescentar. Por fim, há só uma resposta que interessa: podemos gerar receita suficiente, lucros e crescimento para que valha a pena investirmos nosso tempo e energia no negócio?

Completando a Hipótese do Processo de Desenvolvimento:

Até aqui, realizou-se um exercício de preparação para atuação em maior escala. A ação seguinte consiste em ir às ruas e começar a entender o que os clientes em potencial necessitam para qualificar ou refinar os pressupostos da hipótese inicial. Antes, porém, faça isto:

- Convoque uma reunião da equipe afixando na parede uma grande cópia da última versão do quadro do modelo de negócios com um resumo dos seus elementos constituintes ao lado
- Todos os participantes deverão ler cada um desses componentes
- Concentre a atenção nos resumos, leia os detalhes todos, discuta-os com o pessoal e procure por conflitos óbvios ou inconsistências
- Fundadores, desenvolvimento do produto, engenheiros e equipes operacionais devem, novamente, validar as estimativas de custos e as mudanças
- Retorne às primeiras hipóteses desenvolvidas para certificar-se de que não são conflitantes com as que lhes seguem. O canal de vendas faz sentido à luz dos preços, necessidade de instalações etc? Poucos clientes ainda financiarão adequadamente o desenvolvimento?
- Revise e acorde as versões finais de cada hipótese
- Certifique-se de que os resumos de cada hipótese são coerentes com os do modelo de negócio
- Se for o caso, atualize o modelo de negócio
- Para checklists mais detalhados, consulte o Apêndice A

Agora é hora de sair do escritório e ir aonde vivem os clientes e os fatos acontecem.

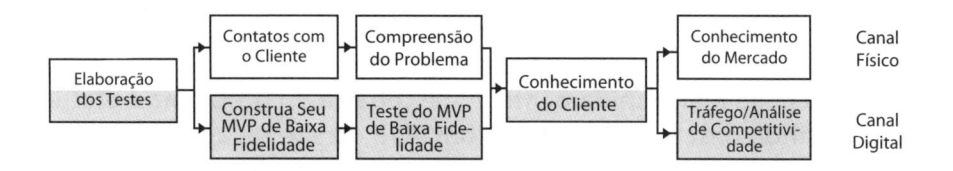

CAPÍTULO 5

Descoberta do Cliente, Fase Dois: "Vá Para a Rua" e Teste o Problema: "As Pessoas se Importam?"

A FASE 2 LEVA A EQUIPE PARA A RUA para testar o problema e responder a três questões:

- Nós realmente compreendemos o problema do cliente?
- Há bastantes pessoas que realmente se importam com o problema para que isso se transforme num enorme negócio?
- E elas se importam a ponto de contarem para os amigos?

Na seção seguinte, Fase 3, iremos testar se o produto oferece uma solução convincente para os clientes que dizem haver um problema. Quando as questões "problema" e "solução" são respondidas com um sonoro "sim", produto e mercado estão definidos, e é hora de seguir rumo à validação pelo cliente.

↪ **Há diferenças marcantes quando, nesta fase, as startups lidam com produtos digitais, cujo desenvolvimento é bem mais curto e o feedback chega mais rapidamente. A descoberta do problema é efetuada a partir do desenvolvimento de um MVP do site ou app (como discutido na página 181). Por vezes, tão simples quanto um diagrama em PowerPoint ou uma página na web, esse primeiro MVP ajuda a reunir de imediato feedbacks sobre o problema. Mais à frente, a solução é testada com um MVP de alta fidelidade.**

Esta fase é composta de 5 passos-chave:

- desenvolver experimentos para testes do cliente
- preparar-se para contatar e engajar o cliente
- testar se os clientes entendem que há um problema e a importância que dão a ele
- ganhar a compreensão dos clientes
- ganhar competitividade e conhecimento do mercado

Dada a semelhança, vale lembrar as regras principais do Manifesto do Desenvolvimento de Clientes no Capítulo 2:

- A descoberta do cliente é efetuada pelos fundadores
- Hipóteses requerem testes. Testes requerem que experimentos sejam desenvolvidos
- Pesquisas na web são ótimas, mas sempre as correlacione com o feedback obtido no contato direto com o cliente, mesmo nos negócios pela web
- Encontros com clientes não são feitos para saber se eles adoram o produto — pelo menos ainda não. Eles existem para entender o problema deles e qual a urgência de vê-lo resolvido. Você deverá focar mais no produto em si, uma vez tendo certeza de que o problema que será resolvido é grande o bastante para criar um mercado que valha a pena depois.
- É raro que as hipóteses iniciais sobrevivam após o feedback sem sofrer reformulações e reestruturações.

Elaboração dos Testes e Experimentos de Certo/Errado

A esta altura, sua Fase Um do modelo de negócio trabalha com hipóteses que são, ainda, meros "achismos". Agora, você irá transformá-las em fatos, ao sair do escritório e *testá-las* junto aos clientes.

Eis uma maneira fácil de visualizar isso: pense em um modelo de negócio tripartido. A camada inferior representa sua visão inicial da startup. Na intermediária, estão detalhadamente configuradas as hipóteses que foram desenvolvidas na Fase Um. A terceira camada mostra os testes que você conduzirá para verificar e mensurar cada hipótese, transformando suposições em fatos e permitindo que o modelo de negócio seja passível de avaliação e mensuração.

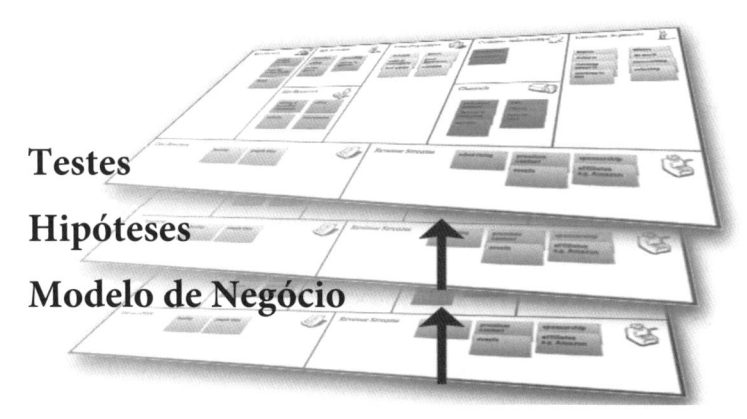

Modelo de Negócio/Hipóteses/Testes (Figura 5.1)

Mas, como testar? A regra número 6 do Manifesto do Desenvolvimento de Clientes diz para *desenhar experimentos,* e a Regra 9 que isso deve ser feito com *velocidade, ritmo e rápido ciclo de tempo.* Assim, o primeiro passo para aplicar um teste das hipóteses do seu modelo de negócio é preparar um simples experimento de certo/errado para cada teste. Em seguida, você implementa os testes, reúne os dados e não apenas tenta apreender alguma coisa deles como também abrir-se a algum *insight*. O ciclo Hipóteses/Experimento/Teste/*Insight* é mostrado na Figura 5.2 abaixo.

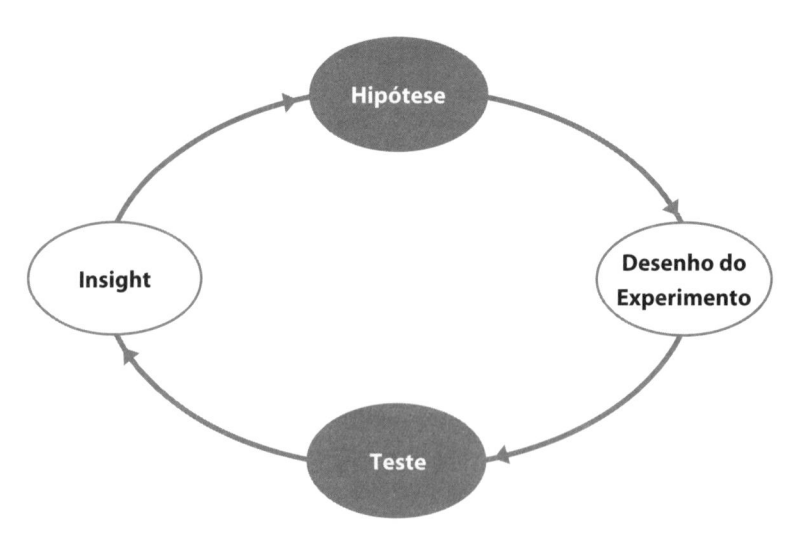

Hipóteses/Desenho do Experimento/Teste/ Insight (Figura 5.2)

Independentemente de o produto ser físico ou digital, os experimentos do Desenvolvimento de Clientes são simples, breves e objetivos (certo ou errado). Você deverá estar atento a um sinal forte, que se destaque do ruído de fundo. Os testes certo/errado lhe darão esse sinal "bom o bastante" para ir adiante.

Inicie dizendo a si mesmo "O que eu quero aprender?". Continue com "Qual o teste de certo/errado mais simples que pode me fazer aprender alguma coisa?" e, finalmente, pergunte-se "Como vou formatar esse experimento?".

Por exemplo, a hipótese do Relacionamento com o Cliente para um produto físico haver pressuposto que para cada dez ligações de vendas, três pessoas considerarão comprar. O experimento pode ser tão simples quanto fazer a mesma apresentação a 30 clientes potenciais e obter o resultado "certo" vindo de nove ou mais pedidos ou cartas de intenção.

↪ **Nos negócios web, as hipóteses do Relacionamento com o Cliente e Modelo de Receita podem supor que se conseguirá 5 milhões de clientes ao desembolsar $1 milhão em anúncios no Google AdWords. Seu experimento de certo/errado pode ter a forma de "acreditamos que conseguiremos visitantes pelo Google AdWords ao custo de 20 cen-**

tavos por clique". Seu experimento criaria três diferentes páginas de entrada, alocando $500 no AdWord em cada uma delas, e sequencialmente testando uma a uma (valendo-se do mesmo AdWords) nos dias subsequentes. Um "certo" seria 2.500 cliques por página. Qualquer coisa menos que isso, a hipótese é falha. (Um teste secundário que se pode extrair disso é qual página traz clientes mais rapidamente!)

Na maior parte das vezes você pode fazer um modelo de página da web ou criar uma demo ou protótipo e extrair daí algo de valor.

Testes

Uma coisa que faz com que engenheiros fundadores tropecem em suas próprias pernas é pensar que os testes de hipóteses devem ser feitos com códigos verdadeiros ou produtos reais. Na maior parte das vezes, você pode fazer um modelo de página da web ou criar uma demo ou protótipo e extrair daí algo de valor. E fazer testes não envolve grandes somas de dinheiro ou tempo. Quando você tem algo palpável nas mãos, digamos, quatro de seus dez primeiros clientes que satisfaçam um certo requisito, já está bom, pode-se parar o teste e declará-lo um sucesso. O objetivo é rapidez, aprendizado e procura de um máximo global (não um máximo local).

O que é um máximo global? Digamos que você ofereça uma avaliação grátis por três dias de seu novo e espetacular site e obtenha 50, depois 60 e a seguir 80 inscrições nos três primeiros dias. Talvez diga "Nossa, 80, isso é ótimo" e encerre o teste. Entretanto, no quarto dia, o sol já nasce e você muda de ideia, mantendo o teste por só mais dois dias, e pode ter descoberto seu "máximo global", 500 inscrições por dia. Somente a experiência e uma boa mão em conjeturar podem lhe dizer por quanto tempo manter o teste, e, embora mais breve seja sempre melhor, esteja certo de ter dado a si mesmo a oportunidade de atingir seu máximo global.

Máximo Global

Máximo Local

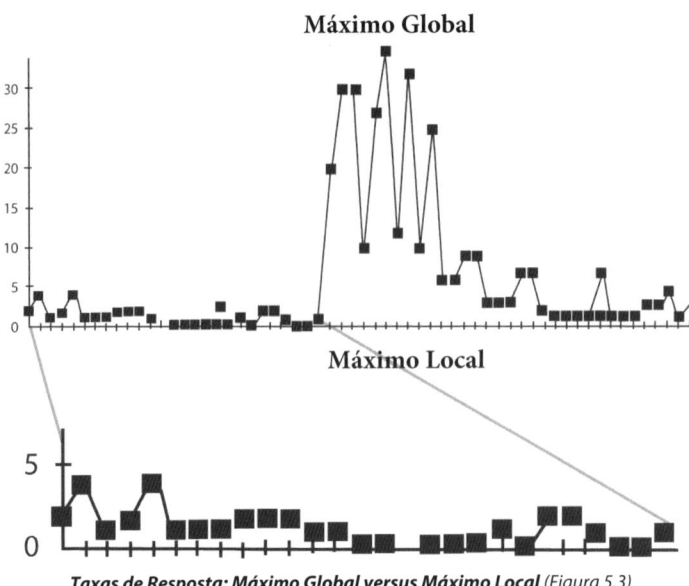

Taxas de Resposta: Máximo Global versus Máximo Local (Figura 5.3)

Os passos subsequentes da Fases 2 e 3 na validação pelo cliente fornecem mais detalhes sobre como estabelecer testes para produtos físicos e digitais.

Insight

O objetivo destes experimentos/testes não é só coletar dados sobre o cliente, nem simplesmente obter o "certo" nos experimentos; não é também de apenas aprender alguma coisa, embora esperemos que sim.

É algo mais profundo, intangível, que faz com que o empreendedorismo continue sendo, afinal, uma arte. Trata-se do fato de que *você está olhando além do dado — está buscando insight*. Você não teve telefonemas de vendas atendidos frequentemente, mas lembrou-se de que alguém disse: "Que pena que você não vende x, porque nós utilizaríamos muitos dele".

Prepare-se para os Contatos com o Cliente (Físico)

O próximo passo na qualificação das hipóteses do modelo de negócio é deixar a segurança de sua sala de reuniões e aventurar-se no mundo real, aquele em que as pessoas vivem e pagam suas contas. Quer você vá vender a grandes corporações ou às pessoas em suas residências, seu primeiro contato amigável é aquela gente que irá começar a educá-lo a respeito dos clientes e dos problemas que enfrentam. Melhor ainda, gente que pode *tornar-se* seu cliente.

Comece com 50 Clientes-Alvo

Este primeiro passo é o mais difícil: contatar clientes em potencial que não o conhecem, persuadi-los a ceder parte do seu tempo e encará-los nos olhos.

Neste momento, o que menos lhe interessa são nomes e títulos ou o cliente "perfeito".

Comece relacionando 50 clientes em potencial para testar suas ideias. Parece muita gente, porém logo verá que não. Normalmente, descobrir clientes requer de 10 a 15 visitas por semana, e conseguir encontros pessoais com 50 pessoas provavelmente vai exigir contatar umas 200 ou mais. De onde virão os nomes selecionados? Inicie por aqueles de seu conhecimento direto. Depois, consulte os cofundadores e funcionários, os que circulam pelas redes sociais (Facebook, Google+, Twitter, LinkedIn, Jigsaw etc). Então, peça aos amigos, investidores, advogados, contadores ou recrutadores o favor de acrescentarem nomes à sua lista. Enfim, pense em qualquer outro lugar onde seja possível encontrar quem esteja disposto a ajudá-lo.

Não importa se você vai transacionar com empresas; por ora, títulos e níveis hierárquicos na organização são irrelevantes. O mesmo se dá se o alvo forem pessoas físicas, tenham elas ou não o mínimo interesse pelo seu produto. O importante é que você aprenda com elas. Neste momento, *o que menos lhe interessa são nomes e títulos ou o cliente "perfeito"*. Seu objetivo é encontrar pessoas que lhe cederão parte do seu tempo e que lhe permitam avaliar quantos, ainda que vagamente, se encaixam no perfil embutido em suas hipóteses. (Na verdade, chamar executivos de alto nível agora é desperdiçar uma grande vantagem. Você, de fato, ainda não faz ideia de a que está se propondo, com nada nas mãos a não ser um punhado de meras suposições, e poderá vir a arrepender-se de tê-los chamado. Espere um pouco até que seu modelo de negócio pare de mudar toda semana.)

Enquanto estiver elaborando a sua lista de contatos, comece ao mesmo tempo a desenvolver uma *lista de inovadores*. O que é um inovador? São as companhias inovadoras, departamentos das empresas ou indivíduos que em seu setor de atividade são inteligentes, respeitados e, geralmente, estão à vista de todos. Para bens de consumo, podem ser aqueles "doidos por novidades" ou ainda alguém antenado que detecta uma tendência qualquer antes dos outros e a quem as pessoas consultam e pedem esclarecimentos. Use essa lista de duas maneiras. Primeiro, você precisa localizar e encontrar-se com os visionários que sejam conhecidos por "captar" novas ideias. Infelizmente, a maioria das pessoas vê as inovações como perigosos vírus que devem ser extirpados de suas empresas, enquanto são poucos os que olham mais à frente e as compreendem. É com estes que se deve conversar. E segundo, sua lista de inovadores lhe servirá como contatos influentes em suas áreas de atuação e uma boa fonte de eventuais futuros membros do conselho consultivo.

É complicado, se você nunca fez, pedir auxílio a quem não conhece. Todavia, torna-se bem mais fácil se você se apresentar munido de uma *história de referência*.

Desenvolva uma História de Referência

O primeiro passo em contatos com clientes é ter uma história que lhe sirva de referência.

Trata-se de um texto que realça os problemas que você está tentando resolver, por que é importante solucioná-los e qual a solução proposta.

A história começa, normalmente, com uma apresentação: "Olá, sou o Roberto, do NewBankingProduct. Quem me indicou você foi (coloque aqui o nome da pessoa), que o recomendou como a pessoa mais bem qualificada do (nome do setor ou segmento de mercado)". Agora, dê ao cliente em potencial um motivo para recebê-lo: "Nossa empresa pretende resolver o problema das longas filas no caixa do banco através do novo software Instanteller, mas adianto que não queremos vender nada a você. Pedimos apenas 20 minutos do seu tempo para saber se você tem esse problema e como você ou sua empresa lida com isso".

A melhor apresentação a um cliente em perspectiva é através de um colega ou conhecido.

O que se pretende com o contato? "Pensei que talvez pudesse obter uma sugestão sua ou perspectiva sobre essa questão, e como agradecimento, dizer-lhe duas ou três coisas sobre as mais recentes notícias a respeito da tecnologia aplicada em seu ramo de negócio". Pronto, pode soltar o ar.

Naturalmente, será preciso variar e ajustar a história, mas o objetivo continua o mesmo: agendar reuniões (é possível fazer isso por e-mail, mas esse é um método bem menos eficiente). No papel isso parece fácil, porém pode ser uma tarefa complicada para quem não é um profissional de vendas. Ninguém gosta de ligar para pessoas que não conhece. Iniciantes nas práticas de descoberta do cliente cravam o olhar no telefone, andam em volta dele, pegam o aparelho e o largam sem fazer a chamada. Bem, finalmente você "põe a faca nos dentes" e faz os telefonemas. E quer saber de uma coisa? Não há nada mais gratificante que ouvir o cliente em perspectiva dizer "é verdade, esse é exatamente o problema que nós temos. Posso dispor de 20 minutos para bater um papo sobre isso — que tal na quinta-feira?". É isso!

Comece o Processo de Agendamento de Reuniões

Antes, atente para o seguinte:

- A melhor apresentação a um cliente em potencial é através de um colega ou conhecido na empresa dele. Para bens de consumo, isso pode ser desafiador — como fazer, se a pessoa lhe é desconhecida? —, entretanto, a mesma técnica pode ser usada: uma indicação da própria pessoa entrevistada
- Inicie por um e-mail de apresentação ou mensagem no LinkedIn, Twitter ou Facebook — de preferência enviada por quem lhe forneceu o contato — explicando a razão do telefonema que será feito e por que o tempo da visita não será gasto em vão
- Sempre comece mencionando quem fez a indicação, como "Steve Blank disse que eu poderia ligar"
- Diga-lhes que não se trata de vender nada e que lhe afirmaram que são as pessoas mais qualificadas no setor e você deseja conhecer suas opiniões
- Peça um curto espaço de tempo: "Bastam 15 minutos" (você vai obter mais)
- Não comente sobre o produto ou recursos. Explique que a intenção é compreender os problemas ou questões que preocupam o mercado ou a categoria do produto e por que o tempo deles será útil
- Às vezes, as melhores "reuniões" acontecem em uma amistosa e agradável parada para um café para uma troca de ideias, e não aquelas em que se vai com um discurso de vendas previamente preparado. Em geral, os convidados tendem a ser mais propensos a aceitar e ser colaborativos quando estão relaxados e abertos à conversação

---

Um dos equívocos mais cometidos pelos empreendedores é confundir movimento com ação.

As companhias que tiveram êxito nesta fase levaram, de modo geral, uma semana inteira para estabelecer as reuniões e pelo menos várias outras realizando-as. Um preço baixo a pagar comparado aos anos que as equipes levarão para alcançar o sucesso. Cada fundador necessita realizar ao menos dez (sim, dez) conversações por dia para preencher o calendário.

Um dos equívocos mais cometidos pelos empreendedores é confundir movimento com ação. Movimento é um e-mail enviado, uma mensagem deixada no correio de voz ou uma nota no LinkedIn. Ação é um diálogo, uma conversação de duas mãos. Assim, 10 conversas podem exigir 25 e-mails, correios de voz, tuítes etc. Faça os telefonemas até que tenha agendadas três reuniões por dia. Acostume-se com a rejeição, mas sempre diga "Se você está muito ocupado, quem mais poderia conversar comigo?". Manter uma estatística da taxa de sucesso é útil (alguma fonte ou título profissional foi melhor que outros?). A mesma abordagem serve para produtos ao consumidor. Como regra, cada 50 ligações devem resultar em 10 visitas. Antes de ir, planeje a ligação desde quebrar o gelo até a conclusão e ensaie.

Marque em um calendário as reuniões marcadas e nomeie quem, entre os fundadores, irá comparecer. Prepare-se para enfrentar desafios geográficos, proximidade e logística, aproveitando o tempo disponível com a maior eficiência possível. Pesquise as companhias, para personalizar a visita tanto quanto puder. Não conte que todo cliente vá dar atenção especial a todas as questões ou tenha um opinião consistente sobre cada aspecto do problema ou necessidade. Em vez disso, planeje-se para ir juntando um mosaico de respostas que, em última análise, lhe proporcionarão um valioso feedback sobre cada item de sua lista.

Construa Seu MVP de Baixa Fidelidade (Digital)

⇨ Os testes de qualificação de suas hipóteses do modelo de negócio digitais farão com que você envolva milhares de clientes nas discussões a respeito de problemas e necessidades deles. Isso será efetuado com o desenvolvimento de um mínimo produto viável de *baixa fidelidade* que responda a duas questões de natureza crítica: você entende qual é o problema ou necessidade do cliente e, quando conseguir fazer isso, fará também que muitos clientes se importem?

O teste do MVP de baixa fidelidade dá a certeza de que tal problema ou necessidade é a urgência número um dos clientes.

A construção do MVP será realizada neste passo, enquanto o seguinte trata dos testes reais.

Estratégia do MVP de *Baixa Fidelidade*

Conforme discutido na Fase 1 (página 77), o MVP de baixa fidelidade pode ser simples como uma página de entrada, com sua proposta de valor, resumo de benefícios e uma chamada à ação para conhecer mais, responder a uma breve pesquisa ou instrução. Pode ser ainda um protótipo de site em PowerPoint ou uma página de entrada simples construída com uma ferramenta de criação de site. Os desenvolvedores mais experimentados podem produzir uma interface de usuário funcional com ferramentas de prototipagem de *wireframes* (guias visuais básicos) que operem em um site de baixa fidelidade. Seja como for, esse é um site muito primário, sem logos, animações ou interface de usuário sofisticada.

Tenha-o à mão o quanto antes (é comum que seja no primeiro dia da empresa) para ver se alguém compartilha sua visão sobre necessidades/problemas do cliente. Comece com um site de baixa fidelidade que:

- descreva a severidade do problema em palavras ou imagens ("Seu escritório parece com isto?")
- descreva o problema, estimulando os usuários a "inscrever-se para saber mais"
- mostre telas indicativas de solução ("pague suas contas assim")

Considere outros componentes simples do MVP tais como um vídeo do YouTube mostrando a discussão de um problema, uma breve pesquisa online sobre uma questão ou um blog pedindo a opinião de seus visitantes.

O passo seguinte é convidar os clientes a responder tão meticulosamente quanto possível, dando-lhes diversas opções para isso. Inicie pedindo coisas simples como inscrever-se para saber mais. É muito importante verificar se eles correrão para contar aos amigos, quais testes se revelaram mais capazes de medir a magnitude do problema ou a repercussão de um novo game online, por exemplo.

No terceiro passo, solicita-se feedback mais detalhado, utilizando e-mails, ferramentas de pesquisa ou perguntando ao visitante se ele considera bem-vinda uma ligação telefônica para conversar sobre o novo produto ou companhia. Lembre-se: quanto mais um visitante é solicitado a fazer, menos, provavelmente, o fará. Portanto, assegure-se de ter o mais simples, o mais básico mecanismo de resposta — algo como "inscreva-se para saber mais" —, mais proeminente para o MVP.

> "As ferramentas apresentadas nesta seção são exemplos. Não são uma recomendação ou preferência, mas uma citação em decorrência de sua disponibilidade. Todo dia surgem ferramentas novas. Faça a lição de casa e consulte www.steveblank.com (conteúdo em inglês) para conhecer as mais recentes."

Como Construir um MVP de *Baixa Fidelidade*

Para não programadores:
- Faça um rápido protótipo no PowerPoint ou use Unbounce, Google Sites, Weebly, Godaddy, WordPress ou Yola
- Para pesquisas e formulários de instruções, Wufoo e Google Forms podem facilmente incorporar-se a seu site com uma codificação mínima

Para programadores (dicas para elaborar e usar interfaces):
- Escolha uma ferramenta de prototipagem para esboço de site (por exemplo, JustinMind, Balsamiq)
- A 99 Designs é ótima para obter um design gráfico "bom o bastante" e trabalhos de web design a bom preço usando um formato de concurso. A Themeforest tem designs excelentes.

- Crie um wireframe (esboço de site) e simule sua página de baixa fidelidade
- Crie um falso formulário de inscrição/instruções para testar o comprometimento do cliente. Como alternativa, cria uma página de entrada "viral", com LaunchRock ou KickiffLabs
- Incorpore um *slide show* em seu site com Slideshare, ou um *video tour* usando o YouTube ou Vimeo
- Faça o teste de interface do usuário com o Usertesting ou Userfy

A propósito, não subestime o valor a longo prazo do design e a importância da interface do usuário. Às vezes, mesmo amigos ou parentes podem olhar meio de lado um MVP tão cru, que lhes dê a entender que a pessoa que o criou esteja fora de si. Contudo, o objetivo nesta etapa não é a perfeição. É testar o problema. Até uma boneca de pano serviria, se desse para fazer o teste corretamente.

Considere Usar Múltiplos MVPs

Muitas startups desenvolvem vários sites para testar descrições de problemas diferentes. Por exemplo, um simples pacote de contas a pagar online pode ser testado simultaneamente de três formas distintas, como fastpay, ezpay e flexipay. Cada um enfoca três aspectos diferentes — velocidade, facilidade e flexibilidade. Cada página de entrada poderia ser de um tipo, salientando, por exemplo, o problema "facilidade de uso". Para um teste simples do problema, primeiro compre o Google AdWords para cada uma das URLs e exponha a questão de três modos distintos, no espaço AdWords e na página de entrada. A seguir, você criaria uma rotatividade para as listagens de maneira que cada uma delas ficasse no topo da pilha do Google exatamente um terço do tempo. (Se ninguém clicar, volte ao início deste capítulo.) Qual abordagem gera o maior número de cliques? Quais rendem mais inscrições? Quais as que geram mais indicações?

No próximo passo, você vai ativar o MVP de baixa fidelidade que construiu e ver o que acontece. Boa sorte!

Teste a Compreensão do Problema e Avalie sua Importância (Físico)

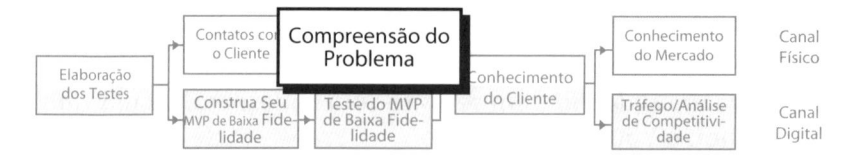

[Diagrama de fluxo: Elaboração dos Testes → Contatos com o Cliente → **Compreensão do Problema** → Conhecimento do Cliente → Conhecimento do Mercado → Canal Físico; Construa Seu MVP de Baixa Fidelidade → Teste do MVP de Baixa Fidelidade; Tráfego/Análise de Competitividade → Canal Digital]

Com suas reuniões com o cliente devidamente agendadas, é hora de deixar o escritório e mensurar a relevância e seriedade dos problemas, paixões ou necessidades dos clientes sob a ótica deles. Você está dando-lhes uma solução para um problema que está deixando-os "com os cabelos em pé" ou apenas para uma inconveniência que eles achariam bom resolver "algum dia"? Sem dúvida, uma das duas sugere uma grande oportunidade de mercado.

Desenvolva a Apresentação de um Problema

Ao contrário de uma apresentação de produto, a de um problema é configurada para *extrair informações dos clientes*. A apresentação resume suas hipóteses a propósito dos problemas dos clientes e de como eles os resolvem hoje. Também oferece soluções potenciais para testar se seus pressupostos são corretos. Além disso, serve de "quebra-gelo" nas reuniões com os clientes. (Você deve fazer isso tudo para cada "lado" dos mercados multilaterais, nos quais as questões diferem para compradores e vendedores/usuários e pagantes.)

Ao contrário de uma apresentação de produto, a de um problema é configurada para *extrair* informação dos clientes.

A apresentação de um problema é desenvolvida facilmente. As hipóteses sobre problemas e soluções estão articuladas na hipótese da proposta de valor na Fase 1. Coloque esses pressupostos em slides. Considere algo tão simples como a apresentação de apenas um slide mostrada na Figura 5.4, listando os problemas percebidos primeiro, as soluções correntes na Coluna 2 e as soluções propostas na Coluna 3.

Lista de Problemas	Solução de Hoje	Solução Nova
1.	1.	1.
2.	2.	2.
3.	3.	3.

Apresentação do Problema do Cliente (Figura 5.4)

Espere não ter que usar sua apresentação. Seu objetivo é que os *clientes* falem, *não você*. Esta é a ideia das ideias do Desenvolvimento de Clientes. O escopo da apresentação do problema é que você capture hipóteses sobre aquilo em que acredita e, ao contrário de uma companhia já existente, não está tentando convencer ninguém de que está certo. Você está ali para escutar.

Deixe que os *clientes* falem, *não você*.

A Reunião do Problema

Quando tiver o slide pronto, esteja preparado para apresentá-lo utilizando a tela ou simplesmente explicando-o diretamente. Lembre-se, entretanto, que "apresentação" neste contexto significa realmente convidar os clientes a se pronunciar. Assim, após descrever o que havia pressuposto como relação de problemas na coluna 1, dê uma pausa e pergunte aos clientes qual a opinião *deles* sobre os problemas, se está esquecendo de alguns, como eles os priorizam e quais *devem* ser resolvidos e quais *seria bom* se o fossem. Você ganha o prêmio máximo quando o cliente lhe diz que faria qualquer coisa para solucionar o problema.

A apresentação deve incentivar a discussão. A maioria das pessoas entra em uma sala de reuniões esperando ouvir o orador falar sem dar chance a apartes, em especial na primeira com alguém que é visto como um provável fornecedor. Ao usar slides, pelo menos em metade deles, force uma pausa que requeira mais que respostas sim ou não. Melhor ainda seria não utilizar nenhum slide, mas oferecer uma ou duas páginas impressas. Estes tipos de questões provocam discussões sobre o problema:

- Acreditamos que estes são os cinco problemas mais graves para o setor. Em que ordem de importância para a sua companhia você os colocaria?
- Se em seu setor você tem três desses problemas para resolver até o ano que vem, quais são eles e por que fazem parte do "top três"?
- Como sua companhia avalia novos produtos (preço, desempenho, recursos)?

Suponha que um cliente lhe diz que as questões que você coloca como as mais relevantes na verdade não o são. Em vez de sentir-se frustrado, perceba que obteve uma informação muito valiosa. Apesar de não ser o que gostaria, é ótimo saber disso o mais cedo possível.

Resuma a discussão levantando duas questões: "Qual o maior entrave no seu jeito de trabalhar? Se você tivesse uma varinha mágica, o que mudaria imediatamente?" (estas são as chamadas "perguntas IPO", e respondê-las significa poder ir a público e fazer uma chamada de capital inicial — IPO — para sua startup). Do modo mais casual que puder, pergunte "e quanto esse problema lhe custa (em termos de perda de receitas e de clientes, desperdício de tempo, frustração etc)?" Anote esse número, que usará mais tarde no passo validação pelo cliente, ao desenvolver a apresentação.

Entenda Como Eles Resolvem o Problema Hoje

Havendo um consenso sobre os problemas e seus custos, preencha a Coluna 2 (na Figura 5.4) com as soluções praticadas hoje. Faça uma nova pausa, peça-lhes que digam o que acham das soluções, pergunte sobre algum problema que tenha sido omitido e como avaliam a viabilidade das soluções disponíveis. O intuito é compreender como cada cliente está resolvendo os problemas atualmente e o que cada um pensa sobre a solução que os outros adotam. O valor intrínseco das respostas irá variar na proporção direta da relevância do problema. Outro fator crítico é o grau de compartilhamento dos problemas. Há outros clientes passando pelo problema x ou y? Outras pessoas na mesma companhia? Na área de atuação? Com as mesmas funções? Um conjunto de pessoas com problemas em comum equivale a uma proposta de valor comum. O significado disso é que você pode transmitir o valor de seu produto a um amplo público que o compreenderá.

"Se você tivesse uma varinha mágica, o que mudaria imediatamente?"

Finalmente, tanto para bens de consumo como produtos comercializados entre empresas, coloque as soluções de sua companhia (só a ideia básica, sem prolixidade) na Coluna 3. Dê um tempo para observar a reação dos clientes. Eles compreendem o significado das palavras? As soluções são tão evidentes que eles dizem "se pudesse fazer isso, meus problemas estariam acabados"? Ou dizem "o que você quer dizer com isso"? Então você ficou explicando por 20 minutos e ninguém entendeu nada? Peça que comparem as soluções que está dando com as que praticam hoje. Mais uma vez, não esqueça que o ponto não é vender alguma coisa e sim observar suas reações e a riqueza da discussão.

Evidentemente, seu aprendizado com essas discussões vai depender do que sobrar delas. As respostas, devido ao grande número, tendem a ficar borradas, portanto, leve junto nas visitas os elementos constituintes de sua hipótese. Antes de cada sessão, dê uma revisada neles todos, mas reduza a lista para "quais são as três coisas mais importantes que preciso aprender hoje?". Tente cobrir ao menos essas três questões. Tome notas e ouça com atenção redobrada. Ao longo da sessão, com as respostas a essas questões-chave em mãos, comece a fazer perguntas diferentes.

Considere encerrar a reunião com "quem são outras três pessoas inteligentes como vocês com quem eu deveria falar?". Afinal, sua lista de contatos deve sempre ser a maior possível. Outro fechamento favorito é "o que mais eu poderia ter perguntado a vocês?". As respostas costumam esticar a reunião por mais meia hora.

A Reunião do *Problema* em um Novo Mercado

Pode ser intimidante utilizar a apresentação do problema em novos mercados, dada a falta de contexto, uma vez que é complicado solicitar feedback de um problema que o pessoal não reconhece ou mesmo tem consciência dele. O exemplo clássico (e batido) disso é a probabilidade de que se Henry Ford tivesse perguntado aos clientes o que eles queriam, teria ouvido como resposta "Um cavalo mais veloz". De modo oposto ao que ocorre em mercados existentes, nos quais há clientes que podem indicar as bases concorrenciais (recursos, preços, necessidades etc), nos novos mercados simplesmente o que não existe são clientes. Contudo, isso não implica que você deva fechar-se em seu escritório e pôr em prática sua visão.

Sempre se pergunte: *"O que eu tenho que perguntar?"*

"Reuniões do problema" em novos mercados utilizam uma apresentação do tipo "problema e solução" para repassar uma *visão* dos empreendedores, não para especificar características. Em novos mercados, a contribuição dos clientes deve vir na forma de *insights* e não dados numéricos. Um dos sinais de alerta que demonstram que aquilo que está tendo é apenas uma alucinação é a inexistência de earlyvangelists compartilhando sua visão. (Eles compartilham ao fazer um pedido de compra, não lhe dando tapinhas nas costas.)

Recolha Informação sobre Tudo

Antes de concluir a visita, pergunte-se "o que mais posso aprender?". Jamais deixe reuniões ou encontros, inclusive os ruins, sem aprender três coisas novas. Eu mesmo formulo uma série de questões aparentemente inócuas. De que feiras ou convenções eles participam? Quais blogs, jornais e revistas eles leem? Quem são os melhores vendedores que os atendem? Qual a reação deles a novas ideias? Imagine fazer essas perguntas a uma centena ou mais de contatos e poderá constituir um precioso acervo — um conhecimento profundo de quem são os clientes e como alcançá-los. Registre em detalhes todas as respostas. Desenvolva uma Tabela de Informações da Descoberta do Cliente, mostrada na página 219.

Evite a Armadilha da Reunião com A Grande Companhia

É preciso tomar cuidado com uma armadilha "infiltrada" no seu contato com grandes corporações, nas quais as reuniões tendem a ser feitas em massa, nitidamente em detrimento de conversações francas e abertas com potenciais earlyvangelists, que poderiam ser ricas em feedback. Para garantir máximo feedback de grandes companhias:

- Antes ou depois das reuniões conjuntas, promova encontros em particular com pessoas-chave (tomadores de decisão, gente influente e usuários exigentes), de maneira a reunir feedbacks individuais
- Tente encontrar-se a sós com o "chefão", uma vez que é comum que os outros relutem em falar quando ele está presente na reunião. Ou porque a presença dele pode minimizar a importância de um feedback discrepante
- Uma abordagem alternativa pode ser trazer o pessoal pensante de sua startup para uma reunião "cara a cara" com a liderança da corporação, abrindo a oportunidade de um fórum de discussão entre dois grupos seniores
- Não desgrude os olhos do objetivo: queremos o melhor entendimento possível de como um *trendsetter* (criador de tendências) ou líder empresarial lida com problemas e desafios que podem encontrar solução em um novo produto (elogios costumam fazer bem)

Junte e "Classifique" os Dados do Cliente

Assim que a primeira fase dos problemas "encontrados lá fora" estiver completa, resuma e tabele os dados conforme exemplo da Figura 5.5. Com o tabelamento, pode-se perceber se há um número suficiente de clientes vibrando com o produto capaz de dar guarida à intenção de dar os próximos passos. A análise em cima dos dados deve aferir se as pessoas certas foram contatadas e se muitos earlyvangelists foram identificados. "Peneire" os dados a fim de refiná-los, ajustando a importância do que foi encontrado aos objetivos da companhia. No processo, alguns clientes serão mais receptivos, outros "darão um tempo", esperando que o produto deslanche, e alguns abandonarão o barco.

Não perca ou ignore comentários atípicos ou discrepantes. Eles podem levar a novos recursos ou diferentes modos de vender, ou mesmo sugerir reformulações no modelo de negócio. Dê igual atenção a ambos e resuma os dados e comentários pontuais ou incomuns.

Cliente	Entusiasmado	Necessidade Urgente	Impacto Comercial	Solução Alternativa	120 dias	Tomador de Decisão	120 x 2	TOTAL
A	3	3	3	2	2	3	2	18
B	2	2	2	1	2	2	2	13
C	2	2	1	1	1	2	1	10
D	3	2	1	1	3	2	3	15
E	1	3	1	1	1	1	1	9
F	1	1	1	1	1	1	1	7
MÉDIA	2	2,16	1,5	1,16	1,6	1,8	1,6	

Amostra de Tabela de Pontuação da Descoberta do Cliente (Figura 5.5)

A tabela classifica seis condições de clientes de uma nova bateria industrial, utilizando uma atribuição de pontos de 1 a 3, em que 3 é o de maior valor. Os itens pontuados são:

"Entusiasmado" e "necessidade urgente" são autoexplicativos.

"Impacto comercial" reflete quão importante ou transformadora será a adoção da tecnologia para o cliente. Será bom tê-la à disposição? Impacta grande parte da organização? Muda completamente o modelo de negócio?

"Solução Alternativa" informa que o cliente tem resolvido o problema com remediações caseiras.

"120 dias" estima a probabilidade de que o cliente emita uma ordem de compra em 120 dias. Se a hipotética companhia necessitar de mais financiamento dentro de seis meses, o tempo de estimativa dobra (portanto, a coluna 120x2).

"Tomador de decisão" indica que a conversação foi com alguém investido de grande autonomia para realizar/aprovar compras.

A tabela verdadeira pode conter dezenas, centenas ou milhares de linhas, mas a amostra refere-se a apenas um punhado de clientes. Se seis são representativos, nossa amostra sugere a necessidade de mais dados para a descoberta. Por que isso? Somente os clientes A e B demonstram entusiasmo e precisam com urgência do produto. Deles, apenas o Cliente A é candidato a earlyvangelist, experimentando tanta dificuldade a ponto de adotar uma solução alternativa. Mesmo assim, o escore total do Cliente A atinge só 18 dos 21 possíveis e ele está incerto quanto a comprar o produto dentro de 120 dias, não obstante o forte entusiasmo pelo produto. Algumas outras observações:

- O Cliente A parece susceptível a realizar uma compra em até 120 dias
- Descarte o Cliente E por enquanto, dado seu pouco entusiasmo apesar da necessidade urgente. E as conversações com o tomador de decisão estão muito distantes, uma vez que se trata de decisões de compra
- Aborde o Cliente C com o intuito de reunir-se com o tomador de decisões, e o cliente B para solicitar outra reunião com quem toma as decisões
- Não abandone nenhum dos clientes, pois cada um deles reconhece alguma significativa necessidade do produto. Aqueles não selecionados para descobertas adicionais devem ser mantidos em estado de espera e fazem parte de uma reserva técnica para mais tarde. Use o seu tempo para chamar de volta o cliente F.

Desenvolva um mecanismo que pondere adequadamente o peso relativo de cada questão.

A média alta para "necessidade urgente" sugere que pode haver problemas não relacionados ao produto, como uma apresentação inadequada do problema, justificação de ROI ou a necessidade de alcançar públicos de mais alto nível durante a descoberta de clientes em geral, visto que todo mundo reconhece uma necessidade pelo produto, mas poucos estão ávidos por comprá-lo. A fraca pontuação no "120 dias" reforça a probabilidade de que os benefícios do produto não estão descritos a contento e que o preço/valor da mensagem é pouco visível, ou talvez o próprio preço/valor requeira rearticulações e reformulações.

Em cada um dos produtos há um leque de variáveis a considerar e pontuar na agregação e avaliação do que for encontrado na descoberta do cliente. O segredo é desenvolver um mecanismo viável que pondere adequadamente o peso relativo das principais questões. Uma vez que o esquema de pontuação é aplicado de modo imparcial, cabe discutir a precisão do sistema. Se houver precisão, classifique o conjunto total dos clientes. Não esqueça de estudar os comentários atípicos.

Teste o Problema do MVP de Baixa Fidelidade (Digital)

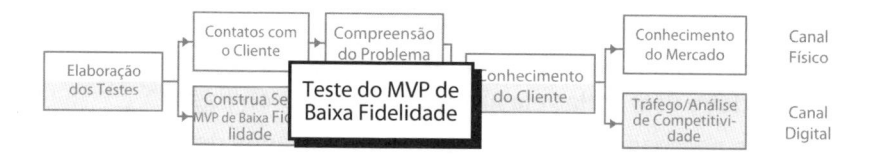

⇝ Agora é a ocasião de ver se alguém se importa com o problema que você está solucionando ou a necessidade que está satisfazendo. É hora de ir convidando, gradualmente, as pessoas para conhecerem o MVP que você construiu na etapa anterior, verificar suas reações e mensurar como e o que fazem.

> **ATENÇÃO!! AVANCE COM CAUTELA.** Este procedimento deve ser feito gradualmente, pois seu produto está encontrando o público pela primeira vez. Por favor, resista à tentação de "tocar em frente", até que tenha lido as poucas páginas seguintes.

Só porque o MVP está pronto não significa que alguém irá encontrá-lo (lembre-se de que a web é uma vastidão com zilhões de sites). Então, comece convidando gente a experimentá-lo (não mais que poucas centenas de cada vez). Siga o plano traçado na sua hipótese de "atrair clientes", acelerando a marcha da aquisição do cliente pouco a pouco e observando cada ação ou inação de perto. Afinal de contas, esta é a primeira vez que suas hipóteses sobre o produto vão encontrar, de fato, clientes, e aprender será muito provavelmente uma experiência intensa.

Algumas de suas hipóteses podem se transformar em cinzas nas primeiras duas ou três horas. Por exemplo, a maioria dos empreendedores mudaria alguma coisa se enviassem convites a 50 amigos para uma página "problema" do MVP e não houvesse um mísero clique ou inscrição. Imagine sua surpresa se você comprasse uma lista de 1.000 mães de recém-nascidos e apenas três atendessem seu convite para juntar-se ao "toddlermom.com".

A hipótese do relacionamento com clientes desenvolvida na Fase 1 detalha como "atrair" clientes em potencial para o MVP, app ou site. Revise-a e verifique as diversas táticas de aquisição e ativação que você acredita que lhe trarão hordas e mais hordas de clientes. Vá recolhendo os resultados pouco a pouco e checando a consistência dos resultados em relação à hipótese, até que em seu todo lhe pareçam satisfatórios.

Lembre-se de que se trata de uma operação em pequena escala para determinar se sua startup está resolvendo um problema e/ou necessidade que importam muito aos clientes.

Há três maneiras básicas de convidar as pessoas a se conectarem ao seu site; você deve usar todas elas: empurrar, puxar ou pagar.

Empurrar as pessoas para o seu site ou app através de e-mails, dos amigos delas ou da rede social; *puxe* as pessoas com SEO e "pague por clique" ou outros dispositivos; e *pagar* é o que está dizendo — listas de compra, cliques e outras ferramentas que trazem visitantes.

"Empurrar" Precisa de Fontes de Referência: Procure amigos e contatos por intermédio de e-mails, mensagens de texto e redes sociais como Twitter, Facebook e LinkedIn. Incentive-os a enviar e-mails aos amigos e colegas e a usar as redes sociais para atingir outras pessoas, tantas quantas for possível. Obtenha a lista mais extensa possível de endereços eletrônicos. Preocupe-se menos com os detalhes e mais em conseguir uma grande relação de nomes. Um convite sempre é mais bem recebido e funcional quando vem de alguém conhecido do destinatário.

Disponibilize para seus amigos um esboço de mensagem que possam usar ao fazerem contato em nome da empresa. Ele deve expressar apoio à ideia e o valor de explorar o problema. Quanto aos e-mails, devem ser curtos e pessoais, e indicar um forte relacionamento entre o fundador e o remetente.

Estratégias de "Puxar": Podem ser anúncios, *textlinks* ou AdWords e a procura natural das pessoas pelo MVP, app ou site. Puxar resolve três problemas:

- Não há necessidade de bajular alguém para obter endereços de e-mail
- Só responderão as pessoas interessadas na questão, problema ou necessidade
- Pessoas puxadas têm maior probabilidade de responder, quem sabe repetidamente

Eis algumas formas de puxar pessoas para a discussão:

- Google AdWords
- Exibir anúncios ou *textlinks* nas redes sociais (Facebook e outros) ou sites relevantes
- Comunicados à imprensa com links para pesquisas ou sites a respeito do problema

- atrair blogueiros para o seu blog para troca de comentários sobre o problema
- explorar as várias ferramentas online para obter feedback

"Pagar" por Contatos: adquira listas de empresas ou clientes potenciais. Para uma startup, é a menos atrativa das opções por motivos óbvios (dinheiro), mas, em geral, a mais rápida. Alguns pontos a considerar:

Listas de e-mail: compre aquelas sem restrições legais. Quanto mais o alvo é circunscrito ou focado, maior é o custo. O nível de retorno desta abordagem é, ainda, um desafio.

Ferramentas de pesquisa online: compre um pacote de softwares para configurar e implementar inquéritos na rede e garantir uma boa quantidade de respostas em um fornecedor como a Markettools

Empresas conceituadas fornecedoras de dados: companhias credenciadas, com clientes de alto nível e padrões éticos elevados são o que há de melhor neste canal. Verifique com rigor as referências, pois há que respeitar a legislação

Contrate uma publicação: algumas empresas que utilizam a mídia online pesquisarão os leitores de suas publicações virtuais para você a um determinado custo. É uma opção cara, mas ajuda a localizar e obter retorno em função de sua credibilidade no meio.

Equívocos a Serem Evitados ao Testar o MVP de Baixa Fidelidade:

- A tarefa da descoberta do cliente deixar de ser feita pelos fundadores, sendo delegada a especialistas (consultores, funcionários etc)
- Resumir exageradamente os comentários e levar em conta apenas a média das considerações, descartando ou deixando de notar as opiniões atípicas, as quais, no mais das vezes, levam a reformulações e reestruturações
- Deixar de estar atualizado ou respeitar a legislação vigente sobre a privacidade dos dados que circulam na internet. As penalidades são rigorosas
- Esquecer-se de que as ferramentas online não conseguem contextualizar um diálogo tanto quanto o faz uma ação de "drill down" (processo de detalhamento maior das informações) nas principais áreas da descoberta do cliente.

- Não levar na devida conta que, em regra, as pessoas ficam menos atentas quando respondem a uma pesquisa online do que pessoalmente
- Substituir o contato direto e pessoal com os clientes, lá fora onde eles vivem e trabalham, pelo feedback online, inclusive porque alguns podem ser, inicialmente, identificados online. Não permita que a interação online seja a única.

Você não tem Dados Verdadeiros Até ver as Pupilas deles Dilatarem

As pessoas mentem na web. E se depender somente dos dados que obtiver lá, você jamais terá certeza de nada. Faça correlações entre as respostas online com uma postura "pé no chão". A melhor maneira de fazer isso é entrevistar pessoalmente algumas das pessoas que responderam online. Você não tem dados verdadeiros até ver as pupilas delas dilatarem.

As conversações pessoais podem revelar o quanto seu MVP atende à necessidade ou problema, em especial se mostrar ao cliente diversos MVPs e determinar de qual gostou mais e por quê. O cliente pode "reproduzir" a proposta de valor ou o problema proposto após uma breve explanação? Ele demonstra um visível entusiasmo ou se comporta discreta e polidamente no transcorrer da discussão? Fale sobre quão intensamente o problema afeta os amigos e colegas dele e se acha provável comprar um produto que seja a solução. Mantenha os ouvidos bem abertos para comentários como "Seria muito mais importante se você fizesse isto" ou "Não é a mesma coisa que o produto x, que nunca funciona direito?". São os que mais frequentemente ocasionam reformulações e reestruturações no modelo de negócio.

Direcione o Tráfego e Comece a Contar

Tão cedo quanto possa, comece a enviar e-mails, tuitar, telefonar e convidar todos que conhece a utilizar e experimentar o MVP. Uma das estratégias para produtos web é instrumentalizar, mensurar e analisar tudo. Utilize as ferramentas da web para rastrear pontos altos, tempo de navegação no site e origens. O Google Analytics pode ser configurado rapidamente e fornecer informações adequadas ao monitorar seu site inicial. Depois, quando seu MVP estiver em estágio mais avançado, você irá considerar uma plataforma analítica mais encorpada (Kissmetrics, Mixpanel, Kontagen etc.) Crie um sistema de mensuração da satisfação do usuário (GetSatisfaction, UserVoic etc.) com seu produto e obtenha feedback e sugestões de novos recursos.

Avalie quantas são e quão profundamente as pessoas se importam com o problema ou necessidade que têm. Os indicadores mais óbvios são o número e porcentagem de convidados que se registram para saber mais. Em seguida, você vai querer saber se os visitantes acreditam que os amigos têm o mesmo problema ou sentem a mesma necessidade, então, inclua pequenos aplicativos (widgets) para acompanhamento e compartilhamento.

Concentre-se nas taxas de conversão. Caso o MVP atraia 5.000 visitantes e 50 ou 60 inscrições, é preciso parar e analisar as razões desse desempenho. Se 44% das pessoas que foram remetidas ao MVP por conta dos anúncios do AdWord ou *textlink* se registraram, quase com certeza você topou com algo grande. Em porcentagem, quantas das pessoas convidadas para fazer o teste realmente o fizeram? Qual a porcentagem de pessoas que em cada teste, (a) forneceram seus endereços de e-mail? (b) indicaram ou enviaram o MVP aos amigos? (c) realizaram pesquisas, blogaram ou se envolveram em outras atividades de feedback? Entre aquelas que responderam às questões pesquisadas, quantas conceituaram o problema como "muito importante" em contraposição às que o consideraram "pouco importante"?

Perguntas específicas, como "há algo que o está impedindo de registrar-se?" ou "há algo mais que você precise saber para considerar esta solução?" tendem a reunir mais feedback dos clientes do que as genéricas. Na medida do possível, consiga os endereços de e-mails para eventuais contatos para maiores conversações.

Um modo eficiente de testar o problema é utilizar o Net Promoter ScoreTM, desenvolvido pela Satmetrix para reunir clientes interessados em determinados problemas e necessidades. O Net Promoter Score propõe aos clientes atribuir um grau de importância a cada resposta deles, em uma escala de zero a dez, em que dez é "extremamente provável" e zero é "totalmente improvável". De acordo com as respostas que derem, os clientes são classificados em três grupos: Promotores (notas 9 e 10), Passivos (7 e 8) e Detratores (zero a 6). Da porcentagem dos Promotores deduz-se a dos Detratores para chegar ao Net Promoter Score. Um NPS de 50 ou mais é considerado excelente.

Analise os resultados cuidadosamente. Esmiúce os números para verificar se alguns segmentos de clientes demonstram um nítido entusiasmo para experimentar o MVP. Por exemplo, se 92% de garotas adolescentes repassaram a informação a suas amigas, enquanto quase ninguém mais expressou interesse, seu negócio pode ainda manter-se em boas condições de viabilidade.

Considere a Escalabilidade: O desafio não se limita a encontrar clientes interessados, vai além: é necessária uma grande quantidade deles para ser bem-sucedido. E se o ponto de equilíbrio de sua startup demandar 1 milhão de usuários ativos, por exemplo (um modesto objetivo para muitos empreendimentos de risco em negócios web)? Na fase de criação do cliente, é preciso enviar 500 milhões de convites — um gasto potencialmente muito oneroso se você espera ativar milhões de usuários.

A conta é a seguinte:

Número de pessoas convidadas para ir ao site ou conhecer o produto	500.000.000
2% delas entram em contato (1 em 50)	10.000.000
10% dos que entraram em contato são ativadas (1 em 10)	1.000.000 de clientes

A menos que a aquisição do cliente seja obtida quase que exclusivamente de uma forma viral, nessa hipotética companhia o custo de alcançar 500 milhões de pessoas esgotará rios de dinheiro. Para evitar isso, esteja certo de ter topado com uma necessidade ou problema realmente muito sérios (daí então, resolva o problema ou preencha a necessidade). A capacidade de atrair um expressivo contingente de clientes determinará o sucesso ou fracasso do negócio. Se o índice de respostas não alcançar ao menos o que preconiza a hipótese do relacionamento com o cliente, é hora de reanalisar o modelo de negócio.

A Pressão do "Just Do It"

Cada vez mais, não obstante a descoberta do cliente ainda ocupar os estágios iniciais, há investidores pressionando startups a quebrar todas as regras para lançar o produto mesmo que ele ainda não exista. (Bem, os empreendedores são lendários quebradores de regras.) É a famigerada postura do "Just do it" (algo como "Faça e pronto"). Essa é sempre uma opção, entretanto, os investidores na sua startup têm um portfólio de dez, vinte outras além da sua. As apostas deles são efetuadas dentro de uma visão de conjunto de seus empreendimentos. Já você, em contraposição, com sua única startup, é um samba de uma nota só. Há ocasiões em que jogar este livro fora e "tocar em frente" até faz sentido (bolhas econômicas ou de mercado, reação inusitada dos clientes ao conceito etc.), contudo, tenha certeza do que está fazendo.

Obtenha Conhecimento do Cliente

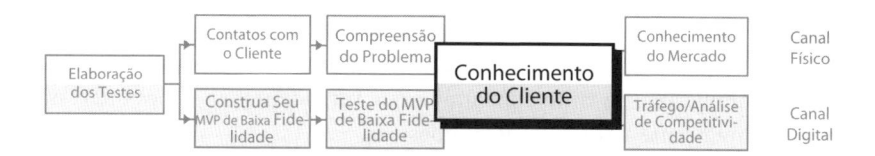

Além da checagem dos pressupostos sobre os problemas do cliente, você necessita validar suas hipóteses a respeito de como os clientes realmente vivem, trabalham e gastam seu dinheiro. Não importa que o seu produto seja destinado a corporações, redes sociais ou novos consumidores de dispositivos eletrônicos, você precisa conhecer em detalhe os hábitos de vida ou a maneira de trabalhar dos clientes, bem como eles usualmente resolvem os problemas ou satisfazem necessidades.

Se eles estão em um negócio, realizam sua função isoladamente? Se não, como interagem com outros departamentos? Quais outros produtos utilizam? O problema que identificam é só deles ou atinge outros na companhia? É possível quantificar o impacto (financeiro, tempo etc) na organização como um todo? As mesmas questões aplicam-se aos consumidores. O bem de consumo é de uso pessoal? Ou usá-lo está associado a outros, amigos ou familiares?

Também é preciso conferir suas pressuposições sobre se e como as pessoas estarão dispostas a pagar pela solução que você está propondo. Quais providências mudariam o modo como os clientes procedem hoje? Preço? Recursos? Um novo padrão? Caso os olhos dos clientes não estejam brilhando de entusiasmo, coloque o dedo na ferida, ou seja, nas especificações hipotéticas do produto. "Se tivesse um produto como este (descreva-o em termos conceituais), que porcentagem do seu tempo passaria usando-o? O quanto ele é importante? O que solucionaria o problema que mencionou antes? O que está impedindo-o de adotar um produto como esse? (Se você é um fundador que está inserido no segmento, já trará, como especialista, conhecimento prévio e profundo do cliente.)

Uma vez que, em breve, sua startup terá que criar demanda para alcançar os clientes, aproveite essa oportunidade para procurar aprender sobre novos produtos. Quem são os visionários nas comunidades de imprensa, analistas, blogueiros, e de quem são os textos que eles leem? A quem respeitam?

Por fim, nunca deixe escapar uma oportunidade de descobrir talentos. Esse pessoal pode vir a ajudá-lo muito no futuro? Quem sabe para a próxima rodada de conversações? Ou para compor seu conselho consultivo? Tornarem-se clientes pagantes? Indicarem outros clientes?

Após suficientes conversações, seu objetivo é chegar na companhia e ser capaz de afirmar: "Eis aqui nossas hipóteses a respeito dos clientes, seus problemas e como se comportam. E agora, aqui está o que eles mesmos dizem das questões que lhes competem e o que fazem a respeito".

A intenção é compreender os clientes em profundidade. O que significa *em profundidade*? Naturalmente, é impossível conhecê-los tão bem como eles mesmos, porém, você deve familiarizar-se tanto com aquilo que verdadeiramente lhes interessa a ponto de ser convincente ao discutir essas questões.

Nos negócios entre empresas, vivencie, ou pelo menos observe com atenção, o *modus operandi* do cliente. Dedique um dia para observar os fechamentos de negócios nas feiras comerciais ou estar presente nos eventos nos quais os clientes-alvo costumam participar. Tome dúzias de cafezinhos e jogue muita conversa fora. O propósito é conhecer os clientes de quem está atrás e estar a par das nuances dos negócios deles, tão íntima e profundamente que chegarão a pensar que você "é um deles", abrindo-se à conversação.

Conheça os clientes em que está interessado tão profundamente que eles pensem que você "é um deles".

↪ **Para entender os clientes de aplicativos digitais parta da seguinte visão estratégica:**

No que se refere a aplicativos para consumidores, a web está substituindo as interações pessoais a que os humanos estavam habituados desde que descemos das árvores. As amizades estão assumindo novas formas, ocorrendo online nas redes sociais. Mensagens de texto no lugar de conversas orais, compartilhamento de fotos digitais eclipsando as trocas de fotografias tradicionais e jogos virtuais fazendo abandonar os de tabuleiro. "Caixeiros viajantes" ficam mais tempo no Skype e WebEx do que nas ruas e estradas e constituem seus relacionamentos profissionais no LinkedIn, Jigsaw e Facebook. Mesmo os avôs comunicam-se por video-chat tanto quanto visitam seus netos.

Os aplicativos de negócios estão seguindo o mesmo caminho.

A fim de reunir dados sobre o cliente, pergunte-se "o que substituiremos? Por quê? De que modo isso mudará o que as pessoas fazem fisicamente?".

Canal

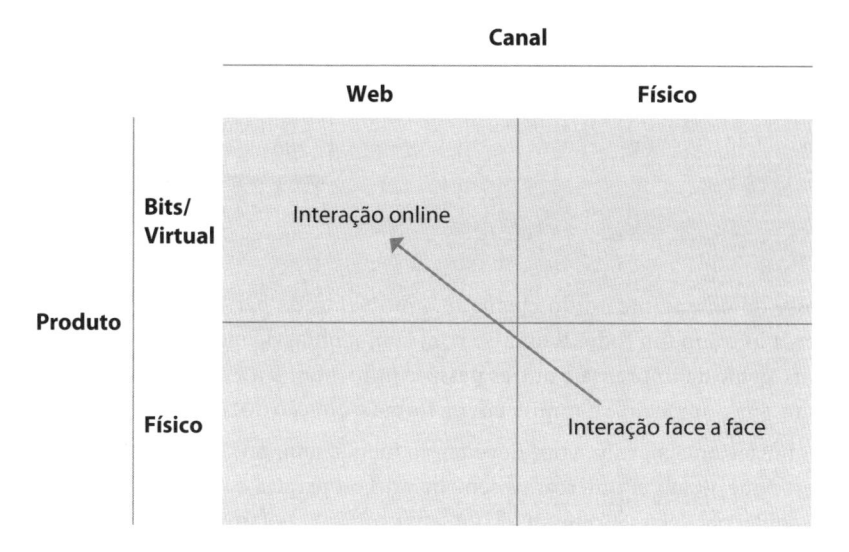

	Web	Físico
Bits/Virtual	Interação online	
Físico		Interação face a face

Entendendo as Interações dos Clientes (Figura 5.6)

Taticamente é de igual importância "tornar-se um cliente" de produtos digitais existentes para sentir como os clientes estão tendo seus trabalhos realizados ou necessidades satisfeitas atualmente. Para fazê-lo comece a agir como um cliente:

- Mergulhe na cultura deles. Leia seus sites e publicações, assista seus vídeos, filmes e programas de TV favoritos, e compartilhe experiências o mais que puder
- Conheça a vida real dos clientes, não fique apenas nas comunidades, vá aonde passam seu tempo. Repare quando estão online ou não e o que fazem cada vez que usam seu computador ou equipamento portátil: que app escolhem, com quem trocam torpedos e conversam, por que optam pelo game A e não o B e como conheceram o game A ou o B para início de conversa?
- Jogue o game que eles jogam, use o app que eles usam, participe da rede social deles e visite regularmente os sites que eles regularmente visitam. Com observação atenta, você compreenderá o comportamento e motivações dos clientes, internalizando o *modus vivendi* deles.
- Busque meios de saber, quantitativamente, como e onde aprendem maneiras novas de passar tempo. Dos amigos? Das listas de mais vendidos das lojas de aplicativos? No avião ou no ônibus escolar?

O objetivo é "tornar-se o cliente".

Obtenha Conhecimento do Mercado (Físico)

De posse do entendimento do cliente, é o momento de partir para a compreensão do mercado como um todo. Reúna-se com companhias de mercados afins, analistas setoriais, gente da imprensa e outras pessoas influentes. Vá a conferências e feiras de negócios que o auxiliem a compreender a forma e direção do mercado que quer criar.

Ao iniciar uma startup, você deve ter ao menos uma noção, ainda que vaga, das empresas que atuam em mercados semelhantes ou parcela da infraestrutura ou ambiente comercial delas. Seja por meio de seus próprios contatos ou por apresentações, vá almoçar com as pessoas que cuidam delas. Nessas ocasiões, colha informações — não a propósito de aspectos concorrenciais, mas de questões tais como: Quais são as tendências do mercado? Quais as principais necessidades dos clientes ainda clamando por solução? Quem são os principais operadores? O que eu poderia ler/consultar? Quem eu deveria conhecer? Quais clientes deveria contatar?

Que motivos levariam as pessoas a reuniões como essas? A maioria delas não o faria por bondade ou pelos belos olhos que você tem; na verdade, trata-se de uma troca. Barganharão opiniões sobre problemas importantes por acréscimo de conhecimento e *insights*.

Assim como faz em sua apresentação do problema para clientes em perspectiva, não apresente ou venda — apenas ouça e aprenda. Invista seu tempo levando uns poucos clientes mais amigáveis para almoçar e peça-lhes para dizer quem veem como prováveis competidores, tanto interna como externamente. Quem acham que possui produtos similares? Quem mais é inovador no ramo? Essa solução pode ser experimentada em outro lugar na companhia? Alguém na empresa deles tentou construir o produto? É de impressionar o quanto se pode aprender das pessoas que, no final das contas, acabarão comprando seu produto.

Coloque a mesma questão a seus pares de mercados adjacentes e depois de trocar ideias com eles tente fazer contato com as pessoas influentes na área listadas na Fase 1, passando-lhes as mesmas questões.

Raras companhias não dispõem de um site. Isso é como uma arca cujo tesouro são informações que, literalmente, pode-se pegar com as mãos, a respeito de concorrentes, o mercado e o segmento no qual a empresa pretende se inserir. Comece pesquisando o problema no Google e lendo, talvez, os primeiros cento e poucos links.

Procure ser tão específico quanto possível na seleção dos termos de busca e realize pesquisas diferentes para juntar o máximo de informações. Esse procedimento gera um rico acervo de informações de mercado, incluindo novidades na categoria, empresas fornecendo soluções, blogs-chave e sites encaminhando a setores comerciais, especialistas e consultores.

Leve os concorrentes para almoçar.

Dê atenção completa a cada um dos concorrentes identificados na pesquisa inicial. Procure não somente pelo que eles dizem sobre si mesmos mas também pelo que os outros dizem deles — positiva ou negativamente. Tente verificar recursos principais e argumentos de venda, os quais ajudam a diferenciar ofertas novas daquelas dos concorrentes. Reúna comunicados de imprensa do setor e concorrência, estudos e relatórios e detete a linha de pensamento dos consultores, pesquisadores ou especialistas e a opinião deles sobre os competidores.

Em seguida, passe a coletar dados de mercado quantitativos. Muito provavelmente, os analistas de Wall Street publicam relatórios sobre o mercado ou mercados adjacentes. Providencie cópias de todos esses relatórios. E o mais importante, leia-os de verdade. Saiba o que os analistas acreditam ser uma tendência e quais são os participantes, modelos de negócios e indicadores-chave.

Para finalizar, conferências e feiras setoriais são essenciais e não têm preço. Nunca diga "não tenho tempo para participar". Compareça a pelo menos duas feiras ou simpósios principais (aqueles que são importantes na Fase 1). Eles não só oferecem quinquilharias de primeira como se constituem em locais privilegiados para detetar talentos e tendências. Faça as perguntas rotineiras sobre participantes e tendências, todavia, dessa vez, faça umas poucas coisas que não dão para serem feitas em outro lugar. Traga demos dos produtos concorrentes e de mercados semelhantes, recolha a literatura que disponibilizem, converse com os vendedores deles, enfim, realize uma imersão total nos assuntos de seu novo setor. Assista quantos simpósios e conferências for possível, ouça as descrições que fazem dos produtos que comercializam. Qual a visão que têm do futuro e como essa visão se compara àquela sua proposta de valor recentemente desenvolvida?

Após testar o problema do consumidor (ou necessidade) e entender completamente o cliente, é hora de expor o produto aos consumidores pela primeira vez. Não para vender-lhes alguma coisa, mas para obter feedback. Antes de fazer isso, certifique-se de atualizar as hipóteses e o modelo de negócio naquilo que for recomendado.

Tráfego/Análise de Competitividade (Digital)

```
Elaboração     Contatos com      Compreensão                    Conhecimento    Canal
dos Testes     o Cliente         do Problema                    do Mercado      Físico
                                              Conhecimento
               Construa Seu      Teste do MVP  do Cliente      Tráfego / Análise
               MVP de Baixa Fide-de Baixa Fide-                de Competitividade   Canal
               lidade            lidade                                              Digital
```

⇨ As táticas e ferramentas para desenvolver o conhecimento de mercado nos canais físicos funcionam igualmente bem nos canais digitais. Comece procurando na rede e comparecendo a feiras e eventos afins para beneficiar-se de *insigths* de mercados incríveis. Além disso, conversas com grupos focados em certos setores, em particular do mundo da tecnologia, podem ser fonte de conhecimento do mercado, bem como webinários realizados pelos concorrentes.

Conhecer esse mercado deve significar compreender as empresas concorrentes e saber como os clientes potenciais resolvem seus problemas e lidam com suas necessidades.

Utilize ferramentas gratuitas de medição de tráfego para comparar e entender o tráfego gerado em cada produto concorrente...

Utilize ferramentas gratuitas de medição de tráfego como Alexa e Compete para comparar e entender o tráfego gerado em cada produto ou site concorrente, bem como origens e expectativa de crescimento do tráfego e informações demográficas quando disponíveis. Boa parte do conjunto de informações é grátis, inclusive as palavras-chave que encaminham os internautas ao site, listas específicas dos sites linkados e, em alguns casos, dados demográficos e de renda dos visitantes. Compet.com oferece comparações lado a lado de múltiplos URL's, por exemplo. Visite sites de perguntas e respostas como o quora.com e comece a fazer perguntas. Isso irá trazer à tona muitas informações de mercado e provavelmente levará a novas buscas de *expertise* a respeito do produto, categoria ou mercado.

Startups digitais devem visitar todas as lojas de aplicativos para cada tipo de plataforma a fim de identificar concorrentes e suas categorias.

Como os concorrentes se classificam dentro do *ranking* da categoria, e sua trajetória nele é ascendente ou não? Tente determinar, onde for possível, pelo menos o volume aproximado de vendas deles. Leia os comentários sobre o produto nas lojas ou nas revistas especializadas. Há nas lojas de aplicativos da Apple uma dificuldade maior, pois seu processo de revisão e falta de transparência na distribuição (quantas pessoas viram seu app, quantas clicaram nele, quantos fizeram download) tornam difícil medir com precisão de aquisição/engajamento.

Resumir os resultados e revisá-los com a equipe gestora é muito útil, garantindo que todos estejam bem esclarecidos e conhecedores do produto e do setor do mercado competitivo em que o produto irá atuar. Organize as próprias condições de competitividade dentro de um grau de capacidade concorrencial e um mapa do mercado (descrito na página 110) para ajudar a posicionar o novo produto.

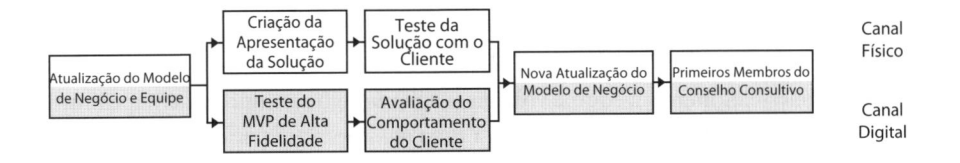

```
┌──────────────┐   ┌──────────┐  ┌──────────┐                                         Canal
│Atualização do│──▶│Criação da│─▶│ Teste da │                                         Físico
│Modelo de     │   │Apresenta-│  │Solução   │──┐  ┌────────────┐  ┌──────────────┐
│Negócio e     │   │ção da    │  │com o     │  │  │Nova Atuali-│  │Primeiros     │
│Equipe        │   │Solução   │  │Cliente   │  ├─▶│zação do    │─▶│Membros do    │    Canal
│              │──▶│Teste do  │─▶│Avaliação │──┘  │Modelo de   │  │Conselho      │    Digital
│              │   │MVP de    │  │do Compor-│     │Negócio     │  │Consultivo    │
│              │   │Alta      │  │tamento do│     └────────────┘  └──────────────┘
│              │   │Fidelidade│  │Cliente   │
└──────────────┘   └──────────┘  └──────────┘
```

CAPÍTULO 6

Descoberta do Cliente, Fase Três: "Vá Para a Rua" e Teste a Solução Oferecida pelo Produto

O TELEFONE DE STEVE TOCA E UMA VOZ anuncia: "Você não me conhece, mas acabo de ler seu livro e acho que preciso de sua ajuda". Nesse dia ficamos conhecendo uma das mais inovadoras startups relacionadas entre as maiores corporações da lista da "Fortune 500" (a 6ª colocada): A Divisão Energy Storage (armazenamento de energia) da General Eletric.

Prescott Logan, o novo gerente geral da unidade, sabia que sua nova bateria industrial de sódio era uma novidade revolucionária, adjetivo que tradicionalmente qualifica a GE, porém, visava um mercado em que os usuários finais eram desconhecidos. Logan percebeu que sua divisão parecia uma startup multimilionária com todas as incertezas que caracterizam esse tipo de empresa, mas incrustada em uma enorme companhia orientada à execução. Ele precisava de um *framework* (uma estrutura conceitual básica) ou arquitetura para ajudar sua equipe a ajustar-se a um "mercado virgem" e aplicar a "busca" e princípios da descoberta do cliente em uma companhia conhecida pela execução do método "Seis Sigma".

A Energy Storage estava comprando máquinas e equipamentos, construindo plantas industriais de grande porte e pondo para trabalhar equipes de vendas — no modo "execução total", tal como a maioria das grandes empresas operam —, baseada em uma multiplicidade de dados e em consultores que observavam a oportunidade como se estivessem a quilômetros de altura, mas que provavelmente não tinham tido bastante contato pessoal com os usuários finais.

Logo após o telefonema, a equipe voltada ao cliente veio a campo para mapear um plano de descoberta do cliente. Eles tinham uma solução clara para o "problema do cliente" (vida útil da bateria, faixa mais ampla de sua temperatura para funcionamento etc.) e sabiam como levariam a inovação da fase experimental em laboratório para a fabricação, contudo, uma questão remanescia sem solução. Quem iria adquirir em grandes volumes, e por quê? Em dois dias de troca de ideias, o processo de Desenvolvimento de Clientes ofereceu à GE as seguintes observações iniciais:

- A nova bateria da GE poderia ter como alvo dezenas de segmentos de mercado, e não apenas os dois que haviam sido selecionados: *backup* de sistemas para torres de telefonia celular e centros de dados (data centers)
- Para validar a seleção de mercado, teriam necessidade de monitorar muito mais clientes
- Os gestores do produto estavam permanecendo muito tempo na sede da empresa, em Schenectady, N.Y., onde não existiam clientes nem respostas. Os clientes estavam lá fora.
- A GE tinha clientes no mundo todo, assim, havia clientes potenciais em profusão
- Eles precisavam encontrar earlyvangelists, essenciais quando se trata de lançamento de produtos originados de novas tecnologias, como era o caso, e determinar suas características e como encontrá-los
- Necessitavam de um processo formal para rever os dados que haviam reunido na descoberta do cliente para compreender quão diferente era a proposta de valor de cada segmento de mercado e onde as oportunidades poderiam ser maiores para alternativas de desempenho mais eficiente do que as mais onerosas baterias industriais tradicionais a ácido e chumbo (versões bem maiores que a do seu carro)
- Quais outros pontos do modelo de negócio os clientes gostariam de mudar para levá-los a assinar uma ordem de compra? O pessoal da GE encontrou diversos, mexendo nos componentes do produto, deixando-o configurável em parte e oferecendo *leasing* e outros meios de financiamento.

Prescott internalizou o Desenvolvimento de Clientes de uma forma melhor e mais rápida do que jamais alguém antes dele. A divisão Energy Storage era uma startup. Todas as regras para gestão e lançamento da linha de produtos — planos de negócio e modelo de receitas — não funcionaram. Precisavam, como alternativa, primeiro testar suas hipóteses básicas sobre o modelo de negócio.

Deixando o rancho, Prescott e equipe juntaram-se ao clube e voaram milhares de quilômetros nos EUA, Ásia, África e Oriente Médio, realizando encontros com dezenas de clientes em perspectiva e pessoas influentes para explorar novos mercados e aplicações. Deram o melhor de si para deixar para trás o PowerPoint, ir ao encontro dos clientes e escutar com atenção problemas, necessidades e frustrações com a bateria tradicional. Mantiveram discussões abertas e francas com uma ampla gama de consumidores ao redor do mundo para ouvir deles como compravam suas baterias, qual o tempo de vida útil delas e as condições operacionais. Em um dos mercados-alvo, Prescott deslocou um membro *top* da equipe de desenvolvimento de clientes e sua família para a Índia e disse "não volte para casa até obter uma ordem de compra", o que foi feito, trazendo consigo um imenso aprendizado a respeito de como o segmento almejado pode usar a bateria e — o mais importante — o modo como se avalia e compra.

Ao conversar com uma grande variedade de potenciais compradores, a equipe logo detetou mais segmentos de mercado, e, embora ainda não houvesse enormes negócios, eram promissores, porque as capacidades exclusivas do produto "abriam" as condições de acréscimo de valor para os usuários em certos setores. Por exemplo, a leveza e a não agressão ao meio ambiente eram características que faziam a diferença como *backup* do sistema de computadores instalados em altos edifícios comerciais, imóveis muito onerosos e cujos andares não podem suportar o peso de extensos conjuntos de baterias tradicionais. Em certa ocasião, eles se depararam com um arquiteto que declarou: "Não me importam os custos, eu quero isso" — a exata definição de um earlyvangelist!

Tratava-se de uma descoberta de clientes e sua validação extensiva, comandada por um apaixonado CEO empreendedor (embora seja de Jeff Immelt esse título em particular) que viria a posicionar-se como nenhum outro líder das startups do Vale do Silício. A chefe de Prescott, VP da GE, Tina Donikowski, deu-lhe cobertura enquanto a equipe executava o meticuloso e honesto processo de pesquisa que toda startup deve pôr em ação, independentemente do método tradicional que tornou a GE tão bem conceituada e conhecida. E Prescott selecionou pessoas que não se encaixam nos moldes típicos de uma grande corporação: pensadores de "mercados virgens" que vivem pela busca e abraçam o desconhecido.

Apesar de o júri ainda estar recolhido para deliberar e o negócio ter um longo caminho pela frente para alcançar seus objetivos de receitas muito significativas, esse time de apaixonados empreendedores, ainda escondidos na 6ª colocada da revista *Fortune*, colocou uma placa de "tudo vendido" na fábrica para a produção correspondente aos primeiros seis meses de operação. Achamos que essa placa tem boas chances de continuar lá por um bom tempo.

"Teste a Solução": Uma Visão Geral

A fase anterior testou o *problema* ou necessidade do cliente e explorou sua intensidade. Esta fase testa se a *solução* para o problema — a proposta de valor — torna os clientes entusiasmados o bastante para comprar/usar o produto. Esta fase tem cinco passos:

- Atualizar o modelo de negócio e a equipe — uma rearticulação ou ponto de avanço
- Criar a apresentação da solução oferecida pelo produto (canal físico) ou testar do MVP de alta fidelidade (digital)
- Testar a "Solução Oferecida pelo produto" (canal físico) ou comece a mensurar o comportamento do cliente (canal digital)
- Novamente, atualizar o modelo de negócio e a equipe
- Identificar os primeiros membros do conselho consultivo

↪ **As startups digitais consideram difícil para o cliente visualizar a solução proposta sem o mínimo produto viável (nesta altura, a maioria das startups deveria ter ao menos seu MVP de baixa fidelidade pronto). O MVP antecipa o uso para os clientes, de modo a fazer com que vejam se os recursos minimamente disponíveis resolvem o problema. Os feedbacks tomam a forma de discussões pessoais ou online (capturas de tela e modelos não são mais dublês viáveis).**

Atualização do Modelo de Negócio e Equipe
(um Ponto de Rearticulação ou Avanço)

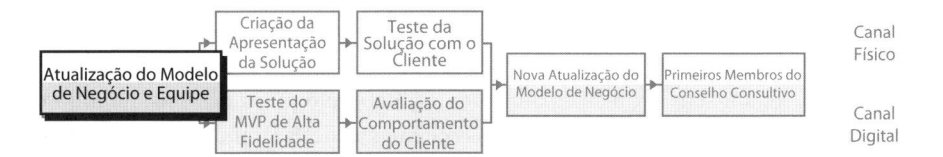

De posse de um profundo entendimento dos clientes e seus problemas, o momento agora é de fazer uma importante pausa para rearticular ou avançar no processo de Desenvolvimento de Clientes. Embora, a esta altura, algumas startups já tenham efetuado uma rearticulação, os empreendedores devem, neste passo, dar uma parada e fazer uma revisão do conjunto de feedbacks sobre o problema e sua relevância. O que foi garimpado até aqui pelas extensas pesquisas a respeito de clientes, segmento e concorrência proporcionaram à empresa um acervo respeitável sobre o comportamento dos clientes, mercado e o problema que ela se propõe a resolver. O aprendizado aumenta a chance de que pelo menos alguma coisa no modelo de negócio necessita ser alterada (quando há uma mudança substancial em uma ou mais hipóteses do modelo de negócio, ocorre uma rearticulação).

O início desta fase consiste na convocação de todos os envolvidos na gestão da empresa (não só os fundadores e VPs, mas diretores e gerentes também), juntamente com os investidores, para revisão do processo "rearticular ou avançar". Compartilhe tudo que foi aprendido, enfocando o feedback do cliente no tocante à importância ou severidade do problema ou necessidade — o produto/mercado potencial. O grupo procede à revisão dos novos dados encontrados que afetam os pressupostos assumidos na Fase 1, ajustando o que for apropriado. Nisso incluem-se, muitas vezes, a proposta de valor ou especificações do produto, segmentos de clientes, precificação e itens do modelo de receita.

Comece pela Estruturação dos Dados

Antes da reunião, a equipe do Desenvolvimento de Clientes reúne todos os dados a respeito do cliente e elabora um mapa com as características do cliente prototípico. No encontro, o porta-voz da equipe expõe esse diagrama e discorre sobre o comportamento dos clientes e com quem interagem. Com isso, provoca-se um confronto da realidade com as hipóteses que haviam sido assumidas. Deixe o mapa permanentemente visível, de modo a facilitar a explicação de como os clientes realizam seus negócios e como vivem o dia a dia, incluindo aqui como gastam seu tempo e dinheiro. Compare essa descrição com as hipóteses iniciais. (Enquanto clientes corporativos apresentam-se no diagrama de uma maneira mais formal, os consumidores estão sujeitos a maiores influências externas, aumentando o trabalho de rastreamento.)

Com o fluxo de trabalho do cliente e as interações completamente descritas, mergulhe nas questões mais concretas. Quais os problemas que os clientes dizem ter? Quão relevantes eles são? Entre os entrevistados, onde está o "problema de escala"? Como solucionam seus problemas atualmente? Elabore o mapa desconsiderando o seu produto. As diferenças são gritantes? Os clientes se declararam dispostos a pagar por essa diferença? Em geral, o que você aprendeu a propósito dos problemas dos clientes? Quais foram as maiores surpresas? E as maiores decepções?

Questione *Absolutamente Tudo*

Uma vez apresentado o material que o pessoal do Desenvolvimento de Clientes coletou, começa a parte mais divertida. Agora você pode colocar as questões mais espinhosas. Considerando tudo que se aprendeu conversando com os clientes, faremos com que as especificações preliminares do produto resolvam os problemas deles? Sem dúvida? Mais ou menos? Não exatamente? Se a resposta for "mais ou menos" ou "não exatamente", a reunião transforma-se em um exame de consciência, um exercício interno de reconstrução. Será porque as pessoas certas não foram entrevistadas? A quantidade de pessoas não foi suficiente? Ou pelo fato de que não foram feitas as perguntas certas? Esse processo de avaliação é crítico em razão de ter sido colocado em xeque um pressuposto fundamental do modelo do Desenvolvimento de Clientes: antes de mudar o produto, mantenha a procura pelo entusiasmo do cliente. Se, e somente se, nenhum cliente puder ser encontrado para o produto, a discussão é desviada para o rol de características e recursos.

As pessoas que têm contato com os clientes tendem a colecionar uma lista de recursos que, adicionadas, levarão um cliente adicional a comprar. Assim, haverá dez páginas de recursos para vender para dez clientes. Por outro lado, o objetivo do Desenvolvimento de Clientes é ter uma lista de recursos, que caiba em um parágrafo, capaz de vender para milhares de clientes.

E se todos acreditam que se está falando ao cliente certo, mas o feedback diz que se está com o produto errado? Alguma coisa tem que mudar. Não continue com o mesmo produto esperando acontecer um milagre. Ou você volta às ruas e encontra um conjunto diferente de clientes que comprarão o produto ou considere alterar os componentes e características dele.

Assumindo que o produto atende ao menos parcialmente aos problemas dos clientes, continue o exame dos pressupostos e especificações. Apoiando-se no feedback dos clientes, revise a relação de recursos da Fase 1. Priorize cada item em termos da importância que o cliente lhe dá. O Desenvolvimento de Clientes tem condições de equacionar cada recurso ao problema do cliente? Se não, qual o motivo? Da mesma forma que procurar quais recursos devem ser incorporados ao produto é importante, saber quais não são também é. Quais recursos são indiferentes para os clientes? Quais especificações ou recursos podem ser excluídos ou postos de lado? Lembre-se, em uma startup, o Desenvolvimento de Clientes não está ali para acrescentar recursos e componentes; a função dele é encontrar o conjunto *mínimo* de recursos, com base nos *inputs* dos clientes visionários.

Em seguida, reveja e consiga um acordo quanto ao cronograma de entrega, revise novamente os pressupostos da Fase 1 tanto quanto for preciso. Como foi dito antes, clientes visionários, particularmente nas corporações, irão comprar a ideia toda, não apenas o MVP. *Eles necessitam ouvir que a companhia planeja entregar o pacote todo nos próximos 18 meses.*

Earlyvangelists precisam ouvir que o produto será entregue em até 18 meses.

Finalmente, com o grupo, revise as outras hipóteses da Fase 1. (Agora ficou claro por que registrá-las todas era importante.) Com base no feedback dos clientes, quais dos quatro tipos de mercado são recomendáveis? Por que a diferença? Quais são as vantagens competitivas deles? A precificação inicial e os pressupostos do canal de entrega se mantêm? O que foi aprendido sobre os formadores de opinião?

↪ **Embora esta etapa seja, em grande parte, a mesma para os produtos digitais, o acesso a uma maior quantidade de dados comportamentais é uma vantagem. As startups digital podem quantificar o interesse e o entusiasmo pela solução do problema ou satisfação da necessidade. A análise não deve dar importância ao fato de 2,5% ou 3,2% dos clientes estarem interessados, em vez disso, deve avaliar a dimensão do problema, se é sério a ponto de deixar os clientes de cabelos em pé e ansiosos por achar uma solução para ele. Os dados da descoberta do cliente são limitados devido a sdescoberta online do problema que é efetuada em baixa escala, assim, no momento, sua análise é intrinsecamente inconclusiva. Entretanto, alguns sinais podem sugerir que o problema é bastante grande ou sério:**

- **Pelo menos 10% (seria melhor se fossem 25% ou 50%) dos clientes expostos ao problema revelam de alguma forma interesse em resolvê-lo**
- **Vários dos expostos ao problema repassam informações aos amigos ou colegas de trabalho**

- Um Net Promoter Score de pelo menos 50 ou mais ou, idealmente, muito mais alto (veja detalhes nas páginas 194/195)
- Algum segmento bem delineado do mercado total demonstra um vivo interesse pelo problema ou necessidade

Rearticulação ou Avanço

Independentemente do canal, este passo conclui-se com a primeira de diversas discussões sobre a oposição "rearticular ou avançar". Gestores e investidores afirmam sua confiança de que a companhia descobriu um problema que um contingente grande o bastante demonstra nítida e grande ansiedade em solucionar. Se não for essa a situação, é hora de repensar a proposta de valor e atacar um problema mais severo ou necessidade mais premente que desperta grande interesse ou urgência para um expressivo número de clientes. Havendo um universo de consumidores ansiosos para ver o problema resolvido, o grupo move-se para apresentar aos clientes um produto que seja a solução desejada.

...resumir os dados encontrados sobre os clientes não é uma questão contábil.

Um ponto derradeiro: coletar e resumir os dados encontrados sobre os clientes não é uma questão contábil. Não se pode simplesmente ir acrescendo o número de respostas. Você está atrás de aprendizado, significado e *insights* nos dados. E, mais do que qualquer outra coisa, você está à procura de hordas de clientes que tentarão "arrancar" o produto de suas mãos antes que seus amigos ou concorrentes o façam.

Criação da Apresentação do Produto "Solução" (Físico)

Assim que houver concordância entre as equipes do desenvolvimento do produto e do Desenvolvimento de Clientes quanto à revisão das hipóteses, o passo subsequente é elaborar uma primeira apresentação do produto "solução". Frise-se, enfaticamente, que essa apresentação *não* é aquela efetuada para a captação de recursos ou recrutamento. Nem é, também, a apresentação do problema usada apenas com clientes na Fase 2. Jogue fora os slides e comece tudo de novo. Essa apresentação testa os pressupostos revisados a respeito do produto em si. Trata-se de uma *apresentação da solução* confirmando que o produto resolve um problema ou preenche uma necessidade. Os clientes confirmam seu posicionamento expressando interesse em comprar ou utilizar o produto.

A apresentação deve englobar os cinco (não mais!) recursos principais do produto e os problemas que eles solucionam. Inclua uma história sobre "a vida antes do produto" e "a vida depois do produto" onde for apropriado. Desenhe o diagrama com o comportamento do cliente "antes" e "depois" do produto. Omita todo o marketing, postura e conversa mole. Encerre com a visão do produto (a partir do valor proposto pela hipótese da "visão") pelo menos 18 meses à frente.

Abra muito espaço e deixe "pistas" na apresentação para incluir o feedback dos clientes. Treine. Não esqueça que isso ainda não é "vender", mas um esforço no sentido de verificar se o produto é vendável. Aprenda bastante, então, para que quando as vendas começarem a equipe esteja confiante de que os clientes estão ansiosos para comprar.

Aqui estão os elementos da apresentação do produto/solução:

Revise o problema. Inicie reavivando a memória do público sobre os problemas para cuja solução o produto foi elaborado e por qual motivo a solução é importante se não urgente. Dê uma pausa para reafirmar a importância de resolver o problema. Caso ocorram imprevistos, retorne à Fase 2.

Descreva a solução. Faça, se possível, uma demonstração do produto; até mesmo croquis ou protótipos dos conceitos-chave ou recursos auxiliam os clientes a entender. Pare um instante para observar as reações. Os clientes concordam que ele resolveu o problema?

Desenhe o fluxo de trabalho do cliente antes e depois do novo produto. Torne válido o "antes e depois". Aponte quem mais, na organização do cliente, poderia ser afetado pela solução.

Equacione o valor: Alguns clientes pagarão quase que qualquer preço por um produto que resolva um sério problema de negócios. Às vezes, componentes produzidos por terceiros agregam valor quando incorporados. Mantenha fluidas as discussões sobre preços, e identifique os valores-chave da perspectiva do cliente em potencial. Preste atenção em boas oportunidades de preços mais robustos.

A apresentação do produto/"solução" não deve exceder 20 minutos. No próximo passo você fará a apresentação e *escutará o feedback dos clientes*.

Se não houver ainda um MVP, um demo ou um protótipo tornarão as discussões mais produtivas. Essa é a razão pela qual costureiros famosos confeccionam um único vestido e o mostram aos compradores, indústrias de automóveis produzem um "carro conceito" e o exibem e fábricas de brinquedos manufaturam um ou dois modelos não funcionais em isopor dos últimos lançamentos para mostrá-los aos clientes. Quanto mais o MVP se parece e funciona com o produto, mais consistentes serão as reações dos clientes. Obviamente, isso é, de longe, mais fácil em uma categoria do que em outra (experimente fazer uma prototipagem de um novo jato 787, por exemplo). Também é igualmente óbvio: quanto mais se pode tocar um MVP, usar o protótipo, menor é o número de slides necessários para a apresentação da solução.

Teste do MVP de Alta Fidelidade (Digital)

↪ O "Teste do MVP de Baixa Fidelidade" (página 191) avalia a intensidade do interesse do cliente no problema ou necessidade. Aqui, sonda-se o grau de intenção do cliente em comprar o produto ou usá-lo no site ou dispositivo manual. Esse "teste da solução" não é um lançamento ou mesmo um pré-lançamento; há simplesmente convites a um limitado número de clientes para experimentar o MVP (o qual está em constante aprimoramento). Tal "número limitado" pode ser medido em milhares, e se surgirem mais, trata-se de um ótimo sinal, uma vez que provavelmente muitos tomaram conhecimento do produto por indicação de amigos que aprovaram a solução encontrada.

Esse "teste da solução" não é um lançamento ou mesmo um pré-lançamento.

Testes em grande escala não são um objetivo agora. Até este ponto, você está abrindo "a porta da frente" e convidando um modesto número de clientes a entrar. Quer-se identificar muitos entusiasmados e apaixonados earlyvangelists que creem piamente que o produto resolve seus problemas. (Para orientações e desenvolvimento da página de entrada do MVP, veja páginas 291/292.)

Mais que qualquer outro aspecto, observe a "velocidade" da ativação do cliente. Qual é ela? Em um carro, é quão rápido ele se move. Em negócios digitais, esse termo significa diversas outras coisas, muitas vezes ao mesmo tempo:

- quantas visitas até a ativação de alguém
- quantos contaram a seus amigos
- quão rápido aqueles amigos foram ativados e
- quão rapidamente — e com que frequência — os visitantes retornam

Duas raras exceções para a questão da velocidade podem ser sites de nicho vertical como "lefthandedprobowlers.com" e produtos de elevado valor como software para grandes empresas e joalherias de alto luxo, em que poucos clientes de elevado poder aquisitivo podem ser algo ótimo.

Discrição ou Não?

É impossível lançar um teste do MVP de alta fidelidade no modo "discreto", uma vez que o produto e seu site estão sendo expostos aos clientes e potenciais consumidores para examinar as reações deles. Desenvolvimento de Clientes e discrição são mutuamente exclusivos. Se você crê que sua ideia é tão frágil que não possa passar pelo crivo dos não funcionários sem um acordo formal de confidencialidade, não deveria estar lendo este livro.

Um site ou aplicativo público, completamente aberto, atrairá os concorrentes, assim, você pode querer considerar um site "só acessível por convite" para controlar o acesso à medida que você tenta sua solução.

Na maioria dos mercados ou setores econômicos, a imprensa comercial não faz jornalismo investigativo (você precisa atear seu próprio fogo para virar notícia). A propósito, esta não é, ainda, a hora propícia para os comunicados de imprensa, entrevistas, blogs ou demonstrações públicas (para outros que não os investidores em perspectiva). Por enquanto, você simplesmente não sabe o bastante para dizer em que negócio está entrando. Se você acabar sendo notado pela imprensa, apenas não retorne os e-mails ou telefonemas.

Teste da Solução com o Cliente (Físico)

Terminada a apresentação da solução, decida quais clientes visitar. Antes, em suas visitas na "descoberta do cliente", você deve ter alcançado 50 potenciais clientes. Tente realizar a apresentação da solução para cada cliente potencial qualificado que acompanhou aquela apresentação. Amplie o conjunto original de clientes contatados adicionando dez outros com potencial para produtos mais complexos, como software empresarial e vários outros bens de consumo. Esses novos contatos mantêm o dinamismo e preparam o terreno para vender alguma coisa durante a validação pelo cliente.

Desta vez, teste os pressupostos adotados anteriormente a respeito dos títulos das pessoas que tomarão as decisões de compra. Volte aos tipos de cliente já descritos (página 81) e entreviste diversos de cada um para formar um feedback de amplo espectro. Na medida do possível, procure por prováveis sabotadores e tente identificar padrões em seus títulos ou cargos funcionais. Com a lista de telefones nas mãos, elabore um e-mail introdutório, uma "historinha de vida" e o roteiro de vendas e vá para a rua.

Apresentação da Solução

Lembre ao público qual problema o produto se propõe a resolver e quais são os motivos que levam a empresa a acreditar que solucionar esse problema é algo relevante. Tendo chegado a um consenso sobre o problema e sua significância, finalmente chegou a hora da apresentação da solução que você desenvolveu anteriormente (a experiência tem mostrado que a maioria dos empreendedores queria fazer isso desde o Dia Um, portanto, você já deveria estar pronto). Demonstre o produto, protótipo inicial ou MVP sempre que possível com o máximo impacto.

Depois, é hora de escutar. Depois de ouvir a descrição da solução, como os clientes supõem que ele resolve o problema? O que eles acham que é diferente? Creem que o produto cria um novo mercado ou trata-se de uma versão melhorada de um produto existente (e, se for, melhor em que sentido)? Ou bocejam e dão de ombros? Examine outras possibilidades. O que os clientes pensam do modelo de receita proposto e da precificação? Quais são os preços comparáveis para essa espécie de produto?

Anote tudo que for dito (veja exemplo de um relatório na página 219) para formar um feedback consistente. Lembre-se, esta não é uma ação de vendas, mas uma aferição do grau de confiança que os clientes têm quanto à capacidade do produto de representar uma ótima solução para um importante problema — e sondar se a solução é forte o suficiente para levá-los a comprar quando o produto estiver pronto.

Questões do Tipo "Mostre-me o Dinheiro"

Ao conversar com clientes visionários sobre os produtos campeões de vendas negociados entre empresas, colocamos várias questões como teste de adoção. A pergunta "Você empregaria nosso software em toda sua empresa se fosse gratuito?" testa a seriedade do cliente em potencial. Se ele não estiver disposto a utilizar o software mesmo que gratuitamente, você está falando com a pessoa errada. Quando um cliente está disposto a mentalizar o dolorido processo de implantação do seu produto, pergunte-lhe como iria fazê-lo, como os diversos usuários o utilizariam, quais grupos seriam os primeiros a usar, os critérios de avaliação do sucesso do produto, e por aí vai. Ao final desse exercício de visualização, os clientes em perspectiva já estão, em suas mentes, em pleno procedimento de instalação e implementação do seu software.

Certifique-se de equacionar a questão de "quem tem o dinheiro". Não há nada que seja mais frustrante que promover uma série de excelentes reuniões com os clientes meses a fio só para descobrir no final do ciclo de vendas que nenhum departamento tem orçamento aprovado, ou que novos recursos para compras estão congelados ou o período anual de compras encerrou-se na semana passada. Pergunte se há verba para compras de produtos como o seu, se cada departamento dispõe de seu próprio orçamento e se há um determinado indivíduo responsável por isso. A informação será crítica ao elaborar o roteiro de vendas.

Questões de Preços

Tateie os limites de preços. Pergunte: "Você pagaria $1 milhão pelo nosso software?". A resposta costuma ser instrutiva. Suponha que o cliente diga "Nós não poderíamos considerar algo acima de $250 mil pelo primeiro conjunto de aplicativos". Na cabeça deles, já haviam comprado o produto e a conta acabara de chegar. O primeiro número que sai de suas bocas normalmente é aquele que consta no orçamento ou é o preço inicial de compra.

AJAX Tabela de Informações da Descoberta do Cliente
Nome da Empresa_____Data_____
Nome do Contato_____Cargo_____Entrevistado por_____
Anos de experiência _____ reporta-se a (circule) aprova/compra/influencia vendas
Problemas principais em meu setor: (em ordem de prioridade, de acordo com o cliente)
1._____
2._____
O que o seu produto resolve/não resolve para o cliente:
_____
Elementos-chave para a solução: preço-recursos-fácil de obter-fácil de usar-treinamento-suporte
Importância do problema/necessidade (5 é máxima): 1 2 3 4 5
Como eles resolvem o problema hoje:_____
Satisfação do cliente com solução atual (5 é máxima): 1 2 3 4 5
(Circule) Tem solução alternativa/Tem orçamento para solucionar/ Tentou e falhou/ Sofre pressão de cima para solucionar
Novos/diferentes problemas do cliente/necessidades solucionadas/deseja que nós solucionemos:
_____
Principais recursos desejados/não necessita de novos produtos/solução:
_____
"Se eu tivesse uma varinha mágica, um produto que eu gostaria que surgisse seria..."
_____
Processo da empresa para testar/comprar novos produtos
(pessoas/homologações/oportunidade/outros):
_____
Como/onde compram: _____
Onde vão/leem/aprendem sobre novos produtos: _____
Principal tomador de decisões/onde começar/quem mais vê: _____

Considerações de preço: série/estimativa do cliente/produtos similares:
_____
MELHOR ESTIMATIVA/número de unidades (série inicial): de___a___ ano dois: de___a___
MELHOR PALPITE DE PREÇO____% probabilidade____venda mensal____direto/canal____
A pessoa entrevistada é (circule)
Earlyvangelist Membro do Conselho tem influência no setor Sabotador Alto escalão
Indicações de outros "de quem gosta": (nome)_____ (empresa) _____
                                   (nome) _____ (empresa) _____
Outras pessoas para ver nesta empresa: (nome) _____ (empresa) _____
                                   (nome) _____ (empresa) _____
Oportunidades de Follow:
_____
(Circule) retornar com o produto/retornar para encontrar outras pessoas/providenciar dados/amostra/pedido por escrito
LEMBRAR: indicações para outras empresas... posso lhe telefonar de novo... enviar nota de agradecimento

Amostra da Tabela de Informações da Descoberta do Cliente (Figura 6.1)

Assim que obtiver um primeiro número, pergunte: "Quanto mais você esperaria pagar por serviços profissionais (personalização e instalação)?". No mais das vezes, dirão que o custo estava incluído no orçamento, mas algum adicional poderia ser acrescido. Então, force e veja se despenderiam aqueles recursos extras todo ano, ou pergunte: "O que teríamos que fazer para que você gastasse duas vezes esse valor? Ou três vezes?".

Depois de alguns poucos exercícios com o cliente, você compreenderá sua média de preços de venda e avaliará a vida útil do cliente.

Questões de Canal

E quanto à distribuição? Teste aquelas suposições perguntando aos clientes como eles provavelmente comprariam. No varejista? Online? Vendas diretas? Distribuidor? Dali, se o tempo permitir, explore de que maneira o marketing pode alcançar o cliente com questões como:

- Se estivesse interessado em um produto como este, como iria procurá-lo?
- Como faria para saber sobre outros novos produtos como este?
- Você pede a opinião de alguém antes de comprar? De quem?
- Você ou sua equipe participa de feiras de negócios?
- Quais revistas especializadas em seu setor, ou jornais, você lê? Quais as publicações de negócios?
- No caso de bens de consumo, pergunte quais publicações de interesse geral, jornais, blogueiros ou sites seriam do interesse do cliente

Questões para "Atrair/Manter/Aumentar"

A seguir, examine o processo de aquisição do produto pelo cliente. Para produtos corporativos, pergunte: "Como sua empresa compra produtos como este? Detalhe para mim o ciclo de aprovação. Quem está envolvido nele?". Empreendedores na área de software precisam estar cientes de que várias companhias que frequentam a lista Fortune 500, gatos escaldados que são, rejeitam automaticamente softwares oferecidos por startups que ainda não completaram cinco anos de vida. No caso de bens de consumo, compreenda o processo de compra. Ela é feita por impulso? Compra-se apenas marcas conhecidas? Ou os itens anunciados na TV?

Dicas para a Apresentação

Algumas dicas para suavizar o caminho:

- Não faça todas as perguntas em cada uma das entrevistas sobre soluções. Alguns clientes conhecem mais um aspecto do produto que outro
- Opte por encontros pessoais em vez de reuniões em grupos. Você obterá mais detalhes e opiniões mais consistentes
- Canalize as discussões mal definidas sobre vendas com base no interesse em comprar
- É melhor encontrar e deixar de aprimorar ou excluir recursos desnecessários do que adicionar novos componentes. O objetivo é um MVP agora!

É uma postura das mais otimistas esperar que os clientes compartilhem todas as informações na primeira apresentação, ou mesmo que tenham condições de responder cada pergunta. Experimente ir acumulando as respostas ao longo das visitas. Completar essa fase implica compreender amplamente os problemas dos clientes e o nível de interesse despertado pelo produto.

Encontre o Canal

Se alguma forma de canal de vendas indiretas estiver envolvida, mais um grupo precisa ver a apresentação de solução que seus parceiros de canal também precisam. Muito embora seja cedo, ainda, para firmar contratos formais, reunir-se com eles agora será útil para compreender-lhes o posicionamento na ocasião em que se iniciarem as vendas.

- O que os canais parceiros necessitam ouvir ou ver dos clientes iniciais?
- De que maneira os clientes contatam e se relacionam com os canais deles?
- O produto é daqueles que os fará vender de forma proativa?
- Estão abertos à cooperação, aceitando ser citados em artigos na imprensa resenhando o produto e atender os telefonemas de clientes pedindo informações?
- Buscam incentivos financeiros, tais como taxas para manter as prateleiras com o produto sempre abastecidas e organizadas, garantias de devoluções ou — pior ainda — uma política de "vendas em consignação" que lhes possibilita devolver as mercadorias não comercializadas?

Os canais parceiros não têm como posicionar-se a respeito do preço do novo produto. Para produtos em um mercado existente é fácil, basta dizer-lhes "está na faixa daquele outro que você vende rapidamente". Já para mercados novos ou ressegmentados, os canais indiretos levam tempo para aprender a posicionar o produto. Procure entender as motivações e incentivos de seus canais parceiros e solicite deles feedback sobre recursos do produto, precificação, oportunidades de vendas e mais.

Compreenda as características do modelo de negócio de cada canal. Por que isso? Não há jeito de saber quanto deveriam vender ou cobrar de seus clientes sem que o modelo de negócio *deles* seja conhecido. Sonde como outras companhias procedem. Leve outros executivos para almoçar e pergunte-lhes sobre margens e descontos. O pior que pode acontecer é que eles não forneçam a informação. Mantenha tudo isso em mente, monte uma apresentação para os canais parceiros enfatizando os pontos mais relevantes. Os parceiros costumam apreciar coisas que vão além das margens de comercialização — tais como produtos que necessitam ser instalados, serviços complementares ou suprimento contínuo de materiais como papel e toner para copiadoras. E, por fim, gaste a sola dos sapatos indo atrás de quem possa dialogar com você e permitir-lhe aprender a respeito do negócio deles:

- Como é o relacionamento deles com companhias já estabelecidas
- Os clientes deles pedem informações sobre produtos como o seu?
- De que forma um parceiro em potencial ganha dinheiro (por projeto, por hora, revendendo softwares)?
- Qual a diferença entre o modelo de negócio deles e o das empresas com quem negociam?
- Qual é a política de compras mínimas deles?
- Entenda os modelos de negócio de cada um de seus canais parceiros o suficiente para esquematizá-los em um quadro negro

Avaliação do Comportamento do Cliente (Digital)

↪ O teste do MVP de alta fidelidade lançado no passo anterior começa pelo envio de convites aos clientes incitando-os a envolver-se com o produto, site ou app. O objetivo não é vender-lhes nada (ainda que isso possa acontecer até mais de uma vez), mas sim aferir o grau de entusiasmo pelo produto. Uma vez chegando os clientes, cada ação deles deve ser mensurada: de onde vieram, em que clicaram, o que fazem durante a navegação, entre outros. Não se trata de um exercício de estatística, e sim um processo que se inicia pelo domínio das técnicas de mensuração.

> **AVANCE COM CAUTELA:** Lembre-se de que este é apenas um tutorial, uma visão geral. Não há como implementar tudo isto de uma só vez.

Acima de Tudo, Avalie o Entusiasmo

Os elementos a seguir são "indicadores de entusiasmo", peças-chave para avaliar esse estado de espírito do cliente em relação a quase todos os produtos, apps ou sites:

Compras: óbvia unanimidade no comércio eletrônico e assinaturas dos sites, esta ação é a que mais facilmente mede a capacidade de comercialização de um produto ou serviço, mesmo que ele esteja no estágio de um MVP. Um substituto aceitável para a ausência de compras é a disposição dos clientes em registrar-se logo que tomam conhecimento da disponibilidade do produto ou simplesmente conhecer um pouco mais sobre ele.

Envolvimento: após a primeira visita, quão rapidamente o usuário volta? Mercados multifacetados e outros sites sustentados por publicidade dependem de usuários que os revisitem, gerando com isso receita. Se um usuário volta cinco vezes por dia ou semana, é um dado promissor. Já cinco vezes por mês provavelmente não é um sinal positivo para a escalabilidade do negócio. Imagine que 1.000 clientes são visitantes de primeira viagem: quantos deles retornam logo, e quantos raramente ou nunca mais virão? Vá fundo na tarefa de determinar o nível de engajamento do usuário:

- Quão rapidamente os usuários fazem a visita?
- Qual o tempo de visita dos usuários?
- Quão ativos são ao navegar no site ou app?
- Quais são as características dos que retornam com frequência (alguém antenado em tecnologia, adolescentes, aposentados ou donas de casa)?
- Mais usuários entre eles podem ser rentáveis?

Em sites de baixo engajamento como Weather.com e bing.com e aplicativos do tipo calculadoras ou Foursquare, os clientes entram no site ou app, encontram o que procuram e partem em poucos instantes. Esses sites precisam medir a frequência de uso para determinar o entusiasmo. Usuários que visitam uma vez por mês têm pequeno valor; se utilizam um app dezenas de vezes ao dia, isso provavelmente significa um forte produto de mercado multifacetado. Os sites de baixo engajamento devem medir a frequência de uso primeiro.

Procure por significativa frequência de visitas ou tempo de permanência no site...

Sites de alto engajamento como games com múltiplos jogadores, redes sociais e de conteúdo para nichos necessitam procurar por tempo significativo de permanência, com uma expressiva parcela de visitantes:

- registrando-se
- preenchendo perfis, postando
- comentando
- fazendo uploads de fotos
- convidando amigos para participar

Retenção: para quase qualquer app ou site, reter o usuário é sinal de entusiasmo do cliente. A ocasião propícia para mensurar a retenção é durante a fase de descoberta do cliente, quando o período de tempo é relativamente curto. Afinal, se a descoberta está em marcha por dois meses, a retenção pode ser medida para somente aquele breve período. Fique atento a mudanças de comportamento. Meça as duas formas óbvias de desgaste (o oposto ou inimigo da retenção): cancelamentos e términos do prazo de assinatura. A inatividade é a mais insidiosa das formas de desgaste, em especial nos aplicativos em dispositivos móveis. As pessoas não deletam um app, porém o ignoram.

Indicação: os visitantes do site ou usuários do MVP os indicam para seus amigos?

- qual a porcentagem dos que indicam?
- eles fazem a indicação para apenas um outro ou para dois, seis ou dez?
- entre os indicados quais os que mais participam?
- quais indicados se transformam em usuários constantes ou indicam mais alguém?

Os operadores do freecash.com (algo como dinheirogratis.com) com certeza atrairiam um número quase infinito de pessoas que indicariam o site se este fizesse jus ao nome. Um volume maior deles apontaria entusiasmo pelo produto e também levaria a um menor custo de aquisição do consumidor, uma vez que diversos clientes derivariam de outros. Seria um bom sinalizador de sucesso à vista.

Realize Testes de Certo/Errado

Você já deve ter, para cada teste, desenvolvido parâmetros de análise das respostas. Todavia, não considere apenas a nota mínima de aprovação, mas procure por respostas grandes ou significantes.

Por definição, a resposta a um teste de certo/errado é binária: os clientes (mais de 50%) adoram o produto? O produto entusiasma "bastante" clientes (insira seu número aqui) que conferem à startup a segurança de avançar para a etapa de validação pelo cliente?

Quantos clientes são "bastante" é uma questão que tem vários ângulos, afeita a empreendedores, não a contabilistas.

Análise e planilhas detalhadas irão auxiliar imensamente durante a validação pelo cliente, quando o comportamento de dezenas de milhares de visitantes será mensurado meticulosamente. Por enquanto, a tarefa nº 1 é ter certeza da validade do teste, mediante critérios de êxito estabelecidos antecipadamente e levados em consideração no modelo de negócio. Por exemplo, se você necessita despender $50 em anúncios no Facebook para obter um pedido de compra, isso é ótimo, caso o produto custe $200; entretanto, será péssimo se o custo for de $49,95. Portanto, quando você "acerta" um teste, está coerente com cada grau mínimo de aprovação considerado em um modelo de negócio bem-sucedido.

Quantos clientes são "bastante" é uma questão que tem vários ângulos, afeita a empreendedores, não a contabilistas.

A questão da quantidade de earlyvangelists exige uma resposta firme: sim, pode-se encontrar muitos interessados e apaixonados earlyvangelists que comprarão o produto. (Eles irão servir de orientação ao desenvolvimento do produto e ao marketing ao longo do próximo estágio do Desenvolvimento de Clientes.)

Não interrompa a ação de encaminhamento de pessoas ao produto antes de obter respostas convincentes e esclarecedoras para o seguinte:

- Quantas pessoas que expressaram sério interesse no problema ou necessidade realmente aceitaram o convite para experimentar o produto e quantas se engajaram ou aceitaram o chamado à ação?
- Quantas são as pessoas com menor interesse ou desinteressadas dispostas a experimentar e participar?
- Entre os grupos acima mencionados, quantas pessoas contarão a outras?
- Responda a cada questão tanto em termos absolutos como em bases porcentuais. Se, por exemplo, aparecerem 1.000 pessoas, foram enviados convites a 2.000 ou 200.000? As implicações são óbvias

Qualquer que seja a opção — e-mail, AdWords, Twitter ou pombo-correio —, cada conjunto de convites deve ser remetido várias vezes (leia sobre e-mails em cascata na página 297) para causar maior impacto. Considere modificar a mensagem se o tráfego ou engajamento revelarem-se insuficientes. Caso contrário, ninguém jamais saberá se a mensagem era ruim ou o produto era desinteressante.

Meça os Resultados do Teste Cuidadosamente

Avaliar o comportamento do cliente de posse do MVP é crucial. Embora o volume de usuários provavelmente seja pequeno, meça não apenas o tráfego e a atividade do usuário, mas também a origem do tráfego e as taxas de aquisição e ativação. Por quanto tempo os usuários utilizam o produto ou navegam no site? Os visitantes se registram na primeira, segunda ou terceira vez? Taxas de indicação, talvez a mais crítica das medidas de aferição de entusiasmo, devem, igualmente, ser rigorosamente mensuradas. (Veja orientações no Capítulo 4, a partir da página 151.)

Procure por respostas importantes e atividade, não só por requisitos mínimos de aprovação.

Junte os dados e vasculhe-os, procurando elementos que levem às fontes do tráfego, tipos de cliente com maior ou menor participação, aqueles que mais indicam pessoas e outras pistas. Os dados serão revisados em profundidade na próxima fase, contudo, concentre-se em um ponto: encontramos uma quantidade de pessoas interessadas no produto que justifica avançar para a etapa de validação pelo cliente?

Estude os dados do canal: na área dos produtos digitais, os canais podem ser revendedores como amazon.com, uma loja de aplicativos ou iTunes ou sites agregadores como GameStop, CDW ou yugster. Interaja com esses canais para entender seus procedimentos e regras com relação a novos produtos, quanto tempo transcorre entre o contato inicial e o efetivo início das vendas nos seus sites, termos de pagamento e mais. Desde que se esteja falando de volumes massivos de apps e vendas de softwares, os executivos desses revendedores podem ser extremamente úteis no que toca a questões-chave como precificação e posicionamento.

Na fase de descoberta do cliente, os números em si não são expressivos ou animadores. Antes de decidir pular para fora do barco, mergulhe fundo na busca de um segmento ou conjunto de clientes (garotas adolescentes, pessoas que entraram no seu site pela primeira vez, jogadores de golfe) que tenham se sensibilizado com o app ou site. Garimpe os dados dos frequentadores mais assíduos (o que é fácil se não houver muitos deles) para verificar se compartilham traços em comum. Seriam todos eles simpatizantes do mesmo partido político, ou cozinheiros *gourmets* ou profissionais urbanos? Se for essa a situação, considere circular mensagens de marketing entre o público-alvo na esperança de angariar mais entusiasmo e engajamento de um segmento mais restrito do total da população.

Mercados multifacetados também devem promover conversações iniciais com seu outro "lado": as pessoas que pagam para contatar o público agregado pelo site ou aplicativo. Como essa gente compra os anúncios? Em que estão dispostos a despender seus recursos financeiros? Quanto tempo leva o processo e em que ponto as conversas se iniciam? (Uma discussão mais detalhada do "outro lado" de mercados multifacetados está disponível na página 102.)

Nova Atualização do Modelo de Negócio
(Outro Ponto de Rearticulação ou Avanço)

Agora você irá atualizar o modelo de negócio para refletir a última rodada de "soluções" da descoberta do cliente que foram encontradas e como afetam ou não os elementos do modelo. Pense nisso como uma "sintonia", uma vez que você realizará nesta fase, uma meticulosa revisão do modelo de negócio.

A atenção aqui está integralmente focada no entusiasmo dos clientes com o produto, e as conversações irão lastrear-se não em opiniões, mas nos resultados dos testes de certo/errado.

⤷ **Para startups digitais, os dados desempenham papel de protagonistas nesta etapa, conforme se discute mais abaixo.**

Seu modelo de negócio deve passar por atualizações regulares.

Procure por Grande Número de Clientes Entusiasmados

Esta é a ocasião oportuna para frisar que *respostas indiferentes para qualquer produto ou problema que ele resolve é um sinal vermelho de alerta* que clama por reformulações e rearticulações, antes que se dê um automático passo avançando na validação pelo cliente. Discuta porcentagens bem como o número de clientes visitados que expressem radical ou significativo entusiasmo com o produto e uma alta dose de confiança de que ele soluciona um relevante problema do negócio ou satisfaz um necessidade premente do consumidor. Qual é a apreciação honesta da equipe de que os clientes irão comprar imediatamente? Quantos espalhariam a novidade para amigos ou colaboradores? Há alguma, ou melhor, diversas declarações de votos de confiança do tipo "Não importa que esteja incompleto ou imperfeito — eu o quero já"? Comece classificando as reações dos clientes entre as seguintes categorias:

Categoria 1: Clientes que adoram o produto, não têm restrições e não mudariam nada nele.

Categoria 2: Clientes que gostam do produto, mas de quem ouvimos, constantemente e com consistência, dizer que querem esta ou aquela característica adicional quando houver o lançamento.

Categoria 3: Clientes que se familiarizam com o produto após longas explicações, mas que não vemos correrem atrás da gente para comprá-lo.

Categoria 4: Clientes que não veem muita necessidade de ter o produto.

Se a maior parte dos clientes encaixa-se na Categoria 1, parabéns! Caso os elementos do modelo de negócio, como revisado no próximo passo, comprovarem sua significância, pode muito bem ter chegado o momento de avançar para a validação pelo cliente.

Independentemente do canal, a descoberta do cliente procurou por um mercado para o produto como originalmente especificado. As respostas mais perigosas dos clientes pertencem à Categoria 2: "Precisamos de mais recursos". Há pouco, enfatizamos que saber quais recursos não importa tanto como saber quais serão incorporados primeiro ao produto. Equilibre as reações do cliente com o tempo de desenvolvimento, postura que poderá levar a esforços de desenvolvimento de um produto digno de respostas classificadas na Categoria 1. Por que fazer isso? Porque o que parece uma brincadeira é coisa séria: "Pessoas normais acreditam que se algo não quebra, não precisa de conserto. Engenheiros acreditam que se algo não quebra, é porque ainda não tem muitos componentes".

A atitude instintiva do engenheiro é manter-se adicionando componentes. Contudo, a descoberta do cliente é uma corrida para obter o MVP que chegue às mãos de clientes pagantes o mais rápido possível, portanto, poucos recursos ou um MVP que apenas seja "bom o bastante" é opção muito melhor do que perder um mês ou mesmo uma semana penando para reunir mais feedback dos clientes. Pergunte se o recurso pode ser adiado. Deixe os clientes iniciais determinarem quais componentes e funcionalidades adicionar e em qual sequência. Escutar o que dizem os clientes certos leva à elaboração de uma estratégia com muita chance de ser bem-sucedida em qualquer canal.

↪ **Nos canais digitais, a equipe revisa e esmiúça os dados comportamentais de um enorme contingente de clientes iniciais. Discussões qualitativas são válidas; entretanto, quase todas as discussões são sobrecarregadas com rígidos e frios fatos sobre o comportamento do cliente, e os dados são fundamentais para qualquer aspecto em debate. Eis alguns dos fatos para serem discutidos, sempre em números absolutos e relativos:**

- **Visitas à página por dia e aumento dessas visitas ao longo do tempo**
- **Tempo médio de cada visita no site ou produto**

- "Taxa de Ganho", ou o tempo que leva para as pessoas aumentarem a permanência no site ou para visitas subsequentes
- Número de visitas repetidas por usuários ávidos e os de postura mediana; lapsos de tempo entre visitas repetidas e "taxa de ganho" ou o decréscimo mensurável do intervalo entre as visitas
- Número e porcentagem de clientes adquiridos, convidados ou que já conheciam o site
- Taxa de conversão de "visitantes para adquiridos", "adquiridos para ativados" e "ativados para usuários ativos"
- Taxas de indicação e viralidade: número e porcentagem de usuários iniciais que indicam a seus amigos, quantas são essas pessoas e quantos são adquiridos/ativados/engajados ativamente

---

Uma resposta indiferente de um cliente pode indicar um problema profundo.

Embora os números sejam, provavelmente, diminutos em várias das categorias acima, a descoberta do cliente é mais direcional que finita. Para ser sincero, trata-se de uma busca por clientes vibrantes de entusiasmo — a espécie que constrói um negócio de grande sucesso. Determine se há muitos clientes entusiasmados e feedback positivo que garantam avançar para mais rigorosos testes na validação pelo cliente.

Este é o momento em que a experiência empresarial e o "faro" tomam as rédeas na decisão de ir ou não. E os mais convincentes argumentos para "ir" envolvem estatísticas que mostram lotes de ativações, muitas pessoas visitando, indo e voltando, e outros tantos espalhando para amigos e mais amigos e colegas. Então, enquanto as estatísticas encaminham as conversas, o instinto dos líderes toma a decisão. Eis o ponto em que empreendedores experientes, consultores e investidores têm o potencial de oferecer importante contribuição.

As respostas nas Categorias 3 e 4 — ninguém sai correndo para comprar nem sente necessidade alguma — são comuns na primeira rodada da descoberta do cliente. No mínimo, requerem atenção e provável rearticulação, recomeçando a Fase 1 em vez de seguir em frente rumo ao fracasso. É um momento de desafio nas reuniões do conselho de administração e frequentemente, para os investidores e a companhia, uma situação crítica que coloca em xeque a sequência ou não do empreendimento.

No que tange aos produtos tecnológicos, respostas indiferentes dos clientes podem sugerir um problema profundo, normalmente com a relação produto/mercado: não há mercado para o produto ou não há demanda suficiente para o produto em um mercado robusto.

Repaginando o Produto — A Estratégia da Rearticulação

Há outras questões que, às vezes, são denominadas como posicionamento, mas que, com mais precisão, podem ser definidas como "repaginação do produto". Esse é um problema que a maioria das startups tecnológicas têm para chegar a algum lugar. O primeiro produto de uma startup dessas é determinado pela equipe de desenvolvimento do produto imaginado pelo fundador. Eles têm, quase sempre, uma boa noção das necessidades do cliente e de como este compraria o produto. Todavia, não se pode dizer o mesmo do restante da equipe: como carecem de uma conexão mais íntima com o cliente, a configuração inicial do produto necessita de ulteriores ajustes pelo pessoal do Desenvolvimento de Clientes. Não obstante a tecnologia seja de ponta, não está concatenada com as necessidades ou preferências de compra do cliente. Um único e monolítico pacote de software pode ser muito dispendioso ou complexo demais para ser comercializado daquele jeito. A tecnologia da repaginação pode resolver o problema reconfigurando os componentes do produto. Talvez vendendo o produto em módulos, ou como prestação de serviço ou versões com outro mix de recursos, dispensando o Desenvolvimento do Produto de proceder a uma reengenharia total. Esse é um problema que deve ser deixado aos cuidados da descoberta do cliente ou poderá comprometer a capacidade de sobrevivência da companhia.

Nova Atualização do Quadro do Modelo de Negócios

Não importa o canal, essa série de análises e discussões quase que inevitavelmente afetará algumas das hipóteses do modelo de negócio. A proposta de valor muito provavelmente o será, uma vez que a primeira "descoberta da solução" ajuda a perceber se as pessoas acham que o produto resolve o problema levando-as a comprá-lo. Quando isso não acontece, a proposta de valor é o maior candidato a ajustes, seja na adição ou subtração de recursos.

Os segmentos de clientes devem ser revisados, pois o produto pode se dar bem em alguns deles e em outros não. Por exemplo, se o produto gerar entusiasmo somente em um subsetor do mercado pretendido (homens, mas mulheres não; gerente, mas funcionários não), tal constatação também irá afetar as hipóteses do fluxo de receitas. A equipe irá conduzir um revisão completa do modelo de negócio na fase seguinte, então, esse é o melhor meio de regulagem das atualizações do modelo de maneira a refletir as informações obtidas na última rodada da descoberta da "solução" do cliente.

Identifique os Primeiros Membros do Conselho Consultivo

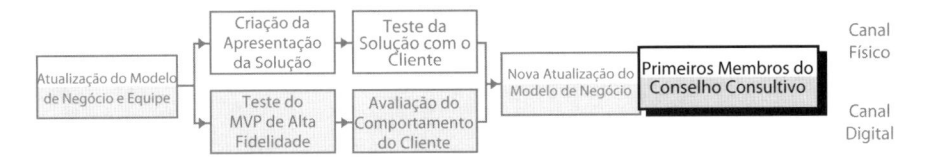

Há pessoas lá fora, tão boas quanto a equipe de fundadores, que não podem ser contratadas em tempo integral, mas que, muitas vezes, estão dispostas a colaborar com sua capacidade de consultoria. Podem ajudar a resolver problemas de natureza técnica, apresentar clientes importantes, acesso a conhecimento especializado e compartilhar sua *expertise* e sabedoria empresarial. Ao longo de toda a descoberta do cliente, em meio às reuniões com clientes e analistas, fique de olhos bem abertos para identificar quem poderiam ser seus consultores ou membros do conselho.

O Desenvolvimento do Produto deve empenhar-se em ter alguns consultores especificamente para a configuração do produto e um mentor de negócios, alguém que pode ser muito útil pelo envolvimento na árdua fase de formação da startup. Um ou dois clientes que se destacam na multidão são bem-vindos. Atraia essas pessoas pedindo-lhes conselhos, conversando no almoço ou jantar e verificando se estão interessados em colaborar. Deixe os aspectos formais para mais tarde, durante a validação pelo cliente.

Leia mais sobre a estrutura e organização do conselho consultivo na página 323.

| Verificação: Produto/Mercados Adequados | → | Verificação: Clientes e Como Alcançá-los | → | Verificação: Podemos Ganhar Dinheiro? | → | Rearticular ou Avançar? | | Todos os Canais |

CAPÍTULO 7

Descoberta do Cliente, Fase Quatro: Verifique o Modelo de Negócio e Rearticule ou Avance

OS SEUS ESFORÇOS NA DESCOBERTA DO CLIENTE transformaram suas hipóteses (ou suposições) em fatos concretos? Você acredita que já pode avançar para a validação pelo cliente e testar se o modelo de negócio pode aumentar a escala?

Há três questões críticas a serem resolvidas:

1. *Encontramos o produto/mercado adequados?* Há demanda expressiva capaz de resolver o problema, e o produto, na perspectiva dos clientes, tem condições de atender aquela procura?

2. *Quem são nossos clientes e como os alcançamos?* Compreendemos os aspectos demográficos e os arquétipos de nossos principais clientes-alvo e o bastante sobre o comportamento deles e como torná-los rentáveis?

3. *Podemos ganhar dinheiro e fazer a empresa crescer?* Podemos crescer de modo previsível e o bastante para chegar a ser uma grande companhia?

Caso sua análise recomende "avançar", lembre-se de que esta ainda não é a ocasião do lançamento. A decisão de ir ou não ir responde a uma só questão: temos suficiente confiança no grau de entusiasmo dos clientes e na adequação do produto/mercado para avançar para a validação pelo cliente e verificar se podemos aumentar o tamanho do negócio em cinco, dez vezes ou mais? Essa espera é quase sempre frustrante para os empreendedores que tomam a decisão de "ir", pois estão ansiosos para sair, fazer as coisas acontecerem, vender. Afinal de contas, é isso o que os empreendedores fazem. Isso é também uma armadilha perigosa: a validação pelo cliente acelera o gasto, que — se não for bem-sucedido — pode custar seu emprego, seu patrimônio ou ambos. (Como já dissemos, esse processo não é fácil.)

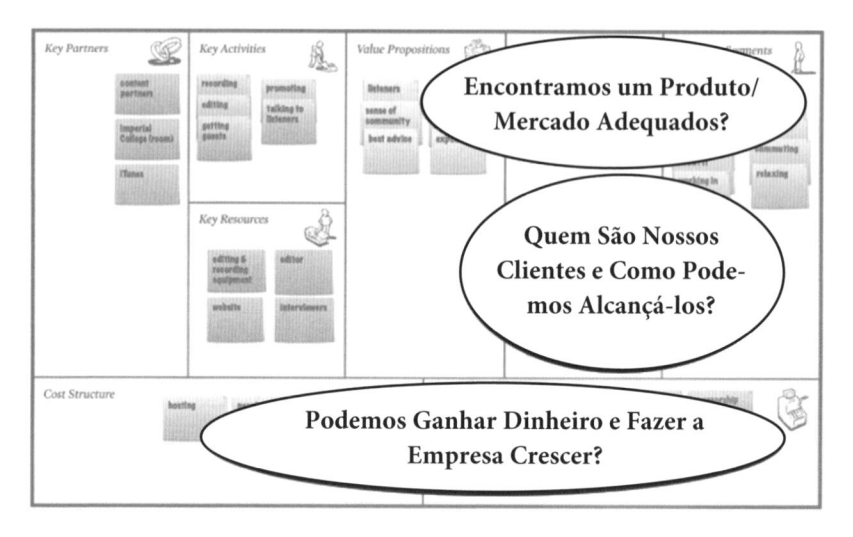

Este Negócio Vale a Pena? (Figura 7.1)

Traga sua equipe e investidores para uma "parada geral", a fim de responder às questões acima. Ou, no mínimo, coloque o Rearticular ou Avançar como assunto de uma reunião do conselho. Geralmente, essa avaliação força pelo menos um reinício do processo de descoberta. Essa é a regra. (É muito melhor descobrir agora, antes que se passem mais anos de expedientes semanais de 100 horas)!

↪ **As três questões que você está respondendo são praticamente idênticas, sejam os produtos do canal físico, sejam do canal digital. Porém, startups digitais devem acumular muito mais feedback e implementar mais ações iterativas do que suas contrapartes que atuam no mercado físico. Aquelas já devem perceber alguma "velocidade" mensurável em suas taxas de ativação do cliente (algo que, nas startups de canais físicos, pode não estar bem definido). Caso sua startup digital não esteja notando sinais fortes de ativação do cliente (indicações, visitas recorrentes, vendas de produtos de maior valor), é praticamente certo que é hora de parar e começar a estudar mudanças no modelo de negócio.**

Encontramos o Produto/Mercado Adequados?

| Verificação: Produto/Mercados Adequados | → | Verificação: Clientes e Como Alcançá-los | → | Verificação: Podemos Ganhar Dinheiro? | → | Rearticular ou Avançar? | | Todos os Canais |

Há aqui três componentes:

- O problema ou necessidade que foram detectados são urgentes ou vitais para *uma grande quantidade* de clientes — isto é, há um mercado? (Substitua "grande quantidade" por um número de "certo/errado" real.)
- Seu produto resolve um problema ou satisfaz uma necessidade a um preço que os clientes pagarão de bom grado? (Insira um número real do modelo de negócio, é claro.)
- Existem suficientes (insira o número) clientes "lá fora" que trarão uma oportunidade de negócio considerável (insira número)?

Essa verificação é tão importante que deve-se considerar essas questões uma por vez (se tiver dúvidas ou quiser mais dados, há detalhes e considerações mais precisas no final do Capítulo 12.)

Você está resolvendo um problema teste ou satisfazendo uma necessidade premente?

Essa é uma questão que deve ser inteiramente tratada junto aos clientes online e, em especial, pessoalmente. Você tem se deparado, de modo consistente, com respostas entusiasmadas como "Este é um problema (ou necessidade) de alta prioridade, que coloco no topo da minha lista"? Se acompanhadas de comentários do tipo "Pago o que for preciso para resolver este problema" ou "Minha solução atual não é boa o bastante", melhor ainda. Comprove somente em função de um elevado nível de sólido entusiasmo. É o que define uma oportunidade de mercado.

Questões-chave para revisar e discutir:

- Seus clientes têm amigos ou colegas com problemas e necessidades semelhantes e consideram que o problema é tão importante que merece ser discutido, inclusive com os amigos ou companheiros de trabalho deles?
- Quantos clientes com quem se encontrou estão tentando resolver em casa ou no trabalho o problema para o qual trouxe uma solução?
- A maioria dos clientes classifica a gravidade de um problema ou necessidade como 8, 9 ou 10 em uma escala máxima de 10?

- A maioria dos clientes classifica o grau de transtorno causado por um problema como perto de 5 em uma escala máxima de 5?
- Reveja o diagrama do comportamento "antes e depois" do cliente.
- Após a compra do produto a diferença foi dramática?
- Os clientes mostravam-se evidentemente excitados?
- Os clientes afirmam que pagariam para obter aquela diferença?

↪ **As startups digitais devem observar de perto as indicações para avaliar a magnitude e importância do problema. Se apenas dezenas ou centenas de usuários sofrem com o problema ou necessidade, ou ninguém imagina que ele seja do interesse de amigos ou companheiros, é um golpe forte na suposição de severidade. Se as ações em cima dos potenciais usuários indicados resultam em pouca ou nenhuma ativação, isso é igualmente sério. Pare e utilize o telefone para obter deles, tanto quanto possível, as razões da ausência de interesse. Quem sabe pode ser a mensagem, e corrigir é fácil. Durante a chamada, não "venda" nada a eles — sonde seu genuíno interesse e fique atento a oportunidades para mudar a mensagem, o produto ou os incentivos para ativação.**

Seu produto resolve o problema ou satisfaz uma necessidade de seus clientes?

Reveja todos os relatórios, resumos e análises a respeito do feedback dos clientes — deve haver uma pilha deles. De novo, aqui, assim como na validação da questão do problema, esteja seguro de que há um forte entusiasmo pelo produto, ainda que no formato de MVP. Procure por comentários do tipo "quero isso agora" ou "todos que conheço querem um" ou ainda "quando chega?". Indiferença ou entusiasmo medíocre dificilmente levam a startups escaláveis. Seja objetivo e deixe o entusiasmo empresarial na porta de casa.

Questões-chave para revisar e discutir:

- O mínimo produto viável gera "compra" ou "engajamento" de entusiasmo significantes?
- O produto entusiasmou ou animou um significante número de clientes que foram indicados? Esse contingente, em termos relativos, é expressivo?
- A visão de longo prazo do produto gera feedbacks elevados e positivos?
- As últimas hipóteses sobre "produto, recursos e benefícios" ainda são apropriadas e capazes de produzir lucro?
- O cronograma de longo prazo para a entrega do produto gera entusiasmo?

Também revise o cronograma de entrega, inclusive os pressupostos, se necessário. Os clientes compram a visão inteira, não só o MVP, e precisam ouvir como e quando o produto final estará pronto.

↪ **Entre os sintomas que denunciam a má "solução" de adequação nas startups digitais é fácil de apontar: trocentas aquisições e muito poucas ativações. Aqueles clientes potenciais concordam que você identificou um problema ou necessidade que dificulta-lhes a vida, todavia, quando chegam até você, não gostam da solução proposta.**

O feedback do cliente é vital aqui. Primeiramente, sonde o sentimento deles pelo produto, site ou app e do que gostaram ou não. Depois, vá até a mensagem. Se ela não "vende" o produto corretamente (como em "Perca 10 quilos em uma semana") o que os fez ir ao site em primeiro lugar? Foi a falta de confiança no produto, a falta de evidências (reclamações, depoimentos, diagramas ou demos) ou a pobreza da mensagem? Antes de prosseguir, vá ao fundo dessa questão, reunindo um por um dos feedbacks ativadores e não ativadores. O que faz com que uns funcionem? O que fez perder o passo — o produto, o "discurso de vendas" ou a companhia que não foi capaz de seduzir os que não se ativaram?

Há Clientes Suficientes que Impliquem em uma Grande Oportunidade de Negócio?

Os clientes compraram no nível que você esperava? Outros dados ou algum concorrente apontam para uma maior ou menor participação de mercado? Revise suas hipóteses iniciais do MTP (mercado total possível) e MSP (mercado de serviços possível) e compare essas estimativas com aquilo que os clientes realmente dizem. Contraponha o que encontrou com os dados analíticos sobre concorrência e conhecimento do mercado, reunidos durante a Fase 2.

Questões-chave para revisar e discutir:

- Você validou o MTP e o MSP para o seu mercado?
- O mercado tem o tamanho que você esperava, e isso foi verificado pelo feedback dos clientes e dados setoriais?
- O mercado está crescendo de forma expressiva, com forte perspectivas de crescimento?
- As conversações com clientes verificaram que eles compram recorrentemente e indicam outros que fazem o mesmo?
- Surgiram ameaças inesperadas da concorrência?

A questão complicada aqui é definir quantos clientes significa "bastante". Juntos, fundadores e investidores devem responder a essa pergunta, com todos eles em pleno acordo a propósito de objetivos de longo prazo para a companhia, e se os resultados atuais estão apontando em direção à consecução daqueles resultados. Os resultados diferem amplamente de um canal para o outro e por tipo de produto. Algumas poucas generalizações:

- *Software empresarial*: Três ou quatro earlyvangelists mostrando um interesse muito forte podem bem ser o suficiente, garantindo à equipe um horizonte repleto de entusiastas. Sempre que possível, os clientes devem vir de múltiplos segmentos, e muito poucos ou nenhum segmento deve ficar atrás dos outros em termos de interesse no produto.

- *Bens de capital*: A regra dos "três ou quatro" aplica-se também aqui, mas uma olhada mais de perto da descoberta do cliente com um leque mais amplo de clientes ajuda muito. A maior parte dos potenciais interessados no produto o querem como especificado ou cada um quer algum tipo de personalização? Os resultados da descoberta apontam para uma robusta infraestrutura de produção e comercialização, reconhecendo que o ciclo de vendas de bens de capital costuma ser bem demorado?

- *Bens de Consumo*: Quer se trate de uma nova prancha de surfe ou uma TV de tela plana, mais que um punhado de clientes earlyvangelists são quase que certamente requeridos — talvez 20 ou 30, ou até mais. Também é importante um interesse sério no canal através do qual se espera comercializar o produto. Se 15 pessoas querem comprar sua prancha, é provável que o vendedor do Walmart não se sensibilizará, por exemplo.

- *Aplicativos Digitais*: Dado que os esforços da descoberta do cliente devem alcançar vários milhares de potenciais compradores ou usuários, um app digital quase certamente deve ativar pelo menos 100 apps ou downloads para dizer que são "bastantes" respostas de clientes. Observar os números relativos também é medida recomendável para certificar-se de que a taxa de conversão é encorajadora.

- *Redes sociais e startups "efeito rede"*: Aqui, é preciso atrair ao menos 500, se não 1.000, usuários ativos e participantes para poder afirmar que se atraiu "bastante". Se o site ou app for grátis ou *freemium*, esse número deve triplicar, de preferência quintuplicar, uma vez que é muito mais cômodo para um usuário dizer "sim" a algo gratuito. Monitore a taxa de ativação e examine com atenção a porcentagem dos usuários que retornam com regularidade — digamos, três vezes na semana —, pois isso não apenas é indicativo de volume, mas também aponta para a qualidade e engajamento dos clientes.

Caso a equipe esteja conversando com os clientes certos, contudo o feedback informa que o produto é errado, alguma coisa precisa mudar. Reavalie seus segmentos de clientes e volte às ruas para encontrar um conjunto diferente de clientes, ou considere alterar recursos, reconfigurar o produto, checar preços ou outros elementos do modelo de negócio.

Sabemos Quem são Nossos Clientes e como Alcançá-los?

Verificação: Produto/Adequação ao Mercado	**Verificação: Clientes e Como Alcancá-los**	Verificação: Podemos Ganhar Dinheiro?	Rearticular ou Avançar?	Todos os Canais

O passo anterior assegura que "lá fora" há clientes que desejam o seu produto. No entanto, você sabe como os encontrará e lhes venderá com um marketing acessível e um orçamento para "atrair clientes"? Essa verificação começa pela certeza de que você sabe "o que o cliente parece ser".

- Você consegue definir um cliente arquetípico para cada um dos principais segmentos de cliente? Isso aponta claramente os locais onde pode encontrar os clientes?
- Você consegue reconstruir um dia na vida do cliente, a fim de atingi-lo com precisão quando oferecer-lhe o produto?
- Algum segmento responde melhor, mais rápido ou com pedidos de compra em maior quantidade que os demais?
- Surgiu algum novo segmento ou um deles deveria ser ignorado?
- Os clientes reconhecem ter havido melhora no "um dia na vida" dos usuários?
- É do seu conhecimento o que seus clientes leem, de quais feiras comerciais participam, gurus que admiram e onde trocam informações sobre novos produtos?
- Você consegue desenhar seu mapa de canais, mostrando de que modo seu produto sai da startup e chega ao usuário final, juntamente com os custos e o papel de marketing/vendas em cada passo no canal de vendas?

Experimente medir objetivamente seu custo de "atrair clientes" e as taxas de resposta. Revise os verdadeiros, "embutidos", custos (incluindo tempo do pessoal, despesas gerais, tudo mesmo) da ativação ou venda, digamos, de 50 clientes. Após haver somado e compreendido a natureza de todos os custos (não só a adição dos custos diretos do AdWords, por exemplo) você ainda confia em sua habilidade de trazer grandes contingentes de clientes com, a grosso modo, o mesmo custo por cliente?

Olhe além do total do orçamento de "Atrair" para identificar quais programas têm melhor custo-benefício e faça seu dever de casa para certificar-se de que, por exemplo, se você quintuplicar o orçamento de marketing por e-mail, os resultados crescerão na proporção direta. Esse é o momento de procurar saber o quanto precisa realmente gastar para obter um, ou 50, bons clientes, uma vez que você se encontra em plena validação pelo cliente, na qual os gastos multiplicam-se por um fator igual a 10, se não mais!

Um volume expressivo de feedback dos clientes dá a você uma enorme confiança em todas as respostas, e se estiver nessas condições, há ainda mais um passo a ser dado — determinar se é viável adquirir clientes de acordo com os custos preconizados em suas hipóteses de "Atrair". Os testes iniciais dos programas "Atrair" devem lhe ter dado uma boa ideia a respeito, então, revise os dados coletados. Não se preocupe se os custos forem um tanto elevados, você terá a oportunidade de otimizá-los durante a validação.

↬ **Startups digitais deveriam dar muito mais importância do que de fato dão às vitais questões de "Atrair", mesmo porque elas podem fazê-lo. Esta é a melhor resposta no Facebook, Twitter ou Foursquare? As pessoas que, finalmente, foram ativadas, procuraram o site ou app com mais frequência via AdWords, *textlinks*, procura aleatória ou por terem lido em blogs ou por indicação de amigos? Você deve ter as respostas na ponta da língua, até mesmo aquelas obtidas nos testes iniciais feitos na fase da descoberta do cliente.**

Não se esqueça de olhar além do que mostram as estatísticas da aquisição do cliente e identifique os usuários ativados ou compradores pela sua *origem* e assim saberá onde encontrar muitos mais deles. Com frequência, perceberá que nada funciona melhor que o boca a boca, portanto, observe mais de perto a abordagem de "Atrair". E sempre procure pelos dados de cada segmento ou grupo de clientes separadamente, pois alguns clientes costumam ser mais facilmente atraídos do que outros.

Assegure-se de atualizar o modelo de negócio baseando-se em quaisquer mudanças nos custos de aquisição do cliente, pois eles são, em geral, os maiores com que as startups se deparam.

Podemos Ganhar Dinheiro e Fazer a Empresa Crescer?

Verificação: Produto/Adequação ao Mercado	Verificação: Clientes e Como Alcançá-los	**Verificação: Podemos Ganhar Dinheiro?**	Rearticular ou Avançar?	Todos os Canais

Reúna os Dados do Modelo de Receita

Chegando a este ponto, a equipe juntou um montante expressivo de dados brutos sobre preços, receita, custos de marketing e aquisição, entre outros. Os dados necessitam ser trabalhados, com quaisquer lacunas preenchidas, o que implica retornar para aprender mais com mais clientes, canais e discussões sobre o desenvolvimento do produto. As mais importantes revisões nos dados *in natura* incluem:

- resumo dos relatórios sobre o cliente, indicando o potencial de receita de vendas esperadas ao longo do tempo
- estimativas do tamanho do mercado
- custo do canal e resumos do potencial de receita
- plano de precificação
- custos de aquisição do cliente
- informações detalhadas sobre o setor, clientes e seu comportamento
- informações sobre preços e produtos concorrentes

Combine esses dados para elaborar uma projeção cuidadosa das receitas líquidas para pelo menos os próximos quatro trimestres de existência da companhia — a fase da validação pelo cliente — e, se possível, mais um ano à frente disso. Não há necessidade de que seja precisa ao extremo, estimando tostão por tostão. Na realidade, trata-se mais de uma checagem do acerto daquela "certeza entranhada" de que a companhia sairá da validação pelo cliente como um negócio lucrativo e capaz de crescer de maneira sustentável. Volte sua atenção para a Figura 7.2, uma análise hipotética de uma empresa que vende através de seu site e também pelos canais físicos. No exemplo, o custo médio de aquisição do cliente é de 40% da receita. A montagem dos dados é um processo de quatro partes:

1. Considere a "melhor estimativa" do total da receita bruta que a companhia auferirá *diretamente* dos clientes, trimestre por trimestre. Revise os resultados dos relatórios da descoberta do cliente e dos testes do programa "atrair clientes", bem como as estimativas do tamanho do mercado, para projetar a receita com as vendas diretas aos clientes, trimestre por trimestre.

2. A seguir, compute o montante de receitas do *canal* (exceto as receitas diretas de vendas aos usuários finais, as quais a empresa recebe 100%).

Revise os custos do canal (margem, taxas de representação, despesas promocionais etc.) e deduza-os das receitas do canal.
3. Some a receita líquida do canal ao total da receita direta por trimestre para obter a receita total da companhia. Deduza das receitas os custos operacionais trimestrais.
4. Faça a somatória de todos os custos de aquisição do cliente, sabendo que certamente irão mudar trimestre a trimestre, com a companhia gastando mais dinheiro em seus esforços por "atrair clientes" e adquirir clientes mais rentáveis.

Categoria	q1	q2	q3	q4	TOTAL
receita direta	500.000	750.000	1.000.000	1.200.000	3.450.000
receita líquida do canal	200.000	300.000	400.000	500.000	1.400.000
TOTAL das receitas	**700.000**	**1.050.000**	**1.400.000**	**1.700.000**	**4.850.000**
Menos custos de aquisição	-280.000	-420.000	-560.000	-680.000	-1.940.000
Menos custos operacionais básicos	-800.000	-800.000	-800.000	-800.000	-3.200.000
SAÍDA DE CAIXA	**-380.000**	**-170.000**	**40.000**	**220.000**	**-290.000**
Caixa no final do trimestre	20.000	-150.000	-110.000	110.000	

Amostra de Análise Financeira (Figura 7.2)

Os cálculos devem obter uma estimativa aproximada das expectativas de receitas da companhia nos próximos quatro (ou, de preferência, oito) trimestres. Considere desenvolver esse exercício completo de três maneiras diferentes, aplicando uma abordagem do tipo "bom/melhor/o melhor", obtendo três projeções ou situações de negócio: alto, melhor estimativa e pior cenário.

Essa análise, por si só, como costuma acontecer com frequência, pode parar o andamento do processo "rearticular ou avançar", caso revele que a companhia está esgotando seus recursos financeiros durante o ano. A planilha é um simples exemplo aproximado de um processo de esvaziamento do caixa que deve ser o suficiente para convencer qualquer fundador inteligente a passar pelo processo de descoberta e validação antes de avançar, uma vez que, ignorando-o, o dinheiro acabaria em 90 dias.

Ter em mãos uma análise como essa deve deixar fundadores e investidores muito nervosos sobre gastar quase $2 milhões em ações de criação de clientes. A startup no exemplo que estamos examinando tem várias opções:

- Levantar, imediatamente, outras poucas centenas de milhares de reais em pedidos para sobreviver ao ano à frente
- Reduzir o custo operacional ou o de aquisição de clientes
- Diminuir o quadro de funcionários ou reduzir as retiradas dos fundadores até alcançar o ponto de equilíbrio entre receitas e custos

Ignorar qualquer dessas providências é um erro que, com certeza, custará a sobrevivência da empresa. É preciso, assim, voltar atrás e redesenhar o modelo de negócio.

Questões-chave para rever e discutir:

- Você já transformou descoberta de mercado e participação de mercado em vendas e receitas unitárias?
- Você validou sua precificação junto aos clientes?
- As hipóteses de volume, demanda e frequência de compras estão validadas?
- Os custos do canal não antecipáveis estão delimitados, tais como comissões e remuneração dos representantes de vendas?
- Se o mercado é multifacetado, todos os custos de geração de receita "do outro lado" estão estimados?
- Essa projeção aproximada aponta para um negócio lucrativo e escalável, com um substancial valor de saída (montante, em valor atual, pelo qual se poderia alienar a empresa no futuro)?

Rearticular ou Avançar?

| Verificação: Produto/Adequação ao Mercado | Verificação: Clientes e Como Alcançá-los | Verificação: Podemos Ganhar Dinheiro? | **Rearticular ou Avançar?** | Todos os Canais |

Este não é o começo nem o fim, provavelmente apenas o fim do começo. É onde você reconhece que sua ideia, entre milhares de outras, se transmutará em uma grande, lucrativa e escalável companhia com um valor de saída de $100 milhões ou mais. A empresa assenta-se firmemente no mercado a partir de uma série de hipóteses cuja validade é posta à prova. Clientes potenciais validam o produto e aumentam em quantidade. E todo o aprendizado é aplicado na atualização do quadro do modelo de negócios e corrobora suas hipóteses. Esta é a ocasião de avaliar honestamente se as hipóteses modificadas sustentam a passagem para outro patamar — não o do lançamento, mas o do teste em larga escala na validação pelo cliente.

Resumo de Questões para revisar e discutir:

- Identificamos um problema que um grande contingente de clientes ansiosamente pagará para tê-lo resolvido?
- Nosso produto satisfaz aquelas necessidades de um modo diferente, com bom custo-benefício e lucrativamente?
- Em caso positivo, temos um mercado grande o bastante e um modelo de negócio viável, lucrativo e com condições de aumentar de escala de forma sustentável?
- Podemos simular com precisão um dia na vida do cliente, antes e depois do nosso produto?
- Podemos elaborar um esquema organizacional de usuários, compradores e canais?

A questão mais difícil é simples e necessita de uma resposta honesta: o que foi encontrado na descoberta do cliente aponta para um grande mercado para o nosso produto? Essa é, quase sempre, uma questão dolorosa e, lamentavelmente, na maior parte das vezes nos leva de volta quase ao começo da descoberta do cliente. Apesar de ser uma espécie de derrota, é melhor enfrentar essa questão honesta e sinceramente, para ter a certeza de que o modelo de negócio, executado da maneira apropriada, afirmará a existência de uma oportunidade de negócio recorrentemente lucrativo e escalável. Sem ela, a companhia percorrerá um caminho penoso e inglório.

Caracterizando-se por ser um processo exaustivo, a descoberta do cliente requer e torna a requisitar múltiplas iterações para obter-se uma compreensão integral do mercado e descobrir clientes que não querem esperar para comprar. Entretanto, nunca é fácil encontrar o Santo Graal. Para chegar lá, é preciso incorporar tudo o que foi aprendido nas Fases 1 a 3, modificar as apresentações, voltar à Fase 1 e fazer tudo de novo. Experimente diversos mercados e usuários. A equipe precisa reconfigurar ou repaginar o produto oferecido? Em caso afirmativo, reelabore as apresentações do produto e retorne à Fase 3 (apresentação da solução) e refaça tudo mais uma vez.

Se a equipe decide "ir para a frente com tudo", há mais dois passos para completar antes de tomar fôlego e caminhar em direção da validação pelo cliente.

Determine os Checkpoints da Validação

É maravilhoso que estejam por aí parâmetros de sucesso tão vagos e simplórios, porém, raramente são aplicáveis nas startups. Certifique-se de que cada hipótese tenha um "checkpoint da validação", um indicador capaz de medir com precisão e transparência cada hipótese, e que, além disso, esteja vinculado ao modelo de negócio. Eis alguns poucos exemplos de tipos de checkpoints para testar na fase de validação pelo cliente:

Exemplos de checkpoint no canal físico para negócios entre empresas:

- Podemos fechar uma venda em três encontros
- Um dos cinco potenciais clientes comprarão se conseguirmos conversar com o VP de finanças
- Os clientes irão expandir em 25% o número de usuários dos nossos serviços em seis meses
- Os clientes colocarão dois pedidos por mês em média

Exemplos de checkpoints digitais:
- **Cada novo cliente convida dez amigos, dos quais, metade registra-se**
- **Um terço dos nossos visitantes retornará ao site dentro de uma semana**
- **Um quarto dos nossos visitantes indicará, em média, 1,5 amigos em uma semana**
- **A duração média de cada sessão será de 10 páginas ou minutos por visita**
- **O valor médio do pedido será de $50 no primeiro mês do cliente**
- **Uma centena de sites fornece tráfego para o nosso por uma CPM menor que $X**
- **Uma centena de sites expõem nossos** *banners* **em uma base CPA**

Avançando para a Validação pelo Cliente? Parabéns!

Se você chegou até este ponto, já mudou suas hipóteses diversas vezes. Algumas foram iterações; outras, rearticulações. Uma das melhores técnicas para ver quão longe você chegou é mostrando os modelos de negócio como uma série de fotografias ao passar do tempo. Você pode fazê-lo colocando esses modelos na parede ou em uma apresentação de slides do PowerPoint. De qualquer modo, uma apresentação visual das hipóteses cujos testes as descartaram, ou reafirmaram, transformando-as em fatos concretos e objetivos, é o ato final na determinação de que é chegada a hora de mover-se rumo ao próximo dos quatro passos, a validação pelo cliente.

Se for o momento de avançar para o próximo passo, parabéns! Trata-se de uma grande conquista e merece comemoração. A descoberta do cliente é o passo mais desafiador e poderoso que você encontrará no Desenvolvimento de Cliente: definir um produto, uma oferta, um canal e um preço desse produto que os clientes estão ávidos para comprar. Mantenha consigo todas as informações coletadas nas entrevistas com os clientes para utilizá-las em toda a fase da validação pelo cliente, quando a venda verdadeira desenvolverá um roteiro de vendas para a companhia.

A descoberta do cliente é um processo exaustivo, às vezes frustrante. Contudo, é o alicerce do Desenvolvimento de Cliente e, por conseguinte, o chão firme e sólido de um negócio bem-sucedido e escalável. Os checklists no apêndice A recapitulam as fases desse processo, comprovando que os objetivos estão sendo alcançados. Com isso pronto, você merece uma folga: tire a semana para celebrar. Você precisará estar bem descansado para enfrentar a validação pelo cliente.

III

Passo Dois: Validação pelo Cliente

Capítulo 8:
Introdução à Validação pelo Cliente

Capítulo 9:
Validação pelo Cliente, Fase Um:
"Prepare-se para Vender"

Capítulo 10:
Validação pelo Cliente, Fase Dois:
"Vá Para a Rua e Venda"

Capítulo 11:
Validação pelo Cliente, Fase Três:
Desenvolvimento do Produto e Posicionamento da Companhia

Capítulo 12:
Validação pelo Cliente, Fase Quatro:
Pergunta Mais Difícil de Todas: Rearticular ou Avançar?

Visão Panorâmica do Processo de Validação pelo Cliente

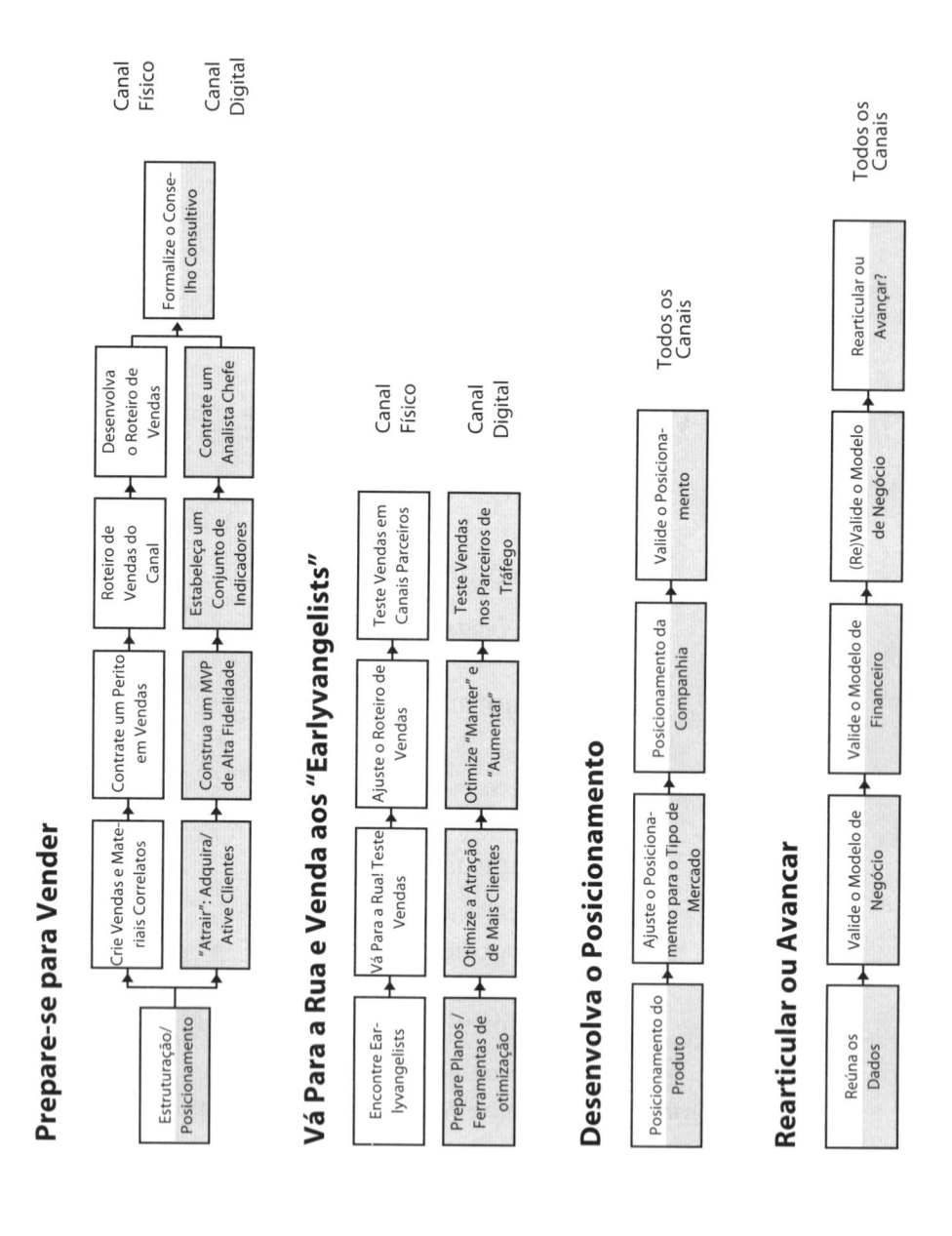

Prepare-se para Vender

Estruturação/Posicionamento →

- Crie Vendas e Materiais Correlatos → Contrate um Perito em Vendas → Roteiro de Vendas do Canal → Desenvolva o Roteiro de Vendas → Formalize o Conselho Consultivo *(Canal Físico)*
- "Atrair": Adquira/Ative Clientes → Construa um MVP de Alta Fidelidade → Estabeleça um Conjunto de Indicadores → Contrate um Analista Chefe *(Canal Digital)*

Vá Para a Rua e Venda aos "Earlyvangelists"

- Encontre Earlyvangelists → Vá Para a Rua! Teste Vendas → Ajuste o Roteiro de Vendas → Teste Vendas em Canais Parceiros *(Canal Físico)*
- Prepare Planos / Ferramentas de otimização → Otimize a Atração de Mais Clientes → Otimize "Manter" e "Aumentar" → Teste Vendas nos Parceiros de Tráfego *(Canal Digital)*

Desenvolva o Posicionamento

Posicionamento do Produto → Ajuste o Posicionamento para o Tipo de Mercado → Posicionamento da Companhia → Valide o Posicionamento *(Todos os Canais)*

Rearticular ou Avançar

Reúna os Dados → Valide o Modelo de Negócio → Valide o Modelo de Financeiro → (Re)Valide o Modelo de Negócio → Rearticular ou Avançar? *(Todos os Canais)*

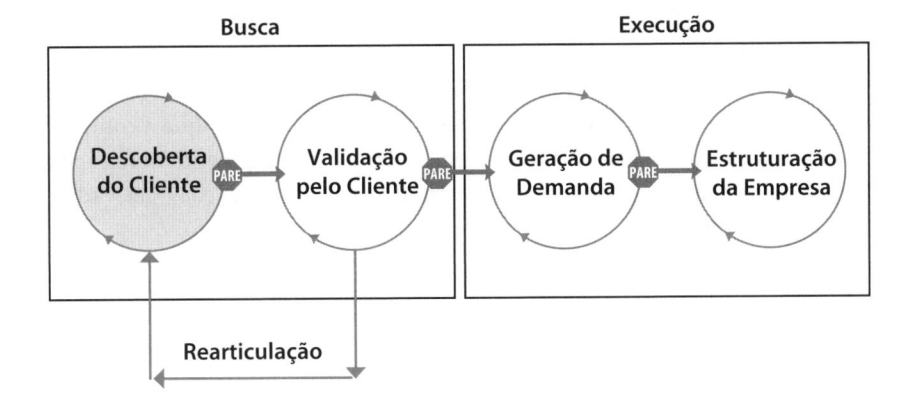

```
┌─────────────────────────────┐  ┌─────────────────────────────┐
│          Busca              │  │         Execução            │
│                             │  │                             │
│  Descoberta    Validação    │  │  Geração de   Estruturação  │
│  do Cliente    pelo Cliente │  │  Demanda      da Empresa    │
│                             │  │                             │
└─────────────────────────────┘  └─────────────────────────────┘
         ▲
         │      Rearticulação
         └──────────────────┘
```

CAPÍTULO 8

Introdução à Validação pelo Cliente

Ao longo do caminho, costumamos esquecer aonde estamos indo.
—Friedrich Nietzsche

AO SER FUNDADA, A E.PIPHANYS BASEAVA-SE EM HIPÓTESES simples e diretas, que em meados dos anos 1990 a classificavam como uma empresa "investível". Era uma época em que os softwares estavam automatizando tudo, das contas a pagar às redes de segurança, processos de vendas e até mesmo os estoques das adegas. "Por que não automatizamos o departamento de marketing?" perguntavam-se os fundadores, ao se encontrarem em suas modestas salas de reunião. "Afinal, a maior parte do trabalho parece ser de comunicados de imprensa, planilhas de dados, correspondência para os clientes, um processo contínuo e repetitivo." A companhia levantou capital de risco e começou a construir seus produtos em função da visão dos fundadores.

Entretanto, o entendimento inicial da empresa sobre quem eram os clientes e quais problemas queriam resolver estava equivocado. O sucesso que a companhia viria a ter mais tarde deveu-se à boa vontade de quatro empreendedores apaixonados que escutaram os clientes e a três dolorosas rearticulações derivadas do feedback dos clientes.

O Browser Inovador

Ao longo dos anos 1990, as grandes corporações adquiriram diferentes aplicativos (softwares) para automatizar cada área da empresa — finanças, atendimento ao consumidor, fabricação e vendas, entre outras. Porém, os dados que os softwares coletavam eram acessados através de meios e procedimentos de uma organização de TI (tecnologia da informação). E, o mais importante, os dados existentes eram armazenados em verdadeiros "silos virtuais", onde os sistemas funcionais eram emparedados cada um em seu cubículo. O sistema de finanças não se comunicava com o de vendas, que por sua vez desconhecia até mesmo que o sistema de produção existia. Consultas como "Compare os dados de vendas de vestidos verdes com os de azuis, os estoques atuais em cada loja, e verifique a margem bruta em cada região para calcularmos descontos" eram praticamente impossíveis de responder porque dependiam da combinação de dados de três sistemas incompatíveis. Em decorrência disso, era comum levar dias ou semanas para obter um relatório detalhado de estoques.

O conceito até então radical da E.piphany era fornecer gestores detalhistas, o tempo todo e em qualquer lugar, e uma análise em tempo real, sem a presença da TI, por intermédio de uma revolucionária nova tecnologia denominada "web browser" (navegação na internet). Uma das hipóteses-chave da companhia era que esse produto devia ser um grande achado para empresas com enorme contingente de clientes, toneladas de dados sobre eles e com necessidade recorrente de atualização de informações para desenvolvimento de campanhas de marketing microssegmentadas.

Uma Epifania da E.piphany

Logo no início, a E.piphany montou um conselho consultivo. Um dos principais consultores era uma VP de banco de dados de marketing na Schwab. Acessível e generosa, ela disse que o sistema podia funcionar em seus aplicativos. Apresentou a companhia a outros executivos com a mesma função que a dela, os quais, essencialmente, afirmaram: "Se vocês têm um sistema que funciona bem para a Schwab, queremos comprar um também". Não se pode querer mais do que isso. A E.piphany tinha encontrado seus primeiros earlyvangelists e seu primeiro mercado.

Contudo, a cada vez que a equipe da Schwab olhava mais de perto para os detalhes técnicos do sistema, com muito tato nos dizia que o produto estava ignorando um importante recurso do banco de dados de marketing. Foram necessárias duas reuniões para que os fundadores percebessem que haviam compreendido o problema, porém a solução — o esquema subjacente do banco de dados do software — representava ter que abrir mão da mais importante característica do produto. O problema era que nosso produto não incluía a denominada "economia doméstica", e sem esse recurso, a Schwab não teria como comprar o sistema da E.piphany (economia doméstica, como bem sabe o pessoal de marketing que trabalha com banco de dados, compreende que duas ou mais pessoas no mesmo endereço físico não só vivem juntas mas, em casos como o da Schweb, muitas vezes investem juntas. Aquele recurso faltante era crucial para os que operacionalizam vendas diretas, que não desejam enviar múltiplos ou diferentes anúncios para o mesmo endereço). E nenhum investimento em vendas ou marketing iria resolver o problema.

Esse foi o maior equívoco. Até essa reunião, os fundadores não tinham compreendido o problema do cliente bem o bastante para providenciar a solução correta.

Ben Wegbreit e Steve Blank, cofundadores da E.piphany, juntaram-se à VP da Schwab e à equipe de engenheiros dela em uma profunda discussão técnica sobre o que a Schwab necessitava do software e o que tinha que ser feito para isso. Ben fez umas dez perguntas, o pessoal assentiu com a cabeça e a reunião se encerrou. No longo caminho de volta para nosso escritório, Steve perguntou: "Ben, como vamos resolver o problema da Schwab?".

Após um momento de silêncio, ele replicou: "Mostre a eles a página seis de nossas especificações do produto".

"Página seis? Nossas especificações têm só cinco páginas!".

Ben deu uma olhada para Steve e sorriu. "Tinham, Steve, tinham."

Eles iniciaram um processo de rearticulação do produto e redefiniram um conjunto mínimo de recursos. O primeiro pedido da Schwab chegou uma semana depois da demonstração da "economia doméstica". Logo depois, outros recursos foram adicionados. Uma semana mais e os fundadores sentaram-se para encontrar outros recursos que pudessem ser descartados para abrir espaço para aquele.

A E.piphany iria ainda passar por mais dois igualmente sofridos processos de rearticulação antes da oferta pública inicial, mas aquele da "economia doméstica" convenceu os fundadores do valor do "poder da rearticulação".

A reunião e a viagem de carro da Schwab à sede da empresa ilustram o processo de validação pelo cliente que todas as startups necessitam pôr em curso: um método para validar o modelo de negócio com clientes reais e pedidos.

A validação pelo cliente transforma hipóteses em fatos a respeito de questões básicas como:

- Nós compreendemos o processo de aquisição de vendas/usuários?
    - Esse processo é contínuo?
    - Como comprovamos isso? (em mercados de mão única — o pagador é o comprador — só uma prova é aceitável: muitos e muitos pedidos com o preço integral.)
    - Podemos obter esses usuários/vendas com o produto de que dispomos?
- Já testamos vendas e canais de distribuição?
- Temos confiança de que podemos aumentar a escala (número constantemente crescente de vendas/usuários) de modo compatível com um negócio lucrativo?
- Estamos confiantes de que posicionamos acertadamente o produto e a companhia?

A Filosofia da Validação pelo Cliente

A validação pelo cliente atenta para o "teste de venda" em cada estágio. Ela coloca em andamento uma série de testes certo/errado quantitativos para *determinar se há ali um mercado robusto e um produto forte o bastante para preenchê-lo e despender recursos em marketing.* A maior parte dos esforços na aplicação dos testes dirige-se a solicitar que os clientes coloquem pedidos ou se envolvam com o aplicativo ou site. Até este ponto, você está testando o modelo de negócio como um todo, não seus componentes individualmente, bem como aprende mais detalhes sobre algo, como preço ou canal.

Tal e qual a descoberta do cliente deixou atordoados experientes profissionais de marketing, o processo de validação pelo cliente deixa o mundo de pernas para o ar para os experientes profissionais e, em especial, os responsáveis diretos pelas vendas. Todos os princípios de vendas que os executivos incorporavam quando trabalhavam em canais físicos para grandes corporações *não* são aplicáveis em startups. De fato, chegam a ser prejudicais. Não têm nada a ver com a festa de lançamento!

No passo validação pelo cliente, *você não irá formar e contratar uma equipe de vendas*. E não irá executar nenhum plano de vendas ou "estratégia de vendas". Na verdade, você ainda não sabe o bastante de qualquer dessas coisas. Ao encerrar a descoberta do cliente, você tem em mãos hipóteses sólidas a respeito de quem irá comprar, por que o farão e a qual preço. Contudo, até que aquelas hipóteses sejam validadas — pelos pedidos dos clientes —, não serão mais que bem comportadas suposições, mesmo com todo o trabalho para serem desenvolvidas.

Do Quadro do Modelo de Negócios ao Roteiro de Vendas

Durante a descoberta do cliente você testou algumas hipóteses do modelo de negócio:

- *Proposta de valor*: Você as afirmou com base em poucas dezenas ou centenas de pessoas
- *Segmentos de clientes*: Você tem uma hipótese sobre arquétipos de cliente
- *Relacionamento com o cliente*: Você testou diversas atividades "atrair, manter, aumentar"
- *Canal*: Você entende seus principais canais parceiros e alguns outros que expressaram interesse
- *Modelo de receitas*: A companhia tem uma ideia de como precificar sua oferta

Um roteiro de vendas utiliza tudo que você aprendeu na descoberta do cliente para orientar a criação de um funil de vendas especificamente para sua companhia. Ele responde:

- Quem influencia uma venda? Quem recomenda uma?
- Quem toma as decisões? Quem é o comprador econômico? O sabotador?
- Existe, e você localizou, o orçamento para comprar o tipo de produto que está comercializando?
- Quantos telefonemas são necessários para fechar uma venda?
- Do início ao fim, quanto tempo leva o processo de venda?
- Qual é a estratégia de vendas? Ela é uma solução?
- Se for, quais são os problemas-chave do cliente?
- Qual é o perfil dos compradores visionários ótimos, os earlyvangelists que todas as startups precisam?

- De onde virá o tráfego? Vai se manter?
- O produto é bom o bastante para crescer de forma viral?

A menos que a companhia comprove possuir as respostas a essas questões, poucas vendas irão ocorrer, e as que vierem a acontecer resultarão de heroicos esforços pontuais. Sem dúvida, em algum nível, a maioria dos VPs percebe que carecem de conhecimento para elaborar um roteiro de vendas detalhado, entretanto, acreditam que eles e sua recém-contratada equipe de vendas obterão essas informações enquanto, simultaneamente, fecham pedidos. É esse o motivo pelo qual a maior parte dos executivos confunde *procurar por um modelo de negócio com a execução de um modelo já conhecido*. Um roteiro de vendas é parte da *busca* por um modelo de negócio. Somente após construir é que se pode executar um modelo. As startups não podem aprender e descobrir ao mesmo tempo em que estão ocupadas executando. Como se pode ver do alto de um monte formado pelo entulho de inúmeras startups que faliram, tentar executar antes de ter um roteiro de vendas é pura loucura.

Elaborar um Roteiro de Vendas *Versus* Montar uma Equipe de Vendas

Sabendo o quanto é crítica a fase da validação, o primeiro instinto de um CEO é acelerar o processo de gastar mais na aquisição do cliente ou multiplicar o pessoal de vendas. Na realidade, isso não vai acelerar a etapa de validação. De fato, é mais provável que vá atrasá-la. Ao contrário, você irá elaborar um roteiro para encontrar como obter vendas contínuas (explicitamente, testando a adequação do mercado/produto). Uma vez isso feito, aí *então* monte a organização de vendas.

Desenvolver um roteiro de vendas é parte da procura por um modelo de negócio.

Em mercados existentes, a validação pelo cliente pode simplesmente corroborar que as vendas a partir do fichário do VP ou da lista de contatos são relevantes, e que os indicadores de desempenho do produto que a companhia identificou na descoberta do cliente estavam corretos. Em mercados ressegmentados, clones ou novos, até mesmo um fichário de tamanho infinito (ou triplicar o orçamento para o AdWords) não serão capazes de substituir comprovações para o modelo de negócio e roteiros de vendas testados.

Para um experimentado executivo de vendas ou desenvolvimento de negócios, essas afirmações sobre validação pelo cliente soam como heresias. Todas as ações no Desenvolvimento de Clientes que tachamos de equívocos são aquelas que os profissionais tradicionais de vendas têm sido treinados a implementar. Isso parece contraintuitivo e desorientador. Bem, vejamos mais de perto por que as primeiras vendas em uma startup são tão diferentes das vendas em uma fase posterior nas grandes corporações.

Os Fundadores Devem Liderar a Equipe de Validação pelo Cliente

Fundadores que completam o percurso da descoberta do cliente frequente e erroneamente relaxam e delegam as atividades da validação pelo cliente para Vendas, Desenvolvimento de Negócios, Marketing ou Gestão do Produto. Essa é uma má ideia. Gerentes de médio e baixo escalão provavelmente não saberão lidar com a validação pelo cliente, a qual requer pesquisa criativa, sondagem e recalibragem — não execução de um processo repetitivo.

Por que os fundadores precisam liderar? Primeiro, porque os fundadores, e somente eles, ordenam que se faça uma rearticulação. E para fazer isso, devem ouvir sobre deficiências do produto ou do modelo de negócio *diretamente dos clientes*. Ninguém tem o mesmo impacto. Qualquer outro que não o fundador que detecta uma séria falha do produto ou do plano de negócio enfrenta dois desafios: não tem autoridade para promover a rearticulação e raramente tem coragem para encaminhar um mau feedback do cliente para o fundador.

↪ **Nos canais digitais, nos quais há muito mais feedback para ser processado, continuam sendo os fundadores que determinam rearticulações, porém, a companhia necessita ter um monte de dados imprestáveis, testadores A/B, estatísticos e** *experts*, **além de pelo menos um ou dois selvagens e criativos marqueteiros online (isto tudo pode estar encarnado no fundador e uma ou outra pessoa incrível). Essa equipe mede, avalia, administra e aprimora a aquisição, ou Atrair Clientes, o funil descrito no Capítulo 4. Como eles "vão para a rua" digitalmente, uma equipe de desenvolvimento de clientes também deixa de fisicamente fazer a validação pelo cliente e as negociações que encaminham o tráfego ou indicações.**

A Validação Avança em Diferentes Velocidades em Diferentes Canais

Leva mais tempo estabelecer um rol de visitas em um canal físico a clientes em perspectiva representados pelas companhias de telefones celulares na Ásia e África do que atrair eletronicamente feedback de clientes através de um site. E mais clientes podem ser alcançados via canais digitais do que jamais se poderia fazer em encontros pessoais.

↪ **A validação pelo cliente para as startups digitais sempre avança mais rapidamente com muito mais iterações do que as de canais físicos e bens. Por que isso ocorre? Porque tudo o que muda são bits. Independentemente da velocidade, os princípios fundamentais da validação do canal são idênticos em todos os canais.**

Venda primeiro para os Earlyvangelists

Na validação pelo cliente, você colocará os earlyvangelists como seus primeiros clientes pagantes (se você não puder vender-lhes, isso não irá melhorar com o tempo). O perfil dos earlyvangelists está descrito em detalhes na página 54. Revise-o antes de prosseguir.

Reprima os Gastos na Validação pelo Cliente

Um cenário recorrente para o fracasso de startups é *o prematuro aumento de escala*, quando há mais vendedores em campo drenando os recursos financeiros do que seria necessário para um modelo de negócio ainda em fase de afirmação; ou quando as atividades de criação de demanda são muito onerosas em face do que os clientes representam na realidade. Muitas vezes o pessoal de vendas é demitido e seus programas de marketing liquidados quando uma startup enfrenta uma grande rearticulação depois de dar um pulo maior do que a perna, ao tentar aumentar a escala cedo demais. A validação pelo cliente adia as contratações de vendas/marketing e gastos, até que esteja quase completa. Essa rigidez financeira é central no processo, e nele está implícito que startups fracassam e iteram frequentemente. Manter os gastos rigidamente sob controle, restringindo-os ao mínimo necessário mantém bastante dinheiro em caixa para financiar múltiplas rearticulações e reformulações para alcançar o sucesso.

Priorize Quais Necessidades Serão Validadas

Priorizar os elementos do modelo de negócio que precisam ser validados é essencial para começar a validação pelo cliente. Cada um dos modelos de negócio das startups tem zilhões de partes móveis. A validação não pode mensurar e afirmar cada uma das variáveis envolvidas, ou os fundadores chegariam aos 100 anos antes que tudo estivesse pronto para aumentar a escala — ou, pior, sair — do negócio.

O quadro do modelo de negócios é um excelente conselheiro aqui. A maioria das startups irá focar nos quatro aspectos fundamentais: proposta de valor, relacionamento com o cliente, canal e modelo de negócio. Essa lista funciona para muitos negócios, mas não para todos. Mercados multifacetados têm que priorizar todos os lados. Pense a respeito das cinco, ou o mínimo de coisas, que farão desse um grande negócio bem-sucedido — ou não.

Por Que Contabilistas não Conduzem Startups

Com tantas fases envolvidas, às vezes fica difícil dar-se conta de que o processo de Desenvolvimento de Clientes não é um grupo de trabalho gigante. O objetivo não é juntar todo o feedback que for possível e submetê-lo a uma votação para determinar quais recursos serão implementados. São os fundadores os artistas cujo coração palpita pela startup — o propósito real do Desenvolvimento é *consubstanciar a visão deles* (em um mercado novo ainda não há dado algum!). Um grande empreendedor pode considerar todos os dados do cliente, escutar o que diz seu instinto e afirmar: "Vou ignorar tudo que acabamos de ouvir".

↪

E Finalmente: Não Tenha Receio de Surfar na Onda Perfeita

De vez em quando, startups digitais altamente escaláveis e com efeito viral na rede deparam-se com uma repentina e acelerada decolagem do negócio, não imaginada para acontecer tão cedo. Isso ocorreu no Google, YouTube, Facebook e Twitter, só para nominar uma pequena elite. Se você for sortudo o bastante para encantar o animal arisco que é o consumidor, deixe este livro de lado e monte nesse rabo de foguete. Afinal, é o que os empreendedores fazem! (Lembre-se de dar uma olhadinha nele depois de pilotar seu jato particular, comandar seu iate ou ao velejar num mar encapelado.)

A Filosofia da Validação pelo Cliente, em Resumo

A descoberta do cliente primeiro testou suas hipóteses sobre o modelo de negócio com um relativamente modesto grupo de clientes e estava interessado em opiniões, não em vender. A descoberta, por si mesma, não produz provas ou fatos concretos sobre quem iria comprar ou como aumentar a escala do negócio.

A validação pelo cliente dá o passo seguinte e *determina se um produto/mercado a ser explorado pode ser validado por pedidos fechados e usuários ativos*. E o faz mediante o desenvolvimento do MVP assim como das vendas e planos de marketing e materiais da companhia. Ela tira os fundadores de dentro do escritório (fisicamente, virtualmente ou ambos) para testar o MVP e cada uma das principais hipóteses do modelo de negócio, incluindo recursos do produto, preços, canal e posicionamento. Como? Indo atrás de pedidos (ou downloads, logons ou cliques)!

Teste o MVP.
Como? Vá atrás de pedidos.

A validação pelo cliente chega ao seu final quando a companhia tem respostas para estas três questões:

1. *O negócio pode aumentar de tamanho recorrentemente?* Cada real investido na aquisição do cliente produz um incremento de receita (ou páginas visitadas, downloads ou cliques) que vale a pena?
2. *O roteiro de vendas possibilita vendas contínuas e crescentes?* A empresa conhece os clientes potenciais certos e o que dizer para obter vendas consistentemente?
3. *O funil de vendas é previsível?* Os mesmos programas e táticas de vendas canalizam, de forma consistente, um adequado e lucrativo fluxo de clientes no funil?

Bem, agora vamos começar.

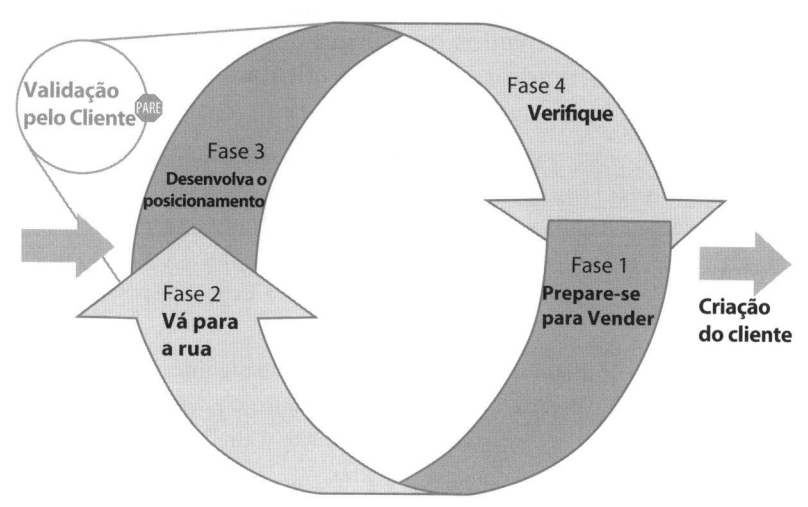

Visão Geral do Processo de Validação pelo Cliente

Validação pelo Cliente: Visão Geral do Processo (Figura 8.1)

A Validação pelo Cliente Tem Quatro Fases

Fase 1, que consiste de seis atividades "prepare-se para vender": posicionamento do produto; materiais de vendas/marketing para esforços do "teste de vender"; contratação de um perito em vendas; criação de um plano de distribuição de canais; sintonia fina do roteiro de vendas e criação de um conselho consultivo. Essas atividades se constituem na melhor preparação que uma equipe de empreendimentos de risco já teve para aventurar-se nas ruas.

⤴ **As companhias que operam canais digitais têm, da mesma forma, seis atividades "prepare-se para vender": Posicionamento do Produto; elaboração dos Planos de Aquisição/Ativação; construção do MVP de alta fidelidade; estabelecimento de um conjunto de indicadores; contratação de um "chefe de dados" e criação de um conselho consultivo. Elas ajudam a elaborar programas de aquisição de clientes enxutos e rentáveis.**

Fase 2, em que os fundadores vão para a rua e executam o teste definitivo: os clientes validarão o modelo de negócio comprando o produto? Você se esforçará para realmente vender-lhes um produto inacabado e não comprovado sem uma organização de vendas. Obter feedback é tão importante quanto fechar pedidos. As startups de canais físicos fazem isso com PowerPoint, material de vendas e, quando possível, demos ou modelos. Dezenas, e até centenas, de reuniões ajudam a burilar a apresentação do produto e o planejamento de canais, validar o roteiro de vendas, verificar a previsibilidade do funil de vendas e, ao final, validar, em um teste no mundo real, que aquele modelo de negócio é lucrativo e escalável de maneira sustentável.

↬ **As startups digitais "vão viver" e vão às ruas virtualmente para checar se seus planos e métodos para adquirir clientes realmente fazem com que eles sejam ativados ou comprem. Há mais que um punhado de clientes comportando-se conforme afirmam as hipóteses? As atividades de aquisição e ativação são mensuradas e otimizadas.**

As startups situadas em mercados multifacetados (físicos ou digitais) necessitam comprovar nas ruas sua consistência total. Nos mercados digitais primeiro são testados os usuários e depois valida-se um distinto conjunto de hipóteses (proposta de valor, segmento, modelo de receita etc.) junto aos "pagantes", que são os anunciantes e o pessoal de marketing dispostos a pagar para alcançar as pessoas que utilizam o site de graça.

Fase 3, que acontece assim que você tenha garantido algumas vendas e bastante informação para desenvolver e aprimorar seu produto e posicionamento da companhia. Este é testado em encontros com especialistas e analistas do setor, e no contato pessoal com um contingente maior de clientes.

↬ **As startups digitais ajustam suas táticas de "Atrair". Então, conduzem a um posicionamento inicial do produto e em seguida recolhem e organizam os dados sobre o comportamento do cliente coletados na Fase 2: respostas do cliente para atividades de "Atrair" e indicadores resumindo o comportamento inicial no site. Juntam ainda o feedback sobre o MVP e a efetividade das ferramentas de aquisição.**

Fase 4, que paralisa as atividades por um período de tempo suficiente para promover uma análise minuciosa do "rearticular ou avançar" e verifica se, independentemente do canal, a validação pelo cliente está completa e a companhia sabe como aumentar a escala. Isso acontecendo, a empresa está pronta para que fundadores e investidores comecem a colher os frutos de seu empreendimento. Antes disso, contudo, há muitas questões difíceis e um árduo trabalho pela frente.

Em poucas palavras, a questão se resume a isto: "Vale a pena esse negócio que estamos fazendo, que nos exige vários anos de devoção e trabalho estafante?". Ele irá proporcionar suficiente receita e lucro e crescer de maneira a atingir os objetivos dos fundadores e investidores? A equipe aprendeu o bastante para fazer isso acontecer?

As chances em contrário de encontrar o modelo ótimo de negócio na primeira ou segunda tentativa de validação são esmagadoras.

A validação pelo cliente ocorre no momento em que fica claro que há pedidos, usuários e cliques de verdade, concretos, não nas pesquisas ou no papel. A validação pelo cliente confirma que os clientes aceitaram o mínimo produto viável, prova que os clientes existem de fato, procura como alcançá-los de modo previsível e elabora um plano para vender a cada vez mais clientes. Costuma-se dizer que esse é um "momento de epifania".

A jornada para esse momento tem início na página 263.

CAPÍTULO 9

Validação pelo Cliente, Fase Um: "Prepare-se para Vender"

A FASE 1 DA VALIDAÇÃO PELO CLIENTE PREPARA as ferramentas para testar a capacidade da companhia em adquirir clientes. Aqui, você irá estruturar o posicionamento do seu produto, o que lhe servirá de orientação para balizar as ações de marketing e reunir o material necessário para amparar os esforços de vendas. Para as empresas que atuam em canais físicos, outros passos nesta fase incluem o desenvolvimento de materiais acessórios, de planos de canais de vendas e do roteiro de vendas. Às vezes, um "perito em vendas" é também contratado neste ponto. E você finalizará seu conselho consultivo.

↪ **As startups do canal digital desenvolvem seus projetos e ferramentas para a aquisição e ativação do cliente, bem como um painel de controle ou conjunto de indicadores para monitorar os resultados. Elas constroem um MVP de alta fidelidade para assegurar-se da validade dos esforços de aquisição.**

Nesta primeira fase, os passos em cada canal são acentuadamente diferentes, assim, cada um é analisado separadamente, como mostra a Figura 9.1.

Completados esses passos, é hora de ir para a rua e começar a vender, na Fase 2. Eis os passos que cada canal requer antes que esteja pronto para vender:

Canal Físico	Canal Digital
Posicionamento do Produto	
Desenvolva Materiais Acessórios e de Vendas	"Atrair": Adquira/Ative Planos/Ferramentas
Contrate um Perito em Vendas	Construa um MVP de Alta Fidelidade
Desenvolva um Plano de Ação para os Canais	Estabeleça um Conjunto de Ferramentas de Mensuração
Ajuste o Roteiro de Vendas	Contrate um "Chefe de Dados"
Constitua o Conselho Consultivo	

Fase 1 — Prepare-se para Vender (Figura 9.1)

Prepare-se para Vender: Estruturação e Posicionamento

```
Estruturação/        Crie Vendas e        Contrate um Perito    Roteiro de         Desenvolva                              Canal
Posicionamento       Materiais Correlatos em Vendas             Vendas do Canal    o Roteiro de Vendas                     Físico
                                                                                                      Formalize o
                                                                                                      Conselho Consultivo
                     "Atrair": Adquira/   Construa um MVP       Estabeleça um      Contrate um                              Canal
                     Ative Clientes       de Alta Fidelidade    Conjunto de        Analista Chefe                           Digital
                                                                Indicadores
```

Do ponto de vista dos clientes, o que sua companhia representa, o que seu produto faz e por que eles se importariam com isso? Ao iniciar o empreendimento, você já tinha uma ideia e agora, interagindo com os clientes, possui certa experiência real a respeito. É tempo de revisitar a visão do produto, recursos e informações sobre os concorrentes, à luz do conhecimento adquirido na descoberta do cliente.

Tudo o que você aprendeu pode ser reduzido a uma mensagem clara e convincente que explica em que sua companhia é diferente e por que razão vale a pena comprar seu produto (ou gastar tempo com ele). Esse é o objetivo de uma proposta de venda ímpar, que permite vincular a companhia ao cliente, concentrando-se em programas de marketing e tornando-se o ponto central na formação da empresa. O aspecto relevante a ser lembrado é que essa proposta reveste a empresa de credibilidade, ocupando um lugar cativo nas mentes e corações dos clientes. Ela estará presente nos mais diversos lugares e assumirá as mais variadas formas, de cartazes a *banners* e cartões de visita, e auxilia a concentrar os esforços em vendas e marketing. Não se preocupe em fazê-la perfeita, pois ocorrerão mudanças em função do feedback de clientes, analistas e investidores. Por enquanto, faça o melhor que puder.

Embora mensagens de posicionamento pareçam ser algo simples de fazer, sua execução pode ser desafiadora. Um comunicado conciso, que seja ao mesmo tempo compreensível e convincente, pode ser um trabalho complicado. É muito mais fácil ser prolixo (escrevendo ou pensando) do que ser breve e claro. Comece recordando o que os clientes disseram que valorizavam durante a descoberta do cliente. Quais eram os problemas mais agudos? O que diziam continua descrevendo o problema ou solução? Quão significativo é o impacto provocado pelo produto? O que ele proporciona que os concorrentes não? O que ele faz melhor? Pense no simples e em poucas palavras, sempre. Este pode ser um dos pontos em que recursos externos de criatividade valem o investimento.

Nas startups tecnológicas, uma das maiores dificuldades é fazer com que os engenheiros percebam a necessidade de comunicações simples e objetivas, que atinjam o coração e a carteira dos clientes, e não suas mentes e calculadoras. Não se trata de falar sobre recursos ou componentes do produto. Vá atrás de uma breve frase que condense integralmente a proposta de valor, em poucas, poderosas e cativantes palavras que digam tudo: "Think Different", da Apple; "Don't Leave Home Without It", da American Express; "Just Do It", da Nike; "We Try Harder", da Avis; "Hearth's First Soft Drink", da Perrier, ou "The Ultimate Driving Machine", da BMW.[1]

Os exercícios a seguir (Figuras 9.2 e 9.3), desenvolvidos por Geoffrey Moore (autor do famoso livro *Crossing the Chasm*) no início de sua carreira como consultor de marketing, podem auxiliar a evocar os elementos necessários:

MODELO DE DECLARAÇÃO DE POSICIONAMENTO DO PRODUTO
• **Para** [usuário final]
• **Quem quer/precisa** [razão convincente para comprar]
• **O** [nome do produto] **é um** [categoria do produto]
• **Que oferece** [benefício principal]
• **Ao contrário** [principal concorrente]
• **O** [nome do produto] [diferenciação principal]

Declaração de Posicionamento do Produto (Figura 9.2)

Eis como um aplicativo que permite elaborar um relatório de despesas em dispositivos móveis, *Mobiledough*, poderia ter utilizado esse esquema:

EXEMPLO DE DECLARAÇÃO DE POSICIONAMENTO DO PRODUTO
• Mobiledough é **PARA** executivos ocupados que viajam muito
• **QUEM QUER/PRECISA** fazer relatório de despesas detalhados no menor tempo possível
• Mobiledough **É UMA** ferramenta fácil de usar para localizar recibos e tabular despesas
• **QUE FORNECE** um relatório semanal de despesas detalhado em dez minutos
• **AO CONTRÁRIO** de outros pacotes de relatório de despesas, Mobiledough digitaliza, classifica e totaliza os recibos e oferece 11 formatos diferentes para apresentar o relatório de despesas

Exemplo de Declaração de Posicionamento do Produto (Figura 9.3)

Qual poderia ser o mote da *Mobiledough*? Bem, isso vai depender da criatividade de cada um.

Utilize o guia de Geoff Moore ou peça à sua equipe de Desenvolvimento de Cliente que dê tratos à bola para idealizar uma declaração de posicionamento. Ou considere um concurso na companhia inteira. Para verificar se o posicionamento é emocionalmente convincente, pense no seguinte:

- Depois de o ouvirem, os clientes demonstraram entusiasmo?
- Eles inclinaram-se para a frente para ouvir melhor? Ou o olhar deles era vazio?
- É compatível com a linguagem usual dos clientes e penetra na mente deles?

---

[1] N.E.: Os slogans foram mantidos da forma original, em inglês, considerando que sua tradução descaracterizaria seu impacto criativo natural.

Prepare-se para Vender: Estruturação e Posicionamento

- Para produtos comercializados entre empresas o posicionamento implica vantagem competitiva, ou de custo, para a empresa?
- Para bens de consumo, ele oferece economia de tempo/dinheiro ou entretenimento, *glamour* ou *status*?

Finalmente, o posicionamento sobreviverá ao teste da realidade? Alegações do tipo "perca 10 quilos em uma semana" ou "incremente suas vendas em 200%" ou "venha se apaixonar esta noite" deterioram a credibilidade e provavelmente trazem problemas de ordem legal. Ademais, não são apenas os posicionamentos que necessitam passar por um teste. A companhia tem um fornecedor confiável para o produto que necessita? Quando as vendas forem para clientes corporativos, há entraves adicionais a suplantar. Suas habilidades são congruentes com as declarações de posicionamento?

Um último comentário diz respeito à questão recorrente sobre em qual tipo de mercado a empresa está inserida (veja página 35 para mais detalhes). Caso esteja oferecendo um produto em um mercado existente, sua única proposta de valor é melhorar, ser mais rápido ou ter melhor desempenho. Isso está embutido no aprendizado sobre as bases da concorrência, que obteve durante as incontáveis entrevistas.

Se você está criando um novo mercado ou tentando reconfigurar um, provavelmente virá com uma única e transformadora proposta de comercialização, que, por sua vez, está de acordo com a solução de criar um novo nível ou classe de atividade — ou seja, algo que as pessoas nunca haviam feito anteriormente.

Prepare-se para Vender: Materiais de Vendas e Marketing
(Físico)

Adquirir clientes no canal físico evolui em um processo de quatro estágios: conhecimento, interesse, avaliação e compra. Para facilitar o processo de vendas, você utilizará a proposta única de comercialização que criou no passo anterior para produzir materiais de vendas e marketing — planilhas de dados do produto, apresentações, um site etc. — denominados "marketing acessório". A equipe de vendas entregará ou apresentará aos clientes em perspectiva e/ou ao seu site para comunicar as razões pelas quais os clientes deveriam comprar.

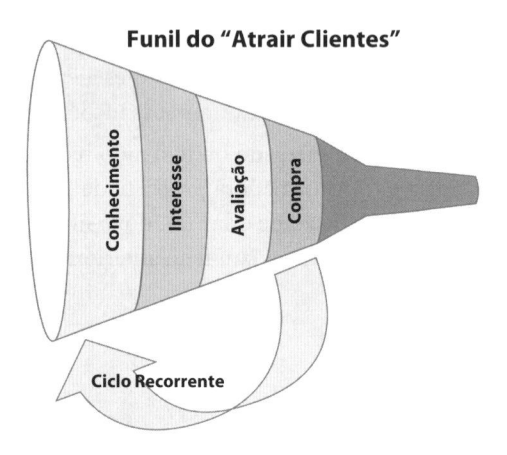

O Funil de "Atrair Clientes" para Canais Físicos (Figura 9.4)

No canal físico, o trabalho do marketing acessório não é fechar pedidos, mas encaminhar os clientes em prospecção ao funil de vendas, em que locais, pessoas e materiais de apoio de vendas assumem e efetuam as transações.

O material deve proporcionar suficiente informação para elevar a curiosidade e influenciar na interação com vendas — porém, não a ponto de fazê-los decidir *não comprar* sem antes interagir com o canal! As pessoas que se encontram no processo de venda precisam de uma variedade de elementos para fechar um acordo, e este passo planeja e cria uma primeira versão do conjunto de ferramentas que auxilia a fazer isso.

Esta seção descreve ferramentas online e para vendas físicas e como mantê-las em sintonia fina com seu público.

Boa parte das informações relativas aos materiais (benefícios, recursos do produto, especificações) é encontrada nas hipóteses desenvolvidas e refinadas durante a descoberta do cliente. Não gaste em designs vistosos ou impressões de grande quantidade, contudo, tenha o material pronto e profissional, sabendo que mudarão conforme o feedback do cliente.

	Canais Físicos	Canais Digitais
ATRAIR clientes (criação de demanda)	*Estratégia*: Conhecimento, Interesse, Avaliação, Compra *Táticas*: Mídia livre (RP, blogs, folhetos, resenhas), Mídia Paga (anúncios, promoções), Ferramentas Online	*Estratégia*: Aquisição, Ativação *Táticas*: Sites, App Stores, busca (SEM/SEO), e-mail, Blogs, Viral, Redes Sociais, Resenhas, RP, Avaliações, Página de entrada
MANTER clientes	*Estratégia*: Interação, Retenção *Táticas*: Programas de Fidelidade, atualização de produtos, pesquisas de satisfação, contatos telefônicos	*Estratégia*: Interação, Retenção *Táticas*: Personalização (customização), Grupos de usuários, Blogs, Ajuda Online, Dicas de produto/Boletins, Divulgação, Afiliação
AUMENTAR clientes	*Estratégia*: Novas Receitas, Indicações/referências *Táticas*: Upsell, Vendas Cruzadas, Next Sales (vendas em datas especiais), Referências, (talvez) unbundling (Desagregações)	*Estratégia*: Novas Receitas, Indicações/referências *Táticas*: Atualizações, Concursos, Recompras, Amigos, Upsell, Vendas Cruzadas, Viral

Ferramentas de "Atrair Clientes" para Canais Físicos (Tabela 9.1)

Materiais e Acessórios para Vendas Físicas

Uma vez que aportem em um canal físico, vindos da web, Twitter ou, como nos velhos tempos, de um anúncio no jornal, o cliente irá se deparar em algum momento com um vendedor em pessoa. Quando isso ocorre, materiais e ferramentas são, com frequência, requisitados. Em vez de relacionar de modo aleatório especificações ou escrever apresentações, desenvolva um "plano colateral" listando todos os itens exigidos em cada estágio do processo de vendas (veja a Tabela 9.2 como exemplo). Um checklist básico dos acessórios mínimos para quase todas as companhias deve incluir os seguintes elementos:

- Site (veja página 273)
- Apresentação de vendas em PowerPoint
- Demos, protótipos e vídeos
- Planilhas
- Listas de preço, contratos e sistemas de faturamento

Não se esqueça dos itens óbvios: folhetos explicativos, recortes de artigos na imprensa, testemunhos de clientes, papel timbrado, *folders* e cartões de visita!

Apresentações de Vendas

As apresentações de vendas visam comunicar uma versão integrada e atualizada do problema, da solução e do produto, desenvolvida durante a descoberta do cliente, que esteja enquadrada no novo posicionamento. O público-chave ouvido na validação pelo cliente são os earlyvangelists, não os consumidores comuns. Trace um breve perfil pelo *problema*, da possível *solução existente*, da *sua nova solução proposta* e então dê detalhes do produto. A apresentação deve lhe tomar não mais que 30 minutos. Você deve haver notado que, na descoberta do cliente, foram requeridas apresentações distintas, dependendo do papel que uma pessoa desempenhava nas decisões de compra, dentro da companhia, ou dos diferentes tipos de público consumidor. Nós elaboramos apresentações distintas para gerentes seniores e funcionários de escalão mais baixo? E quanto ao público de formação técnica? Ou para empresas diferentes em setores diferentes? Se eram bens de consumo, levou-se em conta as questões demográficas? A renda? Geográficas?

Um investimento que vale a pena nesta etapa do Desenvolvimento de Cliente está no auxílio profissional que representa desenvolver um modelo em PowerPoint. Ele proporciona à companhia uma apresentação em alto estilo, mesmo se o escritório estiver instalado em uma garagem ou no porão.

Demos/Protótipos/Vídeo

A maioria das pessoas a quem você está tentando vender não tem sua habilidade em visualizar produtos que não existem. Acontece que o fundador é você e não eles. Para muita gente, a maior parte dos conceitos de produtos é difícil de entender sem o auxílio de alguma espécie de demo ou protótipo. Sempre que possível, prepare algum tipo de modelo, funcional ou não, que ilustre como o produto opera e seus principais atrativos de compra. No mínimo, tenha em mãos um slideshow, uma ilustração básica ou um vídeo curto. Idealmente, a apresentação confronta a maneira antiga com a nova de solucionar o problema. Pode ser feita de cartolina ou isopor, ou um simples croqui, mas sempre que puder, faça com que seja capaz de "trazer o produto à vida". Equipes de desenvolvimento do produto em startups de bens físicos às vezes confundem demos com produtos funcionais. Não são.

São esses demos que "acendem uma luz" na cabeça de muitos earlyvangelists e atraem a paixão deles pelo produto.

Planilhas de Dados

É fácil ficar confuso com planilhas de dados do produto, que detalham benefícios e recursos, com planilhas de dados da solução, que encaminham problemas do cliente e soluções genéricas. Qual delas você necessita vai depender do tipo de mercado. Quando se entra em um mercado existente, o foco está no produto, porque o seu é o melhor. Nesse caso, planilhas de dados do produto são a melhor opção. No entanto, se você está criando um novo mercado, ou clonando um, as planilhas de dados da solução são mais apropriadas. Agora, se está ressegmentando um mercado, ambas são essenciais.

Listas de Preço, Contratos e Sistema de Faturamento

Com muita expectativa, alguém pergunta: "Quanto custa?". Prepare listas de preços, formulários de cotação e contratos. Esses documentos fazem uma pequena startup dar a impressão de ser uma empresa já estabelecida. E forçam a codificação de estimativas de preços, configurações, entrega, descontos e termos de comercialização. Os bens de consumo exigem um certo modo de processar os primeiros pedidos de compra, normalmente envolvendo processamento de cartões de crédito, ferramentas de *e-commerce* e outros.

Materiais Acessórios Necessitam de Sintonia Fina com o Público

Na validação, as startups que comercializam produtos com outras empresas têm dois públicos distintos para materiais acessórios: os earlyvangelists e os guardiães tecnológicos. Como mostra a tabela 9.2, cada um deles requer diferentes mensagens e materiais. Earlyvangelists primeiro compram a visão e depois o produto. Portanto, certifique-se de que os materiais sejam claros, detalhados e reflitam exatamente a visão e os benefícios dela, para impelir os earlyvangelists a vender a si mesmos ao final da apresentação, lá em suas casas, no trabalho ou em companhia de amigos.

A maioria das situações relativas à comercialização entre empresas requer considerar as questões de natureza técnica com diferentes níveis de profundidade das informações, dependendo de quem são os indivíduos ou grupos envolvidos no ciclo de vendas. Neste particular, os folhetos técnicos são uma área de interesse direto. Desenvolva-os tão logo sejam necessários, mas não antes disso. Deixe que os clientes digam do que precisam. Especialmente se o clima econômico estiver nebuloso, as empresas clientes de outras empresas podem querer informações sobre a taxa de retorno (ROI) associada ao produto. É uma maneira elegante de o cliente dizer: "Mostre-me como, do ponto de vista financeiro, justifico essa compra. Ao longo do tempo, o produto me fará economizar dinheiro?". Muito do trabalho realizado até aqui faz parte do processo de descoberta do cliente. Earlyvangelists campeões normalmente irão recomendar o produto a outros em suas empresas — frequentemente sem a presença dos interlocutores da startup — antes que alguém tope assinar o cheque. Para clientes de bens de consumo a situação é a mesma; imagine crianças tentando levar a questão do ROI para um iPad: "Não vou mais levar DVDs para o carro, e prometo ler mais livros se você comprá-los para mim".

Por outro lado, startups vendendo produtos ao consumidor concentram o marketing de materiais acessórios nos canais de venda: cartazes impressos, embalagens, anúncios em papel brilhante e cupons. Os planos referentes aos materiais acessórios distinguem objetivos, público-alvo e o momento certo para uso de cada peça.

Faça um "test-drive" dos materiais acessórios, pois o que foi escrito nos confins de um escritório frequentemente tem pouca relevância no campo. Testes "colaterais" online como páginas de entrada e de checagem e afirmações de recursos e benefícios do produto devem ser os mais ambiciosos possíveis (mas não nesta seção). Os consumidores e compradores das empresas não têm a obrigação de memorizar jargões da companhia ou "piadas internas". Mantenha os planos de materiais acessórios sempre à mão. Atualize-os e complemente-os ao longo do caminho.

	Conhecimento	**Interesse**	**Avaliação**	**Vendas**
Compradores Earlyvangelists	Folheto do site corporativo	Apresentação(ões) geral(ais) de vendas	Apresentações sob medida para cada cliente	Contatos
	Planilha de dados da solução	Impressos com questões do negócio	Relatório de análise do problema do negócio	Lista de preços
	Blogueiros influentes	Kit de imprensa do produto		
	Sites Tecnológicos	Folheto de dados sobre o produto	Demonstração do ROI	
	Mala direta	Ferramentas de e-mail e marketing viral	Follow-up dos e-mails	
		Planilhas de dados do produto	Formulário de cotação de preços	Nota/e-mail de agradecimento
Guardiães da Tecnologia	Blogueiros influentes	Apresentações técnicas	Apresentações técnicas sobre questões específicas	Nota de agradecimento
	Sites Tecnológicos	Literatura técnica	Literatura técnica	
		Relatório de análise de problemas técnicos	Visão geral das planilhas de dados com diagramas e arquitetura	

Exemplo de Plano de Materiais Acessórios em Vendas Diretas e entre Empresas (Tabela 9.2)

Ferramentas Online de Marketing em Canais Físicos

Ainda que a estratégia principal da empresa em relação ao canal envolva distribuição física aos clientes que buscam o produto online, você necessitará de uma série de ferramentas online para gerar conhecimento e experimentações, e oferecer informações sobre o produto na rede. Entre essas ferramentas incluem-se, quase sempre, um site, algum tipo de marketing viral para encontrar clientes e formulários digitais de folhetos ou outros materiais de vendas. As redes sociais podem vir a ser um ótimo celeiro de clientes, mesmo para os mais prosaicos bens de consumo, e uma quantidade incrível de ideias sobre novos produtos vem à tona todos os dias na enxurrada de tuítes.

Até mesmo os mais complicados produtos "do mundo antigo" são promovidos através de sites e do marketing online.

Até mesmo os mais complicados produtos "do mundo antigo", como materiais e equipamentos de construção, são promovidos através de sites e programas de marketing online. Em consequência, o pessoal de marketing nos canais físicos deve explorar e desenvolver a aquisição online do cliente e planos de marketing, ainda que suas quinquilharias sejam vendidas somente no balcão de um armazém. Seja como for, hoje em dia o comprador busca cada vez mais por esses produtos na internet.

No marketing moderno, a ordem é "puxar" clientes para o produto e "empurrar" serviços para eles. Por exemplo, um e-mail em sua caixa de mensagens ou um representante de vendas na sua mesa estão ali para empurrar um produto para você. Amostras da Costco ou mecanismos de busca convidam, ou puxam, em direção ao produto, encorajando-o a explorá-lo voluntariamente porque despertou seu interesse. Campanhas fortes de marketing e ferramentas devem unir-se para formar uma boa dupla de empurrar/puxar clientes e produtos.

A seguir, algumas diretrizes a considerar na preparação de tais materiais.

Sites

A esta altura, os sites das companhias que usam canais físicos deveriam oferecer informação clara sobre a visão da empresa e o problema que encontraram. Seu papel neste passo é reunir o quanto puder de informações detalhadas sobre o produto que possam puxar o cliente e facilitar a venda. No mínimo, a função do site é provocar interesse e espicaçar os clientes para considerar o produto ou empresa, encaminhando-os para o canal físico de vendas (para itens de baixo valor, você pode até mesmo não realizar vendas pelo site). Entretanto, o site não deve dar aos clientes razões para *não comprar* (não deve exibir detalhes sobre o preço, requisitos para instalação etc). Deve, em contraste, estimular os clientes em perspectiva a interagir com a companhia. Utilize o site para colher tanta informação quanto as pessoas disponibilizarem (lembre-se que a taxa de respostas cai na proporção direta do número de "campos obrigatórios" de um formulário de inscrição).

Ferramentas do Marketing Social

Diversas empresas que vendem bens físicos exclusivamente por meio de canais físicos utilizam páginas do Facebook, Twitter e outras ferramentas do marketing social para espalhar sua mensagem e atrair consumidores. Também usam esses métodos para convidar clientes ativos e potenciais a apresentar o produto a amigos e colegas. Faça com que tudo isso esteja prontamente disponível e coloque em ação essa maneira relativamente pouco onerosa de acelerar o processo de Atrair (veja detalhes sobre essas ferramentas no Capítulo 4, página 121, e início da página 284 mais à frente neste capítulo).

E-mails e Ferramentas de Marketing

Mensagens por e-mail são uma importante forma de comunicação com clientes em perspectiva e clientes online, desde que efetuada com critério — alvos específicos personalizados na medida do possível. Esse instrumento, quando manuseado com cuidado, traduz-se em informações úteis e, além da agilidade que lhe é própria, pode penetrar nas confusas e desordenadas caixas de entrada dos mais ariscos dos clientes em potencial. Crie mensagens de e-mail e campanhas que reflitam o que você conhece sobre o indivíduo e desenvolva mil outras delas para obter o máximo de impacto. Crie versões digitais de panfletos, folhetos e outros materiais de vendas para acompanhar os e-mails enviados (leia mais sobre campanhas por e-mail na seção de relacionamento com o cliente no capítulo 4).

Prepare-se para Vender:
Plano de Aquisição/Ativação de Clientes (Digital)

[Diagrama de fluxo mostrando etapas: Estruturação/Posicionamento → "Atrair": Adquira/Ative Clientes → Crie Vendas e Materiais Correlatos / Construa um MVP de Alta Fidelidade → Contrate um Perito em Vendas / Estabeleça um Conjunto de Indicadores → Roteiro de Vendas do Canal / Contrate um Analista Chefe → Desenvolva o Roteiro de Vendas → Formalize o Conselho Consultivo → Canal Físico / Canal Digital]

↪ Na descoberta do cliente você desenvolveu um plano, ainda que grosseiro, para adquirir e ativar clientes (veja o Capítulo 3, página 131). Agora é hora de refiná-lo e elaborar programas e ferramentas de aquisição e ativação de clientes. Vale lembrar que:

- *Aquisição* é a ocasião em que os clientes em perspectiva primeiro aprendem sobre o produto, experimentam-no, ou visitam o site, ou têm contato com o aplicativo. Este, o bocal, é o local mais largo do funil de vendas, em que os clientes interagem pela primeira vez com a companhia

- *Ativação* leva os recém-adquiridos clientes a inscrever-se, participar ou comprar, ou pelo menos a identificar-se, avançando no funil

Lembre-se de que as atividades de "Atrair" são muito diferentes na área digital: você precisa atrair clientes para o seu site, app ou produto, sob pena de que eles não saibam que você existe! Releia a página 136, a qual, em suma, diz: procure o lugar para onde os clientes vão quando buscam uma solução, torne-se visível lá e convide as pessoas tanto quanto possível e "ganhe" a visita deles para o seu produto ajudando-os com informações úteis, não com tacadas insensíveis de venda.

> **AVANCE COM CAUTELA:** Lembre-se de que este é apenas um tutorial, uma visão geral. Não há como implementar tudo isto de uma só vez. Trata-se de um plano. As implementações acontecerão mais à frente.

	Canais Físicos	Canais Digitais
ATRAIR clientes (criação de demanda)	*Estratégia*: Conhecimento, Interesse, Avaliação, Compra *Táticas*: Midia livre (RP, blogs, folhetos, resenhas), Mídia Paga (anúncios, promoções), Ferramentas Online	*Estratégia*: Aquisição, Ativação *Táticas*: Sites, App Stores, busca (SEM/SEO), e-mail, Blogs, Viral, Redes Sociais, Resenhas, RP, Avaliações, Página de entrada
MANTER clientes	*Estratégia*: Interação, Retenção *Táticas*: Programas de Fidelidade, atualização de produtos, pesquisas de satisfação, contatos telefônicos	*Estratégia*: Interação, Retenção *Táticas*: Personalização (customização), Grupos de usuários, Blogs, Ajuda Online, Dicas de produto/Boletins, Divulgação, Afiliacão
AUMENTAR clientes	*Estratégia*: Novas Receitas, Indicações/referências *Táticas*: Upsell, Vendas Cruzadas, Next Sales (vendas em datas especiais), Referências, (talvez) unbundling (Desagregações)	*Estratégia*: Novas Receitas, Indicações/referências *Táticas*: Atualizações, Concursos, Recompras, Amigos, Upsell, Vendas Cruzadas, Viral

Ferramentas de "Atrair Clientes" para Canais Digitais (Tabela 9.3)

Planos e Ferramentas para "Aquisição"

O plano de Aquisição é curto, objetivo e de natureza tática. Ele ajuda a encontrar ferramentas que possam encaminhar, de maneira previsível, um grande número de "bons" clientes (aqueles que se engajam ou gastam bastante no site ou app) ao bocal de entrada do funil (à esquerda) com o menor custo unitário.

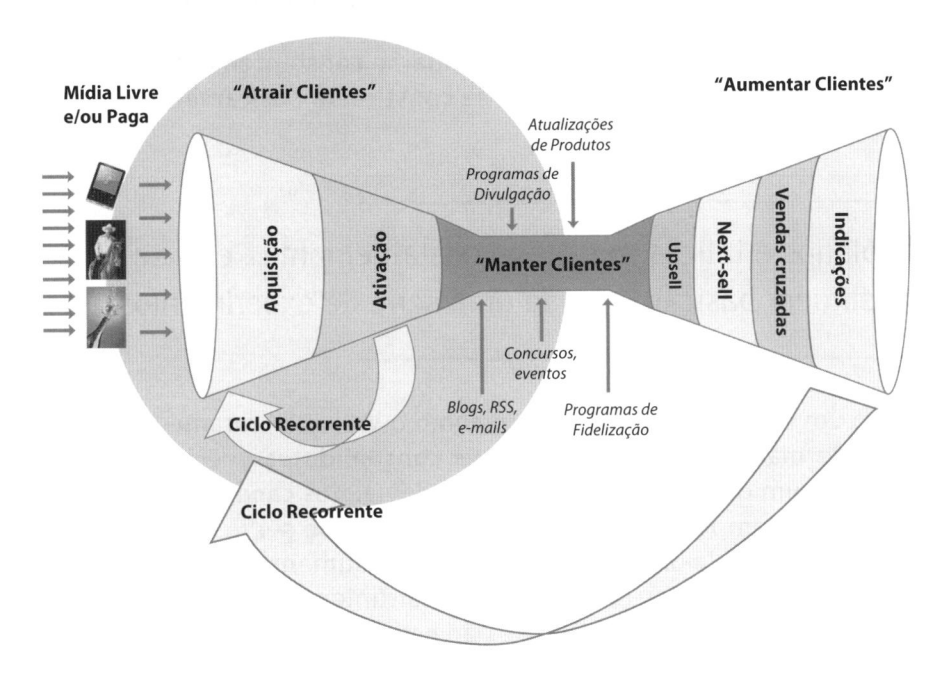

O Funil do "Atrair Clientes" nos Canais Digitais (Figura 9.5)

> **ATENÇÃO:** É impossível ler, avançar e agir nesta seção de uma só vez. Há muita coisa aqui. Dê uma primeira olhada, depois volte e repasse cada uma das partes. Então, pare e pense qual ação é necessária para a sua startup.

O plano de Aquisição (veja amostra de um plano na página 278) deve ocupar uma única folha. Os detalhes do primeiro conjunto de atividades de Aquisição a serem testadas incluem:

- *Quem*: O responsável pelo programa, aquele que adiciona apoio ou *expertise*
- *O Que*: Descreve a tática e seus elementos (veja abaixo a relação de ferramentas)

- *Orçamento*: Estima os gastos da primeira rodada de testes
- *Timing*: Delineia os passos necessários para o lançamento (nosso exemplo na figura 9.6 usa um ciclo de quatro semanas)
- *Por que*: Metas de aquisição específicas e mensuráveis de cada elemento do plano
- *Multiplicados ou não*: Você tem usuários, ou usuários e pagantes?

Os planos e táticas de aquisição mudarão constantemente, uma vez que na validação pelo cliente eles se constituem basicamente de uma série de experimentos.

Os planos e táticas mudarão constantemente... eles se constituem basicamente de uma série de experimentos.

Em um canal de consumo físico como o Walmart, raramente os homens de marketing conhecem quais consumidores veem, tocam ou compram um determinado produto. Todavia, nos canais digitais, cada aspecto do comportamento do consumidor pode ser instrumentalizado, examinado e, por vezes, otimizado para aumentar o desempenho. Assegure-se de que seu produto esteja instrumentalizado para localizar cada ação ou inação do cliente. Se não estiver assim capacitado, otimizar suas atividades de aquisição será muito difícil, para não dizer praticamente impossível.

Uma Amostra de Planilha de Aquisição

Na Figura 9.6 há a apresentação de parte de um plano de Aquisição para uma startup web com um pequeno orçamento. Ele foi elaborado com base em algumas poucas pressuposições:

Quem: São necessários dois funcionários, um em meio período, o outro em período integral

O Que: As táticas, escolhidas pela equipe, são as mais adequadas para maximizar os contatos qualificados (leads) e as vendas

Orçamento: A startup conta com cerca de $25.000 para gastar nisso

Timing: A equipe dá a si mesma um prazo de quatro semanas para preparar todos os elementos a fim de apresentar a validação

Prepare-se para Vender: Plano de Aquisição/Ativação de Clientes

ferramenta	quem	O que	elemento	custo	semana-4	semana-3	semana-2	semana-1	lançamento
E-mail: campanha relâmpago	João	amigos/listas compradas	3 e-mails cada	2.000	comprar 3-4 listas para teste; plataforma de e-mail	mensagens pelo correio; ofertas, manchetes	finalização criativa, listas (x6)	concluir, testar o sistema	lançamento
banners em pequenos negócios	Ana	oferta gratuita de avaliação	CPA, banners, e-mails	5.000	identificar sites, obter taxas e ideias	começar a criar, negociar taxas	Anúncios finais, definir tamanhos	testes a/b cortar Pós	lançamento
campanha e-mails (CPA)	Ana	oferta gratuita de avaliação	mala direta $5 cada	5.000	falar sobre mala direta, começar a criar	teste a primeira criação com 2 malas diretas	escolha as listas, testes a/b	final, corte criativo de Pós	Semana 3
relações públicas	Ana	noticiar o novo produto	comunicados, demos	1.000	usar telefone, oferecer demo online	mais demos, comece a divulgar	evento de lançamento?, blogueiros	entrevistas, mais divulgação	continue
PPC/adwords	João	isenções de impostos em pequenos negócios	2-3 testes de campanhas	8.000	discussão criativa, lojas concorrentes	Layout, selecionar palavras (teste de jargão)	Finalize testes de campanha	rotação	
SEO/pesquisa natural	João	Otimização do site		1.000	selecionar o fornecedor, começar logo	mudar texto, chamadas	colete links, mantenha a adição	otimização	otimização
Distribuição de folhetos	todos	Panfletos em pequenos escritórios	Endereços, números	500	encontrar blogs de baixo custo, listas	Desenhar panfleto, oferecer	Reserva de pessoal, contrate temporários	Plano de rotas, impressão dos folhetos	blitz
Reuniões com pequenos negócios	Ana	Estandes pequenos/CD grátis	Cd demo para mostrar	2.000	espaço p/ pedidos, achar estande barato	configure o demo, CD versus panfleto, custos	Letreiros, pessoas	convidar a imprensa, esteja pronto	compareça

Uma Amostra do Plano de Aquisição e Cronograma *(Figura 9.6)*

Por que: O objetivo é obter entre 30.000 e 35.000 clientes que façam um download de avaliação gratuita e 15% de conversão em clientes pagantes. Isso significaria que a aquisição de tais clientes custaria cerca de $5 cada, como sugerido na hipótese deste modelo de receita.

Multifacetados ou não?: Seu produto tem ambos usuários e pagantes? Se tiver, um mercado multifacetado requer um plano específico para cada "lado" do mercado. Os usuários serão adquiridos de uma mesma forma, ao passo que chegar a eles e vender exigirá dos anunciantes abordagens totalmente diferentes (nosso exemplo é de um mercado simples).

Diretrizes para Desenvolvimento do Plano de Aquisição

Determinar quem adquirir (isto é, quais clientes), que táticas promocionais aplicar e o quê e como conversar com eles (o conteúdo da mensagem) é algo fácil, porque você fez a maior parte das pesquisas e planejamento na descoberta do cliente. Inicie o plano retomando os três documentos que você concebeu ao criar e testar suas hipóteses do quadro do modelo de negócios:

- *Segmentos de clientes*: clientes a serem alcançados (os que orientam e-mails, atividades de marketing, anúncios e RP)

- *Relacionamentos com clientes*: de que modo os clientes serão alcançados (SEO, PPC, e-mail, RP etc.)

- *Proposta de valor*: o que empolgará os clientes e os persuadirá a engajar-se, visitar ou comprar

Não receie atualizar ou mudar as hipóteses baseadas nos mais recentes feedbacks ou mesmo em seus instintos neste momento, uma vez que lidamos, ainda, com as "melhores estimativas" confirmadas por apenas alguns poucos clientes. Outras diretrizes para ter em mente:

- *Lembre-se de que este é um teste* para procurar quais ferramentas funcionam com adequado custo-benefício quando utilizadas na criação do cliente, o próximo passo. *Isto ainda não é uma empresa ou lançamento do produto.* Seu objetivo é aprender, *não vender*, assim, não tenha medo de testar inúmeras alternativas

- *Defina o sucesso inicial* de cada teste, usando um indicador do tipo certo/errado (tal como "uma em cinco pessoas irá clicar"), e monitore os resultados

- *Seja a maior, mais simpática e legal coisa acontecendo.* Seu trabalho é atrair ou convidar clientes para o seu produto, site ou app, então, seja interessante e um bom anfitrião (e, se for apropriado, até mesmo seja divertido ou engraçado) em vez de recepcioná-los de modo frio e distante. Pense como seus clientes e seja visível e acessível onde eles, assim como você, procuram por soluções (lembre-se dos fóruns e comunidades online).

Executar os testes sem coletar dados é um pecado capital.

- *Instrumentalize tudo.* Executar os testes sem coletar dados é um pecado capital. A engenharia precisa despender esforços suplementares para reunir todos os dados a respeito do comportamento do consumidor para medi-lo e otimizá-lo continuamente. Encare isso de frente, pois correr atrás, mais tarde, é sempre complicado.
- *Não comece tudo de uma vez só*, pois semeará o caos tanto no mercado quanto na companhia. Por exemplo, iniciar a busca dos mecanismos de otimização e testes de "pay-per-click" no Dia Cinco, e adicionar e-mails e programas de marketing para afiliações duas ou três semanas mais tarde. Os resultados individuais, programa por programa, são mais facilmente identificados e medidos
- *Não gaste além de $2.000 ou, se bem munido de caixa, $10.000* para testar uma coisa qualquer. Nesta altura, a startup usualmente não detém recursos de monta, e os riscos de suposições errôneas são bem grandes
- *Quando um teste parecer dar certo, eleve a aposta* para ter certeza de que suporta um aumento de escala. Caso uma campanha de marketing de $2.000 seja um sucesso, dobre o custo, refine-a e aplique-a novamente
- *Escolha agências parceiras com muito cuidado, se resolver escolhê-las.* É uma proposta de risco uma startup em formação contratar uma agência de relações públicas ou uma web agência de propaganda devido aos custos e equipe de gestão envolvidos. Na maior parte das vezes, as agências são ótimas para executar programas, mas não para desenvolver e testar estratégias. Recorra aos fundadores e funcionários no que for possível, pois são os

que melhor conhecem o produto e o modelo de negócio. Considere *freelancers* talentosos especializados no desenvolvimento de testes e estratégias ou aqueles que se dedicam a testes específicos (por exemplo, "pay-per-click", demos ou outras habilidades) caso não os encontre dentro da companhia

- *Não aplique os esforços de Aquisição sozinho.* Os programas de ativação devem estar prontos para "catar" os clientes que você adquiriu, então, se há um chamariz piscando "assine hoje e ganhe, grátis, uma caixa de chocolates", por exemplo, o sistema que controla o site tem que estar operacional, os chocolates têm que estar prontos para entregar e o e-mail de agradecimento preparado. Se você estiver aceitando o dinheiro dos clientes, todo o sistema de retaguarda deve estar funcional, incluindo elementos como recibos, processamento de cartões de crédito e o serviço de atendimento ao consumidor. De maneira similar, o site e a instrumentalização dos apps devem estar rodando, testados e alimentando o painel gestor de controle para que se possa mensurar o comportamento de cada cliente que passe através do funil. Lembre-se de que a aquisição é uma entre diversas peças integradas da estratégia de "Atrair" (há ainda a ativação, retenção e o "aumentar clientes", para citar uns poucos).

O plano de aquisição é administrado através de uma monitoração cuidadosa de cada passo que os clientes dão em vendas ou no "atrair clientes" do funil. Esse monitoramento, geralmente por intermédio de um painel de controle (leia a respeito na página 313), possibilita esforços constantes de aprimoramento da performance ou "throughput" — percurso de um passo ao próximo — para cada fase no funil, utilizando ferramentas detalhadas na seção subsequente, "otimizando o plano de aquisição".

Ferramentas do Plano de Aquisição
Ferramentas de aquisição que você pode comprar

A relação de ferramentas de aquisição que você pode comprar e usar é praticamente infinita, porém, seu impacto e eficácia variam no decorrer do tempo. Aquisição é um jogo de números baseado em sua capacidade de agrupar grandes contingentes de clientes, a um adequado custo-benefício, em seu site ou app. As ferramentas básicas incluem:

- mecanismos de busca para marketing
- e-mail marketing
- divulgação para blogueiros
- marketing de afiliação
- geração de contatos qualificados (leads) online
- incentivos ao cliente

Utilize a web (e www.steveblank.com) para identificar as mais recentes inovações e selecionar fornecedores. A maioria das ferramentas é apresentada em detalhe no Relacionamento com o Cliente, página 117.

> **ATENÇÃO:** É impossível ler, avançar e agir nesta seção de uma só vez. Há muita coisa aqui. Dê uma primeira olhada, depois volte e repasse cada uma das partes. Então, pare e pense qual ação é necessária para a sua startup.

Ferramentas de Aquisição para Você Elaborar seu Produto

Em complemento às ferramentas que pode comprar e implantar, você também pode revestir seu produto de componentes virais dentro da rede social, o que, por si só, constitui-se na mais poderosa ferramenta de aquisição entre todas. Primeiro, é fundamentalmente grátis, o que é obviamente o melhor custo-benefício! Segundo, pode ser incrivelmente rápida, como se vê pelo crescimento vertiginoso da mídia social e sites de compartilhamento de fotos, entre outros. Como um bônus, é altamente provável que os primeiros clientes atraídos para o novo produto conheçam outros que também se interessem e endossarão pessoalmente e indicarão o produto, app ou site para eles.

São três os tipos distintos de redes sociais e efeitos de rede que auxiliam na aquisição:

Boca a boca, a que mais prevalece, encoraja clientes satisfeitos a compartilhar com os amigos e companheiros de trabalho as novidades de seus produtos ou serviços recém encontrados. Isso traz uma roda viva de endossos pessoais de amigos para amigos extremamente vertiginosa.

Compartilhamento permite que outros utilizem artigos, demos e amostras de códigos de programação, os quais podem retuitar ou enviar pela mídia social, RSS etc.

Efeitos de Rede diretos: pessoas que desejam compartilhar fotos, telefonar gratuitamente ou bater papo em chats, sem custo, com os amigos, convidam outros para juntar-se a elas.

Um teste muito bom para verificar se o produto satisfaz é perguntar aos clientes iniciais: "Em uma escala de um a dez (em que dez é o nível máximo), você recomendaria este produto a seus amigos?". Caso a classificação fique entre os dois últimos graus, você está muito perto do boca a boca ou do efeito rede.

Alguns produtos são inerentemente *virais*...

Alguns produtos são inerentemente *virais*, outros não. Alguns podem ser elaborados para isso. Por exemplo, todas as mensagens enviadas pelo Gmail têm, ao final, uma frase padronizada: "Convide (o destinatário) para o Gmail". Usa-se o processo "enviar" do e-mail para expandir a base de usuários do Gmail.

Cada vez que surgir uma oportunidade, estimule seus novos clientes ou visitantes a promover o produto junto aos amigos e colegas de trabalho. Ofereça-lhes materiais (e-mails, links ou demos), e considere premiá-los por fazer isso, como muitos no marketing online. Essa tática agrega credibilidade e é de elevado custo-benefício quando bem executada, em grande medida, porque traz com ela o endosso do remetente.

Desenvolva widgets simples ou links que tornem fácil aos primeiros visitantes ou clientes "curtir" o produto, a empresa ou ambos no Facebook e tuitar sobre ela. Crie vídeos no YouTube e outros conteúdos compartilháveis que incentivem a exploração do produto. As pessoas reagem ao que seus amigos curtem e não curtem e tendem mais a explorar algo recomendado por um amigo do que algo que veem em um e-mail ou anúncio. Crie perfis robustos da empresa, do produto e dos usuários onde quer que seja possível, no Facebook ou em outras redes sociais. Forneça informação valiosa de interesse, ao invés de mensagens passivas, a clientes em perspectiva.

Você também pode considerar criar experiências separadas (sites, blogs), sem referência a uma marca, especificamente direcionadas ao problema que seu produto ou serviço visa a resolver. Por exemplo, uma startup de games deve criar um site dedicado a dicas e *cheats* (macetes para burlar regras do jogo). Uma empresa de equipamento médico que vende cintas bariátricas deve ter um site dedicado à perda de peso.

Planos e Ferramentas para Ativação

Enquanto o passo anterior, aquisição, traz os clientes em perspectiva para a porta de entrada (sua home page ou página inicial), a ativação leva-os a inscrever-se, a fazer um download pago ou gratuito, a clicar em alguma coisa, jogar um game ou postar em um site. A ativação é um momento crítico, um verdadeiro ponto de estrangulamento, pois engajar um cliente significa iniciar um relacionamento com o produto ou companhia, seja como membro, usuário, assinante, jogador ou comprador. Se você está à cata de compartilhamento, utilização do game, participação ou pedidos de compra, esse é o lugar onde o visitante inicial cruza a soleira da porta de entrada para a ativação, transformando-se em usuário do site ou app.

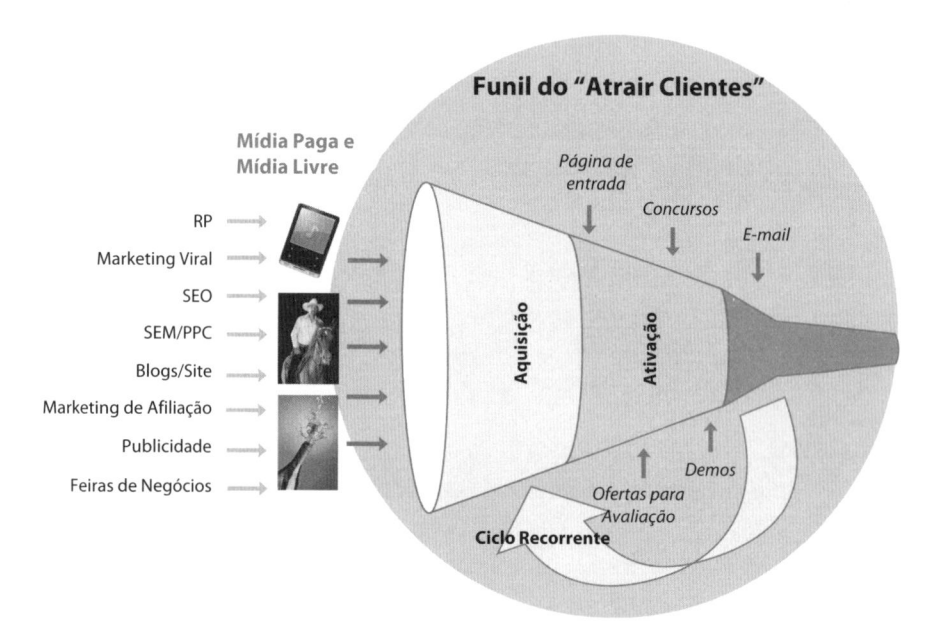

Atividades de Ativação no "Atrair Clientes" nos Canais Digitais (Figura 9.7)

No passo da ativação, os usuários decidem, por si próprios, se compram ou interessam-se pelo produto, e esse ato costuma ocorrer em questão de segundos. Assim, a página de entrada precisa ser ágil para ativar os recém-adquiridos "observadores", convertendo-os em compradores, usuários ou avaliadores (a ativação por vezes acontece em lojas de aplicativos, via e-mail, por intermédio do canal ou pelo telefone). Caso não disponha de pessoas para ativar imediatamente, você pode, idealmente, ao menos inscrevê-las e, mais tarde, talvez persuadi-las a avaliar, engajar ou comprar.

A página de entrada é onde a ativação mais frequentemente começa. (Figura 9.8)

Venha de onde vier, uma pessoa, normalmente, sabe algo, por pouco que seja, do lugar em que chega. Eis o que é preciso para encaminhar um cliente rumo à ativação, usando um exemplo bem simplificado do que se passa na mente do visitante recém-chegado:

- *Por que* estou aqui? Eles querem que eu compre este novo game online
- *O que* esse jogo tem de especial? Opa, aqui está uma lista com os recursos e razões para comprar
- *Como* sei que isso é bom? Eis aqui um demo, opiniões de quem já jogou, cotação dos usuários etc.
- *Onde* consigo mais informações? Há botões para avaliações gratuitas piscando, outros para mais detalhes etc.
- *E agora?* O que a empresa quer que eu faça? Ah, clique aqui para experimentar/comprar/inscrever-se

Diretrizes para Desenvolvimento do Plano de "Ativação"

Na fase de validação pelo cliente, o plano de ativação é na verdade um plano-teste, um teste A/B de cada aspecto-chave da página de entrada, da cor às ofertas e navegação. Tudo bem começar com aproximações e palpites, mas devem ser ajustados rapidamente a partir das respostas do cliente.

A página de entrada deve destacar a oferta de "grátis" ou colocar um subtítulo discreto solicitando o número do cartão de crédito? O botão do "compre já" deve ser elegante e localizado lá no alto ou enorme, em laranja brilhante, lá embaixo, no canto direito? Será que um demo com animação ativa mais clientes que um simples gráfico? Há muitas, talvez centenas de variáveis em quase todas as home pages, e vários testes precisam ser repetidos mais de uma vez para confirmar os resultados. Informações externas e designers profissionais podem ajudar. Eles conhecem todo o leque de ferramentas disponíveis, bem como os mais recentes macetes do negócio desse processo altamente criativo.

A relação de ferramentas, truques e variáveis para experimentar é praticamente ilimitada, e fica difícil definir quais deles servirão melhor. Por isso a repetição de testes e mensuração são tão importantes, e proceder assim é ser fiel à abordagem "teste, meça, ajuste" discutida anteriormente.

Aqui está o que um plano de ativação deve incluir:

- *Dois tipos de ações*: A ativação ocorre dentro ou fora da página de entrada, portanto, crie duas listas à parte de atividades de "Atrair" clientes que planeja testar (como oferecimento de um prêmio na assinatura)
- *Primeiro/segundo teste*: Esta é a descoberta do cliente, na qual você aplica testes em pequena escala de seus programas de ativação. Cada um deles precisa ser testado pelo menos duas vezes, senão mais frequentemente ainda, para que você tente encontrar o programa que irá gerar o maior número de usuários ou clientes. Identifique pelo menos os dois primeiros testes
- *Teste certo/errado*: Cada teste deve ter um "certo/errado", ou uma condição que defina o que seja "sucesso". Com base na experiência, avaliações ou pesquisa, identifique os parâmetros que determinem que o experimento foi exitoso

Um Exemplo de Plano para "Ativar"

A maioria das ativações acontece na página de entrada, onde você faz o que estiver ao seu alcance para manter os usuários ou clientes que adquiriu (pois vieram à sua página) e tentar engajá-los — fazer com que se inscrevam, cliquem, postem comentários, joguem ou comprem.

A página de entrada é "onde a ação acontece" na ativação.

Embora a página de entrada seja o lugar "onde a ação acontece" na ativação, você também pode fazer outras coisas nesse sentido — como enviar e-mail de follow-up, por exemplo — para promover o engajamento de alguém que tenha expressado mais que um interesse passageiro.

A tabela 9.4 é um exemplo simplificado do que seria um plano de ativação para uma rede social de novos jogadores de golfe poderem trocar informações e dicas. No exemplo, uma vez que se trata de um mercado multifacetado, o objetivo da ativação inclui ações não monetárias, como registro, convidar amigos, fazer ou responder questões.

Página de Entrada — Ação	Primeiro Teste	Segundo Teste	Teste Certo/Errado
Botão "Junte-se a nós"	Grandes/feios *versus* Pequenos	Mudar a cor/piscar	>8% de melhoria
Faça um comentário agora	Use caixa grande/botão	Anúncios tipo pop-up	3% fazem comentários
Demo "Um golfe melhor"	É 100% da página	Caixa grande em verde	>5% de melhores inscrições
"Veja as dicas de hoje"	Presente na página	Clique para ver	>5% de melhores inscrições
Bolas de golfe grátis	Três bolas	Seis bolas	>25% a mais de inscrições
Oferta "Grátis para sempre"	Sinal luminoso/link para assinar	Mostre preço de $29 ao ano	10% de visualizações
Fora da página de entrada	**Primeiro Teste**	**Segundo Teste**	**Teste Certo/Errado**
3 e-mails de follow-up	Oferta "Grátis para sempre"	3 bolas de golfe grátis	Melhora de 8% a 25%+
Follow-up por telefone	Obrigado pela visita	Assine hoje/ganhe bolas	>20% de conversões
Sites de geração de contatos qualificados	Venha nos visitar/sem ofertas	Assine/ganhe bolas	Melhora de 8% a 25%
Anúncios de Golfe no rádio	Encontre uma dica hoje	Mande uma dica hoje	Usuários @ < $1,00 per capita
Anúncio em programas de torneios	Obtenha/dê dicas para o anúncio	Você pode ganhar	$5.000Usuários @ < $0,50 per capita
Folhetos em clubes de golfe	Remeta e ganhe prêmios	Junte-se e ganhe prêmios	Usuários @ < $0,50 per capita
E-mails para listas de demos	Mande dicas e ganhe	Junte-se para ganhar	Usuários @ < $0,50 per capita

Amostra de Plano de Ativação para Rede Social de Jogadores de Golfe (Tabela 9.4)

Ferramentas para o plano de Ativação

A ativação acontece dentro e fora da página de entrada. As ferramentas-chave a considerar são as que se seguem:

Na página de entrada

A página de entrada oferece diversas maneiras de obter ativação, incluindo conteúdo, aparência e navegação. Pode também mostrar estas ferramentas de ativação:

- demos do produto
- avaliações gratuitas
- ferramentas para contatar clientes
- animação

Ferramentas de aquisição fora da página

Embora a página de entrada seja a ferramenta primária, leve em consideração estas outras também:

- e-mails em cascata
- preço/incentivos
- ferramentas tradicionais

Na própria página de entrada: Comece com Conteúdo, Aparência e Funcionalidade

Boas páginas de entrada assemelham-se a folhetos online. São um convite para "ativar-se já" e trabalham duro para incitar os clientes a envolver-se ou interagir — ou comprar — com o produto. Isso deve acontecer literalmente ao mesmo tempo, oferecido em segundos. De outra maneira, o cliente (e o que foi gasto para adquiri-lo no passo anterior) se esvai com um clique do mouse. Desenvolva a página de entrada sob quatro eixos:

1. *Conteúdo*: O site apresenta para o cliente os meios de "ativação" em múltiplos lugares (por exemplo, em cada uma das páginas aparece "junte-se a nós")? Isso é amigável, informativo e produtivo?

2. *Aparência*: A aparência é adequada ao tipo de público ("corporativa" para aplicativos de negócios, "séria" para sites financeiros, "agitada" para adolescentes ou produtos para *skate*)? Ajusta-se ao estilo típico de uma região ou país?

3. *Funcionalidade*: Quais ferramentas, *widgets*, configurações, demos ou outros dispositivos podem rapidamente engajar clientes, mantê-los experimentando o produto e avaliando custos e tempo gastos ou o desempenho do game?
4. *Navegação/estrutura*: Como as informações são organizadas? Quão acessíveis elas são? O quanto facilita para os clientes as ações mais importantes (pedidos, pesquisa etc.)?

Eis como abordar cada área.

Conteúdo da Página de Entrada/Inicial:

- *Como cheguei aqui?* Os usuários aterrissam na página de entrada de várias maneiras (cliques, e-mails, indicações), mas não supõem saber onde estão. Dê-lhes as boas vindas; explique a situação ("Bem-vindo ao portal nº 1 dos jogos online") para evitar um abandono imediato
- *Reforce o "estilo"* do e-mail, anúncio ou ferramenta que encaminhou o cliente para a página. Utilize palavreado semelhante (e aparência) para aumentar o grau de confiança do visitante de ter vindo ao lugar certo
- *Faça uma clara chamada à ação*. O "lance" aqui, ou chamada à ação, é dizer ao cliente o que você quer dele. Isso deve refletir o posicionamento desenvolvido no Estágio 1 da validação, seja "compre já", "inscreva-se" ou "participe de um seminário". As chamadas podem ser redundantes, mas assegure-se para não confundir. Dizer claramente aos visitantes o que você quer e por que agrega valor *a eles*. A página de entrada deve sempre cumprir com o seguinte:
    - Explique qual problema o produto resolve e por que é importante para os usuários e merece a atenção deles
    - Comunique que é fácil usar e instalar o produto
    - Explique claramente como o produto funciona
    - Prove rapidamente que ele funciona (cotação dos usuários, análise de competitividade, demos etc.)

As chamadas à ação aparecem em três formas na página de entrada: *hyperlinks*, botões e formulários. Devem destacar-se e ficar óbvios para cada visitante. Pontos altos nos recursos de um produto, constituem-se em um dos mais poderosos meios de promover ativação ou compra e sempre permitem fácil acesso a mais informações sobre tudo o que foi dito anteriormente.

Algumas diretrizes para desenvolvimento de conteúdo na página de entrada:

- *Encoraje-me a "experimentar as ofertas"*: nunca confunda uma página de entrada com um folheto. Ela, de fato, apenas estimula o cliente a engajar-se, avaliar ou comprar. Todo o conteúdo deve convidar ao envolvimento, e as ofertas devem ser criteriosamente espalhadas mediante chamadas, textos e gráficos, incluindo *textlinks* "experimente já" embutidos ao menos ocasionalmente no corpo da página
- *Faça múltiplas chamadas à ação*, variando de "compre já" e "saiba mais" para "faça download do nosso folheto explicativo" e "fale conosco". Lembre-se de fazer algo que lhe dê proeminência em relação aos outros — a mais desejada das ações
- *Seja breve!* Visitantes na Rede são frágeis, convidados temporários. Respeite seu breve momento de foco e vá direto ao ponto antes que se vão. As melhores chamadas à ação são geralmente escritas com dez ou menos palavras e exibidas em fonte bem legível
- *Seja específico.* Um dos mais poderosos elementos da página deve ser a declaração sobre o posicionamento do produto desenvolvida no Passo 1 da validação pelo cliente. De modo sucinto, diga aos usuários por que devem comprar ou utilizar aquilo que a companhia está vendendo
- *Utilize gráficos arrojados* na página de entrada para promover um "mobile site" (site acessível em dispositivos móveis)
- *Implemente concursos, promoções e sorteios* para encorajar "mobile downloads" (realizados por dispositivos móveis). São altamente valorizados no espaço online — e pelas duas pontas: a dos usuários, porque podem aproveitar ofertas imediatamente, e a das startups, que podem testar e ajustar ofertas dinamicamente

Administre seu estoque de conteúdo. O conteúdo deve agregar credibilidade para a companhia, apresentando-a como sólida, estabelecida e pronta para os negócios. Informações sobre o que se segue devem estar acessíveis na página de entrada:

- detalhes sobre o produto e informação sobre a solução
- listas de clientes e histórias de sucesso
- auxílio e recursos para o cliente
- fornecedores parceiros
- experiência da companhia

- notícias sobre novidades e eventos
- formas de contato com a empresa (endereço, telefone, e-mail)
- política de privacidade da companhia

Aparência e Sensação

Configure a página de entrada de forma a alcançar o máximo impacto e a mínima confusão. Sempre faça com que o usuário tenha à mão múltiplos caminhos para desejar realizar a "ativação", seja inscrevendo-se, postando, jogando ou comprando. Busque por poucos e nítidos elementos de design, não mais que isso, respeitando as diferenças culturais nacionais (a recomendação abaixo é para os EUA, cujos usuários esperam por sites com aparência clara e simples). Em alguns outros países, inclusive na China, os usuários esperam por mais elementos de design, o que pode parecer confuso para os padrões ocidentais.

- *Mantenha-a clara e simples*, livre de muitas distrações da chamada de ação
- *Escolha uma mensagem promocional e a realize* à custas de outras. Faça-a destacar-se, apoiada por outros elementos da página, e convincente, na linha de "baixe um free-trial" ou "preços promocionais especiais neste mês"
- *Deixe generosos espaços em branco*. Páginas poluídas são um tiro no pé. Uma profusão de elementos gráficos (arte, fontes, botões etc) irá frustrar e distrair os usuários
- *Use elementos visuais*. Sem usar gráficos, vídeos, demos ou diagramas, não conte com a manutenção do interesse do usuário. Visitantes passam pouco tempo focados. Simplifique diagramas, cartazes e gráficos. Utilize animação cuidadosamente para aumentar o interesse.
- *Faça uso da interatividade*. A web permite a interação com a marca, algo que não se dá em nenhuma outra mídia (se estes tipos de ferramentas não estiverem incorporados ao site, você não estará aproveitando todo o potencial)
- *Use botões grandes*. "Download" ou "compre já" ou "registre-se" devem ser graficamente interessantes, de bom tamanho e fáceis de localizar

Navegação e Funcionamento

Navegação diz respeito a duas coisas: organização lógica da informação e o caminho mais curto para completar uma tarefa.

A navegação "amigável" proporciona aos usuários diversas "rotas" para as chamadas à ação. Elas podem levar o usuário a um demo, a testemunhos de clientes, a folhetos explicativos ou a uma lista de recursos e componentes do produto. Um vez que não há como prever o que o cliente quer fazer num momento seguinte, cada caminho deve levar facilmente ao "compre já" ou outra chamada à ação.

Uma navegação confusa é como "fogo amigo", oferecendo excesso de escolhas, botões em profusão, *textlinks* e uma barafunda de opções para o usuário. Esse fenômeno é, frequentemente, um grande causador de altas taxas de abandono.

Ampla Funcionalidade do Site:

- *Use ferramentas para convidar o cliente a engajar-se.* Vídeo, animação, demos, configuradores e outros dispositivos devem oferecer aos clientes múltiplas alternativas de envolvimento com o produto, da maneira que lhes aprouver. "Faça um *tour* (sobre nosso produto)" e "jogue agora" e "calcule o valor de sua aposentadoria" são típicos convites ao engajamento, e todos eles são mais poderosos que ofertas como "leia mais" ou "saiba sobre...". Alguns exemplos:
    1. "Coloque sua idade/responda três questões para saber como é baixo o custo deste seguro"
    2. "Clique aqui para ver fotos de seus amigos no Facebook no seu site"
    3. "Escolha seu personagem e comece a conversar com ele agora"
    4. "Encontre jovens mulheres solteiras em sua vizinhança agora"
    5. "Qual é sua bola favorita de golfe? Clique aqui para obter grandes descontos. Frete grátis!"

- *Utilize um demo* para envolver os usuários com o produto e mostre-lhes os recursos e como é fácil de usar. Faça com que o demo seja mais convincente (e menos longo) que um PowerPoint. Quando possível, simule usuários lidando com os componentes em funcionamento ("entre com seus dados aqui" ou "rode esta breve versão"). O demo deve finalizar a chamada à ação

Envolva os usuários com o produto e mostre-lhes os recursos

- *Ofereça avaliações gratuitas.* Para não ser confundida com uma estratégia de precificação denominada *freemium*, uma avaliação não onerosa deve restringir-se a determinadas versões de funcionalidade ou duração limitadas (como em "use grátis por duas semanas"). Faça um follow-up mediante uma série de e-mails que apresentam recursos, dão dicas e argumentam por quais motivos comprar. E se fizer sentido do ponto de vista financeiro, utilize o telemarketing

- *Clique para contatar.* Particularmente para sites de comércio ou assinaturas pagas (e provavelmente muito custosas para *freemium* ou startups de multimercados), proporciona várias maneiras para os clientes em potencial contatarem a companhia. Isso pode ser tão simples como um link clicável que retransmite um e-mail para o departamento de vendas ou um formulário de solicitação de mais informações ou um telefonema de Vendas. Diversos sites comerciais utilizam viva voz em tempo real e atendimento online para envolver rapidamente o cliente em perspectiva e elevar as chances de ativação

- *Use animação.* Configuradores interativos, calculadoras, demos animadas, micro sites e muitas outras utilidades podem trazer o produto à luz e engajar o cliente. Isso pode ser desenvolvido a custos baixos em fontes externas encontradas online. Alguns sites apresentam breves vídeos de boas vindas ou demos animados e leves que carregam automaticamente assim que o usuário acessa o site, mas que só são reproduzidos se acionados (portanto, não aborrecem o visitante ou o fazem ir embora). Use essa ferramenta com moderação para não chocar os ouvidos

- *Incorpore páginas que remetem às fontes.* Crie múltiplas páginas de entrada e as vincule às origens dos cliques que trouxeram os usuários para a página. "Sejam bem-vindos, amigos do Yahoo" quase certamente transmitirá uma sensação de boa acolhida ao visitante e aumentará a taxa de cliques de anúncios do tipo "oferta especial para clientes do e-mail Yahoo" que, por incrível que pareça, é a mesma apresentada aos usuários do Gmail ou de uma ligeiramente diferente página de entrada

Todo um negócio emergiu ao redor de ferramentas que estimulam clientes a agir.

Todo um negócio emergiu ao redor de ferramentas que estimulam os clientes a agir ao navegar em um site de uma companhia. Novas são desenvolvidas regularmente, e algumas veem sua popularidade aumentar enquanto outras a perdem. Essa é uma área na qual um modesto tempo gasto em pesquisas online sobre as mais recentes ferramentas pode ser compensador. Além disso, *freelancers* ou pequenas agências especializadas em testes de ativação podem ser muito úteis (lembre-se de que você ainda não quer por em andamento programas de maior porte, apenas experimentos). Consulte www.steveblank.com para conhecer as ferramentas mais recentes.

Além da Página de Entrada, Considere estas Ferramentas Adicionais de Ativação:

E-mails em cascata: Endereços de e-mail são difíceis de obter, pois os clientes resistem a se registrar, sabedores de que e-mails de vendas virão em consequência. Pense que os e-mails dos clientes são como ativos: clientes potenciais dispostos para ser vendidos. Desenvolva sequências de trincas de e-mails que encontrem um equilíbrio entre brevidade e entusiasmo pelo produto e seus recursos e acentue elementos chaves da proposta de valor. Cada e-mail deve destacar diferentes recursos ou outras razões para comprar e, quando possível, confeccione a mensagem para refletir a origem da inscrição (site ou outro). Cada um dos e--mails deve ter múltiplas chamadas à ação, via *textlink* ou botão, junto com oferecimento de novas informações e, claro, um modo simples de cancelar a inscrição. Considere as vantagens e desvantagens do HTML e e-mails de texto, uma vez que muitos servidores de e-mails bloqueiam mensagens em HTML.

Preço/incentivos: Como discutido em detalhes na seção sobre as hipóteses do modelo de receita, precificar pode ser outra ferramenta de ativação: gratuidade, *freemium*, ofertas especiais e descontos podem ser utilizados. Para evitar a chamada canibalização de receitas, considere oferecer uma oferta de desconto especial somente se o cliente em perspectiva declinar do preço cheio ao menos uma vez.

Ferramentas tradicionais: Não negligencie a ampla gama de ferramentas de marketing não digitais ao começar o processo de ativação de clientes. Concursos são muitas vezes utilizados ("ganhe 500 milhas de viagem" ou "leve uma sacola de compras", por exemplo), assim como sorteios ("você pode ganhar uma viagem grátis"). O telemarketing pode ser um poderoso instrumento de ativação das pessoas que se inscrevem. A mala direta, tradicional mídia publicitária, às vezes pode ser usada com bom custo-benefício, quando você considerar usar códigos de barra do tipo QR (código de resposta rápida).

Qualquer que seja a ferramenta, teste-a durante a validação pelo cliente e meça o resultado, bem como o do custo por ativação. Compare os custos de aquisição de usuários ativados com o uso de ferramentas tradicionais, com seus correlatos online, determinando, com uma análise consistente, o menor deles. Caso os testes controlados pareçam apontar para resultados satisfatórios, expanda-os para verificar se suportam um aumento de escala. Muito mais sobre essa questão você encontra na Fase 2, página 335.

Gerenciando o Plano de Ativação

Gerir muito de perto o passo de testes de ativação é vital. No passo seguinte, otimização, discutiremos o uso de painéis de controle para avaliar o desempenho e custo-benefício de cada programa de ativação, individualmente. Entretanto, como primeiro passo, basta um simples funil para monitorar a ativação. Eis um exemplo:

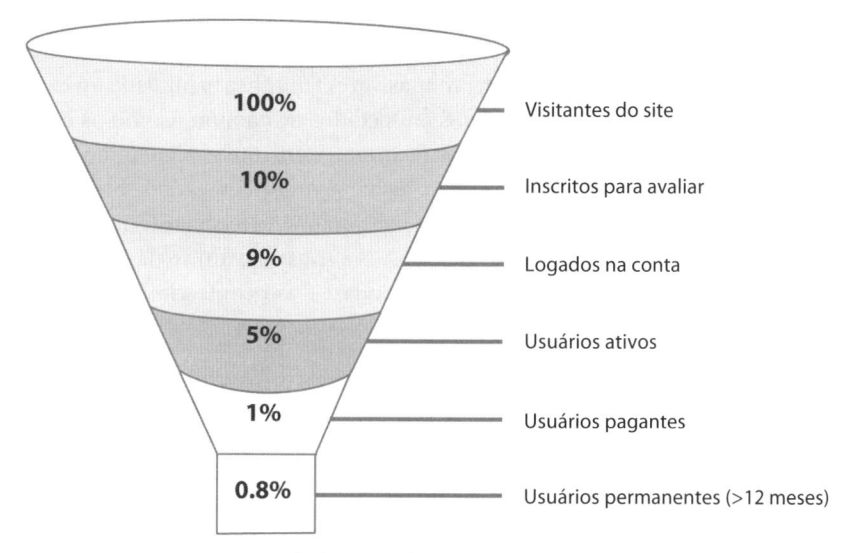

- 100% — Visitantes do site
- 10% — Inscritos para avaliar
- 9% — Logados na conta
- 5% — Usuários ativos
- 1% — Usuários pagantes
- 0.8% — Usuários permanentes (>12 meses)

Exemplo de um Funil Simples de Ativação (Figura 9.9)

Esse funil monitora como os clientes potenciais se deslocam em cada fase do processo de ativação. No exemplo, apenas um visitante em dez (10%) inscreve-se para fazer uma avaliação gratuita. E pior, só 9% do grupo realmente se ativam, tornando-se usuários do produto. E somente um pequeno conjunto desse grupo transforma-se em usuários ativos do produto ou serviço. De acordo com esse exemplo simples, a companhia precisará atrair literalmente milhões de assinantes de "avaliação grátis" para compor um número apreciável de usuários ativos — na verdade, um grande desafio.

Prepare-se para Vender: Contrate um Perito em Vendas (Físico)

Na maioria das startups, a equipe fundadora é tipicamente orientada ao produto e raramente inclui um profissional de vendas. Embora os fundadores com frequência se deem bem ao procurar earlyvangelists, muitas vezes falta-lhes habilidade ou experiência em transformar os relacionamentos em pedidos de compra. Como os esforços de vendas estão em curso, é hora de verificar honestamente se alguém no grupo de fundadores tem a bagagem necessária para fechar acordos comerciais. Eles sabem como negociar com um comprador ou gerente de compras? Negociar termos e condições com um Diretor Financeiro? Estão dispostos a apostar o futuro da companhia em suas habilidades para fechar as primeiras vendas? Caso contrário, é chegado o momento de contratar um *expert* em vendas.

Um perito em vendas não é um VP de vendas que põe todo mundo para correr e administra uma grande organização de vendas. Bons peritos em vendas são agressivos, adoram mercados novos, desejam grandes compensações pelo sucesso e não têm interesse algum em formar uma organização de vendas. Têm como característica ser homens de vendas com vivência em startups, e se destacam não só por seus contatos no mercado-alvo, mas também pela fabuloso dom de escutar, reconhecer padrões e habilidades colaborativas. Eles adoram novos mercados e fechar acordos de vendas e não conseguem ficar atrás de uma mesa.

Embora esse *expert* vá se constituir em parte integrante da validação pelo cliente, os fundadores e o CEO ainda precisam liderar ativamente o processo. Juntos, os fundadores e aquele profissional são o centro nervoso da equipe de Desenvolvimento de Clientes. É deles o trabalho de aprender e descobrir informação suficiente para elaborar os roteiros de cada canal de vendas. Implementar o circuito da validação pelo cliente sem um perito de vendas faz sentido se a intenção for impedir o progresso. Ao chegar a este ponto, contrate essa pessoa. *Um perito em vendas é de valor inestimável para estabelecer encontros, dar seguimento produtivo a eles e fechar acordos comerciais. Contar com um desses profissionais não é substituir a presença pessoal dos fundadores junto aos clientes.*

Prepare-se para Vender: Construa um MVP de Alta Fidelidade (Digital)

[Fluxograma: Estruturação/Posicionamento → Crie Vendas e Materiais Correlatos → Contrate um Perito em Vendas → Roteiro de Vendas do Canal → Desenvolva o Roteiro de Vendas → Formalize o Conselho Consultivo → Canal Físico; "Atrair": Adquira/Ative Clientes → **Construa um MVP de Alta Fidelidade** → Estabeleça um Conjunto de Indicadores → Contrate um Analista Chefe → Canal Digital]

➥ A descoberta do cliente usou seus dois MVPs para testar e ajustar rapidamente os protótipos aprendendo sobre problemas/necessidades e soluções. O objetivo, a essa altura, não eram vendas, apenas obter feedback do cliente.

Neste passo, testa-se o mínimo produto viável de alta fidelidade. Ele é mais completo em termos de recursos e funcionalmente mais apurado que aquela versão utilizada na Fase 3 da descoberta do cliente. Tenha em mente que ele ainda não apresenta todos os recursos e funcionalidade que o produto definitivo terá. Por que alta fidelidade? Como a validação pelo cliente convida mais usuários para o produto a fim de testar as táticas de aquisição e ativação, o MVP de alta fidelidade aprimora os resultados dos testes, uma vez que os visitantes não sentem que estão lidando com um produto de segunda categoria, ainda que o MVP seja uma versão incompleta, como costuma acontecer.

Qual "parte" do produto ele aparenta ser? Quem sabe, um game para múltiplos jogadores com cinco níveis em vez dos 20 ou 50 que ao final serão embutidos nele. Ou uma rede social cuja limitação de recursos não permite o compartilhamento de fotos ou localizar usuários, porém facilita a interação e navegação. Ou ainda uma loja de calçados online que comercialize apenas sapatos esportivos para mulheres e só nos tamanhos mais comuns, mas que oferece uma esplêndida experiência em *e-commerce*. Caso alguns recursos desejáveis não estejam disponíveis nos testes de validação pelo cliente, considere uma página ou diversos lembretes de recursos que "virão em breve", contudo, não exagere nessa divulgação, uma vez que o objetivo, agora, é o teste de vendas do MVP, e não dar aos clientes razões para esperar.

Veja que o MVP de alta fidelidade não aparece magicamente neste passo. Você não parou aqui e fez um. Ao contrário, ele é o resultado de um ágil e contínuo desenvolvimento e refinamento de um produto e seus recursos que têm se processado desde que a empresa abriu seu negócio (uma das muitas razões pelas quais você não fez o Desenvolvimento de Cliente utilizando o método em cascata). Aliás, você não teria chegado a este ponto a menos que a equipe de desenvolvimento do produto não tivesse continuamente empenhada em construir, reconstruir, desenvolver, testar e aprimorar o MVP de alta fidelidade desde a Fase 3 da descoberta do cliente.

Agora, se já não antes, o MVP de alta fidelidade deve estar arquitetado para uma instrumentalização que proporciona um fluxo de clientes e dados sobre o comportamento do produto utilizados pela empresa, em cada dia, para desenvolver ainda mais o modelo de negócio e o produto. Certifique-se de que mostradores, manômetros e medidores estejam funcionais e ocupe seu lugar no assento, porque lhe diremos como lidar com todos esses equipamentos. Pense nessa instrumentalização na forma de um software, como instrumentos de medição do quadro do modelo de negócios, que fornecem informação sobre o que está acontecendo.

Prepare-se para Vender: Roteiro de Vendas do Canal (Físico)

[Diagrama de fluxo: Estruturação/Posicionamento → Crie Vendas e Materiais Correlatos → Contrate um Perito em Vendas → **Roteiro de Vendas do Canal** → Desenvolva o Roteiro de Vendas → Formalize o Conselho Consultivo → Canal Físico / Canal Digital; ramo inferior: "Atrair": Adquira/Ative Clientes → Construa um MVP de Alta Fidelidade → Estabeleça um Conjunto de Indicadores → Contrate um Analista Chefe]

Este roteiro de vendas do canal pressupõe que, na Descoberta do Cliente, sua equipe avalia as alternativas de canais de distribuição e se concentra em um canal de vendas específico.

Em vez de dispersar-se, mantenha o foco primeiro em um canal.

Suponha que você não esteja seguro de que um canal seja o correto. Bem, isso é só um teste. Em vez de ampliar seu raio de ação, mantenha o foco primeiro em um canal, seja ele mala direta, cadeia de lojas ou pedidos pelo correio. Com base nos resultados dos testes, outros canais podem ser facilmente agregados mais tarde. Há uma exceção a essa regra: as companhias que usam seu próprio site para vender diretamente aos usuários finais devem também testar isso paralelamente.

Os elementos do roteiro de vendas do canal são:

- "cadeia alimentar" do canal
- responsabilidade do canal
- descontos e finanças do canal
- administração do canal

"Cadeia Alimentar" do Canal de Vendas

Do ponto de vista de canais de distribuição, a cadeia alimentar é formada pelas organizações, vinculadas entre si, que se encontram entre você e seu cliente (por exemplo, seu VP de vendas, o representante, o distribuidor, o varejista). A cadeia alimentar descreve cada um dos elos da corrente (as organizações) e o relacionamento de uns com os outros.

No exemplo a seguir, a cadeia alimentar mostra como livros se transferem da editora para um cliente leitor em uma companhia editora de e-books. Um simples diagrama, como o da figura 9.10 abaixo, pode representar com simplicidade a cadeia alimentar.

```
Editora → Site da Editora → Cliente
```

Cadeia Alimentar Direta de Publicação de e-books (Figura 9.10)

Entretanto, comercializar livros impressos através da distribuição tradicional física é muito mais complexo, e a cadeia alimentar envolvida é mostrada na figura 9.11.

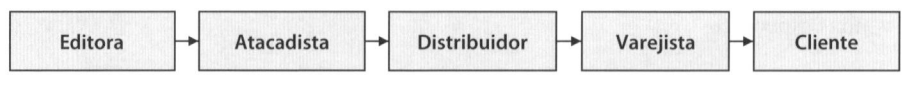

```
Editora → Atacadista → Distribuidor → Varejista → Cliente
```

Cadeia Alimentar da Publicação de Livros no Canal Físico (Figura 9.11)

Para manter-se pronto para vender, crie uma representação visual da cadeia alimentar de seu canal. Isso pode incluir estes ou outros "elos" na corrente:

- *Atacadistas*: Estocam, separam, embalam, remetem e então pagam a editora pelas vendas efetuadas. Preenchem pedidos, mas não criam demanda
- *Distribuidores*: Usam sua própria força de vendas para colocar o produto nas livrarias (redes ou independentes). O distribuidor realiza vendas. A livraria na verdade faz encomendas ao atacadista
- *Varejistas*: Neles o cliente vê e compra livros

Reveja a hipótese dos canais (página 91) para observar o que necessita ser incluído no seu diagrama.

Responsabilidade do Canal

Um mapa de responsabilidade do canal mostra os relacionamentos em um complexo canal de distribuição. Uma descrição por escrito dessas responsabilidades, originadas na "cadeia alimentar", deve acompanhar o diagrama. Isso auxilia todos na equipe a compreender por que o canal foi selecionado e o que esperar dele.

Um dos enganos mais frequentemente cometidos pelas startups é presumir que seus canais parceiros investem na criação de demanda. A maioria não faz isso. Por exemplo, na Figura 9.12, não se pressupõe que o atacadista faz algo mais além de estocar e remeter livros. O mesmo é verdadeiro para o distribuidor. Ele recebe as ordens de compra das livrarias e em alguns casos promove vendas de livros a elas, mas isso não traz compradores para a loja (infelizmente, na atualidade, a maioria das editoras não cria demanda também).

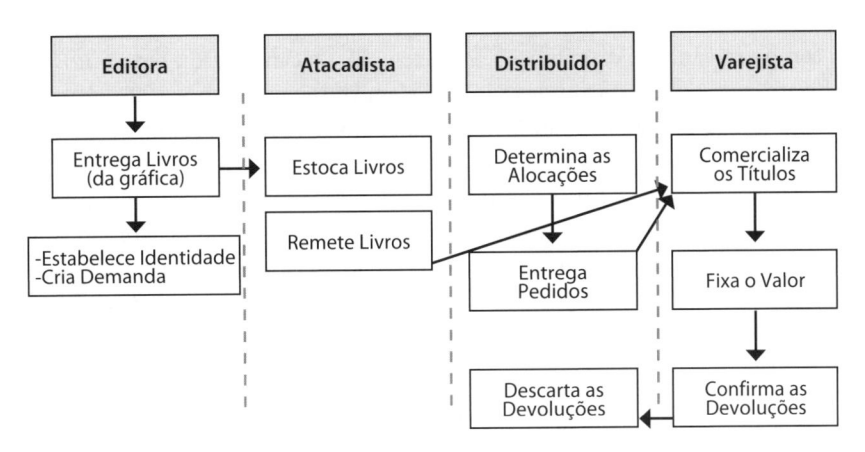

```
┌─────────┐     ┌──────────┐     ┌─────────────┐     ┌──────────┐
│ Editora │     │Atacadista│     │ Distribuidor│     │ Varejista│
└────┬────┘     └─────┬────┘     └──────┬──────┘     └─────┬────┘
     ▼                ▼                 ▼                  ▼
┌─────────┐     ┌──────────┐     ┌─────────────┐     ┌──────────┐
│ Entrega │────▶│  Estoca  │     │ Determina as│     │Comercializa│
│ Livros  │     │  Livros  │     │  Alocações  │     │ os Títulos │
│(da gráfica)│  └──────────┘     └─────────────┘     └──────────┘
└────┬────┘     ┌──────────┐            │                  │
     ▼          │  Remete  │            ▼                  ▼
┌─────────┐    │  Livros  │     ┌─────────────┐     ┌──────────┐
│-Estabelece Identidade│       │   Entrega   │     │ Fixa o Valor│
│-Cria Demanda│                 │   Pedidos   │     └──────────┘
└─────────┘                     └─────────────┘            │
                                       │                   ▼
                                       ▼            ┌──────────┐
                                ┌─────────────┐     │ Confirma as│
                                │ Descarta as │◀────│ Devoluções │
                                │ Devoluções  │     └──────────┘
                                └─────────────┘
```

Mapa da Responsabilidade do Canal *(Figura 9.12)*

Descontos e Finanças do Canal

Cada elo da "cadeia alimentar" custa dinheiro para a companhia, uma vez que cada um deles cobra por seus serviços. Na maior parte dos canais, essas taxas são calculadas como um porcentual sobre o preço de varejo (o que os clientes pagam). Para entender como o dinheiro flui do cliente para a companhia, calcule primeiro os descontos correspondentes a cada canal.

Continuando com o nosso exemplo da publicação de livros, podemos construir um diagrama, como mostra a figura 9.13, detalhando cada um dos descontos.

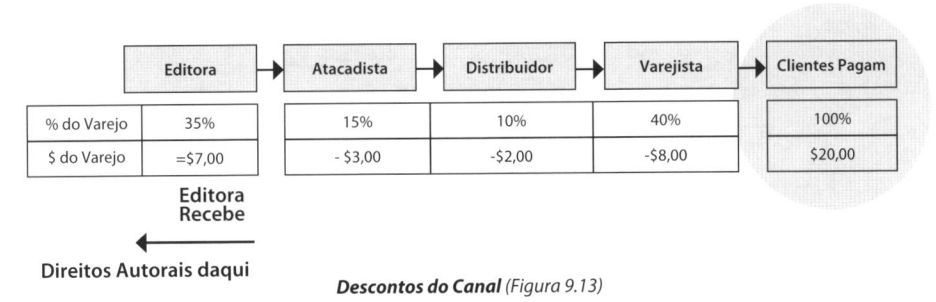

	Editora	Atacadista	Distribuidor	Varejista	Clientes Pagam
% do Varejo	35%	15%	10%	40%	100%
$ do Varejo	=$7,00	- $3,00	-$2,00	-$8,00	$20,00

Editora Recebe ⬅ **Direitos Autorais daqui**

Descontos do Canal *(Figura 9.13)*

Como se pode perceber, um livro vendido no varejo por $20,00 rende em termos líquidos $7,00 para a editora após cada um dos canais abocanhar sua parte. Desses $7,00, a editora repassa para o autor a parcela que lhe cabe, paga a impressão, encadernação, despesas gerais e de comercialização e aufere um lucro. Dos $20,00 que o cliente paga, somente $1 ou $2 vai para o autor! Não admira que estes estejam abandonando a impressão e indo diretamente para os e-books.

Os descontos do canal são só o primeiro passo no exame do fluxo de dinheiro em um complexo canal de distribuição. Por exemplo, no canal livro e em muitos outros (software, mídia etc.), as vendas são feitas em *consignação* com 100% de garantia de devolução. Isso significa que seus produtos (os livros não vendidos no exemplo) podem retornar para a sua companhia sem ganho monetário algum (e para piorar ainda mais, você tem que pagar o frete da devolução). Por que isso é um problema? Um equívoco que as startups frequentemente cometem quando usam um canal de distribuição é registrar as vendas ao canal (no nosso caso o atacadista) como receita. A triste verdade é que pedidos de compra de um canal parceiro não significam compras dos clientes finais do produto; significa apenas esperança e fé de que isso ocorra de fato.

Além disso, alguns canais têm uma política de devoluções vinculadas aos estoques (alimentos com prazo de validade vencido, versões antigas de software e hardware) requisitando abonos ou subsídios para uma proporção (ou tudo) dos produtos que você já "vendeu" a eles, para serem devolvidos.

O seu plano de finanças do canal inclui uma descrição de todas as relações financeiras ao longo dos elos do canal (veja a figura 9.14).

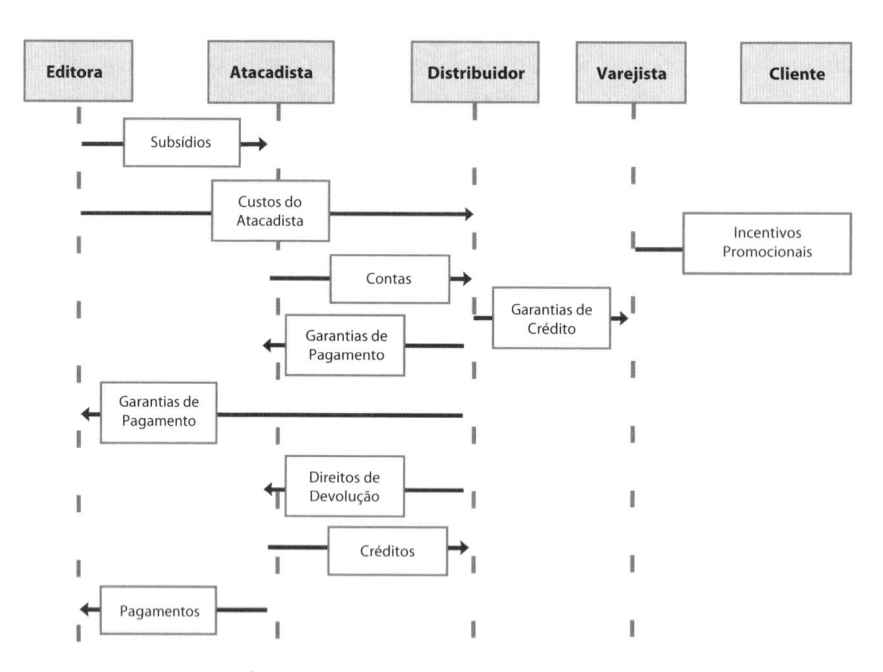

***Relacionamentos Financeiros do Canal** (Figura 9.14)*

Administração do Canal

Muito embora o objetivo de qualquer companhia seja ter um canal de vendas bem administrado e criteriosamente selecionado, falhar na escolha ou gerenciamento do canal resulta, com frequência, em uma sofrível receita de vendas e custos não previstos. De modo semelhante à instrumentalização de um site, você precisa monitorar os níveis de estoque do seu canal, vendendo a ele e através dele. Em um canal de vendas diretas esse procedimento é simples: nenhum bem de consumo sai da companhia se não houver um pedido fechado do cliente. Em um canal indireto, todavia, o maior risco é não saber quantos usuários finais realmente existem. E por que isso? Sua empresa tem um relacionamento direto somente com o elo de distribuição mais imediato. Você fica dependendo dos relatórios do canal parceiro, que geralmente chegam meses após, para saber quantos produtos foram "vendidos através" do canal ou quanto realmente foi apenas comprado. Outro risco é a tentação de um canal indireto para "entupir" o canal. *Entupimento* significa levar um canal a aceitar produtos em consignação mais do que as projeções razoáveis indicam que o canal pode vender. Esta tática pode provocar um temporário e ilusório incremento de vendas, seguido de um declínio total (ou no caso de empresas públicas, ações legais) mais à frente. Todas essas questões potenciais necessitam estar documentadas e discutidas no plano do "canal administração" a fim de evitar surpresas mais tarde.

Mercados Multifacetados

Esses mercados são mais comuns em canais digitais, porém, existem também nos canais físicos. Insumos médicos são um bom exemplo de um canal "físico" com um complexo mercado multilateral. Um quadril artificial pode ser aprovado pela ANVISA, recomendado por um médico, implantado em um paciente, comprado em um hospital, instalado por um cirurgião, mas pago por uma companhia de seguro-saúde (Veja a figura 9.15 a seguir). Em casos similares a esse, apenas enfocar nos pacientes, médicos e hospitais, sem compreender quem paga e como são feitos os reembolsos do implante de um quadril seria um erro fatal. Uma startup em mercados multifacetados precisa validar *todos os lados* de sua hipótese do canal.

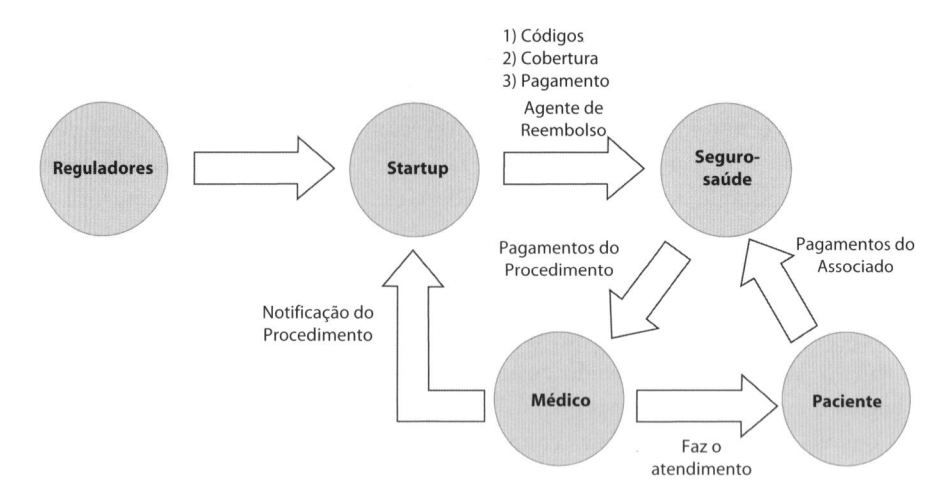

Diagrama do Canal para um Mercado Multifacetado Complexo (Figura 9.15)

Prepare-se para Vender: Estabeleça um Conjunto de Indicadores (Digital)

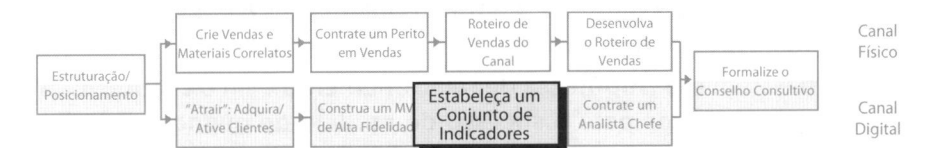

↪ Negócios digitais focam na coleta de dados, e análise e otimização, do dia em que nascem àquele em que fecham as portas. O funil de conversão de uma startup digital monitora os clientes durante todo o ciclo da vida útil deles. O processo inteiro é balizado por uma campanha sem fim de testes, medições e otimização em cada passo no funil, do conhecimento à compra. É um processo em tempo integral de "experimentar, mensurar, ajustar".

> Negócios digitais focam na coleta de dados, análise e otimização do dia em que nascem àquele em que fecham as portas.

O produto que você construiu deve ser capaz de medir cada clique no site ou app, a origem dele e a ação que causa ou não. Como consequência, a equipe gestora deve manter ao alcance dos dedos um painel de controle que monitore cada comportamento do cliente, cada aspecto-chave e forneça *insights* e tendências que levam a contínuo aprimoramento do negócio. Há duas partes no estabelecimento de um conjunto de indicadores:

- determinação de quais os indicadores-chave de que se necessita para o processo de mensuração
- desenvolvimento de um painel de controle ou sistema de coleta e monitoramento de dados

Indicadores-chave para Mensurar

Bem antes de surgir a web, no século XIX, um varejista da Filadélfia, John Wanamaker, resumia o desafio que os homens de marketing da era online enfrentariam dois séculos mais tarde: "Sei que estou desperdiçando metade do meu orçamento publicitário. Apenas queria saber qual metade." Nos canais digitais esse processo é muito mais fácil do que era para os anúncios de Wanamaker nos jornais e rádios, porque cada clique e ação do cliente podem ser registradas. O processo começa na determinação do que medir.

Com base em suas hipóteses de relacionamento com o cliente, identifique os parâmetros para o sucesso do modelo de negócio. Priorize, limitando a menos de dez o número de indicadores, e mensure somente aqueles que funcionem ou possam ser aprimorados. Pense: "Quantos, quão rápido, quanto e quão bons?".

- *Quantos* clientes foram adquiridos e quantos deles estão ativados? (e quantos foram perdidos? E em que ponto do processo de compra isso ocorreu?)
- *Com que rapidez* chegaram e com que rapidez se ativaram? Depois de uma página visualizada ou visitada ou 20 de uma ou outra?
- *Quanto* custou cada aquisição?
- *Quão bons* são os clientes que foram adquiridos?

Indicadores para Mensuração, no Funil dos Canais Digitais no "Atrair Clientes" (Figura 9.16)

No intuito de obter consistência, considere organizar os indicadores da forma como o funil de vendas é organizado — por parâmetros de aquisição e ativação. Por exemplo:

Parâmetros de Aquisição:

- *Número total de visitas* por tipo de visitante, dia, origem e páginas por visita
- *Taxas de conversão de tráfego indicado e pago* por fonte (quantos links ou *banners* e qual o custo para gerar um visitante ou usuário) e o custo por usuário adquirido/ativado

- *Quantidades e porcentagens do tráfego indicado* e origens
- *Comportamentos exclusivos* ou ações de subsetores ou segmento do universo dos clientes

---

Sei que estou desperdiçando metade do meu orçamento publicitário. Apenas queria saber qual metade...

Parâmetros de Ativação:
- *Número total de ativações*: outra porcentagem de aquisições horárias/diárias/semanais
- *Número/porcentagem de ativações*, rastreado pela fonte original
- *Número/porcentagem/custo por ativação*, baseados em qualidade (usuários hiperativos e gastadores ou pouco gastadores e inativos?), se identificáveis, de preferência por origem
- *Número de visitas, páginas visualizadas, indicações* por usuário ativado, por origem e por custo

Indicadores de ativação também capturam o comportamento do usuário por avaliação e melhoria. Parâmetros típicos de comportamento incluem o número e porcentagem de pessoas que, por meio de downloads ou outras formas de ativação, registram-se ou engajam dentro de um certo número de visitas ou páginas visualizadas.

Monitore as pessoas que tomaram atitudes que levam à ativação, como assistir uma demonstração do produto, e não o fizeram, bem como aquelas que desistiram durante o procedimento de registro. De novo, a lista é quase ilimitada, então, tenha a precaução de não mensurar mais do que a equipe tem condições de administrar, aprimorar ou efetivar.

Essa lista é a ponta de um iceberg. Concentre-se naquilo que o ajuda a compreender o comportamento do consumidor e, com isso, adquiri-los e induzi-los à ativação, e finalmente, à consecução de receitas!

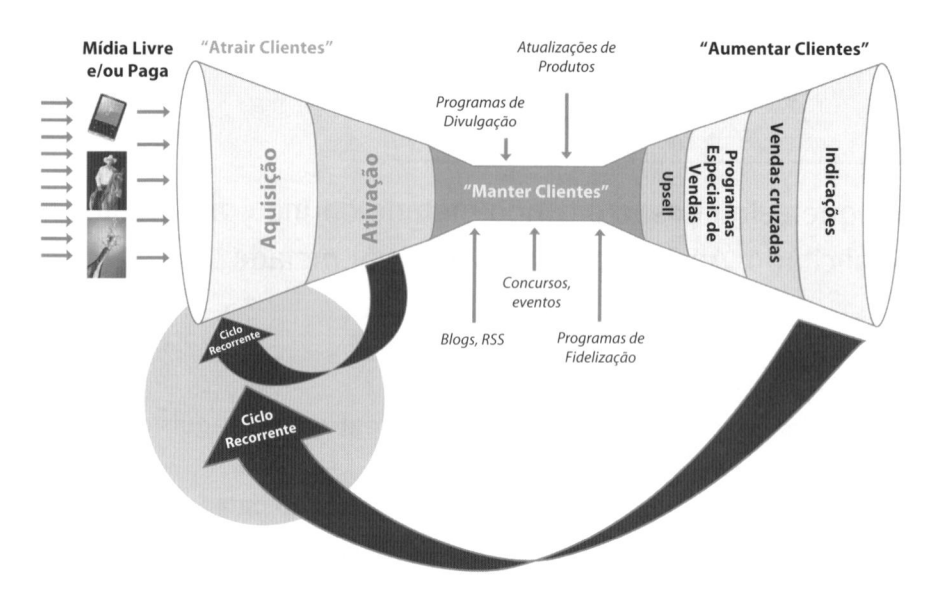

As Indicações no "Aumentar Clientes" acontecem através do "Ciclo Recorrente" (Figura 9.16b)

Parâmetros de Indicação:

Os parâmetros de indicação são importantes em função de que recomendações da existência de clientes são as de melhor custo-benefício entre as fontes de novos clientes. Entre eles, conta-se:

- número e porcentagem de usuários indicados
- média de potenciais clientes existentes
- taxa de aceite de indicações

Avalie programas de incentivo a indicações para determinar quais estímulos motivam a maioria dos novos usuários a indicar outras pessoas e o custo por indicação.

Até este ponto do processo de validação pelo cliente é cedo para preocupar-se demais com a retenção do cliente (discutida em profundidade na Fase 2), uma vez que a companhia encontra-se intensamente focada em obter seus primeiros clientes. Ao configurar o sistema de indicadores, tenha em mente acomodar aqueles que, mais tarde, serão necessários para monitorar retenções e indicações, incluindo os contingentes descritos em detalhe na Fase 2.

Utilize um painel de controle ou sistema para coletar e monitorar dados

A futura startup depende de seus dados sobre aquisição, ativação e retenção de clientes. Isso é tão relevante que várias empresas web realmente exibem, em tempo real, os dados que demonstram a performance de seus sites, por intermédio de enormes telas que ficam à vista de todos no escritório, tornando-se o centro das atenções. Há sistemas de monitoramento (o painel de controle) disponíveis para compra, mas opções caseiras podem ser construídas utilizando ferramentas tão simples como o Excel.

Tenha cuidado para não exagerar nos parâmetros. Um pequeno número deles conta toda a "rica" história dos negócios.

Tenha cuidado para não exagerar nos parâmetros. Geralmente, um número relativamente pequeno deles conta toda a "rica" história dos negócios, então, resista à tentação de gerar complexas e superabastecidas coleções de dados que fazem desviar os olhos do que é o principal. E o essencial usualmente gira em torno do "quantos, quanto, quão rápido": quantos clientes são ativados (ou perdidos), a que custo e com que rapidez. Bons CEOs têm as estatísticas-chave, bem como as tendências, no bolso do colete e podem recitá-las a qualquer momento. E, igualmente importante, esses dados podem ser mensuráveis em uma simples planilha.

Os indicadores que você usa para medir e monitorar seu negócio deveriam ser os mesmos usados nas reuniões de diretoria. Se os membros diretores *pedem somente* declarações de renda, balancetes e fluxo de caixa, e não procuram saber desses números, você fracassou como CEO. É sua função fazê-los concordar que os números com os quais está preocupado são os mesmos com que também deveriam preocupar-se.

A figura 9.17 mostra um painel de instrumentos para um simples site de conteúdo onde os objetivos de negócio são um aumento nas visualizações da página, indicações de clientes e entrega de e-mails.

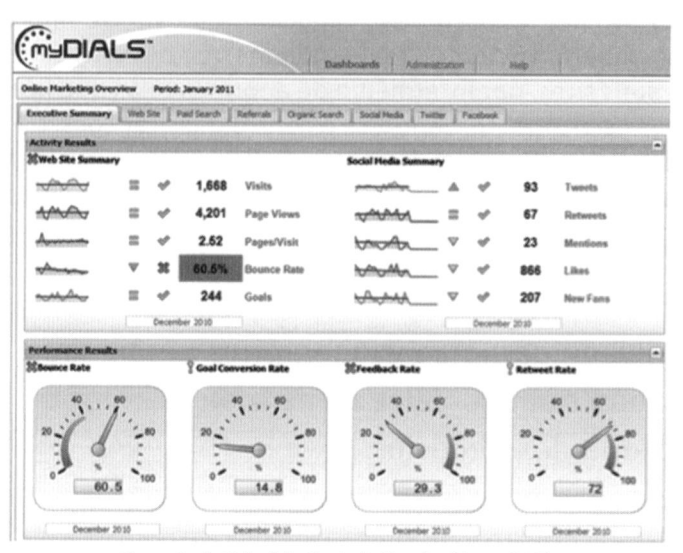

Exemplo de Painel de Controle Simples (Figura 9.17)

No próximo passo, se a startup ainda não tiver um, recrute um "chefe de dados" para administrar e interpretar tais dados. Ele também será o centroavante no time da companhia, utilizando aqueles números para encaminhar a melhoria do processo de descoberta e engajamento do cliente, uso do produto e indicação para amigos e colegas.

Prepare-se para Vender: Desenvolva o Roteiro de Vendas
(Físico)

Uma startup clássica precipita-se e contrata uma força de vendas antes de procurar saber como vender. No começo, você está envolto por uma nuvem de incertezas. O trabalho dos fundadores é reunir informação suficiente que sirva como um farol de neblina que compense a falta de visão e permita avançar passo a passo, e então encaixar aqueles dados em um quadro coerente que mostre o caminho correto a trilhar. Nós chamamos a isso de "roteiro de vendas".

O objetivo é determinar quem são os verdadeiros clientes e de que modo comprarão seu produto. Monte uma equipe de vendas somente quando entender de forma cabal o processo que transmuta um cliente em potencial em um comprador, e saber que pode vender um produto por um preço condizente com seu modelo de negócio. Com o roteiro de vendas em mãos, sua equipe será capaz de focar-se nas vendas reais, em vez de tentativas de erro e acerto, e empreender as ações de validação pelo cliente.

> Com o roteiro de vendas em mãos,
> sua equipe será capaz de focar-se nas vendas reais.

Um roteiro de vendas detalha cada passo do procedimento que vai do primeiro telefonema ao comprador em perspectiva até a assinatura do contrato. Ele também revela como aqueles passos variam de uma a outra companhia, comprador ou cargo funcional. A hipótese de partida que fundamenta um roteiro de vendas, desenvolvida na descoberta do cliente, deve ser atualizada com base no feedback do cliente e revisitada antes que se iniciem as vendas. Não se preocupe — as mudanças decorrerão da experiência de campo com os clientes.

A complexidade do roteiro de vendas depende do tamanho da clientela, ciclo de compras e orçamento, bem como do preço do produto, setor de atividade e canal de distribuição selecionado. Roteiros de venda para um CEO de uma empresa média é mais claro, digamos, que a rota para classificar-se entre os 500 VPs da revista *Fortune*. E roteiros para a Safeway, Intel ou Toys "R" Us são mais complicados do que aqueles orientados para floristas locais ou lojas de artigos para animais domésticos. Bons roteiros dão muito trabalho para elaborar, porém representam a diferença entre sucesso e fracasso. Aprimore-o enquanto a empresa for pequena e incipiente, antes que dezenas de representantes de vendas encontrem por si próprios o caminho perdido, vendendo sem um mapa a guiá-los.

Há três outras ferramentas-chave de planejamento de vendas que dão suporte ao roteiro de vendas: mapas de influência e da organização da companhia e mapas de acesso ao cliente.

Mapas de Influência e da Organização da Companhia

Lembra-se daqueles mapas sucintos de organização e influência criados no passo da descoberta do cliente? É o momento de retirá-los da parede e examinar o conteúdo. Até agora, suas hipóteses iniciais têm sido modificadas de acordo com a realidade encontrada nos encontros e conversas com os clientes potenciais. Utilize essas informações para desenvolver um modelo funcional do processo de compras de seus clientes-alvo. Olhe mais de perto, também, para as anotações que você fez ao encontrar-se com possíveis earlyvangelists. Você pode, ainda, querer trazer informações sobre clientes de outras fontes, tais como relatórios anuais de uma companhia, Hoovers, Dun & Bradstreet ou artigos na imprensa.

O ciclo de vendas da E.piphany é um bom exemplo de como um mapa de influência para uma venda complexa pode ser elaborado. Considerando que o custo de um software da empresa está na faixa de seis a sete dígitos, os compradores precisam estar muito aflitos, reconhecer a forte aflição e estar comprometidos em suprimi-la para que possam contatar a E.piphany e comprar o produto. O produto requer também vendas "de cima para baixo" envolvendo executivos seniores com autoridade para concordância/aquiescência de seus respectivos estafes. Em uma grande corporação, a alternativa é trabalhar de "baixo para cima", em que funcionários de baixo escalão tentam convencer o chefão, um processo muito mais difícil para sistemas muito onerosos. Além disso, a E.piphany mudou o *status quo* dentro das companhias. Isso exigiu delas diversas reformulações na configuração de processos e descrições de cargos. Embora representem um aprimoramento, as mudanças geram resistência, e esta é um caldo de cultura para o surgimento de sabotadores — sempre uma desagradável surpresa.

A má notícia: múltiplos "sim" são necessários para enviar uma ordem de compra para a E.piphany. Outras empresas de vendas, tais como as de processos de controle da produção ou de relacionamento com o cliente, às vezes precisam do endosso de apenas um executivo-chave ou comunidade de usuários para que se feche um acordo. Naqueles pacotes de produtos, o pessoal executivo da Tecnologia da Informação geralmente dá os inputs para a seleção, mas os verdadeiros usuários reúnem um substancial poder de decisão. Na E.piphany a venda era diferente, uma vez que TI não a conduzia, mas *era* um participante ativo — frequentemente com poder de veto. Da mesma maneira, a experiência mostrava que era necessário vender tanto "para o alto" quanto "para os lados", ou seja, para o usuário e para os técnicos. Depois de perdermos muitos negócios, elaboramos uma simples matriz de dois por dois que mostrava onde apoio e aprovação eram necessários:

	Operacional	Técnico
Alto	Executivo	Diretor ou Executivo da Divisão de TI
Baixo	Usuários Finais	Equipe Corporativa ou da Divisão de TI

Matriz de Apoio/Aprovação (Figura 9.18)

A matriz dizia que, mesmo contando com o apoio do executivo visionário na divisão operacional à compra na E.piphany, era necessário vender para quatro circunscrições para fechar o negócio. Sem o apoio da divisão operacional da companhia e o "aprovado" de TI, não poderíamos efetivar a venda. Bem cedo ficou visível que se o TI da organização estivesse determinado a impedir a venda, seria bem-sucedido na maior parte das vezes. Esse *insight* foi providencial. Estava ali um dos vários "ok" que fariam a E.piphany ter êxito. Procurávamos como resolver o problema quando um fundador e o perito em vendas, testemunhando o fracasso da estratégia inicial de vendas, dispuseram-se a pensar em como reformulá-la.

Os resultados dos esforços iniciais de vendas ficaram abaixo das expectativas porque ignoraram o fato de que vender dentro das empresas era diferente de vender outros produtos. A falha mais evidente foi a incapacidade de granjear o apoio da organização de TI. Nas chamadas de vendas, era mais fácil entusiasmar o pessoal operacional do que os do TI quanto ao conjunto de aplicativos de vendas, serviços ou marketing. Em alguns casos, a E.piphany levou os animados potenciais clientes das divisões operacionais a dar sua palavra de que os diretores e departamento de TI "ficariam no mesmo barco" e aprovariam a compra. Em outros, os passos necessários foram desprezados e deduziu-se que os diversos usuários entusiasmados poderiam levar ao fechamento de vendas. Raramente isso provou ser verdadeiro.

	Operacional		Técnico
Alto	Executivo	1 ⟶	2 Diretor ou Executivo da Divisão de TI
Baixo	Usuários Finais	3 ⟵	4 Equipe Corporativa ou da Divisão de TI

Exemplo de um Mapa de Influência (Figura 9.19)

Reunimos os dados de fracassos e sucessos de venda em um "mapa de influência". Já tínhamos estabelecido que a) precisávamos do apoio de quatro grupos para fechar um acordo, b) TI seria mais difícil de convencer que usuários e c) o pessoal de baixo escalão de TI iria opor-se ao conceito. A questão crítica vinha a ser: "Como avançar?". O mapa de influência, como mostra a figura 9.19, definia qual a ordem de convencimento para a compra. Cada passo era alavancado pela força do passo anterior, utilizando o ímpeto criado pelos grupos que haviam gostado da companhia e do produto e a superação das objeções dos grupos que não haviam gostado. Com mais frequência que nunca, abreviar o processo ou ignorar um estágio de vendas implicava em perder a venda.

Quando bem compreendido, o Mapa de Influência estabelece a execução da estratégia de vendas. Proceda assim: (1) executivos operacionais dos escalões mais altos (VPs, Gerentes de Divisão etc.) em primeiro lugar. Use esse relacionamento como uma apresentação para (2) executivos técnicos de alto escalão (diretor ou gerente de divisão de TI, então (3) marque encontros com os usuários finais da organização operacional (o pessoal que utiliza o produto) e finalmente (4) use esse apoio todo para apresentar, educar e eliminar objeções da corporação ou equipe de TI.

Mapas de Acesso ao Cliente

Com o esquema de influências entendido e devidamente anotado, volte sua atenção para responder à recorrente questão de vendas de como abordar o cliente. Para vendas corporativas, sugerir compras ou contratos é falar do pior assunto possível para começar um contato, especialmente quando estiver oferecendo algo inovador. Variando de acordo com o tamanho do cliente em perspectiva, vendas corporativas frequentemente exigem ágil capacidade de manobrar por entre os inúmeros departamentos para marcar reuniões com o pessoal identificado na organização e nos mapas de influência. Telefonemas de vendas para os verdadeiros clientes ajudam a preencher os buracos do mapa de acesso, agregando informação e sugerindo padrões de comportamento. A Figura 9.20 ilustra um mapa de acesso em uma conta corporativa.

Com relação a bens de consumo, pode ser igualmente difícil encontrar o acesso correto a novos clientes. No lugar de chamadas telefônicas aleatórias, pense em alcançar os clientes através das comunidades a que pertencem, tais como clubes de livros ou associações de automóveis antigos, o que pode ser feito de maneira praticamente não onerosa. Há grupos na rede ou informais que poderiam estar interessados?

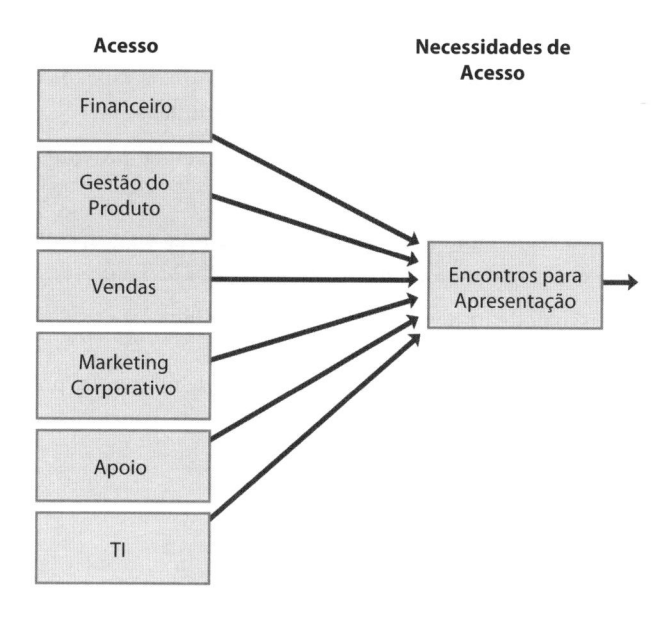

```
            Acesso                    Necessidades de
                                          Acesso
         ┌───────────┐
         │ Financeiro│──┐
         └───────────┘  │
         ┌───────────┐  │
         │ Gestão do │──┤
         │  Produto  │  │
         └───────────┘  │     ┌──────────────┐
         ┌───────────┐  ├────▶│  Encontros para│──▶
         │  Vendas   │──┤     │  Apresentação │
         └───────────┘  │     └──────────────┘
         ┌───────────┐  │
         │ Marketing │──┤
         │Corporativo│  │
         └───────────┘  │
         ┌───────────┐  │
         │   Apoio   │──┤
         └───────────┘  │
         ┌───────────┐  │
         │    TI     │──┘
         └───────────┘
```

Exemplo de Mapa de Acesso (Figura 9.20)

Estratégia de Vendas

Compreender o mapa de influência é o passo inicial para encontrar um processo de vendas contínuas.

Disponha lado a lado seus mapas de organização corporativa e de clientes, de influência e de acesso. Em vendas corporativas, o desafio é mover-se além de nomes e títulos de cargos das pessoas que você irá contatar pessoalmente e desenvolver uma estratégia para abordá-las. Para isso, considere as seguintes questões:

- Qual o seu nível de entrada na empresa? Por exemplo, você vende a altos executivos? Ou ao baixo escalão operacional?
- Quantas pessoas no mapa organizacional precisam dizer sim para a venda?
- Em que sequência você necessita acionar esse pessoal? Qual o discurso para cada uma delas?
- Qual fase pode impossibilitar a venda toda? Quem são os potenciais sabotadores?

De modo similar, se você estivesse lidando com um novo bem de consumo, as questões poderiam ser:

- É necessário ter acesso a segmentos demográficos específicos? Por exemplo, vender a estudantes universitários? Pais? Famílias?
- Quantas pessoas precisam dizer "Isso é uma venda individual ou uma decisão de família?"?
- Se a venda requer que vários membros da família ou grupo entrem em acordo, em que ordem deve-se acionar essas pessoas? Qual o discurso para cada uma?
- Qual passo pode impossibilitar a venda inteira?

De novo, como você está indo ao mercado para vender o seu produto, deve saber o que funciona ou não. Um padrão previsível começa a surgir, sua estratégia vai se tornando mais nítida.

Plano de Implementação

Um primeiro erro comum da equipe de fundadores é obter um "polegar para cima" dos earlyvangelists e abrir um champanhe para brindar a primeira venda. Como qualquer um com experiência em vendas saberá dizer, não faça isso ainda. Lamentavelmente, muita coisa pode ocorrer entre o "de acordo" do tomador de decisões e o recebimento efetivo do cheque. O intuito do plano de implementação é anotar todas as coisas que não podem deixar de ser feitas antes da finalização da venda e entrega do produto e determinar quem fará o acompanhamento do processo. Por exemplo:

- O diretor financeiro ou o CEO precisam aprovar a venda?
- A Diretoria precisa aprovar a venda?
- Mamãe e Papai precisam aprovar a venda?
- O cliente precisa fazer um empréstimo para financiar a venda?
- Outros componentes/sistemas de fornecedores devem estar instalados e funcionando antes?

Prepare-se para Vender: Contrate um Analista Chefe
(Digital)

```
Estruturação/     →  Crie Vendas e        →  Contrate um Perito  →  Roteiro de        →  Desenvolva                                  Canal
Posicionamento       Materiais Correlatos    em Vendas              Vendas do            o Roteiro de                                Físico
                                                                    Canal                Vendas         →  Formalize o
                  →  "Atrair": Adquira/   →  Construa um MVP     →  Estabeleça um     →  Contrate um       Conselho Consultivo       Canal
                     Ative Clientes          de Alta Fidelidade     Conjunto de          Analista Chefe                               Digital
                                                                    Indicadores
```

↪ Em uma startup que comercializa bens físicos, eram os fundadores que tinham que encontrar o roteiro de vendas e então contratavam um perito em vendas para assisti-los. Da mesma forma, uma companhia digital necessita de uma pessoa de alto nível dedicada a analisar os dados depois que os fundadores encontram os indicadores-chave da aquisição e ativação dos clientes. O analista chefe providenciará "contínuas melhorias", não apenas do processo de validação pelo cliente, mas perenemente.

O analista chefe providenciará "contínuas melhorias", não apenas do processo de validação pelo cliente, mas perenemente.

No início, um dos fundadores deve desempenhar esse papel (um crédito extra se ele for um "viciado em dados", estatístico ou analista que adora colecionar e debruçar-se sobre números, procurando anomalias, oportunidades, tendências e fragilidades). A forma como a pessoa for chamada — chefe de marketing, chefe de análise de dados, diretor online de marketing — é irrelevante. Agilidade com números e ferramentas são capacidades críticas para a função, assim como uma curiosidade inata. Também é fundamental: o "dom" de fazer as coisas acontecerem na empresa uma vez que os dados apontem que o plano não segue como desejado e uma reestruturação urge ser efetuada. As responsabilidades incluem:

- a otimização online das campanhas para atingir objetivos, manipulando todos os aspectos reportados sobre o comportamento do cliente, rastreando e analisando constantemente
- gerir todas as pesquisas internas, patrocínios, qualificação de clientes e programas de promoção

- desenvolvimento e administração de planos, orçamentos de custos e resultados de programas de marketing
- gestão de orçamentos e projeções, rastreamento e administração de custos de programas e resultados

Caso a pessoa não seja um fundador, deve ser parte de uma equipe sênior de gerenciamento, reportando e atualizando com regularidade. Deverá ser contratado o mais cedo possível, idealmente a tempo de participar do desenvolvimento do painel de controle e seleção dos parâmetros de rastreamento. Esse profissional deve compreender plenamente o modelo de negócio e suas diretrizes-chave, assim como ser a voz forte que promove ajustes e reestruturações. A pessoa deve ser um bom colaborador, fácil de lidar no trabalho e altamente criativo — uma combinação rara.

Essa pessoa deve ser parte de uma equipe sênior de gerenciamento.

É preciso haver um acordo sobre com que frequência o CEO deve ser informado. E a equipe de gerenciamento? O pessoal todo? Lembre-se de focar a pessoa na priorização e coleção somente de dados principais, utilizáveis, não em produzir resmas de papel e informação irrelevante. Crie acordos que mesclem compensações e confidencialidade/cooperação com essa pessoa que conhece mais sobre os negócios que envolvem a companhia que, praticamente, qualquer um. Perder esse profissional prematuramente pode ser um grande retrocesso.

Prepare-se para Vender: Formalize o Conselho Consultivo

(Todos os Canais)

[Fluxograma: Estruturação/Posicionamento → Crie Vendas e Materiais Correlatos → Contrate um Perito em Vendas → Roteiro de Vendas do Canal → Desenvolva o Roteiro de Vendas → **Formalize o Conselho Consultivo** → Canal Físico; "Atrair": Adquira/Ative Clientes → Construa um MVP de Alta Fidelidade → Estabeleça um Conjunto de Indicadores → Contrate um Analista Chefe → Canal Digital]

Com sorte, você pediu, informalmente, ajuda de alguns consultores na descoberta do cliente. Já nesta fase, a equipe conta com eles formalmente engajados. Não há regras, rígidas ou não, de quão grande um conselho consultivo deve ser ou mesmo se deva ser um "conselho". Basicamente, você espera duas coisas de consultores: grandes apresentações a clientes, talentos ou investidores, que, de outro modo, não conseguiria e arrojados e excepcionais modelos de negócio que impactarão sua estratégia. Todo o resto é conversa fiada.

Pense de maneira estratégica, não tática, sobre como alcançar os consultores e sua esfera de influência. Recrute somente conselheiros que irão promover um sério impacto na companhia de uma maneira ou de outra — pense qualitativamente, não quantitativamente (se você está levantando dinheiro, ter um punhado de "nomes que impressionam" pode ajudar, mas não os confunda com esse pessoal). Reuniões formais do conselho de consultores não são uma exigência, pelo menos por ora, mas se ocorrerem, devem dar acesso a *experts* que podem ajudar.

Comece montando um mapa para a formação do conselho consultivo, parecido com o mapa de acessórios desenvolvido antes. Como mostra a Tabela 9.5, o mapa é uma organizada lista de conselheiros-chave necessários (não se sinta obrigado a pôr consultores em cada box do quadro).

Nesse exemplo, o mapa diferencia como cada consultor será utilizado (técnico, negócio, cliente, setor ou marketing). Normalmente, os mais importantes consultores que uma startup pode ter são alguns com agendas "recheadas" de nomes que podem representar apresentações de alto nível a título de novos clientes, canais parceiros ou que se constituam em fornecedores de tráfego na web em grande volume. O Desenvolvimento do Produto pode necessitar de consultores técnicos já na Fase 1 da descoberta do cliente. Estes se originam do mundo acadêmico ou setorial, que além da consulta técnica em si, podem indicar talentos nessa área. Como a companhia começa a comercializar produtos, os conselheiros técnicos são usados como referência para os clientes.

Na medida do possível, em especial nas situações de vendas corporativas, coloque potenciais clientes-chave no conselho consultivo daquela empresa. São pessoas encontradas na descoberta do cliente que poderão aconselhar sobre o produto da perspectiva do cliente. Eu sempre digo a esses consultores: "Quero você no meu conselho consultivo, pois posso aprender a construir um produto que você comprará. Ambos falharemos se eu não puder fazer isso". Eles são clientes conscientes do que seja o produto, e mais tarde alguns serão grandes referências para, ou indicarão, outros clientes. Utilize-os para *insights* e encontros pessoais com os membros da equipe de negócios das empresas ou do Desenvolvimento de Clientes — e não tenha receio de lhes pedir apresentações específicas.

	Técnico	Negócio	Cliente	Setor	Vendas/Marketing
Por que	Conselho sobre Desenvolvimento do Produto, validação e ajuda no recrutamento.	Conselho sobre estratégia e estruturação da companhia.	Conselho sobre produto e clientes em potencial. Mais tarde, como cliente consciente e como referência	Trazer credibilidade para seu mercado específico ou tecnologia da qual é um *expert*	Aconselhamento para resolver problemas com vendas, RP, imprensa e questões de criação de demanda.
Quem	Aponta os itens técnicos mais chamativos para mostrar, além de dar *insights* sobre problemas que você quer resolver, e não ligam de meter as mãos no trabalho difícil.	Veteranos de cabelos grisalhos que já construíram startups antes. Critério-chave: você confia no julgamento deles e os escuta.	Pessoas que obterão grandes clientes, que têm bons instintos na área e/ou que fazem parte de uma rede de cliente	Marcas com visibilidade, com clientes e credibilidade com a imprensa. Podem também ser clientes.	Homens de marketing experientes em startups, que sabem como criar um mercado, não apenas uma marca.
Quando	No dia um da fundação da empresa e continuando durante a primeira remessa.	No dia um da fundação da empresa e continuamente.	Na Descoberta do Cliente. Identificar na fase 1, começar a convidar nas fase 2 e 3.	Na Validação pelo Cliente. Identificar na fase 1, começar a convidar nas fases 2 e 3.	Na Criação do Cliente. Precisa ser diminuído depois da Construção da Companhia.
Onde	Encontros pessoais com a equipe de Desenvolvimento do Produto na Companhia.	Telefonemas tarde da noite, visitas em pânico no escritório ou em casa.	Telefonemas para *insights* e encontros pessoais com empresas e equipe do Desenvolvimento de Clientes na companhia.	Telefonemas para *insights* e encontros pessoais com empresas e equipe do Desenvolvimento de Clientes na companhia.	Encontros pessoais e telefonemas com equipe de marketing e vendas.
Quantos	Tantos quantos forem necessários.	Não mais que dois ou três de cada vez.	Tantos quantos forem necessários.	Não mais que dois por setor.	Um para vendas, um para marketing.

***Papéis do Conselho Consultivo** (Tabela 9.5)*

Dois outros conjuntos de consultores a considerar: um conselho consultivo setorial de especialistas, que traga credibilidade para o mercado ou tecnologia específica da empresa, e um conselheiro para o CEO que lhe diga "Esteja ali, faça isso", o que pode trazer ao CEO prática em "como aconselhar".

> Esteja certo disto: as pessoas com quem você conta, contam com você.

O número de consultores para cada domínio obviamente irá variar conforme as circunstâncias, entretanto, há algumas regras de ouro. Tanto os consultores de vendas como os de marketing tendem a ser dotados de grandes egos. Usualmente, você pode lidar somente com um deles por vez. Consultores setoriais gostam de pensar em si mesmos como *os* especialistas em seus respectivos setores de atividade. Convém que não se encontrem uns com os outros, na mesma sala, ao lhe darem suas opiniões, ou nem mesmo se cruzem no mesmo dia — isso lhe permitirá determinar o conselho de quem você quer seguir. Consultores de negócios parecem-se muito com os de marketing, porém, alguns especializam-se em áreas diferentes da companhia. Considere ter alguns à mão para aprender o que puder. Finalmente, nossa equipe de desenvolvimento do produto talvez não fique nunca satisfeita seja qual for o número de consultores técnicos. Sempre há uma questão técnica específica da qual se queira saber mais. Essa é uma verdade que se aplica igualmente aos consultores de clientes. Tenha certeza de que você sempre aprenderá algo novo toda vez que estiver com eles.

Compensando os Conselheiros

O Oráculo de Omaha, Warren Buffet, diz bem: "Esteja certo disto: as pessoas com quem você conta, contam com você". É do que trata o título acima. Os consultores, em geral, recebem ações ordinárias sem que haja correlação direta com as horas dedicadas à sua companhia ou exatamente em função específica da espécie de ajuda que dão. As ações são distribuídas ao longo do tempo, em bases mensais, método que permite ajustar as compensações ao valor dos consultores para a companhia.

> Os melhores consultores *lhe pagam* para tornarem-se consultores. Com frequência, fazem um modesto investimento em dinheiro.

Os melhores consultores *lhe pagam* para tornarem-se consultores. Com frequência, fazem um modesto investimento em dinheiro, digamos, $20.000 ou $100.000 por algumas ações preferenciais da companhia, e seu investimento é "alavancado" com uma generosa alocação de ações ordinárias que remuneram seus serviços de consultoria. Os mais sofisticados dentre os investidores reconhecem a importância da boa vontade dos consultores, não somente em emprestar sua reputação, mas também investir recursos pessoais naquilo que claramente acreditam ser um oportunidade significativa.

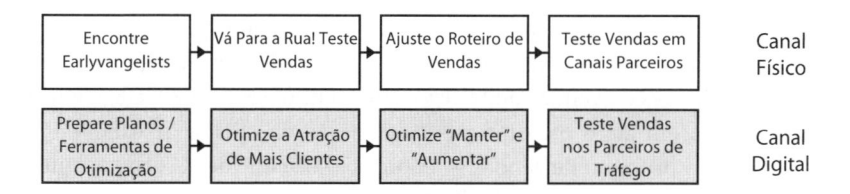

Encontre Earlyvangelists	Vá Para a Rua! Teste Vendas	Ajuste o Roteiro de Vendas	Teste Vendas em Canais Parceiros	Canal Físico
Prepare Planos / Ferramentas de Otimização	Otimize a Atração de Mais Clientes	Otimize "Manter" e "Aumentar"	Teste Vendas nos Parceiros de Tráfego	Canal Digital

CAPÍTULO 10

Validação pelo Cliente, Fase Dois: "Vá Para a Rua e Venda"

NESTA FASE DA VALIDAÇÃO PELO CLIENTE, é hora de experimentar vender. A descoberta do cliente o fez deixar o escritório e ir para a rua duas vezes; a primeira, para compreender os problemas dos clientes e como essas pessoas se comportam e a segunda, para determinar de que maneira o novo produto resolve esses problemas. E apesar de você, sem dúvida alguma, haver conduzido centenas de testes para reformular e reestruturar o modelo de negócio, não há teste de certo/errado mais valioso do que pedir ao cliente que lhe passe um pedido ou fique navegando em seu site ou utilizando seu app.

Em um canal físico, nada valida melhor uma hipótese que uma ordem de compra, em especial quando assinada antes de o produto estar completo ou pronto para remessa. No canal digital, por sua vez, a validação equivalente ocorre quando usuários e pagantes são atraídos, confirmando o que suas hipóteses pregavam (em mercados multifacetados, assegure-se de que, mesmo que você esteja obtendo um volume grande e crescente de tráfego, as pessoas do "outro" lado, normalmente os anunciantes ou pagadores, estejam ansiosas para gastar de modo a alcançar esse tráfego).

Nesta fase, sua função não é aumentar a escala de seu plano de receita, e sim validar as hipóteses do modelo de negócio mediante testes certo/errado que pressintam grandes possibilidades de vendas ou tráfego. No entanto, receitas e tráfego em larga escala não acontecem até o próximo passo, a criação do cliente. A validação pelo cliente é o *teste* do processo de vendas — enquanto se vende de verdade — que está determinado a responder uma longa lista de questões, incluindo:

- Os clientes estão entusiasmados com a proposta de valor?
- A companhia conhece bem seus segmentos de clientes e respectivas necessidades?
- Os clientes valorizam de verdade os recursos do produto? Sentem falta de algum recurso-chave?
- O produto está precificado corretamente e tem condições de ser comercializado a custo razoável?
- Qual é o processo de compra e aprovação da empresa cliente?
- O roteiro de vendas e a estratégia do canal autorizam aumentar a equipe de vendas?
- Há clientes em quantidade suficiente para fazer deste um grande negócio?

"Sair às ruas" tem sentido completamente distinto para empresas que comercializam bens físicos ou utilizam basicamente canais físicos e para as companhias operando em canais digitais. Levando em consideração a disparidade operacional, em termos de velocidade e iteratividade, este capítulo examina-os separadamente, como mostra a Figura 10.1.

Na validação pelo cliente, o processo de experimentação consiste em uma série de simples e objetivos testes binários de certo/errado, e jamais efetuado na base do "parece bom" ou "acho que sim". Alguns exemplos:

Se o modelo de negócios para canal físico diz...

- você fechará duas vendas para cada dez telefonemas, pode ser?
- um cliente comprará, em média, seis *widgets* em três meses, ok?
- gastar $5.000 em uma feira de negócios (ou mala direta) irá gerar 25 clientes qualificados, certo?
- duas, em cada três pessoas que você prospectar, irão indicar três amigos cada uma, tudo bem?

↪ *Se o modelo de negócio digital diz:*
- dois, entre cinco usuários adquiridos, serão ativados, correto?
- para cada dez ativações, teremos quatro que repassarão as avaliações gratuitas a cinco amigos, ok?
- gastar $100 em AdWords vai ocasionar 50 cliques no seu site, perfeito?
- um em cada quatro anunciantes em seu mercado múltiplo será sensível à sua proposta de venda de anúncios (embora provavelmente não comprem até que haja muito mais tráfego), certo?

Eis os próximos passos a seguir, por canal:

Startups de Canal Físico	Startups de Canal Digital
Encontre Earlyvangelists, Agende Encontros	Prepare Planos / Ferramentas de Otimização
Vá às Ruas para "Testar Vender"	"Vá às Ruas" para Testes de Ativação
Ajuste o Mapa do Roteiro de Vendas	Meça e Otimize os Resultados
Teste Vender para Canais Parceiros	Teste Vender para Parceiros de Tráfego

Passos para "Vá Para a Rua e Venda" por Canal (Figura 10.1)

Vá Para a Rua: Encontre Earlyvangelists (Físico)

Encontre Earlyvangelists	Vá Para a Rua! Teste Vendas	Ajuste o Roteiro de Vendas	Teste Vendas em Canais Parceiros	Canal Físico
Prepare Planos / Ferramentas e Otimização	Otimize a Atração de Mais Clientes	Otimize "Manter" e "Aumentar"	Teste Vendas nos Parceiros de Tráfego	Canal Digital

O maior desafio de vendas da validação pelo cliente é encontrar a pessoa certa para entrar em contato. Isso envolve primeiro identificar e depois investir tempo dedicando-se a clientes verdadeiramente visionários, não os comuns. O grande perigo é que nem todos os visionários são parecidos. Em regra, há aqueles que possuem orçamentos (nós gostamos desses) e outros com "estratégia", "planos de longo prazo" ou os "visionários técnicos", pessoas sem o poder de assinar cheques. A Tabela 10.1 mostra as diferenças. Não é necessário falar disso aos empreendedores, mas, em todo caso: mire os compradores com talões de cheque. Eles são chamados de earlyvangelists, como a esta altura você já deve saber.

Earlyvangelists têm renda, e ponto final. E embora todos os clientes visionários possam reconhecer que têm um problema, somente o candidato a earlyvangelist (a) está motivado o bastante para tomar alguma atitude, (b) talvez já esteja tentando uma solução caseira e, o mais importante, (c) tem influência e orçamento para resolver o problema. Muitas vezes, os earlyvangelists já visualizaram uma solução semelhante à que apresentamos. Eles são parceiros no processo de vendas e, frequentemente, racionalizam e explicam as ausências de recursos para sua própria gestão. Jamais abandonam ou atrapalham.

Revise as características principais dos earlyvangelists identificadas na descoberta do cliente. Há outras perspectivas adicionais? Faça uma relação de earlyvangelists alvos e repita as técnicas de geração de encontros utilizadas na descoberta do cliente: gere uma lista de clientes, um e-mail de apresentação e uma história/*script* de referência (para uma reciclagem, volte à descoberta do cliente Fase 2). Mesmo com toda uma meticulosa preparação, deduza que irá encaixar um, em 20 deles, no processo de vendas. Em outras palavras, prepare-se para 95% de rejeições! É assim mesmo; o processo está se iniciando e 5% é bom o bastante. Destes poucos, dependendo da situação econômica, um em três, ou menos, irá de fato finalizar uma compra. Isso implica em grande número de chamadas de venda (o que define uma startup). A boa notícia: um perito em vendas está por perto para assumir o tédio dos contatos e agendamento de reuniões, um trabalho que os fundadores devem sempre esforçar-se em participar.

Diferencie os earlyvangelists visados dos principais tipos de cliente, incluindo os avaliadores precoces, os clientes escaláveis (com capacidade para comprar em maior escala) e os clientes comuns. Os escaláveis podem ser earlyvangelists também, mas tendem a comprar mais à frente. Em vez de comprarem uma visão, o fazem por razões práticas. Irão se transformar em clientes-alvo em seis meses, mas ainda assim são compradores de novos produtos mais relevantes que os comuns.

Finalmente, os clientes em geral (os comuns) esperam por produtos finalizados e, geralmente, necessitam de soluções disponíveis comercialmente, sem risco. Podem dizer: "estamos ansiosos aguardando que seu produto esteja em sua linha de produção para que possamos testá-lo". Anote os nomes deles, pois se tornarão clientes em um ou dois anos.

	Avaliadores Iniciais	Earlyvangelists	Clientes Escaláveis	Clientes em Geral
Motivação	Avaliação da tecnologia	Visão equivalente. Compreendem que têm um problema e visualizam uma solução equivalente à sua.	Pragmáticos. Interessados em um produto que pode solucionar um problema compreendido agora.	Querem comprar o que é padrão, necessitam do "produto inteiro".
Precificação	Grátis	Faça sua lista de preços considerando a urgência que eles têm, e então lhes dê um robusto desconto.	Lista divulgada de preço e negociações difíceis.	Lista divulgada de preço e negociações difíceis.
Poder de Decisão	Podem decidir uma compra gratuita	Podem aprovar uma compra unilateral. Normalmente, podem acelerar uma compra. Internamente, são entusiastas da venda.	A aprovação requer a passagem por todos os níveis. Processo padrão de vendas. Podem ser capazes de dispensar cotação de preços.	A aprovação requer a passagem por todos os níveis. Processo padrão de vendas. Cotação de preços e/ou propostas de venda.

Quatro Tipos de Clientes *(Tabela 10.1)*

Vá Para a Rua: Prepare Planos/Ferramentas de Otimização (Digitais)

Encontre Earlyvangelists	Vá Para a Rua! Teste Vendas	Ajuste o Roteiro de Vendas	Teste Vendas em Canais Parceiros		Canal Físico
Prepare Planos / Ferramentas e Otimização	Otimize a Atração de Mais Clientes	Otimize "Manter" e "Aumentar"	Teste Vendas nos Parceiros de Tráfego		Canal Digital

➥ O trabalho de otimização consiste em extrair mais de cada passo "atrair, manter e aumentar". Extrair mais do quê, você perguntaria. Mais de tudo. Por exemplo:

- Se 6% de visitantes foram ativados no lançamento, experimente aumentar para 10% ou mais
- Quando os visitantes abandonam após duas páginas vistas, a navegação pode ser aumentada para três?
- Se 5% dos visitantes postam um comentário, como se pode estimular mais pessoas a fazê-lo?
- Se o custo médio por usuário ativado é de $1,00, o que pode ser feito para baixá-lo para $0,75 ou $0,80?
- Você consegue incrementar as taxas de abertura de e-mails de 22% para 30%?

Obter mais é o que a otimização faz, e é o que você fará desde agora até o momento em que estiver leiloando a mobília do escritório ou ouvindo o tilintar do sino da NASDAQ. Esta e as duas próximas seções digitais fornecem uma pequena cartilha a respeito da otimização, um tema recorrente em vários e bem mais prolixos textos. Nesta seção, você:

- Terá noção básica de uma estratégia de otimização
- Dará uma boa olhada na forma como a otimização funciona em uma hipotética web startup
- Aprenderá sobre as principais ferramentas de otimização, e como operam

A seção que vem depois — otimização da seção "Atrair" no mercado digital — usará o que você aprendeu nesta e lhe mostrará como colocar suas "novas" ferramentas para trabalhar. E a terceira seção fará o mesmo para "manter" e "aumentar" as atividades dos clientes.

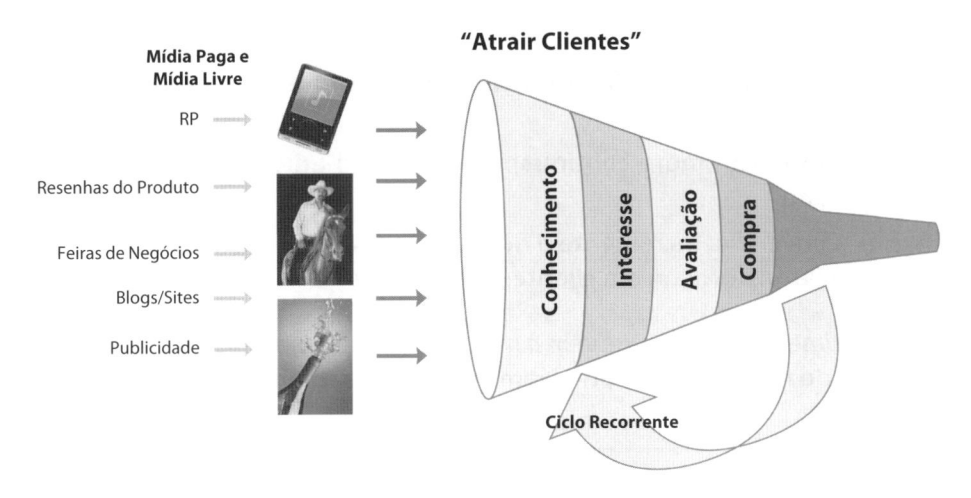

O Funil de "Atrair Clientes" em Canais Físicos (Figura 10.2)

Antes de começar

Antes de começar a otimizar seu site/app, lembre-se de que alguns itens fundamentais já devem estar prontos:

1. *Um MVP de alta fidelidade.* É preciso que esteja à mão e se pareça com um produto "finalizado" (ainda que faltem recursos). Isso assegura claro feedback do produto e resultados acurados da mensuração dos programas de "atrair clientes."

2. *Os planos e ferramentas de Aquisição.* E-mails, AdWords, *banners*, esforços de relações públicas, programas virais e outras ferramentas que irão convidar os clientes a engajar-se no produto.

3. *Os planos e ferramentas de Ativação.* As páginas de entrada estimulam as pessoas a comprar, envolver-se ou a ativar-se, por intermédio de ferramentas tais como follow-up de e-mails, telefonemas ou programas promocionais e virais para quem não comprou ou se engajou na primeira oportunidade.

4. *Um painel de controle* para monitorar o comportamento do consumidor. Ele deve estar funcional e instrumentalizado para fornecer em tempo real os dados obtidos com os programas de aquisição e ativação.

Estratégia de Otimização do Cliente

Os esforços de otimização devem concentrar-se em:

- *Volume*: Adquira tantos visitantes quanto possível e os encaminhe ao produto
- *Custo*: Aprimore continuamente o custo unitário por cliente ativado
- *Conversão*: Incremente o número de visitantes que são ativados e se transformam em clientes ou usuários

A primeira questão que vem à mente é "O que eu otimizo?". Tipos diferentes de negócios web otimizam coisas inteiramente diferentes.

A primeira questão que vem à mente é "O que eu otimizo?".

Eis o que devem cogitar três tipos de negócios digitais a respeito da otimização do "Atrair" clientes:

- *Sites de e-commerce* devem, certamente, começar pela otimização do tráfego e pedidos de compra e depois centrar-se no tamanho médio da compra, compras repetidas e indicações de clientes
- *Mercados multifacetados* (normalmente apoiados em anúncios) devem concentrar-se no tráfego total, minutos de navegação, visitas repetidas e indicações
- *Mercados tradicionais* devem focar-se em tudo que um site de e--commerce otimiza, bem como no número de fornecedores, aquisição de vendedores e retenção e liquidação (quantos dos itens de venda são realmente comercializados). Depois, devem tentar otimizar transações diárias e tamanho médio de venda

Mais Pontos Chaves para uma Otimização Bem-Sucedida

- *Saiba exatamente por que está testando*, como em "ver se podemos aperfeiçoar os registros" ou "ver se remessas gratuitas aumentam a quantidade de pedidos"

Não teste qualquer coisa, só o que for importante.

- *Não exagere nos testes.* Este é um dos maiores enganos em que inúmeras startups incorrem, porque é fácil fazer experimentos online. Não teste qualquer coisa, só o que for importante. Não teste mais que duas mudanças para uma página de cada vez, para não confundir seus visitantes e, assim, poder notar qual mudança leva a uma necessidade de aprimoramento. Quando um teste "tiver êxito", certifique-se de saber o que faz a diferença
- *Aplique testes controlados* para garantir aleatoriedade e validade. Um teste A/B, o teste de controle mais comum, mostra a um ou outro visitante a versão "A" ou "B" de uma página ou oferta. Há um rigoroso controle das variáveis. Ele não aponta "A" na segunda-feira e "B" na terça-feira, uma vez que não há meio de determinar o que mais pode ter influenciado o comportamento do consumidor no teste, e que pode ter sido quase qualquer outra coisa: uma venda em um site concorrente, uma mudança no tempo ou até mesmo a hora do dia (as pessoas navegam principalmente na hora do almoço)
- *Tenha sempre em mente o valor da vida útil.* O custo de atrair um cliente não chega nem perto de ser tão importante quanto a receita que ele trás ao longo do tempo, e o valor matemático para "atrair clientes" é bem simples:

$$VVU => CAC$$

VVU ou *valor da vida útil* (o montante total de dinheiro que esse cliente lhe trará) deve ser maior que CAC ou *custo de aquisição do cliente* (custos de aquisição e ativação do cliente).

Muitas e muitas empresas deixarão seus negócios dizendo consigo mesmas que "Este cliente vai valer a pena 'X' nos próximos cinco anos", esquecendo-se da segunda parte: "somente se ainda estivermos com ele aqui conosco". Utilize um razoável, não demasiado longo, tempo de vida útil. Por exemplo, quantos meses de receita de assinatura serão precisos para absorver meu custo de "atrair clientes"?

Em resumo: o plano de otimização mudará constantemente, talvez até diariamente. Inicie pela definição de parâmetros específicos de aquisição para otimizar. Cuide para não se dispersar atacando em várias e várias frentes e sempre saiba qual o seu objetivo e quando começar o experimento. À medida que os põe em prática, crie alternativas para as táticas que não apresentam bom desempenho após a otimização.

Otimização é um processo sempre inacabado de dados para "testar, medir, ajustar".

Otimização é um processo sempre inacabado de dados para "testar, medir, ajustar", que se encerra apenas quando a empresa fecha as portas. Os fundadores devem estar intimamente vinculados a ele, se não liderando-o, pois é vital para a eficiência, a escalabilidade e o futuro da companhia.

Uma Lição de Táticas de Otimização

Vejamos como a otimização ocorre em uma empresa hipotética comercializando uma série de softwares carregáveis em apps, pelo preço de $39,95, destinados a pessoas que trabalham em casa. O CEO enfocou sua equipe em dois indicadores-chave na parte mais larga do funil: o custo total de ativar um cliente (incluindo o custo de aquisição) e o valor definitivo de cada cliente individualmente. Vamos acompanhar o processo, começando por dar uma espiada na primeira análise dos programas de aquisição e ativação que o analista chefe faz. Veja como isso fica em um quadro demonstrativo:

Passo do Funil	Cliques	Custo Unitário	Gasto Total	Receita
Aquisições	200	$5,00	$1.000,00	
Ativações	40	$25,00		(nenhuma ainda)
Única Compra	20	$25,00		$800,00
Clientes Especiais	10	$50,00		$1.000,00
TOTAL			$1.000,00	$1.800,00

Exemplo de Quadro de Táticas de Otimização (Tabela 10.2)

Correr os olhos linha a linha do exemplo transmite uma riqueza de *insights* sobre o processo de otimização.

- *Aquisição* obtém 200 "olhadores" a um custo médio por clique de $5,00 ou $1.000,00 no total (cliques podem custar de alguns centavos a mais de $50,00, dependendo da demanda por AdWords). Se pudermos reduzir o custo unitário em 20%, poderemos entregar mais 25% de potenciais clientes à companhia sem elevar o orçamento
    - *Aprimoramentos na Aquisição para testar*: Deixar de usar os AdWords mais onerosos. Experimentar fontes alternativas de tráfego além do Google. Explorar opções

como *banners* e *textlinks*. Diminuir orçamentos diários de AdWords, ou horas ou geografias (eliminar horas noturnas, Europa ou finais de semana, por exemplo). Incrementar marketing viral de baixo custo.

- *Ativação* de 40 pessoas (20% das 200 que clicaram no site) — ativadas em função do demo ou fornecendo informação de contato. Portanto, o custo de cada ativação foi de $25,00 (ou $1.000,00 gastos divididos por 40 pessoas). Até este momento ninguém havia comprado nada
    - *Aprimoramentos na Ativação para testar*: intensificar ou aumentar as chamadas à ação ou na arte gráfica. Remodelar ou ampliar incentivos para ativação. Mudar preços ou ofertas de lançamento. Reorganizar o modo pelo qual os recursos/benefícios são priorizados e comunicados. Considere um free trial
- *Compra* — metade dos clientes ativados compra um aplicativo por $39,95. No exemplo há 20 pessoas, cada uma gastando $40,00, em um total de $800,00 de vendas. Esses clientes, embora aparentemente lucrativos (grosso modo), são "perdedores", já que o custo de levá-los a gastar, individualmente, é de $25,00 — 63% da venda —, inviabilizando a maioria dos negócios, pois deixa uma pequena margem para cobrir o produto, *staff*, despesas gerais e lucro. Entretanto, se o funil entregasse apenas mais cinco clientes, os mesmos $1000,00 poderiam representar mais $200,00 em vendas
- *Aprimoramentos na Compra para testar*:
    - implantar melhorias na ativação, contudo, pesquisar também não compradores para entender por que são não compradores
    - Adicionar um demo
    - Adicionar uma opção de contato ("clique para contatar")
    - Conduzir teste A/B de preço e oferta
    - Considere fazer follow-up por e-mail ou telefonemas para fechar

Agora dê uma derradeira olhada na Tabela 10.3. Imagine que, em acréscimo aos 20 compradores de nosso pacote de softwares a $39,95, a companhia adquire dez Clientes Especiais. No lugar de comprar apenas um software, esses clientes adquirem uma média de 2,5 pacotes de software, despendendo $100,00 cada na transação. A geração de receita desses clientes especiais alcança $1.000,00. Ao longo do tempo, tais consumidores provavelmente valerão mais a pena, uma vez que também podem fazer indicações e, mais tarde, comprar mais pacotes.

De todo modo, este teste poderia ser rotulado no melhor dos casos como uma modesta vitória (em que o custo dos bens é muito baixo, assim como o dos downloads de software). Gerar $1.800 em receita, bem como futuros possíveis clientes — os ativados que nunca compraram — com $1.000 em despesas de marketing reflete uma companhia de software com um futuro promissor, deduzindo-se que pode otimizar seu funil no longo prazo. Nitidamente, aprimoramentos em cada passo do processo do funil podem trazer grande elevação nas vendas e melhorias no lucro.

Aplique esse método de análise em cada programa-chave delineado em seu plano de "atrair". Teste um programa, meça os resultados e ponha a cabeça para funcionar em busca de melhores resultados. Altere algum aspecto do programa (a oferta, os gráficos, a mensagem, como descritos em seu plano), teste-o e mensure-o novamente. Feito isso, avalie os resultados, desenvolva a nova ideia agora aprimorada, e teste de novo... de novo... e de novo. Como dissemos no princípio esse é o fluido vital das startups digitais, e o processo, na verdade, não tem fim.

Ferramentas de Otimização:

Como qualquer bom artesão sabe muito bem, ferramentas de primeira são essenciais para se realizar um bom trabalho. Nas duas próximas seções digitais, falaremos sobre onde e como usar cada uma delas. Na maioria dos casos, serão utilizadas nas três otimizações de atrair, manter e aumentar, considerando que a maior parte (mas não todas) das interações com os clientes acontecem online.

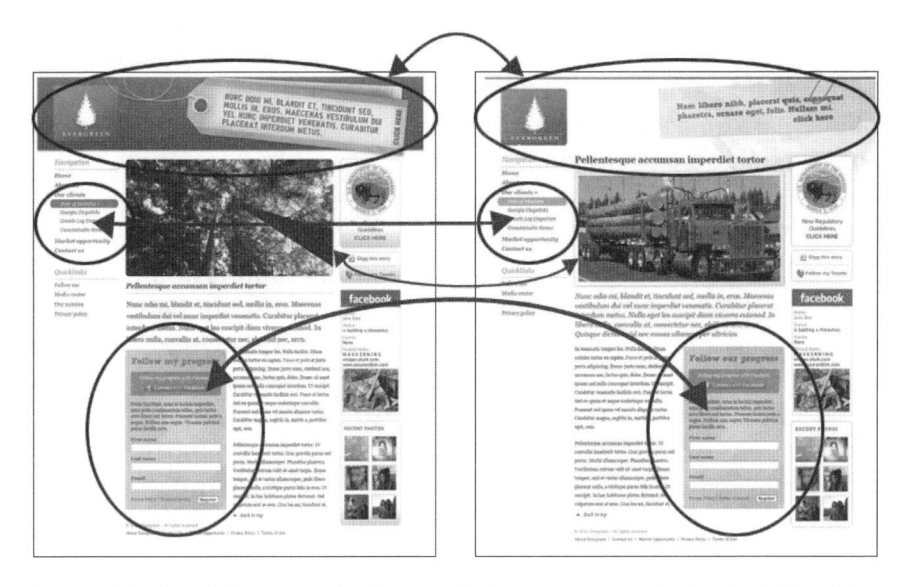

Amostra de Testes A/B Compara os Resultados nas Mudanças em uma Página de Entrada (Figura 10.3)

Teste A/B

Os testes A/B são amplamente utilizados para otimizar as atividades digitais de "atrair, manter e aumentar". Podem também ser usados para otimizar o desempenho de um produto digital (tema para outro livro). Eles comparam uma versão de uma página da web com outra para verificar qual produz os melhores resultados. Trata-se de um dos mais utilizados métodos de testar elementos-chave da página de entrada. Um grande botão azul obtém mais ativações do que um texto curtinho? Qual figura, texto chamativo ou oferta de produto gera mais assinaturas, vendas ou abandonos?

O mantra da ativação: quanto mais testamos, melhor fazemos.

Identifique os elementos principais de sua página de entrada voltados para ativar clientes e teste-os cuidadosa, completa e sequencialmente. Pense no processo como "experimento, meço, ajusto". O mantra da ativação: quanto mais testamos, melhor fazemos. Cuide para manter um rígido controle sobre o grupo: mude a apresentação para metade do público, idealmente alternando de um visitante para o seguinte (no A/B, cada segundo visitante vê o "b"). Muitos testadores (pessoas especializadas que aplicam os testes; em inglês, "testers") desviam 80% do tráfego para uma alternativa e 20% para a outra, o que pode checar páginas de tráfego pesado também.

Testes de Usabilidade

Esses testes verificam se os usuários de um site/app/produto utilizam-nos da maneira para qual foram criados. Isso pode ser feito informalmente, convidando clientes para uma palestra interativa e observando o modo como lidam com os produtos, ou mais municiosos, como um grupo formal centrado em testar. Os resultados permitem identificar fraquezas nas explicações do site sobre o produto, benefícios e razões para comprar. Pode-se, ainda, rastrear o comportamento dos usuários no site para determinar meios de otimizar as taxas de conversão, realçar as demonstrações online do produto ou detectar textos, diagramas ou navegação confusos. Ferramentas pouco onerosas e serviços mais caros podem, ambos, ajudá-lo nos testes.

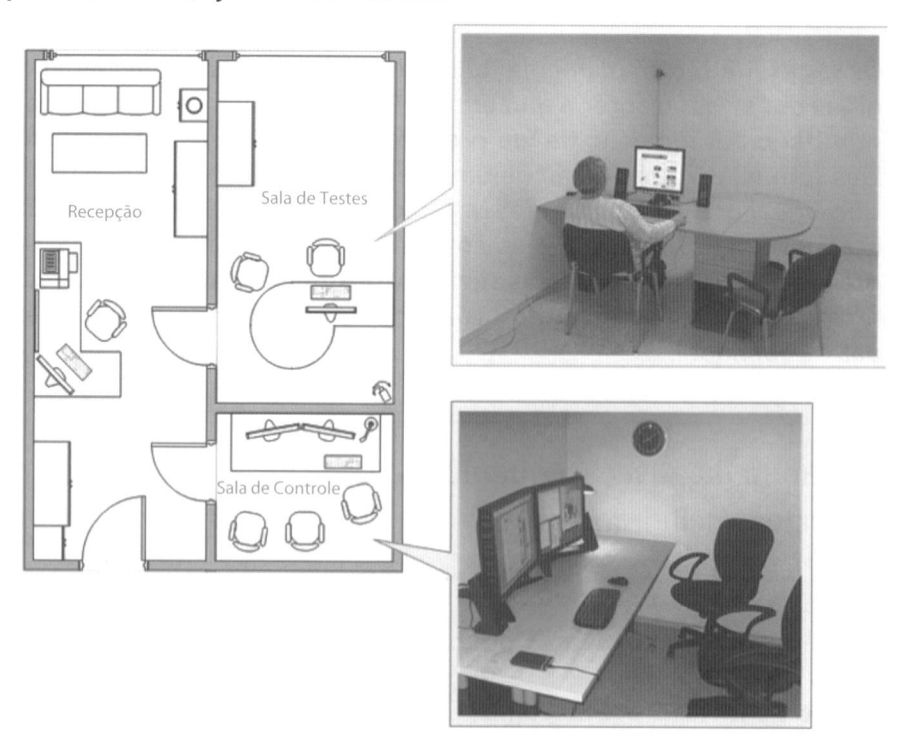

Os Testes de Usabilidade acontecem nas Starbucks ou nas instalações da empresa (Figura 10.4)

Validação pelo Cliente, Fase Dois: "Vá Para a Rua e Venda" 341
Vá Para a Rua: Prepare Planos/Ferramentas de Otimização

Convide seus clientes-alvo a visitar o escritório e observe como lidam com o site ou app (e use quaisquer dos serviços online de baixo custo como Userfy ou Usertesting). Espie por sobre os ombros deles de que maneira exploram o site. Anote o que fazem e o que não fazem, e procure compreender qual a razão desse comportamento. Obviamente, à medida que detetar elementos confusos ou deficientes, ou navegação precária no site, teste e avalie alternativas até que o problema desapareça. Considere conduzir os testes com um laptop em uma cafeteria, onde clientes aleatoriamente escolhidos passam dez minutos com você em troca de uma bebida quente ou um vale presente, explorando e discutindo o novo produto, site ou app.

Mapas de Calor

Esses mapas usam um olho rastreador para mostrar onde a maioria das pessoas procura ou clica no site ou página. O software localiza a região na qual os usuários fixam a atenção mais tempo, em contemplação ou admiração, colorindo-as em amarelo, laranja e vermelho. Quanto mais quente a cor, mais expectadores estão focados no botão, caixa de texto ou arte gráfica.

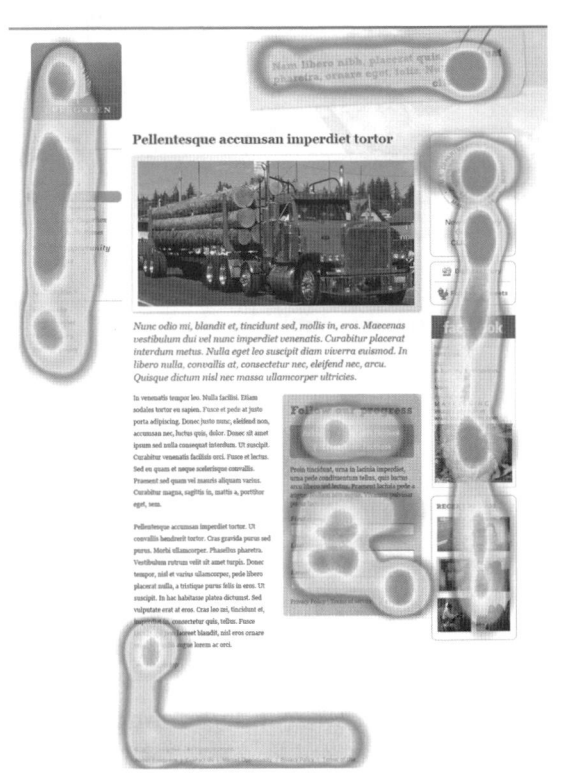

Exemplo de Mapeamento de Calor *(Figura 10.5)*

Se muitos clientes sentem-se atraídos pelo botão "demo" em vez do botão "experimente já", talvez o tamanho ou localização de ambos devam ser mudados. O mapa de calor indica pontos de alto tráfego na página, nos lugares onde os recursos do produto ou ofertas estão situados. Esses mapas podem até mesmo revelar que os visitantes estão clicando em gráficos ou conteúdo que não estão linkados a nada.

Rastreamento de Olhar

O Rastreamento de Olhar usa a tecnologia do mapa do calor de uma maneira diferente. Quando uma pessoa navega em um site, o que procura em primeiro lugar, ou em segundo ou terceiro?

Exemplo de Olho Rastreador (Figura 10.6)

O padrão "Z" é considerado o jeito mais comum de os americanos lerem um página da web, começando ao longo da parte superior, da esquerda para a direita de quem lê, e então deslizando diagonalmente para baixo na página. Os olhos se movem em velocidade espantosa, e os usuários têm fama de em poucos segundos escanear uma página para encontrar algo de seu interesse. Paga-se para alocar conteúdo-chave e convites de interação com o usuário nos pontos aonde ele tende a ir (esteja ciente de que páginas da web em outros idiomas podem ser esquadrinhadas de maneira diferente).

Testar Versões de Textos

Embora um copiador não seja uma ferramenta como o mapa de calor ou testes A/B, usá-lo para avaliar textos faz do "copy buffer" (transferência total do conteúdo de um "buffer" — memória temporária — para outro "buffer") um instrumento muito importante. É quase axiomático que nenhum "headline" jamais será o melhor possível, e sempre haverá um modo de aprimorar textos de "vender" ou de ofertar, de maneira a manter as pessoas entusiasmadas com seu produto, seus recursos e os motivos pelos quais devem comprá-lo. Os sites maiores criam sites espelhos para aplicar testes A/B nas cópias das versões. Esta é uma poderosa ferramenta de otimização.

Os visitantes focam nos *headlines*, palavras em destaque e em listas de itens mesmo fazendo a varredura do texto.

Não importa quão polida e elegante seja a prosa ou quantas pessoas editem um texto, poucos visitantes leem todas ou mesmo várias palavras. Testes do especialista nessa área, Jakob Nielsen, sugerem que a maioria dos visitantes foca nos *headlines*, palavras em destaque e em listas de itens, mesmo fazendo a varredura do texto. Ele frisa que os três mais eficazes elementos de design são o texto enxuto, rostos e bustos e outras partes do corpo.

Na próxima seção digital, você vestirá seu cinto de "e-ferramentas" e irá trabalhar, otimizando suas atividades de "atrair" clientes.

Vá Para a Rua e Teste Vendas (Físico)

Encontre Earlyvangelists	**Vá Para a Rua! Teste Vendas**	Ajuste o Roteiro de Vendas	Teste Vendas em Canais Parceiros	Canal Físico
Elabore Otimização de Planos e Ferramentas	Otimize a Atração de Mais Clientes	Otimize "Manter" e "Aumentar"	Teste Vendas nos Parceiros de Tráfego	Canal Digital

Compre uma maleta grande e uma pilha de passagens de avião e dê um beijo de despedida na família, pois esta fase da validação mantém os fundadores na estrada, "testando vender" até que as hipóteses sejam comprovadas com pedidos fechados a um preço compensador. É hora de encarar mais do que meia dúzia earlyvangelists e tentar algumas novas vendas.

Teste Vender

Qualquer um pode presentear ou conceder descontos excepcionais para conseguir um pedido, contudo, isso não é realizar um teste sobre intenção de compra. Earlyvangelists compreendem a vantagem de serem os primeiros a dispor de um novo produto, antes dos concorrentes ou de vizinhos invejosos. Por definição, são aqueles que saltam sobre a mesa e agarram alguém pelo colarinho para terem acesso imediato ao produto. Eles *precisam* dele para aplacar um grande sofrimento ou assegurar uma vantagem competitiva (e ao longo do tempo, ajudam a aprimorar o produto). O entusiasmo é tão melhor avaliado quanto mais o produto é comercializado por um preço próximo ao máximo que você quer obter com ele. Na verdade, você quer rotular o acesso ao produto como o "programa de acesso antecipado" e ter clientes lutando para inscrever-se nele. Nenhum interesse? Então você já conquistou um valioso feedback sobre qual a importância do produto para as pessoas que você reputa serem os clientes de maior valor.

Qualquer um pode presentear ou conceder descontos excepcionais para conseguir um pedido.

Há dois riscos em encontrar-se com earlyvangelists. Um deles é a solicitação de customização. Clientes visionários podem pedir por extensões exclusivas ou modificações em seu produto padrão. Às vezes, essas solicitações são bem-vindas. Caso muitos clientes peçam pelo mesmo conjunto de características "personalizadas", não há, na realidade, personalização alguma, uma vez que os clientes estão sugerindo requisitos do produto "real". A arte de ser um fundador reside em saber quando incorporar aquelas solicitações nas especificações e declará-las recursos. O perigo e o desafio é evitar migrações inadvertidas para um negócio de personalização de produtos quando a economia como um todo muda e torna o negócio desvantajoso para a companhia.

O outro risco é o pedido de "exclusividade" ou cláusula de "nação mais favorecida". Do ponto de vista do cliente, é algo razoável e racional. "Estou me arriscando com você, portanto, quero uma vantagem competitiva sendo o único a dispor do seu produto." — ou seja, ser exclusivo. Ou "Quero o melhor preço para sempre" por ter sido o primeiro. Olhe bem onde está pisando aqui. Frequentemente essas solicitações são feitas por executivos de grandes corporações com escasso entendimento do mundo real de como funcionam as startups. Não abra mão do seu direito de comercializar com outros clientes ou seu fim será o de transformar-se no braço desenvolvedor da primeira companhia que pedir exclusividade.

O Processo de Vendas

Empreendedores odeiam "processos", todavia, há alguns passos básicos que são críticos em qualquer venda entre empresas. Eis um exemplo, usando um software empresarial como modelo:

1. *Comece com pesquisa*: Conheça as companhias e indivíduos com quem vai encontrar-se. Faça pesquisas de mercado e na rede para reunir dados. No mínimo você deve ser capaz de decorar o organograma e compreender a situação financeira deles e as informações mais recentes antes da primeira apresentação de vendas.

2. *Primeira reunião*: Aproveite o encontro inicial para entender os problemas, necessidades e metas de negócios da companhia e a "adaptação" potencial entre sua solução e o problema. Tente formar uma noção da relevância que seu produto pode ter para a companhia e como iria desenvolvê-lo.

3. *Saiba onde "entrar"*: Vá "ao topo" tão rapidamente quanto puder, mas não exagere na pressa. De início, encontre-se pessoalmente com um ou alguns membros do médio escalão, e daí siga para o nível mais elevado.

4. *Visualize o "antes e depois"*: Fique ciente de como a empresa resolve o problema hoje e como seu produto se sairia melhor. Experimente determinar o retorno do investimento, a facilidade de adoção e uso e como irá poupar tempo e dinheiro para a companhia.

5. *Personalize a apresentação*: Isso deve ser feito o mais breve possível para refletir todo o aprendizado.

6. *Elabore um plano de ação para compras*: Atraia o comprador para visualizar a compra e o uso do produto discutindo a sequência de passos, colocando datas aproximadas de cada um e trocando ideias sobre data de lançamento, ajudando-o a sentir que a compra é inevitável.

7. *Envolva a gerência sênior em cada oportunidade*: Apresente sua equipe sênior a eles; vinho e jantar; crie laços com o pessoal de cima, os quais podem aprovar ou liquidar o acordo.

8. *Apresente uma proposta personalizada e consiga a assinatura*: Precisamos dizer mais (outra coisa que não seja "celebre", claro)? Dê atenção e faça o devido acompanhamento por longo tempo após o cheque compensar.

Colete e Registre os Dados de Vendas

Já que você está lá fora testando vender, colete e organize os dados consistentemente, independentemente de quem conduz as ocasiões de vendas, seja na cafeteria, em um escritório ou sala de reuniões. Se houver mais de um de vocês lá fora, tentando vender, entrem em acordo sobre quais conjuntos principais de fatos e feedback reunir em cada oportunidade de venda. Inclusive indicadores do tipo "Quantos você utilizará?" ou "Quantas pessoas o usarão?", bem como comentários subjetivos como "Se funcionar, recomendarei" ou "Realmente gostei deste produto mais que do produto X". Desenvolva um criterioso relatório de chamadas de venda, semelhante àquele elaborado na descoberta do cliente, para registrar as respostas com consistência. E encerre o relatório respondendo a quatro questões de "compra":

- Você está com o pedido fechado na mão ou a caminho?
- Quantas unidades (ou montante em $) o cliente comprará?
- O que é necessário para obter uma assinatura de contrato de compra/venda?
- Quando o acordo pode ser assinado?

Com a finalidade de conseguir melhores resultados, registre notas detalhadas no estacionamento, depois da reunião, quando os detalhes ainda estiverem frescos na memória. Identifique oportunidades para serem observadas, itens de ação, e outras pessoas para ver, quer na empresa, quer em outras que possam ter sido mencionadas. Tome nota de algum produto da concorrência que tenha sido discutido. Lembre-se de enviar uma nota de agradecimento confirmando detalhes e próximos passos.

Vá Para a Rua e Teste Vendas

Embora respostas diferentes da ordem de compra raramente sejam obrigatórias para o comprador, você deve obter uma boa ideia do potencial de vendas do produto. Agregue os números para criar uma "projeção de probabilidade de vendas ajustadas", um "bom palpite" de quanto dinheiro pode vir e quando pode vir. No passo da validação pelo cliente, diversas de suas visitas iniciais não resultarão em ordens de compra a curto prazo. Isso não implica em avaliar os encontros como não importantes. Lembre-se de que o objetivo primário é obter feedback, não vendas.

Sem sombra de dúvida, todos (incluindo seu conselho de administração!) têm o foco na projeção de vendas. Tente descobrir mais sobre a proposta de valor, situação da concorrência, preços e, o mais importante, a quem visitar e em que ordem para realizar uma venda.

Entender por que os clientes dizem não é mais importante, nesta fase, do que entender por que dizem sim. Entenda onde o processo de rejeição acontece...

Crie uma planilha resumindo os dados, deixando espaço abundante para comentários, os quais com frequência são o mais importante de tudo. Pondere os comentários e classificações baseado no tamanho do cliente ou volume potencial. Mantenha junto de si guias e estatísticas de perda/ganho das chamadas de vendas. Entender por que os clientes dizem não é mais importante, nesta fase, do que entender por que dizem sim. Entenda onde o processo de rejeição acontece (lançamento, apresentação do produto, questões organizacionais, questões "não inventadas aqui", questões técnicas, precificação) e poderá refinar o roteiro de vendas.

A Rearticulação

Tão otimista quanto uma startup pode ser, o desfecho mais provável do primeiro impulso para vender é absolutamente nenhuma venda ou muito menos do que se esperava. Em geral, há duas causas fundamentais:

- A companhia não encontrou earlyvangelists e tem que manter a procura no segmento de clientes em geral ou abandoná-lo e explorar outros
- Outros elementos do modelo de negócio não estão sendo convincentes, sejam o produto, recursos, benefícios, preço, parceiros ou diversos

De qualquer modo, você precisa parar e refletir sobre as razões pelas quais o que pensava que fosse ocorrer *não* ocorreu. Esse esforço de testar vender é ainda um exercício de aprendizagem. É aqui o ponto em que você volta ao seu quadro do modelo de negócios e revisa as hipóteses que montou na descoberta. Se você não obteve pedidos iniciais agora, sem dúvida algumas delas estão equivocadas. Você escolheu o segmento de clientes errado? A proposta de valor não coincide com esse segmento? O modelo de receita não é adequado ao orçamento deles? O quadro do modelo de negócios lhe permite visualizar e diagnosticar o que saiu errado e o que pode ser mudado e testado.

Quantas Ordens de Compra são Necessárias para Comprovar a Validação?

Uma das primeiras perguntas que os fundadores fazem é: "De quantos pedidos preciso para validar meu modelo de negócio?". Muito embora desejássemos afirmar que o número é sete, é mais complicado que isso.

Você e seu grupo de diretores precisam concordar em um número.

Se você está vendendo $1 milhão em sua empresa de pacotes de softwares, de três a cinco vendas repetidas do mesmo segmento de clientes lhe dão uma boa indicação de que chegou o momento de aumentar a organização profissional de vendas.

Entretanto, se comercializa novos aparelhos e utensílios de cozinha através de um canal de consumo varejista, não saberá disso ao certo até que o canal faça uma nova compra.

Não há um número mágico. Contudo, você e seu grupo de diretores precisam concordar em um número. Os investidores e você sempre necessitam estar em sincronia a respeito dos critérios de aumentar a escala e a saída de caixa que resulta dessa decisão.

Vá Para a Rua: Otimize a Atração de Mais Clientes
(Digital)

Encontre Earlyvangelists	Vá Para a Rua! Teste Vendas	Ajuste o Roteiro de Vendas	Teste Vendas em Canais Parceiros	Canal Físico
Elabore Otimização de Planos e Ferramentas	**Otimize a Atração de Mais Clientes**	Otimize "Manter" e "Aumentar"	Teste Vendas nos Parceiros de Tráfego	Canal Digital

➥ Na fase anterior, você recebeu lições básicas de otimização de desempenho digital, teve um treinamento elementar em como otimizar trabalhos e revisou as ferramentas e técnicas que utilizará para elaborar uma estratégia de otimização. Esta fase se vale daquele aprendizado e põe para trabalhar a área mais larga do funil "atrair clientes" — de onde os clientes vêm —, os passos de adquirir e ativar do "atrair, manter e aumentar".

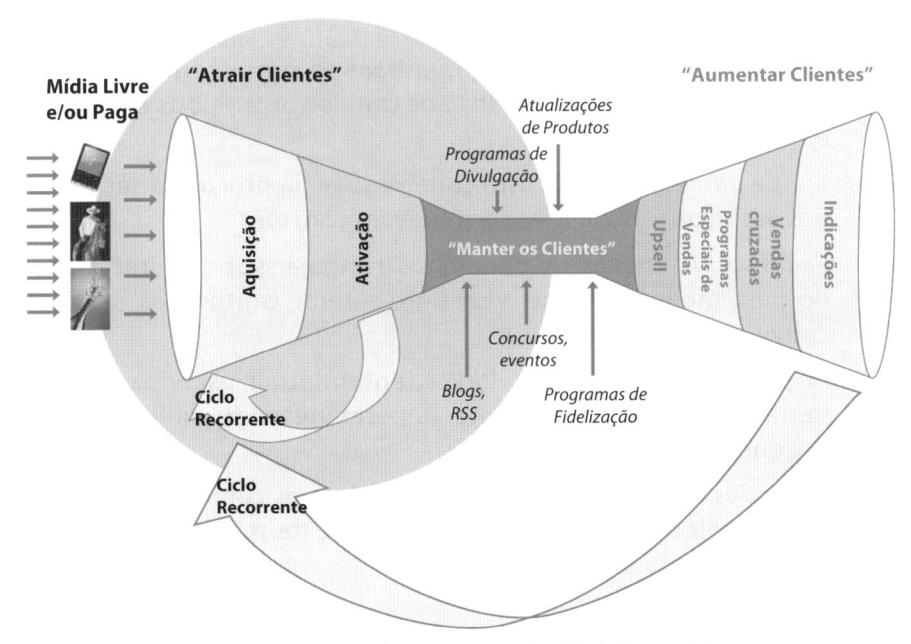

O Funil do "Atrair Clientes" nos Canais Digitais (Figura 10.7)

Em alguns sites, 98% das pessoas que os visitam ("adquiridos") nunca mais retornam. O significado disso é que apenas 2% dos que foram atraídos têm uma chance de se tornar clientes ou usuários, apesar de você haver gasto milhões adquirindo-os. Se uma estatística contundente como essa não chama a atenção para a necessidade premente de otimizar os esforços de ativação, nada o fará!

98 por cento das pessoas que visitam nunca mais retornam...

Como sua Startup irá Otimizar seus Esforços em "Atrair Clientes"?

A otimização objetiva modificar seu modelo de negócio. Por exemplo:

- *Assinatura de produtos* (isto é, software como prestação de serviços) tenta trazer clientes para explorar, experimentar ou usar o produto a todo custo, muitas vezes com avaliações pouco onerosas ou *freemium*
- *Produtos e serviços caros* empenham-se em assegurar que os clientes serão encaminhados aos canais apropriados de vendas e que lá permanecerão
- *Apps e games de baixo custo* com frequência procuram ser vendidos assim que os clientes se envolvam com eles
- *Redes sociais* encorajam os novatos a engajar-se nelas, participando pelo menos algumas vezes até serem "capturados" e então convidarem amigos
- *Negócios em mercados múltiplos* tentam atrair usuários que utilizarão o site frequentemente, lá permanecendo muito tempo e trazendo seus amigos
- *Mercados* do tipo Etsy ou eBay estimulam os comerciantes a unirem-se, relacionar uma multiplicidade de itens e desfrutar do sucesso inicial no site

> **AVANCE COM CAUTELA:** Lembre-se de que este é apenas um tutorial, uma visão geral. Não há como implementar tudo isto de uma só vez.

Como Colocar em Ação o Processo de Otimização de "Atrair"

Revisite os resultados dos programas de "atrair" obtidos até agora, sempre extraindo dos dados e perguntando à sua equipe *qual programa*:

1. *é mais importante para nós?* Comece pelos programas gratuitos de "atrair", porque, se funcionarem, serão os mais facilmente ampliáveis. Acelere os programas mais produtivos. Se você estiver recebendo grandes contingentes de clientes do SEO ou blogueiros, por exemplo, inicie aí a otimização dos esforços.

2. *é o mais desalentador?* Quando você lançou os programas de "atrair", tinha grandes expectativas para alguns deles, quer seja uma campanha com AdWords, indicações de amigos, procura natural ou balões sobrevoando a cidade. Elabore testes de certo/errado para aprimorar os resultados.

3. *trouxe os melhores clientes?* Digamos, por exemplo, que uma campanha por e-mail deu a você clientes que compram logo gastam mais ou visitam mais frequentemente o site e lá permanecem bastante tempo. Obviamente, você irá querer mais pessoas desse tipo. Então, priorize o plano de otimização desse programa.

4. *deu a você clientes iniciais com elevado valor de vida útil* (VVU)? Atraia e obtenha mais clientes que se pareçam com eles. Identifique um comportamento típico de alto VVU (visitas frequentes, compras, postagens ou indicações, por exemplo) em clientes específicos e rastreie suas origens, inserção demográfica e outros traços em comum. Daí, então, procure mais deles. Esta é uma tarefa difícil nos primeiros tempos de uma empresa, em que os clientes são poucos e o tempo de observação é curto.

Teste um amplo leque de ofertas, incentivos, acordos e descontos.

Por fim, teste um amplo leque de ofertas, incentivos, acordos e descontos. Embora as alternativas sejam quase tão óbvias quanto ilimitadas, eis algumas para experimentar: ofereça um brinde pela compra em vez de um desconto. Mantenha a oferta por tempo determinado, algo como "só até a meia noite" ou "semana especial". Crie promoções delimitadas do tipo "para os primeiros 500 que se registrarem".

Não deixe de verificar, diariamente, os dez ou doze indicadores de melhor desempenho, de acordo com o chefe de dados. São uma dúzia de parâmetros, e não dúzias, relativos aos resultados do programa de "atrair clientes". Esteja preparado para frequentes desapontamentos, porém, a revisão — boa ou má — sempre termina com a mesma pergunta: "como aprimoramos?".

Para o pessoal de marketing digital de menor experiência

Caso esteja nesse grupo, e não teve o dissabor de haver se desapontado com um importante programa, atente para esta abordagem. Primeiro, foque no incremento da quantidade de ativações, pois são o que mais interessa. (Se você adquiriu somente meia dúzia de visitantes, comece a pensar em uma reestruturação.)

Procure pelas maiores fontes individuais de clientes e como aumentar o volume deles. De que modo gastar mais, melhorar a criatividade, diversificar ofertas e frequências maiores irão aprimorar os resultados? Teste tudo isso, um por vez e mais que apenas uma vez cada um.

Lembre-se, não otimize programas demais ao mesmo tempo, ou os resultados serão confusos — você não terá como saber o que funcionou ou não. Perceba que "atrair clientes" significa que os programas de aquisição e ativação trabalham de mãos dadas. É preciso que ambos funcionem para verdadeiramente "atrair" um cliente...não apenas alguém que vem ao site ou app, mas que compre e se envolva com eles.

Oportunidades Comuns de Otimização e Problemas

Se este livro tivesse relacionado cada possível maneira de otimizar a atração de clientes, seria inviável carregá-lo para lá e para cá de tão pesado. Uma opção equilibrada é concentrar-se nos problemas mais corriqueiros nos quais a otimização pode ajudar — gerando uma quantidade maior e mais proveitosa de cliques para o site. Uma vez que essas questões circulam entre os empreendedores, como tivemos a oportunidade de presenciar, baseamos nelas as abordagens de otimização.

Problema: tenho um site que ninguém visita...

Com exceção, talvez, dos sites dos serviços secretos, acreditamos que não há um web negócio sequer que não queira cada vez mais pessoas expostas ao seu produto ou serviço, ou mais visitantes em sua *home page*. Visitantes são, evidentemente, o fluido vital de todos os negócios digitais.

Diagnóstico: você está perigosamente perto da extinção. Há dezenas de milhões de sites, e apenas "estar por ali" não traz, em regra, tráfego algum.

Você está perigosamente perto da extinção. Utilize cada uma das ferramentas descritas nas 352 páginas anteriores.

Solução:
1. Retorne ao começo do "Atrair Clientes" para negócios digitais (página 133). Leia tudo de novo e faça funcionar.
2. Procure mais e-mails. Tuíte para mais pessoas, implore aos amigos para convidar os amigos deles, crie um YouTube engraçado e tente viralizá-lo.
3. Considere mudar o URL para alguma coisa que as pessoas procurem com mais naturalidade (por exemplo, o que o site promete, como "amoragora.com" em vez de "encontrossociais.com").
4. Pague para as pessoas inteligentes que puder localizar para otimizar o site para buscas naturais, urgentemente.
5. Faça algo louco... grandes eventos, promoções, distribua folhetos nas esquinas, grite, arranque os cabelos, mas faça isso para ontem!

Ferramentas para usar: Use cada uma que descrevemos nas 352 páginas anteriores, depois faça uma busca online por mais.

Comece por www.steveblank.com (conteúdo em inglês) para uma lista bem atualizada.

Problema: os visitantes vêm ao meu site ou app, mas não ficam...
Este problema comum apresenta diversas oportunidades de otimização.
Diagnóstico: o problema mais provável: alguma coisa não está "batendo" em sua proposta de valor e posicionamento do produto, então, comece a testar versões alternativas. Verifique as táticas de aquisição que você está aplicando e classifique-as com base na produtividade (as maiores aquisições com o menor custo e esforço). Inicie pelas táticas de pior desempenho e teste alternativas.
Solução:
1. Comece mudando sua mensagem, quer esteja usando e-mail, cartazes ou banners puxados por aviões.

2. Se forem Adwords, por exemplo, suspenda todos eles e comece tudo de novo. Gaste mais por clique, mude o lugar ou horário em que suas palavras-chave são ativadas e com certeza experimente comprar diferentes Adwords e testar outros tipos de texto nos anúncios.
3. Teste outras opções de chamadas à ação. Ofereça algo grátis, seja uma avaliação ou um prêmio para visitas ao site. E mantenha *indefinidamente* esse processo de otimização.
4. Mude a oferta. Se estiver oferecendo assinaturas anuais, teste mensalmente ou "os primeiros 30 dias de graça". Crie outros motivos pelos quais as pessoas devem visitar seu site.
5. Entreviste pessoalmente inúmeros clientes. Procure saber do que gostam e, mais importante, do que não gostam.
6. Certifique-se de que há diversos estímulos à ação em sua página de entrada (como "faça um tour", "experimente de graça agora", "saiba mais" e "mais informações aqui").

Ferramentas para usar: Teste de textos, testes A/B e um outro olhar sobre a mensagem da proposta de valor (proposição exclusiva de vendas, recursos em promoção, ofertas de lançamento, para citar algumas).

Problema: Pessoas Visitam o Site, mas não Clicam (não há Ativação)...

Diagnóstico: problema mortal, frequentemente mascarado por "parâmetros presunçosos", em que a equipe dá vivas e celebra, porque visitas únicas e páginas vistas estão aumentando todo dia. E daí?! Se as pessoas vêm ao site ou app e não se envolvem, experimentam, fazem alguma coisa, inscrevem-se ou compram, seu negócio está simplesmente morto. Um minuto de silêncio.

Se o que acabamos de descrever encaixa-se no seu site, toque o alarme de perigo e seu "chefe de dados" e pessoal de marketing não sabem o que fazer ou testar, pode ter chegado a hora de chamar (de preferência um *freelancer* inteligente) consultores, adquirir um monte de outros livros sobre otimização, ligar para casa e avisar que estará ausente por um bom tempo... Seu negócio sofre sério risco de implodir.

Solução: faça tudo que puder, lembrando de não testar demasiadas coisas ao mesmo tempo. Comece conversando com os clientes que foram adquiridos, porém não se ativaram (você deve ter alguns dos e-mails deles, entretanto, *telefone* ou peça que eles o façam — mas não fique só no e-mail) e procure saber o que é desinteressante ou não estimulante no ponto de vista deles (é por essa razão que se chama Desenvolvimento de Cliente).

Então, comece implementando algumas táticas de otimização.

1. Encontre a página que os usuários mais abandonaram. Teste apelos mais fortes e aperfeiçoe a navegação nela *rapidamente*
2. Teste variadas formas de chamadas à ação ... clique aqui para fazer isto, registre-se e leve grátis...
3. Analise algum mapa de calor para ver o que as pessoas estão observando na página e posicione os apelos à ação onde os expectadores olham
4. Teste maiores, ou menores, ou diferentes chamadas à ação do cliente: maior volume sonoro da cópia, botões maiores ou quem sabe um brilhante e colorido "experimente já" piscando na tela, por exemplo
5. Certifique-se de que o aviso garantindo não se tratar de *spam* está visível em cada uma das comunicações
6. Conduza testes de utilidade ao observar que clientes verdadeiros examinam sua página inicial. Que perguntas eles fazem, em que eles clicam, em que se confundem? Então, peça-lhes que respondam honesta e francamente: "O que não apreciam no nosso site, produto ou oferta?".
7. Botões: as pessoas clicam mais em um grande e feio botão ou em um pequeno e cor de rosa? Preferem redondo ou quadrado, no meio da página ou mais à esquerda?
8. "Vender" e o "body copy" (conteúdo essencial do texto): testar constantemente as novas versões para ver quais obtêm mais respostas
9. Arte gráfica: teste opções de figuras, ilustrações, como fazer gráficos e outros elementos para melhorar as ativações

Ferramentas para usar: cada uma das ferramentas funciona ao longo da crise. Faça testes A/B de tudo. Gaste recursos em testes de utilidade e entrevistas pessoais com clientes. Utilize mapas de calor, truques de mágica, qualquer coisa que encontrar, *neste exato* momento, pois seu negócio está claramente ameaçado de extinção.

Problema: Estamos Atraindo Alguns Clientes, mas eles não indicam outros...

Diagnóstico: em que pese esse seja certamente um problema de "atrair" clientes, nós o consideramos um problema de "aumentar" e o discutiremos na próxima seção. Afinal, tecnicamente, primeiro é preciso adquirir e ativar um cliente, para depois fazê-lo "aumentar". Há dois modos para "aumentar" um cliente: mais gastos ou indicações. Ambos são examinados na seção digital seguinte.

Problema: Pessoas estão se envolvendo, mas não fazem o que você quer...

Diagnóstico: você está obtendo bom tráfego e as pessoas estão clicando ou pelos menos visitando múltiplas páginas. Todavia, ninguém se inscreve, posta comentários, joga o game, coloca fotos, gasta dinheiro, nada do que você espera deles.

Solução: de novo, é necessário valer-se de quase todo o arsenal de instrumentos de otimização para trabalhar.

1. Inicie com os mapas de calor e rastreador de olhar para ver o que as pessoas realmente fazem quando estão no site
2. Aplique os testes A/B começando pelas chamadas à ação. Faça gráficos maiores ou diferentes; considere inserir demos ou animações; simplifique a mensagem deixando-a mais clara e enxuta e use testes A/B online e pessoalmente
3. Desenvolva mais "caminhos" pelo site — amplie a navegação e teste o oferecimento de algumas poucas opções ("Leia mais", "Experimente grátis" e por aí)
4. Os usuários têm facilidade para registrar-se, postar um comentário, fazer uploads ou comprar algo pelo site? Se não, corrija.
5. Os usuários cometem muitos erros ao fazer download de app, pdf ou fotos? Caso isso ocorra, dê mais qualidade ao processo, reescrevendo textos, adicionando gráficos, abreviando instruções ou inserindo um vídeo.
6. Alguém lembra de sua *headline ou "pontos de venda"* cinco minutos depois da visita? Se não, teste alternativas.
7. Assegure-se do acerto de suas promessas e posicionamento, pois endossos e citações de usuários satisfeitos no site são importantes para a tranquilidade de outros usuários.

Ferramentas para usar: use o conjunto todo: mapas de calor, rastreador de olhar, testes A/B, entrevistas com clientes, testes de usabilidade e até uma varinha mágica, se tiver encontrado uma.

Vá Para a Rua e Ajuste o Roteiro de Vendas *(Físico)*

| Encontre Earlyvangelists | Vá Para a Rua! Teste Vendas | **Ajuste o Roteiro de Vendas** | Teste Vendas em Canais Parceiros | Canal Físico |
| Elabore Otimização de Planos e Ferramentas | Otimize a Atração de Mais Clientes | Otimize "Manter" e "Aumentar" | Teste Vendas nos Parceiros de Tráfego | Canal Digital |

Você desenvolveu seu Roteiro de Vendas lá atrás, na página 315. Nesta seção continuará a refinar o roteiro. Somente quando a equipe trilhar o mesmo caminho, obtendo vendas de forma recorrente, a hipótese do mapa se transforma em fato.

A Companhia e a Organização de Consumidores

Ao tentar vender para as corporações, as startups esperam que certos padrões venham à tona. Quadros organizacionais não existem às centenas nas empresas e cada uma delas tende a se estruturar escolhendo uma de quatro maneiras distintas: pelo produto, em divisões operacionais; funcionalmente (engenharia, marketing, vendas etc); uma mistura de ambas (produto e função) ou uma distribuição por franquias. Isso proporciona encontrar uma via repetitiva e fraciona o roteiro de vendas corporativas muito mais facilmente para o empreendedor. Então, primeiro procure identificar qual dos quatro tipos você está em tratativas de vendas.

A abordagem é diferente para bens de consumo. Os consumidores podem ser organizados por arquétipos, demografia ou "pelos trabalhos que querem fazer". Quando tentar alcançar um bocado de gente com um novo produto, por exemplo, pense em questões como estas:

- É preciso acessar determinados segmentos demográficos? O enfoque deve estar em universitários? Pais? Famílias? Atletas?

- Quantas pessoas precisam dar o seu sim para fechar uma venda? É uma decisão individual ou familiar?

- Se a venda exige que múltiplos membros da família ou grupo concordem, há uma sequência lógica ou mais viável a seguir? Qual é o discurso para cada um?

- Quais os passos em falso que podem impossibilitar a venda toda?

Vá Para a Rua e Ajuste o Roteiro de Vendas

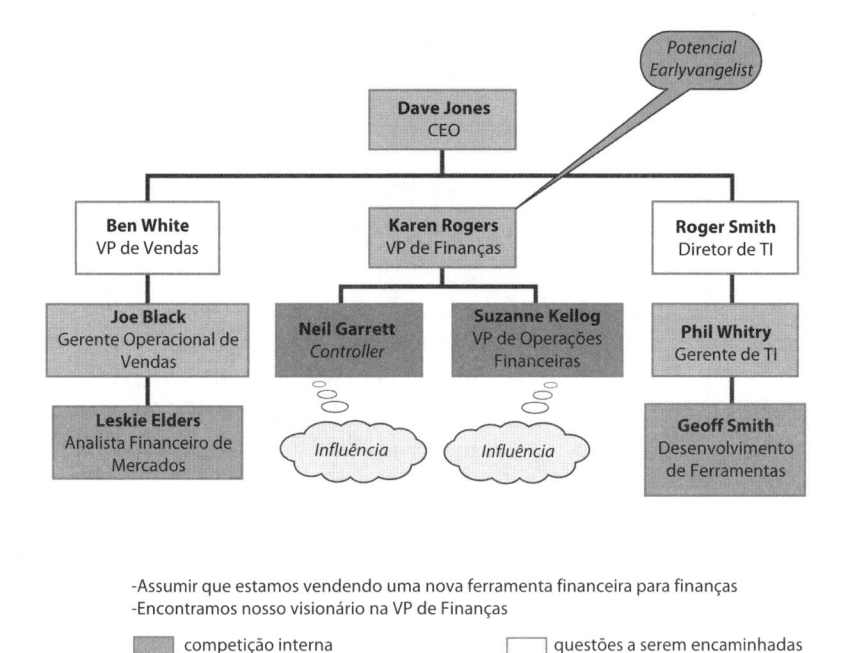

```
                    ┌──────────────┐        Potencial
                    │  Dave Jones  │        Earlyvangelist
                    │     CEO      │
                    └──────┬───────┘
        ┌──────────────────┼──────────────────┐
   ┌────┴─────┐      ┌─────┴──────┐      ┌────┴─────┐
   │Ben White │      │Karen Rogers│      │Roger Smith│
   │VP de     │      │VP de       │      │Diretor de │
   │Vendas    │      │Finanças    │      │TI         │
   └────┬─────┘      └──────┬─────┘      └────┬─────┘
        │            ┌──────┴──────┐           │
   ┌────┴─────┐  ┌───┴────┐  ┌─────┴─────┐ ┌──┴───────┐
   │Joe Black │  │Neil    │  │Suzanne    │ │Phil      │
   │Gerente   │  │Garrett │  │Kellog     │ │Whitry    │
   │Operacional│ │Controller│ │VP de     │ │Gerente   │
   │de Vendas │  │        │  │Operações  │ │de TI     │
   │          │  │        │  │Financeiras│ │          │
   └────┬─────┘  └────────┘  └───────────┘ └──┬───────┘
   ┌────┴─────┐   Influência   Influência ┌───┴──────┐
   │Leskie    │                           │Geoff     │
   │Elders    │                           │Smith     │
   │Analista  │                           │Desenvolv.│
   │Financeiro│                           │de        │
   │de        │                           │Ferramentas│
   │Mercados  │                           │          │
   └──────────┘                           └──────────┘
```

-Assumir que estamos vendendo uma nova ferramenta financeira para finanças
-Encontramos nosso visionário na VP de Finanças

▓ competição interna   ☐ questões a serem encaminhadas antes de uma venda

Típico Mapa de Influência em uma Companhia Organizada por Função (Figura 10.8)

Utilizando o Organograma Funcional para Elaborar o Mapa de Influência

Primeiro, consiga uma cópia do organograma da companhia. Se não conseguir, elabore-o conversando com funcionários variados do baixo escalão. Sobreponha nele um "mapa de influência", que lhe permite navegar por entre amigos e inimigos dentro da corporação. Um mapa de influência começa por um organograma. A seguir, localize seu earlyvangelist no quadro — a pessoa cujo problema seu produto resolveu. Então, use as informações que reuniu em inúmeros contatos de vendas, procurando saber quem são os influenciadores, recomendadores, sabotadores e compradores econômicos (veja o Capítulo 3). No exemplo da Figura 10.8, a empresa é organizada funcionalmente. A Diretora de Finanças, Karen Rogers, é nossa earlyvangelist. É dela a decisão de comprar um software financeiro empresarial inicial e inacabado. Neil e Suzanne reportam-se diretamente a ela e poderão influenciá-la. Entretanto, antes de Karen comprar, dois competidores internos devem ser pelo menos neutralizados, se não persuadidos: o analista financeiro de mercados e os componentes do desenvolvimento de ferramentas dos departamentos de vendas e TI. Além disso, seus chefes — o Diretor de TI eu VP de vendas — deverão ser ouvidos antes de Karen poder solicitar a assinatura do CEO autorizando a compra.

Desenhe o mapa de influência de cada earlyvangelist que você identificou, procurando por padrões em comum. Encontrando-os, as vendas ocorrerão mais fácil e rapidamente.

Seus clientes lhe ensinarão como vender a eles.

Refine a Estratégia Básica

Na página 317 você desenvolveu a Figura 10.9 e aprendeu que precisa conquistar o apoio de quatro grupos para obter o acordo definitivo. Ser patrocinado por um executivo de alto escalão e a compra inicial eram a prioridade zero (neste caso era a Diretora de Finanças como o earlyvangelist com um orçamento na mão) e em seguida valer-se de tal entusiasmo para gerar apoio do Diretor de TI. De posse dessas aprovações, vinha na sequência o apoio dos usuários finais (aqueles que trabalham para a Diretora de Finanças) e, finalmente, o amparo da equipe de TI.

	Operacional	Técnico
Alto	Executivo	Diretor ou Executivo da Divisão de TI
Baixo	Usuários Finais	Equipe Corporativa ou da Divisão de TI

***Estratégia Básica** (Figura 10.9)*

Refine o Mapa de Acesso

Como você consegue uma conta corporativa em perspectiva? Quem você deveria contatar primeiro? O executivo mais importante? É verdade que o pensamento natural dos empreendedores é lidar com a pessoa que ocupa o mais alto posto hierárquico, contudo, tenha em mente que você normalmente não terá múltiplos encontros com executivos "nível A ". Pratique encontrando-se com funcionários do baixo escalão até certificar-se de que tem em mãos um produto/mercado adequado.

Depois de inúmeros encontros de vendas em uma variedade de empresas, sua startup deve ter aprendido qual departamento ou departamentos precisa contatar primeiro para obter interesse e entrar. Uma vez lá dentro, anote o que a empresa precisa, elabore uma estratégia de vendas, apresente uma solução e trabalhe para conseguir a conta. A Figura 10.10 é um exemplo de um Mapa de Estratégia de Acesso.

Padrões-chave a observar:

- Quem deveria ser contatado primeiro para vender mais rapidamente?
- Quem mais precisa ser contatado e em que sequência?
- Quem necessitará aprovar a venda e quanto tempo leva esse processo?
- Quem influencia a decisão, positiva ou negativamente, e como abordá-los?

Vá Para a Rua e Ajuste o Roteiro de Vendas

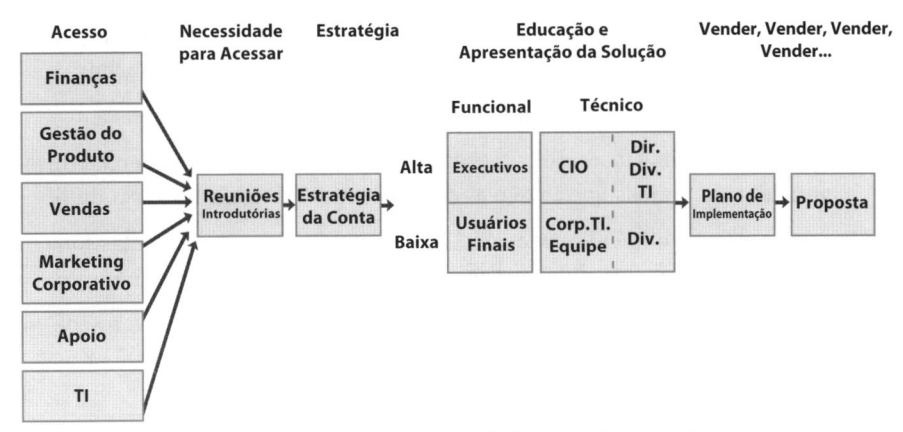

Exemplo de um Mapa de Estratégia de Acesso (Figura 10.10)

Utilize o mapa da estratégia para vender para responder uma gama variada de questões, incluindo:

- Em que nível devemos entrar na empresa? Executivos de alto escalão ou nível operacional?
- Quantas pessoas no mapa organizacional precisam dizer sim para que a venda se concretize?
- Todos os departamentos dão-se conta do problema e dão-lhe a mesma importância?
- Quais são os executivos que podem influenciar ou sabotar a venda?
- Em que ordem as pessoas devem ser contatadas? Quais os discursos para cada uma?
- Qual é exatamente o poder decisório em compras de cada nível da empresa com que você deve lidar no processo de venda? A alçada é de $1.000? Ou $100.000? Precisam da aprovação de alguém para o desenvolvimento do produto no departamento, divisão ou clientes deles?

Coloque no papel, desenhando um diagrama, as pessoas envolvidas na venda corporativa, assinalando o comprador, influenciadores, rivais internos e questões que requerem ser encaminhadas antes de concluir a negociação. Veja abaixo o exemplo de um organograma e um mapa da estratégia para vender. Use as ferramentas mais adequadas para a situação que se apresentar.

Continue ajustando o mapa de acesso estratégico para realizar contatos de vendas até que surjam padrões recorrentes que se manterão funcionando bem quando a companhia tiver 20 ou 30 vendedores em campo, em vez de dois ou três. Assim que tais padrões se consubstanciem, a estratégia de vender também o fará. Não se dê por satisfeito enquanto evidentes traços em comum não sejam encontrados. Caso isso não aconteça, volte para a rua e faça mais testes de contato de vendas, até que pedidos e padrões emerjam. Fique de olho em padrões "perigosos" que podem incluir:

- solicitações de testes ou demo antes que uma venda seja considerada
- processos de licitações, solicitações de proposta técnica ou comercial formal ou de cronogramas que afetem as considerações sobre um novo produto
- empresas que querem que todas a apresentações iniciais sejam feitas somente para o departamento de compras
- companhias que se recusam a comprar de startups (é o caso, às vezes, de empresas de software)

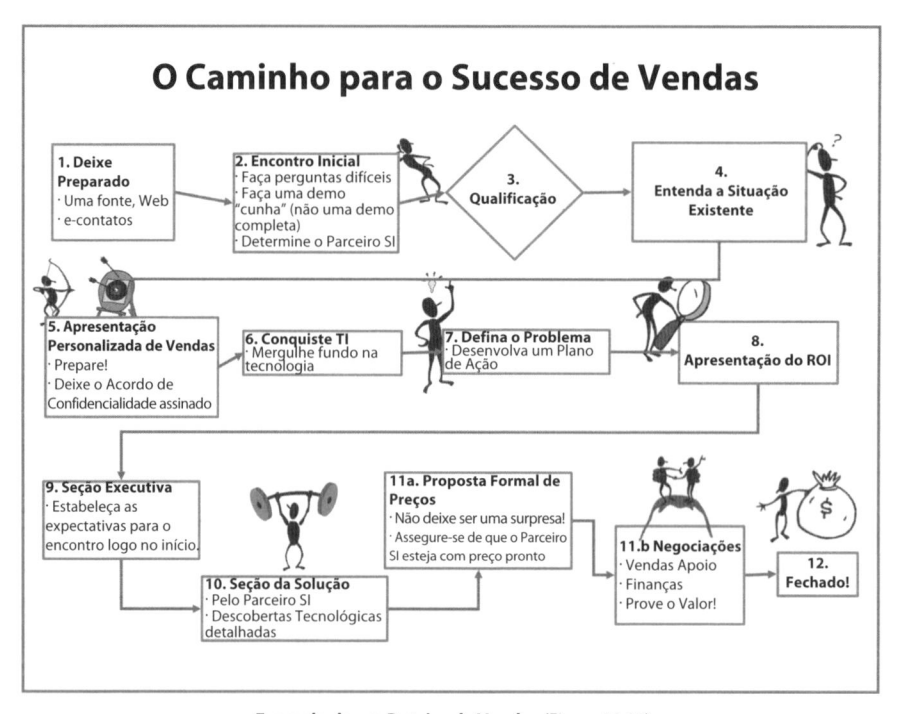

O Caminho para o Sucesso de Vendas

1. Deixe Preparado
· Uma fonte, Web
· e-contatos

2. Encontro Inicial
· Faça perguntas difíceis
· Faça uma demo "cunha" (não uma demo completa)
· Determine o Parceiro SI

3. Qualificação

4. Entenda a Situação Existente

5. Apresentação Personalizada de Vendas
· Prepare!
· Deixe o Acordo de Confidencialidade assinado

6. Conquiste TI
· Mergulhe fundo na tecnologia

7. Defina o Problema
· Desenvolva um Plano de Ação

8. Apresentação do ROI

9. Seção Executiva
· Estabeleça as expectativas para o encontro logo no início.

10. Seção da Solução
· Pelo Parceiro SI
· Descobertas Tecnológicas detalhadas

11a. Proposta Formal de Preços
· Não deixe ser uma surpresa!
· Assegure-se de que o Parceiro SI esteja com preço pronto

11.b Negociações
· Vendas Apoio
· Finanças
· Prove o Valor!

12. Fechado!

Exemplo de um Roteiro de Vendas (Figura 10.11)

Desenvolva um Roteiro de Vendas

O objetivo último deste exercício é desenvolver um roteiro de vendas. Trata-se de um diagrama detalhado de como obter um fluxo recorrente de pedidos que você, o fundador, passará às mãos do VP de vendas. É um "guia de viagem" que mapeia o processo de realização e incremento de vendas. Nele são detalhados cada passo, apresentação, e-mail e preço, ou seja, cada movimento que você deve aprender a fazer para obter e fechar um pedido. Desenhe-o em um fluxograma e documente cada um dos passos executados. Ele se constitui no teste para contratação de um VP de vendas, pelo qual o candidato revelará sua competência ou não: utilizando e refinando o roteiro ou, lamentavelmente, voltando a usar o velho fichário.

Nada foi vendido até que o cheque seja compensado.

O processo de vendas raramente se encerra quando o cliente visionário diz "positivo, vou comprar". Em especial nos negócios entre empresas (assim como vendas em que marido e mulher devem estar de acordo), muita coisa pode acontecer entre a aprovação da compra e a chegada do cheque. Reconheça e identifique quaisquer passos requeridos antes da venda ser efetuada, o produto entregue e pago. Determine quem fará o seguimento do processo.

Por exemplo:

- É necessária a aprovação do Diretor Financeiro e/ou do Presidente?
- A diretoria ou o grupo de compras (procurement group) precisam aprovar?
- Mamãe e papai precisam ponderar a respeito?
- Há um ciclo orçamentário, e nele uma operação de leasing ou empréstimo?
- É preciso que um fornecedor da companhia aprove?
- Há outros componentes ou sistemas de um fornecedor? Ou outros fatores de dependência, como cabeamentos, adequação do fornecimento de energia elétrica ou modernizações que devem ocorrer antes de mais nada?

Vá Para a Rua: Otimize "Manter" e "Aumentar" (Digital)

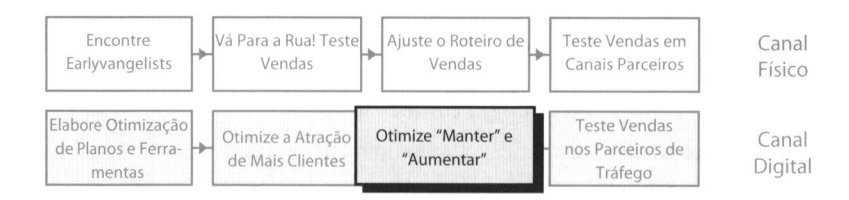

Encontre Earlyvangelists	Vá Para a Rua! Teste Vendas	Ajuste o Roteiro de Vendas	Teste Vendas em Canais Parceiros	Canal Físico
Elabore Otimização de Planos e Ferramentas	Otimize a Atração de Mais Clientes	**Otimize "Manter" e "Aumentar"**	Teste Vendas nos Parceiros de Tráfego	Canal Digital

☞ A sabedoria popular diz que é dez vezes mais difícil obter um novo cliente que mantê-lo ou fazê-lo aumentar suas compras. Agora que sua companhia tem usuários ou clientes, neste passo otimize como "manter" e "aumentar" clientes. Na primeira fase do "otimize", você escolheu um conjunto de ferramentas de otimização e um plano de aplicação para aprimorar os resultados de seus esforços de "manter" e "aumentar". Agora, porá esses planos em ação. Acredite, é um processo sem fim.

O Funil do "Manter Clientes" nos Canais Digitais (Figura 10.12)

AVANCE COM CAUTELA: Lembre-se de que este é apenas um tutorial, uma visão geral. Não há como implementar tudo isto de uma só vez.

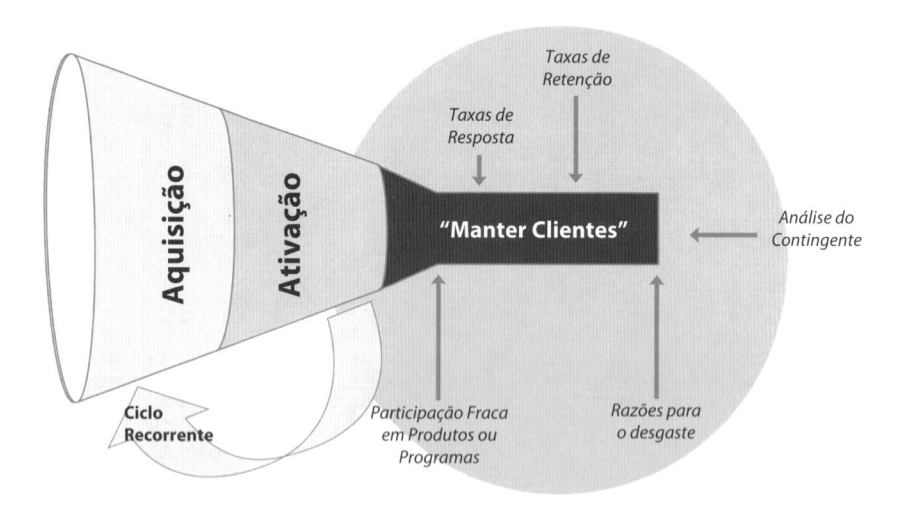

Otimizando Programas de "Manter" (ou Retenção do Cliente)

Para lançar ao menos um programa básico de retenção e aumento de clientes, você desenvolveu hipóteses do relacionamento com o cliente: programas de fidelização, acompanhamento dos telefonemas do cliente, pesquisas de satisfação do consumidor, atualização e aperfeiçoamento do produto e rígido monitoramento de queixas e reclamações. Naquilo que for possível (pois é cedo e ainda não existem muitos clientes), controle o custo e o retorno de investimento dos programas individualmente para ter certeza de que são lucrativos. Por exemplo, os clientes nos "pontos" do programa gastam mais e permanecem mais tempo?

Lembre-se de que a retenção do cliente, ou "manter" clientes, começa com grandes produtos e ótimos serviços. Sua hipótese do relacionamento com o cliente inclui um plano para testar alguns desses programas agora, durante a validação pelo cliente.

Eis alguns aspectos a serem observados na maior parte dos programas de retenção do cliente e maneiras de otimizar os resultados dos programas:

- *Programas de divulgação ao usuário*: o que o cliente diz quando você, seja por e-mail, Twitter ou telefone, pergunta pela satisfação ou não com o produto? Eles respondem os e-mails? Se não, considere telefonar em vez de enviar e-mails ou teste mensagens mais urgentes/ambiciosas nos e-mails

- *Se os clientes respondem em pequeno número*, insira um incentivo que estimule a resposta, tal como "Dê sua opinião e ganhe três meses de serviço grátis só por isso". Ao obter feedback negativo, primeiro responda e depois comunique, não só a ele mas a todos os clientes, que acatou a sugestão e procedeu à melhoria do produto.

- *Programas de fidelidade*: Os clientes estão participando do programa de fidelidade? Se não, você está realizando suficientes esforços de marketing? Aplique testes A/B em algumas ofertas especiais de assinatura, como "5.000 pontos de bonificação só por juntar-se a nós". Caso esteja conseguindo assinaturas, a questão é se o programa incentiva o comportamento que você deseja, seja maior atividade no site, seja compras mais frequentes. Aplique testes A/B para mensagens diferentes, incentivos e promoções para tirar o máximo proveito dos participantes do programa de fidelização

- *Concursos e eventos*: Só ajudam a retenção se as pessoas participarem, então, faça os testes A/B e de texto e revigore campanhas promocionais, tanto pelo site como enviando e-mails aos usuários.

As mudanças levaram mais gente a participar? Não? Então continue experimentando. Ao longo do tempo (pelo menos durante três ou mais semanas), monitore se a utilização dessas promoções e concursos estão inclinando o comportamento do cliente em direção ao que você quer, com mais cliques, uploads, downloads ou compras. Mantenha os testes A/B para novas opções, sempre!

- *Informações atualizadas*: Caso esteja se valendo de um blog, RSS, e-mail ou sinais de fumaça para manter seus clientes atualizados sobre melhorias do produto, dar dicas de como fazer isso ou aquilo ou prestar quaisquer outras informações úteis, saiba que esse trabalho todo será de pouca ajuda se ninguém estiver lendo. Teste variadas maneiras de entregar as mesmas mensagens, utilizando diferentes *headlines*, vídeos, cartoons ou diagramas. Considere fazer ofertas do tipo "ganhe pontos adicionais lendo (ou acompanhando) nossos últimos boletins". Esse exercício, assim como a maioria dos esforços de fidelização dos clientes, deve ser constante.

Observe os primeiros resultados de cada programa por talvez uma semana ou dez dias, pelo menos no início (na realidade, você estará observando e otimizando-os indefinidamente). Nunca olhe para os programas como um todo, uma vez que cada atividade se manterá operando independentemente.

A Análise de um Contingente de Pessoas Deve Guiar seus Esforços de "Manter"

Essa análise deve orientar seus esforços de retenção. Um contingente é um grupo de clientes com atributos em comum, e nos canais digitais, o contingente-chave a ser observado é a data de ativação do cliente. Por que isso? Novos clientes podem permanecer por meses, ao passo que antigos podem se cansar após talvez três ou quatro meses. Novos clientes podem visitar dez vezes por semana, ficando 20 minutos, enquanto antigos clientes visitam duas vezes em uma semana e permanecem não mais que dez minutos cada um.

Medir a retenção com base em médias pode ser extremamente ilusório, sugerindo, digamos, que a retenção está bem desde que se perca apenas 8% de clientes a cada mês. Porém, se esses clientes forem constantes ou gastarem muito ou se todos desaparecerem em dois ou cinco meses, a companhia obviamente tem um problema. Estudar os usuários em termos de contingente, em vez de simples agregados, torna mais fácil detetar sinais de perigo.

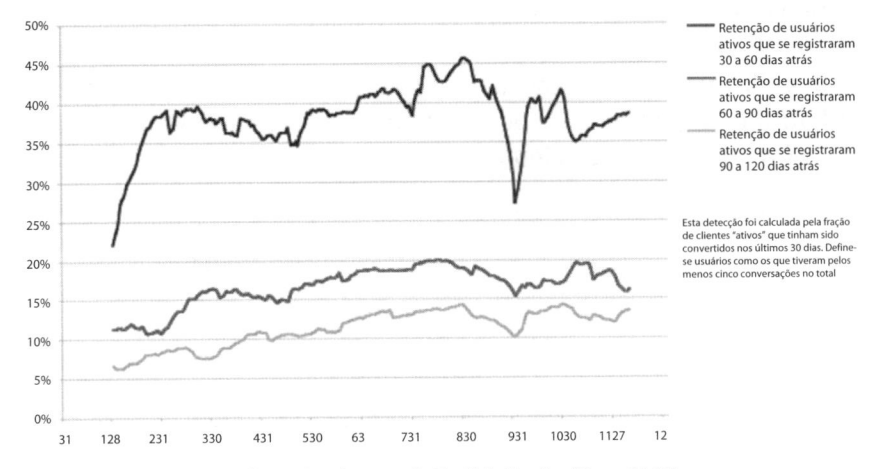

Análise de um Contingente do Funil de Vendas (Figura 10.13)

Outro importante agrupamento a considerar (normalmente quando há pelos menos vários milhares de clientes) são os usuários por origem: os clientes indicados pelo Google permanecem um tempo mais longo que, ou não tão longo quanto, os indicados pelo Bing ou Yahoo? Os clientes que primeiro aceitam uma avaliação gratuita, abandonam mais rapidamente que aqueles que pagam desde o Dia Um? Cada análise de corte oferece uma estratégia para aprimorar a retenção.

Otimize "Aumentar" Clientes

Há duas maneiras de aumentar clientes: fazê-los comprar mais ou obtendo indicações deles.

Os princípios da otimização para o aumento de receitas são descritos no Capítulo 4 (página 162). A análise de um contingente pode auxiliar, como foi demonstrado acima.

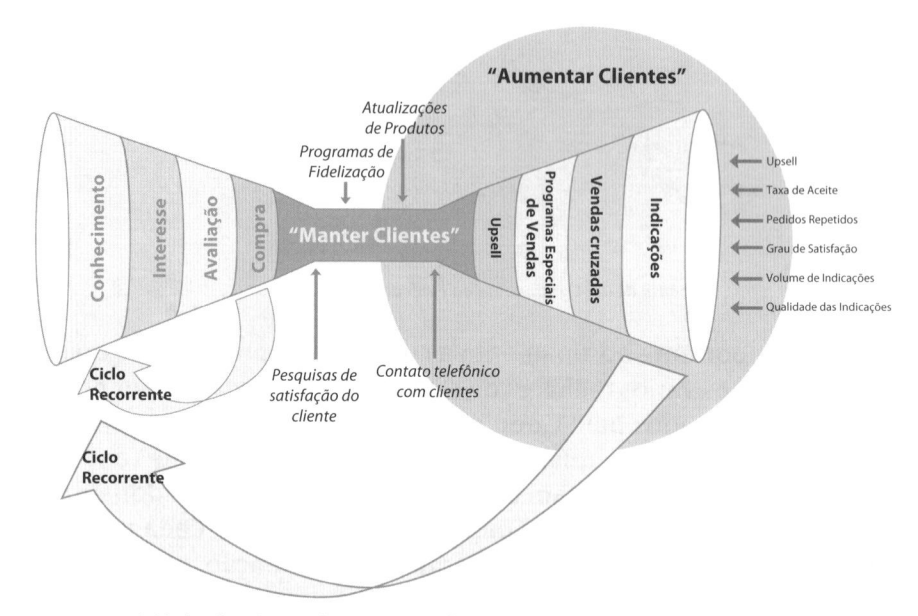

Atividades de Ativação do "Aumentar Clientes" nos Canais Digitais (Figura 10.14)

Faça os Clientes Comprarem Mais

Aqui estão parâmetros-chave para otimizar quando tentar aumentar receitas e clientes:

- *Incrementos em valor* (além do pedido inicial) da venda média, para todos os clientes: se você não obtém um aumento de 15% no valor da nova venda ao cliente, não está dando duro o suficiente. Experimente novas e diversificadas ofertas, seja mais generoso em algumas delas e amplie os lugares onde vai atuar
- A "taxa de aceite" (take rate). Porcentagem de clientes revendo (e aceitando) ofertas de aumento de vendas, ou uma nova oferta. Ela indica-lhe quão bem esse fator está se comportando. Objetive uma taxa de dois dígitos, ainda que nem sempre possa ser atingida. Aplique testes A/B nas ofertas mais generosas que parecem

urgentes ("só hoje" ou "até as 24 horas"), e procure lugares novos, mídia e ideias promocionais
- Valor *médio do pedido*: Também chamado "cesta de mercado" (uma expressão centenária emprestada do canal físico). Faça com que o pedido aumente de valor, testando (A/B) ofertas variadas, como assinaturas de longo prazo, bônus em produtos para levar uma oferta de maior quantidade e gordos descontos. Lembre-se de que o dinheiro "grande" você já gastou adquirindo o cliente, portanto, aceite uma margem mais acanhada nessa receita adicional.
- *Número de "opt-outs"* (as solicitações de exclusão de uma lista de e-mails) ou fechamento de contas resultantes das ofertas adicionais: esse é um daqueles números "para abrir os olhos", que lhe dirá se está sendo muito intrometido. Veja qual a taxa global de opt-out e, se as ofertas de aumentar a elevaram em mais de 25% (deveria ser de 2% ou 3%), reduza o ritmo de seus esforços, suavize o tom de seus textos ou telefone a alguns clientes procurando saber do que gostaram ou deixaram de gostar e proceda aos ajustes necessários.

Você ficaria muito impressionado se soubesse o quanto os clientes ficam encantados de receber um e-mail, ou, melhor ainda, um telefonema.

- *Satisfação do consumidor*: conseguir que os clientes existentes comprem mais parte do princípio de que estão satisfeitos com o produto, desempenho e preço. Clientes infelizes não irão comprar de você novamente. Mantenha-se próximo do cliente mediante pesquisas regulares de satisfação, telefonemas de divulgação das novidades e coisas assim

Você ficaria admirado se soubesse o quanto os clientes ficam encantados de receber um e-mail, ou, melhor ainda, um telefonema. "Olá, queremos agradecer-lhe pela preferência e ter certeza de que está contente com nosso produto". Gentilmente, no final do contato, você pode, de modo natural, comentar sobre uma oferta especial ou desconto por volume em novas compras. Essas noções simples de estratégias de "aumentar clientes" funcionam para bens de consumo tanto quanto em negócios entre empresas.

Atraia Clientes para Indicar Outros Clientes

Indicações de clientes são, de longe, a mais poderosa e de grande efeito multiplicador das oportunidades de obter mais clientes e assim incrementar receitas. Por quê? Porque os convites de um amigo para o outro dizendo "experimente isto" têm enorme credibilidade e são, no mais das vezes, grátis. Os parâmetros de otimização de indicações incluem:

- porcentagem e número de clientes enviando e-mails, tuítes e mensagens aos amigos
- número médio de indicações por cliente
- taxa de conversão (ou aceite) de ofertas a clientes indicados
- compras, ativações ou assinaturas por usuário e por membro indicado por outros membros ou clientes

Várias das técnicas de marketing viral discutidas anteriormente, tais como obter usuários para "curtir" a empresa no Facebook ou repassar tuítes com o lançamento de um novo game ou app, alavancam a credibilidade e endosso dos amigos em suas mensagens de marketing. A maioria dos clientes dá preferência às mensagens dos amigos em relação às dos profissionais de marketing, sabendo que não iriam alardear algo de pouco interesse.

Comece com Dois Parâmetros de "Aumentar"

Dois indicadores orientam o monitoramento dos esforços de "Aumentar": fator de crescimento viral e vida útil do cliente.

O fator de crescimento viral, ou *coeficiente viral*, ajuda a medir o número de usuários indicados pelos clientes atuais e que foram ativados. Se um usuário convida cinco amigos e somente um se ativa e compra ou assina o site, seu coeficiente viral é 1,0 (um usuário indica um novo usuário ativado, ou 1 por 1), o mínimo para um crescimento viral. Pense nisso — você realmente duplicará seu público se cada cliente trouxer a você outro cliente ativado!!!

Como calcular o coeficiente viral?

> Eis um exemplo. Imagine 100 usuários do seu site que indicam dez amigos cada um, levando ao site ou app 1.000 usuários "adquiridos". Agora, imagine que 15% daqueles amigos convidados (150) realmente assinem, comprem ou se envolvam (tornando-se usuários ativados).

Calculando:

1. Comece com o número de usuários (100)
2. Multiplique os usuários pela média individual de indicações (100x10)
3. Compute a média de conversões para "ativar" usuários (15%)
4. Você agora tem 150 novos usuários (15% de 1.000 ativados)
5. O resultado = 150 novos usuários divididos por 100 (velhos) usuários igual a um coeficiente viral de 1,5

Trabalhe para obter um coeficiente viral maior que 1,2 ou 1,3, que está próximo do crescimento modesto e linear que você necessita. Idealmente, você experimentará a espécie de crescimento explosivo de um vídeo *top* do YouTube, uma piada hilariante ou um e-mail fraudulento do tipo "ganhe um iPad". Muitas pessoas transmitiram vídeos ou brincadeiras hilariantes no YouTube para dezenas de pessoas, diversas das quais os assistiram. Isso pode gerar coeficientes virais espantosos de 12, ou 20, ou mais. Quanto mais alto o coeficiente, mais rápido o crescimento viral será e mais clientes você irá acrescentando em determinado tempo. Com qualquer coeficiente viral abaixo de 1, na melhor das hipóteses você estagnou.

Um vídeo ou piada hilariante "top" do YouTube pode trazer um espantoso coeficiente viral.

Seja criterioso ao mensurar usuários ativados, pois indicações brutas podem decepcioná-lo. Qual a vantagem de um cliente trazer dez pessoas para a loja, por exemplo, eles adorarem a decoração, mas ninguém comprar coisa nenhuma?

É difícil aumentar um coeficiente viral — muito difícil — devido ser ele a maior fonte de novos clientes ao menor custo possível. Utilize todas as táticas que já descrevemos, incluindo:

- Aplique testes A/B na oferta, no texto, nas chamadas à ação
- Crie e teste incentivos, promoções, acordos e descontos

- Teste uma variedade de estímulos para encorajar as pessoas a indicarem os amigos... assegure-se de incentivar a ambos, atual e potencial cliente
- Adote as táticas básicas do "atrair clientes" em cada passo neste processo, uma vez que apesar de ser uma indicação, continua sendo uma questão de atrair um novo cliente

Reconheça, também, que nada melhor que um grande produto para criar uma grande viralidade! Não haverá grandes contingentes de pessoas deixando seus afazeres para contar aos amigos sobre uma companhia aborrecida com um produto ou serviço medíocre. Monitore o fator multiplicador viral ao menos semanalmente e permaneça imaginando meios para aprimorar o escore.

Otimizar é um processo sem fim.

Tenha em mente que nem todos os produtos na rede são virais. A mídia social é viral. Games de múltiplos jogadores são virais. Contudo, há sites em algumas categorias que você definitivamente não indicaria a muito amigos (sites de dados, salas de bate papo de esposas, sites de drogas legais e ilegais etc.). O YouTube é, talvez, o exemplo canônico de site de elevado coeficiente viral. Pense no mais engraçado vídeo do YouTube que você já viu. Para quantos amigos você recomendou?

Valor da vida útil do cliente (VVU), ou quanto um cliente vale a pena para a companhia, pode aumentar de diversas maneiras: um cliente compra mais, indica novos clientes ou, no caso de mercados multilaterais, tornam-se mais ativos no site e geram receita maior para a empresa. Os programas "Aumentar Clientes" são o meio primário de aumentar o VVU.

Monitore o crescimento do VVU ao longo do tempo e utilize novos programas e ofertas para aprimorar a eficiência.

Mercados Multifacetados Devem Otimizar o "Outro Lado"

Como discutido anteriormente, startups operando em mercados multilaterais precisam otimizar o "outro lado" de seus mercados, o lado que gera dinheiro. É tempo de sair às ruas e verificar a hipótese de que certos anunciantes encontram um público atraente e pagarão as taxas e farão os desembolsos que a hipótese indica que levarão ao encontro de um modelo de negócio lucrativo.

Embora pedidos sejam adoráveis nesta altura, o objetivo primário é a validação da receita potencial tão elogiosamente descrita na hipótese e no seu discurso aos investidores.

Acompanhe os processos de "atrair clientes" delineados anteriormente (afinal de contas, você está atraindo clientes), admitindo que, basicamente, tem que fazer mais do que trabalhar uma segunda vez. Por quê? As atividades de aquisição e venda sobre o lado pagador do mercado são completamente diferentes em termos dos materiais, posicionamento e proposta de valor que atraem usuários não pagantes para o site ou app. Não espere pedidos fechados e receita ainda, uma vez que o tráfego será desprezível, entretanto:

- Aprenda as regras do jogo: o site precisa ter um milhão de páginas vistas por semana ou por mês para ser considerado? Certos grupos de anúncios e recursos são necessários? O público é característico o suficiente para merecer um prêmio conforme a taxa de cliques em determinado anúncio? Há algumas outras regras a respeito de conteúdo, longevidade ou qualquer aspecto mais que poderia impedir um acordo de vendas?

- Determine o roteiro de vendas: quanto tempo leva para fechar um pedido e quantas fases devem ser percorridas durante o processo de aprovação? O anunciante deve realizar compras uma ou duas vezes ao ano ou em bases contínuas? Quão grande é normalmente o valor inicial das inserções? A quem cabe aprovar o site, o preço, o conteúdo? Como se poderia obter uma ordem de compra mais rapidamente?

Em resumo: otimizar é um processo sem fim!

Vá Para a Rua: Teste Vendas em Canais Parceiros *(Físico)*

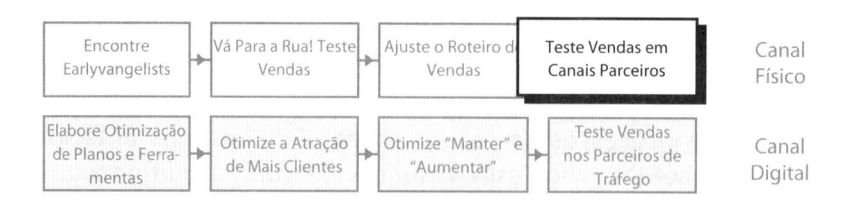

Encontre Earlyvangelists	→	Vá Para a Rua! Teste Vendas	→	Ajuste o Roteiro de Vendas	→	**Teste Vendas em Canais Parceiros**	Canal Físico
Elabore Otimização de Planos e Ferramentas	→	Otimize a Atração de Mais Clientes	→	Otimize "Manter" e "Aumentar"	→	Teste Vendas nos Parceiros de Tráfego	Canal Digital

Caso haja vendas através de canais indiretos, esta é a ocasião de validar a estratégia do canal elaborada na Fase 1. Validar significa fixar ou pelo menos firmar um compromisso de parceiros em perspectiva como seu canal de vendas.

(Tentar fazer isso logo, sem usuários finais entusiasmados, seria contraproducente. A resposta típica do canal parceiro: "A ideia é interessante, mas há demanda para o produto? O que dizem os clientes potenciais?". Eis, na verdade, o que o canal parceiro que você procura atrair está perguntando: "Posso ganhar dinheiro com esse produto? Quanto?". Com vendas já acontecendo e demonstrações de entusiasmo de seus clientes, as respostas se revestem de credibilidade.)

Em cada reunião, procure aprender o máximo que puder sobre o potencial canal parceiro:

- O canal comprará o produto com base na proposta de valor, preços sugeridos e termos de comercialização?

- Que porcentagem do preço de varejo do produto ele quer? Há outros custos, como fretes, publicidade ou promoções? Qual é a política de devoluções?

- O canal parceiro tem alguma estimativa do volume potencial de vendas? Onde e como o canal promoverá ou comercializará o produto?

- De que maneira ele pode ser incentivado a vender mais: bônus, treinamento dos vendedores, simpósios ou demonstrações do produto, torneios de golfe? Que outros meios de estimular mais vendas pelo canal parceiro são passíveis de aceitação e acessíveis?

- E o mais importante... o canal parceiro cria demanda ou apenas a preenche quando os clientes tomam conhecimento do produto?

Às vezes essas discussões levam o canal a suspender as encomendas até segunda ordem. Se isso ocorrer, parabéns. Isso acontece. O pedido inicial pode ser um teste de mercado em poucas lojas ou em uma região ou uma quantidade mínima "para ver no que dá". Agarre essa oportunidade, sabendo que sua missão primária é aprender o quanto possível sobre o canal, assegurando a todos que assim que estiver pronto, o produto realmente terá mercado.

Identifique os Canais Alvos

Teste os canais parceiros em vista, levando em conta o porte e espécie deles. Os fundadores devem liderar essa tarefa, a fim de verificar as reações de cada um em primeira mão.

Inicie relacionando as pessoas-chave para se encontrar em cada um dos canais-alvo, incluindo informações para contato e tudo que se conhece sobre elas (consulte as pesquisas da descoberta do cliente). Agendar uma reunião com uma rede de lojas de âmbito nacional é complicado, uma cartada difícil, portanto, fique preparado para uma decepção, persista, seja tenaz.

Posicione o encontro como sendo de natureza informativa e prepare-se para voar pelo país para conversas de 20 minutos, em regra (nos EUA, uma grande cadeia varejista é conhecida por acionar um *timer* de cozinha, daqueles para controlar a fritura de um ovo, marcando três minutos para os discursos de vendas).

Se o canal envolve varejistas, a validação é um tanto complicada. Quando o produto estará disponível em quantidade suficiente para que o varejista possa comprá-lo? O canal parceiro irá concordar com um teste limitado de mercado, antes, na expectativa de que o êxito do teste leve a pedidos maiores em toda a cadeia da rede de varejo?

A validação do canal também inclui encontros com representantes autônomos de vendas e revendedores. Os representantes têm um senso de mercado apurado, e é comum haver, em sua carteira de clientes, um punhado de varejistas e redes importantes cujas preferências e padrões de compra conhecem muito bem, já que sua renda depende disso. Converse com essa gente em diversos mercados. As firmas de representação dos segmentos de mercado nº1 e nº 2 colocarão os produtos assim que estes estiverem disponíveis? Eis aí uma questão difícil, dado que os representantes raramente trabalham com produtos que concorrem entre si. O que pensam os representantes sobre o potencial de compras e de promoção do produto dos clientes-chave deles? Quanto tempo levarão para fazer a distribuição e em que volume? Reúna-se com eles para discutir esses assuntos.

Um Canal é Apenas uma Prateleira no Supermercado

Cabe uma advertência nas discussões sobre o canal: *jamais confunda canais parceiros com clientes*. Persuadir um parceiro a levar sua mercadoria, ou pôr para funcionar um grande sistema integrador junto com sua empresa, decididamente não é o mesmo que fazer um cliente comprar. Embora canais parceiros coloquem pedidos, somente o fazem quando a demanda existente busca o produto através deles. Quem paga a conta são os consumidores finais; canais parceiros só levam sua companhia a sério se ela proporciona-lhe receitas.

Jamais confunda canais parceiros com clientes.

A mais apropriada das apresentações para um canal parceiro começa com "Temos clientes para você". Apesar de parecer o óbvio ululante, inúmeras startups caem na armadilha de pensar que seus problemas de vendas desaparecem assim que os canais parceiros assinam o contrato ou estouram um champanhe quando a primeira encomenda para "estocagem" inicial é solicitada. Errado. Pense em todos os canais indiretos como nada mais que gôndolas em uma mercearia ou supermercado. Até que os clientes se familiarizem com a marca, não haverá procura pelo produto. Até que eles o escolham, não haverá venda. E, tal como os varejistas, os canais parceiros são notoriamente avessos a pagar suas contas rapidamente.

Com isso tudo fresco em sua mente, atualize a apresentação para o canal/serviço parceiro com informações sobre pedidos iniciais dos clientes. Então, saia e vá até eles. O objetivo é, ao retornar, ter obtido um compromisso de relacionamento (normalmente evidenciado por um pedido). Crie um "relatório de vendas" do canal, similar ao tradicional, e use-o para estimar vendas que possam vir, futuramente, do canal. Nesse estágio, as estimativas de quantidades serão precárias, contudo, é preciso começar de algum lugar!

Vá Para a Rua: Teste Vendas nos Parceiros de Tráfego
(Digital)

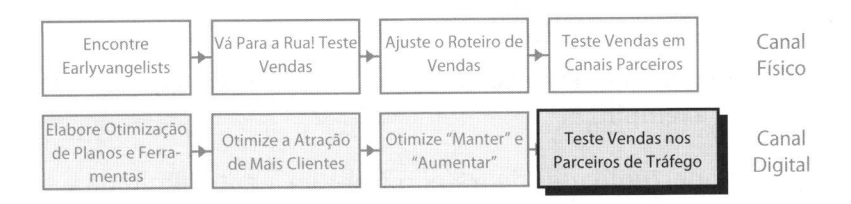

| Encontre Earlyvangelists | Vá Para a Rua! Teste Vendas | Ajuste o Roteiro de Vendas | Teste Vendas em Canais Parceiros | Canal Físico |
| Elabore Otimização de Planos e Ferramentas | Otimize a Atração de Mais Clientes | Otimize "Manter" e "Aumentar" | **Teste Vendas nos Parceiros de Tráfego** | Canal Digital |

➥ Não é incomum ouvir "Puxa, lancei um site, mas ninguém entra nele". Essa é uma sentença de morte para uma startup no canal digital. Você precisa ter parceiros para dirigirem tráfego para o seu site, seja exibindo *textlinks*, postando *banners* encorajando os visitantes deles a conhecerem seu site ou destacando alguns de seus conteúdos e até mesmo recursos, colocando um link à disposição. Uma ampla variedade de parcerias podem ser utilizadas para incrementar o tráfego. Em companhias desse mercado, essa função é chamada, com frequência, de "desenvolvimento de negócios".

Alguns exemplos de tipos de parcerias:

- Uma rede social pode obter tráfego de outros sites de comércio ou conteúdos semelhantes
- Uma empresa de games para crianças pode oferecer uma versão gratuita de sites orientados para o público infantil
- Uma companhia de *e-commerce* que comercializa peças e componentes para computadores pode obter tráfego de sites que vendem computadores novos

Encontre-se com os parceiros em potencial e experimente propor-lhes acordos de tráfego conforme vislumbrado na hipótese de parceiros de tráfego. Verifique quanto de receita ou tráfego eles realmente encaminham e a que custo. Agende reuniões com sites que alcançam o mesmo tipo de clientes que você quer e faça acordos como estes:

- Características do conteúdo de cada um dos outros sites, com links para o site parceiro
- Troque listas de e-mails, assim cada parceiro pode apresentar seus usuários aos clientes do outro
- Barganhe anúncios e *textlinks* publicados no site do parceiro por outros que possui, aproveitando o que não foi vendido em ambos

- Dê destaque ao parceiro, realçando-o como "parceiro de conteúdo" ou qualquer outra maneira de promoverem-se mutuamente
- Crie micro sites com conteúdo não concorrencial ou ofertas em cada um dos outros sites
- Ofereça ao outro algum recurso do site (rede social ou games gratuitos, por exemplo)

A relação de oportunidades de tráfego é praticamente ilimitada e se constitui em um desafio de criatividade que pode resultar em aumentos expressivos de tráfego para ambos os parceiros. Caso os benefícios para um dos lados sejam superiores aos do outro, o dinheiro normalmente traz o negócio de volta ao equilíbrio. Ofertas monetárias são o modo mais adequado de manter a atenção do parceiro em perspectiva. Aproveite as conversações iniciais para comparar o volume e custo que o parceiro pode lhe trazer em termos de receita ou tráfego com o que você mesmo pode gerar. Costure uma parceria de tráfego o mais breve possível e monitore e avalie os resultados.

Oportunidades de parcerias, como se diz por aí, aparecem às dúzias.

Identifique seus parceiros-alvo a partir das listas desenvolvidas na hipótese dos parceiros de tráfego. Mentalize que as reuniões com eles são exploratórias por natureza, tendo em vista que a pergunta inicial do potencial parceiro provavelmente será "quanto tráfego você já tem?" e a resposta quase certamente estará próxima do zero nessa altura do processo de validação. No final das contas, a maior parte das parcerias são mutuamente vantajosas, e antes de marcar um encontro, o candidato a parceiro quer saber, com toda a probabilidade, o que há de bom para ele.

Não é simples agendar tais reuniões. Oportunidades de parcerias, como se diz por aí, aparecem às dúzias, e as companhias relutam em empatar seu tempo em todas as que não se constituam em grandes oportunidades. Algumas dicas para quebrar as barreiras:

- Utilize referências pessoais e um follow-up agressivo, como descrito na seção "contatos com clientes" da descoberta do cliente

- No e-mail de apresentação, coloque o foco naquilo que interessa ao parceiro em potencial. Isso pode incluir tráfego, dinheiro ou novos clientes, dependendo da forma de trabalho da parceria
- Explique a visão de sua startup e por que uma parceria com você é importante
- Redes de contatos em conferências relacionadas e feiras de negócios para encontrar parceiros pessoalmente
- Nem todos os acordos são formalizados nos encontros iniciais, especialmente se os compromissos foram difíceis de alinhavar

Elabore um relatório pós-reunião que avalie e estime a dimensão da oportunidade: quanto tráfego e quanto ele custa. Esse relatório é semelhante ao descrito na página 219 para rastrear e quantificar resultados.

| Posicionamento do Produto | → | Ajuste o Posicionamento para o Tipo de Mercado | → | Posicionamento da Companhia | → | Valide o Posicionamento | | Todos os Canais |

CAPÍTULO 11

Validação pelo Cliente, Fase Três: Desenvolvimento do Produto e Posicionamento da Companhia

NESTA FASE DA VALIDAÇÃO PELO CLIENTE, você utilizará todos os resultados dos experimentos a respeito de clientes, das reações deles à proposta de valor inicial, à razão pela qual realizam compras. Como consequência, virão duas declarações de posicionamento: uma da companhia e outra do produto. Aqui você irá:

- desenvolver o posicionamento do produto
- compatibilizar o posicionamento do produto com o tipo de mercado
- desenvolver um posicionamento da companhia
- realizar apresentações para analistas e pessoas influentes a fim de validar o posicionamento

Posicionamento é a tentativa de gerenciamento da percepção pública quanto à competitividade de um produto ou serviço. Na Fase 1 da validação, você elaborou um posicionamento inicial para o produto e a companhia, porém, um posicionamento formal naquela ocasião iria envolver conjecturas em excesso. Hoje, após 50 ou 250 entrevistas pessoais com clientes e milhares de interações online com usuários, a empresa dispõe de fatos reais sobre por que seus consumidores compram e clientes reais para ajudar a aplicar testes suplementares para refinar seu posicionamento.

Até o momento, mesmo percorrendo o estágio da validação, os gastos com a aquisição do cliente têm sido modestos e os riscos relativamente baixos. Agora, entretanto, como a companhia prepara-se para aumentar a escala, passando de dezenas ou centenas de clientes para milhares, ou quem sabe milhões, necessita ser capaz de comunicar o que o produto é e faz e por que o cliente deve comprá-lo ou usá-lo.

Você Não Precisa de uma Agência de RP

A maioria das startups tecnológicas acredita que é necessário contar com a assistência profissional do "pessoal de marketing" de uma agência de relações públicas para executar esta fase do posicionamento. Na realidade, o primeiro passo já foi bem dado (e de longe mais acessível) pela equipe do Desenvolvimento de Clientes a partir do feedback do Desenvolvimento do Produto. Até este instante, ninguém mais está tão próximo ao cliente ou entende melhor quais problemas os clientes dizem que o produto soluciona. Ninguém mais tem se dedicado tanto a aprender quais são as necessidades do cliente, a buscar um pedido e a construir um processo de vendas recorrentes. A equipe do Desenvolvimento de Clientes é, claramente, a mais bem qualificada para desenvolver um primeiro passo na descrição do que faz com que a companhia e o produto sejam algo único. Mais tarde, durante a criação do cliente, chegará a ocasião de trazer os "expertos", com suas taxas mensais de retenção (adiantamentos) e faturas. Nessa altura, então, você terá condições de passar-lhes às mãos fatos explicando por que os clientes compraram.

O Posicionamento da Auditoria[1]

Antes de a empresa gastar tempo posicionando-se, convém respirar um pouco de ar fresco e tomar conhecimento de certos fatos. O melhor a fazer para isso é um posicionamento de auditoria. Uma auditoria é um modo imparcial de descobrir qual a percepção dos outros sobre a companhia e o produto. Uma *auditoria externa* entrevista uma amostra representativa de pessoas de uma série de categorias: clientes que conhecem e ouviram, ou não, falar da empresa; outros que transmitirão sua mensagem (analistas setoriais, blogueiros, gente da imprensa etc.); concorrentes e demais conhecedores do setor ou mercado.

---

[1] N.E.: O autor utilizou o conceito amplo de "auditoria": não se trata aqui da auditoria contábil.

Questionário de Auditoria Externa

Reconhecimento
- ☐ Já ouviu falar da companhia? Sabe o que ela faz?

Foco no Mercado
- ☐ Há outros produtos no mercado similares ao da companhia?
- ☐ Se há, em que esse produto é diferente?
- ☐ De qual deles gosta mais? Por quê?
- ☐ Se não há, como você descreveria o espaço que a companhia ocupa?

Foco no Cliente
- ☐ Você está familiarizado com os tipos de clientes que a companhia está contatando?
- ☐ Você está familiarizado com a espécie de problemas que esses clientes têm?
- ☐ Você acredita que o produto da companhia solucionará esses problemas? Como?

Foco no Produto
- ☐ Você sabe quais são os três principais recursos do produto dessa companhia?
- ☐ São recursos que "devem existir"?
- ☐ Quais recursos a companhia deve introduzir na próxima versão? E na seguinte?
- ☐ Qual você considera o ponto alto da tecnologia da companhia? Ele é exclusivo? Defensável? Como se compara com outros que estão chegando no mercado?

Posicionamento
- ☐ Você ouviu a empresa descrever seu posicionamento? Acredita nele? Tem credibilidade?
- ☐ Você ouviu a empresa descrever sua missão? Acredita nela?

Competição
- ☐ Com quem você acha que a companhia vai competir em seu primeiro ano?
- ☐ Quem você acha que serão os concorrentes definitivos da companhia?
- ☐ Do que a companhia necessita para sobrepujar seus concorrentes?

Vendas/Distribuição
- ☐ A estratégia de distribuição da companhia está no caminho certo para alcançar os clientes?
- ☐ A estratégia de vendas da companhia é eficaz?
- ☐ A companhia está precificando corretamente? Está cobrando muito? Muito pouco?

Pontos Fortes/Fracos
- ☐ Quais são os pontos fortes da companhia? (Produto, distribuição, posicionamento, parceiros etc)
- ☐ E os pontos fracos? (Falta do "produto inteiro", vendas, recursos do produto etc)

Tendências
- ☐ Com quais tendências tecnológicas/do produto a companhia deve se preocupar?
- ☐ Quem são os especialistas mais renomados nessa tecnologia? A quem você respeita?
- ☐ Com que tendências comerciais a companhia deve se preocupar?
- ☐ Quem são os especialistas mais renomados nessa tendência comercial? A quem você respeita?

Aquisição de Informação
- ☐ Qual a melhor maneira que eles acham para a companhia enviar informações sobre o produto para os clientes? O que você acha que influencia a opinião dos clientes?
- ☐ Qual melhor maneira da companhia manter você interessado nos produtos dela? A companhia pode telefonar para você?

Exemplo de um Questionário de Auditoria Externa (Figura 11.1)

Nas entrevistas, formula-se uma série de perguntas a tais grupos a propósito das percepções sobre a companhia e seus competidores: conhecem seu produto, reputação e capacidade de liderança? Acham que sua empresa goza de credibilidade, inspira confiança quanto aos produtos e serviços que oferece, e é competitiva? Os resultados formam a base das percepções que os outros têm sobre sua companhia.

Os resultados formam a base das percepções que os outros têm sobre sua companhia.

Tendo compreendido o que as pessoas acham (em geral uma surpresa para inúmeras startups que inspiram o ar rarefeito de suas próprias salas de reunião), as empresas podem trabalhar as mudanças e formatar aquelas opiniões. Um exemplo de um questionário de auditoria externa para clientes, imprensa, influenciadores e analistas é mostrado na Figura 11.1.

Não obstante conduzir uma auditoria seja uma espécie de atividade em que as agências de RP se destaquem, delegar essa função integralmente é um sério equívoco em uma startup. Da mesma forma que contatos iniciais de vendas são importantes demais para delegá-las ao pessoal de vendas, sua auditoria inicial também não deve ficar por conta de uma agência de RP. Os membros da equipe fundadora devem ao menos efetuar as primeiras cinco ou dez chamadas eles mesmos.

Verificar as percepções externas sobre a empresa é metade do trabalho de auditoria. Perscrutar o que está dentro da empresa é a metade que falta. Uma *auditoria interna* dirige as mesmas questões aos executivos da equipe de fundadores e aos membros da diretoria. A maior parte das startups assume que há unanimidade a respeito de todas as questões levantadas pela auditoria externa. Uma auditoria interna provavelmente revelará que há uma cacofonia de vozes (e você definitivamente não quer estar fora de sintonia com seus investidores). A auditoria interna deve trazer à luz as diferenças e extrair novas ideias. Quando a companhia chegar a uma definição a respeito do posicionamento, ao término desta fase você transmitirá aquelas ideias à organização inteira para que todos se expressem com a mesma voz.

Desenvolva o Posicionamento: Posicionamento do Produto

| Posicionamento do Produto | Ajuste o Posicionamento para o Tipo de Mercado | Posicionamento da Companhia | Valide o Posicionamento | Todos os Canais |

Neste passo, você assume uma posição e formaliza o posicionamento do produto. Não há necessidade de perfeição, uma vez que ele será aprimorado mais à frente, na criação do cliente. O resultado desse posicionamento ocupa, se posto no papel, nada mais que uma página que atualiza os pontos de posicionamento que foram desenvolvidos anteriormente. À medida que a literatura de vendas (planilhas de dados, apresentações de vendas, sites e elementos textuais) e campanhas de marketing são criadas, recorre-se àqueles pontos para que todas as mensagens fiquem "em linha".

O feedback dos clientes e canais parceiros na descoberta do cliente e validação pelo cliente continuamente refinam ou referendam o posicionamento. Escreva a primeira versão de uma declaração de posicionamento ao criar as apresentações de vendas, respondendo à questão de por que um cliente inicial deve comprar o produto. Reflita sobre a reação dos clientes a essa descrição. Ouviu-se um burburinho de animação? Transpirou credibilidade? Se os clientes não puderam ou não explanaram por que o produto era interessante — ou não — você sabe o motivo? Em caso negativo, torne a contatá-los e procure encontrar as razões. Não há melhor *input* para o posicionamento do produto que o feedback do pessoal que esteve exposto a ele diretamente.

O Posicionamento do Produto: Um Breve Relato

Retorne à declaração de posicionamento que você, com seu poder de síntese, desenvolveu ao dar a partida para a validação pelo cliente — lembra do "Absolutely positively overnight" (algo como "Sim! Com certeza, da noite para o dia"), da FedEx? Ela repercutiu nos clientes encontrados durante o processo de validação? Os clientes acharam que ela explicou por que deveriam comprar o produto e a consideraram eficaz e digna de confiança? Se não, volte para a prancheta.

Para refrescar sua memória, reveja o exemplo de posicionamento do produto apresentado anteriormente no Capítulo 4 (o que já pode estar vários meses atrás).

EXEMPLO DE DECLARAÇÃO DE POSICIONAMENTO DO PRODUTO

- Mobiledough é **PARA** executivos ocupados que viajam muito
- **QUEM QUER/PRECISA** fazer relatórios de despesas detalhados no menor tempo possível
- Mobiledough **É UMA** ferramenta fácil de usar para localizar recibos e tabular despesas
- **QUE FORNECE** um relatório semanal de despesas detalhado em dez minutos
- **AO CONTRÁRIO** de outros pacotes de relatório de despesas, Mobiledough digitaliza, classifica e totaliza os recibos e oferece 11 formatos diferentes de apresentar o relatório de despesas

Exemplo de Posicionamento do Produto *(Figura 11.2)*

Um esforço suplementar de posicionamento feito logo após as entrevistas da validação pelo cliente com frequência poupa tempo e dinheiro para a empresa ao iniciar a criação do cliente. Se já há a convicção de como posicionar o novo produto para enfrentar a concorrência de um modo que repercuta nos clientes, pode-se contratar uma agência de RP ou marketing de comunicação e começar a trabalhar na criação de *buzz* (técnica de disseminação em massa de uma ideia ou produto) e/ou de material promocional. Nem tempo nem dinheiro são desperdiçados em trabalhosos e caros estudos e análises de posicionamento. Em vez disso, a agência é informada: "Aqui está o posicionamento. Pode usá-lo, a menos que tenha uma ideia melhor". A agência saberá como embalar o produto, as mensagens de RP e outras ferramentas de comunicação e pôr para trabalhar, gerando resultados. (As agências detestam isso, pois pensar e elaborar estratégias são de longe atividades mais lucrativas e de menor manipulação de números.)

	Mercado Existente	**Mercado Novo**	**Mercado Ressegmentado**	**Mercado Clonado**
Declarações de Posicionamento da Companhia	Compare o produto com o da concorrência. Descreva como algum dos recursos ou atributos do produto é melhor, mais rápido — *uma melhoria de eficiência*.	É muito cedo para os clientes compreenderem o que os recursos do produto farão por eles. Em vez disso, descreva o problema que o produto irá solucionar e os benefícios que terão com isso — *uma melhoria transformacional*.	Compare o produto com o da concorrência. Se o custo é menor, descreva o preço e o conjunto de recursos. Se é um nicho, descreva algum recurso ou atributo do produto que resolve o problema que os clientes têm, comparando ou não os produtos. Descreva os benefícios que os clientes terão solucionando o problema dessa nova maneira.	Se os usuários estão familiarizados com sites estrangeiros, compare-os. Se não, considere como se fosse um novo mercado.

Posicionamento do Produto por Tipo de Mercado (Tabela 11.1)

Desenvolva o Posicionamento: Ajuste o Posicionamento ao Tipo de Mercado

| Posicionamento do Produto | **Ajuste o Posicionamento para o Tipo de Mercado** | Posicionamento da Companhia | Valide o Posicionamento | Todos os Canais |

O tipo de mercado altera dramaticamente as mensagens que sua companhia quer enviar a respeito de si mesma ou dos produtos. Agora, é hora de ajustar o posicionamento ao tipo de mercado que você selecionou.

Para um Mercado Existente

Caso esteja entrando em um mercado existente, o lema do posicionamento é criar e transmitir a ideia de que sua companhia é diferente e inspira credibilidade. E resolve um problema que os clientes acreditam ser relevante. Quando a Apple penetrou no mercado de smartphones, as pessoas entenderam que a empresa era uma fabricante de iPods, mas agora iria oferecer um telefone com acesso à web também.

Uma vez que sua companhia esteja posicionada, o produto reveste-se de idêntica condição. Desde que haja outros produtos como referência, o posicionamento do produto demonstra normalmente como e por quais motivos ele se diferencia dos demais que competem no mercado. A diferenciação em um mercado existente se dá em uma de três formas: você pode descrever distinções nos atributos do produto (mais rápido, mais barato, mais leve e fino); no canal de distribuição (pizza em 30 minutos, entrega em domicílio, conheça sua mais nova loja, faça você mesmo pela internet) ou no serviço (cinco anos ou 50.000 km de garantia, mais barato ou seu dinheiro de volta etc). Pode também levar a forma de como o produto preenche necessidades ou resolve um problema que atormenta o consumidor.

Para um Mercado Novo

Se você está criando um novo mercado, algo que o posicionamento não pode ser é mostrar o quanto sua companhia é diferente, uma vez que, por definição, não há termo de comparação em um mercado novo. A companhia deve posicionar-se comunicando sua visão e paixão em algo que poderia e já deveria existir. O posicionamento responde a questões do tipo "o que há de errado no mundo que eu quero ver corrigido?" ou "o que sua empresa está tentando mudar?". Quando a Airbnb reinventou o conceito hotel/cama e desjejum com as acomodações "pessoa a pessoa" (em inglês, "peer-to-peer"), era preciso, antes de mais nada, comunicar a ideia radical: pessoas que quisessem alugar suas casas a pessoas de fora do país que quisessem ficar em lares no exterior.

Após posicionar a companhia, fazê-lo com o produto em um mercado novo é algo bem simples. Divulgar recursos de um novo produto é improdutivo, uma vez que não há contexto para compreendê-los — não existem produtos comparáveis —, e os clientes não fazem ideia do que você está falando. Se por acaso a Airbnb tivesse posicionado seu produto como "quartos a $89" ou "durma numa cama no exterior", ninguém teria sequer uma pista do que seria aquilo. Em vez disso, o posicionamento da Airbnb falava de "compartilhar economia" e enfatizava os benefícios econômicos para ambas as partes.

Em um Mercado Clonado

Clonar um modelo de negócio dos EUA que não exista no seu país (em função de barreiras culturais, de idioma ou legais) é uma estratégia de negócios viável. Clones são comumente encontrados em países como China, Rússia, Brasil, Índia e Indonésia, que são extensos o bastante para abrigar empresas de grande porte (com população superior a 100 milhões de pessoas).

O posicionamento da companhia não pode centrar-se no quanto ela é diferente, pois não há outras no seu país com as quais se possa confrontar, todavia, você pode agir como se predissesse o futuro. Afinal, você tem conhecimento de como as empresas equivalentes nos EUA se posicionam.

O mesmo pode dizer-se dos produtos. Divulgar recursos de um novo produto é inócuo, pois não há contexto imediato para compreendê-los — não existem produtos comparáveis — e os clientes não sabem do que você está falando. Entretanto, de novo, finja ser um profeta. Você sabe como as companhias equivalentes se posicionam nos EUA. Tão logo o mercado esteja educado, clone tal posicionamento.

Em Mercados Ressegmentados

Supondo que você está ressegmentando um mercado existente, o posicionamento da empresa depende da segmentação. Segmentar significa que você ocupou um nítido e específico lugar na mente dos clientes que é exclusivo e compreensível. E, o mais importante, tem tudo a ver com alguma coisa que eles valorizam, querem e necessitam, agora. O posicionamento da companhia para esse tipo de mercado comunica seu profundo entendimento sobre os problemas e necessidades mal ou não atendidos pelos mercados. E sua astuta compreensão de como resolver a questão de maneira única.

Há dois tipos de mercado de ressegmentação: nicho e fornecedor de baixo custo. Dois exemplos de ressegmentação de baixo custo são a Jetblue e a Southwest Airlines. Com suas ofertas conjugando tarifas baratas e um mínimo de requintes, inseriram-se no negócio de linhas aéreas que proporciona serviços de alta qualidade a baixo custo e rotas ponto a ponto.

Há dois tipos de mercado de ressegmentação: nicho e fornecedor de baixo custo.

A ascensão do Walmart foi mais um exemplo do reconhecimento dos empreendedores de que existem mercados maduros prontos para ressegmentações em nichos. Nos anos 1960 e 1970, a Sears e a Kmart dominavam o comércio varejista, operando com lojas enormes sustentadas por um grande fluxo de pessoas. Hoje, atendem comunidades menores com comercialização via catálogos (Sears) ou são simplesmente ignoradas (Kmart). Sam Walton viu nas cidades desprezadas por serem "pequenas demais" uma oportunidade. "Cidades pequenas primeiro" foi sua singular ressegmentação por nicho. Uma vez estabelecido, o Walmart orgulhosamente posicionou-se como "discounter" (loja econômica) — alcunha da qual os grandes varejistas fugiam como o Diabo foge da cruz. Eles venderam cosméticos de marca e produtos para saúde a preço de custo. Essa estratégia, apoiada por uma forte publicidade, atraiu fregueses que depois passavam a comprar outros produtos, estes por sua vez, embora com preços baixos, carregavam altas margens de lucro bruto. Igualmente importante, a adoção de tecnologia de ponta para averiguar como as pessoas iam às compras e a habilidade de entregar os bens de consumo de modo barato e eficiente reduziram seus custos de vendas a uma fração dos concorrentes. Por volta de 2002, a Kmart faliu e o Walmart era a maior companhia do mundo.

Ao ressegmentar um mercado, o posicionamento do produto é um híbrido entre um mercado existente e um novo. Uma vez que sua ressegmentação inseriu o produto em um espaço adjacente ao dos concorrentes, o posicionamento do produto descreve como e por que seu novo segmento é diferente e relevante para o cliente.

Desenvolva o Posicionamento: Posicionamento da Companhia

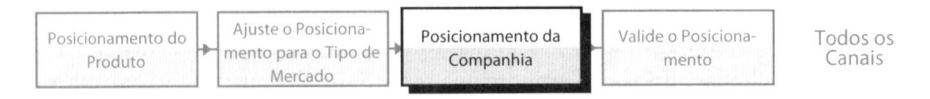

Posicionamento do Produto	Ajuste o Posicionamento para o Tipo de Mercado	**Posicionamento da Companhia**	Valide o Posicionamento	Todos os Canais

Com o produto posicionado em um dos quatro tipos de mercado, elabore o posicionamento da companhia da mesma maneira. Qual a diferença entre os posicionamentos do produto e da empresa? O do produto enfoca atributos específicos dele dentro de um tipo de mercado, ao passo que o da companhia responde às questões "o que essa empresa faz por mim?" e "por que eu faria negócios com ela?", e ainda "por que essa companhia existe e em que é diferente?".

Transfira para o papel a declaração de posicionamento da empresa tão sinteticamente quanto possível, sempre tendo os clientes em vista. Descreva a companhia encorajando os potenciais clientes a pedir: "Conte-me mais. O que está dizendo parece que vai resolver meu problema".

Eis um ótimo, mas prolixo exemplo da Amazon.com: "Nós procuramos ser a maior empresa do planeta centrada no cliente para os três tipos básicos de consumidor: clientes que consomem, clientes que vendem e clientes que desenvolvem". Por sua vez, a UPS brande o extenso: "Como a maior empresa de entrega de encomendas do mundo e uma liderança global em transporte especializado e serviços de logística, a UPS continua a ampliar as fronteiras da logística, suprimento das cadeias de gestão e *e-commerce*, [...] combinando o fluxo de bens, informação e fundos." Outro exemplo, vindo de um mais simples e centrado no rigor da Zappos, é eloquente a propósito da razão pela qual se deve fazer negócio com a empresa: "Alinhamos a organização inteira em prol de uma só missão: prestar o melhor serviço possível ao cliente. Internamente, a chamamos de nossa filosofia WOW (algo como Uau!) ". Frise-se que o posicionamento da companhia não trata de produtos ou recursos.

À vezes, os fundadores que criam um novo mercado ficam tentados a dar um nome a ele. Isso pode até ajudar, porém, com mais frequência, é perigoso e caro. Geralmente, ajuda a explicar atributos do produto com termos como *videogame de mão* ou *fotografia instantânea*. Caso o nome do novo mercado seja engraçadinho ou esotérico, prepare-se para gastar rios de dinheiro explicando o mercado e por que é importante para o cliente, que precisa de um ponto de referência para dar-se conta do posicionamento da companhia. *Empresas aéreas despojadas* e *filmes sob demanda* explicam os mercados e posicionam as novas empresas inseridas neles. A Tivo despendeu centenas de milhões para convencer os consumidores de que não era um videocassete digital.

A tabela 11.2 ilustra o posicionamento da companhia por tipo de mercado. Assim como no posicionamento do produto, ele não requer perfeição ainda, pois será refinado mais adiante, durante a criação do cliente.

	Mercado Existente	**Mercado Novo**	**Mercado Ressegmentado**	**Mercado Clonado**
Declarações de Posicionamento da Companhia	Compare o produto com o da concorrência. Descreva como a companhia é diferente e merece confiança.	É muito cedo para os clientes compreenderem quão diferente a companhia é, pois em um novo mercado não há outras empresas com quem se comparar. Portanto, o posicionamento deve comunicar sua visão e paixão pelo que pode vir a ser.	O posicionamento da companhia para este Tipo de Mercado comunica o valor do segmento de mercado escolhido e a inovação que a empresa traz a ele. O que os clientes valorizam, querem e precisam agora?	Tome emprestado dos países onde já existem. Adapte às necessidades locais.

Posicionamento da Companhia por Tipo de Mercado (Tabela 11.2)

De modo análogo ao posicionamento do produto, o da companhia deve ser uma "declaração breve", em que *breve* é a palavra de ordem. Como a literatura de marketing (histórico oficial da empresa, apresentações de vendas, site) irá desdobrar, essa declaração será utilizada em conjunto com a do produto, por questão de coerência.

A fim de checar a consistência do posicionamento da companhia, releia a declaração da missão, formulada durante a descoberta do cliente. Como os clientes reagiram a ela durante as entrevistas de validação? Eles acharam que a explicação da companhia justificando por que é diferente ou especial os convenceu a fazer negócios com a companhia? Complementarmente, compare a descrição da empresa e as declarações de missão com as dos concorrentes. Desse confronto, salta à vista algo distinto ou diferenciado, em particular com relação ao que os clientes estão preocupados? É algo simples? Cuidado: superlativos vagos, como *o mais fácil, melhor* e *o maior*, carecem de significado. Reivindicações demonstráveis e que podem ser provadas, como *mais rápido* e *mais barato*, são contundentes, apesar de que mais barato é, em regra, uma estratégia de alto risco, pois a concorrência pode contra-atacar quase imediatamente.

Superlativos vagos, como *o mais fácil, melhor e o maior*, carecem de significado. Reivindicações demonstráveis e que podem ser provadas, como *mais rápido e mais barato*, são contundentes.

Desenvolva o Posicionamento: Valide o Posicionamento

| Posicionamento do Produto | ▶ | Ajuste o Posicionamento para o Tipo de Mercado | ▶ | Posicionamento da Companhia | ▶ | **Valide o Posicionamento** | Todos os Canais |

Analistas setoriais e influenciadores ajudam a forjar a credibilidade da qual as startups precisam. O que é um analista setorial? Na praça de guerra tecnológica, muitas firmas cobram para oferecer a seus clientes uma "independente" e desapaixonada análise de mercados, tendências ou a respeito de produtos específicos e sua presença no mercado. Tais empresas variam em porte e influência. Em certos mercados técnicos (de software, por exemplo), vender para grandes companhias tem alto grau de dificuldade, até que uma conceituada firma de pesquisa de mercado (Gartner, Forrester, Yankee) dê sua benção ao produto, em especial se for novo. Na indústria do entretenimento pode ser a Kagan, em produtos de consumo do grupo NPD (em português, DNP — Desenvolvimento de Novos Produtos).

Em contraste com os analistas, os influenciadores são uma categoria menos formal. Todos os setores de atividade têm um punhado de especialistas que publicam artigos, escrevem em blogs ou se apresentam em conferências e palestras, cujo renome e credibilidade credenciam as opiniões que dão. Às vezes, essas pessoas trabalham em empresas líderes em seu setor de atividade, mas participam de inúmeras conferências. Outros desse grupo incluem escritores em geral ou que publicam artigos em revistas de negócios. Por vezes, dão palestras em universidades.

Teste para ver se eles dançam no mesmo ritmo que sua empresa.

A identificação dos influenciadores e analistas-chave em determinado setor de atividade econômica começa na descoberta do cliente. Encontre-os e obtenha os insights e feedbacks deles para o posicionamento inicial (mercado, produto e companhia) logo que criado e o que pensam sobre o produto e recursos. Teste para ver se eles dançam no mesmo ritmo que sua empresa (e se não, por quê). Ainda que os primeiros adeptos estejam pregando a boa nova (o produto) dentro da empresa, ou aos familiares, não se pode descartar outros "forasteiros" dizendo por aí "sim, ouvimos falar, e apesar de ser prematuro afirmar o quanto o produto deles é bom, nossa expectativa é promissora". É também importante dispor dos analistas setoriais e influenciadores como referências para as interações com a imprensa no passo de criação do cliente.

Tudo isso teria sido difícil sem contatos com clientes reais, feedback e pedidos, entretanto, agora é apropriado contatar os analistas e pessoal influente que têm sido rastreados desde cedo, na descoberta do cliente. Com um pouco de sorte e muita esperança, seus nomes estarão registrados no banco de dados após a empresa tê-los encontrado em conferências, seminários e feiras de negócios. Antes de qualquer encontro, a equipe deverá investir algum tempo tomando conhecimento das opiniões deles sobre o mercado e o espaço reservado para o produto (se não, não use as reuniões nesta fase para avançar; ao contrário, faça sua lição de casa primeiro).

Antes de contatar analistas e influenciadores, assegure-se de conhecer quais companhias e setores são área de atuação deles e quais, em particular, cada um deles cobre. (Não há nada mais desagradável que ver a pessoa ou até mesmo a companhia errada. Isso revela para qualquer um que ninguém fez o dever de casa.) Desenvolva um texto curto explicando por que devem encontrar-se com você. Entenda o que eles cobrem e explique por que a nova companhia irá sacudir o mercado deles e a razão pela qual o produto e a empresa são importantes. Com isso realizado, o "o que há nisso para eles" é óbvio; não irão querer perder uma influente e importante companhia (quase certamente, eles também tentarão vender seus serviços de consultoria, o que, ao menos teoricamente, não afetará suas opiniões a respeito do produto do novo cliente). Certifique-se de citar como referência os clientes iniciais cujos problemas o produto solucionou. Ao concordarem com o encontro, pergunte quanto tempo reservaram para a reunião, qual o formato de apresentação que preferem (slides, demo, leitura de um folheto detalhado etc.) e se a apresentação deve focar em tecnologia, mercados, clientes, problemas ou tudo isso.

Cada analista organizacional ou influenciador tem uma visão do mercado ou produto que cobre.

Elabore a apresentação, nunca esquecendo que não se trata de um discurso de vendas. Centre no mercado e no posicionamento do produto, bem como nos detalhes dos recursos do produto. O objetivo é validar as posições do produto e da companhia e, quando viável, influenciar o pensamento dos analistas, e não vender a eles. Cada analista organizacional ou influenciador tem uma visão do mercado ou produto que cobre — compreenda essa visão antecipadamente (saiba o bastante para desenhá-la no quadro negro). Caso crie um novo mercado, produza slides mostrando seu ponto de vista sobre os mercados adjacentes que serão afetados.

Reuniões com influenciadores setoriais exigem a mesma atenção e preparação formal que a dos analistas ou pode ser um almoço no restaurante mais próximo. Faça a lição de casa para entender, com antecedência, como os influenciadores adquirem e disseminam informações e ajuste a extensão e estilo da apresentação de acordo.

Quando encontrar-se com analistas e influenciadores, lembre-se de que o objetivo é reunir feedback (e esperar que o entusiasmo seja enorme). Aproveite também para adquirir conhecimento sobre o mercado. Faça um checklist mental dos objetivos críticos de aprendizagem. Por exemplo:

- O que outras companhias estão fazendo de parecido?
- Em que a visão da companhia preenche as necessidades do mercado?
- E em relação às necessidades do cliente?
- Como a companhia pode melhorar a posição do seu produto, lugar no mercado e a sua própria?
- A precificação está correta?
- Como está posicionado o preço em relação ao da concorrência?

Os analistas podem, muitas vezes, esclarecer a quem em uma empresa deve-se vender e a espécie de obstáculos que serão encontrados. Com o feedback de analistas e influenciadores, bem como com diversos clientes, avance para a próxima e derradeira fase da validação pelo cliente.

| Reúna os Dados | Valide o Modelo de Negócio | Valide o Modelo Financeiro | (Re)Valide o Modelo de Negócio | Rearticular ou Avançar? | Todos os Canais |

CAPÍTULO 12

Validação pelo Cliente, Fase Quatro: A Pergunta Mais Difícil de Todas: *Rearticular ou Avançar?*

ESTA É A MAIS CRÍTICA, MAIS ANGUSTIANTE das fases da validação pelo cliente: determinar, de modo honesto e franco, se você depara-se com um modelo de negócio lucrativo e capaz de crescer de forma sustentável. A companhia está pronta para seguir em frente rumo à criação de clientes, em que milhões serão rapidamente investidos no crescimento da base de clientes? Este passo literalmente "põe em questão" o direcionamento futuro da companhia. Chegou o momento de analisar todos os resultados dos testes efetuados, todo o aprendizado junto aos clientes e todos os *insigths* captados dos fatos que você foi reunindo no caminho até aqui. É hora de ver se a companhia está madura para começar a gastar dinheiro aumentando a escala e constituir-se em um grande e lucrativo empreendimento.

A resposta à questão crucial, "rearticular ou avançar", é respondida percorrendo três passos:

- Reúna e revise todas as descobertas-chave dos processos de descoberta e validação
- Revise as hipóteses do modelo de negócios e suas interações umas com as outras
- Enfoque nos "parâmetros que importam" do modelo financeiro

Rearticular ou Avançar: Reúna os Dados Encontrados

| Reúna os Dados | Valide o Modelo de Negócio | Valide o Modelo Financeiro | (Re)Valide o Modelo de Negócio | Rearticular ou Avançar? | Todos os Canais |

A esta altura, a equipe dispõe de um montante considerável de dados relevantes: pesquisas setoriais, segmentos de clientes, resultados de programas de marketing, *inputs* do canal e de custos, e muita coisa mais. Eles precisam ser analisados para detetar discrepâncias, incongruências, insuficiências existentes, como por exemplo:

- A companhia necessita de 10.000 clientes para tornar-se lucrativa, mas o mercado não é tão grande
- A aquisição do cliente ou o custo do canal são muito elevados, comprometendo a lucratividade da empresa
- O roteiro de vendas é longo e complexo demais, aumentando em demasia o custo das vendas
- A despeito dos melhores esforços, as indicações não se transformam em clientes adicionais

Tais anomalias são facilmente detetadas quando todos os dados estão disponíveis e, com frequência, clamam por posteriores discussões sobre clientes, canais ou desenvolvimento do produto. Em outras ocasiões, encaminham para uma rearticulação no modelo de negócio.

A melhor maneira de "traduzir" pilhas de dados é torná-las tão visuais quanto possível.

Instale um Centro de Comando

A melhor maneira de "traduzir" pilhas de dados é torná-las tão visuais quanto possível. Para um melhor resultado, confine a equipe de fundadores em uma sala por um ou dois dias para percorrerem, passo a passo, cada uma das hipóteses. Cubra uma parede com a versão "final" do modelo de negócios. Fixe na outra parede as próprias hipóteses, ordenadas de modo a manter juntas as peças de cada hipótese (lembre-se, várias hipóteses têm múltiplas partes). Utilize outra parede para colocar diagramas e deixe um espaço para os modelos mais recentes e talvez uma ou duas reformulações iniciais. Providencie, ainda, um grande quadro negro (ou equivalente) para anotar questões, mudanças, e para os números que emergirem das discussões sobre os "parâmetros que importam" (veja em detalhes no Passo 3). Embora nem todos os diagramas sejam apropriados para sua startup, revise:

- *um mapa do fluxo de trabalho* de um cliente prototípico que mostra como ele trabalha ou vive com e sem o seu produto
- *um mapa organizacional e de influência* indicando com quem os clientes e o pessoal de uma companhia interagem, com que frequência, e como influenciam as decisões de compras
- *arquétipos de clientes*: como ganham e gastam seu dinheiro ou usam o tempo que têm
- *um mapa de mercado* mostrando de onde seus clientes vêm
- *um canal ou roteiro de vendas* revelando como as vendas acontecem
- *uma versão atualizada e completa do Quadro do Modelo de Negócios* (juntamente com algumas versões mais recentes)

Revise os Dados

Os dados mais relevantes a revisar incluem:

- feedback dos clientes, em especial dos relatórios de vendas avaliando o entusiasmo deles pelo produto e seu potencial de receitas ao longo do tempo
- tamanho do mercado e estimativas de participação de mercado
- feedback do canal e expectativa de receita potencial
- precificação, custos de aquisição de clientes e qualquer mudança de maior relevo no custo do produto
- informação detalhada sobre o setor de atividade, os clientes e o comportamento deles
- produtos concorrentes e informação de preços

⇨

- **resultados dos seus testes de "atrair, manter e aumentar" no mercado digital**
- **detalhes de seus custos de aquisição do cliente e coeficiente viral e os últimos dados sobre páginas vistas por visita, frequência de visitas, aumento de usuários e otimização da retenção**

- **resultados dos testes sobre os usuários, mostrando a taxa de aprimoramento da ativação, conversão, retenção e aumento das atividades**

A equipe, muitas vezes incluindo os investidores, deve rever todos os materiais para assegurar-se de que todo o aprendizado obtido da descoberta e validação está incorporado nas últimas versões dos documentos relativos à hipótese e na última versão do modelo de negócios, que serão discutidos no próximo passo. A atividade--chave neste estágio é procurar as inter-relações entre os componentes do modelo de negócio, uma vez que, sem dúvida, vários deles foram alterados ao longo do caminho. Esse é um procedimento dos mais saudáveis, cujos resultados amparam os próximos passos do processo de rearticular ou avançar.

Procure pelas inter-relações entre os componentes do modelo de negócios.

O Checklist do Modelo de Negócios (Figura 12.2) dá a você e à equipe de gestão as questões que devem ser colocadas e com as quais se preocupar. Imprima-as. Tenha-as em mãos. E se preocupe com "Posso apostar minha empresa de que este é o caminho certo?".

Rearticular ou Avançar: Valide o Modelo de Negócio

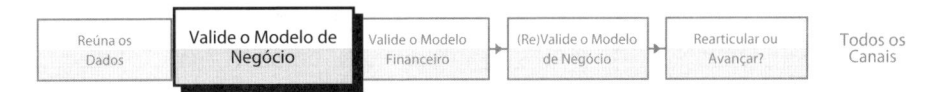

Foi um longo caminho o que você percorreu até converter a maioria das hipóteses de seu modelo de negócios em fatos. Para isso, interagindo com os clientes, executou uma série de testes. Portanto, se a hipótese do relacionamento com o cliente lhe diz que um em cada cinco clientes adquiridos será ativado e pagará pelo serviço ou app, tal assertiva será referendada na validação, com centenas, senão milhares, de clientes. Ou você terá provado que as pessoas retornam ao produto ou app três vezes por semana por um período médio de 20 minutos ou que gastarão $100 de uma só vez em uma visita mensal.

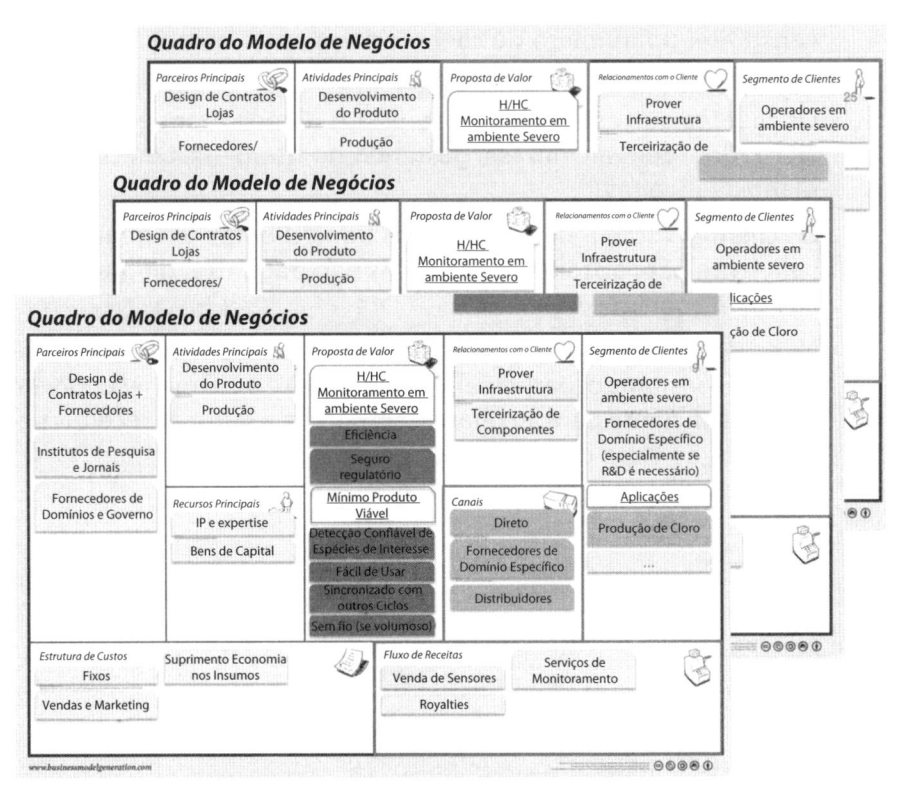

Revisão das Hipóteses do Modelo de Negócios *(Figura 12.1)*

A equipe deve, então, de posse de todos os dados reunidos na sala de comando, utilizando o checklist, repassar as hipóteses do modelo de negócio, uma a uma, averiguando se há respostas factuais e definitivas para pelo menos algumas das questões listadas.

Nesta fase final da validação pelo cliente, a companhia questiona os mesmos pontos da Fase 4 da descoberta do cliente. Entretanto, a esta altura, deve haver diversas provas irrefutáveis comprovando uma série de suposições iniciais, uma vez que você entrevistou uma quantidade muito maior de clientes e aplicou um grande número de testes.

⇨ **As startups digitais têm um conjunto exclusivo de hipóteses sobre o modelo de negócios que precisam ser validadas, em especial na área do "Atrair/Manter/Aumentar" do Relacionamento com o Cliente. Entre elas:**

- **A companhia provou que pode adquirir, de forma crescente e constante, um número de clientes a um custo compatível com a estrutura de custos da empresa?**

- **Os clientes que estão sendo adquiridos demonstram que estarão "fechados" com a empresa, gastando no ritmo estabelecido pelo plano de receitas?**

- **Os clientes estão indicando outros bons clientes em quantidade suficiente para absorver os usuários não pagantes, diminuindo o custo de aquisição?**

- **Nos chamados mercados multilaterais ou multifacetados, os clientes estão visitando, participando ativamente e permanecendo em tempo suficiente para auxiliar a companhia a gerar as receitas necessárias ao êxito do empreendimento?**

O Quadro do Modelo de Negócios como uma Tabela de Classificação

Esperamos que você tenha guardado as várias versões consecutivas que, ao longo do processo, foi obtendo em função das atualizações do seu modelo de negócios — se não as semanais, ao menos aquelas derivadas de rearticulações. Caso tenha feito isso, você dispõe agora quase que de uma fita daquelas de filmes cinematográficos registrando o progresso do empreendimento.

A figura 12.1 ilustra o que acabamos de dizer, dispondo sequencialmente cada etapa da descoberta e da validação no modelo de negócios. Experimentos efetuados, o aprendizado auferido com as iterações, reformulações e rearticulações, tudo está documentado, e integrado, em cada nova versão do modelo (releia a página 59 para dicas a respeito).

Agora você colocou seus moldes no mural, use-os como um tópico de discussão.

As respostas para "isto é um negócio?" podem ser encontradas nos resultados dos inúmeros testes que você conduziu durante o processo de validação.

As respostas para "isto é um negócio?" podem ser encontradas nos resultados dos inúmeros testes que você conduziu durante o processo de validação. Como ocorre na maioria dos casos, quando os resultados não são convincentes o bastante, ou quando não se obtém o tráfego ou recompensa financeira objetivados pelo modelo de negócio, é hora de reformular ou rearticular e refazer os testes para avaliar se a nova abordagem aprimorou os resultados. Afinal de contas, a companhia estará, muito em breve, gastando milhões na fase de criação do cliente, em que se espera que quanto maior o risco, mais os resultados sejam previsíveis. Embora isso possa ser visto como ambicioso e pouco razoável, quanto mais próxima a companhia estiver desse "plano baseado em fatos", maiores serão as chances de êxito para o negócio e na captação de recursos.

Checklist do Modelo de Negócios

√ *Proposta de Valor:*

- Os clientes estão entusiasmados com a visão a longo prazo do produto? Pode não ser traduzida em projeções quantificadas de receita?
- Os recursos e benefícios do produto ainda fazem sentido? Eles podem ser incorporados com o orçamento de desenvolvimento e dentro do cronograma?
- As entrevistas da Validação pelo Cliente validam os componentes da Proposta de Valor?

√ *Segmentos de Clientes:*

- Os Segmentos de Cliente testados e aprovados podem ser delineados?
- As necessidades dos clientes persistem ou são urgentes? Podem afetar projeções de receitas?
- O produto pode melhorar o "um dia na vida"?
- A companhia compreende que compras de clientes influenciam e estão associadas aos custos?

√ *Proposta de Valor 2: Tipo de Mercado*

- O feedback dos clientes confirma a hipótese do Tipo de Mercado?
- O impacto dos custos da seleção do Tipo de Mercado está alocado de modo apropriado?
- A equipe está confiante de que a seleção do Tipo de Mercado vai trazer os clientes previstos?

√ *Canais:*

- A companhia entendeu perfeitamente a cadeia alimentar, seus custos e responsabilidades?
- A equipe está confiante na projeção de receitas do canal do roteiro de vendas?
- Há algum importante custo indireto do canal, tal como taxas promocionais ou de representação de vendas?
- Os canais parceiros estão dispostos a comprar?

√ *Relacionamentos com o Cliente:*

- Os elementos do plano de "atrair" estão alinhados com o programado?
- O teste dos planos de Atrair/Manter/Aumentar coincide com o que foi programado e orçamentado?
- Os custos dos clientes "atraídos" são factíveis?
- Se os mercados são multifacetados, os custos de "atrair" foram computados em ambos os conjuntos de clientes?

√ *Estrutura de Custo:*

- Todos os custos principais da companhia, operacionais e antecipados (folha de pagamento, benefícios, aluguéis, legais e antecipados) estão claramente identificados?
- Todos os custos de desenvolvimento e produção foram calculados?
- Quais custos "corporativos" (legais, contábeis, relações públicas, impostos) foram projetados?

√ *Fluxo de Receitas:*

- A companhia dimensionou sua oportunidade de mercado?
- Os modelos de precificação, volume da demanda, frequência de compras e outras receitas variáveis foram confirmados?
- As projeções indicam um negócio lucrativo e capaz de aumentar a escala de forma sustentável?
- A equipe levou em consideração o impacto nas receitas provocado pela resposta da concorrência ao produto?

Checklist do Modelo de Negócios (Figura 12.2)

Rearticular ou Avançar: Valide o Modelo Financeiro

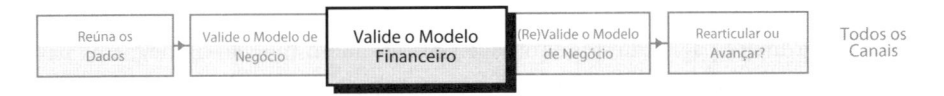

| Reúna os Dados | Valide o Modelo de Negócio | **Valide o Modelo Financeiro** | (Re)Valide o Modelo de Negócio | Rearticular ou Avançar? | Todos os Canais |

Este passo responde a uma questão-chave: todos os testes apontam para um negócio escalável e crescente? E isso pode ocorrer antes de a empresa investir seus recursos monetários?

Neste etapa, você vai descobrir se tem em mãos um negócio potencialmente próspero, um *hobby* ou um prejuízo fiscal.

Não são necessárias planilhas e mais planilhas do Excel ou orçar dezenas de itens para responder a esta questão: a verdade está contida nos fatos com que você se deparou ao longo dos testes das hipóteses originais, aplicados nas únicas pessoas que têm as respostas — seus clientes — e em uma pequena lista de números, *os parâmetros que importam*.

Um pequeno punhado de números determina a diferença entre o fracasso e um negócio escalável e lucrativo.

Um pequeno punhado de números determina a diferença entre o fracasso e um negócio escalável e lucrativo. Empreendedores bem-sucedidos serão capazes de, enquanto dormem, recitar de cor, ajustar e remanejar essa meia dúzia de números-chave a respeito de clientes, custos do produto e crescimento de receitas. Nesse ínterim, estão sempre focados em dois indicadores que lhes interessam mais de perto: Quantos meses de caixa vale a pena manter no banco? E com que rapidez estamos gastando o que restou?

Nós garantimos que essa abordagem financeira diferente vai fazê-lo ser expulso de todas as escolas de negócios, porém, ela é tudo o que se precisa nesta etapa para determinar se o modelo de negócio passa pelo teste da validação e está pronto para deixar essa fase e passar para a criação do cliente.

Parâmetros que Importam

Desde a primeira página deste livro você vem usando o modelo de negócios para organizar seus testes. Nesta seção, você irá usá-lo para organizar seu modelo financeiro. Trata-se de uma abordagem radicalmente diferente da tradicional, que utiliza projeções de receitas para um período de cinco anos à frente. Pense nela como boletins escolares para mamãe e papai assinarem — torcemos que estejam recheados de A e A+, pois conceitos B e C não produzem grandes companhias. Alguns elementos do modelo de negócio representam receitas e custos e outros, itens de crescimento. Os custos nos canais físico e digital são distintos entre si, assim como as taxas de vendas e crescimento, então, examinaremos pela última vez os parâmetros de três maneiras diferentes:

No canal físico, uma dúzia de números conta, literalmente, a história toda:

- *Proposta de valor*: Quais são o custo do produto, tamanho do mercado, participação de mercado alcançável e o impacto dos efeitos de rede nos clientes?

- *Relacionamento com o Cliente*: Quais são os custos de aquisição do cliente, taxas de conversão de clientes potenciais, valor da vida útil do cliente e dos custos de substituição de clientes em que a companhia pode incorrer?

- *Tipo de Mercado*: Como discutido no Capítulo 2 (página 35), tipos de mercado diferentes levam a diferentes curvas de receita nas previsões de longo prazo

- *Estrutura de Custo*: Quais são os custos operacionais básicos do negócio?

- *Canal*: Quais são os custos de comercializar pelo canal? Margem do canal, promoções, encargos por espaço na prateleira?

- *Fluxos de Receita*: Qual é o preço médio de vendas, a receita total alcançável e quantidade anual de clientes?

- *Burn Rate* (derivado dos itens acima): Quanto dinheiro a empresa vem "torrando" (gastando) por mês? Quando esse numerário se esgotará? Não há uma fórmula exata de qual essa taxa deveria ser, mas tendo em vista que esse é um aspecto frequentemente levado em consideração pelas diretorias para despedirem fundadores, estes e os investidores precisam entrar em acordo sobre qual ela deve ser e quantas rearticulações mais pode permitir na busca por um modelo de negócio escalável e lucrativo.

Parâmetros que Importam

⇨ No canal digital, uma dúzia de números conta, literalmente, a história toda:

- *Proposta de valor*: Qual é o custo por usuário estimado e o custo adicional de cada novo usuário. Estime o tamanho do mercado, participação de mercado viável e o impacto de indicações ou efeitos de rede.
- *Relacionamento com o Cliente*: Quais são os custos de aquisição do cliente, taxas de conversão e retenção de clientes potenciais e quantos novos clientes ou usuários serão obtidos viralmente, de graça?
- *Tipo de Mercado*: Como discutido no Capítulo 3 (página 35), tipos de mercado diferentes levam a diferentes curvas de receita nas previsões de longo prazo
- *Estrutura de Custo*: Quais são os custos operacionais básicos do negócio? (Certifique-se de não considerar em duplicidade estes custos ou misturar com os da proposta de valor.)
- *Canal*: Quais são os custos de comercializar pelo canal: pagamentos a "app stores", sites de vendas como Amazon.com ou sites relacionados indicando clientes para você?
- *Fluxos de Receita*: Qual é o preço médio de vendas, a receita total alcançável, e quantidade anual de clientes e quanto e com que rapidez os clientes gastarão?
- *Burn Rate* (derivado dos itens acima): Quanto dinheiro a empresa vem "torrando" (gastando) por mês? Quando esse numerário se esgotará?

Algumas Palavras sobre *Burn Rate*

O investidor de risco Fred Wilson sugere algumas diretrizes a respeito de como, nos negócios digitais financiados por capitais de risco, os recursos destinados à fase pré-operacional devem ser utilizados, sugestões essas que podem ser úteis a empreendedores de todas as estirpes. Tudo gira em torno do estágio de crescimento da companhia.

- *Descoberta pelo cliente*, que ele chama de estágio da "elaboração do produto", deve estipular desembolsos entre $50.000 e $75.000 ao mês, a título de financiar uma equipe de dois ou três engenheiros construindo o MVP, bem como os fundadores, aluguéis e custos operacionais

- *Validação pelo cliente*, segundo Wilson algo como "adquirir o direito de passagem", não deve exceder $100.000 por mês. Essa etapa começa quando o produto/mercado correto é alcançado e abastece o "atrair clientes" e as iterações do MVP discutidas nesse capítulo

- *Criação do cliente*, que para Wilson é a fase da "construção do negócio", deve idealmente reservar $250.000 mensais para a companhia montar uma equipe, expandir atividades de marketing e começar a gerar receitas concretas

Há essas diretrizes e há zilhões de exceções.

Organize todos os resultados de seus testes para elaborar uma projeção para o próximo exercício, que principia no Dia Um do Passo 3 do Desenvolvimento de Clientes, o processo de criação do cliente.

Duvidamos que existam muitas startups nas quais o Ano Um financeiro resulte da criação do cliente ajustada segundo "os parâmetros que importam". Contudo, qualquer capitalista de risco, tio ou vizinho rico vai querer saber por que você acha que um investimento em sua startup irá transformá-la em uma startup que dá retorno. Se ao final desse passo os números forem ruins — é, você achou isso, sim —, retorne ao início da descoberta, ou pelo menos na validação pelo cliente, e recomece a testar e testar de novo suas hipóteses.

Três coisinhas a considerar antes de mergulhar fundo nos Parâmetros que Importam

- Use os prazos que mais lhe pareçam fazer sentido para sua startup. Geralmente, quanto mais longo o ciclo de vendas de um canal físico (pense em uma empresa de software), mais longo deve ser o "espaço" entre os cálculos. Aqui, estamos utilizando projeções trimestrais

- Uma análise como esta pode — e deve — interromper o processo de rearticular ou avançar, caso as projeções indiquem que a companhia irá esgotar seus recursos durante o ano ou não será capaz de levantar fundos para sobreviver ao primeiro ano da criação de clientes

- Não procure apressar esse passo crítico. Como um empreendedor, se você torrar um monte de dinheiro ao avançar e falhar, no mínimo desperdiçará uma porção significativa do patrimônio dos fundadores, e isso com frequência lhe custará o emprego

Parâmetros que Importam: Cenários

Na matemática das startups, os parâmetros que importam são uma nova e radical abordagem. São melhor ilustrados com uma série de exemplos. As planilhas das próximas páginas ilustram três cenários de como utilizar os "Parâmetros que Importam" para avaliar seu negócio. Os três exemplos são:

- um produto físico vendido em um canal físico
- um produto digital vendido em um canal digital
- e um mercado multifacetado

Parâmetros que Importam: Exemplo 1
"EZ Gardner" em um Canal Físico

Vamos dar uma olhada na tabela 12.1, na qual os parâmetros que importam para um canal físico estão em forma de planilha.

Aqui encontra-se um cálculo aproximado dos gastos, trimestre a trimestre, com o nosso hipotético conjunto completo de ferramentas para jardinagem, o EZ Gardener, ao preço sugerido para varejo de $30 e vendido em lojas de jardinagem e grandes mercados. Nosso período de tempo é o próximo ano. (A planilha dá início ao Dia Um do processo de criação de clientes.)

EZ Gardner (Canal Físico) TIPO DE MERCADO: Ressegmentação de Mercado Existente/Nicho						
Categoria	q1	q2	q3	q4	TOTAL	ANO DOIS
1 número total de unidades vendidas	15.000	18.000	27.000	48.000	108.000	180.000
2 preço médio de venda no varejo	30	30	30	30		25
3 VENDAS BRUTAS: cadeia/jardim/distribuidores	450.000	540.000	810.000	1.440.000	3.240.000	4.500.000
4 (menos) desconto do canal (40%)	-180.000	-216.000	-324.000	-576.000	-1.296.000	-1.800.000
5 (menos) outros custos do canal	-90.000	-90.000	-120.000	-150.000	-450.000	-300.000
6 RECEITAS LÍQUIDAS DO CANAL	180.000	234.000	366.000	714.000	1.494.000	2.400.000
7 (menos) custos de vendas: representantes, feiras	-120.000	-120.000	-150.000	-180.000	-570.000	-600.000
8 (menos) custos dos produtos (CP)	-52.000	-63.000	-94.500	-168.000	-377.500	-540.000
9 (menos) custos operacionais correntes	-120.000	-120.000	-120.000	-180.000	-540.000	-720.000
10 **SAÍDA DE CAIXA** por período	-112.000	-69.000	-500	186.000	6.500	540.000
11 saldo de caixa/final do trimestre	398.500	329.500	330.500	516.500	516.500	1.056.500

"Parâmetros Que Importam": Modelo do Canal Físico (Tabela 12.1)
Nota: os algarismos mais à esquerda referem-se aos comentários descritos no texto mais à frente.

Alguns detalhes sobre o negócio hipotético apresentado nos números acima:

- Esse empreendimento financiado por "amigos e família" começou com pouco mais de $510.000 no banco. Como a maioria faz no canal físico, a EZ Gardner também faz promoções online. Porém, eles leram este livro, seguiram as orientações e " deram mais importância primeiro ao canal certo", assim, ainda não efetuaram vendas do produto online

- No Ano Dois, como a novidade do produto se desgasta, o preço cai
- O desenvolvimento do produto foi completado no exterior, então, não há mais custos desse teor até que se verifique quanto esse produto vende
- As receitas nunca aumentam dramaticamente, pois o tipo de mercado é "ressegmentação/nicho"

Quais Parâmetros Importam?

Há 11 indicadores que interessam na planilha. Observando a coluna mais à esquerda da planilha, vamos explorar a composição de cada número, bem como sua fonte, um pouco mais de perto:

1. **Número total de unidades vendidas:** É estimado (por trimestre, de preferência) a partir dos relatórios da validação pelo cliente obtidos com os compradores e canais parceiros. Compare-os com o do mercado total (se conhecido e aproveitável) e sua participação de mercado estimada (veja página 67). Utilize os dois conjuntos de números para projetar os números de unidades a serem vendidas em cada trimestre. Se os clientes realizarem múltiplas compras dentro de um ano, compute-as.

2. **Preço médio de venda no varejo:** Quanto o consumidor paga, em média, pelo produto. Tal número, desenvolvido na hipótese da proposta de valor, deve ser validado na análise da concorrência e através das conversações para validação do canal e pelo cliente. Mostra-se aqui como o preço unitário é com frequência o preço médio de venda, uma vez que os preços do varejo podem variar conforme o canal.

3. **Vendas brutas em todos os canais:** Valor monetário total das vendas no varejo, por produto, por trimestre. Relativamente simples de computar, já que a empresa está utilizando só um canal de vendas. Lembre-se de considerar as situações de "venda garantida" se os varejistas podem devolver as mercadorias não comercializadas sem ônus para ele.

4. **(Menos) desconto do canal (40%):** O canal leva qual porcentagem do preço do produto no varejo a título de custo de vendas? Deduza do preço no varejo e aplique nas receitas do canal registradas no nº 3. Assumimos uma margem bastante comum em cadeias de lojas. Essa receita nunca chega aos cofres da companhia, então, compute as receitas líquidas.

Os canais são notoriamente conhecidos por cobrar dos fornecedores por publicidade, promoção e espaço na prateleira

---

5. **(Menos) outros custos do canal:** Os canais são notoriamente conhecidos por cobrar dos fornecedores por publicidade, promoção e espaço na prateleira. Há também custos de representantes autônomos de vendas ou intermediários que fazem seu próprio "sell in" (publicidade para colocar o produto) no canal. No primeiro ano, a companhia pode querer, ou ser forçada, a oferecer promoções especiais de compra, a fim de obter espaço nas estantes de vendas de um importante canal varejista. Estime esses custos baseando-se nas discussões sobre o canal parceiro.

6. **RECEITAS LÍQUIDAS DO CANAL:** A receita líquida do canal (nº 6) são as Vendas Brutas (nº3) menos o desconto do canal (nº4) e outros custos do canal (nº5).

7. **(menos) custos de vendas (representantes, feiras de negócios):** De quanto é o custo para colocar o produto para jardim no canal? Em acréscimo ao custo específico de aquisição do cliente, a companhia despenderá recursos com a força de vendas, materiais de marketing e venda, participação em feiras comerciais e mais. Esses custos devem ser identificados no box do relacionamento de clientes e, talvez, também no da estrutura de custos.

8. **(menos) custos do produto:** Qual é o custo de elaboração do produto? Desenvolvido primariamente da proposta de valor e boxes da estrutura de custos, é uma estimativa combinada de dois conjuntos de custos:

    - neste exemplo, o custo de desenvolvimento do produto já está incorrido totalmente

    - o custo em si de manufaturar o produto

9. **(menos) custos operacionais correntes:** Compute os custos que a empresa tem "só de abrir as portas" todos os dias, o que deve ser um número relativamente fixo: as magras retiradas dos fundadores, folha de pagamento, aluguéis, equipamentos, serviços públicos, legais e outras mais. Esse custo altera-se muito pouco, então, preocupe-se um pouco menos que com os demais. A planilha os aumenta modestamente no final do ano e no seguinte, o que é normal.

10. **SAÍDA DE CAIXA POR PERÍODO:** Houve ganho ou perda de dinheiro em determinado trimestre? Quanto? Parta da receita líquida da empresa (nº6) e subtraia os custos (nºs 7, 8 e 9). O resultado é a saída de caixa ("cash burn") ou a redução do dinheiro que a companhia tem no banco em cada trimestre. No exemplo, a empresa está perdendo dinheiro até o quarto trimestre, quando os clientes aumentam e os reduzidos custos de desenvolvimento do produto melhoram o fluxo de caixa dramaticamente.

11. **SALDO DE CAIXA:** Comece contando o dinheiro no banco no Dia Um do trimestre. Nossa hipotética companhia iniciou seu primeiro ano da criação do cliente com cerca de $510 mil no banco. Deduza a saída de caixa para obter o saldo remanescente ao final do trimestre.

Com Esses Números, O Que um Fundador faz?

Esse é um "negocinho bacana" e embora dê uma vida boa aos fundadores e bom retorno aos investidores, dificilmente se trata de um negócio escalável como o de vários heróis do Vale do Silício. Em que pese o elevado retorno antes dos impostos no Ano Dois em relação ao saldo bancário existente no Dia Um do primeiro exercício, basicamente não se está indo a lugar algum rapidamente. Trata-se de uma companhia de um produto só, e a única alternativa é um forte crescimento via redução do preço de varejo — nunca um bom sinal.

Alguns pontos que fundadores e diretoria devem colocar em discussão:

- Há possibilidade de mudanças radicais no modelo de negócio que possam ocasionar um impacto significativo no potencial de crescimento futuro da empresa?
- E quanto a mercados no exterior? Representam uma oportunidade de crescimento?
- Como a companhia pode capitalizar seu modesto resultado? Está se construindo uma marca forte e criativa o bastante para talvez lançar outros produtos, no segmento de jardinagem ou em outros? Poderiam começar com "EZWeeder" e "Ezhoe" primeiro e talvez expandir para "Ezgrass" ou "Ezflowers" para obter a máxima vantagem de sua marca, credibilidade e relacionamento com o canal, a fim de aumentar a escala mais rapidamente?
- Poderiam expandir-se para outros segmentos além da jardinagem, quem sabe adicionando "Ezcooker" ou "Ezcleaner", ou "Ezcleanup"? Independentemente dos novos produtos, a companhia precisaria investir seriamente no desenvolvimento de novos produtos e gastar pesadamente em marketing (em especial, se quiser avançar em áreas diferentes) sem nenhuma garantia de sucesso posterior (na verdade, eles precisam desenvolver todo um novo conjunto de hipóteses)
- A menos que a empresa invista no desenvolvimento de novos produtos, este negócio está mais para um *hobby* do que para um negócio escalável

Guarde esses pensamentos — e outros — para a seção final desta fase, a discussão rearticular ou avançar. A seguir, examine o segundo dos três modelos de negócio para um software comercializado nos canais digitais.

Parâmetros que Importam: Exemplo 2
Relatório de Despesas Vendido nos Canais Digitais

↪ Vamos dar uma olhada na Tabela 12.2, um outro produto varejista de $30, o software XpensePro, somente obtido por download nos canais digitais.

Relatório de Despesas (digital) TIPO DE MERCADO: Ressegmentação de Mercado Existente/Nicho							
	Categoria	q1	q2	q3	q4	TOTAL	ANO DOIS
1	VENDAS DIRETAS unidades (web)	4.000	5.000	6.000	8.000	23.000	28.750
2	receita direta bruta (@$30 cada)	120.000	150.000	180.000	240.000	690.000	862.500
3	(menos) custo de aquisição do cliente, custo $6	-24.000	-30.000	-36.000	-48.000	-138.000	-172.500
4	RECEITA Líquida Web Total	96.000	120.000	144.000	192.000	552.000	690.000
5	VENDAS DIRETAS para dispositivos móveis (unidades)	2.000	2.500	3.000	3.500	11.000	13.000
6	receita bruta de vendas para dispositivos móveis	60.000	75.000	90.000	105.000	330.000	390.000
7	(menos) incentivo por indicação @$4 cada	-8.000	-10.000	-12.000	-14.000	-44.000	-52.000
8	RECEITA Líquida de vendas diretas para dispositivos móveis	52.000	65.000	78.000	91.000	286.000	338.000
9	CANAL: lojas de apps vendas (unidades)	8.000	12.000	16.000	24.000	60.000	90.000
10	receita bruta (@$30 cada)	240.000	360.000	480.000	720.000	1.800.000	2.700.000
11	(menos) mercado/appstore 30% taxa $9	-72.000	-108.000	-144.000	-216.000	-540.000	-810.000
12	Receita Líquida Total APPSTORE	168.000	252.000	336.000	504.000	1.260.000	1.890.000
13	RECEITA LÍQUIDA TOTAL de todos os canais	316.000	437.000	558.000	787.000	2.098.000	2.918.000
14	(menos) produto/custo de desenvolvimento	-400.000	-300.000	-200.000	-150.000	-1050.000	-480.000
15	(menos) custos operacionais correntes	-150.000	-150.000	-150.000	-150.000	-600.000	-720.000
16	SAÍDA DE CAIXA por período	-234.000	-13.000	208.000	487.000	448.000	1.718.000
17	saldo de caixa/ final do trimestre	64.000	51.000*	259.000	746.000	746.000	2.464.000

*perigosamente baixo!

"Parâmetros Que Importam": Modelo de Vendas Digitais (Tabela 12.2)
Nota: os algarismos mais à esquerda referem-se aos comentários descritos no texto mais à frente.

Nesse cenário, nossa hipotética empresa está comercializando o XpensePro somente por download diretamente de seu site e via lojas especializadas em aplicativos ("app store"). Assim como no exemplo anterior, há de início algumas observações a fazer:

- O custo de desenvolvimento do produto é inicialmente elevado e depois declina
- O incremento dos custos unitários do produto é praticamente zero, pois trata-se de um download
- A receita nunca aumenta dramaticamente, uma vez que o tipo de mercado é "ressegmentação/nicho de mercado", entretanto, o incremento anual é significativo o bastante para antever amplas condições de êxito
- Essa empresa angel-funded (financiada por investidores-anjo, que o fazem em troca de participação acionária ou nos lucros) tem $300.000 que restaram da captação inicial de recursos. Mais dinheiro será muito difícil de obter

Quais Parâmetros Importam?

Há cinco deles na planilha:

- A receita é proveniente de três canais
    - Receitas diretas de vendas na web, líquidas do custo de aquisição
    - Receitas diretas de vendas para dispositivos móveis, após a subtração de incentivos por indicações
    - Receitas de vendas em app stores, deduzidas da comissão e custos de marketing do canal
- Saídas ou entradas de caixa durante o período
- Saldo de caixa no final do trimestre

Em razão da atividade operacional da companhia ocorrer em três canais distintos, cada qual com suas características, há 17 itens envolvidos naqueles cinco indicadores, porém, o foco está em cinco. Se algum deles estiver desbalanceado ou fora do projetado, volte sua atenção para os números que o detalham a fim de melhorá-los: unidades vendidas, receita direta bruta, custo dos clientes ou vendas e receita líquida de cada canal.

Observando a coluna mais à esquerda da planilha, vamos explorar a composição de cada número e sua fonte:

Vendas na web:

1. **Vendas diretas web, unidades:** Quantos aplicativos foram baixados do site da companhia. É improvável que os clientes façam múltiplas compras dentro do ano.
2. **Receita direta bruta:** Multiplique o número de unidades (nº1) pelo preço médio de venda de $30.
3. **(menos) custo de aquisição do cliente:** O custo médio de efetuar uma venda na Web, $6 no AdWords, incentivos, e-mail ou que for, para adquirir um cliente. Multiplique $6 pelo número de unidades (nº1).
4. **Receita líquida web Total:** Subtraia o custo de aquisição do cliente (nº 3) da receita bruta direta das vendas pelo site (nº2).
5. **Vendas diretas para dispositivos móveis, unidades:** Alguns poucos clientes farão o download da versão do app para dispositivos móveis, no site da companhia (a maioria irá procurar as lojas de apps). Calcule as unidades trimestrais utilizando o processo descrito para a EZ Gardner na página 409.

Na superfície, esse parece ser um negócio muito bom.

---

6. **Receita bruta de vendas para dispositivos móveis:** Multiplique o número de dispositivos móveis vendidos diretamente aos clientes (nº 5) por $30, o preço médio de venda.
7. **(menos) incentivo por indicação:** A hipótese do relacionamento com o cliente indica que um terço das vendas diretas da companhia (principalmente dispositivos móveis) são provenientes de consumidores satisfeitos que indicam o produto a outros, incentivados por $4 cada um. Multiplique esse valor pelo número de unidades (nº5).
8. **Receitas líquidas de vendas diretas para dispositivos móveis:** Quanto dinheiro este canal obtém para a companhia? Descubra a resposta deduzindo da receita bruta (nº 6) o custo dos incentivos por indicação (nº 7).
9. **Canal: lojas de apps, unidades:** Calcule as unidades usando o método delineado para EZ Gardner, item 3, página 408.
10. **Receita bruta do canal:** Multiplique as vendas por unidade do canal (nº 9) pelo preço de varejo de $30.

11. **(menos) comissão de 30% do canal:** Cada download vendido custará para a companhia 30% de taxa de comissão, ou $9. Multiplique as unidades (nº 9) por $9 e subtraia o resultado da receita do canal (nº10).

12. **Receita Líquida Total App store:** Subtraia a comissão da appstore (nº 11) da receita do canal (nº 10) para encontrar o montante em dinheiro com que esse canal contribui para o saldo bancário da empresa.

13. **Receita Líquida Total de todos os canais:** Some os três números de receitas — nº 4, nº 8 e nº 12 — para computar as vendas líquidas da companhia.

14. **(menos) produto/custo de desenvolvimento:** Qual é o custo de fabricação de um produto? Considere o custo de um contínuo desenvolvimento do produto, além de downloads e encargos de banda larga. Não há um custo físico do produto em si.

15. **(menos) custos operacionais correntes:** Compute os custos de abrir as portas todos os dias em que a companhia incorre, como no Exemplo 1, linha 9, página 410.

16. **SAÍDA DE CAIXA POR PERÍODO:** Houve ganho ou perda de dinheiro em determinado trimestre? Quanto? O processo de cálculo é o mesmo da Planilha 1, linha 10.

17. **SALDO DE CAIXA:** Siga como demonstrado na Planilha 1, nº 11.

Com esses Números, o que um Fundador faz?

Na superfície, esse parece ser um negócio muito bom. Planeja-se gerar um fluxo de caixa positivo de $746.000 no primeiro ano de criação do cliente, e quase esse valor no segundo ano. Contudo, será que um negócio capaz de fazer $2,5 milhões em receitas depois de quatro anos deixa investidores e fundadores realmente felizes? Não nos cabe decidir, e os números não informam se eles gastaram $500.000 e um ano — ou $5.000.000 e cinco anos — para chegar ao começo da planilha, portanto, fica difícil aplaudir ou vaiar os resultados.

Parece que na próxima reunião de diretoria se deveria apanhar a última versão do modelo de negócios e procurar por mudanças nas oportunidades de crescimento, sejam lá quais forem. A empresa não está aplicando todos os recursos que tem no desenvolvimento do produto ou na ampliação do pessoal (aqueles números são relativamente robustos), parecendo estar apenas engordando um boi em vez de criar uma boiada.

Afinal de contas, quase qualquer negócio capaz de obter perto de 100.000 novos clientes em um ano deve procurar como adicionar um zero à direita naquele número em um ou dois anos, ou pelo menos dobrá-lo, talvez, no segundo ano. À primeira vista, o plano da companhia no Ano Dois soa pouco ambicioso, em que pese dobrar os lucros.

Enquanto isso, o lado negativo:

- Os $4 de incentivo (nº 7) poderiam resultar em muito poucas vendas e precisarem ser reforçados, sob pena de afetarem adversamente as receitas líquidas
- O processo de aprovação da appstore (nº 12) poderia atrasar o lançamento nos canais maiores, prejudicando receitas
- Mais pessoal (nº 15) poderia ser necessário para apoio, relações com os canais ou sabe-se lá o quê
- Vender diretamente para dispositivos móveis (nº 5) poderia vir a ser um fracasso total, prejudicando as vendas

Embora os números pareçam muito bons na planilha, segure os aplausos e procure por maneiras de melhorá-los. Afinal, ainda são estimativas baseadas nas provas de validação pelo cliente — não são dinheiro no banco. Reveja a seção "Com esses Números, o que um Fundador faz?" relativa à Planilha 1 para explorar modos de diminuir as saídas de caixa no que fizer sentido. Retenha todos esses pensamentos — e outros — para a seção derradeira desta fase, a discussão rearticular ou avançar.

Relatório de Despesas (digital) TIPO DE MERCADO: Ressegmentação de Mercado Existente/Nicho						
Categoria	q1	q2	q3	q4	TOTAL	ANO DOIS
1 Novos usuários ativados	300.000	400.000	600.000	750.000	2.050.000	3.000.000
2 Aquisição de novo usuário custo@$3 cada*	900.000	1.200.000	1.800.000	2.250.000	6.150.000	6.000.000
3 Total de usuários ativos**	300.000	700.000	1.300.000	2.050.000	4.350.000	5.000.000
4 Média de páginas visualizadas/usuário/trimestre	60	66	72	80		100
5 TOTAL DE PÁGINAS VISUALIZADAS por trimestre	18 milhões	46 milhões	93 milhões	164 milhões	321,8 milhões	500 milhões
6 (menos) páginas visualizadas: desgaste @<+/- 7%/trimestre	n/d	-3.260.000	-6.420.000	-12,3 milhões	-22.780.000	-60.000.000
7 **TOTAL CPM's (000's de páginas) para vender**	**18.000**	**42.740**	**86.580**	**151.700**	**299.020**	**440.000**
8 CPM médio de $2,50 x4 anúncios por página	10	20	24	30		36
9 **RECEITA TOTAL de publicidade**	**180.000**	**854.700**	**2.077.920**	**4.551.000**	**7.663.620**	**15.840.000**
10 receita de aluguel de lista de e-mail	0	14.000	78.000	164.000	256.000	2.000.000
11 **RECEITA TOTAL**	**180.000**	**868.700**	**2.155.920**	**4.715.000**	**7.919.620**	**17.840.000**
12 (menos) custo de aquisição do usuário	-900.000	-1.200.000	-1.800.000	-2.250.000	-6.150.000	-6.000.000
13 (menos) produto/custo de desenvolvimento	-2.000.000	-1.500.000	-1.200.000	-600.000	-5.300.000	-3.600.000
14 (menos) custos operacionais correntes	-1.200.000	-1.200.000	-1.200.000	-1.500.000	-5.100.000	-6.000.000
15 **SAÍDA DE CAIXA por período**	**-3.920.000**	**-3.031.300**	**-2.044.080**	**365.000**	**-8.630.380**	**2.240.000**
16 saldo de caixa/final do trimestre	6.080.000	3.048.700	1.004.620	1.369.620	1.369.620	**$3.609.620!**
*o custo de aquisição declina $1,00 no ano dois ** alguns usuários partiram						

"Parâmetros Que Importam": Modelo para Mercado Multifacetado/Sustentado por Anúncios (Tabela 12.3)
Nota: os algarismos mais à esquerda referem-se aos comentários descritos no texto mais à frente.

Parâmetros que Importam: Exemplo 3
Um Exemplo de Mercado Multifacetado

Este é um terceiro modo de observar um modelo de negócio para *exatamente o mesmo produto*, XpensePro, um software. Vamos explorar um mercado multilateral, no qual o produto é idêntico, mas *de utilização absolutamente gratuita para os usuários*. Anunciantes ansiosos para alcançar as pessoas que administram despesas empresariais pagarão por esse público, e as receitas da companhia advirão da publicidade e vendas de listas de e-mails, a outra "faceta" nesse exemplo de mercado multifacetado.

Um mercado multifacetado, no qual o produto é idêntico, mas de utilização absolutamente gratuita para os usuários.

Neste cenário, nossa companhia de risco em um mercado multilateral está ofertando seus produtos para os usuários de forma grátis, que devem apenas concordar em receber dois e-mails por semana de anunciantes. O produto é um download digital, e recursos consideráveis são despendidos vendendo anúncios para o outro lado do mercado. (É interessante notar como são distintos esses parâmetros que importam quando comparados com os outros dois modelos de negócio.) Assim como no exemplo anterior, há algumas considerações a fazer:

- Nossa empresa de capital de risco tem $10 milhões embaixo do braço
- O custo do desenvolvimento do produto é muito elevado inicialmente e depois declina
- Os custos de fabricação são virtualmente inexistentes, haja vista que o "produto" é um download
- As receitas jamais aumentam de escala dramaticamente, uma vez que o tipo de mercado é "ressegmentação/nicho", porém, o incremento anual é significativo o bastante para antever amplas condições de sucesso
- Boa parcela do custo de publicidade e vendas de-mails está consignado nos números de receitas, as quais são líquidas de custos com comissões de representação e outros
- Há ainda o custo em dinheiro de adquirir usuários mediante RP, e-mail e outras atividades, mesmo para produtos gratuitos. Como a companhia é iterativa e fica mais inteligente, seu custo de aquisição cai no segundo ano

Parâmetros que Importam/Adicione Tudo

Há 16 "indicadores que importam" nessa planilha porque necessitamos monitorar receitas e custos de ambos os lados do mercado multifacetado (a companhia rearticulou e dispensou vendas em dinheiro de seus produtos neste cenário). Acompanhando a coluna mais à esquerda da planilha, explore a composição de cada número e sua fonte:

1. **Novos usuários ativados:** Quantas pessoas baixaram o aplicativo grátis e estão usando-o ativamente. *Ativo* é definido como aquele gerando pelo menos o número médio de visualização de páginas (nº 4).

2. **Aquisição de novo usuário ao custo de $3:** Em média, a aquisição do cliente geralmente tem o custo da geração de um usuário ativo (nº 1). Alguns virão viralmente, de graça, outros custarão $6 ou mais.

3. **Total de usuários ativos:** Média mensal dos usuários ativos durante o trimestre.

4. **Média de páginas visualizadas por usuário por trimestre:** Os cliques reais dos usuários no site geram esse número pela divisão do total de páginas vistas (nº 5) pelo número de usuários ativos (nº 3). Esta é uma importante medida da saúde e crescimento do negócio.

5. **Total de páginas visualizadas por trimestre:** Multiplique o total de usuários (nº 3) pela média de páginas visualizadas por usuário (nº 4) para começar a compreender a disponibilidade de oportunidades de venda de publicidade por período.

6. **Menos "desgaste":** Inúmeros usuários abandonam o que baixam (e não pagam pela utilização), então, observar esse número (gerado pela instrumentalização) é importante. Definimos desgaste (ou abandono) como o usuário que não gera uma página visualizada por semana durante dois meses consecutivos.

7. **TOTAL CPMs para vender:** Subtraia o desgaste (nº 6) do total de páginas visualizadas (nº 5) e divida por 1.000 para os necessários "CPMs vendáveis" (vendas de anúncios são baseadas no custo por milheiro, ou CPM). A média +/- 7% piora no Ano Dois e mais concorrentes aparecem.

8. **CPM médio x 4 anúncios por página:** Uma análise de competitividade e uma pesquisa de "recomendação de compra" (buy-side) para a validação pelo cliente determinarão para qual CPM os anunciantes estarão dispostos a pagar para atingir o público. Supondo-se quatro anúncios em cada página, multiplique o CPM médio por quatro para computar a receita média para 1.000 páginas visualizadas. Neste exemplo, já deduzimos o custo das vendas, tanto das comissões dos representantes de vendas como das vendas de anúncios na rede. O CPM aumenta (Q3-4) à medida que o site vai se tornando mais atrativo para os anunciantes.

9. **RECEITA TOTAL DE PUBLICIDADE:** Multiplique o número de M's (nº 7) ou total de CPMs disponíveis para venda pelo 4 x CPM médio (nº 8) para calcular a receita de publicidade. O valor cresce dramaticamente à medida que o número de usuários e o tráfego do site aumentam.

O modelo de negócio parece muito capaz e convincente...

10. **Receita de aluguel de lista de e-mail:** Uma estimativa fundamentada em análise de competitividade e pesquisa de "recomendação de compra". Começa pequena e com baixas taxas (por milhar) e ambos, volume e CPM, aumentam de acordo com o crescimento do público, tornando-se bastante atrativos para os anunciantes.

11. **RECEITA TOTAL:** Este mercado multilateral sustentado por anúncios tem somente duas fontes de receita. Acresça a receita de publicidade (nº 9) ao aluguel de listas de e-mails (nº 10).

12. **(Menos) custo de aquisição do usuário:** Repita o número da Linha 2 aqui.

13. **(Menos) produto/custo de desenvolvimento:** Considere aqui a validação pelo cliente e os boxes da estrutura de custo do modelo de negócio. Muito embora decline mais à frente no primeiro ano em função da maturação do produto, o valor orçado aumenta no segundo ano em razão da incorporação de recursos que irão auxiliar a companhia a continuar atraindo novos clientes.

14. **(Menos) custos operacionais correntes:** Inclua os custos de abrir as portas todos os dias em que a companhia incorre, como no exemplo da EZ Gardner, linha 9, página 408.

15. **SAÍDA DE CAIXA POR PERÍODO:** Deduza os três centros de custo (nºs 12, 13, e 14) do total das receitas (nº 11) em cada um dos trimestres.

16. **SALDO DE CAIXA/fim do trimestre:** Faça a soma algébrica da movimentação de caixa de cada final de trimestre com o saldo de caixa no final do período imediatamente anterior. Neste modelo, tal número vai se tornando cada vez mais atrativo, embora não cresça rapidamente.

Com Esses Números, O Que um Fundador faz?

Entre as startups, diz-se que uma planilha vale 48,5 vezes o papel onde está transcrita. Entretanto, se o conjunto de "parâmetros que importam" da planilha estiver pelo menos próximo de ser exato, nossos fundadores e investidores na ExpenseReporter podem ficar certos de que têm em mãos um negócio campeão.

No caso, o modelo de negócio parece tão capaz e convincente que os fundadores têm duas prioridades claras. A tarefa número um é construir uma sólida retaguarda e certificar-se de alcançar todos os números-chave do plano (os quais, como você se recorda, já foram transformados em fatos imutáveis durante os fatigantes estágios do Desenvolvimento de Clientes). Esse processo começa com a revalidação passo a passo de cada um dos números, no intuito de assegurar-se de que não há equívocos. Após tal providência, o procedimento seguinte é uma análise detalhada do "pior cenário".

Como todo negócio deve fazer, a equipe fundadora deve agora expandir seu conjunto de indicadores em três: pior cenário, melhor cenário ou ambos os lados de um conjunto hipotético de indicadores mostrados aqui. E, considerando que o negócio é totalmente dependente das receitas de publicidade, os fundadores devem voltar de imediato sua atenção para os esforços de validação do canal, para uma nova sondagem que os deixe tão seguros sobre a validade quanto alguém possa se sentir. Deveriam, ainda, focar-se na redução dos usuários "desgastados".

Com tudo isso efetuado, revise as análises das Planilhas 1 e 2 na questão da redução de custos e otimização da ativação e receita. Aí então, só para garantir, coloque uma garrafa de champanhe francesa na geladeira do escritório!

Alguns Pensamentos Finais Sobre o Modelo Financeiro

O Tipo de Mercado Afeta os Fluxos de Receitas. Cada um dos quatro tipos de mercado tem uma curva específica de crescimento de vendas configurada de acordo com o grau da dificuldade envolvida na transição entre vendas para earlyvangelists e vendas para os clientes comuns. Em novos mercados, obviamente, é normal que se leve tempo para o produto avançar além dos earlyvangelists, os quais se caracterizam por não comprarem em grande quantidade. Portanto, o sucesso nas vendas iniciais não implica na garantia de um rápido aumento de receitas.

As curvas de crescimento para um novo mercado e para um mercado já existente ilustram graficamente a diferença. Mesmo depois do êxito na venda aos earlyvangelists, a taxa de incremento de vendas difere daquela correspondente aos clientes comuns.

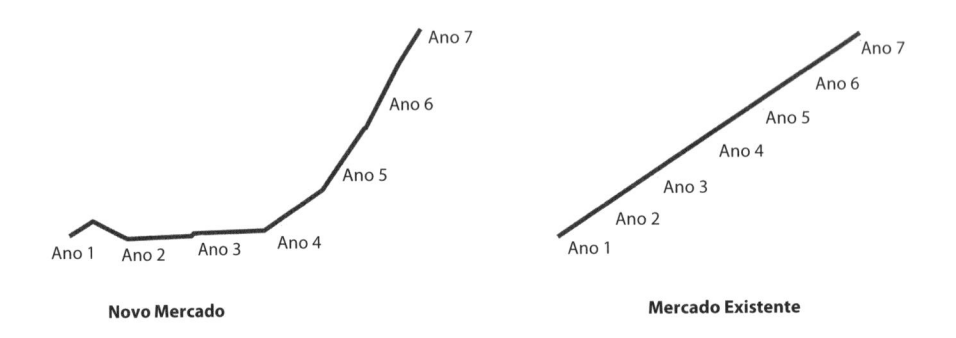

Crescimento da Receita em um Novo Mercado e um Mercado Existente *(Figura 12.3)*

Estimar receitas em um mercado existente é relativamente simples: observe os participantes e calcule o incremento na participação de mercado que a startup irá arrebatar em cada ano.

Já estimar o tamanho de um novo mercado pode parecer impossível, pois ele ainda não existe. Como proceder? Avalie a oportunidade com base em mercados próximos e semelhantes. Verifique se há alguma companhia que sirva de termo de comparação. Há outras crescendo tão rapidamente quanto previsto? Por que a startup teria desempenho similar?

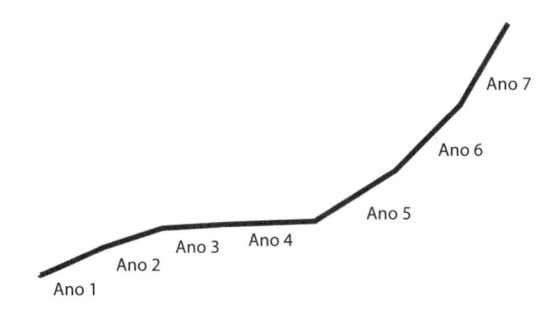

Crescimento da Receita em um Mercado Ressegmentado (Figura 12.4)

A curva de vendas em um mercado ressegmentado é algo bem fácil de projetar. Assemelha-se à de um novo mercado, que leva tempo para deslanchar. São três os passos para estimar um mercado ressegmentado: avalie o tamanho do mercado existente, procure dimensionar o "segmento" de sua startup e calcule a taxa de adoção, que é o tempo necessário para o segmento reconhecer o novo produto como uma opção de solução. Considere apenas o segmento que irá mudar e previna-se quanto a contratos de longo prazo ou de serviços e custos a fundo perdido tal como treinamento e instalação, que se transformam em verdadeiras "prisões" ou barreiras para dificultar mudanças.

As curvas de crescimento da receita dependem do Tipo de Mercado!

A Curva de Demanda Afeta a Receita: a "curva de demanda" busca a intersecção ideal entre o volume de vendas e o lucro líquido. Por exemplo, se um produto físico é mais eficientemente manufaturado em lotes de 5.000 unidades, o estoque pode ser vendido em um tempo razoável se as vendas médias mensais forem de 50 unidades? Uma startup que comercializa novos carros elétricos por $29.000 irá provocar uma grande demanda. Porém, se o custo de produção for de $45.000, a companhia quebrará muito rapidamente. Considere o seguinte:
- o real preço unitário, para bens físicos e assinaturas
- de que modo precificar pode ser uma arma de atração de mais usuários

- como precificar pode criar maiores e mais frequentes compras pelo mesmo usuário; volume de descontos, entregas gratuitas, pontos por fidelização e mecanismos semelhantes são utilizados para o que se chama comumente de "cesta básica" da otimização
- de que maneira a precificação pode reforçar o volume ou lucratividade
- de que modo a companhia pode projetar os preços do produto de acordo com a curva de economias de escala (como em "Se pudermos produzir 10.000 unidades por vez, nosso custo de produção cai 32%")

Quando Trazer o Pessoal que Faz Contas

Por fim, em algum momento, os potenciais investidores, bancos e outros irão querer ter em mãos os tradicionais balanços, projeções e mais, e isso é bom. Uma vez que os parâmetros que importam estejam firmemente assentados e compreendidos, revelando um negócio que faz sentido, *e que estejam validados*, qualquer profissional de finanças (ou estudante de matemática do colégio) sabe convertê-los, com facilidade, em balanços patrimoniais, demonstrativos de resultados e fluxo de caixa, projetando-os anos à frente (aquele "tipo de coisas" que estamos acostumados a ver).

Em raras e bem-vindas ocasiões, os parâmetros que importam não são tão relevantes assim. Se a aquisição e ativação do cliente estiverem avançando com velocidade redobrada mês após mês ou a economia estiver aquecida, os investidores podem ignorar quaisquer outros indicadores, pôr a cautela de lado e pressionar para aumentar rapidamente a escala. É muito difícil que isso ocorra, todavia, desejamos que aconteça com você. Isso pode ocorrer com mais frequência em mercados verticais voláteis, como nas redes sociais e outros mercados multifacetados ou decorrentes de elevados IPOs. Entretanto, em nove entre dez casos, os parâmetros que importam, importam um bocado quando chega a hora de gastar seriamente o dinheiro dos investidores.

Somando tudo

Esta fase é vital para uma análise do tipo "ou vai ou racha" de quão bem o modelo de negócio funciona. Mas lembre-se de que os números ainda são pressuposições bem comportadas, validadas — assim imaginamos — através de intensos esforços ao longo da descoberta e validação pelo cliente, com vários, quem sabe, centenas de clientes.

Rearticular ou Avançar: Revalide o Modelo de Negócio

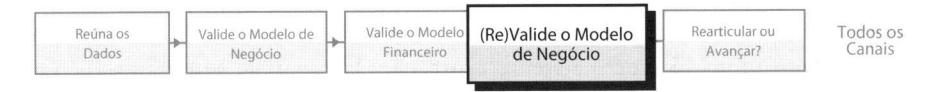

Reúna os Dados → Valide o Modelo de Negócio → Valide o Modelo Financeiro → **(Re)Valide o Modelo de Negócio** → Rearticular ou Avançar? → Todos os Canais

Por diversas razões, este momento é perfeito para um derradeiro olhar nos componentes-chave do modelo de negócio. Em poucos dias, haverá uma grande mudança se for tomada a decisão de "seguir adiante" para entrar na etapa de criação do cliente. A criação do cliente é um estágio radicalmente diferente, durante o qual a companhia bruscamente altera sua condição de "procurar um modelo de negócio" para a de "executar um". Já terá passado a hora de celebrar equívocos e tornar a errar. É quando se acelera fundo no modo "executar", com metas de receita e cronogramas a cumprir, produtos e planos a entregar e uma prestação de contas mais minuciosa e precisa para os investidores e membros da diretoria.

Tudo na empresa agora diz respeito a gastar ainda mais rapidamente os recursos monetários alocados e, de modo irrevogável, funcionar ambiciosamente no sentido de tocar o modelo de negócio escolhido. Com isso, vem o "risco de carreira" próprio dos fundadores, em que os sempre solícitos investidores se perguntarão se o aparentemente maníaco "fundador típico" deve ser trocado por um "experimentado" líder com comprovada capacidade executiva. Grandes somas de dinheiro, investidas em uma única e focada aposta em um modelo de negócio tal como foi desenvolvido, têm alta probabilidade de levar a um empreendimento lucrativo e que aumenta de escala de forma sustentável. Em contraste com o comportamento que apresentavam nas fases iniciais de "busca", diretores e investidores repentinamente tornam-se menos tolerantes e reagem negativamente a relatórios do tipo "Aquela ideia estava errada" e "Isso não funcionou como se esperava".

Para encurtar a história, é hora de revisitar os elementos centrais do modelo de negócio uma última vez.

Apostas Melhores

Você está quase lá. Manuseou os números na seção anterior e ainda sente que o negócio é campeão. Mas você escolheu a melhor proposta de valor? O cronograma de entrega do produto é o correto? Confia que o modelo de custos e receitas está no padrão ideal? Deixou passar algum aspecto do modelo global do negócio? Eis aqui alguns derradeiros pontos a checar.

Assegure-se de que a Proposta de Valor é a Correta

Depois de consultar o "parâmetros que importam" na última seção, você está absolutamente convencido de que a proposta de valor está certa? Trata-se de conviver com ela por algum tempo. Se você não sente, agora, que ela vá ganhar o mercado, a sensação não irá melhorar com o passar do tempo. Pode ser o momento de reconfigurar, repaginar ou fatiar o produto. Para isso, há necessidade de retornar à descoberta do cliente. Estando ali, utilize o melhor da tecnologia de que você dispõe para desenvolver outro produto, configurações, métodos de distribuição ou preços e então modificar a apresentação do produto e voltar à Fase 3 (apresentação do produto) e refazê-la. Sim, isso dói, mas machuca menos que um fracasso.

Assegure-se de que a Entrega do Produto esteja Correta

Mesmo com o sucesso nas vendas, cheque o prazo de entrega com a equipe de desenvolvimento do produto. Cronogramas inevitavelmente mudam, e raramente para melhor. A companhia pode entregar o que foi vendido, cumprindo com o prometido, ou as vendas são, na verdade, uma miragem? Se for, é melhor a empresa segurar um pouco o projeto piloto. Continuar a vender como se nada houvesse mudado é um péssima ideia. Com o cronograma emperrando, earlyvangelists duramente conquistados perdem a força e as indicações se esvanecem muito depressa. A boa notícia é que, se isso acontecer (e acontece muitas vezes), a situação ainda é contornável. Não existem pessoas para demitir e as saídas de caixa são modestas. (Como discutido anteriormente, é sempre importante ter bastante moeda em caixa para enfrentar uma fase errada como esta pelo menos uma vez.) A solução é não realizar qualquer nova venda por enquanto, admitir o erro, e transformar o projeto piloto em algo útil — primeiro para o cliente e depois como um produto comercializável.

Assegure-se de que a Receita Seja Elevada e o Custo Baixo

Não há nada pior que gastar mais do que precisa ou menos do que deveria. A melhor alternativa para encontrar o equilíbrio é "percorrer" com calma o modelo de negócio mais uma vez.

- Comece com a proposta de valor. Há recursos em excesso ou pouca variedade? Rebaixar os preços faria com que houvesse mais unidades vendidas ou seria melhor vender a mesma quantidade a um custo de aquisição mais reduzido? E se o produto fosse gratuito, ou gratuito para aqueles que trouxessem três ou cinco outros clientes?

- Na hipótese do relacionamento com o cliente, a confiança no plano é firme como uma rocha, ou um *freemium* ou outra opção poderia ocasionar um cres-

cimento mais ousado e rápido? Esforços mais dispendiosos em AdWords obteriam o resultado planejado?
- Um canal diferente pode ocasionar vendas menores porém mais lucrativas?
- Os parceiros poderão apresentar o crescimento de receita que você precisa e espera?
- Há padrões mais elevados do modelo de negócio que lhe passaram despercebidos?

Assegure-se de que Seu Modelo de Negócio Seja o Correto

Apanhe o exemplar mais recente do seu modelo de negócios e um punhado de *post--its*. Explore alternativas seriamente. Ponha a equipe para realizar um brainstorm e vá observando o que é cotado com um "sim" ou "não". Há um consenso de que a escolha é a correta?

Não há dúvida de que mudar o rumo na atual conjuntura é um movimento ousado. Não é o que os investidores esperam, em especial após o longo e fatigante processo da descoberta e validação pelo cliente. Então, de novo, movimentos ousados são o trabalho dos grandes empreendedores. E muito embora uma rearticulação a essa altura leve a mais validações pelo cliente e tome mais tempo, é, de longe, muito melhor fazê-lo já do que seguir em frente a toda a velocidade e gastar tudo que se tem, quando é possível que haja uma ideia mais poderosa lá fora, em algum lugar.

Validar ainda mais o modelo de negócio não é procurar apenas por melhorias em oportunidades de receita e onde reduzir custos, mas também por "modificadores do jogo". Você consegue modificar um produto vendido, incorporando nele recursos que o transformem em um daqueles produtos "Eu tenho que ter um desses"? Pode mudar um modelo de receita de vendas unitárias por um modelo dimensionado para operações em nível de rede? Procure por padrões de negócio não óbvios. Ainda que a equipe esteja certa de que o modelo em curso é o melhor para seguir adiante, é hora de trazer as pessoas para o grupo de consultores e fazê-los quebrar a cabeça (doído como é) em cima de suas versões dos modelos. Eles captaram algum movimento importante que lhe escapou? Sem dúvida, a revisão do modelo financeiro recém-completada pôs em relevo pelo menos um punhado de questões e talvez tenha apontado para algumas oportunidades. Revisite a relação de checklists do modelo de negócio. Há algumas respostas diferentes? A equipe quer ter mais dinheiro em caixa ou gastar menos? Onde se pode economizar ou aplicar recursos mais eficientemente?

Caso a equipe tenha revolvido cada possibilidade, tentando localizar mudanças radicais e melhorias modestas no modelo de negócio e, enfim, a confiança ainda persistir, é hora da questão definitiva: rearticular ou avançar?

A Questão Mais Difícil de Todas para uma Startup: Rearticular ou Avançar?

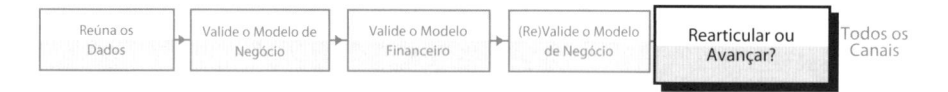

| Reúna os Dados | → | Valide o Modelo de Negócio | → | Valide o Modelo Financeiro | → | (Re)Valide o Modelo de Negócio | → | **Rearticular ou Avançar?** | Todos os Canais |

Chegou a hora da verdade, o momento em que a equipe e os investidores irão decidir se começam a investir pesadamente seu dinheiro na execução do modelo de negócio. Para tomar essa atitude de maneira honesta e franca, a equipe precisa examinar com rigor as análises de rearticular ou avançar desenvolvidas nesta fase.

Extenuante como é o processo de validação pelo cliente, é bem provável que a companhia queira uma nova rodada de considerações antes que cada um possa entusiasticamente votar para seguir em frente. Não se desespere — essa necessidade de rearticulação surge quase que o tempo todo, e muitas vezes requer refazer o caminho inteiro desde a descoberta do cliente.

A arrogância é o gêmeo ruim do empreendedor apaixonado.

A alternativa é ainda mais dolorosa. No passado, os investidores magicamente presumiam uma execução perfeita e demitiam aqueles que falhassem. É hora de refletir, pensar seriamente sobre as reais chances da companhia ter êxito em se tornar um negócio escalável e lucrativo. A decisão é muito difícil, em especial para empreendedores autoconfiantes que se orgulham de sua tenacidade e capacidade de resolver problemas. "Sou um empreendedor. Faço as coisas acontecerem apesar de todas as adversidades" é válido até que se depare com fatos concretos e estatísticas. Não confunda arrogância com paixão ou fatos.

A validação conseguiu realmente converter opiniões em fatos, ou todos apenas realocaram as traves do gol para alcançar a criação do cliente? O próximo passo acelera brutalmente a taxa de aporte de capital, nitidamente diminuindo, se não extinguindo, a disponibilidade de caixa.

O produto vendeu bem e facilmente? É absoluta e inequivocamente claro que quanto mais dinheiro é gasto na aquisição de clientes, mais eles chegam de uma maneira uniforme, previsível e lucrativa? Essa questão em particular provavelmente envia 90% das startups de volta às profundezas do Desenvolvimento de Clientes para burilar e testar de novo os componentes do modelo de negócio.

A Questão Mais Difícil de Todas para uma Startup: Rearticular ou Avançar?

Se a "rampa" para mais clientes, receitas e lucros não for ratificada pelos resultados dos testes, é também uma razão para rearticular. Usando tudo que aprendeu na validação pelo cliente, volte para a Fase 1 desse passo (prepare-se para vender) e experimente mais uma vez. Sentimos muito. Isso não é fácil de fazer.

Caso tudo se confirme (novamente, é raro que aconteça na primeira rodada), o final da validação pelo cliente é um marco importante. Os problemas dos clientes estão equacionados e bem compreendidos; um conjunto de earlyvangelists foi localizado; a companhia vai oferecer um produto que os clientes desejam comprar; um processo de vendas de crescimento constante e sustentável foi desenvolvido e ficou demonstrado que o modelo de negócio é lucrativo. Há a confiança de que todo o aprendizado foi registrado por escrito e o diagrama do modelo de negócio está atualizado. E a captação de recursos, apesar de jamais ser algo fácil, o será a partir de agora como nunca fora antes.

Quando tiver respondido "sim" a essa desgastante lista de questões, terá merecido uma noite livre, ou mesmo uma semana inteira. Parabéns! A companhia está preparada para avançar a toda velocidade rumo ao processo de criação do cliente.

⮕ E Agora?

Os dois primeiros passos do Desenvolvimento de Clientes são aqueles onde os empreendedores vivem ou morrem na busca por um modelo de negócio que possa aumentar a escala e sustentar-se indefinidamente. Quando uma companhia deixa com sucesso a Validação pelo Cliente, há uma verdadeira biblioteca repleta de testes de construção de negócios disponível para auxiliá-lo a executar o modelo de negócio. Assim, pelo menos por enquanto, se você está ansioso para colocar em andamento os dois próximos passos — Criação do Cliente e Estruturação da Companhia — retorne ao original Do Sonho à Realização em 4 Passos ou recorra a um texto orientado a um apoio mais específico.

Seja lá o que for fazer a seguir, a completude bem-sucedida da Validação pelo Cliente é o importante momento em que se encontra sua startup. Foi uma jornada árdua e desafiadora. Nossos mais calorosos e sinceros cumprimentos. Estamos ansiosos para aprender com o seu sucesso!

Planta do Startup: Manual do Empreendedor

Passo Um: Descoberta do Cliente

Capítulo 3:
- Uma Introdução à Descoberta do Cliente 49
  - A Filosofia do Desenvolvimento de Clientes 51
  - Desenvolvendo o Produto para Poucos, Não para Muitos 53
  - Earlyvangelists: Os Clientes Mais Importantes 54
  - Primeiro, Construa um Mínimo Produto Viável (MVP) 56
  - Utilize o Quadro do Modelo de Negócios como a Tabela de Indicadores da Descoberta do Cliente 58

Capítulo 4:
- Descoberta do Cliente, Fase Um: Estabeleça Suas Hipóteses do Modelo de Negócio 65
  - Hipótese do Tamanho de Mercado 67
  - Hipótese da Proposta de Valor (Parte 1/Físico) 72
  - Proposta de Valor 1: Hipótese do MVP de "Baixa Fidelidade" (Digital) 77
  - Segmentos de Cliente: Hipótese Para Quem São/Problemas (Físico) 79
  - Segmentos de Clientes: Hipótese da Origem/Vinculação (Digital) 86
  - Hipótese dos Canais (Físico) 91
  - Hipótese dos Canais (Digital) 97
  - Proposta de Valor 2: Tipo de Mercado e Hipótese Competitiva 104
  - Hipótese do Relacionamento com o Cliente (Físico) 117
  - Hipótese do Relacionamento com o Cliente (Digital) 131
  - Hipótese dos Recursos Principais (Físico e Digital) 152
  - Hipótese dos Parceiros (Físico) 158
  - Hipótese dos Parceiros de Tráfego (Digital) 160
  - Hipótese da Receita e Preço 162
  - Completando a Hipótese do Processo de Desenvolvimento 169

Capítulo 5:
**Descoberta do Cliente, Fase Dois: "Vá Para a Rua"
e Teste o Problema."As Pessoas se Importam?"** 171
  Elaboração dos Testes e Experimentos de Certo/Errado 173
  Prepare-se para os Contatos com o Cliente (Físico) 177
  Construa Seu MVP de Baixa Fidelidade (Digital) 181
  Teste a Compreensão do Problema e Avalie sua Importância (Físico) 184
  Teste o Problema do MVP de Baixa Fidelidade (Digital) 191
  Obtenha Conhecimento do Cliente 197
  Obtenha Conhecimento do Mercado (Físico) 200
  Tráfego/Análise de Competitividade (Digital) 202

Capítulo 6:
**Descoberta do Cliente, Fase Três: "Vá Para a Rua"
e Teste a Solução Oferecida pelo Produto** 205
  Atualização do Modelo de Negócio e Equipe (Todos os Canais) 209
  Criação da Apresentação do Produto "Solução" (Físico) 213
  Teste do MVP de Alta Fidelidade (Digital) 215
  Teste da Solução com o Cliente (Físico) 217
  Avaliação do Comportamento do Cliente (Digital) 223
  Nova Atualização do Modelo de Negócio (Todos os Canais) 229
  Identifique os Primeiros Membros do Conselho Consultivo 233

Capítulo 7:
**Descoberta do Cliente, Fase Quatro: Verifique
o Modelo de Negócio e Rearticule ou Avance** 235
  Encontramos o Produto/Mercado Adequados? 237
  Sabemos Quem são Nossos Clientes e como Alcançá-los? 241
  Podemos Ganhar Dinheiro e Fazer a Empresa Crescer? 243
  Rearticular ou Avançar? 246

Passo Dois: Validação pelo Cliente

Capítulo 8:
    Introdução à Validação pelo Cliente 251
        A Filosofia da Validação pelo Cliente 254
        Visão Geral do Processo de Validação pelo Cliente 261

Capítulo 9:
    Validação do Cliente, Fase Um: "Prepare-se para Vender" 263
        Estruturação e Posicionamento (Todos o Canais) 265
        Materiais de Vendas e Marketing (Físico) 268
        Plano de Aquisição/Ativação de Clientes (Digital) 275
        Contrate um Perito em Vendas (Físico) 300
        Construa um MVP de Alta Fidelidade (Digital) 301
        Roteiro de Vendas do Canal (Físico) 303
        Estabeleça um Conjunto de Indicadores (Digital) 309
        Desenvolva o Retiro de Vendas (Físico) 315
        Contrate um Analista Chefe (Digital) 321
        Formalize o Conselho Consultivo (Todos os Canais) 323

Capítulo 10:
    Validação pelo Cliente, Fase Dois: "Vá Para a Rua e Venda" 327
        Encontre Earlyvangelists (Físico) 330
        Prepare Planos/Ferramentas de Otimização (Digital) 332
        Teste Vendas (Físico) 344
        Otimize a Atração de Mais Clientes (Digital) 349
        Ajuste o Roteiro de Vendas (Físico) 358
        Otimize "Manter" e "Aumentar" (Digital) 364

Teste Vendas em Canais de Parceiros (Físico) 374
Teste Vendas nos Parceiros de Tráfego (Digital) 377

Capítulo 11:

**Validação pelo Cliente, Fase Três: Desenvolvimento do Produto
e Posicionamento da Companhia** 381

Posicionamento do Produto (Todos os Canais) 385
Ajuste o Posicionamento ao Tipo de Mercado (Todos os Canais) 387
Posicionamento da Companhia (Todos os Canais) 390
Valide o Posicionamento (Todos os Canais) 392

Capítulo 12:

**Validação pelo Cliente, Fase Quatro: A Pergunta Mais Difícil de Todas:
*Rearticular ou Avançar?*** 395

Reúna os Dados Encontrados (Todos os Canais) 396
Valide o Modelo de Negócio (Todos os Canais) 399
Valide o Modelo Financeiro (Todos os Canais) 403
Parâmetros que Importam (Todos os Canais) 404
Revalide o Modelo de Negócio (Todos os Canais) 425
A Questão Mais Difícil de Todas para uma Startup:
Rearticular ou Avançar (Todos os Canais) 428

Apêndice A

Checklists

Utilize estes checklists (listas de checagem) após a conclusão de cada passo. Eles ajudarão a garantir que você aprendeu em cada seção. Adapte as listas "para fazer" e tarefas de acordo com o tipo de sua startup, objetivos e situação.

Conselho e Gestão

Todos os Canais

Objetivo: Acordo entre investidores, fundadores e equipe em comprometer-se com o processo de Desenvolvimento de Clientes.

Referência: Capítulo 2, Manifesto, Regra 14

- ☐ Comprometer-se a utilizar o Modelo de Negócio e Tipo de Mercadorias
- ☐ Entender a diferença entre "buscar" um modelo de negócio e "executar" um plano de negócio
- ☐ Aprender as diferenças entre Desenvolvimento do Produto e Desenvolvimento de Clientes
- ☐ Discutir o número de "Rearticulações financiadas" disponíveis e como o conselho e a equipe irão mensurar o progresso da companhia

O Desenvolvimento de Clientes enfatiza aprendizado e descoberta

- ☐ O conselho e fundadores estão ajustados quanto a este processo?
- ☐ Há fundos garantindo o financiamento para duas ou três rearticulações na Descoberta e na Validação?

Discutir o tipo de Mercado (decisão inicial)

- ☐ Existente, Ressegmentado, Novo ou Clone?
- ☐ Primeiro passo com o conselho sobre acordo inicial do Tipo de Mercado
- ☐ Primeiro passo com o conselho sobre necessidades de financiamentos diferentes por Tipo de Mercado

Acordo sobre o Período de Duração do Desenvolvimento de Clientes

- ☐ Tempo aproximado para Descoberta e Validação
- ☐ Critérios de saída da Descoberta determinados
- ☐ Critérios de saída da Validação determinados

Critérios de Saída:

- ☐ Concordância da equipe e conselho para o processo do Desenvolvimento de Clientes
- ☐ Tipo de Mercado e critérios de saída para cada passo

Checklist 1

A Equipe do Desenvolvimento de Clientes Todos os Canais

Objetivo: Formar a Equipe do Desenvolvimento de Clientes
Referência: Capítulo 2, Manifesto, Regra 1

Revisão das diferenças entre Desenvolvimento de Clientes e o processo tradicional de lançamento de produto
- ☐ Fundadores investem seu tempo lá fora, na rua
- ☐ Nenhum VP de Vendas ou Marketing
- ☐ Responsabilidades iniciais da equipe

Formação da Equipe e Objetivos
- ☐ Acordo sobre quem lidera a equipe
- ☐ Acordo sobre a metodologia do "Vá para a rua"
- ☐ Acordo sobre o porcentual de feedback dos clientes online *versus* estimativas
- ☐ Acordo sobre o papel da equipe em cada um dos quatro Passos do Desenvolvimento de Clientes

Enumerar 3 a 5 Valores Principais da Equipe de Fundadores
- ☐ Não afirmar uma missão
- ☐ Nada sobre lucros ou produtos
- ☐ A ideologia central diz respeito ao que a companhia acredita

Critérios de Saída:
- ☐ Concordância da equipe e conselho quanto à equipe do Desenvolvimento de Clientes
- ☐ Pessoas certas nas funções certas?

Checklist 2

Tamanho de Mercado

Todos os Canais

Objetivo: Avaliar a oportunidade total do mercado para a companhia
Referência: Capítulo 4, Hipótese do Tamanho de Mercado

Estimativa do tamanho de mercado:
- ☐ MTP ou Mercado Total Possível
- ☐ MTD ou Mercado Total Disponível
- ☐ Mercado-alvo

Estime os produtos correntes e os produtos subsequentes
- ☐ Parâmetros apropriados para determinadas mensurações
  - ☐ Unidades/moeda corrente/páginas visualizadas/outros?
  - ☐ Por assinante de serviços/por páginas visualizadas em negócios *sustentados por anúncios*?
- ☐ Pesquisa conduzida para dimensionar o mercado global
  - ☐ Leitura de relatórios de analistas setoriais e de pesquisa de mercado, comunicados à imprensa de competidores etc.
  - ☐ Conversar com investidores e clientes
- ☐ Se forem avaliados mercados existentes ou ressegmentados, considerar mercados adjacentes dos quais podem vir clientes
  - ☐ Os produtos da startup poderão estimular essa troca?
  - ☐ Contar somente com o subsetor para comutação de clientes (cuidado com as políticas de "aprisionamento" dos participantes)
  - ☐ Computar o crescimento em 3 a 5 anos para clientes de todas as fontes
- ☐ Se for avaliado um mercado novo, as oportunidades são baseadas em mercados próximos e adjacentes
  - ☐ Há companhias comparáveis?
  - ☐ Há outras cujo crescimento é tão rápido quanto estimado?
  - ☐ Por que sua empresa terá desempenho semelhante?

Critérios de saída:
- ☐ Dado o tamanho do mercado, estime quanto dele a companhia pode ocupar
- ☐ **Testes de certo/errado identificados**

Checklist 3

Visão do Produto

Todos os Canais

Objetivo: Acordo sobre a visão de longo prazo da equipe e cronograma de 18 meses
Referência: Capítulo 4, Hipóteses da Proposta de Valor/Visão do Produto

Visão
- ☐ Qual é a visão de longo prazo de sua companhia?
- ☐ O que você quer, em termos definitivos, mudar ou resolver?
- ☐ Você irá fazer isso com uma série de produtos?
- ☐ Como irá se expandir em mercados adjacentes?
- ☐ Será preciso que as pessoas mudem de comportamento?
- ☐ Como você pensa que o mundo será três anos depois de entrar em cena? Ou após cinco anos?

☐ **Faça uma narrativa curta de sua estratégia colocando-a em itens**

Datas de Entrega
- ☐ Data de Entrega do MVP e recursos
- ☐ Visão de 18 meses do produto e datas de entrega

Estratégia de Longo Prazo do Produto
- ☐ Seu produto irá gerar efeitos de rede?
- ☐ Você pode precificá-lo com um modelo previsível?
- ☐ Você pode criar clientes cujos custos de troca de produto sejam altos?
- ☐ Suas margens brutas são elevadas?
- ☐ Sua demanda orgânica está exigindo dispêndios em marketing?
- ☐ Relacionar as melhorias no produto com antecedência de 18 meses
- ☐ Relacionar os aprimoramentos dos produtos subsequentes

Critérios de saída:
- ☐ Visão
- ☐ Narrativa
- ☐ Estratégia de longo prazo do produto
- ☐ Atualização do quadro do modelo de negócios

☐ **Testes de certo/errado identificados**

Checklist 4

Recursos do Produto e Benefícios Todos os Canais

Objetivo: Explicar qual é o produto e por que as pessoas o comprarão e usarão

Referência: Capítulo 4, Hipótese de Recursos/Benefícios do Produto e Hipótese do MVP de Baixa Fidelidade

Qual problema ou necessidade você está resolvendo?

- ☐ Você acha que o maior *sofrimento* está no modo como os clientes trabalham/executam?
- ☐ Se eles tivessem uma varinha mágica e pudessem mudar alguma coisa, qual seria ela?
- ☐ De que maneira o produto soluciona aquele problema ou satisfaz a necessidade?
- ☐ O que as pessoas fazem hoje para resolver os problemas deles?

Lista de Recursos do Produto

- ☐ Uma ou duas sentenças descrevendo os recursos do produto
- ☐ Explique o objetivo geral do produto
- ☐ Ele se destina a um segmento ou nicho de mercado?
- ☐ Ele soluciona o problema ou satisfaz a necessidade de um jeito novo, mais rápido ou mais barato?

Lista de Benefícios do Produto

- ☐ Relacionar os benefícios do ponto de vista do cliente
- ☐ Algo novo? Mais ou melhor? Mais rápido? Mais Barato? etc
- ☐ Conforme os recursos, resumir os benefícios de cada um
- ☐ Os Benefícios serão aceitos naturalmente ou precisarão de explicações?

Descrição do Mínimo Produto Viável (MVP)

- ☐ O que você quer descobrir?
- ☐ De quem?
- ☐ Qual é o menor conjunto de recursos?

Criar um Breve Relato de Uma Página
- ☐ Incluir a visão do produto, recursos e benefícios

Critérios de saída:
- ☐ Descrição dos recursos e benefícios do produto
- ☐ Descrição do MVP
- ☐ Criação de uma História do Usuário descrevendo o que o produto fará
- ☐ Atualização do quadro do modelo de negócios
- ☐ **Testes de certo/errado identificados**

Checklist 5

Segmentos de Clientes

Todos os Canais

Objetivo: Desenvolver uma hipótese de quem são os clientes e quais os problemas deles que serão solucionados por seu produto

Referência: Capítulo 4, Segmentos de Clientes e Hipóteses sobre Fontes

Definir o Problema do Cliente

- ☐ O cliente tem uma visão latente, passiva ou ativa do problema/necessidade?

Definir o Tipo de Cliente

- ☐ Definir os diferentes tipos de "cliente"
- ☐ Quem serão os verdadeiros usuários quotidianos do produto
- ☐ Quem são os que recomendam e influenciam?
- ☐ Quem é o "Comprador Econômico" (ou seja, que tem que seguir um orçamento)?
- ☐ Você acha que o Comprador Econômico já tem um orçamento prevendo a compra do produto ou ainda falta ser aprovado?
- ☐ Quem são os "Tomadores de Decisão"?
- ☐ Quem mais precisa aprovar a compra? E quem pode impedi-la?

O que os Clientes querem e precisam?

- ☐ Elaborar uma "escala de reconhecimento do problema"
- ☐ O produto soluciona um fator crítico da companhia ou satisfaz uma necessidade que tem que ser satisfeita?
- ☐ Quão doloroso é o problema?

☐ **Configurar os Arquétipos de Cliente**

☐ **Configurar o Dia na vida de um cliente — antes e depois do produto**

Configurar os mapas organizacional e de influência do cliente

- ☐ Relacionar aqueles que poderiam influenciar a decisão de compra do cliente
- ☐ Considerar as influências do produto na vida diária do cliente

Critérios de saída:
- ☐ Tipos de cliente e problema ou necessidade
- ☐ Arquétipos de cliente
- ☐ Descrição de um dia na vida de um cliente
- ☐ Mapas organizacionais e de influência do cliente
- ☐ Atualização do quadro do modelo de negócios
- ☐ **Testes de certo/errado identificados**

Checklist 6

Canais

Todos os Canais

Objetivo: Desenvolver uma hipótese do canal de distribuição
Referência: Capítulo 4, Hipóteses dos canais Físico e Digital

☐ **Através de qual canal seus usuários costumam comprar de você?**

Desenhar o Diagrama do Canal de Distribuição

☐ Qual é o custo do canal (despesas diretas ou descontos do canal)?

☐ Há custos indiretos do canal (apoio de pré-vendas, promoções...)

☐ O que mais é necessário para que os clientes usem/comprem o produto?

☐ Como eles adquirem aquelas peças?

☐ Qual é a receita líquida após os custos do canal?

Este é um Mercado multifacetado?

☐ Como você irá operar em cada lado do mercado?

Critérios de saída:

☐ Canal de distribuição selecionado

☐ Atualização do quadro do modelo de negócios

☐ **Testes de certo/errado identificados**

Checklist 7

Tipo de Mercado

Todos os Canais

Objetivo: Selecionar um Tipo de Mercado inicial
Referência: Capítulo 4, Tipo de Mercado

- ☐ Você tem um novo produto em um mercado existente?
- ☐ Você tem um clone em um mercado existente?
- ☐ Você precisa redefinir/reenquadrar um mercado?
- ☐ Ou você quer criar um mercado inteiramente novo?
    - ☐ Seu produto é um substituto para algo de que os clientes já dispõem?
    - ☐ É uma reposição?
    - ☐ É uma variação de alguma coisa que já existe lá fora, mas precisa ser "repaginado" para se tornar algo novo?
    - ☐ Trata-se de algo absolutamente inédito?

Posicionamento em Um Mercado Existente

- ☐ Definir as bases de concorrência
- ☐ Quem está ocupando o mercado existente?
- ☐ Você tem alguma vantagem ou apelo em qualquer segmento vertical ou horizontal do mercado?

Posicionamento em Um Mercado Existente que você Quer Ressegmentar

- ☐ Definir as bases do que você quer mudar no mercado
- ☐ Quem está ocupando o mercado existente que você quer ressegmentar?

Posicionamento em um Novo Mercado

- ☐ De que maneira você irá criar o mercado
- ☐ Estimar os custos da criação do mercado

Critérios de saída:

- ☐ Uma primeira hipótese preliminar do tipo de mercado
- ☐ Atualização do quadro do modelo de negócios
- ☐ Testes de certo/errado identificados

Checklist 8

Relacionamento com o Cliente   Físico

Objetivo: Como irá "Atrair, Manter e Aumentar Clientes" em um canal físico
Referência: Capítulo 4, Relacionamento com o Cliente
- ☐ **Desenhar o Funil de "Atrair/Manter/Aumentar"**
- ☐ **Descrever a Estratégia de "Atrair Clientes"**
    - ☐ Conhecimento
    - ☐ Interesse
    - ☐ Avaliação
    - ☐ Compra
- ☐ **Quais são as táticas de "Atrair Clientes"?**
    - ☐ Mídia Gratuita?
    - ☐ Mídia Paga?
- ☐ **Descrever a Estratégia de "Manter Clientes"**
    - ☐ Interagir
    - ☐ Reter
- ☐ **Quais são as táticas de "Manter Clientes"?**
    - ☐ Programas de Fidelização?
    - ☐ Atualizações do produto?
    - ☐ Pesquisas sobre o consumidor?
- ☐ **Descrever a Estratégia de "Aumentar Clientes"**
    - ☐ Novas Receitas de clientes existentes
    - ☐ Clientes indicados
- ☐ **Quais são as táticas de "Aumentar Clientes"?**
    - ☐ Programas de geração de indicações para testar

Critérios de saída:
- ☐ Uma primeira hipótese preliminar de todas as atividades de Atrair/Manter/Aumentar
- ☐ Atualização do quadro do modelo de negócios
- ☐ **Testes de certo/errado identificados**

Checklist 9 Físico

Relacionamento com o Cliente   Digital

Objetivo: Como irá "Atrair, Manter e Aumentar Clientes" em um canal digital
Referência: Capítulo 4, Relacionamento com o Cliente
- ☐ Desenhar o Funil de "Atrair/Manter/Aumentar"
- ☐ Descrever a Estratégia de "Atrair Clientes"
  - ☐ Adquirir
  - ☐ Ativar
- ☐ Quais são as táticas de "Atrair Clientes"?
  - ☐ Busca (SEM/SEO)
  - ☐ Viralização
  - ☐ RP
  - ☐ Avaliações
- ☐ Descrever a Estratégia de "Manter Clientes"
  - ☐ Interagir
  - ☐ Reter
- ☐ Quais são as táticas de "Manter Clientes"?
  - ☐ Personalização?
  - ☐ Grupos de usuários? Blogs?
  - ☐ Fidelização ou outros programas do canal físico
- ☐ Descrever a Estratégia de "Aumentar Clientes"
  - ☐ Incrementar a receita por cliente
  - ☐ Indicações
- ☐ Quais são as táticas de " Aumentar Clientes"?
  - ☐ Atualizações
  - ☐ Concursos
  - ☐ Vendas cruzadas
  - ☐ Viralização

Critérios de saída:

☐ Uma primeira hipótese preliminar de todas as atividades de "Atrair/Manter/Aumentar"

☐ Atualização do quadro do modelo de negócios

☐ **Testes de certo/errado identificados**

Checklist 9 Digital

Hipótese de Recursos Principais

Todos os Canais

Objetivo: Identificar recursos externos críticos para o sucesso da companhia e como encontrá-los e retê-los

Referência: Capítulo 4, Recursos Principais

Descrever todos os custos dos recursos-chave e como serão adquiridos
- ☐ Recursos físicos
- ☐ Recursos financeiros
- ☐ Recursos humanos
- ☐ Propriedade intelectual
- ☐ Outros recursos principais
- ☐ Análise de dependências

Critérios de saída:
- ☐ Recursos físicos, humanos, financeiros e propriedade intelectual requeridos
- ☐ O que eles custarão
- ☐ Onde serão encontrados
- ☐ Como serão retidos
- ☐ Atualização do quadro do modelo de negócios
- ☐ **Testes de certo/errado identificados**

Checklist 10

Hipótese dos Parceiros   Todos os Canais

Objetivo: Identificar os parceiros essenciais e o "valor de troca" de cada um
Referência: Capítulo 4, Parceiros e Parceiros de Tráfego

Compreender os Tipos de Parceiros Potenciais
- ☐ Alianças Estratégicas
- ☐ Esforços para negócios novos em conjunto
- ☐ Coopetição
- ☐ Fornecedores-chave
- ☐ **Tráfego de Parceiros**

Relacionar seus parceiros-alvo
- ☐ Parceiros necessários
- ☐ O que eles proporcionam
- ☐ Qual será a reciprocidade

Critérios de saída:
- ☐ Compreensão dos tipos de parceiros potenciais
- ☐ Relação dos parceiros-alvo, a contribuição deles e o que a companhia vai oferecer em troca
- ☐ Atualização do quadro do modelo de negócios
- ☐ **Testes de certo/errado identificados**

Checklist 11

Hipótese de Receita e Preço Todos os Canais

Objetivo: Verificar se o modelo de negócio faz sentido financeiramente
Referência: Capítulo 4, Hipótese de Receita e Preço

Quanto iremos vender?
- ☐ Hipóteses de Tamanho de Mercado e participação de Mercado
- ☐ Hipótese do Canal

Qual é o Modelo de Receita?
- ☐ Vendas?
- ☐ Assinaturas?
- ☐ Pague pelo uso?
- ☐ Indicações?
- ☐ Afiliações?

Quais são as Táticas de Precificação?
- ☐ Valor
- ☐ Concorrência
- ☐ Volume
- ☐ Portfólio
- ☐ Modelo "Razor Blade"
- ☐ Assinatura
- ☐ Leasing
- ☐ Freemium
- ☐ Etc.
- ☐ Tudo isso resulta em um Negócio que Vale a Pena?

Critérios de saída
- ☐ As unidades/usuários, modelo de receita e precificação, resultam em um negócio que vale a pena
- ☐ **Testes de certo/errado identificados**

Checklist 12

Elaborar Testes

Todos os Canais

Objetivo: Idealizar experimentos para testar as Hipóteses do Modelo de Negócio

Referência: Capítulo 5, Elaborar Testes e Experimentos de Certo/Errado

- ☐ Relacionar as áreas principais de aprendizagem
- ☐ Configurar testes de certo/errado os mais simples possíveis
- ☐ Aplicar os testes
- ☐ Processo para acompanhamento de aprendizagem e insights dos resultados dos testes

Critérios de saída:

- ☐ Testes de certo/errado objetivos para checar as Hipóteses do Modelo de Negócio
- ☐ Processo para acompanhamento de resultados
- ☐ **Testes de certo/errado identificados**

Checklist 13

Prepare-se para Os Contatos com Clientes   Físico

Objetivo: Reunir-se com clientes potenciais para entender o problema deles e verificar se a solução proposta pela companhia é a solução

Referência: Capítulo 5, Prepare-se para Os Contatos com Clientes

- ☐ Relacionar 50 clientes-alvo iniciais
- ☐ Elaborar uma história de Referência
- ☐ Elaborar um e-mail de Apresentação
- ☐ Iniciar o contato
- ☐ Agendar um calendário para os compromissos
- ☐ Expandir a lista de contatos
- ☐ Elaborar uma lista de inovadores
- ☐ Criar uma lista inicial de candidatos a consultores

Critérios de saída:

- ☐ Realização dos encontros agendados com o número de clientes-alvo
- ☐ **Testes de certo/errado identificados**

Checklist 14 Físico

Construção de um MVP de Baixa Fidelidade   Digital

Objetivo: Desenvolver um MVP de baixa fidelidade para testar e assegurar que os clientes se incomodam com aquele problema

Referência: Capítulo 5, Construção de um MVP de Baixa Fidelidade

Construção de um site de baixa fidelidade
- ☐ Página de entrada com proposta de valor
- ☐ Resumo dos benefícios
- ☐ Chamada à ação (aprender mais, pesquisar, pré-vendas)
- ☐ Considerar múltiplos MVP?

Critérios de saída:
- ☐ Um site simples e dinâmico ou protótipo para testar se os clientes se importam com o app ou site que foi desenvolvido
- ☐ **Testes de certo/errado identificados**

Checklist 14 Digital

Testar o Problema e Avaliar sua Importância Físico

Objetivo: Mensurar seriamente a importância do problema ou necessidade dos clientes, do ponto de vista deles

Referência: Capítulo 5, Teste a Compreensão do Problema e Avalie sua Importância

Desenvolver a apresentação do "Problema"

- ☐ Problema Percebido
- ☐ Solução Corrente
- ☐ Solução proposta pela startup
- ☐ As três principais coisas para aprender com os clientes contatados
- ☐ Duas apresentações para mercados multifacetados
- ☐ A apresentação foi ensaiada?

Criar um Relatório para registrar dados

- ☐ Problemas Percebidos, por cliente
- ☐ Custo
- ☐ Solução corrente
- ☐ Solução da startup
- ☐ Indicações

Criar uma Tabela de resultados

Critérios de saída

- ☐ Apresentação do problema desenvolvida e ensaiada
- ☐ Relatório de registro de dados por clientes
- ☐ Tabela de resultados
- ☐ **Testes de certo/errado identificados**

Checklist 15 Físico

Teste do Problema do MVP de Baixa Fidelidade   Digital

Objetivo: Determinar se bastantes pessoas se importam com o problema que a startup está solucionando ou necessidade que está satisfazendo

Referência: Capítulo 5, Teste o Problema do MVP de Baixa Fidelidade

- [ ] Convidar clientes para o MVP de baixa fidelidade
    - [ ] Táticas de empurrar
    - [ ] Táticas de puxar
    - [ ] Táticas de pagar
- [ ] Coletar e-mails para contatos futuros
- [ ] Mensurar respostas
    - [ ] Compute hits da web
    - [ ] Taxas de conversão
    - [ ] Tempo passado no site
    - [ ] Origem dos usuários
- [ ] Entrevistas pessoais em complemento às respostas online
- [ ] Processar e analisar feedback, determinando escalabilidade

Critérios de saída:
- [ ] Interesse robusto do cliente no problema ou necessidade
- [ ] Alta taxa de respostas para a proposta de solução da startup
- [ ] Testes de certo/errado identificados

Checklist 15 Digital

Obtenha Conhecimento do Cliente Todos os Canais

Objetivo: Compreender em profundidade os clientes potenciais

Referência: Capítulo 5, Descoberta do Cliente, Vá às Ruas e Teste o Problema. As Pessoas se Importam?

- ☐ **Pesquisar e entrevistar clientes**
    - ☐ Quanto tempo e dinheiro os clientes gastam
    - ☐ Fluxo de trabalho corrente
    - ☐ Dor ou necessidade
    - ☐ Solução corrente e custo
    - ☐ Como o fluxo de trabalho mudaria com o produto da startup
    - ☐ Publicações do cliente
    - ☐ Influenciadores do cliente
- ☐ **Passar um dia fazendo o que os clientes fazem**
- ☐ **Comparecer a eventos dos clientes**
- ☐ **Tornar-se um cliente**
    - ☐ Seus sites e publicações
    - ☐ Experiências online
    - ☐ Como e onde passam seu tempo
    - ☐ Como e onde descobrem novas maneiras de passar o tempo
- ☐ Registrar as informações adquiridas
- ☐ Analisar os dados coletados

Critérios de saída:

- ☐ Compreender perfeitamente os clientes, o que leem, ouvem, como trabalham, gastam e utilizam seu tempo de lazer
- ☐ **Testes de certo/errado identificados**

Checklist 16

Obtenha Conhecimento do Mercado, Tráfego/Competitividade   Todos os Canais

Objetivo: Ganhar compreensão do mercado global
Referência: Capítulo 5, Conhecimento do Mercado e Tráfego/Análise de Competitividade

Encontro com seus pares em mercados adjacentes, analistas setoriais, jornalistas, outras pessoas influentes
- ☐ Tendências do setor de atividade
- ☐ Necessidades-chave dos clientes não resolvidas
- ☐ Participantes mais relevantes
- ☐ Deve-se ler/deve-se perguntar/deve-se encontrar
- ☐ Potenciais concorrentes/Inovadores na área

☐ **Pesquisar!**
- ☐ Tendências
- ☐ Pessoas importantes e/ou influentes
- ☐ Modelos de negócios
- ☐ Indicadores principais
- ☐ **Mensuração do tráfego, comparação de ferramentas**
- ☐ **Lojas de apps**
- ☐ **Quora.com**

☐ **Construção de uma grade competitiva**
☐ **Elaborar um mapa de mercado**
☐ **Comparecer a eventos setoriais**
- ☐ Demos
- ☐ Pôr as mãos em produtos concorrentes e de mercados adjacentes
- ☐ Talentos locais, tendências

Critérios de saída:
- ☐ Amplo entendimento do mercado como um todo, suas tendências, participantes, produtos comercializados e visão de crescimento
- ☐ **Testes de certo/errado identificados**

Checklist 17

Atualização do Modelo de Negócio e Equipe   Todos os Canais

Objetivo: Preparar-se para avaliar se avança ou rearticula
Referência: Capítulos 4, 5, 6, Descoberta do Cliente

- [ ] **Reunir os Dados do Cliente**
    - [ ] Elaborar um mapa do fluxo de trabalho do cliente prototípico
    - [ ] Fluxo de trabalho do cliente com e sem o novo produto ou app
- [ ] **Detalhar o que foi encontrado nas entrevistas com os clientes**
    - [ ] Problemas que os clientes possuem
    - [ ] Nível de incômodo deles
    - [ ] Como os problemas estão sendo resolvidos
    - [ ] O que foi aprendido
    - [ ] As maiores surpresas e decepções
- [ ] **Avaliação dos dados**
    - [ ] Quão bem as especificações preliminares do produto resolvem o problema dos clientes
    - [ ] Adequação do produto/mercado
    - [ ] Revise e priorize a relação de recursos
    - [ ] Recursos ajustados ao problema do cliente
    - [ ] Quantificação do interesse/entusiasmo do cliente
- [ ] **Revisão das hipóteses da Fase 1**
    - [ ] Atualizar o Quadro do Modelo de Negócios
    - [ ] Atualizar o cronograma de entrega em 18 meses
- [ ] **Discussão Rearticular ou Avançar**

Critérios de saída:
- [ ] Determine se a companhia descobriu o problema que vários clientes estão ansiosos para que seja resolvido ou se a Proposta de Valor funciona
- [ ] Atualização do quadro do modelo de negócios
- [ ] Testes de certo/errado identificados

Checklist 18

O Produto/Apresentação da "Solução"   Físico

Objetivo: Desenvolver uma apresentação da solução para utilizar com clientes para confirmar que o produto resolve um sério problema do cliente ou preenche uma necessidade importante

Referência: Capítulo 6, Crie a Apresentação do Produto "Solução"

- ☐ **Desenvolver uma apresentação orientada à solução**
    - ☐ Revisão do problema
    - ☐ Descrição do produto (cinco recursos principais)
    - ☐ Inserir múltiplos espaços para feedback do cliente
    - ☐ Não incluir informações de posicionamento ou marketing
- ☐ **Desenhar o diagrama de fluxo de trabalho do cliente**
    - ☐ Antes do produto
    - ☐ Depois do produto
    - ☐ Produto futuro 18 meses à frente
- ☐ **Desenvolver um Demo ou Protótipo quando possível**
- ☐ **Ter à mão uma tabela para registrar a reação dos clientes**

Critérios de saída:

- ☐ Apresentação detalhada que estabelece um programa para o cliente, mostra a solução da startup e solicita feedback adicional aos clientes
- ☐ **Testes de certo/errado identificados**

Checklist 19 Físico

Teste do MVP de Alta Fidelidade   Digital

Objetivo: Identificar um teste que seja capaz de medir a intensidade do entusiasmo do cliente pelo produto

Referência: Capítulo 6, Teste o MVP de Alta Fidelidade

- [ ] **Aplicar o teste de Alta Fidelidade da "Solução"**
    - [ ] Convidar um número limitado de clientes
    - [ ] Não se trata de um lançamento: testar em pequena escala — só para convidados
    - [ ] Incluir uma chamada à ação — "Compre já", "Assine", "Saiba mais"
- [ ] **Mensurar a resposta do cliente**
    - [ ] Número de visitas antes de alguém se ativar
    - [ ] Número de pessoas que contaram aos amigos
    - [ ] Velocidade com que aquelas pessoas se ativaram
    - [ ] Taxa de retorno do cliente ao site

Critérios de saída:
- [ ] Teste simples de avaliação do interesse do cliente pelo app ou site
- [ ] Táticas para medir as respostas
- [ ] Testes de certo/errado identificados

Checklist 19 Digital

Testar a Solução Oferecida pelo Produto com o Cliente
Físico

Objetivo: Verificar se o cliente acredita que o produto é uma solução poderosa para um problema importante e se irá comprá-lo

Referência: Capítulo 6, Teste a Solução com o Cliente

- ☐ **Preparação para os encontros**
    - ☐ E-mail de Apresentação
    - ☐ História de referência
    - ☐ Roteiro
- ☐ **Condução das entrevistas com os clientes**
    - ☐ Clientes que ouviram a primeira apresentação do "problema"
    - ☐ Expandir o rol de contatos
    - ☐ Diversas com cada tipo de cliente
    - ☐ Utilizar demos, protótipos ou MVP para descrever o produto
    - ☐ Vendas indiretas — potenciais canais parceiros
- ☐ **Elaborar um relatório de registro do feedback do cliente**
    - ☐ Produto e recursos
    - ☐ Mercado pretendido
    - ☐ Precificação
    - ☐ Distribuição
    - ☐ Indicações
- ☐ **Notas de agradecimento**

Critérios de saída:
- ☐ Entendimento sólido sobre os problemas do cliente
- ☐ Interesse robusto do cliente pelo produto
- ☐ Para vendas indiretas, ser capaz de desenhar o modelo de negócio de cada canal parceiro
- ☐ **Testes de certo/errado identificados**

Checklist 20 Físico

Mensurar o Comportamento do Cliente   **Digital**

Objetivo: Aferir o entusiasmo do cliente pelo MVP
Referência: Capítulo 6, Avaliação do Comportamento do Cliente

- [ ] **Identificar os Parâmetros Críticos do Cliente**
    - [ ] Compras
    - [ ] Envolvimento
    - [ ] Retenção
    - [ ] Indicação
    - [ ] Grandes contingentes
- [ ] **Vasculhar os Dados**
    - [ ] Fontes de tráfego
    - [ ] Aquisição, taxas de ativação
    - [ ] Engajamento do Cliente (tempo no site, número de visitas antes de se registrar etc.)
    - [ ] Número de indicações

    Critérios de saída:
    - [ ] Interesse robusto do cliente, excitação — o suficiente para garantir mover-se para a frente
- [ ] Testes de certo/errado identificados

Checklist 20 Digital

Identificar os Primeiros Membros do Conselho Consultivo
Todos os Canais

Objetivo: Começar a identificar os primeiros membros do grupo de consultores

Referência: Capítulo 6, Identifique os Primeiros Membros do Conselho Consultivo

☐ **Abordagem aos Conselheiros em potencial**
   ☐ Problemas técnicos
   ☐ Apresentações aos clientes principais
   ☐ Domínio de conhecimento especializado
   ☐ Desenvolvimento do produto

Critérios de saída:
   ☐ Relação inicial de consultores em perspectiva
☐ **Testes de certo/errado identificados**

Checklist 21

Verificar Adequação Produto/Mercado

Todos os Canais

Objetivo: Verificar que a companhia identificou um problema sério, tem um produto destinado a resolver o problema pelo qual muitos clientes estão dispostos a pagar.

Referência: Capítulo 7, Encontramos o Produto/Mercado Adequados?

☐ **Avaliação: Problema sério ou necessidade importante?**
  ☐ Número de clientes com o problema
  ☐ Qual a porcentagem de clientes com problema
  ☐ Se os clientes tentaram soluções caseiras
  ☐ Diagrama do fluxo de trabalho com e sem o novo produto

☐ **Avaliação: O produto desperta atenção nele mesmo ou na necessidade?**
  ☐ Rever o feedback do cliente
  ☐ Montante de clientes entusiasmados com o produto
  ☐ Taxa de indicações
  ☐ **Taxas de Aquisição/Ativação**
  ☐ **Rever o feedback**
  ☐ **Revisar a mensagem do produto**

☐ **Avaliação: Há clientes suficientes?**
  ☐ Tamanho do mercado, atual e projetado
  ☐ Feedback dos clientes
  ☐ Ameaças da concorrência

Critérios de saída:
  ☐ Verificação de demanda considerável para solucionar o problema
  ☐ Verificação de que o produto atende a demanda aos olhos dos clientes
  ☐ Atualização do quadro do modelo de negócios

☐ **Testes de certo/errado identificados**

Checklist 22

Verificar Quem são os Clientes e como Alcançá-los
Todos os Canais

Objetivo: Verificar que a companhia conhece seus clientes e como alcançá-los

Referência: Capítulo 7, Sabemos Quem são Nossos Clientes e como Alcançá-los?

- ☐ Arquétipos de Clientes
- ☐ Um dia na Vida de um Cliente
- ☐ Avaliação das respostas dos clientes
- ☐ Avaliação de comportamentos e influências sobre o cliente
- ☐ Mapa do Canal
- ☐ Avaliação dos custos de cada passo do movimento do produto
- ☐ As atualizações no modelo de negócio refletindo as mudanças nos custos de aquisição do cliente

Critérios de saída:

- ☐ Compreensão detalhada de quem são os clientes, como alcançá-los e qual o custo de tê-los como tais
- ☐ Atualização do quadro do modelo de negócios
- ☐ **Testes de certo/errado identificados**

Checklist 23

Podemos Ganhar Dinheiro e Fazer a Empresa Crescer?

Todos os Canais

Objetivo: Determinar se a companhia pode ser lucrativa

Referência: Capítulo 7, Descoberta do Cliente, Verificação do Modelo de Negócio/ Rearticular ou Avançar

- ☐ **Dados do Modelo de Receita**
    - ☐ Resumo do relatório sobre o cliente, indicando receita potencial de vendas ao longo do tempo
    - ☐ Estimativa do tamanho do mercado
    - ☐ Informação detalhada sobre o setor, clientes e seu comportamento
    - ☐ Informação sobre o produto e preços da concorrência
    - ☐ Resumos dos custos e receitas potenciais do canal
    - ☐ Plano de preços
    - ☐ Custos de aquisição do cliente
- ☐ **Projeção acurada de receitas líquidas para os próximos 4 a 8 trimestres efetuada em três cenários (bom/melhor/o melhor)**
    - ☐ Receita direta
    - ☐ Receita líquida por canal
    - ☐ Receita Total
    - ☐ Custos de aquisição
    - ☐ Custos operacionais básicos
    - ☐ Saída de caixa
    - ☐ Saldo do caixa no final do trimestre, em cada trimestre

Critérios de saída:

- ☐ **Estimativa razoável das expectativas de receita da companhia para os próximos quatro a oito trimestres**
- ☐ **Atualização do quadro do modelo de negócios**

Checklist 24

Verificação do Modelo de Negócio — Rearticular ou Avançar <small>Todos os Canais</small>

Objetivo: Avaliar se as hipóteses modificadas constituem uma base sólida para avançar a fim de testar um grande aumento de escala na Validação do Cliente

Referência: Capítulo 7, Descoberta do Cliente, Verificação pelo Modelo de Negócio/Rearticular ou Avançar

- ☐ **Avaliação das hipóteses modificadas**
  - ☐ Identificação do problema/necessidade
  - ☐ O produto resolve o problema/necessidade
  - ☐ Mercado significativo
  - ☐ Modelo de negócio viável, escalável e lucrativo
  - ☐ Um Dia na Vida do Cliente, com e sem o produto
  - ☐ Quadro organizacional de usuários, compradores e canais
- ☐ **Identificar Checkpoints de Validação claros e mensuráveis**

Critérios de saída: Avaliação completa e honesta dos esforços da Descoberta do Cliente:
- ☐ Há um mercado suficientemente grande e ansioso pelo produto?

Checklist 25

Estruturação e Posicionamento

Todos os Canais

Objetivo: Criar uma mensagem clara e convincente explicando por que **sua companhia** é diferente e vale a pena comprar o produto

Referência: Capítulo 9, Validação pelo Cliente Fase 1: Prepare-se para Vender

- ☐ **Mensagem Declaratória**
    - ☐ Proposta de Valor sintetizada em uma frase ou sentença simples
    - ☐ Emocionalmente convincente
    - ☐ Inspirando credibilidade
    - ☐ Leva em conta o Tipo de Mercado

Critérios de saída:

- ☐ Uma mensagem concisa e enérgica que explique quem é a companhia, o que o produto faz e por que os clientes devem se interessar, confiar e comprar o produto.

Checklist 26

Prepare-se para Vender: Materiais de Vendas e Marketing
Físico

Objetivo: Formar uma versão inicial de uma série de materiais colaterais de marketing que auxiliarão a fechar vendas

Referência: Capítulo 9, Validação pelo Cliente Fase 1: Prepare-se para Vender

- ☐ **Ferramentas online**
  - ☐ Site
  - ☐ Ferramentas de marketing social
  - ☐ Mensagens e ferramentas de marketing que possam ser enviadas por e-mail
- ☐ **Materiais acessórios para vendas físicas**
  - ☐ Apresentação de vendas utilizando PowerPoint
  - ☐ Cartazes e folders como pano de fundo das apresentações
  - ☐ Folhetos e literatura técnica
  - ☐ Fichas especificando recursos do produto
  - ☐ Visão geral dos problemas e soluções que o produto oferece
  - ☐ Testemunhos de clientes
  - ☐ Cartões de visita, blocos de pedidos etc.
- ☐ **Apresentações de vendas**
  - ☐ Do problema: atualizada
  - ☐ Da solução: atualizada
  - ☐ Do produto: atualizada
- ☐ **Demos/Protótipos**
  - ☐ Como o produto funciona
  - ☐ Pontos-chave de vendas
  - ☐ Maneira antiga versus maneira nova de solucionar o problema
- ☐ **Planilhas de Dados**
  - ☐ Do produto, para Mercados Existentes
  - ☐ Da solução, para Novos Mercados ou Clones
  - ☐ Do produto e da solução, para Mercados Ressegmentados

- ☐ **Outros materiais**
    - ☐ Listas de preços
    - ☐ Contratos
    - ☐ Sistema de faturamento
- ☐ **Para negócios entre companhias, três versões de materiais acessórios**
    - ☐ Para earlyvangelists
    - ☐ Para guardiães da tecnologia
    - ☐ Para clientes comuns
- ☐ **Para vendas da companhia ao consumidor final**
    - ☐ Etiquetas e cartões para prateleiras
    - ☐ Papel de embalagem
    - ☐ Cupons
    - ☐ Adesivos ilustrativos
    - ☐ Um plano que detalhe onde e quando utilizar os materiais acima

Critérios de saída:
- ☐ Versões iniciais completas dos materiais de vendas e marketing
- ☐ **Testes de certo/errado identificados**

Checklist 27 Físico

Prepare-se para Vender: Plano de Aquisição/Ativação de Clientes — Digital

Objetivo: Idealizar planos de obtenção de clientes para o app ou site que comprem ou façam uma assinatura

Referência: Capítulo 9, Validação pelo Cliente Fase 1: Prepare-se para Vender

- ☐ **Aquisição de planos e ferramentas**
    - ☐ Quem é o responsável por dirigir o programa
    - ☐ Tática
    - ☐ Orçamento
    - ☐ Data oportuna
    - ☐ Metas de aquisição
    - ☐ Para ambos os lados do mercado ou não
    - ☐ Componentes sociais, de rede ou virais
    - ☐ Vale a pena esperar quatro semanas do início das atividades para testar
- ☐ **Ativação de planos e ferramentas**
    - ☐ Na página de entrada
    - ☐ De que modo os cientes chegam ao site
    - ☐ Reforço no tom ou linguagem do convite
    - ☐ Emissão de múltiplas e claras chamadas à ação
    - ☐ Explicação de qual problema o produto resolve
    - ☐ Testar táticas de saída da página de entrada
    - ☐ Aplicar testes A/B

Critérios de saída:
- ☐ Planos iniciais para "adquirir" e "ativar" para as primeiras quatro semanas
- ☐ **Testes de certo/errado identificados**

Checklist 27 Digital

Prepare-se para Vender: Contrate um Perito em Vendas

Físico

Objetivo: Identificar alguém com experiência e habilidades necessárias para fechar acordos de vendas

Referência: Capítulo 9, Validação pelo Cliente Fase 1: Prepare-se para Vender

- ☐ Experiência com vendedores em startups
- ☐ Bons contatos nos mercados-alvo
- ☐ Reconhecimento de padrões, bom ouvinte e colaborativo
- ☐ Compreensão da diferença entre um perito e um VP de vendas
- ☐ Não substitui a presença pessoal dos fundadores junto aos clientes

Critérios de saída:

- ☐ Contratação do experimentado perito em fechar acordos de vendas

Checklist 28 Físico

Construa um MVP de Alta Fidelidade — Digital

Objetivo: Desenvolver um MVP funcional e elegante

Referência: Capítulo 9, Validação pelo Cliente Fase 1: Prepare-se para Vender

- ☐ Uma versão mais refinada, "completa" e elegante do MVP de baixa fidelidade utilizado na Descoberta do Cliente para obter feedback do cliente
- ☐ Produto parcial — incompleta mas elegante e fiel da visão do produto
- ☐ Recursos limitados, mas não de segunda categoria
- ☐ Convidar mais usuários do produto para testar as táticas de aquisição e ativação
- ☐ Arquitetado para obter dados sobre o comportamento do cliente e do produto

Critérios de saída:

- ☐ Um MVP de Alta Fidelidade, que será utilizado para gerar um fluxo estável de dados sobre o comportamento do cliente e do produto para refinar o modelo de negócios e o produto

Checklist 28 Digital

Roteiro de Vendas do Canal   Físico

Objetivo: Elaborar um Roteiro de Vendas do Canal, preliminar, para testar a hipótese do canal desenvolvida na Descoberta do Cliente

Referência: Capítulo 9, Validação pelo Cliente Fase 1: "Prepare-se para Vender"

- [ ] **Plano mais refinado de distribuição pelo canal**
- [ ] **Desenho da "cadeia alimentar"**
    - [ ] Identificar todas as organizações localizadas entre a companhia e o clientes e usuários finais
    - [ ] Identificar os relacionamentos de cada organização, entre si e com a companhia
- [ ] **Mapa de Responsabilidade do Canal**
    - [ ] Diagramar os relacionamentos no canal de distribuição da companhia
    - [ ] Descrever, por escrito, todas as responsabilidades
- [ ] **Mapeamento do relacionamento financeiro entre todos os níveis do canal**
- [ ] **Concepção de um plano de gestão do canal**
- [ ] **Estabelecimento de um processo de monitoramento do plano de gestão do canal**

Critérios de saída: Um plano preliminar de ações de vendas que
- [ ] Descreva o canal "cadeia alimentar" e respectivas responsabilidades
- [ ] Procure os custos associados a cada elemento do canal
- [ ] Voltado ao gerenciamento do canal de vendas
- [ ] **Testes de certo/errado identificados**

Checklist 29 Físico

Estabeleça um Conjunto de Indicadores Digital

Objetivo: Determinar quais os parâmetros básicos para mensurar e desenvolver um sistema ou painel de controle para coletar e monitorar dados

Referência: Capítulo 9, Validação pelo Cliente, Fase 1: Prepare-se para Vender

- ☐ **Identificação de 12 indicadores-chave com relação à visitação (páginas vistas, visitas únicas, páginas por visita)**
    - ☐ Comportamento e atividades de aquisição
    - ☐ Comportamento e atividades de ativação
    - ☐ Comportamento e atividades de indicação
- ☐ **Compra ou criação de um painel de controle para coletar e monitorar dados**
    - ☐ Focar nos parâmetros-chave, não em todos
    - ☐ De fácil visualização
    - ☐ Capaz de incorporar novos indicadores que se fizerem necessários para monitorar retenções e indicações, incluindo grandes contingentes de usuários

Critérios de saída:

- ☐ Lista com os parâmetros principais para medir a aquisição, ativação e indicação de clientes
- ☐ Sistema de monitoramento dos indicadores quase que em tempo real

Checklist 29 Digital

Desenvolva/Refine o Roteiro de Vendas   Físico

Objetivo: Quem são os clientes da empresa e como comprarão seu produto?
Referência: Capítulo 9, Validação pelo Cliente, Fase 1: Prepare-se para Vender

- ☐ Elaboração do roteiro de vendas
- ☐ Refinamento dos mapas organizacionais e de influência
- ☐ Refinamento do Mapa de Acesso ao Cliente
- ☐ Desenvolvimento da estratégia de vendas
- ☐ Concepção do plano de implementação
- ☐ Identificação dos membros da equipe para gerir cada faceta do plano

Critérios de saída:
- ☐ Um plano minucioso para contatar, vender e seguir além

Checklist 30 Físico

Contrate um Analista Chefe   Digital

Objetivo: Contar com um analista de dados especializado e dedicado na equipe administrativa sênior

Referência: Capítulo 9, Validação pelo Cliente, Fase 1: Prepare-se para Vender

- [ ] **Qualificação do analista chefe**
  - [ ] Agilidade com números e ferramentas analíticas
  - [ ] Curiosidade inata
  - [ ] Extremamente criativo
  - [ ] Bom colaborador
  - [ ] De trato fácil
  - [ ] Que faça as coisas acontecerem quando é preciso promover uma rearticulação
- [ ] **Elaboração de relatórios**

Critérios de saída:
- [ ] Contratação de um Analista de Dados especializado que promova melhorias contínuas na companhia

Checklist 30 Digital

Formalize o Conselho Consultivo

Todos os Canais

Objetivo: Engajar formalmente consultores que possam apresentar contatos de alto nível e que sejam pensadores extraordinários em sua área de especialização

Referência: Capítulo 9, Validação pelo Cliente, Fase 1: Prepare-se para Vender

- **Roteiro para formar um conselho de consultores**
    - Tamanho — qualidade versus quantidade
    - Habilidade de obter apresentações de alto nível
    - Especialização técnica
    - Encontrar-se ou não?
    - Potenciais clientes-chave
    - Experts em sua área
    - CEO maduro e experimentado
    - Decidir a respeito de compensações

Critérios de saída:

- Formalização do tamanho, configuração e operacionalização do conselho consultivo da companhia

Checklist 31

Encontre Earlyvangelists   Físico

Objetivo: Identificar novos e apaixonados visionários para tentar vendas
Referências: Capítulo 10, Validação pelo Cliente, Fase 2: Prepare-se para Vender
- ☐ **Identificação dos earlyvangelists**
- ☐ **Reuniões agendadas**
    - ☐ E-mail de apresentação
    - ☐ História de referência
    - ☐ Roteiro
- ☐ **Elevada taxa de fechamento de vendas**
- ☐ **Ampliação da lista de contatos**

Critérios de saída:
- ☐ Encontros de vendas com earlyvangelists

Checklist 32 Físico

Prepare Planos/Ferramentas de Otimização Digital

Objetivo: Preparar as ferramentas para testar o modelo de negócio
Referência: Capítulo 10, Validação pelo Cliente Fase 2: Prepare-se para Vender

☐ Identificação dos parâmetros de otimização
☐ Estabelecimento das prioridades para otimização
☐ Testar as ferramentas
   ☐ Painel de controle para monitorar os resultados
   ☐ MVP de Alta Fidelidade
   ☐ Plano de Aquisição, ferramentas
   ☐ Plano de Ativação, ferramentas

Critérios de saída:
   ☐ Plano que define parâmetros de aquisição para monitorar
   ☐ Plano de como será monitorado/otimizado o comportamento do cliente
☐ Testes de certo/errado identificados

Checklist 32 Digital

Vá Para a Rua e Venda! Físico

Objetivo: Testar vender o produto
Referência: Capítulo 10, Validação pelo Cliente Fase 2: Prepare-se para Vender

- ☐ Relatório para registrar dados obtidos no processo de vendas
- ☐ Primeira reunião: entendimentos iniciais (agendamentos, metas)
- ☐ Concordância sobre o plano de contatar o nível certo de entrada
- ☐ Visualização do "antes" e do "depois"
- ☐ Apresentações de customização
- ☐ Plano de ação de compra (após reunião positiva)
- ☐ Envolvimento da gerência sênior
- ☐ Nota de agradecimento com os próximos passos
- ☐ Proposta personalizada (assinada)
- ☐ Planilha com as estatísticas de ganhos/perdas, dados resumidos
- ☐ Concordância quanto ao número de pedidos que confirmam uma validação

Critérios de saída: uma noção realista do potencial de vendas do produto

- ☐ **Testes de certo/errado identificados (pedidos que confirmam a validação)**

Checklist 33 Físico

Otimize a Atração de Mais Clientes   Digital

Objetivo: Otimizar os esforços de "atrair clientes"
Referência: Capítulo 10, Validação pelo Cliente Fase 2: Prepare-se para Vender

- ☐ Revisão das hipóteses do Relacionamento com o Cliente
- ☐ Identificação de um dúzia de parâmetros para testar, monitoração diária
- ☐ Plano sequencial para otimização do funil de "atrair"
- ☐ Otimização do plano em andamento
- ☐ Planilha de monitoração do progresso diário, próximos passos
- ☐ Teste
- ☐ Novo teste
- ☐ Testar novamente

Critérios de saída: Meios rápidos, comprovados e de baixo custo para atrair clientes

- ☐ **Testes de certo/errado identificados**

Checklist 33 Digital

Ajuste o Roteiro de Vendas

Físico

Objetivo: Elaborar um processo de vendas eficaz

Referência: Capítulo 10, Validação pelo Cliente Fase 2: Prepare-se para Vender

- ☐ **Mapas organizacionais e de influência da corporação**
  - ☐ Identificação dos compradores econômicos, sabotadores e de quem influencia e recomenda compras
- ☐ **Mapa da Estratégia de Vendas**
  - ☐ Como penetrar na empresa
  - ☐ Quem deve ser contatado
  - ☐ Ordem dos contatos
  - ☐ Apresentação
- ☐ **Fluxograma do processo de vendas**
- ☐ **Identificação dos passos para completar a venda, entregando o produto**

Critérios de Saída: Roteiro para um processo escalável de vendas recorrentes

- ☐ Testes de certo/errado identificados

Checklist 34 Físico

Otimize Resultados de "Manter" e "Aumentar" Digital

Objetivo: Aprimorar os métodos de retenção e "aumento" de clientes
Referência: Capítulo 10, Validação pelo Cliente Fase 2: Prepare-se para Vender

- ☐ Lançamento de programas básicos de retenção e crescimento de clientes
    - ☐ Custos, ROI monitorado para cada um
- ☐ Análise do andamento dos grandes contingentes de clientes
- ☐ Dois parâmetros de "Aumentar"
    - ☐ Fator de Crescimento Viral
    - ☐ Valor da Vida Útil do Cliente
- ☐ Otimização do "outro lado" do mercado multifacetado
    - ☐ Aprender como funciona o "outro lado", comprar
    - ☐ Determine o roteiro de vendas para o "outro lado"
- ☐ Modelo de receita ajustado de acordo com o que foi aprendido dos esforços de otimização

Critérios de saída:
- ☐ Processos de "manter" e "aumentar" otimizados
- ☐ Vendas potenciais do app ou site validadas
- ☐ Testes de certo/errado identificados

Checklist 34 Digital

Teste Vendas em Canais Parceiros   Físico

Objetivo: Validar sua estratégia do canal

Referência: Capítulo 10, Validação pelo Cliente Fase 2: Prepare-se para Vender

☐ **Identificação e pesquisa dos canais-alvo**

☐ **Reuniões agendadas**

    ☐ E-mail de apresentação

    ☐ História de referência e roteiro

☐ **Apresentações aos canais/serviços parceiros, atualizadas de acordo com os mais recentes pedidos de compra**

☐ **Relatórios com estimativas de venda em cada canal**

☐ **Planilhas de dados resumidas**

Critérios de saída:

    ☐ Pedidos assinados ou compromissos firmes dos clientes parceiros em perspectiva

    ☐ Estimativa de vendas em cada canal

☐ **Testes de certo/errado identificados**

Checklist 35 Físico

Teste Vendas nos Parceiros de Tráfego   **Digital**

Objetivo: Validar sua estratégia de parceiros de tráfego

Referência: Capítulo 10, Validação pelo Cliente Fase 2: Prepare-se para Vender

- ☐ **Identificação e pesquisa dos parceiros de tráfego em perspectiva**
- ☐ **Reuniões agendadas**
    - ☐ E-mail de apresentação
    - ☐ História de referência e roteiro
- ☐ **Relatórios com estimativas de venda em cada canal**
- ☐ **Planilhas de dados resumidas**

Critérios de saída:

- ☐ Acordos assinados ou compromissos firmes dos clientes parceiros de tráfego em perspectiva
- ☐ **Testes de certo/errado identificados**

Checklist 35 Digital

Desenvolva o Posicionamento do Produto Todos os Canais

Objetivo: Formalizar o posicionamento *do seu produto* no Tipo de Mercado

Referência: Capítulo 11, Validação pelo Cliente, Fase 3: Desenvolvimento do Produto e Posicionamento da Companhia

- ☐ Revisão do posicionamento inicial do produto
- ☐ Incorporação do feedback do cliente
- ☐ Ajuste e atualização do posicionamento do produto

Critérios de saída:

- ☐ Revisão do posicionamento do produto

Checklist 36

Ajuste o Posicionamento ao Tipo de Mercado
Todos os Canais

Objetivo: Assegurar-se de que o posicionamento do produto ajusta-se ao tipo de mercado

Referência: Capítulo 11, Validação pelo Cliente, Fase 3: Desenvolvimento do Produto e Posicionamento da Companhia

- ☐ **Mercados Existentes e Mercados Ressegmentados:** Comparação do produto com os concorrentes
- ☐ **Novo Mercado:** Comunicação da visão e paixão pelo que poderia ser
- ☐ **Mercado Clone:** Conhecimento de empresas comparáveis usando a "previsão do futuro"

Critérios de saída:
- ☐ Estar seguro de que o produto se posiciona de acordo com o tipo de mercado
- ☐ Posicionamento de validade pelos clientes

Checklist 37

Desenvolva o Posicionamento da Companhia
Todos os Canais

Objetivo: Articular o posicionamento da companhia

Referência: Capítulo 11, Validação pelo Cliente, Fase 3: Desenvolvimento do Produto e Posicionamento da Companhia

- ☐ **Rever a declaração da missão desenvolvida na Descoberta do Cliente**
- ☐ **Comparar a descrição da companhia e sua missão com a dos concorrentes**
- ☐ **Declaração do posicionamento da companhia**
    - ☐ Simples
    - ☐ Foco no cliente
    - ☐ O que a Companhia faz para mim
    - ☐ Por que quero negociar com eles?
    - ☐ Por que essa companhia existe e como é diferente?
    - ☐ Ajustar ao Tipo de Mercado

Critérios de Saída:
- ☐ A declaração articula com perfeição a visão e missão da companhia

Checklist 38

Valide o Posicionamento

Todos os Canais

Objetivo: Validar o posicionamento do produto e da companhia e recursos do produto

Referência: Capítulo 11, Validação pelo Cliente, Fase 3: Desenvolvimento do Produto e Posicionamento da Companhia

- ☐ **Reuniões com analistas conceituados e pessoas influentes no setor de atividade**
    - ☐ Rastrear e monitorar tais pessoas desde a Descoberta do Cliente
    - ☐ Pesquisar relatórios de análise, artigos de jornais e revistas, sites etc.
    - ☐ Elaborar roteiros para os encontros
- ☐ **Preparação da apresentação para o analista**
    - ☐ Mercado e posicionamento do produto
    - ☐ Detalhes dos recursos do produto
- ☐ **Relatório para registrar informes e conhecimentos, rastrear feedback**

Critérios de saída

- ☐ Feedback detalhado a respeito do mercado e produto a partir dos analistas e pessoas influentes

Checklist 39

Reúna os Dados

Todos os Canais

Objetivo: Apanhar todos os dados, relatórios, questionários, mapas, diagramas etc., para uma completa revisão

Referência: Validação pelo Cliente, Fase Quatro: A Pergunta Mais Difícil de Todas: Rearticular ou Avançar?

- ☐ Mapa do fluxo de trabalho do cliente prototípico
- ☐ Mapa organizacional e de influência
- ☐ Arquétipos de cliente
- ☐ Diagrama completo e atualizado do modelo de negócio (e mais algumas poucas versões anteriores)
- ☐ Feedback de clientes segundo os relatórios de vendas
- ☐ Estimativa do tamanho e participação de mercado
- ☐ Feedback do canal e resumo do potencial de vendas
- ☐ Preços, custos de aquisição do cliente e quaisquer outras mudanças importantes no custo do produto
- ☐ Informações detalhadas sobre o setor de atividade, clientes e seu comportamento
- ☐ Informações sobre produto e preço da concorrência

Critérios de saída:
- ☐ Reunião de todos os principais feedbacks, dados concretos, diagramas e a versão mais recente do quadro do modelo de negócios
- ☐ Incorporação ao mais recente e atualizado quadro do aprendizado da Descoberta e Validação
- ☐ Revisão das intersecções e interações dos componentes do modelo de negócios
- ☐ **Testes de certo/errado identificados**

Checklist 40

Valide o Modelo de Negócio

Todos os Canais

Objetivo: Utilizar os fatos recolhidos para validar o modelo de negócio

Referência: Validação pelo Cliente, Fase Quatro: A Pergunta Mais Difícil de Todas: Rearticular ou Avançar?

- ☐ **Checklist do Modelo de Negócio**
    - ☐ Proposta de Valor
    - ☐ Segmentos de Clientes
    - ☐ Proposta de Valor 2: Tipo de Mercado
    - ☐ Canais
    - ☐ Relacionamento com o Cliente
    - ☐ Estrutura de Custo
    - ☐ Fluxo de Receita

Critérios de saída:

- ☐ Certeza de que as hipóteses do modelo de negócios foram convertidas em fatos
- ☐ **Testes de certo/errado identificados**

Checklist 41

Valide o Modelo Financeiro

Todos os Canais

Objetivo: Garantir que a startup pode se transformar em um negócio lucrativo e escalável, antes que se comece a investir pesadamente

Referência: Validação pelo Cliente, Fase Quatro: A Pergunta Mais Difícil de Todas: Rearticular ou Avançar?

- **Proposta de Valor**
  - Custo do produto
  - Tamanho do mercado
  - Participação de mercado alcançável
  - Impacto de efeitos de rede no cliente
- **Relacionamento com o Cliente**
  - Custos de aquisição do cliente
  - Taxas de conversão dos potenciais clientes
  - Vida Útil do Cliente
  - Custo de substituição do cliente
- **Considerações sobre o Tipo de Mercado**
- **Custos Operacionais Básicos**

Custos do Canal
  - Margem do canal, promoções e taxas de espaço na prateleira
- **Fluxos de receitas**
  - Preço médio de venda
  - Receita total alcançável
  - Número de clientes/ano
- **Saldo de caixa**
- **Faça as Contas**

Critérios de saída:
  - Um quadro financeiro completo da capacidade da empresa ser bem-sucedida
- **Testes de certo/errado identificados**

Checklist 42

(Re)Valide o Modelo de Negócio

Todos os Canais

Objetivo: Validar ainda mais o modelo de negócio

Referência: Validação pelo Cliente, Fase Quatro: A Pergunta Mais Difícil de Todas: Rearticular ou Avançar? Revalide o Modelo Financeiro

- ☐ **Revisitar o Quadro do Modelo de Negócios**
- ☐ **Revisitar o Checklist do Modelo de Negócios**
    - ☐ Proposta de Valor
    - ☐ Segmentos de Clientes
    - ☐ Proposta de Valor 2: Tipo de Mercado
    - ☐ Canais
    - ☐ Relacionamento com o Cliente
    - ☐ Estrutura de Custo
    - ☐ Fluxo de Receita

Critérios de saída:
- ☐ Determinar se a companhia está fazendo a melhor aposta possível
- ☐ Avaliar, de modo realista, se as receitas são tão altas e os custos tão baixos quanto podem ser
- ☐ **Testes de certo/errado identificados**

Checklist 43

Rearticular ou Avançar?   Todos os Canais

Objetivo: Decidir se o modelo de negócio é executado

Referência: Validação pelo Cliente, Fase Quatro: A Pergunta Mais Difícil de Todas: Rearticular ou Avançar?

- ☐ Os esforços de Validação realmente converteram opiniões em fatos?
- ☐ O modelo de negócio está atualizado
- ☐ O produto pode ser vendido bem e facilmente?
- ☐ Está claro que os clientes irão continuar a chegar em passos firmes, previsíveis e de modo lucrativo?
- ☐ O processo de vendas desenvolvido é escalável e assegura vendas recorrentes?
- ☐ O produto é entregue no prazo estipulado
- ☐ Confirmação de que a companhia pode entregar o que foi vendido, conforme prometido
- ☐ Está demonstrado que o modelo de negócio é lucrativo
- ☐ Avançar ou rearticular?

Critérios de saída:

- ☐ Uma decisão fundamentada e inteligente sobre avançar
- ☐ **Testes de certo/errado identificados**

Checklist 44

Apêndice B

Glossário

Aquisição é o primeiro passo no funil de vendas "atrair/manter/aumentar" digital. Ela leva as pessoas a visitarem seu site, onde você pode *ativá-las* fazendo-as se envolver, comprar ou ao menos se registrar para serem objeto de futuros esforços de vendas. Categorias específicas da aquisição de clientes incluem *mídia paga* e *mídia gratuita*, e as táticas podem ser a busca (SEM/SEO), e-mail, blogs de RP, viralização, redes sociais.

Arquétipos de Clientes são descrições detalhadas de traços característicos do cliente, incluindo dados concretos (demográficos, psicográficos etc.) e subjetivos (entrevistas, idiossincrasias), cujo conjunto forma um perfil *e a história completa sobre* um grupo típico de clientes da companhia (a maioria das startups tem, normalmente, mais que um cliente arquetípico). Arquétipos são utilizados pelo desenvolvimento do produto e do cliente para melhorar o foco no cliente-alvo.

Ativação é o segundo passo no funil de vendas "atrair/manter/aumentar" digital. Após *a aquisição de clientes*, você faz com que se inscrevam, participem ou comprem no site. Táticas específicas de ativação incluem avaliações grátis, páginas de entrada.

Atrair, Manter e Aumentar são atividades da companhia no sentido de adquirir, reter e elevar o número de clientes. *Atrair* clientes, às vezes denominada criação de demanda, leva os clientes a escolher um canal (ou canais) de vendas; *Manter* clientes, ou retenção, dá aos clientes razões para permanecerem como tais; e *Aumentar* clientes envolve vender-lhes mais e estimulá-los a indicarem novos clientes.

Auditoria Externa: é uma pesquisa da percepção externa da companhia e/ou do produto, colhida em entrevistas com os consumidores.

Auditoria Interna é a pesquisa do que os funcionários compreendem, percebem ou acreditam a propósito da empresa em que trabalham e como se posicionam a respeito. Veja *auditoria externa*.

Avaliação: O terceiro passo no ciclo de decisão de compra em um canal físico ou "funil de vendas". O funil de vendas inclui conhecimento, interesse, avaliação e compra.

"Buscar" um Modelo de Negócio é o que fazem as startups *antes* de haver encontrado um *modelo de negócio* recorrente e escalável. Buscar usa o processo de Desenvolvimento de Clientes descrito neste livro. Veja *executar*.

Canal é o meio de distribuição e/ou vendas. É como o produto sai da empresa e chega ao consumidor. Este livro fala em "canais físicos" e "canais digitais".

Canal Digital é o meio de realizar vendas usando a internet para enviar mensagens e produtos para computadores de mesa, laptop e dispositivos móveis. Pode incluir sites, nuvem e lojas de celulares e aplicativos. Veja *canal físico*.

Canal Físico é o meio de executar vendas mediante pontos físicos de distribuição aos clientes. Podem incluir armazéns, lojas de varejo, pessoal de vendas diretas. Veja *canal digital*.

Chefe de Dados é o executivo sênior da empresa digital que monitora e continuamente otimiza os resultados dos esforços de aquisição, ativação e retenção do cliente. Às vezes, é conhecido como VP ou Diretor de Dados de marketing.

Ciclo Recorrente é o processo em que clientes satisfeitos indicam outros para um negócio, seja físico ou digital. Produz um incremento exponencial dos clientes/usuários/tráfego. Veja *marketing viral*.

Conjunto Mínimo de Recursos é um modo de descrever o Mínimo Produto Viável (MVP)

Conhecimento. No canal físico, é o primeiro passo de "atrair/manter/aumentar" no funil de vendas. As táticas incluem mídia gratuita (RP, blogs, folhetos, resenhas), mídia paga (anúncios, promoções), ferramentas online.

Contingente (ou Coorte) uma análise de contingente é a mensuração de um específico e imutável conjunto de consumidores ao longo do tempo.

CPA (custo por aquisição). Nos negócios digitais, o preço pago pela compra de indicações de clientes, efetuada junto a parceiros ou outros negócios digitais.

CPM (custo por milhar) é um critério do setor publicitário para compra de mídia, seja ela de cartazes ou anúncios em revistas, seja em sites. O preço do anúncio é baseado em CPM. Uma revista com circulação de 6.000.000 de exemplares tem 6.000 "Ms" para vender.

Criação de Demanda é o conjunto específico de atividades de aquisição para levar clientes ao canal (ou canais) de vendas escolhido pela startup. É a porção "atrair" clientes do processo "Atrair/Manter/Aumentar" do Relacionamento com o Cliente.

Descoberta do Cliente é o primeiro dos quatro passos do Desenvolvimento de Clientes. Na Descoberta, os fundadores articulam suas hipóteses sobre o modelo de negócio e realizam experimentos em que testam problema e solução diretamente com os clientes.

Desenvolvimento Ágil é o método de engenharia aplicado no desenvolvimento de produtos (hardware, software ou serviços) iterativa e incrementalmente, com flexibilidade para reagir ao feedback do cliente. Ele reconhece que as necessidades do cliente e as especificações do produto final não podem ser definidas *a priori*. O Ágil é a antítese do *Desenvolvimento em Cascata*.

Desenvolvimento de Clientes, descrito em primeiro lugar nos *Do Sonho à Realização em 4 Passos*, é o processo de quatro passos que organiza a busca por um modelo de negócio crescente e sustentável. Executado pela *Equipe de Desenvolvimento do Cliente*.

Desenvolvimento do Produto é o que faz o grupo de engenheiros ao elaborar o produto. O *processo* que a equipe de desenvolvimento do produto de uma startup utiliza com muita frequência é denominado *Desenvolvimento Ágil*.

Desenvolvimento em Cascata é o processo de engenharia usado para desenvolver produtos (hardware, software ou serviços) linear e sequencialmente, com um método "etapa por etapa". O produto completo e todas os recursos são especificados com antecedência. Cada etapa é atribuída a uma equipe em separado para garantir o projeto como um todo e o controle do prazo de entrega. O Desenvolvimento em Cascata é a antítese do Desenvolvimento Ágil.

Desgaste (ou abandono) é o número de clientes ou assinantes que não utilizam o serviço após um certo período de tempo. Comumente é mensurado em porcentagens mensais. Se um em dez clientes age dessa forma, a taxa de desgaste é de 10%.

Earlyvangelist é um termo criado pelo autor. Em uma startup, os earlyvangelists são os primeiros clientes da companhia, que compram o produto imediatamente porque ele resolve um problema ou satisfaz uma necessidade urgente que eles têm.

Entupimento de Canal ocorre quando você preenche suas vendas ao canal com mais produtos do que a demanda do usuário final. É utilizado como uma tática ilegítima para inflar as receitas da companhia (quando a receita é computada na remessa para o canal, em vez da remessa do canal para o consumidor final).

Equipe de Desenvolvimento do Cliente substitui o tradicional Desenvolvimento do Negócio, Vendas e Marketing nos passos da descoberta e validação de uma startup. A equipe é responsável pela validação das hipóteses do modelo de negócio através do contato direto com os clientes. A equipe deve contar com ao menos um fundador com autoridade para mudar a estratégia da companhia.

Estruturação da Empresa é o último dos quatro passos do processo de Desenvolvimento de Clientes. Os fundadores reorganizam a companhia, passando de um foco na *busca,* para um modelo de negócio construído para uma organização que pode *executar.*

"Executar" um Modelo de Negócio é o que fazem as companhias *depois que elas encontraram um modelo de negócio* recorrente e escalável. É como as empresas aumentam suas receitas, uma vez tendo ajustado e comprovado os planos para realizar esse intento. Requer significativas mudanças organizacionais. Veja *Buscar.*

Experimentos são aquilo que as startups conduzem para testar hipóteses. Realizados mediantes testes de certo/errado. Por exemplo: "Acreditamos que podemos adquirir usuários com o Google Adwords ao custo de 20 centavos por clique".

Funil de Vendas é uma metáfora visual para rastreamento do progresso de vendas desenhada como se fosse um haltere. Consiste nas atividades "Atrair/Manter/Aumentar". Largo no bocal para receber as boas oportunidades que vão chegando, o estágio "Atrair" do funil vai se estreitando a cada avanço, transformando cada oportunidade em prováveis fechamentos, até que finalmente um pedido atravessa a garganta apertada do funil. A porção "Manter" é estreita como um cano e a parte "Aumentar" alarga-se para representar receitas sempre crescentes originadas da base de clientes existentes.

Geração de Demanda é o terceiro dos quatro passos do Desenvolvimento de Clientes. Na criação, os fundadores, uma vez tendo validado seu modelo de negócio, expandem as atividades de vendas e marketing para crescer.

Hipóteses são as suposições bem estudadas em que os fundadores baseiam o Modelo de Negócio. Elas são registradas em várias versões do Quadro do Modelo de Negócios, e vão sendo testadas e ajustadas durante o processo de Desenvolvimento de Clientes.

História de Referência: explanação de apresentação usada no primeiro contato com um cliente em perspectiva através de e-mail ou telefone. Ela dá ênfase aos problemas que você tenta resolver, por que é importante resolvê-los, a solução que encontrou e o motivo pelo qual lhe despertará interesse.

Interesse. No canal físico, Interesse é um dos quatro passos do "atrair clientes" do funil de vendas. Veja *conhecimento*.

Iteração é a mudança, por menor que seja, em um ou mais dos nove boxes que constituem o modelo de negócios. Por exemplo, uma alteração de preço de $39,99 para $79,99 ou segmentos de clientes de garotos de 12 a 15 anos para meninos de 15 a 19. Veja *Rearticulação*.

Mapas de Calor são ferramentas que mostram em quais pontos o olhar dos usuários se concentra na primeira, segunda e terceira vez que visitam uma página do site. Tem por base o *rastreador de olhar*, que literalmente faz as vezes do olho dos usuários ao observar a página.

Marketing Viral são as atividades de marketing utilizadas para estimular clientes a indicarem outros para o negócio.

Materiais acessórios ou colaterais são os folhetos, planilhas de dados, livretos, literatura técnica e outros que as companhias geralmente utilizam em canais físicos para desenvolver o mercado de seus produtos ou serviços.

Máximo Local/Global é o resultado do teste das hipóteses, que podem mostrar um baixo nível de respostas a curto prazo (o máximo local). Contrasta com o máximo global — o melhor resultado possível do teste, às vezes neglicenciado em testes de mercado de curto prazo.

Micro Sites são sites embutidos e vinculados ao site principal dedicados a um propósito específico (como um site de planejamento de aposentadoria dentro do site de um banco), frequentemente utilizados para manter ou atrair a atenção do usuário.

Mídia Gratuita ou Livre é a exposição não onerosa da companhia. Inclui um amplo espectro de ferramentas de exposição como SEO ou busca natural, comunicados à imprensa, resenha do produto, editoriais. A mídia gratuita faz parte dos programas *"Atrair Clientes"* da empresa.

Mídia Paga é aquela em que a exposição na TV, cartazes, mala direta ou web é onerosa. Veja *mídia gratuita*. A mídia paga integra os programas *"Atrair Clientes"*.

Mínimo Produto Viável (MVP) é o menor conjunto de recursos capaz de obter feedback dos clientes. Inicialmente, o MVP pode ser tão simples como *slides* do PowerPoint, um vídeo ou demo. Para produtos digitais pode ser um MVP de baixa ou alta fidelidade que ilustre o "coração" do problema/necessidade e demonstre a solução que o produto traz.

Modelo de Negócios é a descrição de como uma organização cria, transmite e captura valor. Neste livro, ele se refere especificamente ao modelo desenvolvido por Alexander Osterwalder denominado *O Quadro do Modelo de Negócios*.

Modelo de Receita descreve a *estratégia* da companhia para ganhar dinheiro. Responde à questão: "De onde virão as receitas?". Por exemplo, o eBay cobra uma pequena comissão em cada transação efetuada no site dessa empresa, enquanto o Netflix cobra uma assinatura mensal. Veja também *precificação*.

Modelos de Negócio Multifacetado podem ter diferentes segmentos de clientes. Cada um deles pode apresentar distintas propostas de valor, modelo de receita e canal. Por exemplo, o Google tem usuários que nada pagam para usar seus serviços de busca e um anunciante ou segmento pagante que utiliza o site AdSense do Google e paga para ter acesso aos usuários de busca. Outros modelos de negócio, tais como equipamentos médicos, podem ser mais complexos e apresentar quatro ou mais "facetas", como segmentos de clientes envolvendo pacientes, doutores, seguradoras, convênios e hospitais.

MVP de Alta Fidelidade é o mais simples mínimo produto viável (isto é, um site com os recursos essenciais implementados, um demo do produto físico) e é com frequência bastante rudimentar. É usado para reunir feedback a respeito da validade da *solução* pelo cliente. Veja *MVP de baixa fidelidade*.

MVP de Baixa Fidelidade é o mais simples mínimo produto viável (isto é, uma página de entrada com uma chamada para mais informações, um modelo em cartolina de um produto físico) utilizado para reunir feedback sobre a validade do *problema* do cliente. Veja *MVP de Alta Fidelidade*.

Página de entrada (home page ou "'splash' page") é a página inicial ou principal do site da companhia ou do produto. É a que aparece quando um cliente clica em um link, anúncio ou e-mail. A página de entrada exibe textos de vendas vinculados a um anúncio ou link.

Perito em Vendas é o indivíduo da Equipe de Desenvolvimento do Cliente responsável pelo "fechamento" (trazer um pedido) inicial de vendas a earlyvangelists. Repartem com os fundadores a logística de vendas, pois estes podem não possuir experiência nela (negociação com agentes de compras, termos do contrato etc). Não são gerentes de vendas, e provavelmente *não irão* se transformar em VP de vendas.

Plano de Negócio é um documento escrito pelas companhias já estabelecidas que descreve e lança produtos ou linha de produtos no mercado. Foi equivocadamente utilizado por startups durante décadas, até que se percebeu que nenhum plano de negócio sobrevive ao primeiro contato com os clientes. É subdividido, tipicamente, em seções: oportunidade, conhecimento do ramo de atividade, análise da concorrência, plano de marketing e operacional, pessoal de gestão e fontes de financiamento.

Precificação refere-se às táticas de que uma startup se vale para determinar quanto irá cobrar para implementar um *modelo de receita* lucrativo (ou seja, *Freemium*, Assinatura, por volume ou faixas de preço).

Problema/Necessidade (do Cliente) define-se como a razão pela qual o cliente compra. Em alguns mercados, os clientes racionalizam que têm um *problema* e procuram um produto que possa resolvê-lo (pense em softwares, pneus para neve, cateteres). Em outros, os produtos podem ser comprados devido a uma *necessidade* percebida emocionalmente (filmes, moda, videogames, redes sociais).

Produto Digital é aquele constituído de bits: redes sociais, videogames, aplicativos móveis são exemplos. Veja *produto físico*.

Produto Físico é aquele composto por átomos. Carros, aviões, computadores e alimentos são produtos físicos, porém, redes sociais e mecanismos de busca, não. Veja *produto digital*.

Programas de Fidelização são táticas como "pontos" e "programas para clientes assíduos", usados para "manter" clientes existentes e reduzir desgaste ou abandono. Veja *desgaste*.

Proposta de Valor descreve o trabalho efetuado para o cliente. Inclui os recursos que são a solução para os problemas ou necessidades do cliente (produtividade, *status*, simplicidade, conveniência etc.) em um determinado segmento de consumidores. Uma proposta de valor deve ajustar-se ao *segmento do cliente* de uma startup.

Rastreador de Olhar é uma ferramenta que revela o caminho percorrido pelo olhar do usuário em uma página do site. Utilíssimo para eliminar erros de concepção do design da página do site. Veja *mapas de calor*.

Rearticulação é uma mudança substantiva em um ou mais dos nove boxes do modelo de negócios. Por exemplo, uma alteração do modelo de receita de *freemium* para modelo de assinatura, ou trocar o segmento meninos de 12 a 15 anos de idade para mulheres de 45 a 60 anos. Veja *iteração*.

Relacionamento com o Cliente é a estratégia utilizada pelas companhias para *atrair* clientes para seu canal de vendas, *mantê-los* como clientes e ao longo do tempo *aumentar* o valor deles para a empresa através de receitas adicionais e indicações que fazem de outros clientes.

RMPU, ou Receita Média Por Usuário, é indicador de receita tipicamente aplicado nos serviços por assinatura como telefonia celular ou pacotes de dados para medir a média de gastos a longo prazo dos assinantes.

Roteiro de Vendas fornece detalhes de como executar cada passo do *funil de vendas*: para quem a empresa telefona, e em que ordem, para efetuar uma venda.

Segmento de Clientes define um subconjunto do universo dos clientes de uma startup que se distingue de todos os demais, como em "50 ou mais jogadores de golfe que praticam mais que duas vezes por mês", geralmente incluindo um problema ou necessidade que eles têm. As companhias estabelecem uma *proposta de valor* específica para cada segmento.

Sell-in é a primeira ordem de compra colocada para um novo produto. Pode também referir-se a um pedido sazonal do tipo preparação para o Natal.

Sell-through é o volume de produto vendido pelo canal ao consumidor final. Nessas condições, raramente retornam à companhia a título de devolução. Veja *entupimento de canal*.

Split Testing: veja *Testes A/B*

Startup é uma organização temporária constituída para *buscar* por respostas que levarão a um *modelo de negócio* recorrente e escalável.

Startup Enxuta (Lean Startup) é a combinação do Desenvolvimento de Clientes com o Desenvolvimento Ágil, popularizada por Eric Ries.

Taxa de Aceite é a porcentagem de clientes aceitando (ou levando) uma oferta de aumento de vendas ou uma oferta especial.

Testes A/B comparam uma versão de uma página da web com outra e verificam qual produz melhores resultados.

Tipo de Mercado refere-se às quatro estratégias de entrada da startup no mercado:

    1) entrar em um mercado existente com um produto de alto desempenho

    2) ressegmentar um mercado existente (via custo baixo ou nicho)

    3) criar um novo mercado onde nada havia antes

    4) criar um mercado clone — copiar um modelo de negócio de outro país

Tráfego é a medida de quantos indivíduos visitam uma loja ou site. Podem vir atraídos por mídia paga (ou seja, Google, TV ou anúncios no Facebook) ou mídia gratuita (relações públicas, indicações).

Upsell é uma tática utilizada para "aumentar" os clientes existentes. Tenta convencer os clientes a comprar mais unidades ou um produto de maior valor para elevar o tamanho médio do pedido. Veja *Venda Cruzada*.

"Vá para a Rua" é o dogma-chave do Desenvolvimento de Clientes. É o princípio segundo o qual, ao contrário de uma companhia já existente, em uma startup não há fatos acontecendo dentro do escritório, portanto, torna-se necessário que os fundadores saiam às ruas para conversar com os clientes. São eles que irão transformar meras suposições sobre o modelo de negócio em fatos concretos

Validação pelo Cliente é o segundo dos quatro passos do Desenvolvimento de Clientes. Na validação, os fundadores valem-se de suas hipóteses já testadas para tentar elevar pedidos/usuários/clientes iniciais.

Venda Cruzada é a tática para "aumentar" clientes existentes estimulando-os a comprar produtos complementares, elevando, assim, o valor médio do pedido. "Compre outro livro e ganhe 10% de desconto" ou "compre esta maleta de viagem e leve uma *necessaire*". Veja "*Upsell*".

VVU (Valor da Vida Útil), geralmente calculado em moeda corrente, reflete a receita total que um cliente proporciona ao longo do tempo de relacionamento com a companhia (neste livro, tal período é fixado arbitrariamente em três anos). Ajuda a calcular quanto a empresa pode gastar para adquirir um cliente.

Apêndice C

Como Construir uma Web Startup: Uma Visão Geral

Como Construir uma Web Startup — Uma Edição do LaunchPad Enxuto [1]
Caso você seja um programador experiente ou um designer usuário de interfaces, deve achar que não há nada mais fácil que mergulhar no Ruby on Rails, Node.js e Balsamiq e lançar juntos um site (bem, no Vale do Silício até os garçons fazem isso).

Entretanto, para o restante de nós mortais, cujos olhos embaçam em meio aos jargões, a questão é: "Como coloco minha grande ideia na web? Quais são os passos para construir um site?". E a mais importante das questões é: "Como faço para usar o quadro do modelo de negócios e o Desenvolvimento de Clientes para testar se este é um verdadeiro negócio?".

Minha primeira tentativa de auxiliar os estudantes a responder essas questões foi elaborar a Página de Ferramentas da Startup no www.steveblank.com. Trata-se de uma compilação de ferramentas para startups disponíveis. Embora útil e prática, ela ainda não é de grande valia para o novato.

Abaixo, ofereço uma nova tentativa.

Como Construir uma Web Startup — Uma Edição do LaunchPad Enxuto
Eis o processo passo a passo que sugerimos aos estudantes nas aulas do nosso LaunchPad Enxuto. Todos esses passos estão cobertos nos Capítulos 4, 5 e 6.
 1. Estabeleça a logística de gestão de sua equipe
 2. Elabore as hipóteses da companhia
 3. Escreva uma declaração sobre a proposta de valor que as outras pessoas compreendam
 4. Estabeleça a logística do site
 5. Construa um site de "baixa fidelidade"

---

[1] N.E.: Analogia com o conceito de "código aberto", simbolizado pelo LaunchPad, para enfatizar que este "Manual de Construção de uma Web Startup" é de uso livre e não oneroso.

6. Obtenha clientes para o site
7. Adicione o código do servidor para que o site fique funcional
8. Teste o "problema" com dados do cliente
9. Teste a "solução" construindo um site de "alta fidelidade"
10. Vá atrás de dinheiro

(Utilize a página Ferramentas para a Startup no www.steveblank.com como um recurso para escolher as ferramentas.)

> As ferramentas relacionadas nestes Passos são exemplos. Não são recomendados ou preferidos, apenas representativos do que está disponível. Novas ferramentas aparecem diariamente. Faça seu dever de casa. Veja em www.steveblank.com uma lista das ferramentas mais recentes.

Passo 1: Estabeleça a Logística da Equipe
- Leia o Capítulo 2 — O Modelo de Desenvolvimento de Clientes e O Manifesto do Desenvolvimento de Clientes
- Estabeleça um blog WordPress para documentar seu progresso do Desenvolvimento de Clientes
- Use Skype ou Google + Hangouts para conversações da equipe

Passo 2: Elabore as Hipóteses da sua Companhia
- Escreva suas nove hipóteses do quadro do modelo de negócios
- Relacione os recursos principais para o plano do mínimo produto viável
- Dimensione a oportunidade de mercado. Use Google Trends, Google Insights e anúncios no Facebook para estimar o potencial de crescimento do mercado. Utilize Crunchbase para observar os concorrentes
- Calcule o Mercado Total Disponível e o valor do cliente
- Escolha o tipo de mercado (existente, novo, ressegmentado)
- Prepare um resumo do progresso semanal: a última versão do modelo + o resumo semanal do Desenvolvimento de Clientes (descrito após o Passo 10)

Passo 3: Escreva uma declaração sobre uma Proposta Exclusiva de Vendas que as outras pessoas compreendam

- Se você não pode explicar por que você existe, nenhum dos passos subsequentes terão qualquer importância. Um bom formato é "Nós auxiliamos X a fazer Y, fazendo Z"
- De posse de uma declaração naquele formato, encontre algumas poucas pessoas (não importa se não forem do mercado-alvo) e pergunte se lhes faz sentido
- Se não fizer, dê a elas uma explicação mais longa e pergunte como a resumiriam. Outras pessoas com frequência são melhores que você para elaborar uma Proposta Exclusiva de Vendas

Passo 4: Logística do Site

- Obtenha um nome de domínio para sua companhia. Para encontrar rapidamente um domínio disponível, tente Domize ou Domainr
- Então, utilize godaddy ou namecheap para registrar o nome (talvez você queira registrar vários domínios diferentes (nomes alternativos de possíveis marcas, ou diversos erros ortográficos ou variações do nome da marca)
- Uma vez com o domínio, utilize o Google Apps (de graça!) para hospedar o nome de sua companhia, e-mail, calendário etc.

Para programadores: hospedagem do site

- Use servidores virtuais privados (sigla em inglês: VPS) como Slicehost ou Linode (planos baratos com carregamento de múltiplos aplicativos e sites)
- Você pode instalar Apache ou Nginx com hospedagem virtual e rodar diversos sites além de outras ferramentas à sua escolha (supõe-se que você tenha, naturalmente, as habilidades técnicas) como um banco de dados MySQL
- Caso tenha realmente programado um app de verdade, use uma "Platform As a Service" (PAAS) como Heroku, DotCloud ou Amazon Web Services, se o desenvolvimento de seu app combinar com o que oferecem

Quado do Modelo de Negócios	Extraia Hipóteses	Teste o Problema	Teste da Solução	Rearticular ou Avançar?
	• Tam/Sam • MVP Baixa Fidelidade • Clientes/Origem • Canal • Tipo de Mercado • Aquisição/Ativação • Parceiros de Tráfego • Precificação	• Envolvimento do Cliente • Teste o MVP Baixa Fidelidade • Insight do Cliente • Análise do Tráfego	• Atualize o Modelo de Negócio • Construa e Teste o MVP de Alta Fidelidade • Mensurar o Comportamento do Cliente • Modelo de Negócio Atualizado • Primeiros Membros do Conselho Consultivo	Verifique: • Proposta de Valor • Segmento de Clientes • Criação de Demanda • Canal • Modelo de Receita • Rearticular ou Avançar

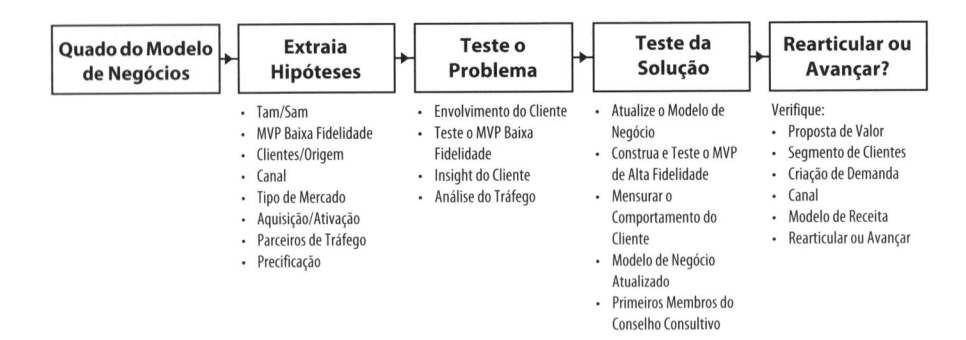

Descoberta do Cliente na Web

Passo 5: Construa um Site de *Baixa Fidelidade*

- Dependendo do produto, isso pode ser tão simples como uma página de entrada com: sua proposta de valor, resumo dos benefícios e uma chamada à ação para saber mais, responder uma breve pesquisa ou realizar uma pré-venda
- Para pesquisas e formulários de pré-venda, Wufoo e Google Forms podem facilmente embutir no site uma codificação mínima

Para não programadores:

- Faça um rápido protótipo em PowerPoint, ou
- Utilize Unbounce, Google Sites, Weebly, Godaddy, WordPress ou Yola
- Para pesquisas e formulários de pré-venda, Wufoo and Google Forms podem facilmente embutir no site uma codificação mínima

Para programadores: construa a Interface do Usuário

- Escolha um site que ofereça um guia básico para prototipagem (JustinMind, Balsamiq)
- Para obter um design gráfico "bom o bastante", a 99 Designs é uma excelente opção, e o custo fica bem em conta, devido ao formato de concurso para os trabalhos. Uma alternativa ótima é o Themeforest
- Crie guias básicos de design e simule seu site de "Baixa Fidelidade"
- Crie um simulacro de formulário de inscrição, para testar o compromisso do cliente. Opcionalmente, crie uma página de entrada "viral", com LaunchRock ou KickoffLabs

- Incorpore um *show* de *slides* no site com Slideshare ou um *tour* de vídeo com o YouTube ou Vimeo
- Teste a interface do usuário com Usertesting ou Userfy

Passo 6: Envolvimento do Cliente (encaminha o tráfego para seu site preliminar)

- Inicie mostrando o site aos clientes em potencial, testando o segmento de cliente e proposta de valor
- Utilize anúncios, *textlinks* ou Google AdWords, anúncios no Facebook e busca natural para encaminhar pessoas ao site Minimamente Viável
- Use sua rede de contatos para encontrar clientes-alvo — pergunte: "Você conhece alguém com o problema X? Se conhece, pode passar-lhe esta mensagem?" e providencie uma descrição de duas ou três frases
- Para negócios entre empresas, uma boa opção para localizar clientes-alvo é o Twitter, Quora e listas de e-mails setoriais. Não faça *spam*, mas se for um participante ativo você pode espalhar para alguns indicados para seu site ou pode pedir a um participante ativo que faça isso em seu nome
- Utilize Mailchimp, Postmark ou Google Groups para enviar e-mails e criar grupos
- Crie pesquisas online com Wufoo ou Zoomerang
- Obtenha feedback dos recursos de seu Mínimo Produto Viável (MVP) e Interface do Usuário

Passo 7: Construa uma solução mais completa (conecte a Interface do Usuário)

- Conecte a IU a um código de programação na Web (por exemplo, Node.js, Rubyon Rails, Django, SproutCore, jQuery, Symfony, Sencha etc.)

Passo 8: Teste o "Problema do Cliente" recolhendo Dados do Cliente

- Use Web Analytics para rastrear pontos altos, tempo no site, origem. Para seu site inicial, o Google Analytics fornece informação adequada e uma configuração mais rápida. Quando estiver mais à frente em relação ao MVP inicial, você vai querer considerar uma plataforma analítica mais avançada (Kissmetrics, Mixpanel, Kontagent etc.)
- Crie uma conta para medir a satisfação do usuário (GetSatisfaction, UserVoice etc.) com seu produto e obtenha feedback e sugestões de novos recursos

- Questões específicas, tais como "Há algo que o impeça de inscrever- se?" ou "O que mais você gostaria de saber para considerar esta solução?", tendem a produzir feedback mais rico do que perguntas genéricas
- Quando possível, colete endereços de e-mail, assim você terá um meio de contato individual para conversações mais detalhadas

Passo 9: Teste a "Solução do Cliente" construindo uma versão de Alta Fidelidade de seu site, repleta de recursos
- Atualize o site com o que foi aprendido nos passos 5 a 8
- Lembre-se de que "Alta Fidelidade" ainda não significa "produto completo". Você precisa que ele tenha uma aparência profissional e que transpareça credibilidade, conquanto tenha construído o produto mais simples possível que permite continuar o processo de validação
- Mantenha a coleta de análise do cliente
- Ouvir "Isto é excelente, porém, quando X será agregado a ele?" é seu objetivo!

Passo 10: Vá atrás de dinheiro
- Tenha um formulário de "pré-venda" à mão (recolhendo informações sobre faturamento) antes mesmo de estar pronto para cobrar ou ter um produto completo
- Quando estiver em condições de cobrar — o que, provavelmente, chegará mais cedo do que pensa — procure por uma empresa de cobrança como Recurly, Chargify ou PayPal para receber comissões e taxas de assinaturas

Para todos os Passos:
Semanalmente, repasse para a equipe o progresso das Lições Aprendidas.
- Comece colocando-as em seu quadro do modelo de negócios
- As mudanças em relação à semana anterior devem ser destacadas em vermelho
- Lições Aprendidas. Informam ao grupo o que você aprendeu e alterou semana após semana — os *slides* devem descrever:
    1. Eis o que pensamos (na semana)
    2. Eis o que encontramos (Descoberta do Cliente na semana)
    3. Eis aonde iremos (nas próximas semanas)
    4. A ênfase deve estar na descoberta efetuada naquelas semanas atribuídas aos componentes do modelo de negócios — canal, cliente, modelo de receita —, mas incluindo outras coisas que foram aprendidas a respeito do modelo de negócio

Agradecimentos

Eu tive três vidas. Minha primeira carreira foi na Força Aérea americana, durante a Guerra do Vietnã. Em seguida, foram duas décadas como empreendedor na área de tecnologia no Vale do Silício. No momento, estou em minha segunda década como educador.

Em ocasiões críticas, algumas pessoas mudaram minha vida. Na Tailândia, meu primeiro chefe, John Scoggins, me afastou de uma trajetória repleta de aviões de combate e helicópteros e me ofereceu parte de uma loja de produtos eletrônicos militares para administrar. Eu tinha 19 anos. Já entre meus 20 e poucos e 30 e tantos anos, tive a sorte de contar com quatro mentores extraordinários, todos eles personalidades brilhantes em sua área: Ben Wegbreit, que me ensinou como pensar; Gordon Bell, que me ensinou sobre o que pensar; Rob Van Naarden, que me ensinou como pensar a respeito de clientes; e Allen Michels, que me ensinou como transformar o pensamento em ação direta, imediata e não convencional.

Minhas oito startups tecnológicas deram-me a oportunidade de trabalhar, ao redor ou bem próximo, de algumas pessoas incomuns: Bill Perry, John Moussouris, John Hennessy, Skip Stritter, Jon Rubenstein, Glen Miranker, Cleve Moler, Tom McMurray, John Sanguinetti, Alvy Ray Smith, Chris Kryzan, Karen Dillon, Margaret Hughes, Peter Barrett, Jim Wickett, Karen Richardson, Greg Walsh, John McCaskey e Roger Siboni. Alguns foram ativos mentores, e com outros aprendi por osmose.

Participando das diretorias das startups, observei empreendedores de nível internacional em plena ação: Steve Weinstein, Fred Amoroso, Fred Durham, Maheesh Jain e Will Harvey. E pude ver como investidores de risco inteligentes e sérios auxiliam suas companhias a resolver problemas: Kathryn Gould, Jon Feiber, Mike Maples, Bill Davidow e muitos outros. Na General Electric, observei Prescott Logan utilizar o Desenvolvimento de Clientes para criar uma nova divisão Energy Storage com a agilidade de uma startup inserida em uma companhia centenária.

Como membros da diretoria da IMVU, Will Harvey e Eric Ries foram as primeiras cobaias a implementar, comigo, o processo do Desenvolvimento de Clientes. Na condição de melhor aluno que já tive, Eric Ries teve uma percepção inestimável ao combinar o Desenvolvimento de Clientes com o desenvolvimento ágil, uma somatória que se constitui em um poderoso conceito que ele denominou Startup Enxuta (ele também batizou como "Rearticulação" o ciclo de feedback que eu desenhei entre os passos da validação e da descoberta).

Na qualidade de um dos maiores investidores de risco do Japão, Takashi Tsutsumi ensinou os conceitos do Desenvolvimento de Clientes, garantindo sua adoção nesse país ao traduzir pessoalmente *The Four Steps*. Outros empreendedores deram prosseguimento a traduções coletivas, via internet, para o francês, russo, coreano e chinês. Brant Cooper e Patrick Vlaskovits ampliaram minhas ideias em seu livro muito útil *The Entrepreneur's Guide to Customer Development*. O trabalho realizado por Alexander Osterwalder sobre o design do modelo de negócio e seu livro *Business Model Generation* constituem-se em inovações conceituais que adotei como forma de "marcar pontos" para o processo de Descoberta do Cliente descrito no Capítulo 3 deste livro. Um imenso muito obrigado por sua ajuda. Os *insights* de Dave McClure sobre a criação de demanda para startups digitais foram fonte de inspiração nas discussões em diversos pontos do funil de clientes web.

Antes de alguém levar minhas ideias a sério, Jerry Engel, da Escola de Negócios da Universidade de Berkeley, deu-me o primeiro fórum para lecionar sobre o Desenvolvimento de Clientes. Meu primeiro parceiro de ensino, Rob Majteles, assegurou que meu entusiasmo estava embasado em um coerente programa de estudo. Na Faculdade de Engenharia da Universidade de Stanford, Tom Byers, Tina Seelig e Kathy Eisenhardt foram muito gentis ao me convidarem para lecionar ao lado deles no Stanford Technology Venture Program. Eles me cumularam de encorajamento e opiniões, e também me deram bastante corda para que eu enforcasse a mim mesmo quando criei minha aula do LaunchPad Enxuto, uma maneira nova de ensinar empreendedorismo. Um grande obrigado à equipe do National Science Foundation, incluindo Errol Arkilic, Don Milland e Baba DasGupta, pela adoção da aula do LaunchPad Enxuto e Desenvolvimento de Clientes para sua Innovation Corps. E para Jon Feiber, Ann Miura-Ko, John Burke, Jim Hornthal, Alexander Osterwalder e Oren Jacob, por utilizá-lo como material de ensino. Finalmente, a Columbia Business School permitiu-me oferecer o curso a seus estudantes no seu programa de MBA com a Escola de Negócios da Universidade de Berkeley e me convidou para lecionar em seus cursos de curta duração. Tenho aprendido muito com os milhares de alunos que têm assistido minhas aulas e que têm sido vítimas involuntárias do Desenvolvimento de Clientes, enquanto eu experimentava novos modos de ensinar empreendedorismo. Essas aulas não teriam sido dadas a contento não fossem os assistentes que as mantinham nos trilhos anos a fio, em especial Ann Miura-Ko, Thomas Haymore, Bhavik Joshi, Christina Cacioppo e Eric Carr.

Além das escolas nas quais realizo palestras regularmente, outras universidades têm me convidado para ensinar, palestrar e aprender. Agradeço muito a: professor Cristobal Garcia e Pontificia Universidad Católica de Chile, em Santiago; Dave Munsen, decano de engenharia, e Thomas Zurburchen, decano associado de empreendedorismo da Universidade de Michigan; professor Nathan Furr da Brigham Young University, que transformou minha noção de competições de modelo de negócios (em vez de competições de planos de negócio) em um primeiro conteúdo formal; à Aalto University em Helsinque, Finlândia, Tuula Teeri e Will Cardwell do Centro de Empreendedorismo, e Kristo Ovaska e Linda Liukas, que me receberam tão bem; e professor Tom Eisenmann, da Harvard School's Entrepreneurial Management Unit, com quem troquei notas e ensinei estratégias em uma confraternização semestral.

Stephen Spinelli era um Babson (aluno do Babson College) que fazia parte da equipe que me mostrou como ensinar empreendedorismo e quando tornou-se o reitor da Universidade de Filadélfia deu-me algo que nunca mereci. Carl Schramm da Kauffman Foundation transformou-se em um amigo no propósito de pensar um novo caminho para a educação do empreendedorismo.

Há numerosos autores escrevendo bastante (e com mais coerência) sobre cada um dos quatro passos do Desenvolvimento de Clientes que eu cobri. Boa parte dos elementos constitutivos foram articulados inicialmente por Eric Von Hippel (o Usuário Qualificado), Rita Gunther McGrath e Ian MacMillan (Descoberta impulsionando o Crescimento), Mary Sonnack, Michael J. Lanning, Michael Bosworth (Solução de Vendas) e Thomas Freese, Neil Rackam, Mahan Khalsa, Stephen Heiman e Charles O'Reilly. A Adoção do Ciclo de Vida da Tecnologia foi desenvolvida por Joe Bohlen, George Beal e Everett Rogers e popularizado por Geoffrey Moore. O Tipo de Mercado é uma extensão do brilhante trabalho de Clayton Christensen. Já "Blue Ocean Strategy", um trabalho de W.Chan Kim e Renee Mauborgne, foi uma influência tardia nesta edição do livro. Um processo formal de enfrentar o caos e a incerteza de uma startup (e as estratégias de construção de uma companhia) deve muito às teorias de John Boyd e ao ciclo OODA (Observar, Orientar, Decidir e Agir). Frank Robinson, de forma independente, surgiu com vários dos conceitos da Descoberta do Cliente e Validação bem antes de eu escrever sobre eles. Frank cunhou a expressão "mínimo produto viável". Gostei mais do que "conjunto mínimo de recursos", que usei no primeiro livro.

Meu parceiro e coautor, Bob Dorf, contribuiu com mais do que qualquer coautor possa imaginar. A contribuição dele só se iguala à sua paciência. Ele mesmo um experiente empreendedor, seu sucesso como um empreendedor em série e sua força em vendas, marketing e na web têm peso enorme em nosso novo trabalho juntos. Conheci Bob quando ele caminhava pelos escritórios da E.piphany. Minha startup tinha cinco pessoas a bordo, e a dele, uma dúzia. Acreditei em seu discurso de vendas, e ele me ajudou a lançar o desenvolvimento de clientes da empresa e nos esforços promocionais. Em 2010 ele praticamente mudou-se para o meu rancho e tornou-se meu parceiro pela segunda vez, ajudando a fazer do *Startup — Manual do Empreendedor* um trabalho do qual nos orgulhamos muito. As seções "atrair/manter/aumentar" e "parâmetros que importam" são fruto de seu amor pelo trabalho. Terry Vanech, nosso pesquisador e revisor, teve que lidar com as exigências descabidas de ambos.

Muito obrigado aos nossos intrépidos críticos: empreendedores Jake Levine da News.me; Ross Gotler; Peter Leeds da Gabardine.com; Steve Weinstein da MovieLabs; Preston Bealle e Prescott Logan da Energy Storage Technologies da GE; investidores de risco Jon Feiber do MDV, Ann Miura-Ko da Floodgate, John Burke da True Ventures, Mike Barlow da Cumulus Partners, Takashi Tstsumi da Mitsui Sumimoto Ventures e Errol Arkilic da National Science Foundation. Seus comentários fizeram deste um livro muito melhor, ao incorporar centenas de anos de sabedoria coletiva.

E, por fim, minha esposa Alison Elliott, que não apenas aturou minha obsessão em encontrar uma metodologia para startups no estágio inicial e minha paixão por ensinar empreendedorismo, como também me apoiou com sábios conselhos e *insights* (ao longo de numerosas edições) que deram clareza aos meus pensamentos. Este livro não teria existido sem ela.

Sobre os Autores

Steve Blank

UM EMPREENDEDOR QUE SE APOSENTOU APÓS UMA SÉRIE DE OITO STARTUPS, a perspicaz constatação de Steve de que startups não são versões em miniatura de grandes corporações reformulou o modo como startups são construídas e os empreendedores são educados. Sua observação de que as grandes companhias executam modelos de negócios, enquanto startups buscam por eles, levou-o a perceber que startups necessitam de ferramentas próprias, diferentes das utilizadas na gestão de empresas existentes.

A primeira ferramenta de Steve para startups, a metodologia do Desenvolvimento de Clientes, deu origem ao conjunto de processos conhecido como Startup Enxuta (Lean Startup). Os fundamentos do Desenvolvimento de Clientes são detalhados em seu primeiro livro, *Do Sonho à Realização em 4 Passos* (Editora Évora, 2003), que juntamente com seu blog, www.steveblank.com, são considerados de leitura obrigatória entre empreendedores, investidores e companhias estabelecidas ao redor do mundo.

Blank leciona Desenvolvimento de Clientes e empreendedorismo nas Universidades de Stanford, Berkeley e Columbia e seu processo Desenvolvimento de Clientes é ensinado em universidades fora dos EUA. Em 2011, desenvolveu o LaunchPad Enxuto, uma aula prática e ágil que integra o Modelo de Negócio esquematizado e o Desenvolvimento de Clientes, fazendo interagir o mundo real do cliente com o modelo de negócio. Em 2011, a National Science Foundation adotou a aula de Blank em seu

Innovation Corps (I-Corps), que treina equipes dos melhores cientistas e engenheiros da nação para que levem as ideias deles para além do ambiente acadêmico, alcançando o mundo empresarial.

Steve é um escritor prolífico e orador que aprecia ensinar jovens empreendedores. Em 2009, foi agraciado pela Universidade de Stanford com um prêmio pelo ensino de graduação em Ciência da Administração e Engenharia. Em 2010, ganhou o prêmio Earl F. Cheit Outstanding Teaching da Escola de Negócios de Berkeley. O *San Jose Mercury News* relacionou-o entre os 10 Mais Influentes no Vale do Silício. A despeito desse e de outros prêmios e louvores, Steve diz que poderia muito bem ter sido eleito o "menos propenso a ser bem-sucedido" de sua turma do colégio em Nova York.

Oito Startups em 21 Anos

Após reparar equipamentos eletrônicos de aviões de combate na Tailândia durante a Guerra do Vietnam, Steve chegou ao Vale do Silício em 1978 e ingressou na primeira de suas oito startups. Nelas, incluem-se duas companhias de semicondutores, a Zilog e a MIPS Computers; Convergent Technologies; uma temporada de consultoria para a Pixar; uma firma de supercomputador, Ardent; uma fornecedora de periféricos, Supermac; um fornecedor de sistemas para a inteligência militar, ESL; a Rocket Science Games. Steve é cofundador da startup número oito, E.piphany, em sua sala de estar em 1996. Em resumo: duas significativas implosões, um golaço na "bolha do ponto.com", diversas vitórias apertadas e imenso aprendizado que resultou no *Do Sonho à Realização em 4 Passos*.

Um ávido leitor de história, tecnologia e empreendedorismo, Steve tem seguido seu instinto de curiosidade em entender por que o empreendedorismo floresceu no Vale do Silício, enquanto é natimorto em outros lugares. Isso fez dele um especialista informal e orador assíduo de "A História Secreta do Vale do Silício".

Em seu tempo livre, Blank é um delegado da Comissão do Litoral da Califórnia, uma entidade governamental que regula o uso da terra e o acesso público ao litoral da Califórnia. Steve atua no conselho da Audubon California, a Peninsula Open Space Land Trust (POST) — um santuário ecológico — e foi administrador na Universidade de Santa Cruz e um diretor da California League of Conservation Voters (CLCV). As startups de Steve que mais o orgulham são suas filhas Katie e Sarah, codesenvolvidas com a esposa Alison Elliott.

Bob Dorf

BOB DORF FUNDOU SEU PRIMEIRO SUCESSO AOS 22 ANOS E, desde então, mais seis — "dois 'home runs', dois 'base hits' e três grandes prejuízos ", como ele coloca. Desde então, aconselhou e/ou investiu em pelo menos outras tantas startups. Dorf é muitas vezes chamado de "obstetra do desenvolvimento de Clientes", estando entre os que primeiro ajudaram Steve Blank a desenvolvê-lo na época da oitava startup de Steve, E.piphany, que abriu as portas com cinco funcionários em 1996. A sexta startup de Bob, a Marketing 1 to 1, ajudou a E.piphany a engajar seus primeiros clientes. Mais tarde, fez a apreciação crítica das versões iniciais do livro de Steve, *Do Sonho à Realização em 4 Passos*, impiedosamente, e desde então, tornaram-se amigos e colegas.

Quando não estão escrevendo, Bob e Steve tocam a K&S Ranch, uma consultoria. A vasta experiência de Bob em consultoria a companhias listadas na *Fortune 500* e no marketing online faz par perfeito com a experiência centrada em capital de risco e softwares de Steve. Bob leciona um curso semestral na Escola de Negócios Columbia, "Introdução ao Risco" sobre o Desenvolvimento de Clientes e lidar corretamente com startups.

Empreendedor desde os 12 anos de idade, Bob recebeu seu último salário quase 40 anos atrás, quando se demitiu de seu emprego de editor na Rádio WINS, em Nova Iorque, para lançar sua primeira startup, a Dorf+Stanton Communications. Fundada em sua sala de visitas, a empresa passou de uma equipe de dois — Bob e um cão São Bernardo —, para mais de 150 pessoas, quando Bob a vendeu, em 1989. Ele também aconselhou dezenas de organizações sem fins lucrativos, gratuitamente, sobre "desenvolvimento do doador".

Bob é cofundador da Marketing 1 to 1 (mais tarde Peppers & Rogers Group), uma firma precoce de estratégia de CRM (em inglês, Customer Relationship Management, ou Gestão de Relacionamento com o Cliente), e dirigiu-a até empregar mais de 400 pessoas ao redor do mundo. Como CEO fundador, encabeçou importantes programas estratégicos de clientes em um verdadeiro "quem é quem" de companhias que incluem a 3M, Bertelsmann, Ford, HP, Jaguar, Oracle e Schwab. Fala a grandes plateias nos EUA e de outros países e publicou dezenas de artigos, inclusive uma dissertação na *Business Review*, de Harvard.

Dorf reside em Stamford, Connecticut, com sua esposa Fran, uma terapeuta e novelista três vezes publicada. A startup que deixa-o mais orgulhoso é, de longe, sua filha Rachel, uma psicóloga que recentemente foi cofundadora da primeira neta de Bob, Maya Rose Gotler.

Índice

A

adoção
  custo total da posse/adoção (TCO), 165–166
  de feedback do cliente, 217–218
  pelos earlyvangelists, 54
  pesquisando o processo de, 220
agência de relações públicas. *Ver* relações públicas
agregadores, 99
alcançar o usuário, 365
alianças estratégicas, 158
análise de contingente, 366–367
análise de dependência, 157
analistas, 201, 392–393
analistas setoriais, 392
animação, 291–296
Apple, 114, 158
apresentação da solução
  avaliação pós-visita, 217–219
  comportamento do cliente, 223–228
  dicas para, 221
  físico, 213–214, 217–222
apresentações do problema, 184–191, 210–211
apresentações em PowerPoint, 269, 270
aquisição. *Veja Também* "atrair" clientes (digital)
  arquétipos como guia, 88
  como base do modelo de negócio, 280
  custo da, 241, 244, 278–280
  definida, 134, 275
  e taxa de retenção por origem, 366
  ferramentas, 283–285
  físico, veja táticas para classificar "atrair" clientes (físico), 353
  otimizando, 332–344
  pareando ativação com, 282
  sem ativação, 239, 354
  táticas gratuitas e pagas para, 137
  testando, 138
assinaturas
  como modelo de precificação, 163, 165
  otimizando, 350
  valor da vida útil, 168
atacadistas, 304
atacadistas/distribuidores, 95–96
ativação. *Veja Também* "atrair" clientes
  análise do contingente pela data da, 366
  aquisição combinada com, 282
  aquisição sem, 239
  atividades de, 286
  avaliando facilidade de, 242
  como ponto de estrangulamento, 286
  componentes do plano de, 289, 290
  definida, 134, 275
  ferramentas de, custo, 297
  ferramentas fora do site, 297
  ferramentas na página de entrada, 291–297
  otimizando, 332–344
  por indicação, 370–372
  taxa de mensuração, 196, 311
  testando, 140–142, 289
  velocidade de, 215, 216, 236
"atrair" clientes (digital), 364, 368–372

"atrair" clientes (Digital)
    acelerar as redes sociais e profissionais, 274
    aquisição/ativação, 133, 135, 275-276
    como fazer, durante a validação, 277-285
    custo de, 241
    dicas para, 136
    guia de arquétipos, 89
    otimizando, 343, 349-357
    plano de ativação, 289
    revendo a eficácia, 351
    táticas para refinamento, 262
    testando, 137, 141
"atrair" clientes (físico)
    custo de, 241-242
    materiais para, 268-275
    quatro etapas da, 119-120
    táticas para, 123
    via exposição na mídia, 121-123
"atrair" clientes (Digital), 148-152
"atrair, manter, e aumentar" clientes
    fase da descoberta do cliente (Digital), 131-142
    fase da descoberta do cliente (físico), 117-130
    fase da validação (digital), 277-285
    prioridade da validação, 259-260
    visão geral, 117-119
atualização, produtos, 146
auditoria externa, 382-384
auditoria interna, 384
auditorias, empresa, 382-384
aumentando a escala
    analisando a dependência antes, 157
    custo de, 26
    prematuramente, 14, 258
    produtos excepcionais, 259, 424
    revalidando o modelo de negócio antes, 425
aumento de escala prematuro, 14
avaliações gratuitas, 291, 296

B

banners de referência, 139
bens de capital, 240
bens de consumo, 240, 358
bits, xxiv, 258
blogueiros, chegar a, 283
"Blue Ocean Strategy" (Kim e Mauborgne), 36, 109
boca a boca, 284
bolhas econômicas, 113
busca de palavras-chave, 70
"busca" pelo modelo de negócio
    descoberta do cliente, 20, 21
    "execução" é confundida com, 256
    fracasso como integrante de, 15, 30
    função das startups como, 9
    habilidades necessárias para, 139
    pela GE Energy Storage, 206, 208
    preservar caixa durante, 41
Business Model Generation (Osterwalder), 33

C

canais digitais
    avaliação, 236
    breve relato versus lista de recursos, 78
    combinados com físicos, 91
    como vendedor do produto, 140
    Elementos da hipótese sobre, 97-104
    história, xxi
    parâmetros de avaliação, 405
    parceiros de tráfego, 160-161
    pesquisa de mercado nos, 202-203
    validação, checkpoints, 166
canais físicos
    "atrair, manter e aumentar" para, 117-134
    descoberta do cliente, 65-66
    digital em combinação com, 91
    estratégias de mercado, 121
    parâmetros de avaliação, 407-412
    pesquisa de mercado em, 200-202

teste de vendas para parceiros
    em, 374-376
  validação de, 247, 404
  visão geral, 91-96
canais, vendas. *Veja Também* canais
    físicos; canais Digitais
  como afetam as receitas,
    167-168, 244
  como afetam a velocidade da
    validação, 258
  como prioridade de validação, 258
  escolhendo, 95
  feedback do cliente, 220
  fontes de receita com, 162
  gerindo, 307
  mapeando as responsabilidades
    em, 304
  no método em cascata, 5
  o telefone como, 123
  para mercados multifacetados,
    102-103, 307
  parceiros, 221, 222, 374-376
  testando, 102, 303-308
  validando (digital), 405
  validando (físico), 404
  vasculhando dados em, 227
capital de risco, xiii, 12, 153
cascatas de e-mail, 291, 297
chamadas telefônicas
  como poderosa ferramenta de
    vendas, 123, 140
  para indicar clientes, 238
  para "manter" clientes, 127, 147
chefe de análise, 321
chefe de dados, 321-322
ciência de gestão do
  empreendedorismo, xv
cliente , comportamento
  mensurando Digital, 223-227
cliente, comportamento
  entrega do MVP de alta
    fidelidade, 302
  parâmetros para rastrear, 311

rastreamento online, 277
cliente, criação
  no modo "executar", 425-428
  taxa de saída de caixa, 422
  visão geral, 26-27
cliente, dados
  "analista chefe" como
    monitor, 321-322
  "analista chefe" como
    monitor, 314
  "classificando", 188
  coleta constante de, 281, 309
  no painel de controle para
    monitoramento, 312
  para análises de um dia
    na vida, 209
  quando ignorar, 259
cliente, descoberta
  GE Energy Storage, estudo de
    caso, 205-208
  objetivo da, 51, 61
  quatro fases da, 48, 62-63
  visão geral, 20, 22-25
cliente, desenvolvimento
  custo, 26
  IMVU, estudo de caso, 18-19
  Manifesto, 28-46, 76, 172
  taxa de saída de caixa, 422
  via do sucesso, 45
  visão das informações, 259
  visão geral, 20-28
cliente, feedback
  de tudo, 185
  dirigido a reformulações, 61
  estabelecendo
    agendamentos, 179-181
  na fase da descoberta do cliente, 51
  online versus em pessoa, 194
  para materiais de vendas, 269
  rearticulações como
    consequência, 33
  responde questões, 84
  solicitação de MVP, 24, 77-78, 182

tendências da aquisição, 239
velocidade Digital, 172
via avaliação do
   entusiasmo, 229-232
via consultores, 324, 354
via pesquisa de mercado, 200
cliente, relacionamento. *Veja Também*
   "atrair, manter, e aumentar" clientes
   cria demanda, 32, 59
   marketing baseado em, 280
   validação (digital), 405
   validação (físico), 404
cliente, retenção. *Ver* retenção, cliente
clientes. *Veja Também* "atrair, manter,
   e aumentar" clientes
   canais parceiros não são, 375-376
   compreendendo, 197-200, 235
   determinação do suficiente, 239
   earlyvangelists. *Ver* earlyvangelists
   em novos mercados, 112
   influências em, 84, 89, 316-318
   mapas de acesso, 318
   marketing para conhecidos, 3
   no conselho de consultores, 324
   pressuposições sobre, 7
   rastreando, 143, 144-145
   tipos de, 80-83, 331
   vida útil de. *Ver* vida útil
clientes, aquisição. *Veja* aquisição
clientes, arquétipos
   compilando, 82-84, 86-87
   orçamento baseado neles, 241
   para pesquisa de tomadores de
      decisão, 217, 218
clientes, ativação. *Veja* ativação
clientes comuns, 330
cliente, segmento
   marketing baseado em, 27, 280
   para produtos digitais, 86-90
   para produtos físicos, 79-85
clientes escaláveis, 330

cliente, validação
   com usuários, 262
   determina o produto/mercado
      adequado, 254, 259
   E.piphany, estudo de caso, 252
   fundadores lideram, 257
   preparação para, 235-236, 247
   "preparar-se para vender", 261
   prioridades, 258
   quatro fases da, 261-262
   restrição de gastos, 258
   sinais de completude,
      260, 262, 348
   visão geral, 20, 24-26
clone de mercado
   definido, 106
   posicionamento da
      companhia para, 388
   posicionamento do produto
      para, 388
coeficiente de crescimento viral, 370
   ciclo viral em "atrair, manter,
      aumentar" (físico), 117
   de "aumentar" para "atrair", 129
   em "atrair, manter, aumentar"
      (Digital), 131
   no processo "atrair", 121, 132, 133
   no processo "manter", 125
comércio de aplicativos móveis
   (apps), 100
como avaliação de receita, 167-168
companhias, grandes
   adoção de produtos pelas, 218
   empreendedorismo com, 205
   mapa de estratégia de vendas
      para, 360-362
   métodos de lançamento de
      produto pelas, 3
   métodos de marketing das, 53
   software de vendas para, 220
competição, concorrência
   "coopetição", 159-160

em mercados existentes, 104-105
exposição do MVP de alta
  fidelidade, 216
hipóteses sobre, 113-114
pesquisa online de, 200-201
preços da concorrência, 165
tipo de mercado, 107
comportamento online, analisando, 199
compradores econômicos, 82
conceito/pré-operação, 3
concursos, 298, 365
conferências, setoriais, 201
conhecimento
  como o primeiro estágio do
    "atrair" clientes, 119, 121
  encaminhadores de, 122
  geração de, Digital, 97
  materiais de marketing para, 272
conjunto mínimo de recursos,
  estabelecer, 211
conselheiros pessoais, 153
conselhos consultivos, 56, 153, 233,
  323-326, 427
consignação, 306
construção de companhias, 20, 27
"contate-nos", 296
contatos, compras, 193
contatos qualificados (leads), geração
  online, 283
contatos qualificados (leads), online, 138
conteúdo, página de entrada,
  291, 292, 293
contratos, 155, 271
conversão de grátis para pago, 101, 141
"coopetição", 158
copyrights, 154
criação de "buzz", 386
Criação de demanda,
  testando o custo, 124
cronograma de entrega, 211, 238, 426
curva de demanda, 423

custo. *Veja Também* preço/
  precificação
  calculando receitas para, 166-167
  elevando o custo de trocar o
    produto, 127
  orçando, 241
  por elemento da "cadeia
    alimentar",, 305
  revalidação do, 426
custos de substituição, altos, 127, 147

D
da primeira remessa aos clientes, 6, 8
decisões reversíveis, 39
declaração da missão, 391
demanda, criação. *Veja Também*
  "atrair" clientes
  físico versus digital, 91
  parceiros não geram, 304
  sucesso é determinado por, 97, 99
demos, 270, 291, 295
desagregação (unbundling), 149-150
descontos, 344
desenvolvendo novos negócios em
  conjunto, 158
desenvolvimento ágil
  como incrementador, 26
  cria o MVP de alta fidelidade, 301
  em conjunto com o
    desenvolvimento do cliente, xv-
    xvi, 29-30
desenvolvimento contínuo, 30, 77-78
desenvolvimento do produto
  assegura elaboração do MVP alta e
    baixa fidelidade, 301-302
  consultores, 233, 323
  depois da apresentação do
    problema, 210-211
  do método em cascata, 5
  do MVP, 56, 58
  e revalidação, 426

para earlyvangelists, 54–56
para poucos, não muitos, 52, 53
posicionamento de, 382
relação de recursos para, 74–75
desgaste, 125
direitos de retorno, 306
distribuidores
  analisando o potencial, 220
  Digitais, 100
  físicos, 95
  mapeando responsabilidades de, 304
  no canal da cadeia alimentar de vendas, 304
documento de requisitos de mercado, 4, 53

E
earlyvangelists
  definidos, 54–56
  identificando, 188–190
  materiais acessórios para, 271–272
  pagamento por, 54
  providenciando o MVP para, 57, 215
  riscos de, 344–345
  têm orçamentos, 330
  urgência de, 344
  validação do cliente com, 258, 270
  visão de compra, 73, 211
e-commerce, 98, 334
e-commerce dedicada, 98
E-distribuição, dois passos, 99
e-mail
  alugando listas, 163
  capturando, 141
  comprando listas, 193
  via marketing, 274, 283
empreendedores sociais, xix
empreendedorismo de pequenos negócios, xvii
engenharia
  adição de recursos, 230
  aquisição de ferramentas, 283–285
  designs para testes de hipóteses, 35
  iteratividade, 29
entupimento, canal, 307
envolvimento/engajamento, 223
envolvimento/engajamento do usuário
  como tática de "atrair", 275
  convidando, 295–296
  incrementando, 357
  medindo o entusiasmo, 223–225
  testes de usabilidade, 340
E.piphany, 252–254, 316–318
equipamentos, linhas de leasing, 153
equipe. *Ver* time da startup
  da construção da companhia, 271–272
  equipe, posicionamento, 266, 381
  equipe, reuniões, 209–213
  equipe, substituição dos cargos tradicionais, 40
  equipe, validação face a face, 257
equipe de vendas
  "analista de dados", 314
  desaprendendo, 255
  mapeando estratégias para, 361
  materiais de apoio, 269
  uso do roteiro por, 256, 315
equívocos. *Ver* erros
erros
  canal versus vendas ao usuário final, 306
  cometidos pela Iridium, 50
  custo do dinheiro, 42
  importância dos, 30
  no tradicional método de vendas, 256, 257
  propriedade intelectual, 156–157
  rearticulações em resposta a, 23

escalabilidade
    definida, xix
    financiamento, 42
    medição inicial da digital, 196
    testando, 24, 395
especificações do produto,
    12, 23, 53, 211
exclusão da lista de e-mails
    (opt-out), 369
"executando" o modelo de negócio, 20,
    425. *Veja Também* cliente, criação
executivos
    atrasando o andamento das
        vendas, 178
    contratando, 27
    desaprendendo vendas
        tradicionais, 254
    habilidades necessárias na
        startup, 12, 41
    mapas de influência, 317
    modo "busca versus "execução", 9
experimentos
    desenhados, 174
    insights obtidos de, 176
    parâmetros de certo/errado, 174,
        175, 225-226
    para modelos de produto, 175
    testes de solução, 215
experimentos para. *Ver* experimentos

F
fabricante de equipamentos originais
    (OEM), 95, 168
Facebook, 23, 37, 86, 100, 111, 139,
    167, 259, 285
factoring, 153
falhas. *Ver* erros
fase da avaliação, 120
feiras de negócio, 201
ferramentas de marketing social, 274
financiamento de fornecedores, 152

fontes de receita
    "aumentar" clientes existentes, 128
    curva de crescimento por tipo de
        mercado, 422
    para mercados multifacetados, 102
    para produtos digitais, 163
    produto e canal, 162
    validando (digital), 405
    validando (físico), 404
fornecedores, 159
fornecedores de dados virtuais, 193
fundadores
    auditoria interna, 384
    interação com clientes, 28-29, 52
    jornada do herói, xxi
    lideram a validação do cliente, 257
    motivados pela paixão, 39-40
    otimização por, 336
    seus empregadores anteriores, 156
    teste de canais parceiros, 375
    trabalhar com o perito
        de vendas, 300
    visão/instinto, 231, 232, 259

G
gastando, gastos
    acelerar na validação do cliente, 236
    na aquisição, 281
    restringindo, 258
    revalidação antes, 425
    validação antes, 401
GE Energy Storage, 205-208
gerenciamento por crise, 14-16
Google, 37, 70, 86, 90, 132, 259
Google AdWords, 174, 183, 192, 354
Groupon, 23, 31
guardiães da tecnologia, 271

H
hipótese dos recursos-principais,
    152-158

hipótese do fluxo de receita, 160
hipóteses, itens/elementos
    aquisição baseada em (digital), 280
    definidos, 65-66
    MVP de baixa fidelidade
      (digital), 77-79
    no quadro do modelo de
      negócios, 59-61
    para "atrair, manter, aumentar"
      (Digital), 131-142
    para "atrair, manter, aumentar"
      (físico), 117-134
    proposta de valor (físico), 72-77
    revisando, 169
    sobre a concorrência, 113-114
    sobre o canal de vendas
      físico, 91-96
    sobre os fluxos de receita, 162-169
    sobre os recursos-chave, 152-158
    sobre o tamanho do
      mercado, 67-71
    sobre o tipo de mercado, 104-115
    sobre parceiros de tráfego
      digital, 160-161
    sobre segmentos de clientes
      (digital), 86-90
    sobre segmentos de clientes
      (físico), 79-86
    sobre vendas Digitais, 97-104
hipóteses, testes
    como tentativa e erro, 10, 30
    descoberta do cliente,
      22-23, 51, 62
    desenhando, 34-35
    determinando o fim dos, 235
    durante a validação do
      cliente, 280-281
    mensurando o sucesso nas, 7
    na fase rearticular-ou-avançar, 396
    para a IMVU, 18
    parâmetros para rastreamento, 280

    para otimizar processo de
      "atrair", 335, 336
    para parceiros, 281
    regras para seguir, 172
    sobre o quadro do modelo de
      negócios, 33, 61
    versus o modo "executar", 10
    versus o "plano de negócio", 15
história de referência, 178-179
home page. *Ver* página de entrada

I
IMVU, 17-19, 24, 25, 27
incentivos
    ferramentas de aquisição, 283
    ferramentas de ativação,
      141, 291, 297
    para entendimento dos canais
      parceiros, 222
    para retenção, 127, 128, 365
incremento de dinheiro, 368
indicações, clientes
    como fonte de receita, 163
    como marketing viral, 150
    como medida de
      entusiasmo, 224, 227
    como melhor abordagem de
      "atrair", 242
    dicas de encorajamento,
      150, 151, 283-285
    otimizando, 357, 370-372
    para difundir o MVP, 191-192
    parâmetros para rastrear, 312
    testar a magnitude
      do problema, 238
influentes
    como tipo de cliente, 81
    em dados, 84
    em setores de atividade,
      178, 200, 392, 394
influentes, pessoas, 323

insight, 176, 212
interface do usuário, 182
Iridium, 49-51
iteração, reformulação. *Veja Também* reestruturações
   contínua, 31-32
   da atualização semanal, 61
   das respostas indiferentes ao produto, 229-232, 230
   de marketing, 227
   ignorar data do lançamento, 8
   velocidade da, 38-40, 258
   via "falha", 30

L

lançamento. *Ver* lançamento de produto
lançamento do produto
   erro de foco no, 8
   não é testar a "solução", 215
   razões para iniciar, 196
   saída de caixa, 6
lançamento tradicional do produto
   compromisso com o "plano", 12-13
   definido, 2, 6
   falhar é inaceitável, 21
   não é desenvolvimento do cliente, 43-44
   nove erros do, 7
links, "experimente já", 293
Lock-in, cliente, 127
Logan, Prescott, 205, 207
loja de aplicativos, Apple, 100, 203

M

mala direta, 130
"manter" clientes. *Veja Também* retenção, clientes
   digital, 143-148, 365-367
   físico, 125-129

mapa de acesso ao, cliente, 318
mapa de estratégia de vendas, 360-362
mapas de calor, 341-342, 355
mapas de influência, 316-318, 358-360
mapas de influência web, 89
mapas organizacionais, 316-318, 358-360
marcas registradas, 154
marketing
   agência, contratando, 386
   de acessórios (físico), 268-275
   "empurrar" e "puxar", 273
   equipe, 75
   online
      criativo, 257
      online, custos baixos, 132
      online, dicas para, 136-139
      online, para os menos experientes, 352
      online, para produtos físicos, 273
      online, via e-mail, 145
      online, via telefone, 132-143
   para "aumentar" clientes, 130
   tradicional, 4, 12, 13
   viral
      base de clientes para, 139
      viral, definido, 137
      viral, indicações, 150
      viral, inerente ao produto, 284
      viral, técnicas, 370
marketing de afiliação, 138, 283
marketing online. *Ver* marketing
marketing viral. *Ver* marketing
materiais acessórios (produtos físicos), 268-275
máximo global, 175-176
máximo local, 175
MBA, currículo, xiii
mecanismo de otimização da busca (SEO), 137

mecanismos de busca
  para marketing, 283
membros do conselho
  adoção pelo desenvolvimento do cliente, 44
  comunicação com, 43-44
  e auditoria interna, 384
  uso de parâmetros tradicionais de mensuração, 6, 10, 21
mercado alvo, 68
mercados, 350
mercados de nicho. *Ver* mercados ressegmentados
mercados existentes
  concorrência em, 107-108
  curva de crescimento de vendas, 422-423
  definido, 104-105
  ferramentas para análise, 106
  lançamento do produto no, 35
  MTP e MTD, porções de, 68
  posicionamento da companhia para, 391
  posicionamento do produto para, 386, 387
mercados multifacetados (ou multilaterais)
  abordagens "atrair" nos, 132
  canais de vendas para, 102
  canais físicos em, 307
  considerações financeiras para, 167
  contatando publicitários, 228-229
  earlyvangelists em, 55
  otimizando, 334, 350, 372-373
  parâmetros de avaliação, 417-420
  plano de ativação para, 289-290
  prioridade para validação, 259
  segmentos de clientes em, 90
  "Vá para a Rua" nos, 262
mercados novos
  apresentações do problema em, 187
  cronograma de lucro, 113
  curva de crescimento de vendas, 422
  dando um nome, 390
  definido, 106
  descoberta do cliente em, 36
  dicas para entrar, 112-114
  posicionamento da companhia, 391
  posicionamento do produto, 386, 387-388
mercados ressegmentados
  avaliando o tamanho de, 69
  como criar, 108-109
  curva de crescimento de vendas, 423
  definido, 36, 106
  dois tipos de, 389
  mapeando, 110
  parceiros de tráfego em, 160
  posicionamento da companhia, 391
  posicionamento do produto, 386, 388-389
  via preços baixos, 111
mercado total disponível (MTD), 68, 239
método em cascata
  divorciado do cliente, 8
  do desenvolvimento do produto, 5
micro sites, 296
Microsoft, 14, 36, 110
mídia
  custo de exposição, 127, 365
  livre e paga, 121, 122
  MVP, sondagem da imprensa, 216
mídia livre/ganha/gratuita, 122

mídia paga, 123–124, 137–138
mínimo produto viável (MVP)
    adoção pelos
        earlyvangelists, 54–56
    digital, 58, 77–79
    elementos, 76
    lançamento estimado, 73
    recursos mínimos em, 56, 76
modelo de financiamento. *Ver* modelo de receita
modelo de negócio clonado, 37
modelo de negócio recorrente, 42
modelo de receita
    como prioridade de validação, 259
    fator canal de vendas, 92, 95
    fator/coeficiente de vida útil do cliente, 168
    mapeando o relacionamento do canal, 304–306
    para mercados multifacetados, 167
    para produtos digitais, 163
    parceiros de tráfego, 377–378
    projeções de receita, 243–245
    revalidação do, 426
    validação, 403–405
modelo "razor blade", 165
modelos de negócio
    aspectos dos voltados para o cliente, 126
    clones de existentes, 37
    descoberta do cliente/testes de validação, 25, 255
    dos canais parceiros, 222
    financiando, 43
    para mercados multifacetados, 167
    projeções de receita
        para ajustar, 245
    revalidação, 425–428
    revisão do rearticular ou avançar, 209, 229–232, 398

startup vencedoras, xv
validando
    checklist para, 402
    validando, com teste de vendas, 328, 329
    validando, em reuniões da equipe, 399–402
modo "executar"
    criação do cliente, 425
    da startup com a GE, 206
    exclui aprendizado/descoberta, 256
    versus "busca", 9
Moore, Geoffrey, 266
MVP de alta fidelidade
    como criar, 301–302
    como ferramenta de validação, 24, 263
    como teste da solução, 78, 215–216
    entrega os dados do cliente, 302
    exposição aos concorrentes, 216
    ferramentas de pré-otimização, 333
MVP de baixa fidelidade
    avaliar o interesse em, 211
    como construir, 181–183
    criar múltiplos, 183
    itens da hipótese sobre, 77–79
    testando certo/errado com, 191–197
    testes "atrair, manter, aumentar" com, 132

N
National Science Foundation, xv
Net Promoter Score, 195
Nielsen, Jakob, 343

O
oferta do dia, 101
ofertas de "back-end", 163

online
   online, importância do, 122
orçamento. *Veja* custo; gasto
Osterwalder, Alexander, 33, 58
otimização
   de ações de "atrair"
      (digital), 332-344, 349-357
   de ações de "manter"
      (digital), 364-367
   ferramentas, 338-343
   foco em, 334

P
Página de entrada, 134, 288-297, 339
pague pelo uso, 163
pague por clique (PPC), 138, 192, 282
painel de controle, 263, 282, 312, 333
paixão, 39-40, 428
parâmetros/indicadores de
   desempenho
   conjunto de, 309-314
   de validação financeira, 403-405
   essenciais para startups, 37
   não exagerar, 313
   para táticas de "atrair", 123
   para táticas de
      "aumentar", 370-372
   para testes de hipóteses,
      174, 225-226, 280
   para testes de vendas, 328, 329
   principais, 309, 310
   retenção monitorada por, 147
   revisão diária de, 352
   tradicionais, 6, 10, 21
parceiros
   canal, 221-222, 374-376
   descoberta via testes de
      hipóteses, 197
   dicas para ganhar, 378-379
   principais, 158-159
   testando hipóteses, 281
   tipos de, 158-159

Parceiros-chave, 158, 159
patentes, 155, 156
patentes, provisão, 155
pedidos, 369-376
personalização/customização, 344
pesquisa, 193, 369
pesquisa de mercado, 200-204, 209
pesquisa de satisfação
   do consumidor, 127
pessoas que recomendam, 81
planilhas de dados, 271
plano de implementação, 320
plano de negócio, 32-34
posicionamento. *Veja Também*
   posicionamento do produto
   companhia, 390-392
   declaração, 265-268
   necessidade, 381, 382
   validação, 392-394
posicionamento do produto
   como desenvolver, 385-389
   declaração, 265-268, 293, 385
   equipe do desenvolvimento do
      cliente desenvolve, 382
   por tipo de mercado, 267, 387-389
posicionando companhias,
   381, 390-392
precificação. *Veja Também* custo
   como ferramenta de ativação, 297
   efeitos da curva de
      demanda na, 423
   feedback de clientes na, 217-218
   listas, 271
   na apresentação da solução, 214
   técnicas, 164-165
   teste de vendas, 344
   vendas entre empresas, 165-166
precificação baseada no produto, 165
precificação do portfólio, 165
precificação por volume, 165
pressuposições preliminares sobre, 7
privacidade, leis, 193

problema latente, 79-85
problema/necessidade (cliente)
    compreendendo, 84
    conhecimento dos
        earlyvangelists, 56
    dicas para pesquisar, 199
    encaminhando a declaração de
        posicionamento declaração, 265
    mensurando adequação do
        produto/mercado, 237-241
    MVP para testar, 78, 181
    soluções correntes para, 185-186
    testes de aquisição online, 138
problema passivo, 79
problema/solução adequado, 53, 270
problema/solução, hipóteses
    feedback do cliente, 22
    lista de benefícios do produto, 75
    testando, 53, 57, 62
produto, boletins de atualização, 127
produto/mercado adequado
    determinando, 254, 259
    falta de, 232
    mensurar o sucesso,
        171, 235, 237-241
produtos digitais
    ações de "Prepare-se para
        vender", 261
    atraindo clientes para, 275
    decolagem repentina de, 259
    identificação do segmento de
        clientes, 86-90, 198-200
    medição do comportamento do
        cliente, 226-227
    mensurando o entusiasmo
        pelos, 223-225, 231
    MVPs para, 23, 58
    pesquisa de mercado para, 203
    refinando atividades "atrair"
        para, 262
    tamanho de mercado
        para, 69-71, 240

    testes de hipóteses para, 172-173
    uso dos earlyvangelists, 55
    "Vá para a Rua", 262
produtos Digitais
    notificações de empurrar, 147
    parceiros de tráfego para, 160-161
    plataformas de distribuição, 100
    precificação, 165
    prevalência de, 133
produto/serviço, recursos, 152
produtos físicos
    alianças estratégicas para, 158
    apresentação da solução,
        213, 214, 217-222
    apresentação do problema, 184-192
    fontes de capital para, 152
    segmentos de clientes para, 79-85
produtos virais, 150
produtos virtuais. *Ver* produtos
    digitais
programas de divulgação, 146
programas de fidelidade, 127, 146, 365
programas (ou datas) especiais de
    vendas, 150
proposta de valor
    como prioridade de validação, 258
    hipóteses da, 72-77, 104-115
    marketing baseado na, 280
    na página de entrada, 292
    objetivo da, 265
    por tipo de mercado, 267
    prova do teste de vendas, 347
    revalidação da, 426
    validando (digital), 405
    validando (físico), 404
propriedade intelectual, 154-158
protótipos, 270
publicidade. *Veja Também* mercados
    multifacetados
    calculando a receita de, 164
    como fonte de mídia paga, 123

formulários online de, 138
otimizando, 372
validação com, 262
público
    earlyvangelists como validação, 270
    e materiais acessórios, 271-272
    indistintos, 103
    pequeno, 103

Q

quadro do modelo de negócios.
    Ver itens, veja itens das hipóteses
    como tabela de indicadores da validação, 399-400
    prioridades dos guias de validação, 258
    revisão da equipe, 169, 232
    usando os testes das hipóteses, 173
    visão geral das, 32-34

R

rastreamento de olhar, 342, 357
rastreando clientes, 144-145
rearticulações. *Veja Também* iteração
    antes de gastar/ aumentar a escala, 427
    contínuas, 31
    depois da apresentação do problema, 209
    em resposta ao teste de vendas, 347
    feedback do cliente como origem, 194
    guias do modelo de negócios, 33
    na fase da descoberta do cliente, 23
    repaginando o produto, 232
rearticular ou avançar
    como fase da validação final, 262
    como momento da verdade, 428
    como validação do modelo de receita, 403-405
dados digitais para revisar, 397
ferramentas para avaliar, 246-248
juntar dados para, 396-398
três passos para responder, 395
validação do modelo de negócio, 399-402
receita por afiliações, 163
reclamações, encaminhamento, 127
recursos, chaves, 152-158
recursos do produto
    adaptados via feedback do cliente, 210-211
    a serem adicionados, 230
    MVP limitado, 56, 323-326
    na apresentação da solução, 213
    relação competitiva, 114
    relação de, 74-76
recursos financeiros, 152
recursos físicos, 152
recursos humanos, 153-154
redes sociais
    como ferramenta de aquisição, 283, 284
    como sites de alto engajamento, 224
    elementos de discurso de vendas, 136
    otimização de esforços sobre, 350
    preenche necessidades/desejos, 80
    tamanho de mercado necessário para, 240
    via comércio, 101
    via marketing, 137, 273, 274
    via retenção, 146
relacionamentos-chave com fornecedores, 158
relações públicas, 122, 137, 382, 386
repaginamento, 232
representação comercial independente, firmas, 93

ressegmentação. *Ver* mercado ressegmentado
retenção, cliente
    como medida de entusiasmo, 224-225
    em canais físicos, 125-129
    facilidade do online, 143-148, 365-367
    longo prazo, 128
    otimizando, 364-367
    rastreando, 144-145, 147
    táticas para digital, 143-148
retorno do investimento (ROI), 166, 272
revendedores, 94
revendedores de valor agregado, 93
risco
    na fase de criação do cliente, 401
    nas vendas de earlyvangelists, 344-345
risco da invenção, xix
roteiro de vendas
    ajustando, físico, 358-364
    anunciando, 373
    avaliação de adoção, 218
    como informação na descoberta do cliente, 255
    importância do, 315, 315-316
    para complexas corporações de vendas, 316-319
    prioridade na "execução", 256
    testando, físico, 303-308
    visão geral do, 362-363

S

sabotadores, 82
saída de caixa
    através do aumento de escala prematuro, 258
    no estágio do desenvolvimento do cliente, 421
    validação da taxa de (digital), 405
    validação da taxa de (físico), 404
SAM, serviço de marketing disponível, 68, 239
Schwab, 252, 253
segredos do negócio, 155
serviço ao consumidor/cliente, 126, 127, 144, 147, 365
sistemas integradores, 94
site
    dicas de layout, 291-297
    funcionalidade, 295
    incremento de visitantes, 352
    marketing via, 273, 273-274
    medindo o envolvimento com, 223
    pesquisa via, 200
    taxa de retorno, 349
software empresarial, 240
solução
    produto como, 23
    sinais de defeito, 239
    tentativas dos clientes, 79
    testando, 208
sorteios, 298
Startup Enxuta (Lean Startup), 19
startups
    cargos funcionais, 40
    cinco tipos de, xix
    como paixão, 39-40
    dentro de grandes corporações, 205-208
    "fracasso" como essencial para, 30
    habilidades executivas necessárias para, 12
    instinto visionário da, 259
    missão de cada, 118
    parâmetros para, 37-38
    propriedade intelectual, 156
    transição para o status de companhia, 27

velocidade/ritmo de tomar
    decisões, 38-40
vencedor versus perdedor, 115
startups vendáveis, 67

T
tamanho de mercado, 239, 246
taxa de aceite ("take rate"), 368-369
telefonemas. *Veja* check-in de clientes
terceirização, 152, 159
testar o usuário, 340, 397
"testar" vendas
    aprendendo com, 346
    canais parceiros, 374-376
    como validação do cliente, 254
    do MVP, 25
    em earlyvangelists, 258
    físico, 344-348
    otimização digital, 332-344
    para parceiros de tráfego, 377-379
    propósito de, 328
    rearticulações em resposta a, 347
    validar o modelo de
        negócio, 328, 329
teste alfa, 5
teste beta, 5
testes a/b
    como controle, 335
    de conteúdos, 366
    de ferramentas de otimização,
        338, 339
    de materiais acessórios, 272
    de página de entrada, 288-289
    para incremento de aquisição, 354
    para incremento no envolvimento
        do usuário, 355
testes de usabilidade, 340
textlinks, 89, 132, 160, 192
textos, testando, 343
time (equipe), startup
    como recursos humanos, 153, 154

compartilhando
    informações, 43-44
digital bem-sucedida, 139
habilidades necessárias para, 41
líderes experientes em, 231, 232
reuniões de rearticular
    ou avançar, 209-212
revisão do quadro do modelo de
    negócios, 169
tipo de mercado. *Veja Também* clone;
    mercados existentes; mercados
    novos; mercados ressegmentados
    conhecendo o seu, 35-36
    custo de entrada em, 107
    declaração de posicionamento, 267
    definido, 35-37, 104-105
    efeitos na receita, 422
    hipóteses, 67-71
    planilha de dados por, 271
    posicionamento do produto,
        222, 385, 387-390
    prós e contras, 106
    relevância dos contatos, 256
    validação (digital), 405
    validação (físico), 404
    vendas por, 163
TI, tecnologia da informação,
    departamento, 317
tomadores de decisão
    acesso corporativo, 318
    como alvos de vendas, 189
    como usuários, 287
    definidos, 82
total do custo de propriedade/adoção,
    166
tráfego
    dos concorrentes,
        mensurando, 202
    incrementando, 353, 377
    parceiros, 139, 160-161, 377-379
Twitter, 259

U
usuários finais, 80, 303, 307

V
valor da equação, 214
Valor da Vida Útil do Cliente (VVU)
    monitorando parâmetros de
        "aumentar", 372
    programas "atrair"
        elevado VVU, 351
    VVU = > CAC, 335
valor dos preços, 165
"Vá Para a Rua"
    abordagem essencial, 51–52
    para a validação do cliente, 262
    para produtos digitais, 262
    para testar um problema
        percebido, 171
    para testar um produto/
        solução, 205
    para vender, 327–328
varejistas, 94
    canal de vendas da cadeia
        alimentar, 304
    como canal físico de vendas, 94
    direitos de devolução, 168
    maior e-distribuição, 99
    mapeando responsabilidades
        dos, 304
varejistas
    testes de validação para, 375
velocidade de escape, 22, 25
vendas. *Veja Também* vendas entre
    empresas; teste de vendas
        apresentação da solução não é, 213
        apresentações, 270
        avaliação do cronograma de
            entrega, 426
        canal versus usuário final, 306
        curva de crescimento por tipo de
            mercado, 422–424

custo, 92, 163
determinando a quantidade de, 163
fechadores de, 300
ferramentas digitais para
    aquisição/ativação, 275–299
funil. *Veja Também* "atrair"
    clientes
        funil "atrair" clientes, 118, 119
        funil marketing dirigido
            para, 275–299
        funil, roteiro, 255
        modelo de funil, 117
        ponto de estrangulamento, 286
        previsibilidade do
            funil, 260, 262
    mapeando estratégia,
        319, 320, 360–362
    materiais (físico), 268–275
    mensuração completa, 362–363
    para earlyvangelists, 344–345
    por canais parceiros, 221–222
    preparação, 263, 264
    representantes, 375
    vendas, "discursos", 265–268, 375
    VP (vice presidente) de, 256
vendas cruzadas, programas, 149
vendas de software
    companhias na Fortune 500, 220
    processo de vendas entre
        empresas, 345–346
    repaginando produtos para, 232
vendas diretas, 92
vendas entre empresas
    checkpoints para, 247
    precificação, 165–166
    processo, 345–346
    providenciando materiais
        acessórios para, 271
vendas mais caras (upsell)
    canal de gratuito para pago, 101
    como tática de crescer, 149

taxa de aceite para, 368-369
viralização, efeitos de rede,
    151-152, 240, 283, 284
visão
    da solução, pelos clientes, 80
    desenvolvimento do cliente
        informa, 259
    earlyvangelists como
        compradores, 73, 211
    entrega de demos/protótipos, 270
    nos itens do produto, 72-77
    revisando produto, 265
    testando a dos fundadores, 23

W
Webvan, 1-7, 9, 10-16

Não é o começo do fim,
mas talvez seja o fim do começo

Este livro foi impresso nas oficinas gráficas da Editora Vozes Ltda.,
Rua Frei Luís, 100 – Petrópolis, RJ.